ÉTUDES
PHILOSOPHIQUES

I

LA PEAU DE CHAGRIN — JÉSUS-CHRIST EN FLANDRE
MELMOTH RÉCONCILIÉ
LE CHEF-D'ŒUVRE INCONNU — LA RECHERCHE DE L'ABSOLU

VIGNETTES

PAR MM. TONY JOHANNOT, MEISSONIER, GAVARNI, HENRI MONNIER
BERTALL, C. NANTEUIL, GÉRARD SÉGUIN, FRANÇAIS, ETC.

PARIS
Vᵉ Aᵈʳᵉ HOUSSIAUX, ÉDITEUR
HÉBERT ET Cⁱᵉ, SUCCESSEURS
7, RUE PERRONET, 7

1874

ŒUVRES COMPLÈTES

DE

H. DE BALZAC

LA

COMÉDIE HUMAINE

QUATORZIÈME VOLUME

DEUXIÈME PARTIE
ÉTUDES PHILOSOPHIQUES

PARIS. — IMPRIMERIE DE E. MARTINET, RUE MIGNON, 2

ÉTUDES
PHILOSOPHIQUES

TOME I

LA PEAU DE CHAGRIN — JÉSUS-CHRIST EN-FLANDRE
MELMOTH RÉCONCILIÉ — LE CHEF-D'ŒUVRE INCONNU
LA RECHERCHE DE L'ABSOLU

PARIS
Vᵉ Aᵈʳᵉ HOUSSIAUX, ÉDITEUR
HÉBERT ET Cⁱᵉ, SUCCESSEURS
7, RUE PERRONET, 7

1874

LE MARCHAND DE CURIOSITÉS.

Une barbe grise et taillée en pointe cachait le menton
de cet être bizarre.

(LA PEAU DE CHAGRIN.)

ETUDES PHILOSOPHIQUES.

LA PEAU DE CHAGRIN.

A MONSIEUR SAVARY,
MEMBRE DE L'ACADÉMIE DES SCIENCES.

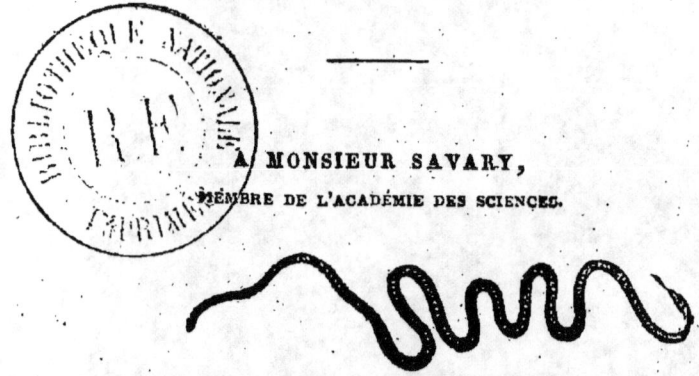

Sterne (Tristram Shandy, ch. cccxxii.)

LE TALISMAN.

Vers la fin du mois d'octobre dernier, un jeune homme entra dans le Palais-Royal au moment où les maisons de jeu s'ouvraient, conformément à la loi qui protége une passion essentiellement imposable. Sans trop hésiter, il monta l'escalier du tripot désigné sous le nom de numéro 36.

— Monsieur, votre chapeau, s'il vous plaît? lui cria d'une voix sèche et grondeuse un petit vieillard blême, accroupi dans l'ombre, protégé par une barricade, et qui se leva soudain en montrant une figure moulée sur un type ignoble.

Quand vous entrez dans une maison de jeu, la loi commenc

par vous dépouiller de votre chapeau. Est-ce une parabole évangélique et providentielle ? N'est-ce pas plutôt une manière de conclure un contrat infernal avec vous en exigeant je ne sais quel gage ? Serait-ce pour vous obliger à garder un maintien respectueux devant ceux qui vont gagner votre argent ? Est-ce la police tapie dans tous les égouts sociaux qui tient à savoir le nom de votre chapelier ou le vôtre, si vous l'avez inscrit sur la coiffe ? Est-ce enfin pour prendre la mesure de votre crâne et dresser une statistique instructive sur la capacité cérébrale des joueurs ? Sur ce point l'administration garde un silence complet. Mais, sachez-le bien, à peine avez-vous fait un pas vers le tapis vert, déjà votre chapeau ne vous appartient pas plus que vous ne vous appartenez à vous-même : vous êtes au jeu, vous, votre fortune, votre coiffe, votre canne et votre manteau. A votre sortie, le JEU vous démontrera, par une atroce épigramme en action, qu'il vous laisse encore quelque chose en vous rendant votre bagage. Si toutefois vous avez une coiffure neuve, vous apprendrez à vos dépens qu'il faut se faire un costume de joueur. L'étonnement manifesté par l'étranger quand il reçut une fiche numérotée en échange de son chapeau, dont heureusement les bords étaient légèrement pelés, indiquait assez une âme encore innocente. Le petit vieillard, qui sans doute avait croupi dès son jeune âge dans les bouillants plaisirs de la vie des joueurs, lui jeta un coup d'œil terne et sans chaleur, dans lequel un philosophe aurait vu les misères de l'hôpital, les vagabondages des gens ruinés, les procès-verbaux d'une foule d'asphyxies, les travaux forcés à perpétuité, les expatriations au Guazacoalco. Cet homme, dont la longue face blanche n'était plus nourrie que par les soupes gélatineuses de d'Arcet, présentait la pâle image de la passion réduite à son terme le plus simple. Dans ses rides il y avait trace de vieilles tortures, il devait jouer ses maigres appointements le jour même où il les recevait ; semblable aux rosses sur qui les coups de fouet n'ont plus de prise, rien ne le faisait tressaillir ; les sourds gémissements des joueurs qui sortaient ruinés, leurs muettes imprécations, leurs regards hébétés, le trouvaient toujours insensible. C'était le Jeu incarné. Si le jeune homme avait contemplé ce triste Cerbère, peut-être se serait-il dit : Il n'y a plus qu'un jeu de cartes dans ce cœur-là ! L'inconnu n'écouta pas ce conseil vivant, placé là sans doute par la Providence, comme elle a mis le dégoût à la porte de tous les mauvais lieux ; il entra résolument dans la salle où le son de l'or exerçait une éblouissante fascination sur les sens en pleine convoitise. Ce jeune homme était probablement poussé là par la plus logique de toutes les éloquentes phrases de J.-J. Rousseau, et dont voici, je crois, la triste pensée : *Oui, je conçois qu'un homme aille au Jeu ; mais c'est lorsque entre lui et la mort il ne voit plus que son dernier écu.*

Le soir, les maisons de jeu n'ont qu'une poésie vulgaire, mais dont l'effet est assuré comme celui d'un drame sanguinolent. Les salles sont garnies de spectateurs et de joueurs, de vieillards indigents qui s'y traînent pour s'y réchauffer, de faces agitées, d'orgies commencées dans le vin et prêtes à finir dans la Seine ; la passion y abonde, mais le trop grand nombre d'acteurs vous empêche de contempler face à face le démon du jeu. La soirée est un véritable morceau d'ensemble, où la troupe entière crie, où chaque instrument de l'orchestre module sa phrase. Vous verriez là beaucoup de gens honorables qui viennent y chercher des distractions et les payent comme ils payeraient le plaisir du spectacle, de la gourmandise, ou comme ils iraient dans une mansarde acheter à bas prix de cuisants regrets pour trois mois. Mais comprenez-vous tout ce que doit avoir de délire et de vigueur dans l'âme un homme qui attend avec impatience l'ouverture d'un tripot ? Entre le joueur du matin et le joueur du soir il existe la différence qui distingue le mari nonchalant de l'amant pâmé sous les fenêtres de sa belle. Le matin seulement arrivent la passion palpitante et le besoin dans sa franche horreur. En ce moment vous pourrez admirer un véritable joueur, un joueur qui n'a pas mangé, dormi, vécu, pensé, tant il était rudement flagellé par le fouet de sa martingale ; tant il souffrait travaillé par le prurit d'un coup de *trente et quarante*. A cette heure maudite, vous rencontrerez des yeux dont le calme effraie, des visages qui vous fascinent, des regards qui soulèvent les cartes et les dévorent. Aussi les maisons de jeu ne sont-elles sublimes qu'à l'ouverture de leurs séances. Si l'Espagne a ses combats de taureaux, si Rome a eu ses gladiateurs, Paris s'enorgueillit de son Palais-Royal, dont les agaçantes roulettes donnent le plaisir de voir couler le sang à flots, sans que les pieds du parterre risquent d'y glisser. Essayez de jeter un regard furtif sur cette arène, entrez... Quelle nudité ! Les murs, couverts d'un papier gras à hauteur d'homme, n'offrent pas une seule image qui puisse rafraîchir l'âme ; il ne s'y trouve même pas un clou pour faciliter le suicide. Le parquet est usé, malpropre. Une table oblongue occupe le centre de la salle. La simplicité des chaises de paille pressées autour de ce tapis usé par l'or annonce une curieuse indifférence du luxe chez ces hommes qui viennent périr là pour la fortune et pour le luxe. Cette antithèse humaine se découvre partout où l'âme réagit puissamment sur elle-même. L'amoureux veut mettre sa maîtresse dans la soie, la revêtir d'un moelleux tissu d'Orient, et la plupart du temps il la possède sur un grabat. L'ambitieux se rêve au faîte du pouvoir, tout en s'aplatissant dans la boue du servilisme. Le marchand végète au fond d'une boutique humide et malsaine, en élevant un vaste hôtel, d'où son fils, héritier précoce, sera chassé par une licitation fraternelle. Enfin, existe-t-il chose plus déplaisante qu'une maison de plaisir? Singulier problème! Toujours en opposition avec lui-même, trompant ses espérances par ses maux présents, et ses maux par un avenir qui ne lui appartient pas, l'homme imprime à tous ses actes le caractère de l'inconséquence et de la faiblesse. Ici-bas rien n'est complet que le malheur. Au moment où le jeune homme entra dans le salon, quelques joueurs s'y trouvaient déjà. Trois vieillards à têtes chauves étaient nonchalamment assis autour du tapis vert; leurs visages de plâtre, impassibles comme ceux des diplomates, révélaient des âmes blasées, des cœurs qui depuis long-temps avaient désappris de palpiter, même en risquant les biens paraphernaux d'une femme. Un jeune Italien aux cheveux noirs, au teint olivâtre, était accoudé tranquillement au bout de la table, et paraissait écouter ces pressentiments secrets qui crient fatalement à un joueur : — Oui. — Non! Cette tête méridionale respirait l'or et le feu. Sept ou huit spectateurs, debout, rangés de manière à former une galerie, attendaient les scènes que leur préparaient les coups du sort, les figures des acteurs, le mouvement de l'argent et celui des râteaux. Ces désœuvrés étaient là, silencieux, immobiles, attentifs comme l'est le peuple à la Grève quand le bourreau tranche une tête. Un grand homme sec, en habit râpé, tenait un registre d'une main, et de l'autre une épingle pour marquer les passes de la Rouge ou de la Noire. C'était un de ces Tantales modernes qui vivent en marge de toutes les jouissances de leur siècle, un de ces avares sans trésor qui jouent une mise imaginaire; espèce de fou raisonnable qui se consolait de ses misères en caressant une chimère, qui agissait enfin avec le vice et le danger comme les jeunes prêtres avec l'Eucharistie, quand ils disent des messes blanches. En face de

Son regard attestait des efforts trahis, mille espérances trompées!

(LA PEAU DE CHAGRIN.)

la banque, un ou deux de ces fins spéculateurs, experts des chances du jeu, et semblables à d'anciens forçats qui ne s'effraient plus des galères, étaient venus là pour hasarder trois coups et remporter immédiatement le gain probable duquel ils vivaient. Deux vieux garçons de salle se promenaient nonchalamment les bras croisés, et de temps en temps regardaient le jardin par les fenêtres, comme pour montrer aux passants leurs plates figures, en guise d'enseigne. Le *tailleur* et le *banquier* venaient de jeter sur les ponteurs ce regard blême qui les tue, et disaient d'une voix grêle : — Faites le jeu ! quand le jeune homme ouvrit la porte. Le silence devint en quelque sorte plus profond, et les têtes se tournèrent vers le nouveau venu par curiosité. Chose inouïe ! les vieillards émoussés, les employés pétrifiés, les spectateurs, et jusqu'au fanatique Italien, tout en voyant l'inconnu éprouvèrent je ne sais quel sentiment épouvantable. Ne faut-il pas être bien malheureux pour obtenir de la pitié, bien faible pour exciter une sympathie, ou d'un bien sinistre aspect pour faire frissonner les âmes dans cette salle où les douleurs doivent être muettes, la misère gaie, le désespoir décent ! Eh bien ! il y avait de tout cela dans la sensation neuve qui remua ces cœurs glacés quand le jeune homme entra. Mais les bourreaux n'ont-ils pas quelquefois pleuré sur les vierges dont les blondes têtes devaient être coupées à un signal de la Révolution ? Au premier coup d'œil les joueurs lurent sur le visage du novice quelque horrible mystère : ses jeunes traits étaient empreints d'une grâce nébuleuse, son regard attestait des efforts trahis, mille espérances trompées ! La morne impassibilité du suicide donnait à son front une pâleur mate et maladive, un sourire amer dessinait de légers plis dans les coins de sa bouche, et sa physionomie exprimait une résignation qui faisait mal à voir. Quelque secret génie scintillait au fond de ses yeux, voilés peut-être par les fatigues du plaisir. Était-ce la débauche qui marquait de son sale cachet cette noble figure jadis pure et brûlante, maintenant dégradée ? Les médecins auraient sans doute attribué à des lésions au cœur ou à la poitrine le cercle jaune qui encadrait les paupières, et la rougeur qui marquait les joues, tandis que les poètes eussent voulu reconnaître à ces signes les ravages de la science, les traces de nuits passées à la lueur d'une lampe studieuse. Mais une passion plus mortelle que la maladie, une maladie plus impitoyable que l'étude et le génie, altéraient cette jeune tête, contractaient ces muscles vivaces, tordaient ce cœur qu'avaient seulement effleuré les orgies, l'étude et la maladie. Comme, lorsqu'un célèbre criminel arrive au bagne, les condamnés l'accueillent avec respect, ainsi tous ces démons humains, experts en tortures, saluèrent une douleur inouïe, une blessure profonde que sondait leur regard, et reconnurent un de leurs princes à la majesté de sa muette ironie, à l'élégante misère de ses vêtements. Le jeune homme avait bien un frac de bon goût, mais la jonction de son gilet et de sa cravate était trop savamment maintenue pour qu'on lui supposât du linge. Ses mains, jolies comme des mains de femme, étaient d'une douteuse propreté; enfin depuis deux jours il ne portait plus de gants! Si le tailleur et les garçons de salle eux-mêmes frissonnèrent, c'est que les enchantements de l'innocence florissaient par vestiges dans ses formes grêles et fines, dans ses cheveux blonds et rares, naturellement bouclés. Cette figure avait encore vingt-cinq ans, et le vice paraissait n'y être qu'un accident. La verte vie de la jeunesse y luttait encore avec les ravages d'une impuissante lubricité. Les ténèbres et la lumière, le néant et l'existence s'y combattaient en produisant tout à la fois de la grâce et de l'horreur. Le jeune homme se présentait là comme un ange sans rayons, égaré dans sa route. Aussi tous ces professeurs émérites de vice et d'infamie, semblables à une vieille femme édentée, prise de pitié à l'aspect d'une belle fille qui s'offre à la corruption, furent-ils prêts à crier au novice : — Sortez! Celui-ci marcha droit à la table, s'y tint debout, jeta sans calcul sur le tapis une pièce d'or qu'il avait à la main, et qui roula sur Noir; puis, comme les âmes fortes, abhorrant de chicanières incertitudes, il lança sur le tailleur un regard tout à la fois turbulent et calme. L'intérêt de ce coup était si grand que les vieillards ne firent pas de mise; mais l'Italien saisit avec le fanatisme de la passion une idée qui vint lui sourire, et ponta sa masse d'or en opposition au jeu de l'inconnu. Le banquier oublia de dire ces phrases qui se sont à la longue converties en un cri rauque et inintelligible : Faites le jeu! — Le jeu est fait! — Rien ne va plus. Le tailleur étala les cartes, et sembla souhaiter bonne chance au dernier venu, indifférent qu'il était à la perte ou au gain fait par les entrepreneurs de ces sombres plaisirs. Chacun des spectateurs voulut voir un drame et la dernière scène d'une noble vie dans le sort de cette pièce d'or; leurs yeux arrêtés sur les cartons fatidiques étincelèrent; mais, malgré l'attention avec laquelle ils regardèrent alternativement et le jeune homme et les cartes, ils ne purent apercevoir aucun symptôme d'émotion sur sa figure froide et résignée.

— Rouge, pair, passe, dit officiellement le tailleur.

Une espèce de râle sourd sortit de la poitrine de l'Italien lorsqu'il vit tomber un à un les billets pliés que lui lança le banquier. Quant au jeune homme, il ne comprit sa ruine qu'au moment où le rateau s'allongea pour ramasser son dernier napoléon. L'ivoire fit rendre un bruit sec à la pièce, qui, rapide comme une flèche, alla se réunir au tas d'or étalé devant la caisse. L'inconnu ferma les yeux doucement, ses lèvres blanchirent; mais il releva bientôt ses paupières, sa bouche reprit une rougeur de corail, il affecta l'air d'un Anglais pour qui la vie n'a plus de mystères, et disparut sans mendier une consolation par un de ces regards déchirants que les joueurs au désespoir lancent assez souvent sur la galerie. Combien d'événements se pressent dans l'espace d'une seconde, et que de choses dans un coup de dé !

— Voilà sans doute sa dernière cartouche, dit en souriant le croupier après un moment de silence pendant lequel il tint cette pièce d'or entre le pouce et l'index pour la montrer aux assistants.

— C'est un cerveau brûlé qui va se jeter à l'eau, répondit un habitué en regardant autour de lui les joueurs qui se connaissaient tous.

— Bah ! s'écria le garçon de chambre, en prenant une prise de tabac.

— Si nous avions imité monsieur? dit un des vieillards à ses collègues en désignant l'Italien.

Tout le monde regarda l'heureux joueur dont les mains tremblaient en comptant ses billets de banque.

— J'ai entendu, dit-il, une voix qui me criait dans l'oreille : Le Jeu aura raison contre le désespoir de ce jeune homme.

— Ce n'est pas un joueur, reprit le banquier, autrement il aurait groupé son argent en trois masses pour se donner plus de chances.

Le jeune homme passait sans réclamer son chapeau ; mais le vieux molosse, ayant remarqué le mauvais état de cette guenille, la lui rendit sans proférer une parole ; le joueur restitua la fiche par un mouvement machinal, et descendit les escaliers en sifflant *di tanti palpiti* d'un souffle si faible, qu'il en entendit à peine lui-même les notes délicieuses. Il se trouva bientôt sous les galeries du

Palais-Royal, alla jusqu'à la rue Saint-Honoré, prit le chemin des Tuileries et traversa le jardin d'un pas irrésolu. Il marchait comme au milieu d'un désert, coudoyé par des hommes qu'il ne voyait pas, n'écoutant à travers les clameurs populaires qu'une seule voix, celle de la mort; enfin perdu dans une engourdissante méditation, semblable à celle dont jadis étaient saisis les criminels qu'une charrette conduisait du Palais à la Grève, vers cet échafaud, rouge de tout le sang versé depuis 1793. Il existe je ne sais quoi de grand et d'épouvantable dans le suicide. Les chutes d'une multitude de gens sont sans danger, comme celles des enfants qui tombent de trop bas pour se blesser; mais quand un grand homme se brise, il doit venir de bien haut, s'être élevé jusqu'aux cieux, avoir entrevu quelque paradis inaccessible. Implacables doivent être les ouragans qui le forcent à demander la paix de l'âme à la bouche d'un pistolet. Combien de jeunes talents confinés dans une mansarde s'étiolent et périssent faute d'un ami, faute d'une femme consolatrice, au sein d'un million d'êtres, en présence d'une foule lassée d'or et qui s'ennuie. A cette pensée, le suicide prend des proportions gigantesques. Entre une mort volontaire et la féconde espérance dont la voix appelait un jeune homme à Paris, Dieu seul sait combien se heurtent de conceptions, de poésies abandonnées, de désespoirs et de cris étouffés, de tentatives inutiles et de chefs-d'œuvre avortés. Chaque suicide est un poème sublime de mélancolie. Où trouverez-vous, dans l'océan des littératures, un livre surnageant qui puisse lutter de génie avec ces lignes : *Hier, à quatre heures, une jeune femme s'est jetée dans la Seine du haut du Pont-des-Arts*. Devant ce laconisme parisien, les drames, les romans, tout pâlit, même ce vieux frontispice : *Les lamentations du glorieux roi de Kaërnavan, mis en prison par ses enfants;* dernier fragment d'un livre perdu, dont la seule lecture faisait pleurer ce Sterne, qui lui-même délaissait sa femme et ses enfants. L'inconnu fut assailli par mille pensées semblables, qui passaient en lambeaux dans son âme, comme des drapeaux déchirés voltigent au milieu d'une bataille. S'il déposait pendant un moment le fardeau de son intelligence et de ses souvenirs pour s'arrêter devant quelques fleurs dont les têtes étaient mollement balancées par la brise parmi les massifs de verdure, bientôt saisi par une convulsion de la vie qui regimbait encore sous la pesante idée du suicide, il levait les yeux au ciel : là, des nuages gris, des bouffées de vent chargées de tristesse, une atmosphère lourde, lui conseillaient encore de mourir. Il s'achemina vers le pont Royal en songeant aux dernières fantaisies de ses prédécesseurs. Il souriait en se rappelant que lord Castelreagh avait satisfait le plus humble de nos besoins avant de se couper la gorge, et que l'académicien Auger avait été chercher sa tabatière pour priser tout en marchant à la mort. Il analysait ces bizarreries et s'interrogeait lui-même, quand, en se serrant contre le parapet du pont, pour laisser passer un fort de la halle, celui-ci ayant légèrement blanchi la manche de son habit, il se surprit à en secouer soigneusement la poussière. Arrivé au point culminant de la voûte, il regarda l'eau d'un air sinistre. — Mauvais temps pour se noyer, lui dit en riant une vieille femme vêtue de haillons. Est-elle sale et froide, la Seine ! Il répondit par un sourire plein de naïveté qui attestait le délire de son courage, mais il frissonna tout à coup en voyant de loin, sur le port des Tuileries, la baraque surmontée d'un écriteau où ces paroles sont tracées en lettres hautes d'un pied : SECOURS AUX ASPHYXIÉS. M. Dacheux lui apparut armé de sa philanthropie, réveillant et faisant mouvoir ces vertueux avirons qui cassent la tête aux noyés, quand malheureusement ils remontent sur l'eau : il l'aperçut ameutant les curieux, quêtant un médecin, apprêtant des fumigations ; il lut les doléances des journalistes, écrites entre les joies d'un festin et le sourire d'une danseuse ; il entendit sonner les écus comptés à des bateliers pour sa tête par le préfet de la Seine. Mort, il valait cinquante francs, mais vivant il n'était qu'un homme de talent sans protecteurs, sans amis, sans paillasse, sans tambour, un véritable zéro social, inutile à l'État, qui n'en avait aucun souci. Une mort en plein jour lui parut ignoble, il résolut de mourir pendant la nuit, afin de livrer un cadavre indéchiffrable à cette société qui méconnaissait la grandeur de sa vie. Il continua donc son chemin, et se dirigea vers le quai Voltaire, en prenant la démarche indolente d'un désœuvré qui veut tuer le temps. Quand il descendit les marches qui terminent le trottoir du pont, à l'angle du quai, son attention fut excitée par les bouquins étalés sur le parapet ; peu s'en fallut qu'il n'en marchandât quelques-uns. Il se prit à sourire, remit philosophiquement les mains dans ses goussets, et allait reprendre son allure d'insouciance où perçait un froid dédain, quand il entendit avec surprise quelques pièces retentir d'une manière véritablement fantastique au fond de sa poche.

Un sourire d'espérance illumina son visage, glissa de ses lèvres sur ses traits, sur son front, fit briller de joie ses yeux et ses joues sombres. Cette étincelle de bonheur ressemblait à ces feux qui courent dans les vestiges d'un papier déjà consumé par la flamme: mais le visage eut le sort des cendres noires; il redevint triste quand l'inconnu, ayant vivement retiré la main de son gousset, aperçut trois gros sous.

— Ah! mon bon monsieur, *la carita! la carita! cata-rina!* Un petit sou pour avoir du pain! Un jeune ramoneur dont la figure bouffie était noire, le corps brun de suie, les vêtements déguenillés, tendit la main à cet homme pour lui arracher ses derniers sous. A deux pas du petit Savoyard, un vieux pauvre honteux, maladif, souffreteux, ignoblement vêtu d'une tapisserie trouée, lui dit d'une grosse voix sourde: — Monsieur, donnez-moi *ce que vous voulez*, je prierai Dieu pour vous... Mais quand l'homme jeune eut regardé le vieillard, celui-ci se tut et ne demanda plus rien, reconnaissant peut-être sur ce visage funèbre la livrée d'une misère plus âpre que n'était la sienne. — *La carita! la carita!* L'inconnu jeta sa monnaie à l'enfant et au vieux pauvre en quittant le trottoir pour aller vers les maisons, il ne pouvait plus supporter le poignant aspect de la Seine. — Nous prierons Dieu pour la conservation de vos jours, lui dirent les deux mendiants.

En arrivant à l'étalage d'un marchand d'estampes, cet homme presque mort rencontra une jeune femme qui descendait d'un brillant équipage. Il contempla délicieusement cette charmante personne dont la blanche figure était harmonieusement encadrée dans le satin d'un élégant chapeau; il fut séduit par une taille svelte, par de jolis mouvements; la robe, légèrement relevée par le marchepied, lui laissa voir une jambe dont les fins contours étaient dessinés par un bas blanc et bien tiré. La jeune femme entra dans le magasin, y marchanda des albums, des collections de lithographies; elle en acheta pour plusieurs pièces d'or qui étincelèrent et sonnèrent sur le comptoir. Le jeune homme, en apparence occupé sur le seuil de la porte à regarder les gravures exposées dans la montre, échangea vivement avec la belle inconnue l'œillade la plus perçante que puisse lancer un homme, contre un de ces coups d'œil insouciants jetés au hasard sur les passants. C'était, de sa part, un adieu à l'amour, à la femme! mais cette dernière et puissante interrogation ne lut pas comprise, ne remua pas ce cœur de femme frivole, ne la fit pas rougir, ne lui fit pas baisser les yeux. Qu'était-ce pour elle? une admiration de plus, un désir inspiré qui le soir lui suggérait cette douce parole : J'étais *bien* aujourd'hui. Le jeune homme passa promptement à un autre cadre, et ne se retourna point quand l'inconnu remonta dans sa voiture. Les chevaux partirent, cette dernière image du luxe et de l'élégance s'éclipsa comme allait s'éclipser sa vie. Il se mit à marcher d'un pas mélancolique le long des magasins, en examinant sans beaucoup d'intérêt les échantillons de marchandises. Quand les boutiques lui manquèrent, il étudia le Louvre, l'Institut, les tours de Notre-Dame, celles du Palais, le Pont-des-Arts. Ces monuments paraissaient prendre une physionomie triste en réfléchant les teintes grises du ciel, dont les rares clartés prêtaient un air menaçant à Paris, qui, pareil à une jolie femme, est soumis à d'inexplicables caprices de laideur et de beauté. Ainsi, la nature elle-même conspirait à le plonger dans une extase douloureuse. En proie à cette puissance malfaisante dont l'action dissolvante trouve un véhicule dans le fluide qui circule en nos nerfs, il sentait son organisme arriver insensiblement aux phénomènes de la fluidité. Les tourments de cette agonie lui imprimaient un mouvement semblable à celui des vagues, et lui faisaient voir les bâtiments, les hommes, à travers un brouillard où tout ondoyait. Il voulut se soustraire aux titillations que produisaient sur son âme les réactions de la nature physique, et se dirigea vers un magasin d'antiquités dans l'intention de donner une pâture à ses sens, ou d'y attendre la nuit en marchandant des objets d'art. C'était, pour ainsi dire, quêter du courage et demander un cordial, comme les criminels qui se défient de leurs forces en allant à l'échafaud; mais la conscience de sa prochaine mort rendit pour un moment au jeune homme l'assurance d'une duchesse qui a deux amants, et il entra chez le marchand de curiosités d'un air dégagé, laissant voir sur ses lèvres un sourire fixe comme celui d'un ivrogne. N'était-il pas ivre de la vie, ou peut-être de la mort. Il retomba bientôt dans ses vertiges, et continua d'apercevoir les choses sous d'étranges couleurs, ou animées d'un léger mouvement dont le principe était sans doute dans une irrégulière circulation de son sang, tantôt bouillonnant comme une cascade, tantôt tranquille et fade comme l'eau tiède. Il demanda simplement à visiter les magasins pour chercher s'ils ne renfermaient pas quelques singularités à sa convenance. Un jeune garçon à figure fraîche et joufflue, à chevelure rousse, et coiffé d'une casquette de loutre, commit la garde de la boutique à une vieille paysanne, espèce de *Caliban* femelle occupée à nettoyer un poêle dont les merveilles étaient dues au génie de Bernard de Palissy; puis il dit à l'étranger d'un air insouciant : — Voyez, monsieur, voyez ! Nous n'avons en bas que des choses assez ordinaires ; mais si vous voulez prendre la peine de monter au premier étage, je pourrai vous montrer de fort belles momies du Caire, plusieurs poteries incrustées, quelques ébènes sculptés, *vraie renaissance*, récemment arrivés, et qui sont de toute beauté.

Dans l'horrible situation où se trouvait l'inconnu, ce babil de cicérone, ces phrases sottement mercantiles furent pour lui comme les taquineries mesquines par lesquelles des esprits étroits assassinent un homme de génie. Portant sa croix jusqu'au bout, il parut écouter son conducteur et lui répondit par gestes ou par monosyllabes ; mais insensiblement il sut conquérir le droit d'être silencieux, et put se livrer sans crainte à ses dernières méditations, qui furent terribles. Il était poète, et son âme rencontra fortuitement une immense pâture : il devait voir par avance les ossements de vingt mondes. Au premier coup d'œil, les magasins lui offrirent un tableau confus, dans lequel toutes les œuvres humaines et divines se heurtaient. Des crocodiles, des singes, des boas empaillés souriaient à des vitraux d'église, semblaient vouloir mordre des bustes, courir après des laques, ou grimper sur des lustres. Un vase de Sèvres, où madame Jacotot avait peint Napoléon, se trouvait auprès d'un sphinx dédié à Sésostris. Le commencement du monde et les événements d'hier se mariaient avec une grotesque bonhomie. Un tournebroche était posé sur un ostensoir, un sabre républicain sur une hacquebute du moyen-âge. Madame Dubarry peinte au pastel par Latour, une étoile sur la tête, nue et dans un nuage, paraissait contempler avec concupiscence une chibouque indienne, en cherchant à deviner l'utilité des spirales qui serpentaient vers elle. Les instruments de mort, poignards, pistolets curieux, armes à secret, étaient jetés pêle-mêle avec des instruments de vie : soupières en porcelaine, assiettes de Saxe, tasses orientales venues de Chine, salières antiques, drageoirs féodaux. Un vaisseau d'ivoire voguait à pleines voiles sur le dos d'une immobile tortue. Une machine pneumatique éborgnait l'empereur Auguste, majestueusement impassible. Plusieurs portraits d'échevins français, de bourgmestres hollandais, insensibles alors comme pendant leur vie, s'élevaient au-dessus de ce chaos d'antiquités, en y lançant un regard pâle et froid. Tous les pays de la terre semblaient avoir apporté là un débris de leurs sciences, un échantillon de leurs arts. C'était une espèce de fumier philosophique auquel rien ne manquait, ni le calumet du sauvage, ni la pantoufle vert et or du sérail, ni le yatagan du Maure, ni l'idole des Tartares; il y avait jusqu'à la blague à tabac du soldat, jusqu'au ciboire du prêtre, jusqu'aux plumes d'un trône. Ces monstrueux tableaux étaient encore assujettis à mille accidents de lumière, par la bizarrerie d'une multitude de reflets dus à la confusion des nuances, à la brusque opposition des jours et des noirs. L'oreille croyait entendre des cris interrompus, l'esprit saisir des drames inachevés, l'œil apercevoir des lueurs mal étouffées. Enfin une poussière obstinée avait jeté son léger voile sur tous ces objets, dont les angles multipliés et les sinuosités nombreuses produisaient les effets les plus pittoresques. L'inconnu compara d'abord ces trois salles gorgées de civilisation, de cultes, de divinités, de chefs-d'œuvre, de royautés, de débauches, de raison et de folie, à un miroir plein de facettes dont chacune représentait un monde. Après cette impression brumeuse, il voulut choisir ses jouissances; mais à force de regarder, de penser, de rêver, il tomba sous la puissance d'une fièvre due peut-être à la faim qui rugissait dans ses entrailles. La vue de tant d'existences nationales ou individuelles, attestées par ces gages humains qui leur survivaient, acheva d'engourdir les sens du jeune homme; le désir qui l'avait poussé dans le magasin fut exaucé : il sortit de la vie réelle, monta par degrés vers un monde idéal, arriva dans les palais enchantés de l'extase où l'univers lui apparut par bribes et en traits de feu, comme l'avenir passa jadis flamboyant aux yeux de saint Jean dans Pathmos.

Une multitude de figures endolories, gracieuses et terribles, obscures et lucides, lointaines et rapprochées, se leva par masses, par myriades, par générations. L'Égypte, roide, mystérieuse, se dressa de ses sables, représentée par une momie qu'enveloppaient des bandelettes noires : les Pharaons ensevelissant des peuples pour se construire une tombe; Moïse, les Hébreux, le désert : il entrevit tout un monde antique et solennel. Fraîche et suave, une statue de marbre assise sur une colonne torse et rayonnant de blancheur lui parla des mythes voluptueux de la Grèce et de l'Ionie. Ah! qui n'aurait souri comme lui, de voir sur un fond rouge, la jeune fille brune dansant dans la fine argile d'un vase étrusque devant le dieu Priape qu'elle saluait d'un air joyeux? en regard, une reine latine caressait sa chimère avec amour! Les caprices de la Rome impériale respiraient là tout entiers et révélaient le bain, la couche, la toilette d'une Julie indolente, songeuse, attendant son Tibulle. Armée du pouvoir des talismans arabes, la tête de Cicéron évoquait les souvenirs de la Rome libre et lui déroulait les pages de Tite-Live : le jeune homme contempla *Senatus Populusque romanus* : le consul, les licteurs, les toges bordées de pourpre, les luttes du Forum, le peuple courroucé défilaient lentement devant lui comme les vaporeuses figures d'un rêve. Enfin la Rome chrétienne dominait ces images. Une peinture ouvrait les cieux : il y voyait la Vierge Marie plongée dans un nuage d'or, au sein des anges, éclipsant la gloire du soleil, écoutant les plaintes des malheureux auxquels cette Ève régénérée souriait d'un air doux. En touchant une mosaïque faite avec les différentes laves du Vésuve et de l'Etna, son âme s'élançait dans la chaude et fauve Italie : il assistait aux orgies des Borgia, courait dans les Abruzzes, aspirait aux amours italiennes, se passionnait pour les blancs visages aux longs yeux noirs. Il frémissait des dénoûments nocturnes interrompus par la froide épée d'un mari, en apercevant une dague du moyen-âge dont la poignée était travaillée comme l'est une dentelle, et dont la rouille ressemblait à des taches de sang. L'Inde et ses religions revivaient dans un magot chinois coiffé de son chapeau pointu, à losanges relevées, paré de clochettes, vêtu d'or et de soie. Près du magot, une natte, jolie comme la bayadère qui s'y était roulée, exhalait encore les odeurs du sandal. Un monstre du Japon dont les yeux restaient tordus, la bouche contournée, les embres torturés, réveillait l'âme par les inventions d'un peuple qui, fatigué du beau toujours unitaire, trouve d'ineffables plaisirs dans la fécondité des laideurs. Une salière sortie des ateliers de Benvenuto Cellini le reportait au sein de la renaissance, au temps où les arts et la licence fleurissaient, où les souverains se divertissaient à des supplices, où les conciles couchés dans les bras des courtisanes décrétaient la chasteté pour les simples prêtres. Il vit les conquêtes d'Alexandre sur un camée, les massacres de Pizarre dans une arquebuse à mèche, les guerres de religion échevelées,

bouillantes, cruelles, au fond d'un casque. Puis, les riantes images
de la chevalerie sourdirent d'une armure de Milan supérieurement
damasquinée, bien fourbie, et sous la visière de laquelle brillaient
encore les yeux d'un paladin.

Cet océan de meubles, d'inventions, de modes, d'œuvres, de
ruines, lui composait un poème sans fin. Formes, couleurs, pensées, tout revivait là ; mais rien de complet ne s'offrait à l'âme. Le
poète devait achever les croquis du grand peintre qui avait fait cette
immense palette où les innombrables accidents de la vie humaine
étaient jetés à profusion, avec dédain. Après s'être emparé du
monde, après avoir contemplé des pays, des âges, des règnes, le
jeune homme revint à des existences individuelles. Il se repersonnifia, s'empara des détails en repoussant la vie des nations comme
trop accablante pour un seul homme.

Là dormait un enfant en cire, sauvé du cabinet de Ruysch, et
cette ravissante créature lui rappelait les joies de son jeune âge.
Au prestigieux aspect du pagne virginal de quelque jeune fille d'Otaïti, sa brûlante imagination lui peignait la vie simple de la nature, la chaste nudité de la vraie pudeur, les délices de la paresse
si naturelle à l'homme, toute une destinée calme au bord d'un
ruisseau frais et rêveur, sous un bananier, qui dispensait une
manne savoureuse, sans culture. Mais tout à coup il devenait corsaire, et revêtait la terrible poésie empreinte dans le rôle de Lara ;
vivement inspiré par les couleurs nacrées de mille coquillages,
exalté par la vue de quelques madrépores qui sentaient le varech,
les algues et les ouragans atlantiques. Admirant plus loin les délicates miniatures, les arabesques d'azur et d'or qui enrichissaient
quelque précieux missel manuscrit, il oubliait les tumultes de la
mer. Mollement balancé dans une pensée de paix, il épousait de
nouveau l'étude et la science, souhaitait la grasse vie des moines
exempte de chagrins, exempte de plaisirs, et se couchait au fond
d'une cellule, en contemplant par sa fenêtre en ogive les prairies,
les bois, les vignobles de son monastère. Devant quelques Teniers,
il endossait la casaque d'un soldat ou la misère d'un ouvrier ; il désirait porter le bonnet sale et enfumé des Flamands, s'enivrait de
bière, jouait aux cartes avec eux, et souriait à une grosse paysanne
d'un attrayant embonpoint. Il grelottait en voyant une tombée de
neige de Mieris, ou se battait en regardant un combat de Salvator
Rosa. Il caressait un tomhawk d'Illinois, et sentait le scalpel d'un

Chérokée qui lui enlevait la peau du crâne. Émerveillé à l'aspect d'un rebec, il le confiait à la main d'une châtelaine dont il écoutait la romance mélodieuse en lui déclarant son amour, le soir, auprès d'une cheminée gothique, dans la pénombre où se perdait un regard de consentement. Il s'accrochait à toutes les joies, saisissait toutes les douleurs, s'emparait de toutes les formules d'existence en éparpillant si généreusement sa vie et ses sentiments sur les simulacres de cette nature plastique et vide, que le bruit de ses pas retentissait dans son âme comme le son lointain d'un autre monde, comme la rumeur de Paris arrive sur les tours de Notre-Dame.

En montant l'escalier intérieur qui conduisait aux salles situées au premier étage, il vit des boucliers votifs, des panoplies, des tabernacles sculptés, des figures en bois pendues aux murs, posées sur chaque marche. Poursuivi par les formes les plus étranges, par des créations merveilleuses assises sur les confins de la mort et de la vie, il marchait dans les enchantements d'un songe ; enfin, doutant de son existence, il était comme ces objets curieux, ni tout à fait mort, ni tout à fait vivant. Quand il entra dans les nouveaux magasins, le jour commençait à pâlir ; mais la lumière semblait inutile aux richesses resplendissantes d'or et d'argent qui s'y trouvaient entassées. Les plus coûteux caprices de dissipateurs morts sous des mansardes après avoir possédé plusieurs millions, étaient dans ce vaste bazar des folies humaines. Une écritoire payée cent mille francs et rachetée pour cent sous, gisait auprès d'une serrure à secret dont le prix aurait suffi jadis à la rançon d'un roi. Là, le génie humain apparaissait dans toutes les pompes de sa misère, dans toute la gloire de ses petitesses gigantesques. Une table d'ébène, véritable idole d'artiste, sculptée d'après les dessins de Jean Goujon et qui coûta jadis plusieurs années de travail, avait été peut-être acquise au prix du bois à brûler. Des coffrets précieux, des meubles faits par la main des fées, y étaient dédaigneusement amoncelés.

— Vous avez des millions ici, s'écria le jeune homme en arrivant à la pièce qui terminait une immense enfilade d'appartements dorés et sculptés par des artistes du siècle dernier.

— Dites des milliards, répondit le gros garçon joufflu. Mais ce n'est rien encore ; montez au troisième étage, et vous verrez !

L'inconnu suivit son conducteur et parvint à une quatrième galerie où successivement passèrent devant ses yeux fatigués plusieurs tableaux du Poussin, une sublime statue de Michel-Ange, quelques ravissants paysages de Claude Lorrain, un Gérard Dow qui ressemblait à une page de Sterne, des Rembrandt, des Murillo, des Velasquez sombres et colorés comme un poème de lord Byron ; puis des bas-reliefs antiques, des coupes d'agate, des onyx merveilleux enfin c'était des travaux à dégoûter du travail, des chefs-d'œuvre accumulés à faire prendre en haine les arts et à tuer l'enthousiasme. Il arriva devant une vierge de Raphaël, mais il était las de Raphaël ; une figure de Corrège qui voulait un regard ne l'obtint même pas ; un vase inestimable en porphyre antique et dont les sculptures circulaires représentaient, de toutes les priapées romaines, la plus grotesquement licencieuse, délice de quelque Corinne, eut à peine un sourire. Il étouffait sous les débris de cinquante siècles évanouis, il était malade de toutes ces pensées humaines, assassiné par le luxe et les arts, oppressé sous ces formes renaissantes qui, pareilles à des monstres enfantés sous ses pieds par quelque malin génie, lui livraient un combat sans fin. Semblable en ses caprices à la chimie moderne qui résume la création par un gaz, l'âme ne compose-t-elle pas de terribles poisons par la rapide concentration de ses jouissances, de ses forces ou de ses idées ? Beaucoup d'hommes ne périssent-ils pas sous le foudroiement de quelque acide moral soudainement épandu dans leur être intérieur ?

— Que contient cette boîte ? demanda-t-il en arrivant à un grand cabinet, dernier monceau de gloire, d'efforts humains, d'originalités, de richesses, parmi lesquelles il montra du doigt une grande caisse carrée, construite en acajou, suspendue à un clou par une chaîne d'argent.

— Ah ! monsieur en a la clef, dit le gros garçon avec un air de mystère. Si vous désirez voir ce portrait, je me hasarderai volontiers à le prévenir.

— Vous hasarder ! reprit le jeune homme. Votre maître est-il un prince ?

— Mais, je ne sais pas, répondit le garçon.

Ils se regardèrent pendant un moment aussi étonnés l'un que l'autre. L'apprenti interpréta le silence de l'inconnu comme un souhait, et le laissa seul dans le cabinet.

Vous êtes-vous jamais lancé dans l'immensité de l'espace et du temps, en lisant les œuvres géologiques de Cuvier ? Emporté par son génie, avez-vous plané sur l'abîme sans bornes du passé comme soutenu par la main d'un enchanteur? En découvrant de tranche en tranche, de couche en couche, sous les carrières de Montmartre ou dans les schistes de l'Oural, ces animaux dont les dépouilles fossilisées appartiennent à des civilisations antédiluviennes, l'âme est effrayée d'entrevoir des milliards d'années, des millions de peuples que la faible mémoire humaine, que l'indestructible tradition divine ont oubliés et dont la cendre, poussée à la surface de notre globe, y forme les deux pieds de terre qui nous donnent du pain et des fleurs. Cuvier n'est-il pas le plus grand poète de notre siècle? Lord Byron a bien reproduit par des mots quelques agitations morales; mais notre immortel naturaliste a reconstruit des mondes avec des os blanchis, a rebâti comme Cadmus des cités avec des dents, a repeuplé mille forêts de tous les mystères de la zoologie avec quelques fragments de houille, a retrouvé des populations de géants dans le pied d'un mammouth. Ces figures se dressent, grandissent et meublent des régions en harmonie avec leurs statures colossales. Il est poète avec des chiffres, il est sublime en posant un zéro près d'un sept. Il réveille le néant sans prononcer des paroles grandement magiques; il fouille une parcelle de gypse, y aperçoit une empreinte, et vous crie: Voyez! Soudain les marbres s'animalisent, la mort se vivifie, le monde se déroule! Après d'innombrables dynasties de créatures gigantesques, après des races de poissons et des clans de mollusques, arrive enfin le genre humain, produit dégénéré d'un type grandiose, brisé peut-être par le Créateur. Échauffés par son regard rétrospectif, ces hommes chétifs, nés d'hier, peuvent franchir le chaos, entonner un hymne sans fin et se configurer le passé de l'univers dans une sorte d'Apocalypse rétrograde. En présence de cette épouvantable résurrection due à la voix d'un seul homme, la miette dont l'usufruit nous est concédé dans cet infini sans nom, commun à toutes les sphères et que nous avons nommé LE TEMPS, cette minute de vie nous fait pitié. Nous nous demandons, écrasés que nous sommes sous tant d'univers en ruines, à quoi bon nos gloires, nos haines, nos amours; et si, pour devenir un point intangible dans l'avenir, la peine de vivre doit s'accepter? Déracinés du présent, nous sommes morts jusqu'à ce que notre valet de chambre entre et vienne nous dire: Madame la comtesse a répondu qu'elle attendait monsieur.

Les merveilles dont l'aspect venait de présenter au jeune homme toute la création connue mirent dans son âme l'abattement que produit chez le philosophe la vue scientifique des créations inconnues : il souhaita plus vivement que jamais de mourir, et tomba sur une chaise curule en laissant errer ses regards à travers les fantasmagories de ce panorama du passé. Les tableaux s'illuminèrent, les têtes de vierge lui sourirent, et les statues se colorèrent d'une vie trompeuse. A la faveur de l'ombre, et mises en danse par la fiévreuse tourmente qui fermentait dans son cerveau brisé, ces œuvres s'agitèrent et tourbillonnèrent devant lui : chaque magot lui jeta sa grimace, les yeux des personnages représentés dans les tableaux remuèrent en pétillant ; chacune de ces formes frémit, sautilla, se détacha de sa place, gravement, légèrement, avec grâce ou brusquerie, selon ses mœurs, son caractère et sa contexture. Ce fut un mystérieux sabbat digne des fantaisies entrevues par le docteur Faust sur le *Brocken*. Mais ces phénomènes d'optique enfantés par la fatigue, par la tension des forces oculaires ou par les caprices du crépuscule, ne pouvaient effrayer l'inconnu. Les terreurs de la vie étaient impuissantes sur une âme familiarisée avec les terreurs de la mort. Il favorisa même par une sorte de complicité railleuse les bizarreries de ce galvanisme moral dont les prodiges s'accouplaient aux dernières pensées qui lui donnaient encore le sentiment de l'existence. Le silence régnait si profondément autour de lui, que bientôt il s'aventura dans une douce rêverie dont les impressions graduellement noires suivirent, de nuance en nuance et comme par magie, les lentes dégradations de la lumière. Une lueur prête à quitter le ciel ayant fait reluire un dernier reflet rouge en luttant contre la nuit, il leva la tête, vit un squelette à peine éclairé qui le montra du doigt, et pencha dubitativement le crâne de droite à gauche, comme pour lui dire : Les morts ne veulent pas encore de toi ! En passant la main sur son front pour en chasser le sommeil, le jeune homme sentit distinctement un vent frais produit par je ne sais quoi de velu qui lui effleura les joues, et frissonna. Les vitres ayant retenti d'un claquement sourd, il pensa que cette froide caresse digne des mystères de la tombe lui avait été faite par quelque chauve-souris. Pendant un moment encore, les vagues reflets du couchant lui permirent d'apercevoir indistinctement les fantômes par lesquels il était entouré ; puis toute cette nature morte s'abolit dans une même teinte noire. La nuit, l'heure de mourir était subitement venue. Il s'écoula, dès ce moment, un certain laps de temps pendant lequel il n'eut aucune perception claire des choses terrestres, soit qu'il se fût enseveli dans une rêverie profonde, soit qu'il eût cédé à la somnolence provoquée par ses fatigues et par la multitude des pensées qui lui déchiraient le cœur. Tout à coup il crut avoir été appelé pas une voix terrible, et tressaillit comme lorsqu'au milieu d'un brûlant cauchemar nous sommes précipités d'un seul bond dans les profondeurs d'un abîme. Il ferma les yeux ; les rayons d'une vive lumière l'éblouissaient ; il voyait briller au sein des ténèbres une sphère rougeâtre dont le centre était occupé par un petit vieillard qui se tenait debout et dirigeait sur lui la clarté d'une lampe. Il ne l'avait entendu ni venir, ni parler, ni se mouvoir. Cette apparition eut quelque chose de magique. L'homme le plus intrépide, surpris ainsi dans son sommeil, aurait sans doute tremblé devant ce personnage extraordinaire qui semblait être sorti d'un sarcophage voisin. La singulière jeunesse qui animait les yeux immobiles de cette espèce de fantôme empêchait l'inconnu de croire à des effets surnaturels ; néanmoins, pendant le rapide intervalle qui sépara sa vie somnambulique de sa vie réelle, il demeura dans le doute philosophique recommandé par Descartes, et fut alors, malgré lui, sous la puissance de ces inexplicables hallucinations dont les mystères sont condamnés par notre fierté ou que notre science impuissante tâche en vain d'analyser.

Figurez-vous un petit vieillard sec et maigre, vêtu d'une robe en velours noir, serrée autour de ses reins par un gros cordon de soie. Sur sa tête, une calotte en velours également noir laissait passer, de chaque côté de la figure, les longues mèches de ses cheveux blancs et s'appliquait sur le crâne de manière à rigidement encadrer le front. La robe ensevelissait le corps comme dans un vaste linceul, et ne permettait de voir d'autre forme humaine qu'un visage étroit et pâle. Sans le bras décharné, qui ressemblait à un bâton sur lequel on aurait posé une étoffe et que le vieillard tenait en l'air pour faire porter sur le jeune homme toute la clarté de la lampe, ce visage aurait paru suspendu dans les airs. Une barbe grise et taillée en pointe cachait le menton de cet être bizarre, et lui donnait l'apparence de ces têtes judaïques qui servent de types aux artistes quand ils veulent représenter Moïse. Les lèvres de cet homme étaient si décolorées, si minces, qu'il fallait une attention particulière pour deviner la ligne tracée par la bouche dans son blanc visage. Son large front ridé, ses joues blêmes et creuses, la rigueur implacable de ses petits yeux verts, dénués de cils et de sourcils, pouvaient faire croire à l'inconnu que le *Peseur d'or* de Gérard Dow était sorti de son cadre. Une finesse d'inquisiteur, trahie par les sinuosités de ses rides et par les plis circulaires dessinés sur ses tempes, accusait une science profonde des choses de la vie. Il était impossible de tromper cet homme qui semblait avoir le don de surprendre les pensées au fond des cœurs les plus discrets. Les mœurs de toutes les nations du globe et leurs sagesses se résumaient sur sa face froide, comme les productions du monde entier se trouvaient accumulées dans ses magasins poudreux; vous y auriez lu la tranquillité lucide d'un Dieu qui voit tout, ou la force orgueilleuse d'un homme qui a tout vu. Un peintre aurait, avec deux expressions différentes et en deux coups de pinceau, fait de cette figure une belle image du Père Éternel ou le masque ricaneur du Méphistophélès, car il se trouvait tout ensemble une suprême puissance dans le front et de sinistres railleries sur la bouche. En broyant toutes les peines humaines sous un pouvoir immense, cet homme devait avoir tué les joies terrestres. Le moribond frémit en pressentant que ce vieux génie habitait une sphère étrangère au monde où il vivait seul, sans jouissances, parce qu'il n'avait plus d'illusion; sans douleur, parce qu'il ne connaissait plus de plaisirs. Le vieillard se tenait debout, immobile, inébranlable comme une étoile au milieu d'un nuage de lumière; ses yeux verts, pleins de ne je sais quelle malice calme, semblaient éclairer le monde moral comme sa lampe illuminait ce cabinet mystérieux. Tel fut le spectacle étrange qui surprit le jeune homme au moment où il ouvrit les yeux, après avoir été bercé par des pensées de mort et de fantasques images. S'il demeura comme étourdi, s'il se laissa momentanément dominer par une croyance digne d'enfants qui écoutent les contes de leurs nourrices, il faut attribuer cette erreur au voile étendu sur sa vie et sur son entendement par ses méditations, à l'agacement de ses nerfs irrités, au drame violent dont les scènes venaient de lui prodiguer les atroces délices contenues dans un morceau d'opium. Cette vision avait lieu dans Paris, sur le quai Voltaire, au dix-neuvième siècle, temps et lieux où la magie devait être impossible. Voisin de la maison où le dieu de l'incrédulité française avait expiré, disciple de Gay-Lussac et d'Arago, contempteur des tours de gobelets que font les hommes du pouvoir, l'inconnu n'obéissait sans doute qu'aux fascinations poétiques dont il avait accepté les prestiges et auxquelles nous nous prêtons souvent comme pour fuir de désespérantes vérités, comme pour tenter la puissance de Dieu. Il trembla donc devant cette lumière et ce vieillard, agité par l'inexplicable pressentiment de quelque pouvoir étrange ; mais cette émotion était semblable à celle que nous avons tous éprouvée devant Napoléon, ou en présence de quelque grand homme brillant de génie et revêtu de gloire.

— Monsieur désire voir le portrait de Jésus-Christ peint par Raphaël ? lui dit courtoisement le vieillard d'une voix dont la sonorité claire et brève avait quelque chose de métallique. Et il posa la lampe sur le fût d'une colonne brisée, de manière à ce que la boîte brune reçût toute la clarté.

Aux noms religieux de Jésus-Christ et de Raphaël, il échappa au jeune homme un geste de curiosité, sans doute attendu par le marchand qui fit jouer un ressort. Soudain le panneau d'acajou glissa dans une rainure, tomba sans bruit et livra la toile à l'admiration de l'inconnu. A l'aspect de cette immortelle création, il oublia les fantaisies du magasin, les caprices de son sommeil, redevint homme, reconnut dans le vieillard une créature de chair, bien vivante, nullement fantasmagorique, et revécut dans le monde réel. La tendre sollicitude, la douce sérénité du divin visage influèrent aussitôt sur lui. Quelque parfum épanché des cieux dissipa les tortures infernales qui lui brûlaient la moelle des os. La tête du Sauveur des hommes paraissait sortir des ténèbres figurées par un fond noir ; une auréole de rayons étincelait vivement autour de sa chevelure d'où cette lumière voulait sortir ; sous le front, sous les chairs, il y avait une éloquente conviction qui s'échappait de chaque trait par de pénétrantes effluves ; les lèvres vermeilles venaient de faire entendre la parole de vie, et le spectateur en cherchait le retentissement sacré dans les airs, il en demandait les ravissantes paraboles au silence, il l'écoutait dans l'avenir, la retrouvait dans les enseignements du passé. L'Évangile était traduit par la simplicité calme de ces adorables yeux où se réfugiaient les âmes troublées ; enfin sa religion se lisait tout entière en un suave et magnifique sourire qui semblait exprimer ce précepte où elle se résume : *Aimez-vous les uns les autres !*

Cette peinture inspirait une prière, recommandait le pardon, étouffait l'égoïsme, réveillait toutes les vertus endormies. Partageant le privilége des enchantements de la musique, l'œuvre de Raphaël vous jetait sous le charme impérieux des souvenirs, et son triomphe était complet, on oubliait le peintre. Le prestige de la lumière agissait encore sur cette merveille; par moments il semblait que la tête s'élevât dans le lointain, au sein de quelque nuage.

— J'ai couvert cette toile de pièces d'or, dit froidement le marchand.

— Eh! bien, il va falloir mourir, s'écria le jeune homme qui sortait d'une rêverie dont la dernière pensée l'avait ramené vers sa fatale destinée, en le faisant descendre, par d'insensibles déductions, d'une dernière espérance à laquelle il s'était attaché.

— Ah! ah! j'avais donc raison de me méfier de toi, répondit le vieillard en saisissant les deux mains du jeune homme qu'il serra par les poignets dans l'une des siennes, comme dans un étau.

L'inconnu sourit tristement de cette méprise et dit d'une voix douce : — Hé! monsieur, ne craignez rien, il s'agit de ma vie et non de la vôtre. Pourquoi n'avouerais-je pas une innocente supercherie, reprit-il après avoir regardé le vieillard inquiet. En attendant la nuit, afin de pouvoir me noyer sans esclandre, je suis venu voir vos richesses. Qui ne pardonnerait ce dernier plaisir à un homme de science et de poésie?

Le soupçonneux marchand examina d'un œil sagace le morne visage de son faux chaland tout en l'écoutant parler. Rassuré bientôt par l'accent de cette voix douloureuse, ou lisant peut-être dans ces traits décolorés les sinistres destinées qui naguère avaient fait frémir les joueurs, il lâcha les mains; mais par un reste de suspicion qui révéla une expérience au moins centenaire, il étendit nonchalamment le bras vers un buffet comme pour s'appuyer, et dit en y prenant un stylet : — Êtes-vous depuis trois ans surnuméraire au trésor, sans y avoir touché de gratification?

L'inconnu ne put s'empêcher de sourire en faisant un geste négatif.

— Votre père vous a-t-il trop vivement reproché d'être venu au monde, ou bien êtes-vous déshonoré?

— Si je voulais me déshonorer, je vivrais.

— Avez-vous été sifflé aux Funambules, ou vous trouvez-vous obligé de composer des flons flons pour payer le convoi de votre maîtresse? N'auriez-vous pas plutôt la maladie de l'or? voulez-vous détrôner l'ennui? Enfin, quelle erreur vous engage à mourir?

— Ne cherchez pas le principe de ma mort dans les raisons vulgaires qui commandent la plupart des suicides. Pour me dispenser de vous dévoiler des souffrances inouïes et qu'il est difficile l'exprimer en langage humain, je vous dirai que je suis dans la plus profonde, la plus ignoble, la plus perçante de toutes les misères. Et, ajouta-t-il d'un ton de voix dont la fierté sauvage démentait ses paroles précédentes, je ne veux mendier ni secours ni consolations.

— Eh! eh! Ces deux syllabes que d'abord le vieillard fit entendre pour toute réponse ressemblèrent au cri d'une crécelle. Puis il reprit ainsi : — Sans vous forcer à m'implorer, sans vous faire rougir, et sans vous donner un centime de France, un parat du Levant, un tarain de Sicile, un heller d'Allemagne, une seule des sesterces ou des oboles de l'ancien monde, ni une piastre du nouveau, sans vous offrir quoi que ce soit en or, argent, billon, papier, billet, je veux vous faire plus riche, plus puissant et plus considéré que ne peut l'être un roi constitutionnel.

Le jeune homme crut le vieillard en enfance, et resta comme engourdi, sans oser répondre.

— Retournez-vous, dit le marchand en saisissant tout à coup la lampe pour en diriger la lumière sur le mur qui faisait face au portrait, et regardez cette Peau de Chagrin, ajouta-t-il.

Le jeune homme se leva brusquement et témoigna quelque surprise en apercevant au-dessus du siége où il s'était assis un morceau de *chagrin* accroché sur le mur, et dont la dimension n'excédait pas celle d'une peau de renard; mais, par un phénomène inexplicable au premier abord, cette peau projetait au sein de la profonde obscurité qui régnait dans le magasin des rayons si lumineux que vous eussiez dit d'une petite comète. Le jeune incrédule s'approcha de ce prétendu talisman qui devait le préserver du malheur, et s'en moqua par une phrase mentale. Cependant, animé d'une curiosité bien légitime, il se pencha pour la regarder alternativement sous toutes les faces, et découvrit bientôt une cause naturelle à cette singulière lucidité : les grains noirs du chagrin étaient si soigneusement polis et si bien brunis, les rayures capricieuses en étaient si propres et si nettes que, pareilles à des facettes de grenat, les aspérités de ce cuir oriental formaient autant de petits foyers qui réfléchissaient vivement la lumière. Il démontra mathématiquement la raison de ce phénomène au vieillard, qui, pour toute réponse, sourit avec malice. Ce sourire de supériorité fit croire au jeune savant qu'il était dupe en ce moment de quelque charlatanisme. Il ne voulut pas emporter une énigme de plus dans la tombe, et retourna promptement la peau comme un enfant pressé de connaître les secrets de son jouet nouveau.

— Ah! ah! s'écria-t-il, voici l'empreinte du sceau que les Orientaux nomment le cachet de Salomon.

— Vous le connaissez donc? demanda le marchand, dont les narines laissèrent passer deux ou trois bouffées d'air qui peignirent plus d'idées que n'en pouvaient exprimer les plus énergiques paroles.

— Existe-t-il au monde un homme assez simple pour croire à cette chimère? s'écria le jeune homme, piqué d'entendre ce rire muet et plein d'amères dérisions. Ne savez-vous pas, ajouta-t-il, que les superstitions de l'Orient ont consacré la forme mystique et les caractères mensongers de cet emblème qui représente une puissance fabuleuse? Je ne crois pas devoir être plus taxé de niaiserie dans cette circonstance que si je parlais des Sphinx ou des Griffons, dont l'existence est en quelque sorte scientifiquement admise.

— Puisque vous êtes un orientaliste, reprit le vieillard, peut-être lirez-vous cette sentence.

Il apporta la lampe près du talisman que le jeune homme tenait à l'envers, et lui fit apercevoir des caractères incrustés dans le tissu cellulaire de cette peau merveilleuse, comme s'ils eussent été produits par l'animal auquel elle avait jadis appartenu.

— J'avoue, s'écria l'inconnu, que je ne devine guère le procédé dont on se sera servi pour graver si profondément ces lettres sur la peau d'un onagre.

Et, se retournant avec vivacité vers les tables chargées de curiosités, ses yeux parurent y chercher quelque chose.

— Que voulez-vous? demanda le vieillard.

— Un instrument pour trancher le chagrin, afin de voir si les lettres y sont empreintes ou incrustées.

Le vieillard présenta son stylet à l'inconnu, qui le prit et tenta d'entamer la peau à l'endroit où les paroles se trouvaient écrites; mais, quand il eut enlevé une légère couche de cuir, les lettres y reparurent si nettes et tellement conformes à celles qui étaient imprimées sur la surface, que, pendant un moment, il crut n'en avoir rien ôté.

— L'industrie du Levant a des secrets qui lui sont réellement particuliers, dit-il en regardant la sentence orientale avec une sorte d'inquiétude.

— Oui, répondit le vieillard, il vaut mieux s'en prendre aux hommes qu'à Dieu !

Les paroles mystérieuses étaient disposées de la manière suivante :

لو ملكتني ملكت الكلّ

و لكن عمرك ملكي

واراد الله هكذا

اطلب وستنال مطالبك

ولكن قسن مطالبك على عمرك

وهي هاهنا

فبكل مرامك استنزل ايامك

أتريد فى

الله مجيبك

آمين

Ce qui voulait dire en français :

SI TU ME POSSÈDES, TU POSSÉDERAS TOUT.
MAIS TA VIE M'APPARTIENDRA. DIEU L'A
VOULU AINSI. DÉSIRE, ET TES DÉSIRS
SERONT ACCOMPLIS. MAIS RÈGLE
TES SOUHAITS SUR TA VIE.
ELLE EST LA. A CHAQUE
VOULOIR JE DÉCROITRAI
COMME TES JOURS.
ME VEUX - TU ?
PRENDS. DIEU
T'EXAUCERA.
SOIT !

— Ah ! vous lisez couramment le sanscrit, dit le vieillard. Peut-être avez-vous voyagé en Perse ou dans le Bengale ?

— Non, monsieur, répondit le jeune homme en tâtant avec curiosité cette peau symbolique, assez semblable à une feuille de métal par son peu de flexibilité.

Le vieux marchand remit la lampe sur la colonne où il l'avait prise, en lançant au jeune homme un regard empreint d'une froide ironie qui semblait dire : Il ne pense déjà plus à mourir.

— Est-ce une plaisanterie, est-ce un mystère ? demanda le jeune inconnu.

Le vieillard hocha de la tête et dit gravement : — Je ne saurais vous répondre. J'ai offert le terrible pouvoir que donne ce talisman à des hommes doués de plus d'énergie que vous ne paraissiez en avoir ; mais, tout en se moquant de la problématique influence qu'il devait exercer sur leurs destinées futures, aucun n'a voulu se risquer à conclure ce contrat si fatalement proposé par je ne sais quelle puissance. Je pense comme eux, j'ai douté, je me suis abstenu, et...

— Et vous n'avez pas même essayé ? dit le jeune homme en l'interrompant.

— Essayer ! dit le vieillard. Si vous étiez sur la colonne de la place Vendôme, essaieriez-vous de vous jeter dans les airs ? Peut-on arrêter le cours de la vie ? L'homme a-t-il jamais pu scinder la mort ? Avant d'entrer dans ce cabinet, vous aviez résolu de vous suicider ; mais tout à coup un secret vous occupe et vous distrait de mourir. Enfant ! Chacun de vos jours ne vous offrira-t-il pas une énigme plus intéressante que ne l'est celle-ci ? Écoutez-moi. J'ai vu la cour licencieuse du régent. Comme vous, j'étais alors dans la misère, j'ai mendié mon pain ; néanmoins j'ai atteint l'âge de cent deux ans, et je suis devenu millionnaire : le malheur m'a donné la fortune, l'ignorance m'a instruit. Je vais vous révéler en peu de mots un grand mystère de la vie humaine. L'homme s'épuise par deux actes instinctivement accomplis qui tarissent les sources de son existence. Deux verbes expriment toutes les formes que prennent ces deux causes de mort : VOULOIR et POUVOIR. Entre ces deux termes de l'action humaine il est une autre formule dont s'emparent les sages, et je lui dois le bonheur et ma longévité. *Vouloir* nous brûle et *Pouvoir* nous détruit ; mais SAVOIR laisse notre faible organisation dans un perpétuel état de calme. Ainsi le désir ou le vouloir est mort en moi, tué par la pensée ; le mouvement ou le pouvoir s'est résolu par le jeu naturel de mes organes. En deux mots, j'ai placé ma vie, non dans le cœur qui se brise, non dans les sens qui s'émoussent ; mais dans le cerveau qui ne s'use pas et qui survit à tout. Rien d'excessif n'a froissé ni mon âme ni mon corps. Cependant j'ai vu le monde entier : mes pieds ont foulé les plus hautes montagnes de l'Asie et de l'Amérique, j'ai appris tous les langages humains, et j'ai vécu sous tous les régimes : j'ai prêté mon argent à un Chinois en prenant pour gage le corps de son père, j'ai dormi sous la tente de l'Arabe sur la foi de sa parole, j'ai signé des contrats dans toutes les capitales européennes, et j'ai laissé sans crainte mon or dans le wigham des sauvages, enfin j'ai tout obtenu parce que j'ai tout su dédaigner. Ma seule ambition a été de voir. Voir n'est-ce pas savoir ? Oh ! savoir, jeune homme, n'est-ce pas jouir intuitivement ? n'est-ce pas découvrir la substance même du fait et s'en emparer essentiellement ? Que reste-t-il d'une possession matérielle ? une idée. Jugez alors combien doit être belle la vie d'un homme qui, pouvant empreindre toutes les réalités dans sa pensée, transporte en son âme les sources du bonheur, en extrait mille voluptés idéales dépouillées des souillures terrestres. La pensée est la clef de tous les trésors, elle procure les joies de l'avare sans donner ses soucis. Aussi ai-je plané sur le monde, où mes plaisirs ont toujours été des jouissances intellectuelles. Mes débauches étaient la contemplation des mers, des peuples, des forêts, des montagnes ! J'ai tout vu, mais tranquillement, sans fatigue ; je n'ai jamais rien désiré, j'ai tout attendu ; je me suis promené dans l'univers comme dans le jardin d'une habitation qui m'appartenait. Ce que les hommes appellent chagrins, amours, ambitions, revers, tristesse, sont pour moi des idées que je change en rêveries ; au lieu de les sentir, je les exprime, je les traduis ; au lieu de leur laisser dévorer ma vie, je les dramatise, je les développe, je m'en amuse comme de romans que je lirais par une vision intérieure. N'ayant jamais lassé mes organes, je jouis encore d'une santé robuste ; mon âme ayant hérité de toute la force dont je n'abusais pas, cette tête est encore mieux meublée que ne le sont mes magasins. Là, dit-il en se frappant le front, là sont les vrais millions. Je passe des journées délicieuses en jetant un regard intelligent dans le passé, j'évoque des pays entiers, des sites, des vues de l'Océan, des figures historiquement belles ! J'ai un sérail imaginaire où je possède toutes les femmes que je n'ai pas eues. Je revois souvent vos guerres, vos révolutions, et je les juge. Oh ! comment préférer de fébriles, de légères admirations pour quelques chairs plus ou moins colorées, pour des formes plus ou moins rondes ! comment préférer tous les désastres de vos volontés trompées à la faculté sublime de faire comparaître en soi l'univers, au plaisir immense de se mouvoir sans être garrotté par les liens du temps ni par les entraves de l'espace, au plaisir de tout embrasser, de tout voir, de se pencher sur le bord du monde pour interroger les autres sphères, pour écouter Dieu ! Ceci, dit-il d'une voix éclatante en montrant la Peau de chagrin, est le *pouvoir* et le *vouloir* réunis. Là sont vos idées sociales, vos désirs excessifs, vos intempérances, vos joies qui tuent, vos douleurs qui font trop vivre ; car le mal n'est peut-être qu'un violent plaisir. Qui pourrait déterminer le point où la volupté devient un mal et celui où le mal est encore la volupté ? Les plus vives lumières du monde idéal ne caressent-elles pas la vue, tandis que les plus douces ténèbres du monde physique la blessent toujours ; le mot de Sagesse ne vient-il pas de savoir ? et qu'est-ce que la folie, sinon l'excès d'un vouloir ou d'un pouvoir ?

— Eh ! bien, oui, je veux vivre avec excès, dit l'inconnu en saisissant la Peau de chagrin.

— Jeune homme, prenez garde, s'écria le vieillard avec une incroyable vivacité.

— J'avais résolu ma vie par l'étude et par la pensée ; mais elles ne m'ont même pas nourri, répliqua l'inconnu. Je ne veux être la dupe ni d'une prédication digne de Swedenborg, ni de votre amulette oriental, ni des charitables efforts que vous faites, monsieur, pour me retenir dans un monde où mon existence est désormais impossible. Voyons ! ajouta-t-il en serrant le talisman d'une main convulsive et regardant le vieillard. Je veux un dîner royalement splendide, quelque bacchanale digne du siècle où tout s'est, dit-on, perfectionné ! Que mes convives soient jeunes, spirituels et sans préjugés, joyeux jusqu'à la folie ! que les vins se succèdent toujours plus incisifs, plus pétillants, et soient de force à nous enivrer pour trois jours ! Que la nuit soit parée de femmes ardentes ! Je veux que la Débauche en délire et rugissante nous emporte dans son char à quatre chevaux, par-delà les bornes du monde, pour nous verser sur des plages inconnues : que les âmes montent ns les cieux ou se plongent dans la boue ; je ne sais si alors elles élèvent ou s'abaissent; peu m'importe! Donc je commande à ce ouvoir sinistre de me fondre toutes les joies dans une joie. Oui, ai besoin d'embrasser les plaisirs du ciel et de la terre dans une dernière étreinte pour en mourir. Aussi souhaité-je et des priapées antiques après boire, et des chants à réveiller les morts, et de triples baisers, des baisers sans fin dont le bruit passe sur Paris comme un craquement d'incendie, y réveille les époux et leur inspire une ardeur cuisante qui rajeunisse même les septuagénaires!

Un éclat de rire, parti de la bouche du petit vieillard, retentit dans les oreilles du jeune fou comme un bruissement de l'enfer, et l'interdit si despotiquement qu'il se tut.

— Croyez-vous, dit le marchand, que mes planchers vont s'ouvrir tout à coup pour donner passage à des tables somptueusement servies et à des convives de l'autre monde? Non, non, jeune étourdi. Vous avez signé le pacte : tout est dit. Maintenant vos volontés seront scrupuleusement satisfaites, mais aux dépens de votre vie. Le cercle de vos jours, figuré par cette peau, se resserrera suivant la force et le nombre de vos souhaits, depuis le plus léger jusqu'au plus exhorbitant. Le brachmane auquel je dois ce talisman m'a jadis expliqué qu'il s'opérerait un mystérieux accord entre les destinées et les souhaits du possesseur. Votre premier désir est vulgaire, je pourrais le réaliser; mais j'en laisse le soin aux événements de votre nouvelle existence. Après tout, vous vouliez mourir? hé! bien, votre suicide n'est que retardé.

L'inconnu, surpris et presque irrité de se voir toujours plaisanté par ce singulier vieillard dont l'intention demi-philanthropique lui parut clairement démontrée dans cette dernière raillerie, s'écria : — Je verrai bien, monsieur, si ma fortune changera pendant le temps que je vais mettre à franchir la largeur du quai. Mais, si vous ne vous moquez pas d'un malheureux, je désire, pour me venger d'un si fatal service, que vous tombiez amoureux d'une danseuse! Vous comprendrez alors le bonheur d'une débauche, et peut-être deviendrez-vous prodigue de tous les biens que vous avez si philosophiquement ménagés.

Il sortit sans entendre un grand soupir que poussa le vieillard, traversa les salles et descendit les escaliers de cette maison, suivi par le gros garçon joufflu qui voulut vainement l'éclairer : il courait avec la prestesse d'un voleur pris en flagrant délit. Aveuglé par une sorte de délire, il ne s'aperçut même pas de l'incroyable ductilité de la Peau de chagrin, qui, devenue souple comme un gant, se roula sous ses doigts frénétiques et put entrer dans la poche de son habit où il la mit presque machinalement. En s'élançant de la porte du magasin sur la chaussée, il heurta trois jeunes gens qui se tenaient bras dessus bras dessous.

— Animal !
— Imbécile !

Telles furent les gracieuses interpellations qu'ils échangèrent.

— Eh ! c'est Raphaël.
— Ah bien ! nous te cherchions.
— Quoi ! c'est vous ?

Ces trois phrases amicales succédèrent à l'injure aussitôt que la clarté d'un réverbère balancé par le vent frappa les visages de ce groupe étonné.

— Mon cher ami, dit à Raphaël le jeune homme qu'il avait failli renverser, tu vas venir avec nous.

— De quoi s'agit-il donc ?
— Avance toujours, je te conterai l'affaire en marchant.

De force ou de bonne volonté, Raphaël fut entouré de ses amis, qui, l'ayant enchaîné par les bras dans leur joyeuse bande, l'entraînèrent vers le Pont-des-Arts.

— Mon cher, dit l'orateur en continuant, nous sommes à ta poursuite depuis une semaine environ. A ton respectable hôtel Saint-Quentin, dont par parenthèse l'enseigne inamovible offre des lettres toujours alternativement noires et rouges comme au temps de J.-J. Rousseau, ta Léonarde nous a dit que tu étais parti pour la campagne au mois de juin. Cependant nous n'avions certes pas l'air de gens d'argent, huissiers, créanciers, garde du commerce, etc. N'importe ! Rastignac t'avait aperçu la veille aux Bouffons, nous avons repris courage, et mis de l'amour-propre à découvrir si tu te perchais sur les arbres des Champs-Élysées, si tu allais coucher pour deux sous dans ces maisons philanthropiques où les mendiants dorment appuyés sur des cordes tendues, ou si, plus heureux, ton bivouac n'était pas établi dans quelque boudoir. Nous ne t'avons rencontré nulle part, ni sur les écrous de Sainte-Pélagie, ni sur ceux de la Force ! Les ministères, l'Opéra, les maisons conventuelles, cafés, bibliothèques, listes de préfets, bureaux de journalistes, restaurants, foyers de théâtre, bref, tout ce qu'il y a dans Paris de bons et de mauvais lieux ayant été savamment explorés, nous gémissions sur la perte d'un homme doué d'assez de génie pour se faire également chercher à la cour et dans les prisons. Nous parlions de te canoniser comme un héros de juillet! et, ma parole d'honneur, nous te regrettions.

En ce moment, Raphaël passait avec ses amis sur le Pont-des-Arts, d'où, sans les écouter, il regardait la Seine dont les eaux mugissantes répétaient les lumières de Paris. Au-dessus de ce fleuve, dans lequel il voulait se précipiter naguère, les prédictions du vieillard étaient accomplies, l'heure de sa mort se trouvait déjà fatalement retardée.

— Et nous te regrettions vraiment! dit son ami poursuivant toujours sa thèse. Il s'agit d'une combinaison dans laquelle nous te comprenions en ta qualité d'homme supérieur, c'est-à-dire d'homme qui sait se mettre au-dessus de tout. L'escamotage de la muscade constitutionnelle sous le gobelet royal se fait aujourd'hui, mon cher, plus gravement que jamais. L'infâme Monarchie renversée par l'héroïsme populaire était une femme de mauvaise vie avec laquelle on pouvait rire et banqueter; mais la Patrie est une épouse acariâtre et vertueuse dont il nous faut accepter, bon gré, mal gré, les caresses compassées. Or donc, le pouvoir s'est transporté, comme tu sais, des Tuileries chez les journalistes, de même que le budget a changé de quartier, en passant du faubourg Saint-Germain à la Chaussée-d'Antin. Mais voici ce que tu ne sais peut-être pas! Le gouvernement, c'est-à-dire l'aristocratie de banquiers et d'avocats, qui font aujourd'hui de la patrie comme les prêtres faisaient jadis de la monarchie, a senti la nécessité de mystifier le bon peuple de France avec des mots nouveaux et de vieilles idées, à l'instar des philosophes de toutes les écoles et des hommes forts de tous les temps. Il s'agit donc de nous inculquer une opinion royalement nationale, en nous prouvant qu'il est bien plus heureux de payer douze cents millions trente-trois centimes à la patrie représentée par messieurs tels et tels, que onze cents millions neuf centimes à un roi qui disait *moi* au lieu de dire *nous*. En un mot, un journal armé de deux ou trois cent bons mille francs vient d'être fondé dans le but de faire une opposition qui contente les mécontents, sans nuire au gouvernement national du roi-citoyen. Or, comme nous nous moquons de la liberté autant que du despotisme, de la religion aussi bien que de l'incrédulité ; que pour nous la patrie est une capitale où toutes les idées s'échangent, où tous les jours amènent de succulents dîners, de nombreux spectacles ; où fourmillent de licencieuses prostituées, des soupers qui ne finissent que le lendemain, des amours qui vont à l'heure comme les citadines ; que Paris sera toujours la plus adorable de toutes les patries ! la patrie de la joie, de la liberté, de l'esprit, des jolies femmes, des mauvais sujets, du bon vin, et où le bâton du pouvoir ne se fera jamais trop sentir, puisque l'on est près de ceux qui le tiennent.

Nous, véritables sectateurs du dieu Méphistophélès ! avons entrepris de badigeonner l'esprit public, de rhabiller les acteurs, de clouer de nouvelles planches à la baraque gouvernementale, de médicamenter les doctrinaires, de recuire les vieux républicains, de réchampir les bonapartistes et de ravitailler les centres, pourvu qu'il nous soit permis de rire *in petto* des rois et des peuples, de ne pas être le soir de notre opinion du matin, et de passer une joyeuse vie à la Panurge ou *more orientali*, couchés sur de moelleux coussins. Nous te destinions les rênes de cet empire macaronique et burlesque ; ainsi nous t'emmenons de ce pas au dîner donné par le fondateur dudit journal, un banquier retiré qui, ne sachant que faire de son or, veut le changer en esprit. Tu y seras accueilli comme un frère, nous t'y saluerons roi de ces esprits frondeurs que rien n'épouvante, et dont la perspicacité découvre les intentions de l'Autriche, de l'Angleterre ou de la Russie, avant que la Russie, l'Angleterre ou l'Autriche n'aient des intentions ! Oui, nous t'instituerons le souverain de ces puissances intelligentes qui fournissent au monde les Mirabeau, les Talleyrand, les Pitt, les Metternich, enfin tous ces hardis Crispins qui jouent entre eux les destinées d'un empire comme les hommes vulgaires jouent leur *kirchen-wasser* aux dominos. Nous t'avons donné pour le plus intrépide compagnon qui jamais ait étreint corps à corps la Débauche, ce monstre admirable avec lequel veulent lutter tous les esprits forts ! Nous avons même affirmé qu'il ne t'a pas encore vaincu. J'espère que tu ne feras pas mentir nos éloges. Taillefer, notre amphitryon, nous a promis de surpasser les étroites saturnales de nos petits Lucullus modernes. Il est assez riche pour mettre de la grandeur dans les petitesses, de l'élégance et de la grâce dans le vice. Entends-tu, Raphaël ? lui demanda l'orateur en s'interrompant.

— Oui, répondit le jeune homme, moins étonné de l'accomplissement de ses souhaits que surpris de la manière naturelle par laquelle les événements s'enchaînaient; et, quoiqu'il lui fût impossible de croire à une influence magique, il admirait les hasards de la destinée humaine.

— Mais tu nous dis oui, comme si tu pensais à la mort de ton grand-père, lui répliqua l'un de ses voisins.

— Ah! reprit Raphaël avec un accent de naïveté qui fit rire ces écrivains, l'espoir de la jeune France, je pensais, mes amis, que nous voilà près de devenir de bien grands coquins! Jusqu'à présent nous avons fait de l'impiété entre deux vins, nous avons pesé la vie étant ivres, nous avons prisé les hommes et les choses en digérant; vierges du fait, nous étions hardis en paroles; mais marqués maintenant par le fer chaud de la politique, nous allons entrer dans ce grand bagne et y perdre nos illusions. Quand on ne croit plus qu'au diable, il est permis de regretter le paradis de la jeunesse, le temps d'innocence où nous tendions dévotement la langue à un bon prêtre, pour recevoir le sacré corps de notre Seigneur Jésus-Christ. Ah! mes bons amis, si nous avons eu tant de plaisir à commettre nos premiers péchés, c'est que nous avions des remords pour les embellir et leur donner du piquant, de la saveur; tandis que maintenant...

— Oh! maintenant, reprit le premier interlocuteur, il nous reste...

— Quoi? dit un autre.

— Le crime...

— Voilà un mot qui a toute la hauteur d'une potence et toute la profondeur de la Seine, répliqua Raphaël.

— Oh! tu ne m'entends pas. Je parle des crimes politiques. Depuis ce matin je n'envie qu'une existence, celle des conspirateurs. Demain, je ne sais si ma fantaisie durera toujours; mais ce soir la vie pâle de notre civilisation, unie comme la rainure d'un chemin de fer, fait bondir mon cœur de dégoût! Je suis épris de passion pour les malheurs de la déroute de Moscou, pour les émotions du *Corsaire rouge* et pour l'existence des contrebandiers. Puisqu'il n'y a plus de Chartreux en France, je voudrais au moins un Botany-Bay, une espèce d'infirmerie destinée aux petits lords Byrons, qui, après avoir chiffonné la vie comme une serviette après dîner, n'ont plus rien à faire qu'à incendier leur pays, se brûler la cervelle, conspirer pour la république, ou demander la guerre...

— Émile, dit avec feu le voisin de Raphaël à l'interlocuteur, foi d'homme, sans la révolution de juillet je me faisais prêtre pour aller mener une vie animale au fond de quelque campagne, et...

— Et tu aurais lu le bréviaire tous les jours ?

— Oui.

— Tu es un fat.

— Nous lisons bien les journaux.

— Pas mal ! pour un journaliste. Mais, tais-toi, nous marchons au milieu d'une masse d'abonnés. Le journalisme, vois-tu, c'est la religion des sociétés modernes, et il y a progrès.

— Comment ?

— Les pontifes ne sont pas tenus de croire, ni le peuple non plus...

En devisant ainsi, comme de braves gens qui savaient le *De Viris illustribus* depuis longues années, ils arrivèrent à un hôtel de la rue Joubert.

Émile était un journaliste qui avait conquis plus de gloire à ne rien faire que les autres n'en recueillent de leurs succès. Critique hardi, plein de verve et de mordant, il possédait toutes les qualités que comportaient ses défauts. Franc et rieur, il disait en face mille épigrammes à un ami, qu'absent, il défendait avec courage et loyauté. Il se moquait de tout, même de son avenir. Toujours dépourvu d'argent, il restait, comme tous les hommes de quelque portée, plongé dans une inexprimable paresse, jetant un livre dans un mot au nez de gens qui ne savaient pas mettre un mot dans leurs livres. Prodigue de promesses qu'il ne réalisait jamais, il s'était fait de sa fortune et de sa gloire un coussin pour dormir, courant ainsi la chance de se réveiller vieux à l'hôpital. D'ailleurs, ami jusqu'à l'échafaud, fanfaron de cynisme et simple comme un enfant, il ne travaillait que par boutade ou par nécessité.

— Nous allons faire, suivant l'expression de maître Alcofribas, un fameux *tronçon de chiere lie*, dit-il à Raphaël en lui montrant les caisses de fleurs qui embaumaient et verdissaient les escaliers.

— J'aime les porches bien chauffés et garnis de riches tapis, répondit Raphaël. Le luxe dès le péristyle est rare en France. Ici, je me sens renaître.

— Et là-haut nous allons boire et rire encore une fois, mon pauvre Raphaël. Ah çà ! reprit-il, j'espère que nous serons les vainqueurs et que nous marcherons sur toutes ces têtes-là. Puis, d'un geste moqueur, il lui montra les convives en entrant dans un salon qui resplendissait de dorures, de lumières, et où ils furent aussitôt accueillis par les jeunes gens les plus remarquables de Paris. L'un venait de révéler un talent neuf, et de rivaliser par son premier tableau avec les gloires de la peinture impériale. L'autre avait hasardé la veille un livre plein de verdeur, empreint d'une sorte de dédain littéraire, et qui découvrait à l'école moderne de nouvelles routes. Plus loin, un statuaire dont la figure pleine de rudesse accusait quelque vigoureux génie, causait avec un de ces froids railleurs qui, selon l'occurrence, tantôt ne veulent voir de supériorité nulle part, et tantôt en reconnaissent partout. Ici, le plus spirituel de nos caricaturistes, à l'œil malin, à la bouche mordante, guettait les épigrammes pour les traduire à coups de crayon. Là, ce jeune et audacieux écrivain, qui mieux que personne distillait la quintessence des pensées politiques, ou condensait en se jouant l'esprit d'un écrivain fécond, s'entretenait avec ce poète dont les écrits écraseraient toutes les œuvres du temps présent, si son talent avait la puissance de sa haine. Tous deux essayaient de ne pas dire la vérité et de ne pas mentir, en s'adressant de douces flatteries. Un musicien célèbre consolait en *si bémol*, et d'une voix moqueuse, un jeune homme politique récemment tombé de la tribune sans se faire aucun mal. De jeunes auteurs sans style étaient auprès de jeunes auteurs sans idées, des prosateurs pleins de poésie près de poètes prosaïques. Voyant ces êtres incomplets, un pauvre saint-simonien, assez naïf pour croire à sa doctrine, les accouplait avec charité, voulant sans doute les transformer en religieux de son ordre. Enfin il s'y trouvait deux ou trois de ces savants destinés à mettre de l'azote dans la conversation, et plusieurs vaudevillistes prêts à y jeter de ces lueurs éphémères, qui, semblables aux étincelles du diamant, ne donnent ni chaleur ni lumière. Quelques hommes à paradoxes, riant sous cape des gens qui épousen leurs admirations ou leurs mépris pour les hommes et les choses, faisaient déjà de cette politique à double tranchant, avec laquelle ils conspirent contre tous les systèmes, sans prendre parti pour aucun. Le *jugeur*, qui ne s'étonne de rien, qui se mouche au milieu d'une cavatine aux Bouffons, y crie *brava* avant tout le monde, et contredit ceux qui préviennent son avis, était là, cherchant à s'attribuer les mots des gens d'esprit. Parmi ces convives, cinq avaient de l'avenir, une dizaine devait obtenir quelque gloire viagère ; quant aux autres, ils pouvaient comme toutes les médiocrités se dire le fameux mensonge de Louis XVIII : *Union et oubli.* L'amphitryon avait la gaieté soucieuse d'un homme qui dépense deux mille écus ; de temps en temps ses yeux se dirigeaient avec impatience vers la porte du salon, en appelant celui des convives qui se faisait attendre. Bientôt apparut un gros petit homme qui fut accueilli par une flatteuse rumeur, c'était le notaire qui, le matin même, avait achevé de créer le journal. Un valet de chambre vêtu de noir vint ouvrir les portes d'une vaste salle à manger, où chacun alla sans cérémonie reconnaître sa place autour d'une table immense. Avant de quitter les salons, Raphaël y jeta un dernier coup d'œil. Son souhait était certes bien complétement réalisé : la soie et l'or tapissaient les appartements, de riches candélabres supportant d'innombrables bougies faisaient briller les plus légers détails des frises dorées, les délicates ciselures du bronze et les somptueuses couleurs de l'ameublement ; les fleurs rares de quelques jardinières artistement construites avec des bambous, répandaient de doux parfums ; les draperies respiraient une élégance sans prétention ; il y avait en tout je ne sais quelle grâce poétique dont le prestige devait agir sur l'imagination d'un homme sans argent.

— Cent mille livres de rente sont un bien joli commentaire du catéchisme, et nous aident merveilleusement à mettre la *morale en actions !* dit-il en soupirant. Oh! oui, ma vertu ne va guère à pied. Pour moi, le vice c'est une mansarde, un habit râpé, un chapeau gris en hiver, et des dettes chez le portier. Ah ! je veux vivre au sein de ce luxe un an, six mois, n'importe ! Et puis après mourir. J'aurai du moins épuisé, connu, dévoré mille existences.

— Oh ! lui dit Emile qui l'écoutait, tu prends le coupé d'un agent de change pour le bonheur. Vas, tu serais bientôt ennuyé de la fortune en t'apercevant qu'elle te ravirait la chance d'être un homme supérieur. Entre les pauvretés de la richesse et les richesses de la pauvreté, l'artiste a-t-il jamais balancé ? Ne nous faut-il pas toujours des luttes, à nous autres ? Aussi, prépare ton estomac, vois, dit-il en lui montrant, par un geste héroïque, le majestueux, le trois fois saint, l'évangélique et rassurant aspect que présentait la salle à manger du benoît capitaliste. Cet homme-là, reprit-il, ne s'est vraiment donné la peine d'amasser son argent que pour nous. N'est-ce pas une espèce d'éponge oubliée par les naturalistes dans l'ordre des Polypiers, et qu'il s'agit de presser avec délicatesse, avant de la laisser sucer par des héritiers? Ne trouves-tu pas du style aux bas-reliefs qui décorent les murs? Et les lustres, et les tableaux, quel luxe bien entendu! S'il faut croire les envieux et ceux qui tiennent à voir les ressorts de la vie, cet homme aurait tué, pendant la révolution, un Allemand et quelques autres personnes qui seraient, dit-on, son meilleur ami et la mère de cet ami. Peux-tu donner place à des crimes sous les cheveux grisonnants de ce vénérable Taillefer? Il a l'air d'un bien bon homme. Vois donc comme l'argenterie étincelle, et chacun de ses rayons brillants serait pour lui un coup de poignard! Allons donc! autant vaudrait croire en Mahomet. Si le public avait raison, voici trente hommes de cœur et de talent qui s'apprêteraient à manger les entrailles, à boire le sang d'une famille. Et nous deux, jeunes gens pleins de candeur, d'enthousiasme, nous serions complices du forfait! J'ai envie de demander à notre capitaliste s'il est honnête homme.

— Non pas maintenant! s'écria Raphaël, mais quand il sera ivre-mort : nous aurons dîné.

Les deux amis s'assirent en riant. D'abord et par un regard plus rapide que la parole, chaque convive paya son tribut d'admiration au somptueux coup d'œil qu'offrait une longue table, blanche comme une couche de neige fraîchement tombée, et sur laquelle s'élevaient symétriquement les couverts couronnés de petits pains blonds. Les cristaux répétaient les couleurs de l'iris dans leurs reflets étoilés, les bougies traçaient des feux croisés à l'infini, les mets placés sous des dômes d'argent aiguisaient l'appétit et la curiosité. Les paroles furent assez rares. Les voisins se regardèrent. Le vin de Madère circula. Puis le premier service apparut dans toute sa gloire; il aurait fait honneur à feu Cambacérès, et Brillat-Savarin l'eût célébré. Les vins de Bordeaux et de Bourgogne, blancs et rouges, furent servis avec une profusion royale. Cette première partie du festin était comparable, en tout point, à l'exposition d'une tragédie classique. Le second acte devint quelque peu bavard. Chaque convive avait bu raisonnablement en changeant de crus suivant ses caprices, en sorte qu'au moment où l'on emporta les restes de ce magnifique service, de tempêtueuses discussions s'étaient établies; quelques fronts pâles rougissaient, plusieurs nez commençaient à s'empourprer, les visages s'allumaient, les yeux pétillaient. Pendant cette aurore de l'ivresse, le discours ne sortait pas encore des bornes de la civilité; mais les railleries, les bons mots s'échappaient peu à peu de toutes les bouches; puis la calomnie élevait tout doucement sa petite tête de serpent et parlait d'une voix flûtée; çà et là, quelques sournois écoutaient attentivement, espérant garder leur raison. Le second service trouva donc les esprits tout à fait échauffés. Chacun mangea en parlant, parla en mangeant, but sans prendre garde à l'affluence des liquides, tant ils étaient lampants et parfumés, tant l'exemple était contagieux. Taillefer se piqua d'animer ses convives, et fit avancer les terribles vins du Rhône, le chaud Tokay, le vieux Roussillon capiteux. Déchaînés comme les chevaux d'une malle-poste qui part d'un relais, ces hommes fouettés par les piquantes flèches du vin de Champagne impatiemment attendu, mais abondamment versé, laissèrent alors galoper leur esprit dans le vide de ces raisonnements que personne n'écoute, se mirent à raconter ces histoires qui n'ont pas d'auditeur, recommencèrent cent fois ces interpellations qui restent sans réponse. L'orgie seule déploya sa grande voix, sa voix composée de cent clameurs confuses qui grossissent comme les crescendo de Rossini. Puis arrivèrent les toasts insidieux, les forfanteries, les défis. Tous renonçaient à se glorifier de leur capacité intellectuelle pour revendiquer celle des tonneaux, des foudres, des cuves. Il semblait que chacun eût deux voix. Il vint un moment où les maîtres parlèrent tous à la fois, et où les valets sourirent. Mais cette mêlée de paroles où les paradoxes douteusement lumineux, les vérités grotesquement habillées, se heurtèrent à travers les cris, les jugements interlocutoires, les arrêts souverains et les niaiseries, comme au milieu d'un combat se croisent les boulets, les balles et la mitraille, eût sans doute intéressé quelque philosophe par la singularité des pensées, ou surpris un politique par la bizarrerie des systèmes. C'était tout à la fois un livre et un tableau. Les philosophies, les religions, les morales, si différentes d'une latitude à l'autre, les gouvernements, enfin tous les grands actes de l'intelligence humaine tombèrent sous une faux aussi longue que celle du Temps; peut-être eussiez-vous pu difficilement décider si elle était maniée par la Sagesse ivre, ou par l'Ivresse devenue sage et clairvoyante. Emportés par une espèce de tempête, ces esprits semblaient, comme la mer irritée contre ses falaises, vouloir ébranler toutes les lois entre lesquelles flottent les civilisations, satisfaisant ainsi sans le savoir à la volonté de Dieu, qui laisse dans la nature le bien et le mal en gardant pour lui seul le secret de leur lutte perpétuelle. Furieuse et burlesque, la discussion fut en quelque sorte un sabbat des intelligences. Entre les tristes plaisanteries dites par ces enfants de la Révolution à la naissance d'un journal, et les propos tenus par de joyeux buveurs à la naissance de Gargantua, se trouvait tout l'abîme qui sépare le dix-neuvième siècle du seizième. Celui-ci apprêtait une destruction en riant, le nôtre riait au milieu des ruines.

— Comment appelez-vous le jeune homme que je vois là-bas? dit le notaire en montrant Raphaël. J'ai cru l'entendre nommer Valentin.

— Que chantez-vous avec votre Valentin tout court? s'écrir Émile en riant. Raphaël de Valentin, s'il vous plaît! Nous *portons un aigle d'or en champ de sable couronné d'argent becqué et onglé de gueules*, avec une belle devise : NON CECIDIT ANIMUS! Nous ne sommes pas un enfant trouvé, mais le descendant de l'empereur *Valens*, souche des *Valentinois*, fondateur des villes de Valence en Espagne et en France, héritier légitime de l'empire d'Orient. Si nous laissons trôner Mahmoud à Constantinople, c'est par pure bonne volonté, et faute d'argent et de soldats.

Émile décrivit en l'air, avec sa fourchette, une couronne au-dessus de la tête de Raphaël. Le notaire se recueillit pendant un moment et se remit bientôt à boire en laissant échapper un geste authentique, par lequel il semblait avouer qu'il lui était impossible de rattacher à sa clientèle les villes de Valence, de Constantinople, Mahmoud, l'empereur Valens et la famille des Valentinois.

— La destruction de ces fourmilières nommées Babylone, Tyr, Carthage, ou Venise, toujours écrasées sous les pieds d'un géant qui passe, ne serait-elle pas un avertissement donné à l'homme par une puissance moqueuse? dit un journaliste, Claude Vignon, espèce d'esclave acheté pour faire du Bossuet à dix sous la ligne.

— Moïse, Sylla, Louis XI, Richelieu, Robespierre et Napoléon sont peut-être un même homme qui reparait à travers les civilisateurs comme une comète dans le ciel! répondit un ballanchiste.

— Pourquoi sonder la Providence ? dit Canalis, un fabricant de ballades.

— Allons, voilà la Providence, s'écria le jugeur en l'interrompant. Je ne connais rien au monde de plus élastique.

— Mais, monsieur, Louis XIV a fait périr plus d'hommes pour creuser les aqueducs de Maintenon que la Convention pour asseoir justement l'impôt, pour mettre de l'unité dans la loi, nationaliser la France et faire également partager les héritages, disait Massol, un jeune homme devenu républicain faute d'une syllabe devant son nom.

— Monsieur, lui répondit Moreau de l'Oise, bon propriétaire, vous qui prenez le sang pour du vin, cette fois-ci laisserez-vous à chacun sa tête sur ses épaules ?

— A quoi bon, monsieur ? les principes de l'ordre social ne valent-ils donc pas quelques sacrifices ?

— Bixiou ! Hé ! Chose-le-républicain prétend que la tête de ce propriétaire serait un sacrifice, dit un jeune homme à son voisin.

— Les hommes et les événements ne sont rien, disait le républicain en continuant sa théorie à travers les hoquets, il n'y a en politique et en philosophie que des principes et des idées.

— Quelle horreur ! Vous n'auriez nul chagrin de tuer vos amis pour un *si*...

— Hé ! monsieur, l'homme qui a des remords est le vrai scélérat, car il a quelque idée de la vertu ; tandis que Pierre-le-Grand, le duc d'Albe, étaient des systèmes, et le corsaire Monbard, une organisation.

— Mais la société ne peut-elle pas se priver de vos systèmes et de vos organisations ?

— Oh ! d'accord, s'écria le républicain.

— Eh ! votre stupide république me donne des nausées ! nous ne saurions découper tranquillement un chapon sans y trouver la loi agraire.

— Tes principes sont excellents, mon petit Brutus farci de truffes ! Mais tu ressembles à mon valet de chambre, le drôle est si cruellement possédé par la manie de la propreté, que si je lui laissais brosser mes habits à sa fantaisie, j'irais tout nu.

— Vous êtes des brutes ! vous voulez nettoyer une nation avec des cure-dents, répliqua l'homme à la république. Selon vous la justice serait plus dangereuse que les voleurs.

— Hé ! hé ! fit l'avoué Desroches.

— Sont-ils ennuyeux avec leur politique ! dit Cardot le notaire. Fermez la porte. Il n'y a pas de science ou de vertu qui vaille une goutte de sang. Si nous voulions faire la liquidation de la vérité, nous la trouverions peut-être en faillite.

— Ah ! il en aurait sans doute moins coûté de nous amuser dans le mal que de nous disputer dans le bien. Aussi, donnerais-je tous les discours prononcés à la tribune depuis quarante ans pour une truite, pour un conte de Perrault ou une croquade de Charlet.

— Vous avez bien raison ! Passez-moi des asperges. Car, après tout, la liberté enfante l'anarchie, l'anarchie conduit au despotisme, et le despotisme ramène à la liberté. Des millions d'êtres ont péri sans avoir pu faire triompher aucun de ces systèmes. N'est-ce pas le cercle vicieux dans lequel tournera toujours le monde moral ? Quand l'homme croit avoir perfectionné, il n'a fait que déplacer les choses.

— Oh ! oh ! s'écria Cursy le vaudevilliste, alors, messieurs, je porte un toast à Charles X, père de la liberté !

— Pourquoi pas ? dit Émile. Quand le despotisme est dans les lois, la liberté se trouve dans les mœurs, et *vice versa*.

— Buvons donc à l'imbécillité du pouvoir qui nous donne tant de pouvoir sur les imbéciles ! dit le banquier.

— Hé ! mon cher, au moins Napoléon nous a-t-il laissé de la gloire ! criait un officier de marine qui n'était jamais sorti de Brest.

— Ah ! la gloire, triste denrée. Elle se paye cher et ne se garde pas. Ne serait-elle point l'égoïsme des grands hommes, comme le bonheur est celui des sots ?

— Monsieur, vous êtes bien heureux.

— Le premier qui inventa les fossés était sans doute un homme faible, car la société ne profite qu'aux gens chétifs. Placés aux deux extrémités du monde moral, le sauvage et le penseur ont également horreur de la propriété.

— Joli ! s'écria Cardot. S'il n'y avait pas de propriétés, comment pourrions-nous faire des actes ?

— Voilà des petits pois délicieusement fantastiques !

— Et le curé fut trouvé mort dans son lit, le lendemain...

— Qui parle de mort ? Ne badinez pas ? J'ai un oncle.

— Vous vous résigneriez sans doute à le perdre.

— Ce n'est pas une question.

— Écoutez-moi, messieurs ! MANIÈRE DE TUER SON ONCLE. Chut ! (Écoutez ! Écoutez !) Ayez d'abord un oncle gros et gras, septuagénaire au moins, ce sont les meilleurs oncles. (Sensation.) Faites-lui manger, sous un prétexte quelconque, un pâté de foie gras...

— Hé ! mon oncle est un grand homme sec, avare et sobre.

— Ah ! ces oncles-là sont des monstres qui abusent de la vie.

— Et, dit l'homme aux oncles en continuant, annoncez-lui, pendant sa digestion, la faillite de son banquier.

— S'il résiste ?

— Lâchez-lui une jolie fille !

— S'il est... dit-il en faisant un geste négatif.

— Alors, ce n'est pas un oncle, l'oncle est essentiellement égrillard.

— La voix de la Malibran a perdu deux notes.

— Non, monsieur.

— Si, monsieur.

— Oh ! oh ! Oui et non, n'est-ce pas l'histoire de toutes les dissertations religieuses, politiques et littéraires ? L'homme est un bouffon qui danse sur des précipices !

— A vous entendre, je suis un sot.

— Au contraire, c'est parce que vous ne m'entendez pas.

— L'instruction, belle niaiserie ! Monsieur Heineffettermach porte le nombre des volumes imprimés à plus d'un milliard, et la vie d'un homme ne permet pas d'en lire cent cinquante mille. Alors expliquez-moi ce qui signifie le mot *instruction* ? pour les uns, elle consiste à savoir les noms du cheval d'Alexandre, du dogue Bérécillo, du seigneur des Accords, et d'ignorer celui de l'homme auquel nous devons le flottage des bois ou la porcelaine. Pour les autres, être instruit, c'est savoir brûler un testament et vivre en honnêtes gens, aimés, considérés, au lieu de voler une montre en récidive, avec les cinq circonstances aggravantes, et d'aller mourir en place de Grève, haïs et déshonorés.

— Lamartine restera-t-il ?

— Ah ! Scribe, monsieur, a bien de l'esprit.

— Et Victor Hugo ?

— C'est un grand homme, n'en parlons plus.

— Vous êtes ivres !

— La conséquence immédiate d'une constitution est l'aplatissement des intelligences. Arts, sciences, monuments, tout est dévoré par un effroyable sentiment d'égoïsme, notre lèpre actuelle. Vos trois cents bourgeois, assis sur des banquettes, ne penseront qu'à planter des peupliers. Le despotisme fait illégalement de grandes choses, la liberté ne se donne même pas la peine d'en faire légalement de très-petites.

— Votre enseignement mutuel fabrique des pièces de cent sous en chair humaine, dit un absolutiste en interrompant. Les individualités disparaissent chez un peuple nivelé par l'instruction.

— Cependant le but de la société n'est-il pas de procurer à chacun le bien-être? demanda le saint-simonien.

— Si vous aviez cinquante mille livres de rente, vous ne penseriez guère au peuple. Êtes-vous épris de belle passion pour l'humanité; allez à Madagascar : vous y trouverez un joli petit peuple tout neuf à saint-simoniser, à classer, à mettre en bocal; mais ici, chacun entre tout naturellement dans son alvéole, comme une cheville dans son trou. Les portiers sont portiers, et les niais sont des bêtes sans avoir besoin d'être promus par un collége des Pères. Ah! ah!

— Vous êtes un carliste !

— Pourquoi pas ? J'aime le despotisme, il annonce un certain mépris pour la race humaine. Je ne hais pas les rois. Ils sont si amusants ! Trôner dans une chambre, à trente millions de lieues du soleil, n'est-ce donc rien ?

— Mais résumons cette large vue de la civilisation, disait le savant qui pour l'instruction du sculpteur inattentif avait entrepris une discussion sur le commencement des sociétés et sur les peuples autochtones. A l'origine des nations la force fut en quelque sorte matérielle, une, grossière ; puis avec l'accroissement des agrégations, les gouvernements ont procédé par des décompositions plus ou moins habiles du pouvoir primitif. Ainsi, dans la haute antiquité, la force était dans la théocratie; le prêtre tenait le glaive et l'encensoir. Plus tard, il y eut deux sacerdoces : le pontife et le roi. Aujourd'hui, notre société, dernier terme de la civilisation, a distribué la puissance suivant le nombre des combinaisons, et nous sommes arrivés aux forces nommées industrie, pensée, argent, parole. Le pouvoir n'ayant plus alors d'unité marche sans cesse vers une dissolution sociale qui n'a plus d'autre barrière que l'intérêt. Aussi ne nous appuyons-nous ni sur la religion, ni sur la force matérielle, mais sur l'intelligence. Le livre vaut-il le glaive, la discussion vaut-elle l'action ? Voilà le problème.

— L'intelligence a tout tué, s'écria le carliste. Allez, la liberté absolue mène les nations au suicide, elles s'ennuient dans le triomphe, comme un Anglais millionnaire.

— Que nous direz-vous de neuf ? Aujourd'hui vous avez ridiculisé tous les pouvoirs, et c'est même chose vulgaire que de nier Dieu ! Vous n'avez plus de croyance. Aussi le siècle est-il comme un vieux sultan perdu de débauche ! Enfin, votre lord Byron, en dernier désespoir de poésie, a chanté les passions du crime.

— Savez-vous, lui répondit Bianchon complétement ivre, qu'une dose de phosphore de plus ou de moins fait l'homme de génie ou le scélérat, l'homme d'esprit ou l'idiot, l'homme vertueux ou le criminel ?

— Peut-on traiter ainsi la vertu ! s'écria de Cursy. La vertu, sujet de toutes les pièces de théâtre, dénoûment de tous les drames, base de tous les tribunaux.

— Hé ! tais-toi donc, animal. Ta vertu, c'est Achille sans talon ! dit Bixiou.

— A boire !

— Veux-tu parier que je bois une bouteille de vin de Champagne d'un seul trait ?

— Quel trait d'esprit ! s'écria Bixiou.

— Ils sont gris comme des charretiers, dit un jeune homme qui donnait sérieusement à boire à son gilet.

— Oui, monsieur, le gouvernement actuel est l'art de faire régner l'opinion publique.

— L'opinion ? mais c'est la plus vicieuse de toutes les prostituées ! A vous entendre, hommes de morale et de politique, il faudrait sans cesse préférer vos lois à la nature, l'opinion à la conscience. Allez, tout est vrai, tout est faux ! Si la société nous a donné le duvet des oreillers, elle a certes compensé le bienfait par la goutte, comme elle a mis la procédure pour tempérer la justice, et les rhumes à la suite des châles de Cachemire.

— Monstre ! dit Émile en interrompant le misanthrope, comment peux-tu médire de la civilisation en présence de vins, de mets aussi délicieux, et à table jusqu'au menton ? Mords ce chevreuil aux pieds et aux cornes dorées, mais ne mords pas ta mère.

— Est-ce ma faute, à moi, si le catholicisme arrive à mettre un million de dieux dans un sac de farine, si la république aboutit toujours à quelque Robespierre, si la royauté se trouve entre l'assassinat de Henri IV et le jugement de Louis XVI, si le libéralisme devient La Fayette ?

— L'avez-vous embrassé en juillet ?

— Non.

— Alors taisez-vous, sceptique.

— Les sceptiques sont les hommes les plus consciencieux.

— Ils n'ont pas de conscience.

— Que dites-vous ? ils en ont au moins deux.

— Escompter le ciel ! monsieur, voilà une idée vraiment commerciale. Les religions antiques n'étaient qu'un heureux développement du plaisir physique ; mais nous autres nous avons développé l'âme et l'espérance ; il y a eu progrès.

— Hé ! mes bons amis, que pouvez-vous attendre d'un siècle repu de politique ? dit Nathan. Quel a été le sort de Smarra, la plus ravissante conception.....

— Smarra ! cria le jugeur d'un bout de la table à l'autre. Ce sont des phrases tirées au hasard dans un chapeau. Véritable ouvrage écrit pour Charenton.

— Vous êtes un sot !

— Vous êtes un drôle !

— Oh ! oh !

— Ah ! ah !

— Ils se battront.

— Non.

— A demain, monsieur.

— A l'instant, répondit Nathan.

— Allons ! allons ! vous êtes deux braves.

— Vous en êtes un autre ! dit le provocateur.

— Ils ne peuvent seulement pas se mettre debout.

— Ah ! je ne me tiens pas droit, peut-être ! reprit le belliqueux Nathan en se dressant comme un cerf-volant indécis. Il jeta sur la table un regard hébété, puis comme exténué par cet effort, il retomba sur sa chaise, pencha la tête et resta muet.

— Ne serait-il pas plaisant, dit le jugeur à son voisin, de me battre pour un ouvrage que je n'ai jamais vu ni lu !

— Émile, prends garde à ton habit, ton voisin pâlit, dit Bixiou.

— Kant, monsieur. Encore un ballon lancé pour amuser les niais! le matérialisme et le spiritualisme sont deux jolies raquettes avec lesquelles des charlatans en robe font aller le même volant. Que Dieu soit en tout selon Spinosa, ou que tout vienne de Dieu selon saint Paul... Imbéciles! ouvrir ou fermer une porte, n'est-il pas le même mouvement? L'œuf vient-il de la poule ou la poule de l'œuf? (Passez-moi du canard!) Voilà toute la science.

— Nigaud, lui cria le savant, la question que tu poses est tranchée par un fait.

— Et lequel?

— Les chaires de professeurs n'ont pas été faites pour la philosophie, mais bien la philosophie pour les chaires? Mets des lunettes et lis le budget.

— Voleurs!

— Imbéciles!

— Fripons!

— Dupes!

— Où trouverez-vous ailleurs qu'à Paris un échange aussi vif, aussi rapide entre les pensées, s'écria Bixiou, le plus spirituel des artistes, en prenant une voix de basse-taille.

— Allons, Bixiou, fais-nous quelque farce classique! Voyons, une charge!

— Voulez-vous que je vous fasse le dix-neuvième siècle?

— Écoutez!

— Silence!

— Mettez des sourdines à vos mufles!

— Te tairas-tu, chinois!

— Donnez-lui du vin, et qu'il se taise, cet enfant!

— A toi, Bixiou!

L'artiste boutonna son habit noir jusqu'au col, mit ses gants jaunes, et se grima de manière à singer LE GLOBE; mais le bruit couvrit sa voix, et il fut impossible de saisir un seul mot de sa moquerie. S'il ne représenta pas le siècle, au moins représenta-t-il le journal, car il ne s'entendit pas lui-même.

Le dessert se trouva servi comme par enchantement. La table fut couverte d'un vaste surtout en bronze doré, sorti des ateliers de Thomire. De hautes figures douées par un célèbre artiste des formes convenues en Europe pour la beauté idéale, soutenaient et portaient des buissons de fraises, des ananas, des dattes fraîches, des raisins jaunes, de blondes pêches, des oranges arrivées de Sétubal par un paquebot, des grenades, des fruits de la Chine, enfin toutes les surprises du luxe, des miracles du petit-four, les délicatesses les plus friandes, les friandises les plus séductrices. Les couleurs de ces tableaux gastronomiques étaient rehaussées par l'éclat de la porcelaine, par des lignes étincelantes d'or, par les découpures des vases. Gracieuse comme les liquides franges de l'Océan, verte et légère, la mousse couronnait les paysages du Poussin, copiés à Sèvres. Le budget d'un prince allemand n'aurait pas payé cette richesse insolente. L'argent, la nacre, l'or, les cristaux, furent de nouveau prodigués sous de nouvelles formes; mais les yeux engourdis et la verbeuse fièvre de l'ivresse permirent à peine aux convives d'avoir une intuition vague de cette féerie digne d'un conte oriental. Les vins de dessert apportèrent leurs parfums et leurs flammes, filtres puissants, vapeurs enchanteresses, qui engendrent une espèce de mirage intellectuel et dont les liens puissants enchaînent les pieds, alourdissent les mains. Les pyramides de fruits furent pillées, les voix grossirent, le tumulte grandit; il n'y eut plus alors de paroles distinctes; les verres volèrent en éclats, et des rires atroces partirent comme des fusées. Cursy saisit un cor et se mit à sonner une fanfare. Ce fut comme un signal donné par le diable. Cette assemblée en délire hurla, siffla, chanta, cria, rugit, gronda. Vous eussiez souri de voir des gens naturellement gais, devenus sombres comme les dénoûments de Crébillon, où rêveurs comme des marins en voiture. Les hommes fins disaient leurs secrets à des curieux qui n'écoutaient pas. Les mélancoliques souriaient comme des danseuses qui achèvent leurs pirouettes. Claude Vignon se dandinait à la manière des ours en cage. Des amis intimes se battaient. Les ressemblances animales inscrites sur les figures humaines, et si curieusement démontrées par les physiologistes, reparaissaient vaguement dans les gestes, dans les habitudes du corps. Il y avait un livre tout fait pour quelque Bichat qui se serait trouvé là froid et à jeun. Le maître du logis se sentant ivre, n'osait se lever, mais il approuvait les extravagances de ses convives par une grimace fixe, en tâchant de conserver un air décent et hospitalier. Sa large figure, devenue rouge et bleue, presque violacée, terrible à voir, s'associait au mouvement général par des efforts semblables au roulis et au tangage d'un brick.

— Les avez-vous assassinés? lui demanda Émile.

— La confiscation et la peine de mort sont abolies depuis la révolution de juillet, répondit Taillefer en haussant les sourcils d'un air tout à la fois plein de finesse et de bêtise.

— Mais ne les voyez-vous pas quelquefois en songe? reprit Raphaël?

— Il y a prescription ! dit le meurtrier plein d'or.

— Et sur sa tombe, s'écria Émile d'un ton sardonique, l'entrepreneur du cimetière gravera : *Passants, accordez une larme à sa mémoire !* Oh ! reprit-il, je donnerais bien cent sous au mathématicien qui me démontrerait par une équation algébrique l'existence de l'enfer. Il jeta une pièce en l'air en criant : — Face pour Dieu !

— Ne regardez pas, dit Raphaël en saisissant la pièce, que sait-on ? le hasard est si plaisant.

— Hélas ! reprit Émile d'un air tristement bouffon, je ne vois pas où poser les pieds entre la géométrie de l'incrédule et le *Pater noster* du pape. Bah ! buvons ! *Trinc* est, je crois, l'oracle de la divine bouteille et sert de conclusion au Pantagruel.

— Nous devons au *Pater noster*, répondit Raphaël, nos arts, nos monuments, nos sciences peut-être ; et, bienfait plus grand encore, nos gouvernements modernes, dans lesquels une société vaste et féconde est merveilleusement représentée par cinq cents intelligences, où les forces opposées les unes aux autres se neutralisent en laissant tout pouvoir à la CIVILISATION, reine gigantesque qui remplace le ROI, cette ancienne et terrible figure, espèce de faux destin créé par l'homme entre le ciel et lui. En présence de tant d'œuvres accomplies, l'athéisme apparaît comme un squelette qui n'engendre pas. Qu'en dis-tu ?

— Je songe aux flots de sang répandus par le catholicisme, dit froidement Émile. Il a pris nos veines et nos cœurs pour faire une contrefaçon du déluge. Mais n'importe ! Tout homme qui pense doit marcher sous la bannière du Christ. Lui seul a consacré le triomphe de l'esprit sur la matière, lui seul nous a poétiquement révélé le monde intermédiaire qui nous sépare de Dieu.

— Tu crois? reprit Raphaël en lui jetant un indéfinissable sourire d'ivresse. Eh ! bien, pour ne pas nous compromettre, portons le fameux toast : *Diis ignotis !*

Et ils vidèrent leurs calices de science, de gaz carbonique, de parfums, de poésie et d'incrédulité.

— Si ces messieurs veulent passer dans le salon, le café les y attend, dit le maître d'hôtel.

En ce moment presque tous les convives se roulaient au sein de ces limbes délicieuses où les lumières de l'esprit s'éteignent, où le corps, délivré de son tyran, s'abandonne aux joies délirantes de la liberté. Les uns, arrivés à l'apogée de l'ivresse, restaient mornes et péniblement occupés à saisir une pensée qui leur attestât leur propre existence; les autres, plongés dans le marasme produit par une digestion alourdissante, niaient le mouvement. D'intrépides orateurs disaient encore de vagues paroles dont le sens leur échappait à eux-mêmes. Quelques refrains retentissaient comme le bruit d'une mécanique obligée d'accomplir sa vie factice et sans âme. Le silence et le tumulte s'étaient bizarrement accouplés. Néanmoins, en entendant la voix sonore du valet qui, à défaut d'un maître, leur annonçait des joies nouvelles, ils se levèrent, entraînés, soutenus ou portés les uns par les autres. La troupe entière resta pendant un moment, immobile et charmée, sur le seuil de la porte. Les jouissances excessives du festin pâlirent devant le chatouillant spectacle que l'amphitryon offrait au plus voluptueux de leurs sens. Sous les étincelantes bougies d'un lustre d'or, autour d'une table chargée de vermeil, un groupe de femmes se présenta soudain aux convives hébétés dont les yeux s'allumèrent comme autant de diamants. Riches étaient les parures, mais plus riches encore étaient ces beautés éblouissantes devant lesquelles disparaissaient toutes les merveilles de ce palais. Les yeux passionnés de ces filles, prestigieuses comme des fées, avaient encore plus de vivacité que les torrents de lumière qui faisaient resplendir les reflets satinés des tentures, la blancheur des marbres, les saillies délicates des bronzes et la grâce des draperies. Le cœur brûlait à voir les contrastes de leurs coiffures agitées et de leurs attitudes, toutes diverses d'attraits et de caractère. C'était une haie de fleurs mêlées de rubis, de saphirs et de corail; une ceinture de colliers noirs sur des cous de neige, des écharpes légères flottant comme des flammes d'un phare, des turbans orgueilleux, des tuniques modestement provoquantes. Ce sérail offrait des séductions pour tous les yeux, des voluptés pour tous les caprices. Posée à ravir, une danseuse semblait être sans voile sous les plis onduleux du cachemire. Là une gaze diaphane, ici la soie chatoyante, cachaient ou révélaient des perfections mystérieuses. De petits pieds étroits parlaient d'amour, des bouches fraîches et rouges se taisaient. De frêles et décentes jeunes filles, vierges factices dont les jolies chevelures respiraient une religieuse innocence, se présentaient aux regards comme des apparitions qu'un souffle pouvait dissiper. Puis des beautés aristocratiques, au regard fier, mais indolentes, mais fluettes, maigres, gracieuses, penchaient la tête comme si elles avaient encore de royales protections à faire acheter. Une Anglaise, blanche et chaste figure aérienne, descendue des nuages d'Ossian, ressemblait à un ange de mélancolie, à un remords fuyant le crime. La Parisienne dont toute la beauté gît dans une grâce indescriptible, vaine de sa toilette et de son esprit, armée de sa toute-puissante faiblesse, souple et dure, sirène sans cœur et sans passion, mais qui sait artificieusement créer les trésors de la passion et contrefaire les accents du cœur, ne manquait pas à cette périlleuse assemblée, où brillaient encore des Italiennes tranquilles en apparence et consciencieuses dans leur félicité; de riches Normandes aux formes magnifiques, des femmes méridionales aux cheveux noirs, aux yeux bien fendus. Vous eussiez dit les beautés de Versailles convoquées par Lebel, ayant dès le matin dressé tous leurs piéges, arrivant comme une troupe d'esclaves orientales réveillées par la voix du marchand pour partir à l'aurore. Elles restaient interdites, honteuses, et s'empressaient autour de la table comme des abeilles qui bourdonnent dans l'intérieur d'une ruche. Cet embarras craintif, reproche et coquetterie tout ensemble, accusait et séduisait. Était-ce pudeur involontaire? peut-être un sentiment que la femme ne dépouille jamais complétement leur ordonnait-il de s'envelopper dans le manteau de la vertu pour donner plus de charme et de piquant aux prodigalités du vice. Aussi la conspiration ourdie par le vieux Taillefer sembla-t-elle devoir échouer. Ces hommes sans frein furent subjugués tout d'abord par la puissance majestueuse dont la femme est investie. Un murmure d'admiration résonna comme la plus douce musique. L'amour n'avait pas voyagé de compagnie avec l'ivresse; au lieu d'un ouragan de passions, les convives, surpris dans un moment de faiblesse, s'abandonnèrent aux délices d'une voluptueuse extase. A la voix de la poésie qui les domine toujours, les artistes étudièrent avec bonheur les nuances délicates qui distinguaient ces beautés choisies. Réveillé par une pensée, due peut-être à quelque émanation d'acide carbonique dégagé du vin de Champagne, un philosophe frissonna en songeant aux malheurs qui amenaient là ces femmes, lignes peut-être jadis des plus purs hommages. Chacune d'elles avait sans doute un drame sanglant à raconter. Presque toutes apportaient d'infernales tortures, et traînaient après elles des hommes sans foi, des promesses trahies, des joies rançonnées par la misère. Les convives s'approchèrent d'elles avec politesse, et des conversations aussi diverses que les caractères s'établirent. Des groupes se formèrent. Vous eussiez dit d'un salon de bonne compagnie où les jeunes filles et les femmes vont offrant aux convives, après le dîner, les secours que le café, les liqueurs et le sucre prêtent aux gourmands embarrassés dans les travaux d'une digestion récalcitrante. Mais bientôt quelques rires éclatèrent, le murmure augmenta, les voix s'élevèrent. L'orgie, domptée pendant un moment, menaça par intervalles de se réveiller. Ces alternatives de silence et de bruit eurent une vague ressemblance avec une symphonie de Beethoven. Assis sur un moelleux divan, les deux amis virent d'abord arriver près d'eux une grande fille bien proportionnée, superbe en son maintien, de physionomie assez irrégulière, mais perçante, mais impétueuse, et qui saisissait l'âme par de vigoureux contrastes. Sa chevelure noire, lascivement bouclée, semblait avoir déjà subi les combats de l'amour, et retombait en flocons légers sur ses larges épaules, qui offraient des perspectives attrayantes à voir; de longs rouleaux bruns enveloppaient à demi un cou majestueux sur lequel la lumière glissait par intervalles en révélant la finesse des plus jolis contours; sa peau, d'un blanc mat, faisait ressortir les tons chauds et animés de ses vives couleurs; l'œil, armé de longs cils, lançait des flammes hardies, étincelles d'amour; la bouche, rouge, humide, entr'ouverte, appelait le baiser; elle avait une taille forte, mais amoureusement élastique; son sein, ses bras étaient largement développés, comme ceux des belles figures du Carrache; néanmoins, elle paraissait leste, souple, et sa vigueur supposait l'agilité d'une panthère, comme la mâle élégance de ses formes en promettait les voluptés dévorantes. Quoique cette fille dût savoir rire et folâtrer, ses yeux et son sourire effrayaient la pensée. Semblable à ces prophétesses agitées par un démon, elle étonnait plutôt qu'elle ne plaisait. Toutes les expressions passaient par masses et comme des éclairs sur sa figure mobile. Peut-être eût-elle ravi des gens blasés, mais un jeune homme l'eût redoutée. C'était une statue colossale tombée du haut de quelque temple grec, sublime à distance, mais grossière à voir de près. Néanmoins, sa foudroyante beauté devait réveiller les impuissants, sa voix charmer les sourds, ses regards ranimer de vieux ossements. Émile la comparait vaguement à une tragédie de Shakspeare, espèce d'arabesque admirable où la joie hurle, où l'amour a je ne sais quoi de sauvage, où la magie de la grâce et le feu du bonheur succèdent aux sanglants tumultes de la colère; monstre qui sait mordre et caresser, rire comme un démon, pleurer comme les anges, improviser dans une seule étreinte toutes les séductions de la femme, excepté les soupirs de la mélancolie et les enchanteresses modesties d'une vierge; puis en un moment rugir, se déchirer les flancs, briser sa passion, son amant; enfin, se détruire elle-même comme fait un peuple insurgé. Vêtue d'une robe en velours rouge, elle foulait d'un pied insouciant quelques fleurs déjà tombées de la tête de ses compagnes, et d'une main dédaigneuse tendait aux deux amis un plateau d'argent. Fière de sa beauté, fière de ses vices peut-être, elle montrait un bras blanc, qui se détachait vivement sur le velours. Elle était là comme la reine du plaisir, comme une image de la joie humaine, de cette joie qui dissipe les trésors amassés par trois générations, qui rit sur des cadavres, se moque des aïeux, dissout des perles et des trônes, transforme les jeunes gens en vieillards, et souvent les vieillards en jeunes gens; de cette joie permise seulement aux géants fatigués du pouvoir, éprouvés par la pensée, ou pour lesquels la guerre est devenue comme un jouet.

— Comment te nommes-tu? lui dit Raphaël.

— Aquilina.

— Oh! oh! tu viens de *Venise sauvée*, s'écria Émile.

— Oui, répondit-elle. De même que les papes se donnent de nouveaux noms en montant au-dessus des hommes, j'en ai pris un autre en m'élevant au-dessus de toutes les femmes.

— As-tu donc, comme ta patronne, un noble et terrible conspirateur qui t'aime et sache mourir pour toi? dit vivement Émile, réveillé par cette apparence de poésie.

— Je l'ai eu, répondit-elle. Mais la guillotine a été ma rivale. Aussi metté-je toujours quelques chiffons rouges dans ma parure pour que ma joie n'aille jamais trop loin.

— Oh! si vous lui laissez raconter l'histoire des quatre jeunes gens de La Rochelle, elle n'en finira pas. Tais-toi donc, Aquilina! Les femmes n'ont-elles pas toutes un amant à pleurer; mais toutes n'ont pas, comme toi, le bonheur de l'avoir perdu sur un échafaud. Ah! j'aimerais bien mieux savoir le mien couché dans une fosse, à Clamart, que dans le lit d'une rivale.

Ces phrases furent prononcées d'une voix douce et mélodieuse par la plus innocente, la plus jolie et la plus gentille petite créature qui fût jamais sortie d'un œuf enchanté. Elle était arrivée à pas muets, et montrait une figure délicate, une taille grêle, des yeux bleus ravissants de modestie, des tempes fraîches et pures. Une naïade ingénue, qui s'échappe de sa source, n'est pas plus timide, plus blanche ni plus naïve. Elle paraissait avoir seize ans, ignorer le mal, ignorer l'amour, ne pas connaître les orages de la vie, et venir d'une église où elle aurait prié les anges d'obtenir avant le temps son rappel dans les cieux. A Paris seulement se rencontrent ces créatures au visage candide qui cachent la dépravation la plus profonde, les vices les plus raffinés, sous un front aussi doux, aussi tendre que la fleur d'une marguerite. Trompés d'abord par les célestes promesses écrites dans les suaves attraits de cette jeune fille, Émile et Raphaël acceptèrent le café qu'elle leur versa dans les tasses présentées par Aquilina, et se mirent à la questionner. Elle acheva de transfigurer aux yeux des deux poètes, par une sinistre allégorie, je ne sais quelle face de la vie humaine, en opposant à l'expression rude et passionnée de son imposante compagne le portrait de cette corruption froide, voluptueusement cruelle, assez étourdie pour commettre un crime, assez forte pour en rire; espèce de démon sans cœur, qui punit les âmes riches et tendres de ressentir les émotions dont il est privé, qui trouve toujours une grimace d'amour à vendre, des larmes pour le convoi de sa victime, et de la joie le soir pour en lire le testament. Un poète eût admiré la belle Aquilina ; le monde entier devait fuir la touchante Euphrasie : l'une était l'âme du vice, l'autre le vice sans âme.

— Je voudrais bien savoir, dit Émile à cette jolie créature, si parfois tu songes à l'avenir.

— L'avenir? répondit-elle en riant. Qu'appelez-vous l'avenir? Pourquoi penserais-je à ce qui n'existe pas encore? Je ne regarde jamais ni en arrière ni en avant de moi. N'est-ce pas déjà trop que de m'occuper d'une journée à la fois? D'ailleurs, l'avenir, nous le connaissons, c'est l'hôpital.

— Comment peux-tu voir d'ici l'hôpital et ne pas éviter d'y aller? s'écria Raphaël.

EUPHRASIE AQUILINA

Un poëte eût admiré la belle Aquilina; le monde entier devait fuir la touchante Euphrasie.

(LA PEAU DE CHAGRIN.)

— Qu'a donc l'hôpital de si effrayant? demanda la terrible Aquilina. Quand nous ne sommes ni mères ni épouses, quand la vieillesse nous met des bas noirs aux jambes et des rides au front, flétrit tout ce qu'il y a de femme en nous et sèche la joie dans les regards de nos amis, de quoi pourrions-nous avoir besoin? Vous ne voyez plus alors en nous, de notre parure, que sa fange primitive, qui marche sur deux pattes, froide, sèche, décomposée, et va produisant un bruissement de feuilles mortes. Les plus jolis chiffons nous deviennent des haillons, l'ambre qui réjouissait le boudoir prend une odeur de mort et sent le squelette; puis, s'il se trouve un cœur dans cette boue, vous y insultez tous, vous ne nous permettez même pas un souvenir. Ainsi, que nous soyons, à cette époque de la vie, dans un riche hôtel à soigner des chiens, ou dans un hôpital à trier des guenilles, notre existence n'est-elle pas exactement la même? Cacher nos cheveux blancs sous un mouchoir à carreaux rouges et bleus ou sous des dentelles, balayer les rues avec du bouleau ou les marches des Tuileries avec du satin, être assises à des foyers dorés ou nous chauffer à des cendres dans un pot de terre rouge, assister au spectacle de la Grève, ou aller à l'Opéra, y a-t-il donc là tant de différence?

— *Aquilina mia*, jamais tu n'as eu tant de raison au milieu de tes désespoirs, reprit Euphrasie. Oui, les cachemires, les vélins, les parfums, l'or, la soie, le luxe, tout ce qui brille, tout ce qui plaît ne va bien qu'à la jeunesse. Le temps seul pourrait avoir raison contre nos folies, mais le bonheur nous absout. Vous riez de ce que je dis, s'écria-t-elle en lançant un sourire venimeux aux deux amis; n'ai-je pas raison? J'aime mieux mourir de plaisir que de maladie. Je n'ai ni la manie de la perpétuité ni grand respect pour l'espèce humaine à voir ce que Dieu en fait! Donnez-moi des millions, je les mangerai; je ne voudrais pas garder un centime pour l'année prochaine. Vivre pour plaire et régner, tel est l'arrêt que prononce chaque battement de mon cœur. La société m'approuve; ne fournit-elle pas sans cesse à mes dissipations? Pourquoi le bon Dieu me fait-il tous les matins la rente de ce que je dépense tous les soirs? pourquoi nous bâtissez-vous des hôpitaux? Comme il ne nous a pas mis entre le bien et le mal pour choisir ce qui nous blesse ou nous ennuie, je serais bien sotte de ne pas m'amuser.

— Et les autres? dit Émile.

— Les autres? Eh! bien, qu'ils s'arrangent! J'aime mieux rire de leurs souffrances que d'avoir à pleurer sur les miennes. Je défie un homme de me causer la moindre peine.

— Qu'as-tu donc souffert pour penser ainsi? demanda Raphaël.

— J'ai été quittée pour un héritage, moi! dit-elle en prenant une pose qui fit ressortir toutes ses séductions. Et cependant j'avais passé les nuits et les jours à travailler pour nourrir mon amant. Je ne veux plus être la dupe d'aucun sourire, d'aucune promesse, et je prétends faire de mon existence une longue partie de plaisir.

— Mais, s'écria Raphaël, le bonheur ne vient-il donc pas de l'âme?

— Eh! bien, reprit Aquilina, n'est-ce rien que de se voir admirée, flattée, de triompher de toutes les femmes, même des plus vertueuses, en les écrasant par notre beauté, par notre richesse? D'ailleurs nous vivons plus en un jour qu'une bonne bourgeoise en dix ans, et alors tout est jugé.

— Une femme sans vertu n'est-elle pas odieuse? dit Émile à Raphaël.

Euphrasie leur lança un regard de vipère, et répondit avec un inimitable accent d'ironie: — La vertu! nous la laissons aux laides et aux bossues. Que seraient-elles sans cela, les pauvres femmes?

— Allons, tais-toi, s'écria Émile, ne parle point de ce que tu ne connais pas.

— Ah! je ne la connais pas! reprit Euphrasie. Se donner pendant toute la vie à un être détesté, savoir élever des enfants qui vous abandonnent, et leur dire: Merci! quand il vous frappent au cœur; voilà les vertus que vous ordonnez à la femme. Encore, pour la récompenser de son abnégation, venez-vous lui imposer des souffrances en cherchant à la séduire; si elle résiste, vous la compromettez. Jolie vie! Autant rester libres, aimer ceux qui nous plaisent et mourir jeunes.

— Ne crains-tu pas de payer tout cela un jour?

— Eh! bien, répondit-elle, au lieu d'entremêler mes plaisirs de chagrins, ma vie sera coupée en deux parts: une jeunesse certainement joyeuse, et je ne sais quelle vieillesse incertaine pendant laquelle je souffrirai tout à mon aise.

— Elle n'a pas aimé, dit Aquilina d'un son de voix profond. Elle n'a jamais fait cent lieues pour aller dévorer avec mille délices un regard et un refus; elle n'a point attaché sa vie à un cheveu, ni essayé de poignarder plusieurs hommes pour sauver son souverain, son seigneur, son dieu. Pour elle, l'amour était un joli colonel.

— Hé! hé! *La Rochelle*, répondit Euphrasie, l'amour est comme le vent, nous ne savons d'où il vient. D'ailleurs, si tu avais été bien aimée par une bête, tu prendrais les gens d'esprit en horreur.

— Le Code nous défend d'aimer les bêtes, répliqua la grande Aquilina d'un accent ironique.

— Je te croyais plus indulgente pour les militaires, s'écria Euphrasie en riant.

— Sont-elles heureuses de pouvoir abdiquer ainsi leur raison! s'écria Raphaël.

— Heureuses! dit Aquilina souriant de pitié, de terreur, en jetant aux deux amis un horrible regard. Ah! vous ignorez ce que c'est que d'être condamnée au plaisir avec un mort dans le cœur.

Contempler en ce moment les salons, c'était avoir une vue anticipée du Pandémonium de Milton. Les flammes bleues du punch coloraient d'une teinte infernale les visages de ceux qui pouvaient boire encore. Des danses folles, animées par une sauvage énergie, excitaient des rires et des cris qui éclataient comme les détonations d'un feu d'artifice. Jonchés de morts et de mourants, le boudoir et un petit salon offraient l'image d'un champ de bataille. L'atmosphère était chaude de vin, de plaisirs et de paroles. L'ivresse, l'amour, le délire, l'oubli du monde étaient dans les cœurs, sur les visages, écrits sur les tapis, exprimés par le désordre, et jetaient sur tous les regards de légers voiles qui faisaient voir dans l'air des vapeurs enivrantes. Il s'était ému, comme dans les bandes lumineuses tracées par un rayon de soleil, une poussière brillante à travers laquelle se jouaient les formes les plus capricieuses, les luttes les plus grotesques. Çà et là, des groupes de figures enlacées se confondaient avec les marbres blancs, nobles chefs-d'œuvre de la sculpture qui ornaient les appartements. Quoique les deux amis conservassent encore une sorte de lucidité trompeuse dans les idées et dans leurs organes, un dernier frémissement, simulacre imparfait de la vie, il leur était impossible de reconnaître ce qu'il y avait de réel dans les fantaisies bizarres, de possible dans les tableaux surnaturels qui passaient incessamment devant leurs yeux lassés. Le ciel étouffant de nos rêves, l'ardente suavité que contractent les figures dans nos visions, surtout je ne sais quelle agilité chargée de chaînes, enfin les phénomènes les plus inaccoutumés du sommeil, les assaillaient si vivement, qu'ils prirent les jeux de cette débauche pour les caprices d'un cauchemar où le mouvement est sans bruit, où les cris sont perdus pour l'oreille. Et le moment le valet de chambre de confiance réussit, non sans peine, à attirer son maître dans l'antichambre, et lui dit à l'oreille : — Monsieur, tous les voisins sont aux fenêtres et se plaignent du tapage.

— S'ils ont peur du bruit, ne peuvent-ils pas faire mettre de la paille devant leurs portes ? s'écria Taillefer.

Raphaël laissa tout à coup échapper un éclat de rire si brusquement intempestif, que son ami lui demanda compte d'une joie aussi brutale.

— Tu me comprendrais difficilement, répondit-il. D'abord, il faudrait t'avouer que vous m'avez arrêté sur le quai Voltaire, au moment où j'allais me jeter dans la Seine, et tu voudrais sans doute connaître les motifs de ma mort. Mais quand j'ajouterais que, par un hasard presque fabuleux, les ruines les plus poétiques du monde matériel venaient alors de se résumer à mes yeux par une traduction symbolique de la sagesse humaine ; tandis qu'en ce moment les débris de tous les trésors intellectuels dont nous avons fait à table un si cruel pillage aboutissent à ces deux femmes, images vives et originales de la folie, et que notre profonde insouciance des hommes et des choses a servi de transition aux tableaux fortement colorés de deux systèmes d'existence si diamétralement opposés, en seras-tu plus instruit ? Si tu n'étais pas ivre, tu y verrais peut-être un traité de philosophie.

— Si tu n'avais pas les deux pieds sur cette ravissante Aquilina dont les ronflements ont je ne sais quelle analogie avec le rugissement d'un orage près d'éclater, reprit Émile, qui lui-même s'amusait à rouler et à dérouler les cheveux d'Euphrasie, sans trop avoir la conscience de cette innocente occupation, tu rougirais de ton ivresse et de ton bavardage. Tes deux systèmes peuvent entrer dans une seule phrase et se réduisent à une pensée. La vie simple et mécanique conduit à quelque sagesse insensée en étouffant notre intelligence par le travail ; tandis que la vie passée dans le vide des abstractions ou dans les abîmes du monde moral mène à quelque folle sagesse. En un mot, tuer les sentiments pour vivre vieux, ou mourir jeune en acceptant le martyre des passions, voilà notre arrêt. Encore, cette sentence lutte-t-elle avec les tempéraments que nous a donnés le rude goguenard à qui nous devons le patron de toutes les créatures.

— Imbécile! s'écria Raphaël en l'interrompant. Continue à t'abréger ainsi, tu feras des volumes! Si j'avais eu la prétention de formuler proprement ces deux idées, je t'aurais dit que l'homme se corrompt par l'exercice de la raison et se purifie par l'ignorance. C'est faire le procès aux sociétés! Mais que nous vivions avec les sages ou que nous périssions avec les fous, le résultat n'est-il pas tôt ou tard le même! Aussi, le grand abstracteur de quintessence a-t-il jadis exprimé ces deux systèmes en deux mots : CARYMARY, CARYMARA.

— Tu me fais douter de la puissance de Dieu, car tu es plus bête qu'il n'est puissant, répliqua Émile. Notre cher Rabelais a résolu cette philosophie par un mot plus bref que *Carymary, Carymara;* c'est *peut-être*, d'où Montaigne a pris son *Que sais-je?* Encore ces derniers mots de la science morale ne sont-ils guère que l'exclamation de Pyrrhon restant entre le bien et le mal, comme l'âne de Buridan entre deux mesures d'avoine. Mais laissons là cette éternelle discussion qui aboutit aujourd'hui à *oui et non*. Quelle expérience voulais-tu donc faire en te jetant dans la Seine? étais-tu jaloux de la machine hydraulique du pont Notre-Dame?

— Ah! si tu connaissais ma vie.

— Ah! s'écria Émile, je ne te croyais pas si vulgaire; la phrase est usée. Ne sais-tu pas que nous avons tous la prétention de souffrir beaucoup plus que les autres?

— Ah! s'écria Raphaël.

— Mais tu es bouffon avec ton *ah!* Voyons; une maladie d'âme ou de corps t'oblige-t-elle de ramener tous les matins, par une contraction de tes muscles, les chevaux qui le soir doivent t'écarteler, comme jadis le fit Damiens? As-tu mangé ton chien tout cru, sans sel, dans ta mansarde? Tes enfants t'ont-ils jamais dit : J'ai faim? As-tu vendu les cheveux de ta maîtresse pour aller au jeu? As-tu été payer à un faux domicile une fausse lettre de change, tirée sur un faux oncle, avec la crainte d'arriver trop tard? Voyons, j'écoute. Si tu te jetais à l'eau pour une femme, pour un protêt, ou par ennui, je te renie. Confesse-toi, ne mens pas; je ne te demande point de mémoires historiques. Surtout, sois aussi bref que ton ivresse te le permettra; je suis exigeant comme un lecteur, et prêt à dormir comme une femme qui lit ses vêpres.

— Pauvre sot! dit Raphaël. Depuis quand les douleurs ne sont-elles plus en raison de la sensibilité? Lorsque nous arriverons au degré de science qui nous permettra de faire une histoire naturelle des cœurs, de les nommer, de les classer en genres, en sous-genres, en familles, en crustacés, en fossiles, en sauriens, en microscopiques, en... que sais-je? alors, mon bon ami, ce sera chose prouvée qu'il en existe de tendres, de délicats, comme des fleurs, et qui doivent se briser comme elles par de légers froissements auxquels certains cœurs minéraux ne sont même pas sensibles.

— Oh! de grâce, épargne-moi ta préface, dit Émile d'un air moitié riant moitié piteux, en prenant la main de Raphaël.

LA FEMME SANS COEUR.

Après être resté silencieux pendant un moment, Raphaël dit en laissant échapper un geste d'insouciance : — Je ne sais en vérité s'il ne faut pas attribuer aux fumées du vin et du punch l'espèce de lucidité qui me permet d'embrasser en cet instant toute ma vie comme un même tableau, où les figures, les couleurs, les ombres, les lumières, les demi-teintes sont fidèlement rendues. Ce jeu poétique de mon imagination ne m'étonnerait pas, s'il n'était accompagné d'une sorte de dédain pour mes souffrances et pour mes joies passées. Vue à distance, ma vie est comme rétrécie par un phénomène moral. Cette longue et lente douleur qui a duré dix ans peut aujourd'hui se reproduire par quelques phrases dans lesquelles la douleur ne sera plus qu'une pensée, et le plaisir une réflexion philosophique. Je juge au lieu de sentir.

— Tu es ennuyeux comme un amendement, s'écria Émile.

— C'est possible, reprit Raphaël sans murmurer. Aussi, pour ne pas abuser de tes oreilles, te ferai-je grâce des dix-sept premières années de ma vie. Jusque-là, j'ai vécu comme toi, comme mille autres, de cette vie de collège ou de lycée, dont maintenant nous nous rappelons tous avec tant de délices les malheurs fictifs et les joies réelles, à laquelle notre gastronomie blasée redemande les légumes du vendredi, tant que nous ne les avons pas goûtés de nouveau : belle vie dont nous méprisons les travaux, qui cependant nous ont appris le travail...

— Arrive au drame, dit Émile d'un air moitié comique et moitié plaintif.

— Quand je sortis du collége, reprit Raphaël en réclamant par un geste le droit de continuer, mon père m'astreignit à une discipline sévère, il me logea dans une chambre contiguë à son cabinet ; je me couchais dès neuf heures du soir et me levais à cinq heures du matin ; il voulait que je fisse mon droit en conscience, j'allais en même temps à l'École et chez un avoué ; mais les lois du temps et de l'espace étaient si sévèrement appliquées à mes courses, à mes travaux, et mon père me demandait en dînant un compte si rigoureux de...

— Qu'est-ce que cela me fait ? dit Émile.

— Eh ! que le diable t'emporte, répondit Raphaël. Comment pourras-tu concevoir mes sentiments si je ne te raconte les faits imperceptibles qui influèrent sur mon âme, la façonnèrent à la crainte et me laissèrent long-temps dans la naïveté primitive du jeune homme ? Ainsi, jusqu'à vingt et un ans, j'ai été courbé sous un despotisme aussi froid que celui d'une règle monacale. Pour te révéler les tristesses de ma vie, il suffira peut-être de te dépeindre mon père : un grand homme sec et mince, le visage en lame de couteau, le teint pâle, à parole brève, taquin comme une vieille fille, méticuleux comme un chef de bureau. Sa paternité planait au-dessus de mes lutines et joyeuses pensées, et les enfermait comme sous un dôme de plomb. Si je voulais lui manifester un sentiment doux et tendre, il me recevait en enfant qui va dire une sottise. Je le redoutais bien plus que nous ne craignions naguère nos maîtres d'étude. J'avais toujours huit ans pour lui. Je crois encore le voir devant moi : dans sa redingote marron, où il se tenait droit comme un cierge pascal, il avait l'air d'un hareng saur enveloppé dans la couverture rougeâtre d'un pamphlet. Cependant j'aimais mon père, au fond il était juste. Peut-être ne haïssons-nous pas la sévérité quand elle est justifiée par un grand caractère, par des mœurs pures, et qu'elle est adroitement entremêlée de bonté. Si mon père ne me quitta jamais, si jusqu'à l'âge de vingt ans, il ne laissa pas dix francs à ma disposition, dix coquins, dix libertins de francs, trésor immense dont la possession vainement enviée me faisait rêver d'ineffables délices, il cherchait du moins à me procurer quelques distractions. Après m'avoir promis un plaisir pendant des mois entiers, il me conduisait aux Bouffons, à un concert, à un bal, où j'espérais rencontrer une maîtresse. Une maîtresse ! c'était pour moi l'indépendance. Mais honteux et timide, ne sachant point l'idiome des salons et n'y connaissant personne, j'en revenais le cœur toujours aussi neuf et tout aussi gonflé de désirs. Puis le lendemain, bridé comme un cheval d'escadron par mon père, dès le matin je retournais chez un avoué, au Droit, au Palais. Vouloir m'écarter de la route uniforme qu'il m'avait tracée, c'eût été m'exposer à sa colère; il m'avait menacé de m'embarquer à ma première faute, en qualité de mousse, pour les Antilles. Aussi me prenait-il un horrible frisson quand par hasard j'osais m'aventurer, pendant une heure ou deux, dans quelque partie de plaisir. Figure-toi l'imagination la plus vagabonde, le cœur le plus amoureux, l'âme la plus tendre, l'esprit le plus poétique, sans cesse en présence de l'homme le plus cailouteux, le plus atrabilaire, le plus froid du monde; enfin marie une jeune fille à un squelette, et tu comprendras l'existence dont tu m'interdis de te développer les scènes curieuses : projets de fuite évanouis à l'aspect de mon père, désespoirs calmés par le sommeil, désirs comprimés, sombres mélancolies dissipées par la musique. J'exhalais mon malheur en mélodies. Beethoven ou Mozart furent souvent mes discrets confidents. Aujourd'hui je souris en me souvenant de tous les préjugés qui troublaient ma conscience à cette époque d'innocence et de vertu : si j'avais mis le pied chez un restaurateur, je me serais cru ruiné; mon imagination me faisait considérer un café comme un lieu de débauche, où les hommes se perdaient d'honneur et engageaient leur fortune ; quant à risquer de l'argent au jeu, il aurait fallu en avoir. Oh ! quand je devrais t'endormir, je veux te raconter l'une des plus terribles joies de ma vie, une de ces joies armées de griffes et qui s'enfoncent dans notre cœur comme un fer chaud sur l'épaule d'un forçat. J'étais au bal chez le duc de Navarreins, cousin de mon père. Mais pour que tu puisses parfaitement comprendre ma position, apprends que j'avais un habit râpé, des souliers mal faits, une cravate de cocher et des gants déjà portés. Je me mis dans un coin afin de pouvoir tout à mon aise prendre des glaces et contempler les jolies femmes. Mon père m'aperçut. Par une raison que je n'ai jamais devinée, tant cet acte de confiance m'abasourdit, il me donna sa bourse et ses clefs à garder. A dix pas de moi quelques hommes jouaient. J'entendais frétiller l'or. J'avais vingt ans, je souhaitais passer une journée entière plongé dans les crimes de mon âge. C'était un libertinage d'esprit dont nous ne trouverions l'analogue ni dans les caprices de courtisane, ni dans les songes des jeunes filles. Depuis un an je me rêvais bien mis, en voiture, ayant une belle femme à mes côtés, tranchant du seigneur, dînant chez Véry, allant le soir au spectacle, décidé à ne revenir que le lendemain chez mon père, mais armé contre lui d'une aventure plus intriguée que ne l'est le Mariage de Figaro, et dont il lui aurait été impossible de se dépêtrer. J'avais estimé toute cette joie cinquante écus. N'étais-je pas encore sous le charme naïf de *l'école buissonnière* ? J'allai donc dans un boudoir où, seul, les yeux cuisants, les doigts tremblants, je comptai l'argent de mon père : cent écus ! Évoquées par cette somme, les joies de mon escapade apparurent devant moi, dansant comme les sorcières de Macbeth autour de leur chaudière, mais alléchantes, frémissantes, délicieuses ! Je devins un coquin déterminé. Sans écouter ni les tintements de mon oreille, ni les battements précipités de mon cœur, je pris deux pièces de vingt francs que je vois encore ! Leurs millésimes étaient effacés et la figure de Bonaparte y grimaçait. Après avoir mis la bourse dans ma poche, je revins vers une table de jeu en tenant les deux pièces d'or dans la paume humide de ma main, et je rôdai autour des joueurs comme un émouchet au-dessus d'un poulailler. En proie à des angoisses inexprimables, je jetai soudain un regard translucide autour de moi. Certain de n'être aperçu par aucune personne de connaissance, je pariai pour un petit homme gras et réjoui, sur la tête duquel j'accumulai plus de prières et de vœux qu'il ne s'en fait en mer pendant trois tempêtes. Puis, avec un instinct de scélératesse ou de machiavélisme surprenant à mon âge, j'allai me planter près d'une porte, regardant à travers les salons sans y rien voir. Mon âme et mes yeux voltigeaient autour du fatal tapis vert. De cette soirée date la première observation physiologique à laquelle j'ai dû cette espèce de pénétration qui m'a permis de saisir quelques mystères de notre double nature. Je tournais le dos à la table où se disputait mon futur bonheur, bonheur d'autant plus profond peut-être qu'il était criminel ; entre les deux joueurs et moi, il se trouvait une haie d'hommes, épaisse de quatre ou cinq rangées de causeurs ; le bourdonnement des voix empêchait de distinguer le son de l'or qui se mêlait au bruit de l'orchestre ; malgré tous ces obstacles, par un privilége accordé aux passions qui leur donne le pouvoir d'anéantir l'espace et le temps j'entendais distinctement les paroles des deux joueurs, je connaissais leurs points, je savais celui des deux qui retournait le roi comme si j'eusse vu les cartes ; enfin à dix pas du jeu, je pâlissais de ses caprices. Mon père passa devant moi tout à coup, je compris alors cette parole de l'écriture : L'esprit de Dieu passa devant sa face ! J'avais gagné. A travers le tourbillon d'hommes qui gravitait autour des joueurs, j'accourus à la table en m'y glissant avec la dextérité d'une anguille qui s'échappe par la maille rompue d'un filet. De douloureuses, mes fibres devinrent joyeuses. J'étais comme un condamné qui, marchant au supplice, a rencontré le roi. Par hasard, un homme décoré réclama quarante francs qui manquaient. Je fus soupçonné par des yeux inquiets, je pâlis et des gouttes de sueur sillonnèrent mon front. Le crime d'avoir volé mon père me parut bien vengé. Le bon gros petit homme dit alors d'une voix certainement angélique : « Tous ces messieurs avaient mis, » et paya les quarante francs. Je relevai mon front et jetai des regards triomphants sur les joueurs. Après avoir réintégré dans la bourse de mon père l'or que j'y avais pris, je laissai mon gain à ce digne et honnête monsieur qui continua de gagner. Dès que je me vis possesseur de cent soixante francs, je les enveloppai dans mon mouchoir de manière à ce qu'ils ne pussent ni remuer ni sonner pendant notre retour au logis, et ne jouai plus. — Que faisiez-vous au jeu ? me dit mon père en entrant dans le fiacre. — Je regardais, répondis-je en tremblant. — Mais, reprit mon père, il n'y aurait eu rien d'extraordinaire à ce que vous eussiez été forcé par amour-propre à mettre quelque argent sur le tapis. Aux yeux des gens du monde, vous paraissez assez âgé pour avoir le droit de commettre des sottises. Aussi vous excuserais-je, Raphaël, si vous vous étiez servi de ma bourse... Je ne répondis rien. Quand nous fûmes de retour, je rendis à mon père ses clefs et son argent. En rentrant dans sa chambre, il vida la bourse sur sa cheminée, compta l'or, se tourna vers moi d'un air assez gracieux, et me dit en séparant chaque phrase par une pause plus ou moins longue et significative : — Mon fils, vous avez bientôt vingt ans. Je suis content de vous. Il vous faut une pension, ne fût-ce que pour vous apprendre à économiser, à connaître les choses de la vie. Dès ce soir, je vous donnerai cent francs par mois. Vous disposerez de votre argent comme il vous plaira. Voici le premier trimestre de cette année, ajouta-t-il en caressant une pile d'or, comme pour vérifier la somme. J'avoue que je fus prêt à me jeter à ses pieds, à lui déclarer que j'étais un brigand, un infâme, et... pis que cela, un menteur! La honte me retint. J'allais l'embrasser, il me repoussa faiblement. — Maintenant, tu es un homme, *mon enfant*, me dit-il. Ce que je fais est une chose simple et juste dont tu ne dois pas me remercier. Si j'ai droit à votre reconnaissance, Raphaël, reprit-il d'un ton doux mais plein de dignité, c'est pour avoir préservé votre jeunesse des malheurs qui dévorent tous les jeunes gens, à Paris. Désormais, nous serons deux amis. Vous deviendrez, dans un an, docteur en droit. Vous avez, non sans quelques déplaisirs et certaines privations, acquis les connaissances solides et l'amour du travail si nécessaires aux hommes appelés à manier les affaires. Apprenez, Raphaël, à me connaître. Je ne veux faire de vous ni un **avocat**, ni un notaire, mais un homme d'état qui puisse devenir la gloire de notre pauvre maison. A demain! ajouta-t-il en me renvoyant par un geste mystérieux. Dès ce jour, mon père m'initia franchement à ses projets. J'étais fils unique et j'avais perdu ma mère depuis dix ans. Autrefois, peu flatté d'avoir le droit de labourer la terre l'épée au côté, mon père, chef d'une maison historique à peu près oubliée en Auvergne, vint à Paris pour y tenter le diable. Doué de cette finesse qui rend les hommes du midi de la France si supérieurs quand elle se trouve accompagnée d'énergie, il était parvenu sans grand appui à prendre position au cœur même du pouvoir. La révolution renversa bientôt sa fortune; mais il avait su épouser l'héritière d'une grande maison, et s'était vu sous l'empire au moment de restituer à notre famille son ancienne splendeur. La restauration, qui rendit à ma mère des biens considérables, ruina mon père. Ayant jadis acheté plusieurs terres données par l'empereur à ses généraux et situées en pays étranger, il luttait depuis dix ans avec des liquidateurs et des diplomates, avec les tribunaux prussiens et bavarois pour se maintenir dans la possession contestée de ces malheureuses dotations. Mon père me jeta dans le labyrinthe inextricable de ce vaste procès d'où dépendait notre avenir. Nous pouvions être condamnés à restituer les revenus par lui perçus, ainsi que le prix de certaines coupes de bois faites de 1814 à 1817 ; dans ce cas, le bien de ma mère suffisait à peine pour sauver l'honneur de notre nom. Ainsi, le jour où mon père parut en quelque sorte m'avoir émancipé, je tombai sous le joug le plus odieux. Je dus combattre comme sur un champ de bataille, travailler nuit et jour, aller voir des hommes d'état, tâcher de surprendre leur religion, tenter de les intéresser à notre affaire, les séduire, eux, leurs femmes, leurs valets, leurs chiens, et déguiser cet horrible métier sous des formes élégantes, sous d'agréables plaisanteries. Je compris tous les chagrins dont l'empreinte flétrissait la figure de mon père. Pendant une année environ, je menai donc en apparence la vie d'un homme du monde, mais cette dissipation et mon empressement à me lier avec des parents en faveur ou avec des gens qui pouvaient nous être utiles, cachaient d'immenses travaux. Mes divertissements étaient encore des plaidoiries, et mes conversations des mémoires. Jusque-là, j'avais été vertueux par l'impossibilité de me livrer à mes passions de jeune homme ; mais craignant alors de causer la ruine de mon père ou la mienne par une négligence, je devins mon propre despote, et n'osai me permettre ni un plaisir ni une dépense. Lorsque nous sommes jeunes, quand, à force de froissements, les hommes et les choses ne nous ont point encore enlevé cette délicate fleur de sentiment, cette verdeur de pensée, cette noble pureté de conscience qui ne nous laisse jamais transiger avec le mal, nous sentons vivement nos devoirs ; notre honneur parle haut et se fait écouter ; nous sommes francs et sans détour : ainsi étais-je alors. Je voulus justifier la confiance de mon père. Naguère, je lui aurais dérobé délicieusement une chétive somme ; mais portant avec lui le fardeau de ses affaires, de son nom, de sa maison, je lui eusse donné secrètement mes biens, mes espérances, comme je lui sacrifiais mes plaisirs ; heureux même de mon sacrifice ! Aussi, quand monsieur de Villèle exhuma, tout exprès pour nous, un décret impérial sur les déchéances, et nous eut ruinés, signai-je la vente de mes propriétés, n'en gardant qu'une île sans valeur, située au milieu de la Loire, et où se trouvait le tombeau de ma mère. Aujourd'hui, peut-être, les arguments, les détours, les discussions philosophiques, philanthropiques et politiques ne me manqueraient pas pour me dispenser de faire ce que mon avoué nommait une *bêtise*. Mais à vingt et un ans, nous sommes, je le répète, tout générosité, tout chaleur, tout amour. Les larmes que je vis dans les yeux de mon père furent alors pour moi la plus belle des fortunes, et le souvenir de ces larmes a souvent consolé ma misère. Dix mois après avoir payé ses créanciers, mon père mourut de chagrin. Il m'adorait et m'avait ruiné ; cette idée le tua. En 1826, à l'âge de vingt-deux ans, vers la fin de l'automne, je suivis tout seul le convoi de mon premier ami, de mon père. Peu de jeunes gens se sont trouvés, seuls avec leurs pensées, derrière un corbillard, perdus dans Paris, sans avenir, sans fortune. Les orphelins recueillis par la charité publique ont au moins pour avenir le champ de bataille, pour père le gouvernement ou le procureur du roi, pour refuge un hospice. Moi, je n'avais rien ! Trois mois après, un commissaire-priseur me remit onze cent douze francs, produit net et liquide de la succession paternelle. Des créanciers m'avaient obligé à vendre notre mobilier. Accoutumé dès ma jeunesse à donner une grande valeur aux objets de luxe dont j'étais entouré, je ne pus m'empêcher de marquer une sorte d'étonnement à l'aspect de ce reliquat exigu. — « Oh ! me dit le commissaire-priseur, tout cela était bien *rococo*. » Mot épouvantable qui flétrissait toutes les religions de mon enfance et me dépouillait de mes premières illusions, les plus chères de toutes. Ma fortune se résumait par un bordereau de vente, mon avenir gisait dans un sac de toile qui contenait onze cent douze francs, la société m'apparaissait en la personne d'un huissier-priseur qui me parlait le chapeau sur la tête. Un valet de chambre qui me chérissait, et auquel ma mère avait jadis constitué quatre cents francs de rente viagère, Jonathas me dit en quittant la maison d'où j'étais si souvent sorti joyeusement en voiture pendant mon enfance : — Soyez bien économe, monsieur Raphaël ! Il pleurait, le bon homme. Tels sont, mon cher Émile, les événements qui maîtrisèrent ma destinée, modifièrent mon âme, et me placèrent jeune encore dans la plus fausse de toutes les situations sociales. Des liens de famille, mais faibles, m'attachaient à quelques maisons riches dont l'accès m'eût été interdit par ma fierté, si le mépris et l'indifférence ne m'en eussent déjà fermé les portes. Quoique parent de personnes très-influentes et prodigues de leur protection pour des étrangers, je n'avais ni parents ni protecteurs. Sans cesse arrêtée dans ses expansions, mon âme s'était repliée sur elle-même : plein de franchise et de naturel, je devais paraître froid, dissimulé ; le despotisme de mon père m'avait ôté toute confiance en moi ; j'étais timide et gauche, je ne croyais pas que ma voix pût exercer le moindre empire, je me déplaisais, je me trouvais laid, j'avais honte de mon regard. Malgré la voix intérieure qui doit soutenir les hommes de talent dans leurs luttes, et qui me criait : Courage ! marche ! malgré les révélations soudaines de ma puissance dans la solitude, malgré l'espoir dont j'étais animé en comparant les ouvrages nouveaux admirés du public à ceux qui voltigeaient dans ma pensée, je doutais de moi comme un enfant. J'étais la proie d'une excessive ambition, je me croyais destiné à de grandes choses, et me sentais dans le néant. J'avais besoin des hommes, et je me trouvais sans amis ; je devais me frayer une route dans le monde, et j'y restais seul, moins craintif que honteux. Pendant l'année où je fus jeté par mon père dans le tourbillon de la haute société, j'y vins avec un cœur neuf, avec une âme fraîche. Comme tous les grands enfants, j'aspirai secrètement à de belles amours. Je rencontrai parmi les jeunes gens de mon âge une secte de fanfarons qui allaient tête levée, disant des riens, s'asseyant sans trembler près des femmes qui me semblaient les plus imposantes, débitant des impertinences, mâchant le bout de leurs cannes, minaudant, se prostituant à eux-mêmes les plus jolies personnes, mettant ou prétendant avoir mis leurs têtes sur tous les oreillers, ayant l'air d'être au refus du plaisir, considérant les plus vertueuses, les plus prudes comme de prise facile et pouvant être conquises à la simple parole, au moindre geste hardi, par le premier regard insolent ! Je te le déclare, en mon âme et conscience, la conquête du pouvoir ou d'une grande renommée littéraire me paraissait un triomphe moins difficile à obtenir qu'un succès auprès d'une femme de haut rang, jeune, spirituelle et gracieuse. Je trouvai donc les troubles de mon cœur, mes sentiments, mes cultes en désaccord avec les maximes de la société. J'avais de la hardiesse, mais dans l'âme seulement, et non dans les manières. J'ai su plus tard que les femmes ne voulaient pas être mendiées. J'en ai beaucoup vu que j'adorais de loin, auxquelles je livrais un cœur à toute épreuve, une âme à déchirer, une énergie qui ne s'effrayait ni des sacrifices, ni des tortures ; elles appartenaient à des sots dont je n'aurais pas voulu pour portiers. Combien de fois, muet, immobile, n'ai-je pas admiré la femme de mes rêves, surgissant dans un bal ! Dévouant alors en pensée mon existence à des caresses éternelles, j'imprimais toutes mes espérances en un regard, et lui offrais dans mon extase un amour de jeune homme qui courait au-devant des tromperies. En certains moments, j'aurais donné ma vie pour une seule nuit. Eh bien ! n'ayant jamais trouvé d'oreilles à qui confier mes propos passionnés, de regards où reposer les miens, de cœur pour mon cœur, j'ai vécu dans tous les tourments d'une impuissante énergie qui se dévorait elle-même, soit faute de hardiesse ou d'occasions, soit inexpérience. Peut-être ai-je désespéré de me faire comprendre, ou tremblé d'être trop compris. Et cependant j'avais un orage tout prêt à chaque regard poli que l'on pouvait m'adresser. Malgré ma promptitude à prendre ce regard ou des mots en apparence affectueux comme de tendres engagements, je n'ai jamais osé ni parler ni me taire à propos. A force de sentiment ma parole était insignifiante, et mon silence était stupide. J'avais sans doute trop de naïveté pour une société factice qui vit aux lumières, et rend toutes ses pensées par des phrases convenues, ou des mots que dicte la mode. Puis je ne savais point parler en me taisant, ni me taire en parlant. Enfin, gardant en moi des feux qui me brûlaient, ayant une âme semblable à celles que les femmes souhaitent de rencontrer, en proie à cette exaltation dont elles sont avides, possédant l'énergie dont se vantent les sots, toutes les femmes m'ont été traîtreusement cruelles. Aussi, admirais-je naïvement les héros de coterie quand ils célébraient leurs triomphes, sans les soupçonner de mensonge. J'avais sans doute le tort de désirer un amour sur parole, de vouloir trouver grande et forte dans un cœur de femme frivole et légère, affamée de luxe, ivre de vanité, cette passion large, cet océan qui battait tempêtueusement dans mon cœur. Oh ! se sentir né pour aimer, pour rendre une femme bien heureuse, et ne pas avoir trouvé même une courageuse et noble Marceline ou quelque vieille marquise ! Porter des trésors dans une besace et ne pouvoir rencontrer personne, pas même une enfant, quelque jeune fille curieuse, pour les lui faire admirer. J'ai souvent voulu me tuer de désespoir.

— Joliment tragique ce soir ! s'écria Émile.

— Eh ! laisse-moi condamner ma vie, répondit Raphaël. Si ton amitié n'a pas la force d'écouter mes élégies, si tu ne peux me faire crédit d'une demi-heure d'ennui, dors ! Mais ne me demande plus compte de mon suicide qui gronde, qui se dresse, qui m'appelle et que je salue. Pour juger un homme, au moins faut-il être dans le secret de sa pensée, de ses malheurs, de ses émotions ; ne vouloir connaître de sa vie que les événements matériels, c'est faire de la chronologie, l'histoire des sots !

Le ton amer avec lequel ces paroles furent prononcées frappa si vivement Émile que, dès ce moment, il prêta toute son attention à Raphaël en le regardant d'un air hébété.

— Mais, reprit le narrateur, maintenant la lueur qui colore ces accidents leur prête un nouvel aspect. L'ordre des choses que je considérais jadis comme un malheur a peut-être engendré les belles facultés dont plus tard je me suis enorgueilli. La curiosité philosophique, les travaux excessifs, l'amour de la lecture qui, depuis l'âge de sept ans jusqu'à mon entrée dans le monde, ont constamment occupé ma vie, ne m'auraient-ils pas doué de la facile puissance avec laquelle, s'il faut vous en croire, je sais rendre mes idées et marcher en avant dans le vaste champ des connaissances humaines ? L'abandon auquel j'étais condamné, l'habitude de refouler mes sentiments et de vivre dans mon cœur ne m'ont-ils pas investi du pouvoir de comparer, de méditer ? En ne se perdant pas au service des irritations mondaines qui rapetissent la plus belle âme et la réduisent à l'état de guenille, ma sensibilité ne s'est-elle pas concentrée pour devenir l'organe perfectionné d'une volonté plus haute que le vouloir de la passion ? Méconnu par les femmes, je me souviens de les avoir observées avec la sagacité de l'amour dédaigné. Maintenant, je le vois, la sincérité de mon caractère a dû leur déplaire ! Peut-être veulent-elles un peu d'hypocrisie ? Moi qui suis tour à tour, dans la même heure, homme et enfant, futile et penseur, sans préjugés et plein de superstitions, souvent femme comme elles, n'ont-elles pas dû prendre ma naïveté pour du cynisme, et la pureté même de ma pensée pour du libertinage ? La science leur était ennui, la langueur féminine faiblesse. Cette excessive mobilité d'imagination, le malheur des poètes, me faisait sans doute juger comme un être incapable d'amour, sans constance dans les idées, sans énergie. Idiot quand je me taisais, je les effarouchais peut-être quand j'essayais de leur plaire. Les femmes m'ont condamné. J'ai accepté, dans les larmes et le chagrin, l'arrêt porté par le monde. Cette peine a produit son fruit. Je voulus me venger de la société, je voulus posséder l'âme de toutes les femmes en me soumettant les intelligences, et voir tous les regards fixés sur moi quand mon nom serait prononcé par un valet à la porte d'un salon. Je m'insti-

tuai grand homme. Dès mon enfance, je m'étais frappé le front en
me disant comme André de Chénier : « Il y a quelque chose là ! » Je
croyais sentir en moi une pensée à exprimer, un système à établir,
une science à expliquer. O mon cher Émile ! aujourd'hui que j'ai
vingt-six ans à peine, que je suis sûr de mourir inconnu, sans
avoir jamais été l'amant de la femme que j'ai rêvé de posséder,
laisse-moi te conter mes folies ! N'avons-nous pas tous, plus ou
moins, pris nos désirs pour des réalités ? Ah ! je ne voudrais point
pour ami d'un jeune homme qui dans ses rêves ne se serait pas
tressé des couronnes, construit quelque piédestal ou donné de com-
plaisantes maîtresses. Moi, j'ai souvent été général, empereur ; j'ai
été Byron, puis rien. Après avoir joué sur le faîte des choses humaines, je m'apercevais que toutes les montagnes, toutes les difficultés restaient à gravir. Cet immense amour-propre qui bouillonnait en moi, cette croyance sublime à une destinée, et qui devient
du génie peut-être, quand un homme ne se laisse pas déchiqueter
l'âme par le contact des affaires aussi facilement qu'un mouton
abandonne sa laine aux épines des halliers où il passe, tout cela
me sauva. Je voulus me couvrir de gloire et travailler dans le silence pour la maîtresse que j'espérais avoir un jour. Toutes les
femmes se résumaient par une seule, et cette femme je croyais la
rencontrer dans la première qui s'offrait à mes regards. Mais, voyant
une reine dans chacune d'elles, toutes devaient, comme les reines
qui sont obligées de faire des avances à leurs amants, venir un peu
au-devant de moi, souffreteux, pauvre et timide. Ah ! pour celle
qui m'eût plaint, j'avais dans le cœur tant de reconnaissance outre
l'amour, que je l'eusse adorée pendant toute sa vie. Plus tard, mes
observations m'ont appris de cruelles vérités. Ainsi, mon cher
Émile, je risquais de vivre éternellement seul. Les femmes sont
habituées, par je ne sais quelle pente de leur esprit, à ne voir dans
un homme de talent que ses défauts, et dans un sot que ses qualités ; elles éprouvent de grandes sympathies pour les qualités du sot
qui sont une flatterie perpétuelle de leurs propres défauts, tandis
que l'homme supérieur ne leur offre pas assez de jouissances pour
compenser ses imperfections. Le talent est une fièvre intermit-
tente, nulle femme n'est jalouse d'en partager seulement les malai-
ses ; toutes veulent trouver dans leurs amants des motifs de satisfaire leur vanité ; c'est elles encore qu'elles aiment en nous ! Un
homme pauvre, fier, artiste, doué du pouvoir de créer, n'est-il pas

armé d'un blessant égoïsme ? Il existe autour de lui je ne sais quel
tourbillon de pensées dans lequel il enveloppe tout, même sa maîtresse, qui doit en suivre le mouvement. Une femme adulée peut-
elle croire à l'amour d'un tel homme ? Ira-t-elle le chercher ? Cet
amant n'a pas le loisir de s'abandonner autour d'un divan à ces petites singeries de sensibilité auxquelles les femmes tiennent tant et
qui sont le triomphe des gens faux et insensibles. Le temps manque
à ses travaux, comment en dépenserait-il à se rapetisser, à se
chamarrer ? Prêt à donner ma vie d'un coup, je ne l'aurais pas
avilie en détail. Enfin il existe, dans le manége d'un agent de
change qui fait les commissions d'une femme pâle et minaudière,
je ne sais quoi de mesquin dont l'artiste a horreur. L'amour ab-
strait ne suffit pas à un homme pauvre et grand, il en veut tous
les dévouements. Les petites créatures qui passent leur vie à essayer
des cachemires ou se font les porte-manteaux de la mode, n'ont
pas de dévouement, elles en exigent et voient dans l'amour le plaisir de commander, non celui d'obéir. La véritable épouse en cœur,
en chair et en os, se laisse traîner là où va celui en qui réside sa
vie, sa force, sa gloire, son bonheur. Aux hommes supérieurs, il
faut des femmes orientales dont l'unique pensée soit l'étude de
leurs besoins : pour eux, le malheur est dans le désaccord de
leurs désirs et des moyens. Moi, qui me croyais homme de génie,
j'aimais précisément ces petites-maîtresses ! Nourrissant des idées
à contraire aux idées reçues, ayant la prétention d'escalader le
ciel sans échelle, possédant des trésors qui n'avaient pas cours,
armé de connaissances étendues qui surchargeaient ma mémoire
et que je n'avais pas encore classées, que je ne m'étais point assi-
milées ; me trouvant sans parents, sans amis, seul au milieu du
plus affreux désert, un désert pavé, un désert animé, pensant,
vivant, où tout vous est bien plus qu'ennemi, indifférent ! la résolution que je pris était naturelle, quoique folle ; elle comportait
je ne sais quoi d'impossible qui me donna du courage. Ce fut
comme un parti fait avec moi-même, et dont j'étais le joueur et
l'enjeu. Voici mon plan. Mes onze cents francs devaient suffire à
ma vie pendant trois ans ; je m'accordais ce temps pour mettre au
jour un ouvrage qui pût attirer l'attention publique sur moi, me
faire une fortune ou un nom. Je me réjouissais en pensant que
j'allais vivre de pain et de lait, comme un solitaire de la Thébaïde ;
plongé dans le monde des livres et des idées, dans une sphère

inaccessible, au milieu de ce Paris si tumultueux, sphère de travail et de silence, où, comme les chrysalides, je me bâtissais une tombe pour renaître brillant et glorieux. J'allais risquer de mourir pour vivre. En réduisant l'existence à ses vrais besoins, au strict nécessaire, je trouvais que trois cent soixante-cinq francs par an devaient suffire à ma pauvreté. En effet, cette maigre somme a satisfait à ma vie, tant que j'ai voulu subir ma propre discipline claustrale.

— C'est impossible, s'écria Émile.

— J'ai vécu près de trois ans ainsi, répondit Raphaël avec une sorte de fierté. Comptons! reprit-il. Trois sous de pain, deux sous de lait, trois sous de charcuterie m'empêchaient de mourir de faim et tenaient mon esprit dans un état de lucidité singulière. J'ai observé, tu le sais, de merveilleux effets produits par la diète sur l'imagination. Mon logement me coûtait trois sous par jour, je brûlais pour trois sous d'huile par nuit, je faisais moi-même ma chambre, je portais des chemises de flanelle pour ne dépenser que deux sous de blanchissage par jour. Je me chauffais avec du charbon de terre, dont le prix divisé par les jours de l'année n'a jamais donné plus de deux sous pour chacun ; j'avais des habits, du linge, des chaussures pour trois années, je ne voulais m'habiller que pour aller à certains cours publics et aux bibliothèques. Ces dépenses réunies ne faisaient que dix-huit sous, il me restait deux sous pour les choses imprévues. Je ne me souviens pas d'avoir, pendant cette longue période de travail, passé le Pont-des-Arts, ni d'avoir jamais acheté d'eau ; j'allais en chercher le matin, à la fontaine de la place Saint-Michel, au coin de la rue des Grès. Oh! je portais ma pauvreté fièrement. Un homme qui pressent un bel avenir marche dans sa vie de misère comme un innocent conduit au supplice, il n'a point honte. Je n'avais pas voulu prévoir la maladie : comme Aquilina, j'envisageais l'hôpital sans terreur. Je n'ai pas douté un moment de ma bonne santé. D'ailleurs, le pauvre ne doit se coucher que pour mourir. Je me coupai les cheveux, jusqu'au moment où un ange d'amour ou de bonté... Mais je ne veux pas anticiper sur la situation à laquelle j'arrive. Apprends seulement, mon cher ami, qu'à défaut de maîtresse, je vécus avec une grande pensée, avec un rêve, un mensonge auquel nous commençons tous par croire plus ou moins. Aujourd'hui je ris de moi, de ce *moi*, peut-être saint et sublime, qui n'existe plus. La société, le monde, nos usages, nos mœurs, vus de près, m'ont révélé le danger de ma croyance innocente et la superfluité de mes fervents travaux. Ces approvisionnements sont inutiles à l'ambitieux : que léger soit le bagage de qui poursuit la fortune. La faute des hommes supérieurs est de dépenser leurs jeunes années à se rendre dignes de la faveur. Pendant qu'ils thésaurisent, leur force est la science pour porter sans effort le poids d'une puissance qui les fuit ; les intrigants, riches de mots et dépourvus d'idées, vont et viennent, surprennent les sots, et se logent dans la confiance des demi-niais : les uns étudient, les autres marchent ; les uns sont modestes, les autres hardis ; l'homme de génie tait son orgueil, l'intrigant arbore le sien et doit arriver nécessairement. Les hommes du pouvoir ont si fort besoin de croire au mérite tout fait, au talent effronté, qu'il y a chez le vrai savant de l'enfantillage à espérer les récompenses humaines. Je ne cherche certes pas à paraphraser les lieux communs de la vertu, le cantique des cantiques éternellement chanté par les génies méconnus ; je veux déduire logiquement la raison des fréquents succès obtenus par les hommes médiocres. Hélas ! l'étude est si maternellement bonne, qu'il y a peut-être crime à lui demander des récompenses autres que les pures et douces joies dont elle nourrit ses enfants. Je me souviens d'avoir quelquefois trempé gaiement mon pain dans mon lait, assis auprès de ma fenêtre en y respirant l'air, en laissant planer mes yeux sur un paysage de toits bruns, grisâtres, rouges, en ardoises, en tuiles, couverts de mousses jaunes ou vertes. Si d'abord cette vue me parut monotone, j'y découvris bientôt de singulières beautés : tantôt le soir des raies lumineuses, parties des volets mal fermés, nuançaient et animaient les noires profondeurs de ce pays original ; tantôt les lueurs pâles des réverbères projetaient d'en bas des reflets jaunâtres à travers le brouillard, et accusaient faiblement dans les rues les ondulations de ces toits pressés, océan de vagues immobiles ; parfois de rares figures apparaissaient au milieu de ce morne désert. Parmi les fleurs de quelque jardin aérien, j'entrevoyais le profil anguleux et crochu d'une vieille femme arrosant des capucines, ou dans le cadre d'une lucarne pourrie quelque jeune fille faisant sa toilette, se croyant seule, et dont je ne pouvais apercevoir que le beau front et les longs cheveux élevés en l'air par un joli bras blanc. J'admirais dans les gouttières quelques végétations éphémères, pauvres herbes bientôt emportées par un orage ! J'étudiais les mousses, leurs couleurs ravivées par la pluie, et qui sous le soleil se changeaient

en un velours sec et brun à reflets capricieux. Enfin les poétiques
et fugitifs effets du jour, les tristesses du brouillard, les soudains
petillements du soleil, le silence et les magies de la nuit, les mystères de l'aurore, les fumées de chaque cheminée, tous les accidents de cette singulière nature m'étaient devenus familiers et me
divertissaient. J'aimais ma prison, elle était volontaire. Ces savanes
de Paris formées par des toits nivelés comme une plaine, mais qui
couvraient des abîmes peuplés, allaient à mon âme et s'harmoniaient
avec mes pensées. Il est fatiguant de retrouver brusquement le
monde quand nous descendons des hauteurs célestes où nous entraînent les méditations scientifiques. Aussi ai-je alors parfaitement
conçu la nudité des monastères. Quand je fus bien résolu à suivre
mon nouveau plan de vie, je cherchai mon logis dans les quartiers
les plus déserts de Paris. Un soir, en revenant de l'Estrapade, je
passais par la rue des Cordiers pour retourner chez moi. A l'angle
de la rue de Cluny, je vis une petite fille d'environ quatorze ans,
qui jouait au volant avec une de ses camarades, et dont les rires
et les espiègleries amusaient les voisins. Il faisait beau, la soirée
était chaude, le mois de septembre durait encore. Devant chaque
porte, des femmes étaient assises et devisaient comme dans une
ville de province par un jour de fête. J'observai d'abord la jeune
fille, dont la physionomie était d'une admirable expression, et le
corps tout posé pour un peintre. C'était une scène ravissante. Je
cherchai la cause de cette bonhomie au milieu de Paris, je remarquai que la rue n'aboutissait à rien, et ne devait pas être très-pas-
sante. En me rappelant le séjour de J.-J. Rousseau dans ce lieu, je
trouvai l'hôtel Saint-Quentin, et le délabrement dans lequel il
était me fit espérer d'y rencontrer un gîte peu coûteux. Je voulus
le visiter. En entrant dans une chambre basse, je vis les classiques
flambeaux de cuivre garnis de leurs chandelles, méthodiquement
rangés au-dessus de chaque clef, et fus frappé de la propreté qui
régnait dans cette salle, ordinairement assez mal tenue dans les
autres hôtels. Elle était peignée comme un tableau de genre : son
lit bleu, les ustensiles, les meubles, avaient la coquetterie d'une
nature de convention. La maîtresse de l'hôtel, femme de quarante
ans environ, dont les traits exprimaient des malheurs, dont le regard était comme terni par des pleurs, se leva, vint à moi ; je lui
soumis humblement le tarif de mon loyer. Sans en paraître étonnée,
elle chercha une clef parmi toutes les autres, et me conduisit dans

les mansardes, où elle me montra une chambre qui avait vue sur les toits, sur les cours des maisons voisines, par les fenêtres desquelles passaient de longues perches chargées de linge. Rien n'était plus horrible que cette mansarde aux murs jaunes et sales, qui sentait la misère et appelait son savant. La toiture s'y abaissait régulièrement et les tuiles disjointes laissaient voir le ciel. Il y avait place pour un lit, une table, quelques chaises, et sous l'angle aigu du toit je pouvais loger mon piano. N'étant pas assez riche pour meubler cette cage digne des *plombs* de Venise, la pauvre femme n'avait jamais pu la louer. Ayant précisément excepté de la vente mobilière que je venais de faire les objets qui m'étaient en quelque sorte personnels, je fus bientôt d'accord avec mon hôtesse, et m'installai le lendemain chez elle. Je vécus dans ce sépulcre aérien pendant près de trois ans, travaillant nuit et jour sans relâche, avec tant de plaisir, que l'étude me semblait être le plus beau thème, la plus heureuse solution de la vie humaine. Le calme et le silence nécessaires au savant ont je ne sais quoi de doux, d'enivrant comme l'amour. L'exercice de la pensée, la recherche des idées, les contemplations tranquilles de la science nous prodiguent d'ineffables délices, indescriptibles comme tout ce qui participe de l'intelligence, dont les phénomènes sont invisibles à nos sens extérieurs. Aussi sommes-nous toujours forcés d'expliquer les mystères de l'esprit par des comparaisons matérielles. Le plaisir de nager dans un lac d'eau pure, au milieu des rochers, des bois et des fleurs, seul et caressé par une brise tiède, donnerait aux ignorants une bien faible image du bonheur que j'éprouvais quand mon âme était baignée dans les lueurs de je ne sais quelle lumière, quand j'écoutais les voix terribles et confuses de l'inspiration, quand d'une source inconnue les images ruisselaient dans mon cerveau palpitant. Voir une idée qui pointe dans le champ des abstractions humaines comme le lever du soleil au matin et s'élève comme lui, qui, mieux encore, grandit comme un enfant, arrive à la puberté, se fait lentement virile, est une joie supérieure aux autres joies terrestres, ou plutôt c'est un divin plaisir. L'étude prête une sorte de magie à tout ce qui nous environne. Le bureau chétif sur lequel j'écrivais, et la basane brune qui le couvrait, mon piano, mon lit, mon fauteuil, les bizarreries de mon papier de tenture, mes meubles, toutes ces choses s'animèrent, et devinrent pour moi d'humbles amis, les complices silencieux de mon avenir. Combien de fois ne leur ai-je pas communiqué mon âme, en les regardant ? Souvent, en laissant voyager mes yeux sur une moulure déjetée, je rencontrais des développements nouveaux, une preuve frappante de mon système ou des mots que je croyais heureux pour rendre des pensées presque intraduisibles. A force de contempler les objets qui m'entouraient, je trouvais à chacun sa physionomie, son caractère; souvent ils me parlaient : si, par-dessus les toits, le soleil couchant jetait à travers mon étroite fenêtre quelque lueur furtive, ils se coloraient, pâlissaient, brillaient, s'attristaient ou s'égayaient, en me surprenant toujours par des effets nouveaux. Ces menus accidents de la vie solitaire, qui échappent aux préoccupations du monde, sont la consolation des prisonniers. N'étais-je pas captivé par une idée, emprisonné dans un système; mais soutenu par la perspective d'une vie glorieuse ! A chaque difficulté vaincue, je baisais les mains douces de la femme aux beaux yeux, élégante et riche, qui devait un jour caresser mes cheveux en me disant avec attendrissement : Tu as bien souffert, pauvre ange ! J'avais entrepris deux grandes œuvres. Une comédie devait en peu de jours me donner une renommée, une fortune, et l'entrée de ce monde, où je voulais reparaître en y exerçant les droits régaliens de l'homme de génie. Vous avez tous vu dans ce chef-d'œuvre la première erreur d'un jeune homme qui sort du collége, une véritable niaiserie d'enfant. Vos plaisanteries ont détruit de fécondes illusions, qui depuis ne se sont plus réveillées. Toi seul, mon cher Émile, as calmé la plaie profonde que d'autres firent à mon cœur ! Toi seul admiras ma *Théorie de la volonté*, ce long ouvrage pour lequel j'avais appris les langues orientales, l'anatomie, la physiologie, auquel j'avais consacré la plus grande partie de mon temps; œuvre qui, si je ne me trompe, complétera les travaux de Mesmer, de Lavater, de Gall, de Bichat, en ouvrant une nouvelle route à la science humaine. Là s'arrête ma belle vie, ce sacrifice de tous les jours, ce travail de ver-à-soie inconnu au monde et dont la seule récompense est peut-être dans le travail même. Depuis l'âge de raison jusqu'au jour où j'eus terminé ma théorie, j'ai observé, appris, écrit, lu sans relâche, et ma vie fut comme un long pensum. Amant efféminé de la paresse orientale, amoureux de mes rêves, sensuel, j'ai toujours travaillé, me refusant à goûter les jouissances de la vie parisienne. Gourmand, j'ai été sobre; aimant et la marche et les voyages maritimes, désirant visiter plusieurs pays, trouvant encore du plaisir à faire, comme un enfant, ricocher des cailloux sur l'eau, je suis resté constamment assis, une plume à la main; bavard, j'allais écouter en silence les professeurs aux Cours publics de la Bibliothèque et du Muséum; j'ai dormi sur mon grabat solitaire comme un religieux de l'ordre de Saint-Benoît, et la femme était cependant ma seule chimère, une chimère que je caressais et qui me fuyait toujours! Enfin ma vie a été une cruelle antithèse, un perpétuel mensonge. Puis jugez donc les hommes! Parfois mes goûts naturels se réveillaient comme un incendie long-temps couvé. Par une sorte de mirage ou de calenture, moi, veuf de toutes les femmes que je désirais, dénué de tout et logé dans une mansarde d'artiste, je me voyais alors entouré de maîtresses ravissantes ! Je courais à travers les rues de Paris, couché sur les moelleux coussins d'un brillant équipage! J'étais rongé de vices, plongé dans la débauche, voulant tout, ayant tout; enfin ivre à jeun, comme saint Antoine dans sa tentation. Heureusement le sommeil finissait par éteindre ces visions dévorantes; le lendemain la science m'appelait en souriant, et je lui étais fidèle. J'imagine que les femmes dites vertueuses doivent être souvent la proie de ces tourbillons de folie, de désirs et de passions, qui s'élèvent en nous, malgré nous. De tels rêves ne sont pas sans charmes : ne ressemblent-ils pas à ces causeries du soir, en hiver, où l'on part de son foyer pour aller en Chine. Mais que devient la vertu, pendant ces délicieux voyages où la pensée a franchi tous les obstacles? Pendant les dix premiers mois de ma réclusion, je menai la vie pauvre et solitaire que je t'ai dépeinte : j'allais chercher moi-même, dès le matin et sans être vu, mes provisions pour la journée; je faisais ma chambre, j'étais tout ensemble le maître et le serviteur, je diogénisais avec une incroyable fierté. Mais après ce temps, pendant lequel l'hôtesse et sa fille espionnèrent mes mœurs et mes habitudes, examinèrent ma personne et comprirent ma misère, peut-être parce qu'elles étaient elles-mêmes fort malheureuses, il s'établit d'inévitables liens entre elles et moi. Pauline, cette charmante créature dont les grâces naïves et secrètes m'avaient en quelque sorte amené là, me rendit plusieurs services qu'il me fut impossible de refuser. Toutes les infortunes sont sœurs : elles ont le même langage, la même générosité, la générosité de ceux qui ne possédant rien sont prodigues de sentiment; paient de leur temps et de leur personne. Insensiblement Pauline s'impatronisa chez moi, voulut me servir et sa mère ne s'y opposa point. Je vis la mère elle-même raccommodant mon linge et rougissant d'être surprise à cette charitable occupation. Devenu malgré moi leur protégé, j'acceptai leurs services. Pour comprendre cette singulière affection, il faut connaître l'emportement du travail, la tyrannie des idées de cette répugnance instinctive qu'éprouve pour les détails de la vie matérielle l'homme qui vit par la pensée. Pouvais-je resister à la delicate attention avec laquelle Pauline m'apportait à pas muets mon repas frugal, quand elle s'apercevait que, depuis sept ou huit heures, je n'avais rien pris? Avec les grâces de la femme et l'ingénuité de l'enfance, elle me souriait en faisant un signe pour me dire que je ne devais pas la voir. C'était Ariel se glissant comme un sylphe sous mon toit, et prévoyant mes besoins. Un soir, Pauline me raconta son histoire avec une touchante ingénuité. Son père était chef d'escadron dans les grenadiers à cheval de la garde impériale. Au passage de la Bérésina, il avait été fait prisonnier par les Cosaques. Plus tard, quand Napoléon proposa de l'échanger, les autorités russes le firent vainement chercher en Sibérie. Au dire des autres prisonniers, il s'était échappé avec le projet d'aller aux Indes. Depuis ce temps, madame Gaudin, mon hôtesse, n'avait pu obtenir aucune nouvelle de son mari. Les désastres de 1814 et 1815 étaient arrivés. Seule, sans ressources et sans secours, elle avait pris le parti de tenir un hôtel garni pour faire vivre sa fille. Elle espérait toujours revoir son mari. Son plus cruel chagrin était de laisser Pauline sans éducation, sa Pauline, filleule de la princesse Borghèse, et qui n'aurait pas dû mentir aux belles destinées promises par son impériale protectrice. Quand madame Gaudin me confia cette amère douleur qui la tuait, et me dit avec un accent déchirant : « Je donnerais bien et le chiffon de papier qui crée Gaudin baron de l'empire, et le droit que nous avons à la dotation de Wistchnau, pour savoir Pauline élevée à Saint-Denis ! » tout à coup je tressaillis, et pour reconnaître les soins que me prodiguaient ces deux femmes, j'eus l'idée de m'offrir à finir l'éducation de Pauline. La candeur avec laquelle ces deux femmes acceptèrent ma proposition fut égale à la naïveté qui la dictait. J'eus ainsi des heures de récréation. La petite avait les plus heureuses dispositions : elle apprit avec tant de facilité, qu'elle devint bientôt plus forte que je ne l'étais sur le piano. En s'accoutumant à penser tout haut près de moi, elle déployait les mille gentillesses d'un cœur qui s'ouvre à la vie comme le calice d'une fleur lentement dépliée par le soleil. Elle m'écoutait avec recueillement et plaisir, en arrêtant sur moi ses yeux noirs et veloutés qui semblaient sourire. Elle répétait ses leçons d'un accent doux et caressant, en témoignant une joie enfantine quand j'étais content d'elle. Sa mère, chaque jour plus inquiète d'avoir à préserver de tout danger une jeune fille qui développait en croissant toutes les promesses faites par les grâces de son enfance, la vit avec plaisir s'enfermer pendant toute la journée pour étudier. Mon piano étant le seul dont elle pût se servir, elle profitait de mes absences pour s'exercer. Quand je rentrais, je la trouvais chez moi, dans la toilette la plus modeste ; mais au moindre mouvement, sa taille souple et les attraits de sa personne se révélaient sous l'étoffe grossière. Elle avait un pied mignon dans d'ignobles souliers, comme l'héroïne du conte de Peau-d'Ane. Mais ses jolis trésors, sa richesse de jeune fille, tout ce luxe de beauté fut comme perdu pour moi. Je m'étais ordonné à moi-même de ne voir qu'une sœur en Pauline, j'aurais eu horreur de tromper la confiance de sa mère, j'admirais cette charmante fille comme un tableau, comme le portrait d'une maîtresse morte. Enfin, c'était mon enfant, ma statue. Pygmalion nouveau, je voulais faire d'une vierge vivante et colorée, sensible et parlante, un marbre. J'étais très-sévère avec elle, mais plus je lui faisais éprouver les effets de mon despotisme magistral, plus elle devenait douce et soumise. Si je fus encouragé dans ma retenue et dans ma continence par des sentiments nobles, néanmoins les raisons de procureur ne me manquèrent pas. Je ne comprends point la probité des écus sans la probité de la pensée. Tromper une femme ou faire faillite a toujours été même chose pour moi. Aimer une jeune fille ou se laisser aimer par elle constitue un vrai contrat dont les conditions doivent être bien entendues. Nous sommes maîtres d'abandonner la femme qui se vend, mais non pas la jeune fille qui se donne : elle ignore l'étendue de son sacrifice. J'aurais donc épousé Pauline, et c'eût été une folie : n'était-ce pas livrer une âme douce et vierge à d'effroyables malheurs ? Mon indigence parlait son langage égoïste, et venait toujours mettre sa main de fer entre cette bonne créature et moi. Puis, je l'avoue à ma honte, je ne conçois pas l'amour dans la misère. Peut-être est-ce en moi une dépravation due à cette maladie humaine que nous nommons la civilisation ; mais une femme, fût-elle attrayante autant que la belle Hélène, la Galatée d'Homère, n'a plus aucun pouvoir sur mes sens pour peu qu'elle soit crottée. Ah! vive l'amour dans la soie, sur le cachemire, entouré des merveilles du luxe qui le parent merveilleusement bien, parce que lui-même est un luxe peut-être. J'aime à froisser sous mes désirs de pimpantes toilettes, à briser des fleurs, à porter une main dévastatrice dans les élégants édifices d'une coiffure embaumée. Des yeux brûlants, cachés par un voile de dentelle que les regards percent comme la flamme déchire la fumée du canon, m'offrent de fantastiques attraits. Mon amour veut des échelles de soie escaladées en silence, par une nuit d'hiver. Quel plaisir d'arriver couvert de neige dans une chambre éclairée par des parfums, tapissée de soies peintes, et d'y trouver une femme qui, elle aussi, secoue de la neige : car quel autre nom donner à ces voiles de voluptueuses mousselines à travers lesquels elle se dessine vaguement comme un ange dans son nuage, et d'où elle va sortir ? Puis il me faut encore un craintif bonheur, une audacieuse sécurité. Enfin je veux revoir cette mystérieuse femme, mais éclatante, mais au milieu du monde, mais vertueuse, environnée d'hommages, vêtue de dentelles, de diamants, donnant ses ordres à la ville, et si haut placée et si imposante que nul n'ose lui adresser des vœux. Au milieu de sa cour, elle me jette un regard à la dérobée, un regard qui dément ces artifices, un regard qui me sacrifie le monde et les hommes! Certes, je me suis vingt fois trouvé ridicule d'aimer quelques aunes de blondes, du velours, de fines batistes, les tours de force d'un coiffeur, des bougies, un carrosse, un titre, d'héraldiques couronnes peintes par des vitriers ou fabriquées par un orfèvre, enfin tout ce qu'il y a de factice et de moins femme dans la femme ; je me suis moqué de moi, je me suis raisonné, tout a été vain. Une femme aristocratique et son sourire fin, la distinction de ses manières et son respect d'elle-même m'enchantent ; quand elle met une barrière entre elle et le monde, elle flatte en moi toutes les vanités, qui sont la moitié de l'amour. Enviée par tous, ma félicité me paraît avoir plus de saveur. En ne faisant rien de ce que font les autres femmes, en ne marchant pas, ne vivant pas comme elles, en s'enveloppant dans un manteau qu'elles ne peuvent avoir, en respirant des parfums à elle, ma maîtresse me semble être bien mieux à moi : plus elle s'éloigne de la terre, même dans ce que l'amour a de terrestre, plus elle s'embellit à mes yeux. En France, heureusement pour moi, nous sommes depuis vingt ans sans reine : j'eusse aimé la reine. Pour avoir les façons d'une princesse, une femme doit être riche.

En présence de mes romanesques fantaisies, qu'était Pauline? Pouvait-elle me vendre des nuits qui coûtent la vie, un amour qui tue et met en jeu toutes les facultés humaines? Nous ne mourons guère pour de pauvres filles qui se donnent! Je n'ai jamais pu détruire ces sentiments ni ces rêveries de poète. J'étais né pour l'amour impossible, et le hasard a voulu que je fusse servi par delà mes souhaits. Combien de fois n'ai-je pas vêtu de satin les pieds mignons de Pauline, emprisonné sa taille svelte comme un jeune peuplier dans une robe de gaze, jeté sur son sein une légère écharpe en lui faisant fouler les tapis de son hôtel et la conduisant à une voiture élégante. Je l'eusse adorée ainsi. Je lui donnais une fierté qu'elle n'avait pas, je la dépouillais de toutes ses vertus, de ses grâces naïves, de son délicieux naturel, de son sourire ingénu, pour la plonger dans le Styx de nos vices et lui rendre le cœur invulnérable, pour la farder de nos crimes, pour en faire la poupée fantasque de nos salons, une femme fluette qui se couche au matin pour renaître le soir, à l'aurore des bougies. Elle était tout sentiment, tout fraîcheur, je la voulais sèche et froide. Dans les derniers jours de ma folie, le souvenir m'a montré Pauline, comme il nous peint les scènes de notre enfance. Plus d'une fois, je suis resté attendri, songeant à de délicieux moments : soit que je la revisse assise près de ma table, occupée à coudre, paisible, silencieuse, recueillie et faiblement éclairée par le jour qui, descendant de ma lucarne, dessinait de légers reflets argentés sur sa belle chevelure noire; soit que j'entendisse son rire jeune, ou sa voix au timbre riche chanter les gracieuses cantilènes qu'elle composait sans efforts. Souvent elle s'exaltait en faisant de la musique : sa figure ressemblait alors d'une manière frappante à la noble tête par laquelle Carlo Dolci a voulu représenter l'Italie. Ma cruelle mémoire me jetait cette jeune fille à travers les excès de mon existence comme un remords, comme une image de la vertu! Mais laissons la pauvre enfant à sa destinée! Quelque malheureuse qu'elle puisse être, au moins l'aurai-je mise à l'abri d'un effroyable orage, en évitant de la traîner dans mon enfer.

Jusqu'à l'hiver dernier, ma vie fut la vie tranquille et studieuse dont j'ai tâché de te donner une faible image. Dans les premiers jours du mois de décembre 1829, je rencontrai Rastignac, qui, malgré le misérable état de mes vêtements, me donna le bras et s'enquit de ma fortune avec un intérêt vraiment fraternel. Pris à la glu de ses manières, je lui racontai brièvement et ma vie et mes espérances. Il se mit à rire, me traita tout à la fois d'homme de génie et de sot. Sa voix gasconne, son expérience du monde, l'opulence qu'il devait à son savoir-faire, agirent sur moi d'une manière irrésistible. Il me fit mourir à l'hôpital, méconnu comme un niais, conduisit mon propre convoi, me jeta dans le trou des pauvres. Il me parla de charlatanisme. Avec cette verve aimable qui le rend si séduisant, il me montra tous les hommes de génie comme des charlatans. Il me déclara que j'avais un sens de moins, une cause de mort, si je restais seul, rue des Cordiers. Selon lui, je devais aller dans le monde, égoïser adroitement, habituer les gens à prononcer mon nom et me dépouiller moi-même de l'humble *monsieur* qui messeyait à un grand homme de son vivant. — Les imbéciles, s'écria-t-il, nomment ce métier-là *intriguer*, les gens à morale le proscrivent sous le mot de *vie dissipée* ; ne nous arrêtons pas aux hommes, interrogeons les résultats. Toi, tu travailles : eh! bien, tu ne feras jamais rien. Moi, je suis propre à tout et bon à rien, paresseux comme un homard : eh! bien, j'arriverai à tout. Je me répands, je me pousse, l'on me fait place : je me vante, l'on me croit. La dissipation, mon cher, est un système politique. La vie d'un homme occupé à manger sa fortune devient souvent une spéculation ; il place ses capitaux en amis, en plaisirs, en protecteurs, en connaissances. Un négociant risquerait-il un million ? pendant vingt ans il ne dort, ni ne boit, ni ne s'amuse ; il couve son million, il le fait trotter par toute l'Europe ; il s'ennuie, se donne à tous les démons que l'homme a inventés ; puis une liquidation le laisse souvent sans un sou, sans un nom, sans un ami. Le dissipateur, lui, s'amuse à vivre, à faire courir ses chevaux. Si par hasard il perd ses capitaux, il a la chance d'être nommé receveur-général, de se bien marier, d'être attaché à un ministre, à un ambassadeur. Il a encore des amis, une réputation et toujours de l'argent. Connaissant les ressorts du monde, il les manœuvre à son profit. Ce système est-il logique, ou ne suis-je qu'un fou ! N'est-ce pas là la moralité de la comédie qui se joue tous les jours dans le monde ? Ton ouvrage est achevé, reprit-il après une pause, tu as un talent immense ! Eh ! bien, tu arrives au point de départ. Il faut maintenant faire ton succès toi-même, c'est plus sûr. Tu iras conclure des alliances avec les coteries, conquérir des prôneurs. Moi, je veux me mettre de moitié dans ta gloire : je serai le bijoutier qui aura monté les diamants de ta couronne. Pour commencer, dit-il, sois ici demain soir. Je te présenterai dans une maison où va tout Paris, notre Paris à nous, celui des beaux, des gens à millions, des célébrités, enfin de hommes qui parlent d'or comme Chrysostome. Quand ils on adopté un livre, le livre devient à la mode ; s'il est réellement bon ils ont donné quelque brevet de génie sans le savoir. Si tu as de l'esprit, mon cher enfant, tu feras toi-même la fortune de ta théorie en comprenant mieux la théorie de la fortune. Demain soir tu verras la belle comtesse Fœdora, la femme à la mode. — Je n'en ai jamais entendu parler. — Tu es un Cafre, dit Rastignac en riant. Ne pas connaître Fœdora ! Une femme à marier qui possède près de quatre-vingt mille livres de rentes, qui ne veut de personne ou dont personne ne veut ! Espèce de problème féminin, une Parisienne à moitié Russe, une Russe à moitié Parisienne ! Une femme chez laquelle s'éditent toutes les productions romantiques qui ne paraissent pas, la plus belle femme de Paris, la plus gracieuse ! Tu n'es même pas un Cafre, tu es la bête intermédiaire qui joint le Cafre à l'animal. Adieu, à demain. Il fit une pirouette et disparut sans attendre ma réponse, n'admettant pas qu'un homme raisonnable pût refuser d'être présenté à Fœdora. Comment expliquer la fascination d'un nom ? FOEDORA me poursuivit comme une mauvaise pensée avec laquelle on cherche à transiger. Une voix me disait : Tu iras chez Fœdora. J'avais beau me débattre avec cette voix et lui crier qu'elle mentait, elle écrasait tous mes raisonnements avec ce nom : Fœdora. Mais ce nom, cette femme n'étaient-ils pas le symbole de tous mes désirs et le thème de ma vie ? Le nom réveillait les poésies artificielles du monde, faisait briller les fêtes du haut Paris et les clinquants de la vanité ; la femme m'apparaissait avec tous les problèmes de passion dont je m'étais affolé. Ce n'était peut-être ni la femme ni le nom, mais tous mes vices qui se dressaient debout dans mon âme pour me tenter de nouveau. La comtesse Fœdora, riche et sans amant, résistant à des séductions parisiennes, n'était-ce pas l'incarnation de mes espérances, de mes visions ? Je me créai une femme, je la dessinai dans ma pensée, je la rêvai. Pendant la nuit je ne dormis pas, je devins son amant, je fis tenir en peu d'heures une vie entière, une vie d'amour ; j'en savourai les fécondes, les brûlantes délices. Le lendemain, incapable de soutenir le supplice d'attendre longuement la soirée, j'allai louer un roman, et passai la journée à le lire, me mettant ainsi dans l'impossibilité de penser ni de mesurer le temps. Pendant ma lecture le nom de Fœdora retentissait en moi comme un son que l'on entend dans le lointain, qui ne vous trouble pas, mais qui se fait écouter. Je possédais heureusement encore un habit noir et un gilet blanc assez honorables ; puis de toute ma fortune il me restait environ trente francs, que j'avais semés dans mes hardes, dans mes tiroirs, afin de mettre entre une pièce de cent sous et mes fantaisies la barrière épineuse d'une recherche et les hasards d'une circumnavigation dans ma chambre. Au moment de m'habiller, je poursuis mon trésor à travers un océan de papier. La rareté du numéraire peut te faire concevoir ce que mes gants et mon fiacre emportèrent de richesses : ils mangèrent le pain de tout un mois. Hélas ! nous ne manquons jamais d'argent pour nos caprices, nous ne discutons que le prix des choses utiles ou nécessaires. Nous jetons l'or avec insouciance à des danseuses, et nous marchandons un ouvrier dont la famille affamée attend le payement d'un mémoire. Combien de gens ont un habit de cent francs, un diamant à la pomme de leur canne, et dînent à vingt-cinq sous ! Il semble que nous n'achetions jamais assez chèrement les plaisirs de la vanité. Rastignac, fidèle au rendez-vous, sourit de ma métamorphose et m'en plaisanta ; mais, tout en allant chez la comtesse, il me donna de charitables conseils sur la manière de me conduire avec elle. Il me la peignit avare, vaine et défiante ; mais avare avec faste, vaine avec simplicité, défiante avec bonhomie. — Tu connais mes engagements, me dit-il, et tu sais combien je perdrais à changer d'amour. En observant Fœdora j'étais désintéressé, de sang-froid, mes remarques doivent être justes. En pensant à te présenter chez elle, je songeais à ta fortune ; ainsi prends garde à tout ce que tu lui diras : elle a une mémoire cruelle, elle est d'une adresse à désespérer un diplomate, elle saurait deviner le moment où il dit vrai ; entre nous, je crois que son mariage n'est pas reconnu par l'empereur, car l'ambassadeur de Russie s'est mis à rire quand je lui ai parlé d'elle. Il ne la reçoit pas, et la salue fort légèrement quand il la rencontre au bois. Néanmoins elle est de la société de madame de Sérisy, va chez mesdames de Nucingen et de Restaud. En France sa réputation est intacte ; la duchesse de Carigliano, la maréchale la plus *collet-monté* de toute la coterie bonapartiste, va souvent passer avec elle la belle saison à sa terre. Beaucoup de jeunes fats, le fils d'un pair de France, lui ont offert un nom en échange de sa fortune ; elle les a tous poliment éconduits. Peut-être sa sensibilité ne commence-t-elle qu'au titre de comte ! N'es-tu pas marquis ? marche en avant si elle te plaît ! Voilà ce que j'appelle donner des instructions. Cette plaisanterie me fit croire que Rastignac voulait rire et piquer ma curiosité, en sorte que ma passion improvisée était arrivée à son paroxysme quand nous nous arrêtâmes devant un péristyle orné de fleurs. En montant un vaste escalier tapissé, où je remarquai toutes les recherches du *comfort* anglais, le cœur me battit ; j'en rougissais : je démentais mon origine, mes sentiments, ma fierté, j'étais sottement bourgeois. Hélas ! je sortais d'une mansarde, après trois années de pauvreté, sans savoir encore mettre au-dessus des bagatelles de la vie ces trésors acquis, ces immenses capitaux intellectuels qui vous enrichissent en un moment quand le pouvoir tombe entre vos mains sans vous écraser, parce que l'étude vous a formé d'avance aux luttes politiques. J'aperçus une femme d'environ vingt-deux ans, de moyenne taille, vêtue de blanc, entourée d'un cercle d'hommes, mollement couchée sur une ottomane, et tenant à la main un écran de plumes. En voyant entrer Rastignac, elle se leva, vint à nous, sourit avec grâce, me fit d'une voix mélodieuse un compliment sans doute apprêté. Notre ami m'avait annoncé comme un homme de talent, et son adresse, son emphase gasconne me procurèrent un accueil flatteur. Je fus l'objet d'une attention particulière qui me rendit confus ; mais Rastignac avait heureusement parlé de ma modestie. Je rencontrai là des savants, des gens de lettres, d'anciens ministres, des pairs de France. La conversation reprit son cours quelque temps après mon arrivée, et, sentant que j'avais une réputation à soutenir, je me rassurai ; puis, sans abuser de la parole quand elle m'était accordée, je tâchai de résumer les discussions par des mots plus ou moins incisifs, profonds ou spirituels. Je produisis quelque sensation : pour la millième fois de sa vie Rastignac fut prophète. Quand il y eut assez de monde pour que chacun retrouvât sa liberté, mon introducteur me donna le bras, et nous nous promenâmes dans les appartements. — N'aie pas l'air d'être trop émerveillé de la princesse, me dit-il, elle devinerait le motif de ta visite. Les salons étaient meublés avec un goût exquis. J'y vis des tableaux de choix. Chaque pièce avait comme chez les Anglais les plus opulents, son caractère particulier : la tenture de soie, les agréments, la forme des meubles, le moindre décor, s'harmoniaient avec une pensée première. Dans un boudoir gothique dont les portes étaient cachées par des rideaux en tapisserie, les encadrements de l'étoffe, la pendule, les dessins du tapis, étaient gothiques : le plafond, formé de solives brunes sculptées, présentait à l'œil des caissons pleins de grâce et d'originalité ; les boiseries étaient artistement travaillées ; rien ne détruisait l'ensemble de cette jolie décoration, pas même les croisées, dont les vitraux étaient coloriés et précieux. Je fus surpris à l'aspect d'un petit salon moderne, où je ne sais quel artiste avait épuisé la science de notre décor, si léger, si frais, si suave, sans éclat, sobre de dorures. C'était amoureux et vague comme une ballade allemande, un vrai réduit taillé pour une passion de 1827, embaumé par des jardinières pleines de fleurs rares. Après ce salon, j'aperçus en enfilade une pièce dorée où revivait le goût du siècle de Louis XIV, qui opposé à nos peintures actuelles, produisait un bizarre mais agréable contraste. — Tu seras assez bien logé, me dit Rastignac avec un sourire où perçait une légère ironie. N'est-ce pas séduisant ? ajouta-t-il en s'asseyant. Tout à coup il se leva, me prit par la main, me conduisit à la chambre à coucher, et me montra sous un dais de mousseline et de moire blanches un lit voluptueux doucement éclairé, le vrai lit d'une jeune fée fiancée à un génie. — N'y a-t-il pas, s'écria-t-il à voix basse, de l'impudeur, de l'insolence et de la coquetterie outre mesure, à nous laisser contempler ce trône de l'amour ? Ne se donner à personne, et permettre à tout le monde de mettre là sa carte ! Si j'étais libre, je voudrais voir cette femme soumise et pleurant à ma porte. — Es-tu donc si certain de sa vertu ? — Les plus audacieux de nos maîtres, et même les plus habiles, avouent avoir échoué près d'elle, l'aiment encore et sont ses amis dévoués. Cette femme n'est-elle pas une énigme ? Ces paroles excitèrent en moi une sorte d'ivresse, ma jalousie craignait déjà le passé. Tressaillant d'aise, je revins précipitamment dans le salon où j'avais laissé la comtesse, que je rencontrai dans le boudoir gothique. Elle m'arrêta par un sourire, me fit asseoir près d'elle, me questionna sur mes travaux, et sembla s'y intéresser vivement, surtout quand je lui traduisis mon système en plaisanteries au lieu de prendre le langage d'un professeur pour le lui développer doctoralement. Elle parut s'amuser beaucoup en apprenant que la volonté humaine était une force matérielle semblable à la vapeur ; que, dans le monde moral, rien ne résistait à cette puissance quand un homme s'habituait à la concentrer, à en manier la somme, à diriger constamment sur les âmes la projection de cette masse fluide; que cet homme pouvait à son gré tout modifier relativement à l'humanité, même les lois les plus absolues de la nature. Ses objections me révélèrent en elle une certaine finesse d'esprit. Je me complus à lui donner raison pendant quelques moments pour la flatter, et je détruisis ses raisonnements de femme par un mot, en attirant son attention sur un fait journalier dans la vie, le sommeil, fait vulgaire en apparence, mais au fond plein de problèmes insolubles pour le savant. Je piquai sa curiosité. Elle resta même un instant silencieuse quand je lui dis que nos idées étaient des êtres organisés, complets, qui vivaient dans un monde invisible, et influaient sur nos destinées, en lui citant pour preuves les pensées de Descartes, de Diderot, de Napoléon, qui avaient conduit, qui conduisaient encore tout un siècle. J'eus l'honneur de l'amuser. Elle me quitta en m'invitant à la venir voir ; en style de cour, elle me donna les grandes entrées. Soit que je prisse, selon ma louable habitude, les formules polies pour des paroles de cœur, soit qu'elle vît en moi quelque célébrité prochaine, et voulût augmenter sa ménagerie de savants, je crus lui plaire. J'évoquai toutes mes connaissances physiologiques et mes études antérieures sur la femme pour examiner minutieusement pendant cette soirée sa personne et ses manières. Caché dans l'embrasure d'une fenêtre, j'espionnai ses pensées en les cherchant dans son maintien, en étudiant ce manége d'une maîtresse de maison qui va et vient, s'assied et cause, appelle un homme, l'interroge, et s'appuie pour l'écouter sur un chambranle de porte. Je remarquai dans sa démarche un mouvement brisé si doux, une ondulation de robe si gracieuse, elle excitait si puissamment le désir, que je devins alors très-incrédule sur sa vertu. Si Fœdora méconnaissait aujourd'hui l'amour, elle avait dû jadis être fort passionnée. Une volupté savante se peignait jusque dans la manière dont elle se posait devant son interlocuteur: elle se soutenait sur la boiserie avec coquetterie, comme une femme près de tomber, mais aussi près de s'enfuir si quelque regard trop vif l'intimide. Les bras mollement croisés, paraissant respirer les paroles, les écoutant même du regard, et avec bienveillance, elle exhalait le sentiment. Ses lèvres fraîches et rouges tranchaient sur un teint d'un vive blancheur; ses cheveux bruns faisaient assez bien valoir la couleur orangée de ses yeux mêlés de veines comme une pierre de Florence, et dont l'expression semblait ajouter de la finesse à ses paroles ; son corsage était paré des grâces les plus attrayantes. Une rivale aurait peut-être accusé de dureté ses épais sourcils qui paraissaient se rejoindre, et blâmé l'imperceptible duvet qui ornait les contours de son visage. Je trouvai la passion empreinte en tout. L'amour était écrit sur ses paupières italiennes, sur ses belles épaules dignes de la Vénus de Milo, dans ses traits, sur sa lèvre inférieure un peu forte et légèrement ombragée. Cette femme était un roman : ces richesses féminines, l'ensemble harmonieux des lignes, les promesses que cette riche structure faisait à la passion, étaient tempérés par une réserve constante, par une modestie extraordinaire, qui contrastaient avec l'expression de toute la personne. Il fallait une observation aussi sagace que la mienne pour découvrir dans cette nature les signes d'une destinée de volupté. Pour expliquer plus clairement ma pensée, il y avait en elle deux femmes séparées par le buste peut-être : l'une était froide, la tête seule semblait être amoureuse. Avant d'arrêter ses yeux sur un homme, elle préparait son regard, comme s'il se passait je ne sais quoi de mystérieux en elle-même : vous eussiez dit une convulsion dans ses yeux si brillants. Enfin, ou ma science était imparfaite, et j'avais encore bien des secrets à découvrir dans le monde moral, ou la comtesse possédait une belle âme dont les sentiments et les émanations communiquaient à sa physionomie ce charme qui nous subjugue et nous fascine, ascendant tout moral et d'autant plus puissant qu'il s'accorde avec les sympathies du désir. Je sortis ravi, séduit par cette femme, enivré par son luxe, chatouillé dans tout ce que mon cœur avait de noble, de vicieux, de bon, de mauvais. En me sentant si ému, si vivant, si exalté, je crus comprendre l'attrait qui amenait là ces artistes, ces diplomates, ces hommes du pouvoir, ces agioteurs doublés de tôle comme leurs caisses. Sans doute ils venaient chercher près d'elle l'émotion délirante qui faisait vibrer en moi toutes les forces de mon être, fouettait mon sang dans la moindre veine, agaçait le plus petit nerf et tressaillait dans mon cerveau! Elle ne s'était donnée à aucun pour les garder tous. Une femme est coquette tant qu'elle n'aime pas. — Puis, dis-je à Rastignac, elle a peut-être été mariée ou vendue à quelque vieillard, et le souvenir de ses premières noces lui donne de l'horreur pour l'amour. Je revins à pied du faubourg Saint-Honoré, où Fœdora demeure. Entre son hôtel et la rue des Cordiers il y a presque tout Paris; le chemin me parut court, et cependant il faisait froid. Entreprendre la conquête de Fœdora dans l'hiver, un rude hiver, quand je n'avais pas trente francs en ma possession, quand la distance qui nous séparait était si grande! Un jeune homme pauvre peut seul savoir ce qu'une passion coûte en voitures, en gants, en habits, linge, etc. Si l'amour reste un peu trop de temps platonique, il devient ruineux. Vraiment, il y a des Lauzun de l'École de droit auxquels il est impossible d'approcher d'une passion logée à un premier étage. Et comment pouvais-je lutter, moi, faible, grêle, mis simplement, pâle et hâve comme un artiste en convalescence d'un ouvrage, avec des jeunes gens bien frisés, jolis, pimpants, cravatés à désespérer toute la Croatie, riches, armés de tilburys et vêtus d'impertinence? — Bah! Fœdora ou la mort! criai-je au détour d'un pont. Fœdora, c'est la fortune! Le beau boudoir gothique et le salon à la Louis XIV passèrent devant mes yeux, je revis la comtesse avec sa robe blanche, ses grandes manches gracieuses, et sa séduisante démarche, et son corsage tentateur. Quand j'arrivai dans ma mansarde nue, froide, aussi mal peignée que le sont les perruques d'un naturaliste, j'étais encore environné par les images du luxe de Fœdora. Ce contraste était un mauvais conseiller, les crimes doivent naître ainsi. Je maudis alors, en frissonnant de rage, ma décente et honnête misère, ma mansarde féconde où tant de pensées avaient surgi. Je demandai compte à Dieu, au diable, à l'état social, à mon père, à l'univers entier, de ma destinée, de mon malheur; je me couchai tout affamé, grommelant de risibles imprécations, mais bien résolu de séduire Fœdora. Ce cœur de femme était un dernier billet de loterie chargé de ma fortune. Je te ferai grâce de mes premières visites chez Fœdora, pour arriver promptement au drame. Tout en tâchant de m'adresser à son âme, j'essayai de gagner son esprit, d'avoir sa vanité pour moi. Afin d'être sûrement aimé, je lui donnai mille raisons de mieux s'aimer elle-même. Jamais je ne la laissai dans un état d'indifférence; les femmes veulent des émotions à tout prix, je les lui prodiguai; je l'eusse mise en colère plutôt que de la voir insouciante avec moi. Si d'abord, animé d'une volonté ferme et du désir de me faire aimer, je pris un peu d'ascendant sur elle, bientôt ma passion grandit, je ne fus plus maître de moi, je tombai dans le vrai, je me perdis et devins éperdument amoureux. Je ne sais pas bien ce que nous appelons, en poésie ou dans la conversation, *amour*; mais le sentiment qui se développa tout à coup dans ma double nature, je ne l'ai trouvé peint nulle part : ni dans les phrases rhétoriques et apprêtées de J.-J. Rousseau, de qui j'occupais peut-être le logis, ni dans les froides conceptions de nos deux siècles littéraires, ni dans les tableaux de l'Italie. La vue du lac de Brienne, quelques motifs de Rossini, la Madone de Murillo, que possède le maréchal Soult, les lettres de la Lescombat, certains mots épars dans les recueils d'anecdotes, mais surtout les prières des extatiques et quelques passages de nos fabliaux, ont pu seuls me transporter dans les divines régions de mon premier amour. Rien dans les langages humains, aucune traduction de la pensée faite à l'aide des couleurs, des marbres, des mots ou des sons, ne saurait rendre le nerf, la vérité, le fini, la soudaineté du sentiment dans l'âme! Oui! qui dit art, dit mensonge. L'amour passe par des transformations infinies avant de se mêler pour toujours à notre vie et de la teindre à jamais de sa couleur de flamme. Le secret de cette infusion imperceptible échappe à l'analyse de l'artiste. La vraie passion s'exprime par des cris, par des soupirs ennuyeux pour un homme froid. Il faut aimer sincèrement pour être de moitié dans les rugissements de Lovelace, en lisant Clarisse Harlowe. L'amour est une source naïve, partie de son lit de cresson, de fleurs, de gravier, qui rivière, qui fleuve, change de nature et d'aspect à chaque flot, et se jette dans un incommensurable océan où les esprits incomplets voient la monotonie, où les grandes âmes s'abîment en de perpétuelles contemplations. Comment oser décrire ces teintes transitoires du sentiment, ces riens qui ont tant de prix, ces mots dont l'accent épuise les trésors du langage, ces regards plus féconds que les plus riches poèmes? Dans chacune des scènes mystiques par lesquelles nous nous éprenons insensiblement d'une femme, s'ouvre un abîme à engloutir toutes les poésies humaines. Eh! comment pourrions-nous reproduire par des gloses les vives et mystérieuses agitations de l'âme, quand les paroles nous manquent pour peindre les mystères visibles de la beauté? Quelles fascinations! Combien d'heures ne suis-je pas resté plongé dans une extase ineffable occupé à la voir! Heureux, de quoi? je ne sais. Dans ces moments, si son visage était inondé de lumière, il s'y opérait je ne sais quel phénomène qui le faisait resplendir ; l'imperceptible duvet qui dore sa peau délicate et fine en dessinait mollement les contours avec la grâce que nous admirons dans les lignes lointaines de l'horizon quand elles se perdent dans le soleil. Il semblait que le jour la caressât en s'unissant à elle, ou qu'il s'échappât de sa rayonnante figure une lumière plus vive que la lumière même ; puis une ombre passant sur cette douce figure y produisait une sorte de couleur qui en variait les expressions en en changeant les teintes. Souvent une pensée semblait se peindre sur son front de marbre ; son œil paraissait rougir, sa paupière vacillait, ses traits ondulaient, agités par un sourire ; le corail intelligent de ses lèvres s'animait, se dépliait, se repliait ; je ne sais quel reflet de ses cheveux jetait des tons bruns sur ses tempes fraîches ; à chaque accident, elle avait parlé. Chaque nuance de beauté donnait des fêtes nouvelles à mes yeux, révélait des grâces inconnues à mon cœur. Je voulais lire un sentiment, un espoir, dans toutes ces phases du visage. Ces discours muets pénétraient d'âme à âme comme un son dans l'écho, et me prodiguaient des joies passagères qui me laissaient des impressions profondes. Sa voix me causait un délire que j'avais peine à comprimer. Imitant je ne sais quel prince de Lorraine, j'aurais pu ne pas sentir un charbon ardent au creux de ma main pendant qu'elle aurait passé dans ma chevelure ses doigts chatouilleux. Ce n'était plus une admiration, un désir, mais un charme, une fatalité. Souvent, rentré dans mon toit, je voyais indistinctement Fœdora chez elle, et participais vaguement à sa vie. Si elle souffrait, je souffrais, et je lui disais le lendemain : — Vous avez souffert. Combien de fois n'est-elle pas venue au milieu des silences de la nuit, évoquée par la puissance de mon extase ! Tantôt, soudaine comme une lumière qui jaillit, elle abattait ma plume, elle effarouchait la Science et l'Étude, qui s'enfuyaient désolées ; elle me forçait à l'admirer en reprenant la pose attrayante où je l'avais vue naguère. Tantôt j'allais moi-même au-devant d'elle dans le monde des apparitions, et la saluais comme une espérance en lui demandant de me faire entendre sa voix argentine; puis je me réveillais en pleurant. Un jour, après m'avoir promis de venir au spectacle avec moi, tout à coup elle refusa capricieusement de sortir, et me pria de la laisser seule. Désespéré d'une contradiction qui me coûtait une journée de travail, et, le dirai-je ? mon dernier écu, je me rendis là où elle aurait dû être, voulant voir la pièce qu'elle avait désiré voir. A peine placé, je reçus un coup électrique dans le cœur. Une voix me dit : — Elle est là ! Je me retourne, j'aperçois la comtesse au fond de sa loge, cachée dans l'ombre, au rez-de-chaussée. Mon regard n'hésita pas, mes yeux la trouvèrent tout d'abord avec une lucidité fabuleuse, mon âme avait volé vers sa vie comme un insecte vole à sa fleur. Par quoi mes sens avaient-ils été avertis? Il est de ces tressaillements intimes qui peuvent surprendre les gens superficiels, mais ces effets de notre nature intérieure sont aussi simples que les phénomènes habituels de notre vision extérieure : aussi ne fus-je pas étonné, mais fâché. Mes études sur notre puissance morale, si peu connue, servaient au moins à me faire rencontrer dans ma passion quelques preuves vivantes de mon système. Cette alliance du savant et de l'amoureux, d'une cordiale idolâtrie et d'un amour scientifique, avait je ne sais quoi de bizarre. La science était souvent contente de ce qui désespérait l'amant, et, quand il croyait triompher, l'amant chassait loin de lui la science avec bonheur. Fœdora me vit et devint sérieuse : je la gênais. Au premier entr'acte, j'allai lui faire une visite. Elle était seule, je restai. Quoique nous n'eussions jamais parlé d'amour, je pressentis une explication. Je ne lui avais point encore dit mon secret, et cependant il existait entre nous une sorte d'attente : elle me confiait ses projets d'amusement, et me demandait la veille avec une sorte d'inquiétude amicale si je viendrais le lendemain ; elle me consultait par un regard quand elle disait un mot spirituel, comme si elle eût voulu me plaire exclusivement ; si je boudais, elle devenait caressante ; si elle faisait la fâchée, j'avais en quelque sorte le droit de l'interroger ; si je me rendais coupable d'une faute, elle se laissait long-temps supplier avant de me pardonner. Ces querelles auxquelles nous avions pris goût, étaient pleines d'amour. Elle y déployait tant de grâce et de coquetterie, et moi j'y trouvais tant de bonheur ! En ce moment notre intimité fut tout à fait suspendue, et nous restâmes l'un devant l'autre comme deux étrangers. La comtesse était glaciale ; moi, j'appréhendais un malheur. — Vous allez m'accompagner, me dit-elle quand la pièce fut finie. Le temps avait changé subitement. Lorsque nous sortîmes il tombait, une neige mêlée de pluie. La voiture de Fœdora ne put arriver jusqu'à la porte du théâtre. En voyant une femme bien mise obligée de traverser le boulevard, un commissionnaire étendit son parapluie au-dessus de nos têtes, et réclama le prix de son service quand nous fûmes montés. Je n'avais rien ; j'eusse alors vendu dix ans de ma vie pour avoir deux sous. Tout ce qui fait l'homme et es mille vanités furent écrasés en moi par une douleur infernale. Ces mots : — Je n'ai pas de monnaie, mon cher ! furent dits d'un ton dur qui parut venir de ma passion contrariée, dits par moi, frère de cet homme, moi qui connaissais si bien le malheur ! moi qui jadis avais donné sept cent mille francs avec tant de facilité ! Le valet repoussa le commissionnaire, et les chevaux fendirent l'air. En revenant à son hôtel, Fœdora, distraite, ou affectant d'être préoccupée, répondit par de dédaigneux monosyllabes à mes questions. Je gardai le silence. Ce fut un horrible moment. Arrivés chez elle, nous nous assîmes devant la cheminée. Quand le valet de chambre se fut retiré après avoir attisé le feu, la comtesse se tourna vers moi d'un air indéfinissable et me dit avec une sorte de solennité : — Depuis mon retour en France, ma fortune a tenté quelques jeunes gens : j'ai reçu des déclarations d'amour qui auraient pu satisfaire mon orgueil, j'ai rencontré des hommes dont l'attachement était, si sincère et si profond qu'ils m'eussent encore épousée, même quand ils n'auraient trouvé en moi qu'une fille pauvre comme je l'étais jadis. Enfin sachez, monsieur de Valentin, que de nouvelles richesses et des titres nouveaux m'ont été offerts ; mais apprenez aussi que je n'ai jamais revu les personnes assez mal inspirées pour m'avoir parlé d'amour. Si mon affection pour vous était légère, je ne vous donnerais pas un avertissement dans lequel il entre plus d'amitié que d'orgueil. Une femme s'expose à recevoir une sorte d'affront lorsque, en se supposant aimée, elle se refuse par avance à un sentiment toujours flatteur. Je connais les scènes d'Arsinoé, d'Araminte, ainsi je me suis familiarisée avec les réponses que je puis entendre en pareille circonstance ; mais j'espère aujourd'hui ne pas être mal jugée par un homme supérieur pour lui avoir montré franchement mon âme. Elle s'exprimait avec le sang-froid d'un avoué, d'un notaire, expliquant à leurs cliens les moyens d'un procès ou les articles d'un contrat. Le timbre clair et séducteur de sa voix n'accusait pas la moindre émotion ; seulement sa figure et son maintien, toujours nobles et décents, me semblèrent avoir une froideur, une sécheresse diplomatiques. Elle avait sans doute médité ses paroles et fait le programme de cette scène. Oh ! mon cher ami, quand cer-

taines femmes trouvent du plaisir à nous déchirer le cœur, quand
elles se sont promis d'y enfoncer un poignard et de le retourner
dans la plaie, ces femmes-là sont adorables, elles aiment ou veulent être aimées ! Un jour elles nous récompenseront de nos douleurs, comme Dieu doit, dit-on, rémunérer nos bonnes œuvres;
elles nous rendront en plaisirs le centuple du mal dont elles ont
dû apprécier la violence : leur méchanceté n'est-elle pas pleine de
passion ? Mais être torturé par une femme qui nous tue avec indifférence, n'est-ce pas un atroce supplice ? En ce moment Fœdora
marchait, sans le savoir, sur toutes mes espérances, brisait ma vie
et détruisait mon avenir avec la froide insouciance et l'innocente
cruauté d'un enfant qui, par curiosité, déchire les ailes d'un papillon. — Plus tard, ajouta Fœdora, vous reconnaîtrez, je l'espère,
la solidité de l'affection que j'offre à mes amis. Pour eux, vous me
trouverez toujours bonne et dévouée. Je saurais leur donner ma
vie, mais vous me mépriseriez si je subissais leur amour sans le
partager. Je m'arrête. Vous êtes le seul homme auquel j'aie encore
dit ces derniers mots. D'abord les paroles me manquèrent, et j'eus
peine à maîtriser l'ouragan qui s'élevait en moi ; mais bientôt je
refoulai mes sensations au fond de mon âme, et me mis à sourire :
— Si je vous dis que je vous aime, répondis-je, vous me bannirez ; si je m'accuse d'indifférence, vous m'en punirez : les prêtres, les magistrats et les femmes ne dépouillent jamais leur robe
entièrement. Le silence ne préjuge rien : trouvez bon, madame,
que je me taise. Pour m'avoir adressé de si fraternels avertissements, il faut que vous ayez craint de me perdre, et cette pensée
pourrait satisfaire mon orgueil. Mais laissons la personnalité loin
de nous. Vous êtes peut-être la seule femme avec laquelle je puisse
discuter en philosophe une résolution si contraire aux lois de la
nature. Relativement aux autres sujets de votre espèce, vous êtes
un phénomène. Eh ! bien, cherchons ensemble, de bonne foi, la
cause de cette anomalie psychologique. Existe-t-il en vous, comme
chez beaucoup de femmes fières d'elles-mêmes, amoureuses de
leurs perfections, un sentiment d'égoïsme raffiné qui vous fasse
prendre en horreur l'idée d'appartenir à un homme, d'abdiquer
votre vouloir et d'être soumise à une supériorité de convention qui
vous offense ? vous me sembleriez mille fois plus belle. Auriez-vous été maltraitée une première fois par l'amour ? Peut-être le
prix que vous devez attacher à l'élégance de votre taille, à votre

délicieux corsage, vous fait-il craindre les dégâts de la maternité : ne serait-ce pas une de vos meilleures raisons secrètes pour vous refuser à être trop bien aimée ? Avez-vous des imperfections qui vous rendent vertueuse malgré vous ? Ne vous fâchez pas, je discute, j'étudie, je suis à mille lieues de la passion. La nature, qui fait des aveugles de naissance, peut bien créer des femmes sourdes, muettes et aveugles en amour. Vraiment vous êtes un sujet précieux pour l'observation médicale ! Vous ne savez pas tout ce que vous valez. Vous pouvez avoir un dégoût fort légitime pour les hommes : je vous approuve, ils me paraissent tous laids et odieux. Mais vous avez raison, ajoutai-je en sentant mon cœur se gonfler, vous devez nous mépriser : il n'existe pas d'homme qui soit digne de vous.

Je ne te dirai pas tous les sarcasmes que je lui débitai en riant. Eh ! bien, la parole la plus acérée, l'ironie la plus aiguë, ne lui arrachèrent ni un mouvement ni un geste de dépit. Elle m'écoutait en gardant sur ses lèvres, dans ses yeux, son sourire d'habitude, ce sourire qu'elle prenait comme un vêtement, et toujours le même pour ses amis, pour ses simples connaissances, pour les étrangers. — Ne suis-je pas bien bonne de me laisser mettre ainsi sur un amphithéâtre ? dit-elle en saisissant un moment pendant lequel je la regardais en silence. Vous le voyez, continua-t-elle en riant, je n'ai pas de sottes susceptibilités en amitié ! Beaucoup de femmes puniraient votre impertinence en vous faisant fermer leur porte. — Vous pouvez me bannir de chez vous sans être tenue de donner la raison de vos sévérités. En disant cela, je me sentais prêt à la tuer si elle m'avait congédié. — Vous êtes fou, s'écria-t-elle en souriant, — Avez-vous jamais songé, repris-je, aux effets d'un violent amour ? Un homme au désespoir a souvent assassiné sa maîtresse. — Il vaut mieux être morte que malheureuse, répondit-elle froidement. Un homme aussi passionné doit un jour abandonner sa femme et la laisser sur la paille après lui avoir mangé sa fortune. Cette arithmétique m'abasourdit. Je vis clairement un abîme entre cette femme et moi. Nous ne pouvions jamais nous comprendre. — Adieu, lui dis-je froidement. — Adieu, répondit-elle en inclinant la tête d'un air amical. A demain. Je la regardai pendant un moment en lui dardant tout l'amour auquel je renonçais. Elle était debout, et me jetait son sourire banal, le détestable sourire d'une statue de marbre, sec et poli, paraissant exprimer l'amour, mais froid. Concevras-tu bien, mon cher, toutes les douleurs qui m'assaillirent en revenant chez moi par la pluie et la neige, en marchant sur le verglas des quais pendant une lieue, ayant tout perdu? Oh! savoir qu'elle ne pensait seulement pas à ma misère et me croyait, comme elle, riche et doucement voituré! Combien de ruines et de déceptions! Il ne s'agissait plus d'argent, mais de toutes les fortunes de mon âme. J'allais au hasard, en discutant avec moi-même les mots de cette étrange conversation, je m'égarais si bien dans mes commentaires que je finissais par douter de la valeur nominale des paroles et des idées! Et j'aimais toujours, j'aimais cette femme froide dont le cœur voulait être conquis à tout moment, et qui, en effaçant toujours les promesses de la veille, se produisait le lendemain comme une maîtresse nouvelle. En tournant sous les guichets de l'Institut, un mouvement fiévreux me saisit. Je me souvins alors que j'étais à jeun. Je ne possédais pas un denier. Pour comble de malheur, la pluie déformait mon chapeau. Comment pouvoir aborder désormais une femme élégante et me présenter dans un salon sans un chapeau mettable! Grâce à des soins extrêmes, et tout en maudissant la mode niaise et sotte qui nous condamne à exhiber la coiffe de nos chapeaux en les gardant constamment à la main, j'avais maintenu le mien jusque-là dans un état douteux. Sans être curieusement neuf ou sèchement vieux, dénué de barbe ou très-soyeux, il pouvait passer pour le chapeau problématique d'un homme soigneux; mais son existence artificielle arrivait à son dernier période: il était blessé, déjeté, fini, véritable haillon, digne représentant de son maître. Faute de trente sous, je perdais mon industrieuse élégance. Ah! combien de sacrifices ignorés n'avais-je pas faits à Fœdora depuis trois mois! Souvent je consacrais l'argent nécessaire au pain d'une semaine pour aller la voir un moment. Quitter mes travaux et jeûner, ce n'était rien! Mais traverser les rues de Paris sans se laisser éclabousser, courir pour éviter la pluie, arriver chez elle aussi bien mis que les fats qui l'entouraient, ah! pour un poète amoureux et distrait, cette tâche avait d'innombrables difficultés. Mon bonheur, mon amour, dépendait d'une moucheture de fange sur mon seul gilet blanc! Renoncer à la voir si je me crottais, si je me mouillais! Ne pas posséder cinq sous pour faire effacer par un décrotteur la plus légère tache de boue sur ma botte! Ma passion s'était augmentée de tous ces petits supplices inconnus, immenses chez un homme irritable. Les malheureux ont des dévouements dont il ne leur est point permis de parler aux femmes qui vivent dans une sphère de luxe et d'élégance ; elles voient le monde à travers un prisme qu teint en or les hommes et les choses. Optimistes par égoïsme, cruelles par bon ton, ces femmes s'exemptent de réfléchir au nom de leurs jouissances, et s'absolvent de leur indifférence au malheur par l'entraînement du plaisir. Pour elles un denier n'est jamais un million, c'est le million qui leur semble être un denier. Si l'amour doit plaider sa cause par de grands sacrifices, il doit aussi les couvrir délicatement d'un voile, les ensevelir dans le silence ; mais, en prodiguant leur fortune et leur vie, en se dévouant, les hommes riches profitent des préjugés mondains qui donnent toujours un certain éclat à leurs amoureuses folies. Pour eux le silence parle et le voile est une grâce, tandis que mon affreuse détresse me condamnait à d'épouvantables souffrances sans qu'il me fût permis de dire : J'aime ! ou : Je meurs ! Était-ce du dévouement après tout ? N'étais-je pas richement récompensé par le plaisir que j'éprouvais à tout immoler pour elle ? La comtesse avait donné d'extrêmes valeurs, attaché d'excessives jouissances aux accidents les plus vulgaires de ma vie. Naguère insouciant en fait de toilette, je respectais maintenant mon habit comme un autre moi-même. Entre une blessure à recevoir et la déchirure de mon frac, je n'aurais pas hésité ! Tu dois alors épouser ma situation et comprendre les rages de pensées, la frénésie croissante qui m'agitaient en marchant, et que peut-être la marche animait encore ! J'éprouvais je ne sais quelle joie infernale à me trouver au faîte du malheur. Je voulais voir un présage de fortune dans cette dernièr crise ; mais le mal a des trésors sans fond. La porte de mon hôtel était entr'ouverte. A travers les découpures en forme de cœur pratiquées dans le volet, j'aperçus une lumière projetée dans la rue. Pauline et sa mère causaient en m'attendant. J'entendis prononcer mon nom, j'écoutai. — Raphaël, disait Pauline, est bien mieux que l'étudiant du numéro sept ! Ses cheveux blonds sont d'une si jolie couleur ! Ne trouves-tu pas quelque chose dans sa voix, je ne sais, mais quelque chose qui vous remue le cœur ? Et puis, quoiqu'il ait un peu 'air fier, il est si bon, il a des manières si distinguées ! Oh ! il est vraiment très-bien ! Je suis sûre que toutes les femmes doivent être folles de lui. — Tu en parles comme si tu l'aimais, reprit madame Gaudin. — Oh! je l'aime comme un frère, répondit-elle en riant. Je serais joliment ingrate si je n'avais pas de l'amitié pour lui! Ne m'a-t-il pas appris la musique, le dessin, la grammaire, enfin tout ce que je sais? Tu ne fais pas grande attention à mes progrès, ma bonne mère; mais je deviens si instruite que dans quelque temps je serai assez forte pour donner des leçons, et alors nous pourrons avoir une domestique. Je me retirai doucement; et, après avoir fait quelque bruit, j'entrai dans la salle pour y prendre ma lampe, que Pauline voulut allumer. La pauvre enfant venait de jeter un baume délicieux sur mes plaies. Ce naïf éloge de ma personne me rendit un peu de courage. J'avais besoin de croire en moi-même et de recueillir un jugement impartial sur la véritable valeur de mes avantages. Mes espérances, ainsi ranimées, se reflétèrent peut-être sur les choses que je voyais. Peut-être aussi n'avais-je point encore bien sérieusement examiné la scène assez souvent offerte à mes regards par ces deux femmes au milieu de cette salle; mais alors j'admirai dans sa réalité le plus délicieux tableau de cette nature modeste si naïvement reproduite par les peintres flamands. La mère, assise au coin d'un foyer à demi éteint, tricotait des bas, et laissait errer sur ses lèvres un bon sourire. Pauline colorait des écrans : ses couleurs, ses pinceaux, étalés sur une petite table, parlaient aux yeux par de piquants effets; mais, ayant quitté sa place et se tenant debout pour allumer ma lampe, sa blanche figure en recevait toute la lumière. Il fallait être subjugué par une bien terrible passion pour ne pas admirer ses mains transparentes et roses, l'idéal de sa tête et sa virginale attitude! La nuit et le silence prêtaient leur charme à cette laborieuse veillée, à ce paisible intérieur. Ces travaux continus et gaiement supportés attestaient une résignation religieuse pleine de sentiments élevés. Une indéfinissable harmonie existait là entre les choses et les personnes. Chez Fœdora le luxe était sec, il réveillait en moi de mauvaises pensées; tandis que cette humble misère et ce bon naturel me rafraîchissaient l'âme. Peut-être étais-je humilié en présence du luxe; près de ces deux femmes, au milieu de cette salle brune où la vie simplifiée semblait se réfugier dans les émotions du cœur, peut-être me réconciliai-je avec moi-même en trouvant à exercer la protection que l'homme est si jaloux de faire sentir. Quand je fus près de Pauline, elle me jeta un regard presque maternel, et s'écria, les mains tremblantes, en posant vivement la lampe : — Dieu ! comme vous êtes pâle ! Ah ! il est tout mouillé ! Ma mère va vous essuyer. Monsieur Raphaël, reprit-elle après une légère pause, vous êtes friand de lait : nous avons eu ce soir de la crême, tenez, voulez-vous y goûter ? Elle sauta comme un petit chat sur un bol de porcelaine plein de lait, et me le présenta si vivement, me le mit sous le nez d'une si gentille façon, que j'hésitai. — Vous me refuseriez? dit-elle d'une voix altérée.

Nos deux fiertés se comprenaient : Pauline paraissait souffrir de sa pauvreté, et me reprocher ma hauteur. Je fus attendri. Cette crême était peut-être son déjeuner du lendemain, j'acceptai cependant. La pauvre fille essaya de cacher sa joie, mais elle pétillait dans ses yeux. — J'en avais besoin, lui dis-je en m'asseyant. (Une expression soucieuse passa sur son front.) Vous souvenez-vous, Pauline, de ce passage où Bossuet nous peint Dieu récompensant un verre d'eau plus richement qu'une victoire? — Oui, dit-elle. Et son sein battait comme celui d'une jeune fauvette entre les mains d'un enfant. — Eh ! bien, comme nous nous quitterons bientôt, ajoutai-je d'une voix mal assurée, laissez-moi vous témoigner ma reconnaissance pour tous les soins que vous et votre mère vous avez eus de moi. — Oh! ne comptons pas, dit-elle en riant. Son rire cachait une émotion qui me fit mal. — Mon piano, repris-je sans paraître avoir entendu ses paroles, est un des meilleurs instruments d'Érard : acceptez-le. Prenez-le sans scrupule, je ne saurais vraiment l'emporter dans le voyage que je compte entreprendre. Eclairées peut-être par l'accent de mélancolie avec lequel je prononçai ces mots, les deux femmes semblèrent m'avoir compris et me regardèrent avec une curiosité mêlée d'effroi. L'affection que je cherchais au milieu des froides régions du grand monde, était donc là, vraie, sans faste, mais onctueuse et eut-être durable. — Il ne faut pas prendre tant de souci, me dit la mère. Restez ici. Mon mari est en route à cette heure, reprit-elle. Ce soir, j'ai lu l'Évangile de saint Jean pendant que Pauline tenait suspendue entre ses doigts notre clef attachée dans une Bible, la clef a tourné. Ce présage annonce que Gaudin se porte bien et rospère. Pauline a recommencé pour vous et pour le jeune homme du numéro sept ; mais la clef n'a tourné que pour vous. Nous serons tous riches, Gaudin reviendra millionnaire. Je l'ai vu en rêve sur un vaisseau plein de serpents ; heureusement l'eau était trouble, ce qui signifie or et pierreries d'outre-mer. Ces paroles amicales et vides, semblables aux vagues chansons avec lesquelles une mère endort les douleurs de son enfant, me rendirent une sorte de calme. L'accent et le regard de la bonne femme exhalaient cette douce cordialité qui n'efface pas le chagrin, mais qui l'apaise, qui le berce et l'émousse. Plus perspicace que sa mère, Pauline m'examinait avec inquiétude, ses yeux intelligents semblaient deviner ma vie et mon avenir. Je remerciai par une inclination de tête la mère et la fille ; puis je me sauvai, craignant de m'attendrir. Quand je me trouvai seul sous mon toit, je me couchai dans mon malheur. Ma fatale imagination me dessina mille projets sans base et me dicta des résolutions impossibles. Quand un homme se traîne dans les décombres de sa fortune, il y rencontre encore quelques ressources ; mais j'étais dans le néant. Ah ! mon cher, nous accusons trop facilement la misère. Soyons indulgents pour les effets du plus actif de tous les dissolvants sociaux : où règne la misère, il n'existe plus ni pudeur, ni crimes, ni vertus, ni esprit. J'étais alors sans idées, sans force, comme une jeune fille tombée à genoux devant un tigre. Un homme sans passion et sans argent reste maître de sa personne ; mais un malheureux qui aime ne s'appartient plus et ne peut pas se tuer. L'amour nous donne une sorte de religion pour nous-mêmes, nous respectons en nous une autre vie ; il devient alors le plus horrible des malheurs, le malheur avec une espérance, une espérance qui vous fait accepter des tortures. Je m'endormis avec l'idée d'aller le lendemain confier à Rastignac la singulière détermination de Fœdora. — Ah ! ah ! me dit Rastignac en me voyant entrer chez lui dès neuf heures du matin, je sais ce qui t'amène, tu dois être congédié par Fœdora. Quelques bonnes âmes jalouses de ton empire sur la comtesse ont annoncé votre mariage. Dieu sait les folies que tes rivaux t'ont prêtées et les calomnies dont tu as été l'objet ! — Tout s'explique, m'écriai-je. Je me souvins de toutes mes impertinences et trouvai la comtesse sublime. A mon gré, j'étais un infâme qui n'avait pas encore assez souffert, et je ne vis plus dans son indulgence que la patiente charité de l'amour. — N'allons pas si vite, me dit le prudent Gascon. Fœdora possède la pénétration naturelle aux femmes profondément égoïstes : elle t'aura jugé peut-être au moment où tu ne voyais encore en elle que sa fortune et son luxe ; en dépit de ton adresse, elle aura lu dans ton âme. Elle est assez

dissimulée pour qu'aucune dissimulation ne trouve grâce devant elle. Je crois, ajouta-t-il, t'avoir mis dans une mauvaise voie. Malgré la finesse de son esprit et de ses manières, cette créature me semble impérieuse comme toutes les femmes qui ne prennent de plaisir que par la tête. Pour elle le bonheur gît tout entier dans le bien-être de la vie, dans les jouissances sociales; chez elle, le sentiment est un rôle : elle te rendrait malheureux, et ferait de toi son premier valet. Rastignac parlait à un sourd. Je l'interrompis, en lui exposant avec une apparente gaieté ma situation financière.
— Hier au soir, me répondit-il, une veine contraire m'a emporté tout l'argent dont je pouvais disposer. Sans cette vulgaire infortune, j'eusse partagé volontiers ma bourse avec toi. Mais, allons déjeuner au cabaret, les huîtres nous donneront peut-être un bon conseil. Il s'habilla, fit atteler son tilbury ; puis semblables à deux millionnaires, nous arrivâmes au café de Paris avec l'impertinence de ces audacieux spéculateurs qui vivent sur des capitaux imaginaires. Ce diable de Gascon me confondait par l'aisance de ses manières et par son aplomb imperturbable. Au moment où nous prenions le café, après avoir fini un repas fort délicat et très-bien entendu, Rastignac, qui distribuait des coups de tête à une foule de jeunes gens également recommandables par les grâces de leur personne et par l'élégance de leur mise, me dit en voyant entrer un de ces *dandys* : — Voici ton affaire. Et il fit signe à un gentilhomme bien cravaté, qui semblait chercher une table à sa convenance, de venir lui parler. — Ce gaillard-là, me dit Rastignac à l'oreille, est décoré pour avoir publié des ouvrages qu'il ne comprend pas : il est chimiste, historien, romancier, publiciste ; il possède des quarts, des tiers, des moitiés, dans je ne sais combien de pièces de théâtre, et il est ignorant comme la mule de don Miguel. Ce n'est pas un homme, c'est un nom, une étiquette familière au public. Aussi se garderait-il bien d'entrer dans ces cabinets sur lesquels il y a cette inscription : *Ici l'on peut écrire soi-même.* Il est fin à jouer tout un congrès. En deux mots, c'est un métis en morale : ni tout à fait probe, ni complétement fripon. Mais chut ! il s'est déjà battu, le monde n'en demande pas davantage et dit de lui : C'est un homme honorable. — Eh ! bien, mon excellent ami, mon honorable ami, comment se porte Votre Intelligence ? lui dit Rastignac au moment où l'inconnu s'assit à la table voisine.

— Mais ni bien, ni mal. Je suis accablé de travail. J'ai entre les mains tous les matériaux nécessaires pour faire des mémoires historiques très-curieux, et je ne sais à qui les attribuer. Cela me tourmente, il faut se hâter, les mémoires vont passer de mode.

— Sont-ce des mémoires contemporains, anciens, sur la cour, sur quoi?

— Sur l'affaire du Collier.

— N'est-ce pas un miracle? me dit Rastignac en riant. Puis se retournant vers le spéculateur : — Monsieur de Valentin, reprit-il en me désignant, est un de mes amis que je vous présente comme l'une de nos futures célébrités littéraires. Il avait jadis une tante fort bien en cour, marquise, et depuis deux ans il travaille à une histoire royaliste de la révolution. Puis, se penchant à l'oreille de ce singulier négociant, il lui dit : — C'est un homme de talent; mais un niais qui peut vous faire vos mémoires, au nom de sa tante, pour cent écus par volume. — Le marché me va, répondit l'autre en haussant sa cravate. Garçon, mes huîtres, donc ! — Oui, mais vous me donnerez vingt-cinq louis de commission et lui paierez un volume d'avance, reprit Rastignac. — Non, non. Je n'avancerai que cinquante écus pour être plus sûr d'avoir promptement mon manuscrit. Rastignac me répéta cette conversation mercantile à voix basse. Puis sans me consulter : — Nous sommes d'accord, lui répondit-il. Quand pouvons-nous aller vous voir pour terminer cette affaire ? — Eh ! bien venez dîner ici, demain soir, à sept heures. Nous nous levâmes, Rastignac jeta de la monnaie au garçon, mit la carte à payer dans sa poche, et nous sortîmes. J'étais stupéfait de la légèreté, de l'insouciance avec laquelle il avait vendu ma respectable tante, la marquise de Montbauron. — J'aime mieux m'embarquer pour le Brésil, et y enseigner aux Indiens l'algèbre, dont je ne sais pas un mot, que de salir le nom de ma famille !

Rastignac m'interrompit par un éclat de rire. — Es-tu bête ! Prends d'abord les cinquante écus et fais les mémoires. Quand ils seront achevés, tu refuseras de les mettre sous le nom de ta tante, imbécile ! Madame de Montbauron, morte sur l'échafaud, ses paniers, ses considérations, sa beauté, son fard, ses mules valent bien plus de six cents francs. Si le libraire ne veut pas alors payer ta tante ce qu'elle vaut, il trouvera quelque vieux chevalier d'industrie, ou je ne sais quelle fangeuse comtesse pour signer les mémoires. — Oh! m'écriai-je, pourquoi suis-je sorti de ma vertueuse mansarde? Le monde a des envers bien salement ignobles. — Bon, répondit Rastignac, voilà de la poésie, et il s'agit d'affaires. Tu es un enfant. Écoute : quant aux mémoires, le public les jugera ; quant à mon Proxénète littéraire, n'a-t-il pas dépensé huit ans de sa vie, et payé ses relations avec la librairie par de cruelles expériences? En partageant inégalement avec lui le travail du livre, ta part d'argent n'est-elle pas aussi la plus belle? Vingt-cinq louis sont une bien plus grande somme pour toi, que mille francs pour lui. Va, tu peux écrire des mémoires historiques, œuvres d'art si jamais il en fut, quand Diderot a fait six sermons pour cent écus. — Enfin, lui dis-je tout ému, c'est pour moi une nécessité : ainsi, mon pauvre ami, je te dois des remercîments. Vingt-cinq louis me rendront bien riche. — Et plus riche que tu ne penses, reprit-il en riant. Si Finot me donne une commission dans l'affaire, ne devines-tu pas qu'elle sera pour toi? Allons au bois de Boulogne, dit-il ; nous y verrons ta comtesse, et je te montrerai la jolie petite veuve que je dois épouser, une charmante personne, Alsacienne un peu grasse. Elle lit Kant, Schiller, Jean-Paul, et une foule de livres hydrauliques. Elle a la manie de toujours me demander mon opinion, je suis obligé d'avoir l'air de comprendre toute cette sensiblerie allemande, de connaître un tas de ballades, toutes drogues qui me sont défendues par le médecin. Je n'ai pas encore pu la déshabituer de son enthousiasme littéraire: elle pleure des averses à la lecture de Goëthe, et je suis obligé de pleurer un peu, par complaisance, car il y a cinquante mille livres de rentes, mon cher, et le plus joli petit pied, la plus jolie petite main de la terre ! Ah ! si elle ne disait pas *mon anche,* et *prouiller* pour mon *ange* et *brouiller,* ce serait une femme accomplie. Nous vîmes la comtesse, brillante dans un brillant équipage. Le coquette nous salua fort affectueusement en me jetant un sourire qui me parut alors divin et plein d'amour. Ah! j'étais bien heureux, je me croyais aimé, j'avais de l'argent et des trésors de passion, plus de misère. Léger, gai, content de tout, je trouvai la maîtresse de mon ami charmante. Les arbres, l'air, le ciel, toute la nature semblait me répéter le sourire de Fœdora. En revenant des Champs-Élysées, nous allâmes chez le chapelier et chez le tailleur de Rastignac. L'affaire du Collier me permit de quitter mon misérable pied de paix, pour passer à un formidable

pied de guerre. Désormais je pouvais sans crainte lutter de grâce et
d'élégance avec les jeunes gens qui tourbillonnaient autour de Fœdora. Je revins chez moi. Je m'y enfermai, restant tranquille en
apparence, près de ma lucarne; mais disant d'éternels adieux à
mes toits, vivant dans l'avenir, dramatisant ma vie, escomptant l'a-
mour et ses joies. Ah! comme une existence peut devenir orageuse
entre les quatre murs d'une mansarde! L'âme humaine est une
fée : elle métamorphose une paille en diamants ; sous sa baguette
les palais enchantés éclosent comme les fleurs des champs sous les
chaudes inspirations du soleil. Le lendemain, vers midi, Pauline,
frappa doucement à ma porte et m'apporta, devine quoi? une
lettre de Fœdora. La comtesse me priait de venir la prendre au
Luxembourg pour aller, de là, voir ensemble le Muséum et le
Jardin des Plantes. — Un commissionnaire attend la réponse, me
dit-elle après un moment de silence. Je griffonnai promptement
une lettre de remerciement que Pauline emporta. Je m'habillai.
Au moment où, assez content de moi-même, j'achevais ma toilette, un frisson glacial me saisit à cette pensée : Fœdora est-elle
venue en voiture ou à pied? pleuvra-t-il, fera-t-il beau? Mais,
me dis-je, qu'elle soit à pied ou en voiture, est-on jamais certain de l'esprit fantasque d'une femme? elle sera sans argent et
voudra donner cent sous à un petit Savoyard parce qu'il aura de
jolies guenilles. J'étais sans un rouge liard et ne devais avoir de
l'argent que le soir. Oh! combien, dans ces crises de notre jeunesse, un poète paie cher la puissance intellectuelle dont il est
investi par le régime et par le travail! En un instant, mille pensées
vives et douloureuses me piquèrent comme autant de dards. Je
regardai le ciel par ma lucarne, le temps était fort incertain. En
cas de malheur, je pouvais bien prendre une voiture pour la journée; mais aussi ne tremblerais-je pas à tout moment, au milieu
de mon bonheur, de ne pas rencontrer Finot le soir? Je ne me
sentis pas assez fort pour supporter tant de craintes au sein de ma
joie. Malgré la certitude de ne rien trouver, j'entrepris une grande
exploration à travers ma chambre, je cherchai des écus imaginaires
jusque dans la profondeur de ma paillasse, je fouillai tout, je
secouai même de vieilles bottes. En proie à une fièvre nerveuse,
je regardais mes meubles d'un œil hagard après les avoir renversés
tous. Comprendras-tu le délire qui m'anima, lorsqu'en ouvrant
pour la septième fois le tiroir de ma table à écrire que je visitais

avec cette espèce d'indolence dans laquelle nous plonge le désespoir, j'aperçus collée contre une planche latérale, tapie sournoisement, mais propre, brillante, lucide comme une étoile à son lever, une belle et noble pièce de cent sous? Ne lui demandant compte ni de son silence ni de la cruauté dont elle était coupable en se tenant ainsi cachée, je la baisai comme un ami fidèle au malheur et la saluai par un cri qui trouva de l'écho. Je me retournai brusquement et vis Pauline toute pâle. — J'ai cru, dit-elle d'une voix émue, que vous vous faisiez mal. Le commissionnaire... Elle s'interrompit comme si elle étouffait. Mais ma mère l'a payé, ajouta-t-elle. Puis elle s'enfuit, enfantine et follette comme un caprice. Pauvre petite! je lui souhaitai mon bonheur. En ce moment, il me semblait avoir dans l'âme tout le plaisir de la terre, et j'aurais voulu restituer aux malheureux la part que je croyais leur voler. Nous avons presque toujours raison dans nos pressentiments d'adversité, la comtesse avait renvoyé sa voiture. Par un de ces caprices que les jolies femmes ne s'expliquent pas toujours à elles-mêmes, elle voulait aller au Jardin des Plantes par les boulevards et à pied. — Mais il va pleuvoir, lui dis-je. Elle prit plaisir à me contredire. Par hasard, il fit beau pendant tout le temps que nous marchâmes dans le Luxembourg. Quand nous en sortîmes, un gros nuage dont j'avais maintes fois épié la marche avec une secrète inquiétude, ayant laissé tomber quelques gouttes d'eau, nous montâmes dans un fiacre. Lorsque nous eûmes atteint les boulevards, la pluie cessa, le ciel reprit sa sérénité. En arrivant au Muséum, je voulus renvoyer la voiture, Fœdora me pria de la garder. Que de tortures! Mais causer avec elle en comprimant un secret délire qui sans doute se formulait sur mon visage par quelque sourire niais et arrêté; errer dans le Jardin des Plantes, en parcourir les allées bocagères et sentir son bras appuyé sur le mien, il y eut dans tout cela je ne sais quoi de fantastique : c'était un rêve en plein jour. Cependant ses mouvements, soit en marchant, soit en nous arrêtant, n'avaient rien de doux ni d'amoureux, malgré leur apparente volupté. Quand je cherchais à m'associer en quelque sorte à l'action de sa vie, je rencontrais en elle une intime et secrète vivacité, je ne sais quoi de saccadé, d'excentrique. Les femmes sans âme n'ont rien de moelleux dans leurs gestes. Aussi n'étions-nous unis, ni par une même volonté, ni par un même pas. Il n'existe point de mots pour rendre ce désaccord matériel de deux êtres, car nous ne sommes pas encore habitués à reconnaître une pensée dans le mouvement. Ce phénomène de notre nature se sent instinctivement, il ne s'exprime pas. Pendant ces violents paroxismes de ma passion, reprit Raphaël après un moment de silence, et comme s'il répondait à une objection qu'il se fût adressée à lui-même, je n'ai pas disséqué mes sensations, analysé mes plaisirs, ni supputé les battements de mon cœur, comme un avare examine et pèse ses pièces d'or. Oh! non, l'expérience jette aujourd'hui sa triste lumière sur les événements passés, et le souvenir m'apporte ces images, comme par un beau temps les flots de la mer amènent brin à brin les débris d'un naufrage sur la grève. — Vous pouvez me rendre un service assez important, me dit la comtesse en me regardant d'un air confus. Après vous avoir confié mon antipathie pour l'amour, je me sens plus libre en réclamant de vous un bon office au nom de l'amitié. N'aurez-vous pas, reprit-elle en riant, beaucoup plus de mérite à m'obliger aujourd'hui? Je la regardais avec douleur. N'éprouvant rien près de moi, elle était pateline et non pas affectueuse; elle me paraissait jouer un rôle en actrice consommée; puis tout à coup son accent, un regard, un mot réveillaient mes espérances; mais si mon amour ranimé se peignait alors dans mes yeux, elle en soutenait les rayons sans que la clarté des siens s'en altérât, car ils semblaient, comme ceux des tigres, être doublés par une feuille de métal. En ces moments-là, je la détestais. — La protection du duc de Navarreins, dit-elle en continuant avec des inflexions de voix pleines de câlinerie, me serait très-utile auprès d'une personne toute-puissante en Russie, et dont l'intervention est nécessaire pour me faire rendre justice dans une affaire qui concerne à la fois ma fortune et mon état dans le monde, la reconnaissance de mon mariage par l'empereur. Le duc de Navarreins n'est-il pas votre cousin? Une lettre de lui déciderait tout. — Je vous appartiens, lui répondis-je, ordonnez. — Vous êtes bien aimable, reprit-elle en me serrant la main. Venez dîner avec moi, je vous dirai tout comme à un confesseur. Cette femme si méfiante, si discrète, et à laquelle personne n'avait entendu dire un mot sur ses intérêts, allait donc me consulter. — Oh! combien j'aime maintenant le silence que vous m'avez imposé! m'écriai-je. Mais j'aurais voulu quelque épreuve plus rude encore. En ce moment, elle accueillit l'ivresse de mes regards et ne se refusa point à mon admiration, elle m'aimait donc ! Nous arrivâmes chez elle. Fort heureusement, le fond de ma bourse put satisfaire le cocher. Je passai délicieusement la journée, seul avec elle, chez elle. C'était la première fois que je pouvais la voir ainsi. Jusqu'à ce jour, le monde, sa gênante politesse et ses façons froides nous avaient toujours séparés, même pendant ses somptueux dîners; mais alors j'étais chez elle comme si j'eusse vécu sous son toit, je la possédais pour ainsi dire. Ma vagabonde imagination brisait les entraves, arrangeait les événements de la vie à ma guise, et me plongeait dans les délices d'un amour heureux. Me croyant son époux, je l'admirais occupée de petits détails ; j'éprouvais même du bonheur à lui voir ôter son schall et son chapeau. Elle me laissa seul un moment, et revint les cheveux arrangés, charmante. Cette jolie toilette avait été faite pour moi ! Pendant le dîner, elle me prodigua ses attentions et déploya des grâces infinies dans mille choses qui semblent des riens et qui cependant sont la moitié de la vie. Quand nous fûmes tous deux devant un feu pétillant, assis sur la soie, environnés des plus désirables créations d'un luxe oriental; quand je vis si près de moi cette femme dont la beauté célèbre faisait palpiter tant de cœurs, cette femme si difficile à conquérir, me parlant, me rendant l'objet de toutes ses coquetteries, ma voluptueuse félicité devint presque de la souffrance. Pour mon malheur, je me souvins de l'importante affaire que je devais conclure, et voulus aller au rendez-vous qui m'avait été donné la veille. — Quoi ! déjà ! dit-elle en me voyant prendre mon chapeau. — Elle m'aimait ! Je le crus du moins, en l'entendant prononcer ces deux mots d'une voix caressante. Pour prolonger mon extase, j'aurais alors volontiers troqué deux années de ma vie contre chacune des heures qu'elle voulait bien m'accorder. Mon bonheur s'augmenta de tout l'argent que je perdais ! Il était minuit quand elle me renvoya. Néanmoins le lendemain, mon héroïsme me coûta bien des remords, je craignis d'avoir manqué l'affaire des mémoires, devenue si capitale pour moi ; je courus chez Rastignac, et nous allâmes surprendre à son lever le titulaire de mes travaux futurs. Finot me lut un petit acte où il n'était point question de ma tante, et après la signature duquel il me compta cinquante écus. Nous déjeunâmes tous les trois. Quand j'eus payé mon nouveau chapeau, soixante cachets à trente sous et mes dettes, il ne me resta plus que trente francs ; mais

toutes les difficultés de la vie s'étaient aplanies pour quelques
jours. Si j'avais voulu écouter Rastignac, je pouvais avoir des trésors en adoptant avec franchise le *système anglais*. Il voulait
absolument m'établir un crédit et me faire faire des emprunts,
en prétendant que les emprunts soutiendraient le crédit. Selon
ui, l'avenir était de tous les capitaux du monde le plus considérable et le plus solide. En hypothéquant ainsi mes dettes sur de
futurs contingents, il donna ma pratique à son tailleur, un artiste
qui comprenait *le jeune homme* et devait me laisser tranquille
jusqu'à mon mariage. Dès ce jour, je rompis avec la vie monastique et studieuse que j'avais menée pendant trois ans. J'allai fort
assidûment chez Fœdora, où je tâchai de surpasser en apparence
les impertinents ou les héros de coterie qui s'y trouvaient. En
croyant avoir échappé pour toujours à la misère, je recouvrai ma
liberté d'esprit, j'écrasai mes rivaux, et passai pour un homme
plein de séductions, prestigieux, irrésistible. Cependant les gens
habiles disaient en parlant de moi : « Un garçon aussi spirituel ne
doit avoir de passions que dans la tête ! » Ils vantaient charitablement mon esprit aux dépens de ma sensibilité. « Est-il heureux de
ne pas aimer ! s'écriaient-ils. S'il aimait, aurait-il autant de
gaieté, de verve ! J'étais cependant bien amoureusement stupide
en présence de Fœdora ! Seul avec elle, je ne savais rien lui dire,
ou si je parlais, je médisais de l'amour; j'étais tristement gai
comme un courtisan qui veut cacher un cruel dépit. Enfin, j'essayai
de me rendre indispensable à sa vie, à son bonheur, à sa vanité :
tous les jours près d'elle, j'étais un esclave, un jouet sans cesse à
ses ordres. Après avoir ainsi dissipé ma journée, je revenais chez
moi pour y travailler pendant les nuits, ne dormant guère que
deux ou trois heures de la matinée. Mais n'ayant pas, comme Rastignac, l'habitude du système anglais, je me vis bientôt sans un
sou. Dès lors, mon cher ami, fat sans bonnes fortunes, élégant
sans argent, amoureux anonyme, je retombai dans cette vie précaire, dans ce froid et profond malheur soigneusement caché sous
les trompeuses apparences du luxe. Je ressentis alors mes souffrances premières, mais moins aiguës : je m'étais familiarisé sans
doute avec leurs terribles crises. Souvent les gâteaux et le thé, si
parcimonieusement offerts dans les salons, étaient ma seule nourriture. Quelquefois, les somptueux dîners de la comtesse me substantaient pendant deux jours. J'employai tout mon temps, mes

efforts et ma science d'observation à pénétrer plus avant dans l'impénétrable caractère de Fœdora. Jusqu'alors, l'espérance ou le désespoir avaient influencé mon opinion, je voyais en elle tour à tour la femme la plus aimante ou la plus insensible de son sexe; mais ces alternatives de joie et de tristesse devinrent intolérables : je voulus chercher un dénoûment à cette lutte affreuse, en tuant mon amour. De sinistres lueurs brillaient parfois dans mon âme et me faisaient entrevoir des abîmes entre nous. La comtesse justifiait toutes mes craintes ; je n'avais pas encore surpris de larmes dans ses yeux. Au théâtre une scène attendrissante la trouvait froide et rieuse. Elle réservait toute sa finesse pour elle, et ne devinait ni le malheur ni le bonheur d'autrui. Enfin elle m'avait joué ! Heureux de lui faire un sacrifice, je m'étais presque avili pour elle en allant voir mon parent le duc de Navarreins, homme égoïste, qui rougissait de ma misère et avait de trop grands torts envers moi pour ne pas me haïr : il me reçut donc avec cette froide politesse qui donne aux gestes et aux paroles l'apparence de l'insulte, son regard inquiet excita ma pitié. J'eus honte pour lui de sa petitesse au milieu de tant de grandeur, de sa pauvreté au milieu de tant de luxe. Il me parla des pertes considérables que lui occasionnait le trois pour cent, je lui dis alors quel était l'objet de ma visite. Le changement de ses manières, qui de glaciales devinrent insensiblement affectueuses, me dégoûta. Eh ! bien, mon ami, il vint chez la comtesse, il m'y écrasa. Fœdora trouva pour lui des enchantements, des prestiges inconnus ; elle le séduisit, traita sans moi cette affaire mystérieuse de laquelle je ne sus pas un mot : j'avais été pour elle un moyen. Elle paraissait ne plus m'apercevoir quand mon cousin était chez elle, elle m'acceptait alors avec moins de plaisir peut-être que le jour où je lui fus présenté. Un soir, elle m'humilia devant le duc par un de ces gestes et par un de ces regards qu'aucune parole ne saurait peindre. Je sortis pleurant, formant mille projets de vengeance, combinant d'épouvantables viols. Souvent je l'accompagnais aux Bouffons : là, près d'elle, tout entier à mon amour, je la contemplais en me livrant au charme d'écouter la musique, épuisant mon âme dans la double jouissance d'aimer et de retrouver les mouvements de mon cœur bien rendus par les phrases du musicien. Ma passion était dans l'air, sur la scène ; elle triomphait partout, excepté chez ma maîtresse. Je prenais alors la main de Fœdora, j'étudiais ses traits et ses yeux en sollicitant une fusion de nos sentiments, une de ces soudaines harmonies qui, réveillées par les notes, fait vibrer les âmes à l'unisson ; mais sa main était muette et ses yeux ne disaient rien. Quand le feu de mon cœur émané de tous mes traits la frappait trop fortement au visage, elle me jetait ce sourire cherché, phrase convenue qui se reproduit au salon sur les lèvres de tous les portraits. Elle n'écoutait pas la musique. Les divines pages de Rossini, de Cimarosa, de Zingarelli, ne lui rappelaient aucun sentiment, ne lui traduisaient aucune poésie de sa vie ; son âme était aride. Fœdora se produisait là comme un spectacle dans le spectacle. Sa lorgnette voyageait incessamment de loge en loge : inquiète, quoique tranquille, elle était victime de la mode : sa loge, son bonnet, sa voiture, sa personne étaient tout pour elle. Vous rencontrez souvent des gens de colossale apparence de qui le cœur est tendre et délicat sous un corps de bronze ; mais elle cachait un cœur de bronze sous sa frêle et gracieuse enveloppe. Ma fatale science me déchirait bien des voiles. Si le bon ton consiste à s'oublier pour autrui, à mettre dans sa voix et dans ses gestes une constante douceur, à plaire aux autres en les rendant contents d'eux-mêmes, malgré sa finesse, Fœdora n'avait pas effacé tout vestige de sa plébéienne origine : son oubli d'elle-même était fausseté ; ses manières, au lieu d'être innées, avaient été laborieusement conquises ; enfin sa politesse sentait la servitude. Eh ! bien, ses paroles emmiellées étaient pour ses favoris l'expression de la bonté, sa prétentieuse exagération était un noble enthousiasme. Moi seul avais étudié ses grimaces, j'avais dépouillé son être intérieur de la mince écorce qui suffit au monde, et n'étais plus dupe de ses singeries ; je connaissais à fond son âme de chatte. Quand un niais la complimentait, la vantait, j'avais honte pour elle. Et je l'aimais toujours ! j'espérais fondre ses glaces sous les ailes d'un amour de poète. Si je pouvais une fois ouvrir son cœur aux tendresses de la femme, si je l'initiais à la sublimité des dévouements, je la voyais alors parfaite ; elle devenait un ange. Je l'aimais en homme, en amant, en artiste, quand il aurait fallu ne pas l'aimer pour l'obtenir : un fat bien gourmé, un froid calculateur, en aurait triomphé peut-être. Vaine, artificieuse, elle eût sans doute entendu le langage de la vanité, se serait laissé entortiller dans les piéges d'une intrigue ; elle eût été dominée par un homme sec et glacé. Des douleurs acérées entraient jusqu'au vif dans mon âme, quand elle me révélait naïvement son égoïsme. Je l'apercevais avec douleur seule un jour dans la vie et ne sachant à qui tendre la main, ne rencontrant pas de regards amis où reposer les siens. Un soir, j'eus le courage de lui peindre, sous des couleurs animées, sa vieillesse déserte, vide et triste. A l'aspect de cette épouvantable vengeance de la nature trompée, elle dit un mot atroce. — J'aurai toujours de la fortune, me répondit-elle. Eh ! bien, avec de l'or nous pouvons toujours créer autour de nous les sentiments qui sont nécessaires à notre bien-être. Je sortis foudroyé par la logique de ce luxe, de cette femme, de ce monde, dont j'étais si sottement idolâtre. Je n'aimais pas Pauline pauvre, Fœdora riche n'avait-elle pas le droit de repousser Raphaël? Notre conscience est un juge infaillible, quand nous ne l'avons pas encore assassinée. « Fœdora, me criait une voix sophistique, n'aime ni ne repousse personne; elle est libre, mais elle s'est autrefois donnée pour de l'or. Amant ou époux, le comte russe l'a possédée. Elle aura bien une tentation dans sa vie ! Attends-la. » Ni vertueuse ni fautive, cette femme vivait loin de l'humanité, dans une sphère à elle, enfer ou paradis. Ce mystère femelle vêtu de cachemire et de broderies mettait en jeu dans mon cœur tous les sentiments humains, orgueil, ambition, amour, curiosité. Un caprice de la mode, ou cette envie de paraître original qui nous poursuit tous, avait amené la manie de vanter un petit spectacle du boulevard. La comtesse témoigna le désir de voir la figure enfarinée d'un acteur qui faisait les délices de quelques gens d'esprit, et j'obtins l'honneur de la conduire à la première représentation de je ne sais quelle mauvaise farce. La loge coûtait à peine cent sous, je ne possédais pas un traître liard. Ayant encore un demi-volume de mémoires à écrire, je n'osais pas aller mendier un secours à Finot, et Rastignac, ma providence, était absent. Cette gêne constante maléficiait toute ma vie. Une fois, au sortir des Bouffons, par une horrible pluie, Fœdora m'avait fait avancer une voiture sans que je ne pusse me soustraire à son obligeance de parade: elle n'admit aucune de mes excuses, ni mon goût pour la pluie, ni mon envie d'aller au jeu. Elle ne devinait mon indigence ni dans l'embarras de mon maintien, ni dans mes paroles tristement plaisantes. Mes yeux rougissaient, mais comprenait-elle un regard? La vie des jeunes gens est soumise à de singuliers caprices ! Pendant le voyage, chaque tour de roue réveilla des pensées qui me brûlèrent le cœur ; j'essayai de détacher une planche au fond de la voiture en espérant glisser sur le pavé ; mais rencontrant des obstacles invincibles, je me pris à rire convulsivement et demeurai dans un calme morne, hébété comme un homme au carcan. A mon arrivée au logis, aux premiers mots que je balbutiai, Pauline m'interrompit en disant : — Si vous n'avez pas de monnaie... Ah ! la musique de Rossini n'était rien auprès de ces paroles. Mais revenons aux Funambules. Pour pouvoir y conduire la comtesse, je pensai à mettre en gage le cercle d'or dont le portrait de ma mère était entouré. Quoique le Mont-de-Piété se fût toujours dessiné dans ma pensée comme une des portes du bagne, il valait encore mieux y porter mon lit moi-même que de solliciter une aumône. Le regard d'un homme à qui vous demandez de l'argent fait tant de mal ! Certains emprunts nous coûtent notre honneur, comme certains refus prononcés par une bouche amie nous enlèvent une dernière illusion. Pauline travaillait, sa mère était couchée. Jetant un regard furtif sur le lit dont les rideaux étaient légèrement relevés, je crus madame Gaudin profondément endormie, en apercevant au milieu de l'ombre son profil calme et jaune imprimé sur l'oreiller. — Vous avez du chagrin, me dit Pauline, qui posa son pinceau sur son coloriage. — Ma pauvre enfant, vous pouvez me rendre un grand service, lui répondis-je. Elle me regarda d'un air si heureux que je tressaillis. — M'aimerait-elle ? pensai-je. — Pauline ? repris-je. Et je m'assis près d'elle pour la bien étudier. Elle me devina, tant mon accent était interrogateur ; elle baissa les yeux, et je l'examinai, croyant pouvoir lire dans son cœur comme dans le mien, tant sa physionomie était naïve et pure.

— Vous m'aimez ? lui dis-je.

— Un peu, passionnément, pas du tout, s'écria-t-elle. Elle ne m'aimait pas. Son accent moqueur et la gentillesse du geste qui lui échappa peignaient seulement une folâtre reconnaissance de jeune fille. Je lui avouai donc ma détresse, l'embarras dans lequel je me trouvais, et la priai de m'aider. — Comment, monsieur Raphaël, dit-elle, vous ne voulez pas aller au Mont-de-Piété, et vous m'y envoyez ! Je rougis, confondu par la logique d'un enfant. Elle me prit alors la main comme si elle eût voulu compenser par une caresse vérité de son exclamation. Oh ! j'irais bien, dit-elle, mais la cou se est inutile. Ce matin, j'ai trouvé derrière le piano deux pièces de cent sous qui s'étaient glissées à votre insu entre le mur et la barre, et je les ai mises sur votre table. — Vous devez bientôt recevoir de l'argent, monsieur Raphaël, me dit la bonne mère, qui montra sa tête entre les rideaux ; je puis bien vous prêter quelques écus en attendant. — Oh ! Pauline, m'écriai-je en lui serrant la main, je voudrais être riche. — Bah ! pourquoi ? dit-elle d'un air mutin. Sa main tremblant dans la mienne répondait à tous les battements de mon cœur ; elle retira vivement ses doigts, examina les miens : — Vous épouserez une femme riche ! dit-elle, mais elle vous donnera bien du chagrin. Ah ! Dieu ! elle vous tuera. J'en suis sûre. Il y avait dans son cri une sorte de croyance aux folles superstitions de sa mère. — Vous êtes bien crédule, Pauline ! — Oh ! bien certainement ! dit-elle en me regardant avec terreur, la femme que vous aimerez vous tuera. Elle reprit son pinceau, le trempa dans la couleur en laissant paraître une vive émotion, et ne me regarda plus. En ce moment, j'aurais bien voulu croire à des chimères. Un homme n'est pas tout à fait misérable quand il est superstitieux. Une superstition est une espérance. Retiré dans ma chambre, je vis en effet deux nobles écus dont la présence me parut inexplicable. Au sein des pensées confuses du premier sommeil, je tâchai de vérifier mes dépenses pour me justifier cette trouvaille inespérée, mais je m'endormis perdu dans d'inutiles calculs. Le lendemain, Pauline vint me voir au moment où je sortais pour aller louer une loge. — Vous n'avez peut-être pas assez de dix francs, me dit en rougissant cette bonne et aimable fille, ma mère m'a chargée de vous offrir cet argent. Prenez, prenez ! Elle jeta trois écus sur ma table et voulut se sauver ; mais je la retins. L'admiration sécha les larmes qui roulaient dans mes yeux : — Pauline, lui dis-je, vous êtes un ange ! Ce prêt me touche bien moins que la pudeur de sentiment avec laquelle vous me l'offrez. Je désirais une femme riche, élégante, titrée ; hélas ! maintenant je voudrais posséder des millions et rencontrer une jeune fille pauvre comme vous et comme vous riche de cœur, je renoncerais à une passion fatale qui me tuera. Vous aurez peut-être raison. — Assez ! dit-elle. Elle s'enfuit, et sa voix de rossignol, ses roulades fraîches retentirent dans l'escalier. — Elle est bien heureuse de ne pas aimer encore ! me dis-je en pensant aux tortures que je souffrais depuis plusieurs mois. Les quinze francs de Pauline me furent bien précieux. Fœdora, songeant aux émanations populacières de la salle où nous devions rester pendant quelques heures, regretta de ne pas avoir un bouquet; j'allai lui chercher des fleurs ; je lui apportai ma vie et ma fortune. J'eus à la fois des remords et des plaisirs en lui donnant un bouquet dont le prix me révéla tout ce que la galanterie superficielle en usage dans le monde avait de dispendieux. Bientôt elle se plaignit de l'odeur un peu trop forte d'un jasmin du Mexique, elle éprouva un intolérable dégoût en voyant la salle, en se trouvant assise sur de dures banquettes; elle me reprocha de l'avoir amenée là. Quoiqu'elle fût près de moi, elle voulut s'en aller; elle s'en alla. M'imposer des nuits sans sommeil, avoir dissipé deux mois de mon existence, et ne pas lui plaire ! Jamais ce démon ne fut ni plus gracieux ni plus insensible. Pendant la route, assis près d'elle dans un étroit coupé, je respirais son souffle, je touchais son gant parfumé, je voyais distinctement les trésors de sa beauté, je sentais une vapeur douce comme l'iris : toute la femme et point de femme. En ce moment, un trait de lumière me permit de voir les profondeurs de cette vie mystérieuse. Je pensai tout à coup au livre récemment publié par un poète, une vraie conception d'artiste taillée dans la statue de Polyclès. Je croyais voir ce monstre qui, tantôt officier, dompte un cheval fougueux, tantôt jeune fille se met à sa toilette et désespère ses amants, amant, désespère une vierge douce et modeste. Ne pouvant plus résoudre autrement Fœdora, je lui racontai cette histoire fantastique : rien ne décela sa ressemblance avec cette poésie de l'impossible ; elle s'en amusa de bonne foi, comme un enfant d'une fable prise aux *Mille et une Nuits*. Pour résister à l'amour d'un homme de mon âge, à la chaleur communicative de cette belle contagion de l'âme, Fœdora doit être gardée par quelque mystère, me dis-je en revenant chez moi. Peut-être, semblable à lady Delacour, est-elle dévorée par un cancer ? Sa vie est sans doute une vie artificielle. A cette pensée, j'eus froid. Puis je formai le projet le plus extravagant et le plus raisonnable en même temps auquel un amant puisse jamais songer. Pour examiner cette femme corporellement comme je l'avais étudiée intellectuellement, pour la connaître enfin tout entière, je résolus de passer une nuit chez elle, dans sa chambre, à son insu. Voici comment j'exécutai cette entreprise, qui me dévorait l'âme comme un désir de vengeance mord le cœur d'un moine corse. Aux jours de réception, Fœdora réunissait une assemblée trop nombreuse pour qu'il fût possible au portier d'établir une balance exacte entre les entrées et les sorties. Sûr de pouvoir rester dans la maison sans y causer de scandale, j'attendis impatiemment la prochaine soirée de la comtesse. En m'habillant, je mis dans la poche de mon gilet un petit canif anglais, à défaut de poignard. Trouvé sur moi, cet instrument littéraire n'avait rien de suspect, et ne sachant jusqu'où me conduirait ma résolution romanesque, je voulais être armé. Lorsque les salons commencèrent à se remplir, j'allai dans la chambre à coucher y examiner les choses, et trouvai les persiennes et les volets fermés, ce fut un premier bonheur; comme la femme de chambre pourrait venir pour détacher les rideaux drapés aux fenêtres, je lâchai leurs embrasses; je risquais beaucoup en me hasardant ainsi à faire le ménage par avance, mais je m'étais soumis aux périls de ma situation et les avais froidement calculés. Vers minuit, je vins me cacher dans l'embrasure d'une fenêtre. Afin de ne pas laisser voir mes pieds, j'essayai de grimper sur la plinthe de la boiserie, le dos appuyé contre le mur, en me cramponnant à l'espagnolette. Après avoir étudié mon équilibre, mes points d'appui, mesuré l'espace qui me séparait des rideaux, je parvins à me familiariser avec les difficultés de ma position, de manière à demeurer là sans être découvert, si les crampes, la toux et les éternuments me laissaient tranquille. Pour ne pas me fatiguer inutilement, je me tins debout en attendant le moment critique pendant lequel je devais rester suspendu comme une araignée dans sa toile. La moire blanche et la mousseline des rideaux formaient devant moi de gros plis semblables à des tuyaux d'orgue, où je pratiquai des trous avec mon canif afin de tout voir par ces espèces de meurtrières. J'entendis vaguement le murmure des salons, les rires des causeurs, leurs éclats de voix. Ce tumulte vaporeux, cette sourde agitation diminua par degrés. Quelques hommes vinrent prendre leurs chapeaux placés près de moi, sur la commode de la comtesse. Quand ils froissaient les rideaux, je frissonnais en pensant aux distractions, aux hasards de ces recherches faites par des gens pressés de partir et qui furettent alors partout. J'augurai bien de mon entreprise en n'éprouvant aucun de ces malheurs. Le dernier chapeau fut emporté par un vieil amoureux de Fœdora, qui se croyant seul regarda le lit, et poussa un gros soupir suivi de je ne sais quelle exclamation assez énergique. La comtesse, qui n'avait plus autour d'elle, dans le boudoir voisin de sa chambre, que cinq ou six personnes intimes, leur proposa d'y prendre le thé. Les calomnies, pour lesquelles la société actuelle a réservé le peu de croyance qui lui reste, se mêlèrent alors à des épigrammes, à des jugements spirituels, au bruit des tasses et des cuillers. Sans pitié pour mes rivaux, Rastignac excitait un rire fou par de mordantes saillies. — Monsieur de Rastignac est un homme avec lequel il ne faut pas se brouiller, dit la comtesse en riant. — Je le crois, répondit-il naïvement. J'ai toujours eu raison dans mes haines. Et dans mes amitiés, ajouta-t-il. Mes ennemis me servent autant que mes amis peut-être. J'ai fait une étude assez spéciale de l'idiome moderne et des artifices naturels dont on se sert pour tout attaquer ou pour tout défendre. L'éloquence ministérielle est un perfectionnement social. Un de vos amis est-il sans esprit? vous parlez de sa probité, de sa franchise. L'ouvrage d'un autre est-il lourd? vous le présentez comme un travail consciencieux. Si le livre est mal écrit, vous en vantez les idées. Tel homme est sans foi, sans constance, vous échappe à tout moment? Bah! il est séduisant, prestigieux, il charme. S'agit-il de vos ennemis? vous leur jetez à la tête les morts et les vivants; vous renversez pour eux les termes de votre langage, et vous êtes aussi perspicace à découvrir leurs défauts que vous étiez habile à mettre en relief les vertus de vos amis. Cette application de la lorgnette à la vue morale est le secret de nos conversations et tout l'art du courtisan. N'en pas user, c'est vouloir combattre sans armes des gens bardés de fer comme des chevaliers bannerets. Et j'en use! j'en abuse même quelquefois. Aussi me respecte-t-on moi et mes amis, car, d'ailleurs, mon épée vaut ma langue. Un des plus fervents admirateurs de Fœdora, jeune homme dont l'impertinence était célèbre, et qui s'en faisait même un moyen de parvenir, releva le gant si dédaigneusement jeté par Rastignac. Il se mit, en parlant de moi, à vanter outre mesure mes talents et ma personne. Rastignac avait oublié ce genre de médisance. Cet éloge sardonique trompa la comtesse qui m'immola sans pitié; pour amuser ses amis, elle abusa de mes secrets, de mes prétentions et de mes espérances.

— Il a de l'avenir, dit Rastignac. Peut-être sera-t-il un jour homme à prendre de cruelles revanches : ses talents égalent au moins son courage; aussi regardé-je comme bien hardis ceux qui s'attaquent à lui, car il a de la mémoire... — Et fait des mémoires, dit la comtesse, à qui parut déplaire le profond silence qui régna. — Des mémoires de fausse comtesse, madame, répliqua Rastignac. Pour les écrire, il faut avoir une autre sorte de courage. — Je lui crois beaucoup de courage, reprit-elle, il m'est fidèle. Il me prit une vive tentation de me montrer soudain aux rieurs comme l'ombre de Banquo dans Macbeth. Je perdais une maîtresse, mais j'avais un ami! Cependant l'amour me souffla tout à coup un de ces lâches et subtils paradoxes avec lesquels il sait endormir toutes nos douleurs. Si Fœdora m'aime, pensé-je, ne doit-elle pas dissimuler son affection sous une plaisanterie malicieuse? Combien de fois le cœur n'a-t-il pas démenti les mensonges de la bouche? Enfin bientôt mon impertinent rival, resté seul avec la comtesse, voulut partir. — Eh quoi! déjà? lui dit-elle avec un son de voix plein de câlineries et qui me fit palpiter. Ne me donnerez-vous pas encore un moment? N'avez-vous donc plus rien à me dire, et ne me sacrifierez-vous point quelques-uns de vos plaisirs? Il s'en alla. — Ah! s'écria-t-elle en bâillant, ils sont tous bien ennuyeux! Et tirant avec force un cordon, le bruit d'une sonnette retentit dans les appartements. La comtesse rentra dans sa chambre en fredonnant une phrase du *Pria che spunti*. Jamais personne ne l'avait entendue chanter, et ce mutisme donnait lieu à de bizarres interprétations. Elle avait, dit-on, promis à son premier amant, charmé de ses talents et jaloux d'elle par delà le tombeau, de ne donner à personne un bonheur qu'il voulait avoir goûté seul. Je tendis les forces de mon âme pour aspirer les sons. De note en note la voix s'éleva, Fœdora sembla s'animer, les richesses de son gosier se déployèrent, et cette mélodie prit alors quelque chose de divin. La comtesse avait dans l'organe une clarté vive, une justesse de ton, je ne sais quoi d'harmonique et de vibrant qui pénétrait, remuait et chatouillait le cœur. Les musiciennes sont presque toujours amoureuses. Celle qui chantait ainsi devait savoir bien aimer. La beauté de cette voix fut donc un mystère de plus dans une femme déjà si mystérieuse. Je la voyais alors comme je te vois : elle paraissait s'écouter elle-même et ressentir une volupté qui lui fût particulière ; elle éprouvait comme une jouissance d'amour. Elle vint devant la cheminée en achevant le principal motif de ce rondo ; mais quand elle se tut, sa physionomie changea, ses traits se décomposèrent, et sa figure exprima la fatigue. Elle venait d'ôter un masque ; actrice, son rôle était fini. Cependant l'espèce de flétrissure imprimée à sa beauté par son travail d'artiste, ou par la lassitude de la soirée, n'était pas sans charme. La voilà vraie, me dis-je. Elle mit, comme pour se chauffer, un pied sur la barre de bronze qui surmontait le garde-cendre, ôta ses gants, détacha ses bracelets, et enleva par-dessus sa tête une chaîne d'or au bout de laquelle était suspendue sa cassolette ornée de pierres précieuses. J'éprouvais un plaisir indicible à voir ses mouvements empreints de la gentillesse dont les chattes font preuve en se toilettant au soleil. Elle se regarda dans la glace, et dit tout haut d'un air de mauvaise humeur : Je n'étais pas jolie ce soir, mon teint se fane avec une effrayante rapidité. Je devrais peut-être me coucher plus tôt, renoncer à cette vie dissipée. Mais Justine se moque-t-elle de moi? Elle sonna de nouveau, la femme de chambre accourut. Où logeait-elle? je ne sais. Elle arriva par un escalier dérobé. J'étais curieux de l'examiner. Mon imagination de poète avait souvent incriminé cette invisible servante, grande fille brune, bien faite. — Madame a sonné? — Deux fois, répondit Fœdora. Vas-tu donc maintenant devenir sourde? — J'étais à faire le lait d'amandes de madame. Justine s'agenouilla, défit les cothurnes des souliers, déchaussa sa maîtresse, qui nonchalamment étendue sur un fauteuil à ressorts, au coin du feu, bâillait en se grattant la tête. Il n'y avait rien que de très-naturel dans tous ses mouvements, et nul symptôme ne me révéla ni les souffrances secrètes, ni les passions que j'avais supposées. — Georges est amoureux, dit-elle, je le renverrai. N'a-t-il pas encore défait les rideaux ce soir? à quoi pense-t-il? A cette observation, tout mon sang reflua vers mon cœur, mais il ne fut plus question des rideaux. — L'existence est bien vide, reprit la comtesse. Ah çà! prends garde de m'égratigner comme hier. Tiens, vois-tu, dit-elle en lui montrant un petit genou satiné, je porte encore la marque de tes griffes. Elle mit ses pieds nus dans des pantoufles de velours fourrées de cygne, et détacha sa robe pendant que Justine prit un peigne pour lui arranger les cheveux. — Il faut vous marier, madame, avoir des enfants. — Des enfants! il ne me manquerait plus que cela pour m'achever, s'écria-t-elle. Un mari! Quel est l'homme auquel je pourrais me... Étais-je bien coiffée ce soir? — Mais, pas très-bien. — Tu es une sotte. — Rien ne vous va plus mal que de trop crêper vos cheveux, reprit Justine. Les grosses boucles bien lisses vous sont plus avantageuses. — Vraiment? — Mais oui, madame, es cheveux crêpés clair ne vont bien qu'aux blondes. — Me marier? non, non. Le mariage est un trafic pour lequel je ne suis pas née. Quelle épouvantable scène pour un amant! Cette femme solitaire, sans parents, sans amis, athée en amour, ne croyant à aucun sentiment; et quelque faible que fût en elle ce besoin d'épanchement cordial, naturel à toute créature humaine, réduite pour le satisfaire à causer avec sa femme de chambre, à dire des phrases sèches ou des riens! j'en eus pitié. Justine la délaça. Je la contemplai curieusement au moment où le dernier voile s'enleva. Elle avait un corsage de vierge qui m'éblouit; à travers sa chemise et à la lueur des bougies, son corps blanc et rose étincela comme une statue d'argent qui brille sous son enveloppe de gaze. Non, nulle imperfection ne devait lui faire redouter les yeux furtifs de l'amour. Hélas! un beau corps triomphera toujours des résolutions les plus martiales. La maîtresse s'assit devant le feu, muette et pensive, pendant que la femme de chambre allumait la bougie de la lampe d'albâtre suspendue devant le lit. Justine alla chercher une bassinoire, prépara le lit, aida sa maîtresse à se coucher; puis, après un temps assez long employé par de minutieux services qui accusaient la profonde vénération de Fœdora pour elle-même, cette fille partit. La comtesse se retourna plusieurs fois, elle était agitée, elle soupirait; ses lèvres laissaient échapper un léger bruit perceptible à l'ouïe et qui indiquait des mouvements d'impatience; elle avança la main vers la table, y prit une fiole, versa dans son lait avant de le boire quelques gouttes d'une liqueur dont je ne distinguai pas la nature; enfin, après quelques soupirs pénibles; elle s'écria : Mon Dieu! Cette exclamation, et surtout l'accent qu'elle y mit, me brisa le cœur. Insensiblement elle resta sans mouvement. J'eus peur, mais bientôt j'entendis retentir la respiration égale et forte d'une personne endormie; j'écartai la soie criarde des rideaux, quittai ma position et vins me placer au pied de son lit, en la regardant avec un sentiment indéfinissable. Elle était ravissante ainsi. Elle avait la tête sous le bras comme un enfant; son tranquille et joli visage enveloppé de dentelles exprimait une suavité qui m'enflamma. Présumant trop de moi-même, je n'avais pas compris mon supplice : être si près et si loin d'elle. Je fus obligé de subir toutes les tortures que je m'étais préparées. *Mon Dieu!* ce lambeau d'une pensée inconnue, que je devais remporter pour toute lumière, avait tout à coup changé mes idées sur Fœdora. Ce mot insignifiant ou profond, sans substance ou plein de réalités, pouvait s'interpréter également par le bonheur ou par la souffrance, par une douleur de corps ou par des peines. Était-ce imprécation ou prière, souvenir ou avenir, regret ou crainte? Il y avait toute une vie dans cette parole, vie d'indigence ou de richesse; il y tenait même un crime! L'énigme cachée dans ce beau semblant de femme renaissait, Fœdora pouvait être expliquée de tant de manières qu'elle devenait inexplicable. Les fantaisies du souffle qui passait entre ses dents, tantôt faible, tantôt accentué, grave ou léger, formaient une sorte de langage auquel j'attachais des pensées et des sentiments. Je rêvais avec elle, j'espérais m'initier à ses secrets en pénétrant dans son sommeil, je flottais entre mille partis contraires, entre mille jugements. A voir ce beau visage, calme et pur, il me fut impossible de refuser un cœur à cette femme. Je résolus de faire encore une tentative. En lui racontant ma vie, mon amour, mes sacrifices, peut-être pourrais-je réveiller en elle la pitié, lui arracher une larme, à celle qui ne pleurait jamais. J'avais placé toutes mes espérances dans cette dernière épreuve, quand le tapage de la rue m'annonça le jour. Il y eut un moment où je me représentai Fœdora se réveillant dans mes bras. Je pouvais me mettre tout doucement à ses côtés, m'y glisser, et l'étreindre. Cette idée me tyrannisa si cruellement, que, voulant y résister, je me sauvai dans le salon sans prendre aucune précaution pour éviter le bruit; mais j'arrivai heureusement à une porte dérobée qui donnait sur un petit escalier. Ainsi que je le présumai, la clef se trouvait à la serrure; je tirai la porte avec force, je descendis hardiment dans la cour, et sans regarder si j'étais vu, je sautai vers la rue en trois bonds. Deux jours après, un auteur devait lire une comédie chez la comtesse : j'y allai dans l'intention de rester le dernier pour lui présenter une requête assez singulière. Je voulais la prier de m'accorder la soirée du lendemain, et de me la consacrer tout entière, en faisant fermer sa porte. Quand je me trouvai seul avec elle, le cœur me faillit. Chaque battement de la pendule m'épouvantait. Il était minuit moins un quart. — Si je ne lui parle pas, me dis-je, il faut me briser le crâne sur l'angle de la cheminée. Je m'accordai trois minutes de délai, les trois minutes se passèrent, je ne me brisai pas le crâne sur le marbre, mon cœur s'était alourdi comme une éponge dans l'eau. — Vous êtes extrêmement aimable, me dit-elle. — Ah! madame, répondis-je, si vous pouviez me comprendre! — Qu'avez-vous? reprit-elle, vous pâlissez. — J'hésite à réclamer de vous une grâce. Elle m'encouragea par un geste, et je lui demandai le rendez-vous. — Volontiers, dit-elle. Mais pourquoi ne me parleriez-vous pas en ce moment? — Pour ne pas vous tromper, je dois vous montrer l'étendue de votre engagement, je désire passer cette soirée près de vous, comme si nous étions frère et sœur. Soyez sans-crainte, je connais vos antipathies; vous avez pu m'apprécier assez pour être certaine que je ne veux rien de vous qui puisse vous déplaire; d'ailleurs, les audacieux ne procèdent pas ainsi. Vous m'avez témoigné de l'amitié, vous êtes bonne, pleine d'indulgence. Eh! bien, sachez que je dois vous dire adieu demain. Ne vous rétractez pas, m'écriai-je en la voyant prête à parler, et je disparus. En mai dernier, vers huit heures du soir, je me trouvai seul avec Fœdora, dans son boudoir gothique. Je ne tremblai pas alors, j'étais sûr d'être heureux. Ma maîtresse devait m'appartenir, ou je me réfugiais dans les bras de la mort. J'avais condamné mon lâche amour. Un homme est bien fort quand il s'avoue sa faiblesse. Vêtue d'une robe de cachemire bleu, la comtesse était étendue sur un divan, les pieds sur un coussin. Un béret oriental, coiffure que les peintres attribuent aux premiers Hébreux, avait ajouté je ne sais quel piquant attrait d'étrangeté à ses séductions. Sa figure était empreinte d'un charme fugitif, qui semblait prouver que nous sommes à chaque instant des êtres nouveaux, uniques, sans aucune similitude avec le *nous* de l'avenir et le *nous* du passé. Je ne l'avais jamais vue aussi éclatante. — Savez-vous, dit-elle en riant, que vous avez piqué ma curiosité? — Je ne la tromperai pas, répondis-je froidement, en m'asseyant près d'elle et lui prenant une main qu'elle m'abandonna. Vous avez une bien belle voix! — Vous ne m'avez jamais entendue, s'écria-t-elle en laissant échapper un mouvement de surprise. — Je vous prouverai le contraire quand cela sera nécessaire. Votre chant délicieux serait-il donc encore un mystère? Rassurez-vous, je ne veux pas le pénétrer. Nous restâmes environ une heure à causer familièrement. Si je pris le ton, les manières et les gestes d'un homme auquel Fœdora ne devait rien refuser, j'eus aussi tout le respect d'un amant. En jouant ainsi, j'obtins la faveur de lui baiser la main; elle se déganta par un mouvement mignon, et j'étais alors si voluptueusement enfoncé dans l'illusion à laquelle j'essayais de croire, que mon âme se fondit et s'épancha dans ce baiser. Fœdora se laissa flatter, caresser avec un incroyable abandon. Mais ne m'accuse pas de niaiserie; si j'avais voulu faire un pas de plus au delà de cette câlinerie fraternelle, j'eusse senti les griffes de la chatte. Nous restâmes dix minutes environ, plongés dans un profond silence. Je l'admirais, lui prêtant des charmes auxquels elle mentait. En ce

FŒDORA.

Était étendue sur un divan, les pieds sur un coussin; un béret oriental avait ajouté je ne sais quel piquant attrait d'étrangeté à ses séductions.

(LA PEAU DE CHAGRIN.)

moment, elle était à moi, à moi seul. Je possédais cette ravissante créature, comme il était permis de la posséder, intuitivement ; je l'enveloppai dans mon désir, la tins, la serrai, mon imagination l'épousa. Je vainquis alors la comtesse par la puissance d'une fascination magnétique. Aussi ai-je toujours regretté de ne pas m'être entièrement soumis à cette femme ; mais, en ce moment, je n'en voulais pas à son corps, je souhaitais une âme, une vie, ce bonheur idéal et complet, beau rêve auquel nous ne croyons pas longtemps. — Madame, lui dis-je enfin, sentant que la dernière heure de mon ivresse était arrivée, écoutez-moi. Je vous aime, vous le savez, je vous l'ai dit mille fois, vous auriez dû m'entendre. Ne voulant devoir votre amour ni à des grâces de fat, ni à des flatteries ou à des importunités de niais, je n'ai pas été compris. Combien de maux n'ai-je pas soufferts pour vous, et dont cependant vous êtes innocente ! Mais dans quelques moments vous me jugerez. Il y a deux misères, madame : celle qui va par les rues effrontément en haillons, qui, sans le savoir, recommence Diogène, se nourrissant de peu, réduisant la vie au simple ; heureuse plus que la richesse peut-être, insouciante du moins, elle prend le monde là où les puissants n'en veulent plus. Puis la misère du luxe, une misère espagnole, qui cache la mendicité sous un titre ; fière, emplumée, cette misère en gilet blanc, en gants jaunes, a des carrosses, et perd une fortune faute d'un centime. L'une est la misère du peuple ; l'autre, celle des escrocs, des rois et des gens de talent. Je ne suis ni peuple, ni roi, ni escroc ; peut-être n'ai-je pas de talent : je suis une exception. Mon nom m'ordonne de mourir plutôt que de mendier. Rassurez-vous, madame, je suis riche aujourd'hui, je possède de la terre tout ce qu'il m'en faut, lui dis-je en voyant sa physionomie prendre la froide expression qui se peint dans nos traits quand nous sommes surpris par des quêteuses de bonne compagnie. Vous souvenez-vous du jour où vous avez voulu venir au Gymnase sans moi, croyant que je ne m'y trouverais point ? Elle fit un signe de tête affirmatif. J'avais employé mon dernier écu pour aller vous y voir. Vous rappelez-vous la promenade que nous fîmes au Jardin des Plantes ? Votre voiture me coûta toute ma fortune. Je lui racontai mes sacrifices, je lui peignis ma vie, non pas comme je te la raconte aujourd'hui, dans l'ivresse du vin, mais dans la noble ivresse du cœur. Ma passion déborda par des mots flamboyants, par des traits de sentiment oubliés depuis, et que ni l'art, ni le souvenir ne sauraient reproduire. Ce ne fut pas la narration sans chaleur d'un amour détesté, mon amour dans sa force et dans la beauté de son espérance m'inspira ces paroles qui projettent toute une vie en répétant les cris d'une âme déchirée. Mon accent fut celui des dernières prières faites par un mourant sur le champ de bataille. Elle pleura. Je m'arrêtai. Grand Dieu! ses larmes étaient le fruit de cette émotion factice achetée cent sous à la porte d'un théâtre, j'avais eu le succès d'un bon acteur. — Si j'avais su, dit-elle. — N'achevez pas, m'écriai-je. Je vous aime encore assez en ce moment pour vous tuer... Elle voulut saisir le cordon de la sonnette. J'éclatai de rire. N'appelez pas, repris-je. Je vous laisserai paisiblement achever votre vie. Ce serait mal entendre la haine que de vous tuer! Ne craignez aucune violence; j'ai passé toute une nuit au pied de votre lit, sans... — Monsieur, dit-elle en rougissant; mais après ce premier mouvement donné à la pudeur que doit posséder toute femme, même la plus insensible, elle me jeta un regard méprisant et me dit : Vous avez dû avoir bien froid! — Croyez-vous, madame, que votre beauté me soit si précieuse? lui répondis-je en devinant les pensées qui l'agitaient. Votre figure est pour moi la promesse d'une âme plus belle encore que vous n'êtes belle. Eh! madame, les hommes qui ne voient que la femme dans une femme peuvent acheter tous les soirs des odalisques dignes du sérail et se rendre heureux à bas prix! Mais j'étais ambitieux, je voulais vivre cœur à cœur avec vous, avec vous qui n'avez pas de cœur. Je le sais maintenant. Si vous deviez être à un homme, je l'assassinerais. Mais non, vous l'aimeriez, et sa mort vous ferait peut-être de la peine. Combien je souffre! m'écriai-je. — Si cette promesse peut vous consoler, dit-elle en riant, je puis vous assurer que je n'appartiendrai à personne. — Eh! bien, repris-je en l'interrompant, vous insultez à Dieu même, et vous en serez punie! Un jour, couchée sur un divan, ne pouvant supporter ni le bruit ni la lumière, condamnée à vivre dans une sorte de tombe, vous souffrirez des maux inouïs. Quand vous chercherez la cause de ces lentes et vengeresses douleurs, souvenez-vous alors des malheurs que vous avez si largement jetés sur votre passage! Ayant semé partout des imprécations, vous trouverez la haine au retour. Nous sommes les propres juges, les bourreaux d'une justice qui règne ici-bas, et marche au-dessus de celle des hommes, au-dessous de celle de Dieu. — Ah! dit-elle en riant, je suis sans doute bien criminelle de ne pas vous aimer? Est-ce ma faute? Non, je ne vous aime pas; vous êtes un homme, cela suffit. Je me trouve heureuse d'être seule, pourquoi changerais-je ma vie, égoïste si vous voulez, contre les caprices d'un maître? Le mariage est un sacrement en vertu duquel nous ne nous communiquons que des chagrins. D'ailleurs, les enfants m'ennuient. Ne vous ai-je pas loyalement prévenu de mon caractère? Pourquoi ne vous êtes-vous pas contenté de mon amitié? Je voudrais pouvoir consoler les peines que je vous ai causées en ne devinant pas le compte de vos petits écus, j'apprécie l'étendue de vos sacrifices; mais l'amour peut seul payer votre dévouement, vos délicatesses, et je vous aime si peu, que cette scène m'affecte désagréablement. — Je sens combien je suis ridicule, pardonnez-moi, lui dis-je avec douceur sans pouvoir retenir mes larmes. Je vous aime assez, repris-je pour écouter avec délices les cruelles paroles que vous prononcez. Oh! je voudrais pouvoir signer mon amour de tout mon sang. — Tous les hommes nous disent plus ou moins bien ces phrases classiques, reprit-elle en riant. Mais il paraît qu'il est très-difficile de mourir à nos pieds car je rencontre de ces morts-là partout. Il est minuit, permettez-moi de me coucher. — Et dans deux heures vous vous écrierez : *Mon Dieu!* lui dis-je. — Avant-hier! Oui, dit-elle en riant, je pensais à mon agent de change, j'avais oublié de lui faire convertir mes rentes de *cinq* en *trois*, et dans la journée le *trois* avait baissé. Je la contemplais d'un œil étincelant de rage. Ah! quelquefois un crime doit être tout un poème, je l'ai compris. Familiarisée sans doute avec les déclarations les plus passionnées, elle avait déjà oublié mes larmes et mes paroles. — Épouseriez-vous un pair de France? lui demandais-je froidement. — Peut-être, s'il était duc. Je pris mon chapeau, je la saluai. Permettez-moi de vous accompagner jusqu'à la porte de mon appartement, dit-elle en mettant une ironie perçante dans son geste, dans la pose de sa tête et dans son accent. — Madame. — Monsieur. — Je ne vous verrai plus. — Je l'espère, répondit-elle en inclinant la tête avec une impertinente expression. — Vous voulez être duchesse? repris-je animé par une sorte de frénésie que son geste alluma dans mon cœur. Vous êtes folle de titres et d'honneurs? Eh bien! laissez-vous seulement aimer par moi, dites à ma plume de ne parler, à ma voix de ne retentir que pour vous, soyez le principe secret de ma vie, soyez mon étoile! Puis ne m'acceptez pour époux que ministre, pair de

France, duc. Je me ferai tout ce que vous voudrez que je sois? — Vous avez, dit-elle en souriant, assez bien employé votre temps chez l'avoué, vos plaidoyers ont de la chaleur. — Tu as le présent, m'écriai-je, et moi l'avenir. Je ne perds qu'une femme, et tu perds un nom, une famille. Le temps est gros de ma vengeance, il t'apportera la laideur et une mort solitaire, à moi la gloire! — Merci de la péroraison, dit-elle en retenant un bâillement et témoignant par son attitude le désir de ne plus me voir. Ce mot m'imposa silence. Je lui jetai ma haine dans un regard et je m'enfuis.

Il fallait oublier Fœdora, me guérir de ma folie, reprendre ma studieuse solitude ou mourir. Je m'imposai donc des travaux exorbitants, je voulus achever mes ouvrages. Pendant quinze jours, je ne sortis pas de ma mansarde, et consumai toute mes nuits en de pâles études. Malgré mon courage et les inspirations de mon désespoir, je travaillais difficilement et par saccades. La muse avait fui. Je ne pouvais chasser le fantôme brillant et moqueur de Fœdora. Chacune de mes pensées couvait une autre pensée maladive, je ne sais quel désir, terrible comme un remords. J'imitai les anachorètes de la Thébaïde. Sans prier comme eux, comme eux je vivais dans un désert, creusant mon âme au lieu de creuser des rochers. Je me serais au besoin serré les reins avec une ceinture armée de pointes, pour dompter la douleur morale par la douleur physique. Un soir, Pauline pénétra dans ma chambre. — Vous vous tuez, me dit-elle d'une voix suppliante; vous devriez sortir, allez voir vos amis. — Ah! Pauline! votre prédiction était vraie. Fœdora me tue, je veux mourir. La vie m'est insupportable. — Il n'y a donc qu'une femme dans le monde? dit-elle en souriant. Pourquoi mettez-vous des peines infinies dans une vie si courte? — Je regardai Pauline avec stupeur. Elle me laissa seul. Je ne m'étais pas aperçu de sa retraite, j'avais entendu sa voix, sans comprendre le sens de ses paroles. Bientôt je fus obligé de porter le manuscrit de mes mémoires à mon entrepreneur de littérature. Préoccupé par ma passion, j'ignorais comment j'avais pu vivre sans argent, je savais seulement que les quatre cent cinquante francs qui m'étaient dus suffiraient à payer mes dettes; j'allais donc chercher mon salaire, et je rencontrai Rastignac, qui me trouva changé, maigri. — De quel hôpital sors-tu? me dit-il. — Cette femme me tue, répondis-je. Je ne puis ni la mépriser ni l'oublier. — Il vaut mieux la tuer, tu n'y songeras peut-être plus, s'écria-t-il en riant. — J'y ai bien pensé, répondis-je. Mais si parfois je rafraîchis mon âme par l'idée d'un crime, viol ou assassinat, et les deux ensemble, je me trouve incapable de le commettre en réalité. La comtesse est un admirable monstre qui demanderait grâce, et n'est pas Othello qui veut!

— Elle est comme toutes les femmes que nous ne pouvons pas avoir, dit Rastignac en m'interrompant. — Je suis fou, m'écriai-je. Je sens la folie rugir par moments dans mon cerveau. Mes idées sont comme des fantômes, elles dansent devant moi sans que je puisse les saisir. Je préfère la mort à cette vie. Aussi cherché-je avec conscience le meilleur moyen de terminer cette lutte. Il ne s'agit plus de la Fœdora vivante, de la Fœdora du faubourg Saint-Honoré, mais de ma Fœdora, de celle qui est là, dis-je en me frappant le front. Que penses-tu de l'opium? — Bah! des souffrances atroces, répondit Rastignac. — L'asphyxie? — Canaille! — La Seine? — Les filets et la Morgue sont bien sales. — Un coup de pistolet? — Et si tu te manques, tu restes défiguré. Écoute, reprit-il, j'ai comme tous les jeunes gens médité sur les suicides. Qui de nous, à trente ans, ne s'est pas tué deux ou trois fois? Je n'ai rien trouvé de mieux que d'user l'existence par le plaisir. Plonge-toi dans une dissolution profonde, ta passion ou toi, vous y périrez. L'intempérance, mon cher, est la reine de toutes les morts. Ne commande-t-elle pas à l'apoplexie foudroyante? L'apoplexie est un coup de pistolet qui ne nous manque point. Les orgies nous prodiguent tous les plaisirs physiques, n'est-ce pas l'opium en petite monnaie? En nous forçant de boire à outrance, la débauche porte de mortels défis au vin. Le tonneau de malvoisie du duc de Clarence n'a-t-il pas meilleur goût que les bourbes de la Seine? Quand nous tombons noblement sous la table, n'est-ce pas une petite asphyxie périodique! Si la patrouille nous ramasse, en restant étendus sur les lits froids des corps-de-garde, ne jouissons-nous pas des plaisirs de la Morgue, moins les ventres enflés, turgides, bleus, verts, plus l'intelligence de la crise? Ah! reprit-il, ce long suicide n'est pas une mort d'épicier en faillite. Les négociants ont déshonoré la rivière, ils se jettent à l'eau pour attendrir leurs créanciers. A ta place, je tâcherais de mourir avec élégance. Si tu veux créer un nouveau genre de mort en te débattant ainsi contre la vie, je suis ton second. Je m'ennuie, je suis désappointé. Ma veuve me fait du plaisir un vrai bagne. D'ailleurs, j'ai découvert qu'elle a six doigts au pied gauche, je ne puis pas vivre avec une femme qui a six doigts! cela se saurait, je deviendrais ridicule. Elle n'a que dix-huit mille francs de rente, sa fortune diminue et ses doigts augmentent. Au diable! En menant une vie enragée, peut-être trouverons-nous le bonheur par hasard. Rastignac m'entraîna. Ce projet faisait briller de trop fortes séductions, il rallumait trop d'espérances, enfin il avait une couleur trop poétique pour ne pas plaire à un poète. — Et de l'argent? lui dis-je. — N'as-tu pas quatre cent cinquante francs? — Oui, mais je dois à mon tailleur, à mon hôtesse.

— Tu paies ton tailleur? tu ne seras jamais rien, pas même ministre. — Mais que pouvons-nous avec vingt louis? — Aller au jeu. — Je frissonnai. — Ah! reprit-il en s'apercevant de ma pruderie, tu veux te lancer dans ce que je nomme le *Système dissipationnel*, et tu as peur d'un tapis vert! — Écoute, lui répondis-je, j'ai promis à mon père de ne jamais mettre le pied dans une maison de jeu. Non-seulement cette promesse est sacrée, mais encore j'éprouve une horreur invincible en passant devant un tripot; prends mes cent écus, et vas-y seul. Pendant que tu risqueras notre fortune j'irai mettre mes affaires en ordre, et reviendrai t'attendre chez toi.

Voilà, mon cher, comment je me perdis. Il suffit à un jeune homme de rencontrer une femme qui ne l'aime pas, ou une femme qui l'aime trop, pour que toute sa vie soit dérangée. Le bonheur engloutit nos forces, comme le malheur éteint nos vertus. Revenu à mon hôtel Saint-Quentin, je contemplai long-temps la mansarde où j'avais mené la chaste vie d'un savant, une vie qui peut-être aurait été honorable, longue, et que je n'aurais pas dû quitter pour la vie passionnée qui m'entraînait dans un gouffre. Pauline me surprit dans une attitude mélancolique. — Eh! bien, qu'avez-vous? dit-elle. Je me levai froidement et comptai l'argent que je devais à sa mère en y ajoutant le prix de mon loyer pour six mois. Elle m'examina avec une sorte de terreur. — Je vous quitte, ma chère Pauline. — Je l'ai deviné, s'écria-t-elle. — Écoutez, mon enfant, je ne renonce pas à revenir ici. Gardez-moi ma cellule pendant une demi-année. Si je ne suis pas de retour vers le quinze novembre, vous hériterez de moi. Ce manuscrit cacheté, dis-je en lui montrant un paquet de papiers, est la copie de mon grand ouvrage sur *la Volonté*, vous le déposerez à la Bibliothèque du Roi.

Quant à tout ce que je laisse ici, vous en ferez ce que vous voudrez. Elle me jetait des regards qui pesaient sur mon cœur. Pauline était là comme une conscience vivante. — Je n'aurai plus de leçons, dit-elle en me montrant le piano. Je ne répondis pas. — M'écrirez-vous ? — Adieu, Pauline, Je l'attirai doucement à moi, puis sur son front d'amour, vierge comme la neige qui n'a pas touché terre, je mis un baiser de frère, un baiser de vieillard. Elle se sauva. Je ne voulus pas voir madame Gaudin. Je mis ma clef à sa place habituelle et partis. En quittant la rue de Cluny, j'entendis derrière moi le pas léger d'une femme. — Je vous avais brodé cette bourse, la refuserez-vous aussi ? me dit Pauline. Je crus apercevoir à la lueur du réverbère une larme dans les yeux de Pauline, et je soupirai. Poussés tous deux par la même pensée peut-être, nous nous séparâmes avec l'empressement de gens qui auraient voulu fuir la peste. La vie de dissipation à laquelle je me vouais apparut devant moi bizarrement exprimée par la chambre où j'attendais avec une noble insouciance le retour de Rastignac. Au milieu de la cheminée, s'élevait une pendule surmontée d'une Vénus accroupie sur sa tortue, et qui tenait entre ses bras un cigare à demi consumé. Des meubles élégants, présents de l'amour, étaient épars. De vieilles chaussettes traînaient sur un voluptueux divan. Le confortable fauteuil à ressorts dans lequel j'étais plongé portait des cicatrices comme un vieux soldat, il offrait aux regards ses bras déchirés, et montrait incrustées sur son dossier la pommade et l'huile antique apportées par toutes les têtes d'amis. L'opulence et la misère s'accouplaient naïvement dans le lit, sur les murs, partout. Vous eussiez dit les palais de Naples bordés de Lazzaroni. C'était une chambre de joueur ou de mauvais sujet dont le luxe est tout personnel, qui vit de sensations, et des incohérences ne se soucie guère. Ce tableau ne manquait pas d'ailleurs de poésie. La vie s'y dressait avec ses paillettes et ses haillons, soudaine, incomplète comme elle est réellement, mais vive, mais fantasque comme dans une halte où le maraudeur a pillé tout ce qui fait sa joie. Un Byron auquel manquaient des pages avait allumé la falourde du jeune homme qui risque au jeu cent francs et n'a pas une bûche, qui court en tilbury sans posséder une chemise saine et valide. Le lendemain, une comtesse, une actrice ou l'écarté lui donnent un trousseau de roi. Ici la bougie était fichée dans le fourreau vert d'un briquet phosphorique ; là gisait un portrait de

femme dépouillé de sa monture d'or ciselé. Comment un jeune homme naturellement avide d'émotions renoncerait-il aux attraits d'une vie aussi riche d'oppositions et qui lui donne les plaisirs de la guerre en temps de paix ? J'étais presque assoupi quand, d'un coup de pied, Rastignac enfonça la porte de sa chambre, et s'écria :
— Victoire ! nous pourrons mourir à notre aise. Il me montra son chapeau plein d'or, le mit sur la table, et nous dansâmes autour comme deux Cannibales ayant une proie à manger, hurlant, trépignant, sautant, nous donnant des coups de poing à tuer un rhinocéros, et chantant à l'aspect de tous les plaisirs du monde contenus pour nous dans ce chapeau. — Vingt-sept mille francs, répétait Rastignac en ajoutant quelques billets de banque au tas d'or. A d'autres cet argent suffirait pour vivre, mais nous suffira-t-il pour mourir ? Oh ! oui, nous expirerons dans un bain d'or. Houra ! Et nous cabriolâmes derechef. Nous partageâmes en héritiers, pièce à pièce, commençant par les doubles napoléons, allant des grosses pièces aux petites, et distillant notre joie en disant long-temps : A toi. A moi. — Nous ne dormirons pas, s'écria Rastignac. Joseph, du punch ! Il jeta de l'or à son fidèle domestique :
— Voilà ta part, dit-il, enterre-toi si tu peux. Le lendemain, j'achetai des meubles chez Lesage, je louai l'appartement où tu m'as connu, rue Taitbout, et chargeai le meilleur tapissier de le décorer. J'eus des chevaux. Je me lançai dans un tourbillon de plaisirs creux et réels tout à la fois. Je jouais, gagnais et perdais tour à tour d'énormes sommes, mais au bal, chez nos amis ; jamais dans les maisons de jeu pour lesquelles je conservai ma sainte et primitive horreur. Insensiblement je me fis des amis. Je dus leur attachement à des querelles ou à cette facilité confiante avec laquelle nous nous livrons nos secrets en nous avilissant de compagnie ; mais peut-être aussi, ne nous accrochons-nous bien que par nos vices ? Je hasardai quelques compositions littéraires qui me valurent des compliments. Les grands hommes de la littérature marchande, ne voyant point en moi de rival à craindre, me vantèrent, moins sans doute pour mon mérite personnel que pour chagriner celui de leurs camarades. Je devins un *viveur*, pour me servir de l'expression pittoresque consacrée par votre langage d'orgie. Je mettais de l'amour-propre à me tuer promptement, à écraser les plus gais compagnons par ma verve et par ma puissance. J'étais toujours frais, élégant. Je passais pour spirituel. Rien ne trahissait en moi cette

épouvantable existence qui fait d'un homme un entonnoir, un appareil à chyle, un cheval de luxe. Bientôt la débauche m'apparut dans toute la majesté de son horreur, et je la compris! Certes les hommes sages et rangés qui étiquettent des bouteilles pour leurs héritiers ne peuvent guère concevoir ni la théorie de cette large vie, ni son état normal. En inculquerez-vous la poésie aux gens de province pour qui l'opium et le thé, si prodigues de délices, ne sont encore que deux médicaments? A Paris même, dans cette capitale de la pensée, ne se rencontre-t-il pas des sybarites incomplets? Inhabiles à supporter l'excès du plaisir, ne s'en vont-ils pas fatigués après une orgie, comme le sont ces bons bourgeois qui, après avoir entendu quelque nouvel opéra de Rossini, condamnent la musique? Ne renoncent-ils pas à cette vie, comme un homme sobre ne veut plus manger de pâtés de Ruffec, parce que le premier lui a donné une indigestion? La débauche est certainement un art comme la poésie, et veut des âmes fortes. Pour en saisir les mystères, pour en savourer les beautés, un homme doit en quelque sorte s'adonner à de consciencieuses études. Comme toutes les sciences, elle est d'abord repoussante, épineuse. D'immenses obstacles environnent les grands plaisirs de l'homme, non ses jouissances de détail, mais les systèmes qui érigent en habitude ses sensations les plus rares, les résument, les lui fertilisent en lui créant une vie dramatique dans sa vie, en nécessitant une exorbitante, une prompte dissipation de ses forces. La Guerre, le Pouvoir, les Arts, sont des corruptions mises aussi loin de la portée humaine, aussi profondes que l'est la débauche, et toutes sont de difficile accès. Mais quand une fois l'homme est monté à l'assaut de ces grands mystères, ne marche-t-il pas dans un monde nouveau. Les généraux, les ministres, les artistes sont tous plus ou moins portés vers la dissolution par le besoin d'opposer de violentes distractions à leur existence si fort en dehors de la vie commune. Après tout, la guerre est la débauche du sang, comme la politique est celle des intérêts : tous les excès sont frères. Ces monstruosités sociales possèdent la puissance des abîmes, elle nous attirent comme Sainte-Hélène appelait Napoléon ; elles donnent des vertiges, elles fascinent, et nous voulons en voir le fond sans savoir pourquoi. La pensée de l'infini existe peut-être dans ces précipices, peut-être renferment-ils quelque grande flatterie pour l'homme; n'intéresse-t-il pas alors tout à lui-même? Pour contraster avec le paradis de ses heures studieuses, avec les délices de la conception, l'artiste fatigué demande, soit comme Dieu le repos du dimanche, soit comme le Diable les voluptés de l'enfer, afin d'opposer le travail des sens au travail de ses facultés. Le délassement de lord Byron ne pouvait pas être le boston babillard qui charme un rentier : poète, il voulait la Grèce à jouer contre Mahmoud. En guerre, l'homme ne devient-il pas un ange exterminateur, une espèce de bourreau, mais gigantesque. Ne faut-il pas des enchantements bien extraordinaires pour nous faire accepter ces atroces douleurs, ennemies de notre frêle enveloppe, qui entourent les passions comme d'une enceinte épineuse ? S'il se roule convulsivement et souffre une sorte d'agonie après avoir abusé du tabac, le fumeur n'a-t-il pas assisté je ne sais en quelles régions à de délicieuses fêtes ? Sans se donner le temps d'essuyer ses pieds qui trempent dans le sang jusqu'à la cheville, l'Europe n'a-t-elle pas sans cesse recommencé la guerre ? L'homme en masse a-t-il donc aussi son ivresse, comme la nature a ses accès d'amour ! Pour l'homme privé, pour le Mirabeau qui végète sous un règne paisible et rêve des tempêtes, la débauche comprend tout ; elle est une perpétuelle étreinte de toute la vie, ou mieux, un duel avec une puissance inconnue, avec un monstre : d'abord le monstre épouvante, il faut l'attaquer par les cornes, c'est des fatigues inouïes ; la nature vous a donné je ne sais quel estomac étroit ou paresseux ? vous le domptez, vous l'élargissez, vous apprenez à porter le vin, vous apprivoisez l'ivresse, vous passez les nuits sans sommeil, vous vous faites enfin un tempérament de colonel de cuirassiers, en vous créant vous-même une seconde fois, comme pour fronder Dieu ! Quand l'homme s'est ainsi métamorphosé, quand, vieux soldat, le néophyte a façonné son âme à l'artillerie, ses jambes à la marche, sans encore appartenir au monstre, mais sans savoir entre eux quel est le maître, ils se roulent l'un sur l'autre, tantôt vainqueurs, tantôt vaincus, dans une sphère où tout est merveilleux, où s'endorment les douleurs de l'âme, où revivent seulement des fantômes d'idées. Déjà cette lutte atroce est devenue nécessaire. Réalisant ces fabuleux personnages qui, selon les légendes, ont vendu leur âme au diable pour en obtenir la puissance de mal faire, le dissipateur a troqué sa mort contre toutes les jouissances de la vie, mais abondantes, mais fécondes ! Au lieu de couler long-temps entre deux rives monotones, au fond d'un Comptoir ou d'une Étude, l'existence bouillonne et fuit comme un torrent. Enfin la débauche est sans doute au corps ce que sont à l'âme les plaisirs mystiques. L'ivresse vous plonge en des rêves dont les fantasmagories sont aussi curieuses que peuvent l'être celles de l'extase. Vous avez des heures ravissantes comme les caprices d'une jeune fille, des causeries délicieuses avec des amis, des mots qui peignent toute une vie, des joies franches et sans arrière-pensée, des voyages sans fatigue, des poèmes déroulés en quelques phrases. La brutale satisfaction de la bête au fond de laquelle la science a été chercher une âme, est suivie de torpeurs enchanteresses après lesquelles soupirent les hommes ennuyés de leur intelligence. Ne sentent-ils pas tous la nécessité d'un repos complet, et la débauche n'est-elle pas une sorte d'impôt que le génie paie au mal? Vois tous les grands hommes : s'ils ne sont pas voluptueux, la nature les crée chétifs. Moqueuse ou jalouse, une puissance leur vicie l'âme ou le corps pour neutraliser les efforts de leurs talents. Pendant ces heures avinées, les hommes et les choses comparaissent devant vous, vêtus de vos livrées. Roi de la création, vous la transformez à vos souhaits. A travers ce délire perpétuel, le jeu vous verse, à votre gré, son plomb fondu dans les veines. Un jour, vous appartenez au monstre, vous avez alors, comme je l'eus, un réveil enragé : l'impuissance est assise à votre chevet. Vieux guerrier, une phthisie vous dévore; diplomate, un anévrisme suspend dans votre cœur la mort à un fil; moi, peut-être une pulmonie va me dire : « Partons! » comme elle a dit jadis à Raphaël d'Urbin, tué par un excès d'amour. Voilà comment j'ai vécu! J'arrivais ou trop tôt ou trop tard dans la vie du monde ; sans doute ma force y eût été dangereuse si je ne l'avais amortie ainsi; l'univers n'a-t-il pas été guéri d'Alexandre par la coupe d'Hercule, à la fin d'une orgie! Enfin à certaines destinées trompées, il faut le ciel ou l'enfer, la débauche ou l'hospice du mont Saint-Bernard. Tout à l'heure je n'avais pas le courage de moraliser ces deux créatures, dit-il en montrant Euphrasie et Aquilina. N'étaient-elles pas mon histoire personnifiée, une image de ma vie! Je ne pouvais guère les accuser, elles m'apparaissaient comme des juges. Au milieu de ce poème vivant, au sein de cette étourdissante maladie, j'eus cependant deux crises bien fertiles en âcres douleurs. D'abord quelques jours après m'être jeté comme Sardanapale dans mon bûcher, je rencontrai Fœdora sous le péristyle des Bouffons. Nous attendions nos voitures. — Ah! je vous retrouve encore en vie. Ce mot était la traduction de son sourire, des malicieuses et sourdes paroles qu'elle dit à son sigisbé en lui racontant sans doute mon histoire, et jugeant mon amour comme un amour vulgaire. Elle applaudissait à sa fausse perspicacité. Oh! mourir pour elle, l'adorer encore, la voir dans mes excès, dans mes ivresses, dans le lit des courtisanes, et me sentir victime de sa plaisanterie! Ne pouvoir déchirer ma poitrine et y fouiller mon amour pour le jeter à ses pieds. Enfin, j'épuisai facilement mon trésor; mais trois années de régime m'avaient constitué la plus robuste de toutes les santés, et le jour où je me trouvais sans argent, je me portais à merveille. Pour continuer de mourir, je signai des lettres de change à courte échéance, et le jour du payement arriva. Cruelles émotions! et comme elles font vivre de jeunes cœurs! Je n'étais pas fait pour vieillir encore; mon âme était toujours jeune, vivace et verte. Ma première dette ranima toutes mes vertus qui vinrent à pas lents et m'apparurent désolées. Je sus transiger avec elles comme avec ces vieilles tantes qui commencent par nous gronder et finissent en nous donnant des larmes et de l'argent. Plus sévère, mon imagination me montrait mon nom voyageant, de ville en ville, dans les places de l'Europe. *Notre nom, c'est nous-mêmes*, a dit Eusèbe Salverte. Après des courses vagabondes, j'allais, comme le double d'un Allemand, revenir à mon logis d'où je n'étais pas sorti, pour me réveiller moi-même en sursaut. Ces hommes de la banque, ces remords commerciaux, vêtus de gris, portant la livrée de leur maître, une plaque d'argent, jadis je les voyais avec indifférence quand ils allaient par les rues de Paris; mais aujourd'hui, je les haïssais par avance. Un matin, l'un d'eux ne viendrait-il pas me demander raison des onze lettres de change que j'avais griffonnées? Ma signature valait trois mille francs, je ne les valais pas moi-même! Les huissiers aux faces insouciantes à tous les désespoirs, même à la mort, se levaient devant moi, comme les bourreaux qui disent à un condamné : — Voici trois heures et demie qui sonnent. Leurs clercs avaient le droit de s'emparer de moi, de griffonner mon nom, de e salir, de s'en moquer. JE DEVAIS! Devoir, est-ce donc s'appartenir? D'autres hommes ne pouvaient-ils pas me demander compte de ma vie? pourquoi j'avais mangé des puddings à la *chipolata*, pourquoi je buvais à la glace? pourquoi je dormais, marchais, pensais, m'amusais sans les payer? Au milieu d'une poésie, au sein d'une idée, ou à déjeuner, entouré d'amis, de joie, de douces railleries, je pouvais voir entrer un monsieur en habit marron, tenant à la main un chapeau râpé. Ce monsieur sera ma dette, ce sera ma lettre de change, un spectre qui flétrira ma joie, me forcera de quitter la table pour lui parler; il m'enlèvera ma gaieté, ma maîtresse, tout jusqu'à mon lit. Le remords est plus tolérable, il ne nous met ni dans la rue ni à Sainte-Pélagie, il ne nous plonge pas dans cette exécrable sentine du vice, il ne nous jette qu'à l'échafaud où le bourreau anoblit : au moment de notre supplice, tout le monde croit à notre innocence; tandis que la société ne laisse pas une vertu au débauché sans argent. Puis ces dettes à deux pattes, habillées de drap vert, portant des lunettes bleues ou des parapluies multicolores; ces dettes incarnées avec lesquelles nous nous trouvons face à face au coin d'une rue, au moment où nous sourions, ces gens allaient avoir l'horrible privilége de dire : — « Monsieur de Valentin me doit et ne me paie pas. Je le tiens. Ah! qu'il n'ait pas l'air de me faire mauvaise mine! » Il faut saluer nos créanciers, les saluer avec grâce. « Quand me paierez-vous? » disent-ils. Et nous sommes dans l'obligation de mentir, d'implorer un autre homme pour de l'argent, de nous courber devant un sot assis sur sa caisse, de recevoir son froid regard, son regard de sangsue plus odieux qu'un soufflet, de subir sa morale de Barême et sa crasse ignorance. Une dette est une œuvre d'imagination qu'ils ne comprennent pas. Des élans de l'âme entraînent, subjuguent souvent un emprunteur, tandis que rien de grand ne subjugue, rien de généreux ne guide ceux qui vivent dans l'argent et ne connaissent que l'argent. J'avais horreur de l'argent. Enfin la lettre de change peut se métamorphoser en vieillard chargé de famille, flanqué de vertus. Je devrais peut-être à un vivant tableau de Greuze, à un paralytique environné d'enfants, à la veuve d'un soldat, qui tous me tendront des mains suppliantes. Terribles créanciers avec lesquels il faut pleurer, et quand nous les avons payés, nous leur devons encore des secours. La veille de l'échéance, je m'étais couché dans ce calme faux des gens qui dorment avant leur exécution, avant un duel, ils se laissent toujours bercer par une menteuse espérance. Mais en me réveillant, quand je fus de sang-froid, quand je sentis mon âme emprisonnée dans le portefeuille d'un banquier, couchée sur des états, écrite à l'encre rouge, mes dettes jaillirent partout comme des sauterelles; elles étaient dans ma pendule, sur mes fauteuils, ou incrustées dans les meubles desquels je me servais avec le plus de plaisir. Devenus la proie des harpies du Châtelet, ces doux esclaves matériels allaient donc être enlevés par des recors, et brutalement jetés sur la place. Ah! ma dépouille était encore moi-même. La sonnette de mon appartement retentissait dans mon cœur, elle me frappait où l'on doit frapper les rois, à la tête. C'était un martyre, sans le ciel pour récompense. Oui, pour un homme généreux, une dette est l'enfer, mais l'enfer avec des huissiers et des agents d'affaires. Une dette impayée est la bassesse, un commencement de friponnerie, et pis que tout cela, un mensonge! elle ébauche des crimes, elle assemble les madriers de l'échafaud. Mes lettres de change furent protestées. Trois jours après je les payai; voici comment. Un spéculateur vint me proposer de lui vendre l'île que je possédais dans la Loire et où était le tombeau de ma mère. J'acceptai. En signant le contrat chez le notaire de mon acquéreur, je sentis au fond de l'étude obscure une fraîcheur semblable à celle d'une cave. Je frissonnai en reconnaissant le même froid humide qui m'avait saisi sur le bord de la fosse où gisait mon père. J'accueillis ce hasard comme un funeste présage. Il me semblait entendre la voix de ma mère et voir son ombre; je ne sais quelle puissance faisait retentir vaguement mon propre nom dans mon oreille, au milieu d'un bruit de cloches! Le prix de mon île me laissa, toutes dettes payées, deux mille francs. Certes, j'eusse pu revenir à la paisible existence du savant, retourner à ma mansarde après avoir expérimenté la vie, y revenir la tête pleine d'observations immenses et jouissant déjà d'une espèce de réputation. Mais Fœdora n'avait pas lâché sa proie. Nous nous étions souvent trouvés en présence. Je lui faisais corner mon nom aux oreilles par ses amants étonnés de mon esprit, de mes chevaux, de mes succès, de mes équipages. Elle restait froide et insensible à tout, même à cette horrible phrase : Il se tue pour vous! dite par Rastignac. Je chargeais le monde entier de ma vengeance, mais je n'étais pas heureux! En creusant ainsi la vie jusqu'à la fange, j'avais toujours senti davantage les délices d'un amour partagé, j'en poursuivais le fantôme à travers les hasards de mes dissipations, au sein des orgies. Pour mon malheur, j'étais trompé dans mes belles croyances, j'étais puni de mes bienfaits par l'ingratitude, récompensé de mes fautes par mille plaisirs. Sinistre philosophie, mais vraie pour le débauché! Enfin Fœdora m'avait communiqué la lèpre de sa vanité. En sondant mon âme, je la trouvai gangrenée, pourrie. Le démon m'avait imprimé son ergot au front. Il m'était désormais impossible de me passer des tressaillements continuels d'une vie à tout moment risquée, et des exécrables raffinements de la richesse. Riche à millions, j'aurais toujours joué, mangé, couru. Je ne voulais plus rester seul avec moi-même. J'avais besoin de courtisanes, de faux amis, de vin, de bonne chère pour m'étourdir. Les liens qui attachent un homme à la famille étaient brisés en moi pour toujours. Galérien du plaisir, je devais accomplir ma destinée de suicide. Pendant les derniers jours de ma fortune, je fis chaque soir des excès incroyables ; mais, chaque matin, la mort me rejetait dans la vie. Semblable à un rentier viager, j'aurais pu passer tranquillement dans un incendie. Enfin je me trouvai seul avec une pièce de vingt francs, je me souvins alors du bonheur de Rastignac...

— Hé ! hé ! s'écria-t-il en pensant tout à coup à son talisman qu'il tira de sa poche.

Soit que, fatigué des luttes de cette longue journée, il n'eût plus la force de gouverner son intelligence dans les flots de vin et de punch ; soit qu'exaspéré par l'image de sa vie, il se fût insensiblement enivré par le torrent de ses paroles, Raphaël s'anima, s'exalta comme un homme complétement privé de raison.

— Au diable la mort ! s'écria-t-il en brandissant la Peau. Je veux vivre maintenant ! Je suis riche, j'ai toutes les vertus. Rien ne me résistera. Qui ne serait pas bon quand il peut tout ? Hé ! hé ! Ohé ! J'ai souhaité deux cent mille livres de rente, je les aurai. Saluez-moi, pourceaux qui vous vautrez sur ces tapis comme sur du fumier ! Vous m'appartenez, fameuse propriété ! Je suis riche, je peux vous acheter tous, même le député qui ronfle là. Allons, canaille de la haute société, bénissez-moi ! Je suis pape.

En ce moment les exclamations de Raphaël, jusque-là couvertes par la basse continue des ronflements, furent entendues soudain. La plupart des dormeurs se réveillèrent en criant, ils virent l'interrupteur mal assuré sur ses jambes, et maudirent sa bruyante ivresse par un concert de juremens.

— Taisez-vous ! reprit Raphaël. Chiens, à vos niches ! Émile, j'ai des trésors, je te donnerai des cigares de la Havane.

— Je t'entends, répondit le poète, *Fœdora ou la mort !* Va ton train ! Cette sucrée de Fœdora t'a trompé. Toutes les femmes sont filles d'Ève. Ton histoire n'est pas du tout dramatique.

— Ah! tu dormais, sournois?

— Non! Fœdora ou la mort, j'y suis.

— Réveille-toi, s'écria Raphaël en frappant Émile avec la Peau de chagrin comme s'il voulait en tirer du fluide électrique.

— Tonnerre! dit Émile en se levant et en saisissant Raphaël à bras-le-corps, mon ami, songe donc que tu es avec des femmes de mauvaise vie.

— Je suis millionnaire.

— Si tu n'es pas millionnaire, tu es bien certainement ivre.

— Ivre du pouvoir. Je peux te tuer! Silence, je suis Néron! je suis Nabuchodonosor.

— Mais, Raphaël, nous sommes en méchante compagnie, tu devrais rester silencieux, par dignité.

— Ma vie a été un trop long silence. Maintenant, je vais me venger du monde entier. Je ne m'amuserai pas à dissiper de vils écus, j'imiterai, je résumerai mon époque en consommant des vies humaines, et des intelligences, des âmes. Voilà un luxe qui n'est pas mesquin, n'est-ce pas l'opulence de la peste! Je lutterai avec la fièvre jaune, bleue, verte, avec les armées, avec les échafauds. Je puis avoir Fœdora. Mais non, je ne veux pas de Fœdora, c'est ma maladie, je meurs de Fœdora! Je veux oublier Fœdora.

— Si tu continues à crier, je t'emporte dans la salle à manger.

— Vois-tu cette Peau? c'est le testament de Salomon. Il est à moi, Salomon, ce petit cuistre de roi! J'ai l'Arabie, Pétrée encore. L'univers à moi. Tu es à moi, si je veux. Ah! si je veux, prends garde? Je peux acheter toute ta boutique de journaliste, tu seras mon valet. Tu me feras des couplets, tu règleras mon papier. Valet! *valet*, cela veut dire: Il se porte bien, parce qu'il ne pense à rien.

A ce mot, Émile emporta Raphaël dans la salle à manger.

— Eh bien! oui, mon ami, lui dit-il, je suis ton valet. Mais tu vas être rédacteur en chef d'un journal, tais-toi! sois décent, par considération pour moi! M'aimes-tu?

— Si je t'aime! Tu auras des cigares de la Havane, avec cette Peau. Toujours la Peau, mon ami, la Peau souveraine! Excellent topique, je peux guérir les cors. As-tu des cors? Je te les ôte.

— Jamais je ne l'ai vu si stupide.

— Stupide, mon ami? Non. Cette Peau se rétrécit quand j'ai un désir... c'est une antiphrase. Le brachmane, il se trouve un brachmane là-dessous ! le brachmane donc était un goguenard, parce que les désirs, vois-tu, doivent étendre...

— Eh ! bien, oui.

— Je te dis...

— Oui, cela est très-vrai, je pense comme toi. Le désir étend...

— Je te dis, la Peau !

— Oui.

— Tu ne me crois pas. Je te connais, mon ami, tu es menteur comme un nouveau roi.

— Comment veux-tu que j'adopte les divagations de ton ivresse?

— Je te parie, je peux te le prouver. Prenons la mesure.

— Allons, il ne s'endormira pas, s'écria Émile en voyant Raphaël occupé à fureter dans la salle à manger.

Valentin animé d'une adresse de singe, grâce à cette singulière lucidité dont les phénomènes contrastent parfois chez les ivrognes avec les obtuses visions de l'ivresse, sut trouver une écritoire et une serviette, en répétant toujours : Prenons la mesure ! Prenons la mesure !

— Eh ! bien, oui, reprit Émile, prenons la mesure !

Les deux amis étendirent la serviette et y superposèrent la Peau de chagrin. Émile, dont la main semblait être plus assurée que celle de Raphaël, décrivit à la plume, par une ligne d'encre, les contours du talisman, pendant que son ami lui disait : — J'ai souhaité deux cent mille livres de rente, n'est-il pas vrai ? Eh bien, quand je les aurai, tu verras la diminution de tout mon chagrin.

— Oui, maintenant dors. Veux-tu que je t'arrange sur ce canapé ? Allons, es-tu bien ?

— Oui, mon nourrisson de la Presse. Tu m'amuseras, tu chasseras mes mouches. L'ami du malheur a droit d'être l'ami du pouvoir. Aussi, te donnerai-je des ci...ga...res de la Hav...

— Allons, cuve ton or, millionnaire.

— Toi, cuve tes articles. Bonsoir. Dis-donc bonsoir à Nabuchodonosor ? Amour ! A boire ! France... gloire et riche... Riche...

Bientôt les deux amis unirent leurs ronflements à la musique qui retentissait dans les salons. Concert inutile ! Les bougies s'éteignirent une à une en faisant éclater leurs bobèches de cristal.

La nuit enveloppa d'un crêpe cette longue orgie dans laquelle le récit de Raphaël avait été comme une orgie de paroles, de mots sans idées, et d'idées auxquelles les expressions avaient souvent manqué.

Le lendemain, vers midi, la belle Aquilina se leva, bâillant, fatiguée, et les joues marbrées par les empreintes du tabouret en velours peint sur lequel sa tête avait reposé. Euphrasie, réveillée par le mouvement de sa compagne, se dressa tout à coup en jetant un cri rauque; sa jolie figure, si blanche, si fraîche la veille, était jaune et pâle comme celle d'une fille allant à l'hôpital. Insensiblement les convives se remuèrent en poussant des gémissements sinistres, ils se sentirent les bras et les jambes raidis, mille fatigues diverses les accablèrent à leur réveil. Un valet vint ouvrir les persiennes et les fenêtres des salons. L'assemblée se trouva sur pied, rappelée à la vie par les chauds rayons du soleil qui pétilla sur les têtes des dormeurs. Les mouvements du sommeil ayant brisé l'élégant édifice de leurs coiffures et fané leurs toilettes, les femmes frappées par l'éclat du jour présentèrent un hideux spectacle : leurs cheveux pendaient sans grâce, leurs physionomies avaient changé d'expression, leurs yeux si brillants étaient ternis par la lassitude. Les teints bilieux qui jettent tant d'éclat aux lumières faisaient horreur, les figures lymphatiques, si blanches, si molles quand elles sont reposées, étaient devenues vertes; les bouches naguère délicieuses et rouges, maintenant sèches et blanches, portaient les honteux stigmates de l'ivresse. Les hommes reniaient leurs maîtresses nocturnes à les voir ainsi décolorées, cadavéreuses comme des fleurs écrasées dans une rue après le passage des processions. Ces hommes dédaigneux étaient plus horribles encore. Vous eussiez frémi de voir ces faces humaines, aux yeux caves et cernés qui semblaient ne rien voir, engourdies par le vin, hébétées par un sommeil gêné, plus fatigant que réparateur. Ces visages hâves où paraissaient à nu les appétits physiques sans la poésie dont les décore notre âme, avaient je ne sais quoi de féroce et de froidement bestial. Ce réveil du vice sans vêtements ni fard, ce squelette du mal déguenillé, froid, vide et privé des sophismes de l'esprit ou des enchantements du luxe, épouvanta ces intrépides athlètes, quelque habitués qu'ils fussent à lutter avec la débauche. Artistes et courtisanes gardèrent le silence en examinant d'un œil hagard le désordre de l'appartement où tout avait été dévasté, ravagé par le feu des passions. Un rire satanique s'éleva tout à coup lorsque Taillefer, entendant le râle sourd de ses hôtes, essaya de les saluer par une grimace; son visage en sueur et sanguinolent fit planer sur cette scène infernale l'image du crime sans remords. Le tableau fut complet. C'était la vie fangeuse au sein du luxe, un horrible mélange des pompes et des misères humaines, le réveil de la débauche, quand de ses mains fortes elle a pressé tous les fruits de la vie, pour ne laisser autour d'elle que d'ignobles débris ou des mensonges auxquels elle ne croit plus. Vous eussiez dit la Mort souriant au milieu d'une famille pestiférée : plus de parfums ni de lumières étourdissantes, plus de gaieté ni de désirs; mais le dégoût avec ses odeurs nauséabondes et sa poignante philosophie, mais le soleil éclatant comme la vérité, mais un air pur comme la vertu, qui contrastaient avec une atmosphère chaude, chargée de miasmes, les miasmes d'une orgie! Malgré leur habitude du vice, plusieurs de ces jeunes filles pensèrent à leur réveil d'autrefois, quand innocentes et pures elles entrevoyaient par leurs croisées champêtres ornées de chèvrefeuilles et de roses, un frais paysage enchanté par les joyeuses roulades de l'alouette, vaporeusement illuminé par les lueurs de l'aurore et paré des fantaisies de la rosée. D'autres se peignirent le déjeuner de la famille, la table autour de laquelle riaient innocemment les enfants et le père, où tout respirait un charme indéfinissable, où les mets étaient simples comme les cœurs. Un artiste songeait à la paix de son atelier, à sa chaste statue, au gracieux modèle qui l'attendait. Un jeune homme, se souvenant du procès d'où dépendait le sort d'une famille, pensait à la transaction importante qui réclamait sa présence. Le savant regrettait son cabinet où l'appelait un noble ouvrage. Presque tous se plaignaient d'eux-mêmes. En ce moment, Émile, frais et rose comme le plus joli des commis-marchands d'une boutique en vogue, apparut en riant.

— Vous êtes plus laids que des recors, s'écria-t-il. Vous ne pourrez rien faire aujourd'hui; la journée est perdue, m'est avis de déjeuner.

A ces mots, Taillefer sortit pour donner des ordres. Les femmes allèrent languissamment rétablir le désordre de leurs toilettes devant les glaces. Chacun se secoua. Les plus vicieux prêchèrent les plus sages. Les courtisanes se moquèrent de ceux qui paraissaient ne pas se trouver de force à continuer ce rude festin. En un moment, ces spectres s'animèrent, formèrent des groupes, s'interrogèrent et sourirent. Quelques valets habiles et lestes remirent promptement les meubles et chaque chose à sa place. Un déjeuner splendide fut servi. Les convives se ruèrent alors dans la salle à manger. Là, si tout porta l'empreinte ineffaçable des excès de la veille, au moins y eut-il trace d'existence et de pensée comme dans les dernières convulsions d'un mourant. Semblable au convoi du mardi-gras, la saturnale était enterrée par des masques fatigués de leurs danses, ivres de l'ivresse, et voulant convaincre le plaisir d'impuissance pour ne pas s'avouer la leur. Au moment où cette intrépide assemblée borda la table du capitaliste, Cardot, qui, la veille, avait disparu prudemment après le dîner, pour finir son orgie dans le lit conjugal, montra sa figure officieuse sur laquelle errait un doux sourire. Il semblait avoir deviné quelque succession à déguster, à partager, à inventorier, à grossoyer, une succession pleine d'actes à faire, grosse d'honoraires, aussi juteuse que le filet tremblant dans lequel l'amphitryon plongeait alors son couteau.

— Oh! oh! nous allons déjeuner par-devant notaire, s'écria de Cursy.

— Vous arrivez à propos pour coter et parapher toutes ces pièces, lui dit le banquier en lui montrant le festin.

— Il n'y a pas de testament à faire, mais pour des contrats de mariage, peut-être! dit le savant, qui pour la première fois depuis un an s'était supérieurement marié.

— Oh! oh!

— Ah! ah!

— Un instant, répliqua Cardot assourdi par un chœur de mauvaises plaisanteries, je viens ici pour affaire sérieuse. J'apporte six millions à l'un de vous. (Silence profond.) Monsieur, dit-il en s'adressant à Raphaël, qui, dans ce moment, s'occupait sans cérémonie à s'essuyer les yeux avec un coin de sa serviette, madame votre mère n'était-elle pas une demoiselle O'Flaharty?

— Oui, répondit Raphaël assez machinalement, *Barbe-Marie.*

— Avez-vous ici, reprit Cardot, votre acte de naissance et celui de madame de Valentin?

— Je le crois.

— Eh bien! monsieur, vous êtes seul et unique héritier du major O'Flaharty, décédé en août 1828, à Calcutta.

— Bravo, le major! s'écria le joueur.

— Le major ayant disposé par son testament de plusieurs sommes en faveur de quelques établissements publics, sa succession a été réclamée à la Compagnie des Indes par le gouvernement français, reprit le notaire. Elle est en ce moment liquide et palpable. Depuis quinze jours je cherchais infructueusement les ayants cause de la demoiselle Barbe-Marie O'Flaharty, lorsque hier à table...

En ce moment, Raphaël se leva soudain en laissant échapper le mouvement brusque d'un homme qui reçoit une blessure. Il se fit comme une acclamation silencieuse, le premier sentiment des convives fut dicté par une sourde envie, tous les yeux se tournèrent vers lui comme autant de flammes. Puis, un murmure, semblable à celui d'un parterre qui se courrouce, une rumeur d'émeute commença, grossit, et chacun dit un mot pour saluer cette fortune immense apportée par le notaire. Rendu à toute sa raison par la brusque obéissance du sort, Raphaël étendit promptement sur la table la serviette avec laquelle il avait mesuré naguère la Peau de chagrin. Sans rien écouter, il y superposa le talisman, et frissonna violemment en voyant une assez grande distance entre le contour tracé sur le linge et celui de la Peau.

— Hé bien! qu'a-t-il donc? s'écria Taillefer, il a sa fortune à bon compte.

— *Soutiens-le, Châtillon*, dit Bixiou à Émile, la joie va le tuer.

Une horrible pâleur dessina tous les muscles de la figure flétrie de cet héritier : ses traits se contractèrent, les saillies de son visage blanchirent, les creux devinrent sombres, le masque fut livide, et les yeux se fixèrent. Il voyait la MORT. Ce banquier splendide entouré de courtisanes fanées, de visages rassasiés, cette agonie de la joie, était une vivante image de sa vie. Raphaël regarda trois fois le talisman qui se jouait à l'aise dans les impitoyables lignes imprimées sur la serviette : il essayait de douter; mais un clair pressentiment anéantissait son incrédulité. Le monde lui appartenait, il pouvait tout et ne voulait plus rien. Comme un voyageur au milieu du désert, il avait un peu d'eau pour la soif et devait mesurer sa vie au nombre des gorgées. Il voyait ce que chaque désir devait lui coûter de jours. Puis il croyait à la Peau de chagrin, il s'écoutait respirer, il se sentait déjà malade, il se demandait : Ne suis-je pas pulmonique? Ma mère n'est-elle pas morte de la poitrine?

— Ah! ah! Raphaël, vous allez bien vous amuser! Que me donnerez-vous? disait Aquilina.

— Buvons à la mort de son oncle, le major Martin O'Flaharty? Voilà un homme.

— Il sera pair de France.

— Bah! qu'est-ce qu'un pair de France après Juillet? dit le jugeur.

— Auras-tu loge aux Bouffons?

— J'espère que vous nous régalerez tous, dit Bixiou.

— Un homme comme lui sait faire grandement les choses, dit Émile.

Le hourra de cette assemblée rieuse résonnait aux oreilles de Valentin sans qu'il pût saisir le sens d'un seul mot; il pensait vaguement à l'existence mécanique et sans désirs d'un paysan de Bretagne, chargé d'enfants, labourant son champ, mangeant du sarrazin, buvant du cidre à même son *piché*, croyant à la Vierge et au roi, communiant à Pâques, dansant le dimanche sur une pelouse verte et ne comprenant pas le sermon de son *recteur*. Le spectacle offert en ce moment à ses regards, ces lambris dorés, ces courtisanes, ce repas, ce luxe, le prenaient à la gorge et le faisaient tousser.

— Désirez-vous des asperges? lui cria le banquier.

— *Je ne désire rien*, lui répondit Raphaël d'une voix tonnante.

— Bravo! répliqua Taillefer. Vous comprenez la fortune, elle est un brevet d'impertinence. Vous êtes des nôtres! Messieurs, buvons à la puissance de l'or. Monsieur de Valentin devenu six fois millionnaire arrive au pouvoir. Il est roi, il peut tout, il est au-dessus de tout, comme sont tous les riches. Pour lui désormais, LES FRANÇAIS SONT ÉGAUX DEVANT LA LOI est un mensonge inscrit en tête du Code. Il n'obéira pas aux lois, les lois lui obéiront. Il n'y a pas d'échafaud, pas de bourreaux pour les millionnaires!

— Oui, répliqua Raphaël, ils sont eux-mêmes leurs bourreaux!

— Oh! cria le banquier, buvons.

— Buvons, répéta Raphaël en mettant le talisman dans sa poche.

— Que fais-tu là? dit Émile en lui arrêtant la main. Messieurs, ajouta-t-il en s'adressant à l'assemblée assez surprise des manières de Raphaël, apprenez que notre ami de Valentin, que dis-je? MONSIEUR LE MARQUIS DE VALENTIN, possède un secret pour faire fortune. Ses souhaits sont accomplis au moment même où il les forme. A moins de passer pour un laquais, pour un homme sans cœur, il va nous enrichir tous.

— Ah! mon petit Raphaël, je veux une parure de perles, s'écria Euphrasie.

— S'il est reconnaissant, il me donnera deux voitures attelées de beaux chevaux et qui aillent vite! dit Aquilina.

— Souhaitez-moi cent mille livres de rente.

— Des cachemires!

— Payez mes dettes!

— Envoie une apoplexie à mon oncle, le grand sec!

— Raphaël, je te tiens quitte à dix mille livres de rente.

— Que de donations! s'écria le notaire.

— Il devrait bien me guérir de la goutte.

— Faites baisser les rentes, s'écria le banquier.

Toutes ces phrases partirent comme les gerbes du bouquet qui termine un feu d'artifice, et ces furieux désirs étaient peut-être plus sérieux que plaisants.

— Mon cher ami, dit Émile d'un air grave, je me contenterai de deux cent mille livres de rente; exécute-toi de bonne grâce, allons!

— Émile, dit Raphaël, tu ne sais donc pas à quel prix?

— Belle excuse! s'écria le poète. Ne devons-nous pas nous sacrifier pour nos amis?

— J'ai presque envie de souhaiter votre mort à tous, répondit Valentin en jetant un regard sombre et profond sur les convives.

— Les mourants sont furieusement cruels, dit Émile en riant. Te voilà riche, ajouta-t-il sérieusement, eh bien! je ne te donne pas deux mois pour devenir fangeusement égoïste. Tu est déjà stupide, tu ne comprends pas une plaisanterie. Il ne te manque plu que de croire à ta Peau de chagrin.

Raphaël craignit les moqueries de cette assemblée, garda le silence, but outre mesure et s'enivra pour oublier un moment sa funeste puissance.

L'AGONIE.

Dans les premiers jours du mois de décembre, un vieillard septuagénaire allait, malgré la pluie, par la rue de Varennes en levant le nez à la porte de chaque hôtel, et cherchant l'adresse de monsieur le marquis Raphaël de Valentin, avec la naïveté d'un enfant et l'air absorbé des philosophes. L'empreinte d'un violent chagrin aux prises avec un caractère despotique éclatait sur cette figure accompagnée de longs cheveux gris en désordre, desséchés comme un vieux parchemin qui se tord dans le feu. Si quelque peintre eût rencontré ce singulier personnage, vêtu de noir, maigre et ossu, sans doute, il l'aurait, de retour à l'atelier, transfiguré sur son album, en inscrivant au-dessous du portrait : *Poète classique en quête d'une rime*. Après avoir vérifié le numéro qui lui avait été indiqué, cette vivante palingénésie de Rollin frappa doucement à la porte d'un magnifique hôtel.

— Monsieur Raphaël y est-il? demanda le bonhomme à un suisse en livrée.

— Monsieur le marquis ne reçoit personne, répondit le valet en avalant une énorme mouillette qu'il retirait d'un large bol de café.

— Sa voiture est là, répondit le vieil inconnu en montrant un brillant équipage arrêté sous le dais de bois qui représentait une tente de coutil et par lequel les marches du perron étaient abritées. Il va sortir, je l'attendrai.

— Ah! mon ancien, vous pourriez bien rester ici jusqu'à demain matin, reprit le suisse. Il y a toujours une voiture prête pour monsieur. Mais sortez, je vous prie, je perdrais six cents francs de rente viagère si je laissais une seule fois entrer sans ordre une personne étrangère à l'hôtel.

En ce moment, un grand vieillard dont le costume ressemblait assez à celui d'un huissier ministériel sortit du vestibule et descendit précipitamment quelques marches en examinant le vieux solliciteur ébahi.

— Au surplus, voici monsieur Jonathas, dit le suisse. Parlez-lui.

Les deux vieillards, attirés l'un vers l'autre par une sympathie ou par une curiosité mutuelle, se rencontrèrent au milieu de la vaste cour d'honneur, à un rond-point où croissaient quelques touffes d'herbes entre les pavés. Un silence effrayant régnait dans cet hôtel. En voyant Jonathas, vous eussiez voulu pénétrer le mystère qui planait sur sa figure, et dont tout parlait dans cette maison morne; le premier soin de Raphael, en recueillant l'immense succession de son oncle, avait été de découvrir où vivait le vieux serviteur dévoué sur l'affection duquel il pouvait compter. Jonathas pleura de joie en revoyant son jeune maître auquel il croyait avoir dit un éternel adieu ; mais rien n'égala son bonheur quand le marquis le promut aux éminentes fonctions d'intendant. Le vieux Jonathas devint une puissance intermédiaire placée entre Raphaël et le monde entier. Ordonnateur suprême de la fortune de son maître, exécuteur aveugle d'une pensée inconnue, il était comme un sixième sens à travers lequel les émotions de la vie arrivaient à Raphaël.

— Monsieur, je désirerais parler à monsieur Raphaël, dit le vieillard à Jonathas en montant quelques marches du perron pour se mettre à l'abri de la pluie.

— Parler à monsieur le marquis, s'écria l'intendant. A peine m'adresse-t-il la parole, à moi son père nourricier.

— Mais je suis aussi son père nourricier, s'écria le vieil homme. Si votre femme l'a jadis allaité, je lui ai fait sucer moi-même le sein des muses. Il est mon nourrisson, mon enfant, *carus alumnus* ! J'ai façonné sa cervelle, cultivé son entendement, développé son génie, et j'ose le dire, à mon honneur et gloire. N'est-il pas un des hommes les plus remarquables de notre époque ? Je l'ai eu, sous moi, en sixième, en troisième et en rhétorique. Je suis son professeur.

— Ah ! monsieur est monsieur Porriquet.

— Précisément. Mais monsieur...

— Chut, chut ! fit Jonathas à deux marmitons dont les voix rompaient le silence claustral dans lequel la maison était ensevelie.

— Mais, monsieur, reprit le professeur, monsieur le marquis serait-il malade ?

— Mon cher monsieur, répondit Jonathas, Dieu seul sait ce qui tient mon maître. Voyez-vous, il n'existe pas à Paris deux maisons semblables à la nôtre. Entendez-vous ? deux maisons. Ma foi, non. Monsieur le marquis a fait acheter cet hôtel qui appartenait précédemment à un duc et pair. Il a dépensé trois cent mille francs pour le meubler. Voyez-vous ? c'est une somme, trois cent mille francs. Mais chaque pièce de notre maison est un vrai miracle. Bon ! me suis-je dit en voyant cette magnificence, c'est comme chez défunt monsieur son père ! Le jeune marquis va recevoir la ville et la cour ! Point. Monsieur n'a voulu voir personne. Il mène une drôle de vie, monsieur Porriquet, entendez-vous ? une vie inconciliable. Monsieur se lève tous les jours à la même heure. Il n'y a que moi, moi seul, voyez-vous ? qui puisse entrer dans sa chambre. J'ouvre à sept heures, été comme hiver. Cela est convenu singulièrement. Étant entré, je lui dis : Monsieur le marquis, il faut vous réveiller et vous habiller. Il se réveille et s'habille. Je dois lui donner sa robe de chambre, toujours faite de la même façon et de la même étoffe. Je suis obligé de la remplacer quand elle ne pourra plus servir, rien que pour lui éviter la peine d'en demander une neuve. C'te imagination! Au fait, il a mille francs à manger par jour, il fait ce qu'il veut, ce cher enfant. D'ailleurs, je l'aime tant, qu'il me donnerait un soufflet sur la joue droite, je lui tendrais la gauche! Il me dirait de faire des choses plus difficiles, je les ferais encore, entendez-vous? Au reste, il m'a chargé de tant de vétilles, que j'ai de quoi m'occuper. Il lit les journaux, pas vrai? Ordre de les mettre au même endroit, sur la même table. Je viens aussi, à la même heure, lui faire moi-même la barbe et je ne tremble pas. Le cuisinier perdrait mille écus de rente viagère qui l'attendent après la mort de monsieur, si le déjeuner ne se trouvait pas inconciliablement servi devant monsieur, à dix heures, tous les matins, et le dîner à cinq heures précises. Le menu est dressé pour l'année entière, jour par jour. Monsieur le marquis n'a rien à souhaiter. Il a des fraises quand il y a des fraises, et le premier maquereau qui arrive à Paris, il le mange. Le programme est imprimé, il sait le matin son dîner par cœur. Pour lors, il s'habille à la même heure avec les mêmes habits, le même linge, posés toujours par moi, entendez-vous? sur le même fauteuil. Je dois encore veiller à ce qu'il ait toujours le même drap; en cas de besoin, si sa redingote s'abîme, une supposition, la remplacer par une autre, sans lui en dire un mot. S'il fait beau, j'entre et je dis à mon maître : Vous devriez sortir, monsieur? Il me répond oui, ou non. S'il a idée de se promener, il n'attend pas ses chevaux, ils sont toujours attelés; le cocher reste inconciliablement, fouet en main, comme vous le voyez là. Le soir, après le dîner, monsieur va un jour à l'Opéra et l'autre aux Ital... mais non, il n'a pas encore été aux Italiens, je n'ai pu me procurer une loge qu'hier. Puis, il rentre à onze heures précises pour se coucher. Pendant les intervalles de la journée où il ne fait rien, il lit, il lit toujours, voyez-vous? une idée qu'il a. J'ai ordre de lire avant lui le Journal de la librairie, afin d'acheter des livres nouveaux, afin qu'il les trouve le jour même de leur vente sur sa cheminée. J'ai la consigne d'entrer d'heure en heure chez lui, pour veiller au feu, à tout, pour voir à ce que rien ne lui manque; il m'a donné, monsieur, un petit livre à apprendre par cœur, et où sont écrits tous mes devoirs, un vrai cathéchisme.

En été, je dois, avec des tas de glace, maintenir la température au même degré de fraîcheur, et mettre en tous temps des fleurs nouvelles partout. Il est riche? il a mille francs à manger par jour, il peut faire ses fantaisies. Il a été privé assez long temps du nécessaire, le pauvre enfant! Il ne tourmente personne, il est bon comme le bon pain, jamais il ne dit mot, mais, par exemple, silence complet à l'hôtel et dans le jardin! Enfin, mon maître n'a pas un seul désir à former, tout marche au doigt et à l'œil, et *recta!* Et il a raison, si l'on ne tient pas les domestiques, tout va à la débandade. Je lui dis tout ce qu'il doit faire, et il m'écoute. Vous ne sauriez croire à quel point il a poussé la chose. Ses appartements sont... en... en comment donc? ah! en enfilade. Eh bien! il ouvre, une supposition, la porte de sa chambre ou de son cabinet, crac! toutes les portes s'ouvrent d'elles-mêmes par un mécanisme. Pour lors, il peut aller d'un bout à l'autre de sa maison sans trouver une seule porte fermée. C'est gentil et commode et agréable pour nous autres! Ça nous a coûté gros par exemple! Enfin, finalement, monsieur Porriquet, il m'a dit : « Jonathas, tu auras soin de moi comme d'un enfant au maillot. Au maillot, oui, monsieur, au maillot qu'il a dit. Tu penseras à mes besoins, pour moi. » Je suis le maître, entendez-vous? et il est quasiment le domestique. Le pourquoi? Ah! par exemple, voilà ce que personne au monde ne sait que lui et le bon Dieu. C'est inconciliable!

— Il fait un poème, s'écria le vieux professeur.

— Vous croyez, monsieur, qu'il fait un poème? C'est donc bien assujettissant, ça! Mais, voyez-vous, je ne crois pas. Il me répète souvent qu'il veut vivre comme une végétation, en végétant. Et pas plus tard qu'hier, monsieur Porriquet, il regardait une tulipe, et il disait en s'habillant : « Voilà ma vie. Je végète, mon pauvre Jonathas. » A cette heure, d'autres prétendent qu'il est *monomane.* C'est inconciliable!

— Tout me prouve, Jonathas, reprit le professeur avec une gravité magistrale qui imprima un profond respect au vieux valet de chambre, que votre maître s'occupe d'un grand ouvrage. Il est plongé dans de vastes méditations, et ne veut pas en être distrait par les préoccupations de la vie vulgaire. Au milieu de ses travaux intellectuels, un homme de génie oublie tout. Un jour le célèbre Newton...

— Ah! Newton, bien, dit Jonathas. Je ne le connais pas.

— Newton, un grand géomètre, reprit Porriquet, passa vingt-quatre heures, le coude appuyé sur une table; quand il sortit de sa rêverie, il croyait le lendemain être encore à la veille, comme s'il eût dormi. Je vais aller le voir, ce cher enfant, je peux lui être utile.

— Minute, s'écria Jonathas. Vous seriez le roi de France, l'ancien, s'entend! que vous n'entreriez pas à moins de forcer les portes et de me marcher sur le corps. Mais, monsieur Porriquet, je cours lui dire que vous êtes là, et je lui demanderai comme ça : Faut-il le faire monter? Il répondra *oui* ou *non*. Jamais je ne lui dis : *Souhaitez-vous? voulez-vous? désirez-vous?* Ces mots-là sont rayés de la conversation. Une fois il m'en est échappé un. — Veux-tu me faire mourir? m'a-t-il dit, tout en colère.

Jonathas laissa le vieux professeur dans le vestibule, en lui faisant signe de ne pas avancer; mais il revint promptement avec une réponse favorable, et conduisit le vieil émérite à travers de somptueux appartements dont toutes les portes étaient ouvertes. Porriquet aperçut de loin son élève au coin d'une cheminée. Enveloppé d'une robe de chambre à grands dessins, et plongé dans un fauteuil à ressorts, Raphaël lisait le journal. L'extrême mélancolie à laquelle il paraissait être en proie était exprimée par l'attitude maladive de son corps affaissé; elle était peinte sur son front, sur son visage pâle comme une fleur étiolée. Une sorte de grâce efféminée et les bizarreries particulières aux malades riches distinguaient sa personne. Ses mains, semblables à celles d'une jolie femme, avaient une blancheur molle et délicate. Ses cheveux blonds, devenus rares, se bouclaient autour de ses tempes par une coquetterie recherchée. Une calotte grecque, entraînée par un gland trop lourd pour le léger cachemire dont elle était faite, pendait sur un côté de sa tête. Il avait laissé tomber à ses pieds le couteau de malachite enrichi d'or dont il s'était servi pour couper les feuillets d'un livre. Sur ses genoux était le bec d'ambre d'un magnifique houka de l'Inde dont les spirales émaillées gisaient comme un serpent dans sa chambre, et il oubliait d'en sucer les frais parfums. Cependant, la faiblesse générale de son jeune corps était démentie par des yeux bleus où toute la vie semblait s'être retirée, où brillait un sentiment extraordinaire qui saisissait tout d'abord. Ce regard faisait mal à voir. Les uns pouvaient y lire du désespoir; d'autres y deviner un combat intérieur, aussi terrible qu'un remords. C'était le coup d'œil profond de l'impuissant qui refoule ses désirs au fond de son cœur, ou celui de l'avare jouissant par la pensée de tous les plaisirs que son argent pourrait lui procurer, et s'y refusant pour ne pas amoindrir son trésor; ou le regard du Prométhée enchaîné, de Napoléon déchu qui apprend à l'Élysée, en 1815, la faute stratégique commise par ses ennemis, qui demande le commandement pour vingt-quatre heures et ne l'obtient pas. Véritable regard de conquérant et de damné! et, mieux encore, le regard que, plusieurs mois auparavant, Raphaël avait jeté sur la Seine ou sur sa dernière pièce d'or mise au jeu. Il soumettait sa volonté, son intelligence, au grossier bon sens d'un vieux paysan à peine civilisé par une domesticité de cinquante années. Presque joyeux de devenir une sorte d'automate, il abdiquait la vie pour vivre, et dépouillait son âme de toutes les poésies du désir. Pour mieux lutter avec la cruelle puissance dont il avait accepté le défi, il s'était fait chaste à la manière d'Origène, en châtrant son imagination. Le lendemain du jour où, soudainement enrichi par un testament, il avait vu décroître la Peau de chagrin, il s'était trouvé chez son notaire. Là, un médecin assez en vogue avait raconté sérieusement, au dessert, la manière dont un Suisse attaqué de pulmonie s'en était guéri. Cet homme n'avait pas dit un mot pendant dix ans, et s'était soumis à ne respirer que six fois par minute dans l'air épais d'une vacherie, en suivant un régime alimentaire extrêmement doux. Je serai cet homme! se dit en lui-même Raphaël, qui voulait vivre à tout prix. Au sein du luxe, il mena la vie d'une machine à vapeur. Quand le vieux professeur envisagea ce jeune cadavre, il tressaillit; tout lui semblait artificiel dans ce corps fluet et débile. En apercevant le marquis à l'œil dévorant, au front chargé de pensées, il ne put reconnaître l'élève au teint frais et rose, aux membres juvéniles, dont il avait gardé le souvenir. Si le classique bonhomme, critique sagace et conservateur du bon goût, avait lu lord Byron, il aurait cru voir Manfred là où il eût voulu voir Childe-Harold.

— Bonjour, père Porriquet, dit Raphaël à son professeur en pressant les doigts glacés du vieillard dans une main brûlante et moite. Comment vous portez-vous?

— Mais moi je vais bien, répondit le vieillard effrayé par le contact de cette main fiévreuse. Et vous?

— Oh! j'espère me maintenir en bonne santé.

— Vous travaillez sans doute à quelque bel ouvrage?

— Non, répondit Raphaël. *Exegi monumentum*, père Porriquet, j'ai achevé une grande page, et j'ai dit adieu pour toujours à la science. A peine sais-je où se trouve mon manuscrit.

— Le style en est pur, sans doute? demanda le professeur. Vous n'aurez pas, j'espère, adopté le langage barbare de cette nouvelle école qui croit faire merveille en inventant Ronsard.

— Mon ouvrage est une œuvre purement physiologique.

— Oh! tout est dit, reprit le professeur. Dans les sciences, la grammaire doit se prêter aux exigences des découvertes. Néanmoins, mon enfant, un style clair, harmonieux, la langue de Massillon, de M. de Buffon, du grand Racine, un style classique, enfin, ne gâte jamais rien. Mais, mon ami, reprit le professeur en s'interrompant, j'oubliais l'objet de ma visite. C'est une visite intéressée.

Se rappelant trop tard la verbeuse élégance et les éloquentes périphrases auxquelles un long professorat avait habitué son maître, Raphaël se repentit presque de l'avoir reçu; mais au moment où il allait souhaiter de le voir dehors, il comprima promptement son secret désir en jetant un furtif coup d'œil à la Peau de chagrin, suspendue devant lui et appliquée sur une étoffe blanche où ses contours fatidiques étaient soigneusement dessinés par une ligne rouge qui l'encadrait exactement. Depuis la fatale orgie, Raphaël étouffait le plus léger de ses caprices, et vivait de manière à ne pas causer le moindre tressaillement à ce terrible talisman. La Peau de chagrin était comme un tigre avec lequel il lui fallait vivre, sans en reveiller la férocité. Il écouta donc patiemment les amplifications du vieux professeur. Le père Porriquet mit une heure à lui raconter les persécutions dont il était devenu l'objet depuis la révolution de juillet. Le bonhomme, voulant un gouvernement fort, avait émis le vœu patriotique de laisser les épiciers à leurs comptoirs, les hommes d'état au maniement des affaires publiques, les avocats au Palais, les pairs de France au Luxembourg; mais un des ministres populaires du roi-citoyen l'avait banni de sa chaire en l'accusant de carlisme. Le vieillard se trouvait sans place, sans retraite et sans pain. Étant la providence d'un pauvre neveu dont il payait la pension au séminaire de Saint-Sulpice, il venait, moins pour lui-même que pour son enfant adoptif, prier son ancien élève le réclamer auprès du nouveau ministre, non sa réintégration, mais l'emploi de proviseur dans quelque collége de province. Raphaël était en proie à une somnolence invincible, lorsque la voix monotone du bonhomme cessa de retentir à ses oreilles. Obligé par politesse de regarder les yeux blancs et presque immobiles de ce vieillard au débit lent et lourd, il avait été stupéfié, magnétisé par une inexplicable force d'inertie.

— Eh! bien, mon bon père Porriquet, répliqua-t-il sans savoir précisément à quelle interrogation il répondait, je n'y puis rien, rien du tout. *Je souhaite bien vivement que vous réussissiez...*

En ce moment, sans apercevoir l'effet que produisirent sur le front jaune et ridé du vieillard ces banales paroles, pleines d'égoïsme et d'insouciance, Raphaël se dressa comme un jeune chevreuil effrayé. Il vit une légère ligne blanche entre le bord de la peau noire et le dessin rouge; il poussa un cri si terrible que le pauvre professeur en fut épouvanté.

— Allez, vieille bête! s'écria-t-il, vous serez nommé proviseur! Ne pouviez-vous pas me demander une rente viagère de mille écus plutôt qu'un souhait homicide? Votre visite ne m'aurait rien coûté. Il y a cent mille emplois en France, et je n'ai qu'une vie! Une vie d'homme vaut plus que tous les emplois du monde. Jonathas! Jonathas parut. Voilà de tes œuvres, triple sot, pourquoi m'as-tu proposé de recevoir monsieur? dit-il en lui montrant le vieillard pétrifié. T'ai-je remis mon âme entre les mains pour la déchirer? Tu m'arraches en ce moment dix années d'existence! Encore une faute comme celle-ci, et tu me conduiras à la demeure où j'ai conduit mon père. N'aurais-je pas mieux aimé posséder la belle lady Dudley que d'obliger cette vieille carcasse, espèce de haillon humain? J'ai de l'or pour lui. D'ailleurs, quand tous les Porriquet du monde mourraient de faim, qu'est-ce que cela me ferait?

La colère avait blanchi le visage de Raphaël; une légère écume sillonnait ses lèvres tremblantes, et l'expression de ses yeux était sanguinaire. A cet aspect, les deux vieillards furent saisis d'un tressaillement convulsif, comme deux enfants en présence d'un serpent. Le jeune homme tomba sur son fauteuil; il se fit une sorte de réaction dans son âme, des larmes coulèrent abondamment de ses yeux flamboyants.

— Oh! ma vie! ma belle vie! dit-il. Plus de bienfaisantes pensées! plus d'amour! plus rien! Il se tourna vers le professeur. Le mal est fait, mon vieil ami, reprit-il d'une voix douce. Je vous aurai largement récompensé de vos soins. Et mon malheur aura, du moins, produit le bien d'un bon et digne homme.

Il y avait tant d'âme dans l'accent qui nuança ces paroles presque inintelligibles, que les deux vieillards pleurèrent comme on pleure en entendant un air attendrissant chanté dans une langue étrangère.

— Il est épileptique, dit Porriquet à voix basse.

— Je reconnais votre bonté, mon ami, reprit doucement Raphaël, vous voulez m'excuser. La maladie est un accident, l'inhumanité serait un vice. Laissez-moi maintenant, ajouta-t-il. Vous recevrez demain ou après-demain, peut-être même ce soir, votre nomination, car la *résistance* a triomphé du *mouvement*. Adieu.

Le vieillard se retira, pénétré d'horreur et en proie à de vives inquiétudes sur la santé morale de Valentin. Cette scène avait eu pour lui quelque chose de surnaturel. Il doutait de lui-même et s'interrogeait comme s'il se fût réveillé après un songe pénible.

— Écoute, Jonathas, reprit le jeune homme en s'adressant à son vieux serviteur. Tâche de comprendre la mission que je t'ai confiée!

— Oui, monsieur le marquis.

— Je suis comme un homme mis hors la loi commune.

— Oui, monsieur le marquis.

— Toutes les jouissances de la vie se jouent autour de mon lit de mort et dansent comme de belles femmes devant moi; si je les appelle, je meurs. Toujours la mort! Tu dois être une barrière entre le monde et moi.

— Oui, monsieur le marquis, dit le vieux valet en essuyant les gouttes de sueur qui chargeaient son front ridé. Mais, si vous ne voulez pas voir de belles femmes, comment ferez-vous ce soir aux Italiens? Une famille anglaise qui repart pour Londres m'a cédé le reste de son abonnement, et vous avez une belle loge. Oh! une loge superbe, aux premières.

Tombé dans une profonde rêverie, Raphaël n'écoutait plus.

Voyez-vous cette fastueuse voiture, ce coupé simple en dehors de couleur brune, mais sur les panneaux duquel brille l'écusson d'une antique et noble famille? Quand ce coupé passe rapidement, les grisettes l'admirent, en convoitent le satin jaune, le tapis de la

Savonnerie, la passementerie fraîche comme une paille de riz, les moelleux coussins, et les glaces muettes. Deux laquais en livrée se tiennent derrière cette voiture aristocratique; mais au fond, sur la soie, gît une tête brûlante aux yeux cernés, la tête de Raphaël, triste et pensif. Fatale image de la richesse ! Il court à travers Paris comme une fusée, arrive au péristyle du théâtre Favart, le marchepied se déploie, ses deux valets le soutiennent, une foule envieuse le regarde.

— Qu'a-t-il fait celui-là pour être si riche? dit un pauvre étudiant en droit, qui, faute d'un écu, ne pouvait entendre les magiques accords de Rossini.

Raphaël marchait lentement dans les corridors de la salle; il ne se promettait aucune jouissance de ces plaisirs si fort enviés jadis. En attendant le second acte de la *Semiramide*, il se promenait au foyer, errait à travers les galeries, insouciant de sa loge dans laquelle il n'était pas encore entré. Le sentiment de la propriété n'existait déjà plus au fond de son cœur. Semblable à tous les malades, il ne songeait qu'à son mal. Appuyé sur le manteau de la cheminée, autour de laquelle abondaient, au milieu du foyer, les jeunes et vieux élégants, d'anciens et de nouveaux ministres, des pairs sans pairie, et des pairies sans pair, telles que les a faites la révolution de juillet, enfin tout un monde de spéculateurs et de journalistes, Raphaël vit à quelques pas de lui, parmi toutes les têtes, une figure étrange et surnaturelle. Il s'avança en clignant les yeux fort insolemment vers cet être bizarre, afin de le contempler de plus près. Quelle admirable peinture! se dit-il. Les sourcils, les cheveux, la virgule à la Mazarin que montrait vaniteusement l'inconnu, étaient teints en noir; mais, appliqué sur une chevelure sans doute trop blanche, le cosmétique avait produit une couleur violâtre et fausse dont les teintes changeaient suivant les reflets plus ou moins vifs des lumières. Son visage étroit et plat, dont les rides étaient comblées par d'épaisses couches de rouge et de blanc, exprimait à la fois la ruse et l'inquiétude. Cette enluminure manquait à quelques endroits de la face et faisait singulièrement ressortir sa décrépitude et son teint plombé; aussi était-il impossible de ne pas rire en voyant cette tête au menton pointu, au front proéminent, assez semblable à ces grotesques figures de bois sculptées en Allemagne par les bergers pendant leurs loisirs. En examinant tour à tour ce vieil Adonis et

Raphaël, un observateur aurait cru reconnaître dans le marquis les yeux d'un jeune homme sous le masque d'un vieillard, et dans l'inconnu les yeux ternes d'un vieillard sous le masque d'un jeune homme. Valentin cherchait à se rappeler en quelle circonstance il avait vu ce petit vieux sec, bien cravaté, botté en adulte, qui faisait sonner ses éperons et se croisait les bras comme s'il avait toutes les forces d'une pétulante jeunesse à dépenser. Sa démarche n'accusait rien de gêné, ni d'artificiel. Son élégant habit, soigneusement boutonné, déguisait une antique et forte charpente, en lui donnant la tournure d'un vieux fat qui suit encore les modes. Cette espèce de poupée pleine de vie avait pour Raphaël tous les charmes d'une apparition, et il le contemplait comme un vieux Rembrandt enfumé, récemment restauré, verni, mis dans un cadre neuf. Cette comparaison lui fit retrouver la trace de la vérité dans ses confus souvenirs : il reconnut le marchand de curiosités, l'homme auquel il devait son malheur. En ce moment, un rire muet échappait à ce fantastique personnage, et se dessinait sur ses lèvres froides, tendues par un faux râtelier. A ce rire, la vive imagination de Raphaël lui montra dans cet homme de frappantes ressemblances avec la tête idéale que les peintres ont donnée au Méphistophélès de Goëthe. Mille superstitions s'emparèrent de l'âme forte de Raphaël, il crut alors à la puissance du démon, à tous les sortiléges rapportés dans les légendes du moyen âge et mises en œuvre par les poètes. Se refusant avec horreur au sort de Faust, il invoqua soudain le ciel, ayant, comme les mourants, une foi fervente en Dieu, en la vierge Marie. Une radieuse et fraîche lumière lui permit d'apercevoir le ciel de Michel-Ange et de Sanzio d'Urbin : des nuages, un vieillard à barbe blanche, des têtes ailées, une belle femme assise dans une auréole. Maintenant il comprenait, il adoptait ces admirables créations dont les fantaisies presque humaines lui expliquaient son aventure et lui permettaient encore un espoir. Mais quand ses yeux retombèrent sur le foyer des Italiens, au lieu de la Vierge, il vit une ravissante fille, la détestable Euphrasie, cette danseuse au corps souple et léger, qui, vêtue d'une robe éclatante, couverte de perles orientales, arrivait impatiente, de son vieillard impatient, et venait se montrer, insolente, le front hardi, les yeux pétillants, à ce monde envieux et spéculateur pour témoigner de la richesse sans bornes un marchand dont elle dissipait les trésors. Raphaël se souvint du souhait goguenard par lequel il avait accueilli le fatal présent du vieux homme, et savoura tous les plaisirs de la vengeance en contemplant l'humiliation profonde de cette sagesse sublime, dont naguère la chute semblait impossible. Le funèbre sourire du centenaire s'adressait à Euphrasie qui répondit par un mot d'amour ; il lui offrit son bras desséché, fit deux ou trois fois le tour du foyer, recueillit avec délices les regards de passion et les compliments jetés par la foule à sa maîtresse, sans voir les rires dédaigneux, sans entendre les railleries mordantes dont il était l'objet.

— Dans quel cimetière cette jeune goule a-t-elle déterré ce cadavre? s'écria le plus élégant de tous les romantiques.

Euphrasie se prit à sourire. Le railleur était un jeune homme aux cheveux blonds, aux yeux bleus et brillants, svelte, portant moustache, ayant un frac écourté, le chapeau sur l'oreille, la repartie vive, tout le langage du genre.

— Combien de vieillards, se dit Raphaël en lui-même, couronnent une vie de probité, de travail, de vertu, par une folie. Celui-ci a les pieds froids et fait l'amour.

— Hé bien! monsieur, s'écria Valentin en arrêtant le marchand et lançant une œillade à Euphrasie, ne vous souvenez-vous plus des sévères maximes de votre philosophie?

— Ah! répondit le marchand d'une voix déjà cassée, je suis maintenant heureux comme un jeune homme. J'avais pris l'existence au rebours. Il y a toute une vie dans une heure d'amour.

En ce moment, les spectateurs entendirent la sonnette de rappel et quittèrent le foyer pour se rendre à leurs places. Le vieillard et Raphaël se séparèrent. En entrant dans sa loge, le marquis aperçut Fœdora, placée à l'autre côté de la salle précisément en face de lui. Sans doute arrivée depuis peu, la comtesse rejetait son écharpe en arrière, se découvrait le cou, faisait les petits mouvements indescriptibles d'une coquette occupée à se poser : tous les regards étaient concentrés sur elle. Un jeune pair de France l'accompagnait, elle lui demanda la lorgnette qu'elle lui avait donnée à porter. A son geste, à la manière dont elle regarda ce nouveau partenaire, Raphaël devina la tyrannie à laquelle son successeur était soumis. Fasciné sans doute comme il l'avait été jadis, dupé comme lui, comme lui luttant avec toute la puissance d'un amour vrai contre les froids calculs de cette femme, ce jeune homme devait souffrir les tourments auxquels Valentin avait heureusement renoncé,

Une joie inexprimable anima la figure de Fœdora, quand, après avoir braqué sa lorgnette sur toutes les loges, et rapidement examiné les toilettes, elle eut la conscience d'écraser par sa parure et par sa beauté les plus jolies, les plus élégantes femmes de Paris ; elle se mit à rire pour montrer ses dents blanches, agita sa tête ornée de fleurs pour se faire admirer, son regard alla de loge en loge, se moquant d'un béret gauchement posé sur le front d'une princesse russe, ou d'un chapeau manqué qui coiffait horriblement mal la fille d'un banquier. Tout à coup elle pâlit en rencontrant les yeux fixes de Raphaël ; son amant dédaigné la foudroya par un intolérable coup d'œil de mépris. Quand aucun de ses amants bannis ne méconnaissait sa puissance, Valentin, seul dans le monde, était à l'abri de ses séductions. Un pouvoir impunément bravé touche à sa ruine. Cette maxime est gravée plus profondément au cœur d'une femme qu'à la tête des rois. Aussi, Fœdora voyait-elle en Raphaël la mort de ses prestiges et de sa coquetterie. Un mot, dit par lui la veille à l'Opéra, était déjà devenu célèbre dans les salons de Paris. Le tranchant de cette terrible épigramme avait fait à la comtesse une blessure incurable. En France, nous savons cautériser une plaie, mais nous n'y connaissons pas encore de remède au mal que produit une phrase. Au moment où toutes les femmes regardèrent alternativement le marquis et la comtesse, Fœdora aurait voulu l'abîmer dans les oubliettes de quelque Bastille, car malgré son talent pour la dissimulation, ses rivales devinèrent sa souffrance. Enfin sa dernière consolation lui échappa. Ces mots délicieux : je suis la plus belle ! cette phrase éternelle qui calmait tous les chagrins de sa vanité, devint un mensonge. A l'ouverture du second acte, une femme vint se placer près de Raphaël, dans une loge qui jusqu'alors était restée vide. Le parterre entier laissa échapper un murmure d'admiration. Cette mer de faces humaines agita ses lames intelligentes et tous les yeux regardèrent l'inconnue. Jeunes et vieux firent un tumulte si prolongé que, pendant le lever du rideau, les musiciens de l'orchestre se tournèrent d'abord pour réclamer le silence; mais ils s'unirent aux applaudissements et en accrurent les confuses rumeurs. Des conversations animées s'établirent dans chaque loge. Les femmes s'étaient toutes armées de leurs jumelles, les vieillards rajeunis nettoyaient avec la peau de leurs gants le verre de leurs lorgnettes. L'enthousiasme se calma par degrés, les chants retentirent sur la scène, tout rentra dans

l'ordre. La bonne compagnie, honteuse d'avoir cédé à un mouvement naturel, reprit la froideur aristocratique de ses manières polies. Les riches veulent ne s'étonner de rien, ils doivent reconnaître au premier aspect d'une belle œuvre le défaut qui les dispensera de l'admiration, sentiment vulgaire. Cependant quelques hommes restèrent immobiles sans écouter la musique, perdus dans un ravissement naïf, occupés à contempler la voisine de Raphaël. Valentin aperçut dans une baignoire, et près d'Aquilina, l'ignoble et sanglante figure de Taillefer, qui lui adressait une grimace approbative. Puis il vit Émile, qui, debout à l'orchestre, semblait lui dire :
— Mais regarde donc la belle créature qui est près de toi! Enfin Rastignac assis près d'une jeune femme, une veuve sans doute, tortillait ses gants comme un homme au désespoir d'être enchaîné là, sans pouvoir aller près de la divine inconnue. La vie de Raphaël dépendait d'un pacte encore inviolé qu'il avait fait avec lui-même, il s'était promis de ne jamais regarder attentivement aucune femme, et pour se mettre à l'abri d'une tentation, il portait un lorgnon dont le verre microscopique artistement disposé, détruisait l'harmonie des plus beaux traits, en leur donnant un hideux aspect. Encore en proie à la terreur qui l'avait saisi le matin, quand, pour un simple vœu de politesse, le talisman s'était si promptement resserré, Raphaël résolut fermement de ne pas se retourner vers sa voisine. Assis comme une duchesse, il présentait le dos au coin de sa loge, et dérobait avec impertinence la moitié de la scène à l'inconnue, ayant l'air de la mépriser, d'ignorer même qu'une jolie femme se trouvât derrière lui. La voisine copiait avec exactitude la posture de Valentin. Elle avait appuyé son coude sur le bord de la loge, et se mettait la tête de trois quarts, en regardant les chanteurs, comme si elle se fût posée devant un peintre. Ces deux personnes ressemblaient à deux amants brouillés qui se boudent, se tournent le dos et vont s'embrasser au premier mot d'amour. Par moments, les légers marabouts ou les cheveux de l'inconnue effleuraient la tête de Raphaël et lui causaient une sensation voluptueuse contre laquelle il luttait courageusement; bientôt il sentit le doux contact des ruches de blonde qui garnissaient le tour de la robe, la robe elle-même fit entendre le murmure efféminé de ses plis, frissonnement plein de molles sorcelleries; enfin le mouvement imperceptible imprimé par la respiration à la poitrine, au dos, aux vêtements de cette jolie femme, toute sa vie suave se communiqua

soudain à Raphaël comme une étincelle électrique ; le tulle et la dentelle transmirent fidèlement à son épaule chatouillée la délicieuse chaleur de ce dos blanc et nu. Par un caprice de la nature, ces deux êtres désunis par le bon ton, séparés par les abîmes de la mort, respirèrent ensemble et pensèrent peut-être l'un à l'autre. Les pénétrants parfums de l'aloës achevèrent d'enivrer Raphaël. Son imagination irritée par un obstacle, et que les entraves rendaient encore plus fantasque, lui dessina rapidement une femme en traits de feu. Il se retourna brusquement. Choquée sans doute de se trouver en contact avec un étranger, l'inconnue fit un mouvement semblable ; leurs visages, animés par la même pensée, restèrent en présence.

— Pauline !

— Monsieur Raphaël !

Pétrifiés l'un et l'autre, ils se regardèrent un instant en silence. Raphaël voyait Pauline dans une toilette simple et de bon goût. A travers la gaze qui couvrait chastement son corsage, des yeux habiles pouvaient apercevoir une blancheur de lis et deviner des formes qu'une femme eût admirées. Puis c'était toujours sa modestie virginale, sa céleste candeur, sa gracieuse attitude. L'étoffe de sa manche accusait le tremblement qui faisait palpiter le corps comme palpitait le cœur.

— Oh ! venez demain, dit-elle, venez à l'hôtel Saint-Quentin, y reprendre vos papiers. J'y serai à midi. Soyez exact.

Elle se leva précipitamment et disparut. Raphaël voulut suivre Pauline, il craignit de la compromettre, resta, regarda Fœdora, la trouva laide ; mais ne pouvant comprendre une seule phrase de musique, étouffant dans cette salle, le cœur plein, il sortit et revint chez lui.

— Jonathas, dit-il à son vieux domestique au moment où il fut dans son lit, donne-moi une demi-goutte de laudanum sur un morceau de sucre, et demain ne me réveille qu'à midi moins vingt minutes.

— Je veux être aimé de Pauline, s'écria-t-il le lendemain en regardant le talisman avec une indéfinissable angoisse. La peau ne fit aucun mouvement, elle semblait avoir perdu sa force contractile, elle ne pouvait sans doute pas réaliser un désir accompli déjà.

— Ah ! s'écria Raphaël en se sentant délivré comme d'un manteau de plomb qu'il aurait porté depuis le jour où le talisman lui avait été donné, tu mens, tu ne m'obéis pas, le pacte est rompu ! Je suis libre, je vivrai. C'était donc une mauvaise plaisanterie. En disant ces paroles, il n'osait pas croire à sa propre pensée. Il se mit aussi simplement qu'il l'était jadis, et voulut aller à pied à son ancienne demeure, en essayant de se reporter en idée à ces jours heureux où il se livrait sans danger à la furie de ses désirs, où il n'avait point encore jugé toutes les jouissances humaines. Il marchait, voyant, non plus la Pauline de l'hôtel Saint-Quentin, mais la Pauline de la veille, cette maîtresse accomplie, si souvent rêvée, jeune fille spirituelle, aimante, artiste, comprenant les poètes, comprenant la poésie et vivant au sein du luxe ; en un mot Fœdora doué d'une belle âme, ou Pauline comtesse et deux fois millionnaire comme l'était Fœdora. Quand il se trouva sur le seuil usé, sur la dalle cassée de cette porte où, tant de fois, il avait eu des pensées de désespoir, une vieille femme sortit de la salle et lui dit :

— N'êtes-vous pas monsieur Raphaël de Valentin ?

— Oui, ma bonne mère, répondit-il.

— Vous connaissez votre ancien logement, reprit-elle, vous y êtes attendu.

— Cet hôtel est-il toujours tenu par madame Gaudin ? demanda-t-il.

— Oh ! non, monsieur. Maintenant madame Gaudin est baronne. Elle est dans une belle maison à elle, de l'autre côté de l'eau. Son mari est revenu. Dame ! il a rapporté des mille et des cents. L'on dit qu'elle pourrait acheter tout le quartier Saint-Jacques, si elle le voulait. Elle m'a donné *gratis* son fonds et son restant de bail. Ah ! c'est une bonne femme tout de même ! Elle n'est pas plus fière aujourd'hui qu'elle ne l'était hier.

Raphaël monta lestement à sa mansarde, et quand il atteignit les dernières marches de l'escalier, il entendit les sons du piano. Pauline était là modestement vêtue d'une robe de percaline ; mais la façon de la robe, les gants, le chapeau, le châle, négligemment jetés sur le lit, révélaient toute une fortune.

— Ah ! vous voilà donc ! s'écria Pauline en tournant la tête et se levant par un naïf mouvement de joie.

Raphaël vint s'asseoir près d'elle, rougissant, honteux, heureux ; il la regarda sans rien dire.

— Pourquoi nous avez-vous donc quittées ? reprit-elle en

sant les yeux au moment où son visage s'empourpra. Qu'êtes-vous devenu ?

— Ah ! Pauline, j'ai été, je suis bien malheureux encore !

— Là ! s'écria-t-elle tout attendrie. J'ai deviné votre sort hier en vous voyant bien mis, riche en apparence, mais en réalité, hein ! monsieur Raphaël, est-ce toujours comme autrefois ?

Valentin ne put retenir quelques larmes, elles roulèrent dans ses yeux, il s'écria : — Pauline !... je... Il n'acheva pas, ses yeux étincelèrent d'amour, et son cœur déborda dans son regard.

— Oh ! il m'aime, il m'aime, s'écria Pauline.

Raphaël fit un signe de tête, car il se sentit hors d'état de prononcer une seule parole. A ce geste, la jeune fille lui prit la main, la serra, et lui dit tantôt riant, tantôt sanglotant : — Riches, riches, heureux, riches, ta Pauline est riche. Mais moi, je devrais être bien pauvre aujourd'hui. J'ai mille fois dit que je paierais ce mot : *il m'aime,* de tous les trésors de la terre. O mon Raphaël ! j'ai des millions. Tu aimes le luxe, tu seras content ; mais tu dois aimer mon cœur aussi, il y a tant d'amour pour toi dans ce cœur ! Tu ne sais pas ? mon père est revenu. Je suis une riche héritière. Ma mère et lui me laissent entièrement maîtresse de mon sort ; je suis libre, comprends-tu ?

En proie à une sorte de délire, Raphaël tenait les mains de Pauline, et les baisait si ardemment, si avidement, que son baiser semblait être une sorte de convulsion. Pauline se dégagea les mains, les jeta sur les épaules de Raphaël et le saisit ; ils se comprirent, se serrèrent et s'embrassèrent avec cette sainte et délicieuse ferveur, dégagée de toute arrière-pensée, dont se trouve empreint un seul baiser, le premier baiser par lequel deux âmes prennent possession d'elles-mêmes.

— Ah ! s'écria Pauline en retombant sur la chaise, je ne veux plus te quitter. Je ne sais d'où me vient tant de hardiesse ! reprit-elle en rougissant.

— De la hardiesse, ma Pauline ? Oh ! ne crains rien, c'est de l'amour, de l'amour vrai, profond, éternel comme le mien, n'est-ce pas ?

— Oh ! parle, parle, parle, dit-elle. Ta bouche a été si longtemps muette pour moi !

— Tu m'aimais donc ?

— Oh ! Dieu, si je t'aimais ! combien de fois j'ai pleuré, là, tiens, en faisant ta chambre, déplorant ta misère et la mienne. Je me serais vendue au démon pour t'éviter un chagrin! Aujourd'hui, mon Raphaël, car tu es bien à moi : à moi cette belle tête, à moi ton cœur! Oh! oui, ton cœur, surtout, éternelle richesse! Eh! bien, où en suis-je? reprit-elle après une pause. Ah! m'y voici : nous avons trois, quatre, cinq millions, je crois. Si j'étais pauvre, je tiendrais peut-être à porter ton nom, à être nommée ta femme; mais, en ce moment, je voudrais te sacrifier le monde entier, je voudrais être encore et toujours ta servante. Va, Raphaël, en t'offrant mon cœur, ma personne, ma fortune, je ne te donnerai rien de plus aujourd'hui que le jour où j'ai mis là, dit-elle en montrant le tiroir de la table, certaine pièce de cent sous. Oh! comme alors ta joie m'a fait mal.

— Pourquoi es-tu riche, s'écria Raphaël, pourquoi n'as-tu pas de vanité? je ne puis rien pour toi. Il se tordit les mains de bonheur, de désespoir, d'amour. Quand tu seras madame la marquise de Valentin, je te connais, âme céleste, ce titre et ma fortune ne vaudront pas...

— Un seul de tes cheveux, s'écria-t-elle.

— Moi aussi, j'ai des millions; mais que sont maintenant les richesses pour nous? Ah! j'ai ma vie, je puis te l'offrir, prends-la.

— Oh! ton amour, Raphaël, ton amour vaut le monde. Comment, ta pensée est à moi? mais je suis la plus heureuse des heureuses.

— L'on va nous entendre, dit Raphaël.

— Hé! il n'y a personne, répondit-elle en laissant échapper un geste mutin.

— Hé! bien, viens, s'écria Valentin en lui tendant les bras.

Elle sauta sur ses genoux et joignit ses mains autour du cou de Raphaël : — Embrassez-moi, dit-elle, pour tous les chagrins que vous m'avez donnés, pour effacer la peine que vos joies m'ont faite, pour toutes les nuits que j'ai passées à peindre mes écrans.

— Tes écrans!

— Puisque nous sommes riches, mon trésor, je puis te dire tout. Pauvre enfant! combien il est facile de tromper les hommes d'esprit! Est-ce que tu pouvais avoir des gilets blancs et des chemises propres deux fois par semaine, pour trois francs de blanchissage par mois? Mais tu buvais deux fois plus de lait qu'il ne t'en revenait pour ton argent. Je t'attrapais sur tout : le feu, l'huile, et l'argent donc? Oh! mon Raphaël, ne me prends pas pour femme, dit-elle en riant, je suis une personne trop astucieuse.

— Mais comment faisais-tu donc?

— Je travaillais jusqu'à deux heures du matin, répondit-elle, et e donnais à ma mère une moitié du prix de mes écrans, à toi l'autre.

Ils se regardèrent pendant un moment, tous deux hébétés de joie et d'amour.

— Oh! s'écria Raphaël, nous paierons sous doute, un jour, ce bonheur par quelque effroyable chagrin.

— Serais-tu marié? cria Pauline. Ah! je ne veux te céder à aucune femme.

— Je suis libre, ma chérie.

— Libre, répéta-t-elle. Libre, et à moi!

Elle se laissa glisser sur ses genoux, joignit les mains, et regarda Raphaël avec une dévotieuse ardeur.

— J'ai peur de devenir folle. Combien tu es gentil! reprit-elle en passant une main dans la blonde chevelure de son amant. Est-elle bête, ta comtesse Fœdora! Quel plaisir j'ai ressenti hier en me voyant saluée par tous ces hommes. Elle n'a jamais été applaudie, elle! Dis, cher, quand mon dos a touché ton bras, j'ai entendu en moi je ne sais quelle voix qui m'a crié : Il est là. Je me suis retournée, et je t'ai vu. Oh! je me suis sauvée, je me sentais l'envie de te sauter au cou devant tout le monde.

— Tu es bien heureuse de pouvoir parler, s'écria Raphaël. Moi, j'ai le cœur serré. Je voudrais pleurer, je ne puis. Ne me retire pas ta main. Il me semble que je resterais, pendant toute ma vie, à te regarder ainsi, heureux, content.

— Oh! répète-moi cela, mon amour!

— Et que sont les paroles, reprit Valentin en laissant tomber une larme chaude sur les mains de Pauline. Plus tard, j'essaierai de te dire mon amour, en ce moment je ne puis que le sentir...

— Oh! s'écria-t-elle, cette belle âme, ce beau génie, ce cœur que je connais si bien, tout est à moi, comme je suis à toi.

— Pour toujours, ma douce créature, dit Raphaël d'une voix émue. Tu seras ma femme, mon bon génie. Ta présence a toujours dissipé mes chagrins et rafraîchi mon âme; en ce moment, ton sourire angélique m'a pour ainsi dire purifié. Je crois commencer une nouvelle vie. Le passé cruel et mes tristes folies me semblent n'être plus que de mauvais songes. Je suis pur, près de toi. Je sens l'air du bonheur. Oh! sois là toujours, ajouta-t-il en la pressant saintement sur son cœur palpitant.

— Vienne la mort quand elle voudra, s'écria Pauline en extase, j'ai vécu.

Heureux qui devinera leurs joies, il les aura connues!

— Oh! mon Raphaël, dit Pauline après quelques heures de silence, je voudrais qu'à l'avenir personne n'entrât dans cette chère mansarde.

— Il faut murer la porte, mettre une grille à la lucarne et acheter la maison, répondit le marquis.

— C'est cela, dit-elle. Puis, après un moment de silence: — Nous avons un peu oublié de chercher tes manuscrits?

Ils se prirent à rire avec une douce innocence.

— Bah! je me moque de toutes les sciences, s'écria Raphaël.

— Ah! monsieur, et la gloire!

— Tu es ma seule gloire.

— Tu étais bien malheureux en faisant ces petits pieds de mouche, dit-elle en feuilletant les papiers.

— Ma Pauline...

— Oh! oui, je suis ta Pauline. Eh bien?

— Où demeures-tu donc?

— Rue Saint-Lazare. Et toi?

— Rue de Varennes.

— Comme nous serons loin l'un de l'autre, jusqu'à ce que... Elle s'arrêta en regardant son ami d'un air coquet et malicieux.

— Mais, répondit Raphaël, nous avons tout au plus une quinzaine de jours à rester séparés.

— Vrai! dans quinze jours nous serons mariés! Elle sauta comme un enfant. Oh! je suis une fille dénaturée, reprit-elle, je ne pense plus ni à père, ni à mère, ni à rien dans le monde! Tu ne sais pas, pauvre chéri? mon père est bien malade. Il est revenu des Indes, bien souffrant. Il a manqué mourir au Havre, où nous l'avons été chercher. Ah! Dieu, s'écria-t-elle en regardant l'heure à sa montre, déjà trois heures. Je dois me trouver à son réveil, à quatre heures. Je suis la maîtresse au logis : ma mère fait toutes mes volontés, mon père m'adore, mais je ne veux pas abuser de leur bonté, ce serait mal! Le pauvre père, c'est lui qui m'a envoyée aux Italiens hier. Tu viendras le voir demain, n'est-ce pas?

— Madame la marquise de Valentin veut-elle me faire l'honneur d'accepter mon bras?

— Ah! je vais emporter la clef de cette chambre, reprit-elle. N'est-ce pas un palais, notre trésor?

— Pauline, encore un baiser?

— Mille! Mon Dieu, dit-elle en regardant Raphaël, ce sera toujours ainsi, je crois rêver.

Ils descendirent lentement l'escalier; puis, bien unis, marchant du même pas, tressaillant ensemble sous le poids du même bonheur, se serrant comme deux colombes, ils arrivèrent sur la place de la Sorbonne, où la voiture de Pauline attendait.

— Je veux aller chez toi, s'écria-t-elle. Je veux voir ta chambre, ton cabinet, et m'asseoir à la table sur laquelle tu travailles. Ce sera comme autrefois, ajouta-t-elle en rougissant. — Joseph, dit-elle à un valet, je vais rue de Varennes avant de retourner à la maison. Il est trois heures un quart, et je dois être revenue à quatre. Georges pressera les chevaux.

Et les deux amants furent en peu d'instants menés à l'hôtel de Valentin.

— Oh! que je suis contente d'avoir examiné tout cela, s'écria Pauline en chiffonnant la soie des rideaux qui drapaient le lit de Raphaël. Quand je m'endormirai, je serai là, en pensée. Je me figurerai ta chère tête sur cet oreiller. Dis-moi, Raphaël, tu n'as pris conseil de personne pour meubler ton hôtel?

— De personne.

— Bien vrai? Ce n'est pas une femme qui...

— Pauline!

— Oh! je me sens une affreuse jalousie. Tu as bon goût. Je veux avoir demain un lit pareil au tien.

— Raphaël, ivre de bonheur, saisit Pauline.

— Oh! mon père, mon père! dit-elle.

— Je vais donc te reconduire, car je veux te quitter le moins possible, s'écria Valentin.

— Combien tu es aimant! je n'osais pas te le proposer...

— N'es-tu donc pas ma vie?

Il serait fastidieux de consigner fidèlement ces adorables bavardages de l'amour auxquels l'accent, le regard, un geste intraduisible donnent seuls du prix. Valentin reconduisit Pauline jusque chez elle, et revint ayant au cœur autant de plaisir que l'homme peut en ressentir et en porter ici-bas. Quand il fut assis dans son fauteuil, près de son feu, pensant à la soudaine et complète réalisation de toutes ses espérances, une idée froide lui traversa l'âme comme l'acier d'un poignard perce une poitrine, il regarda la Peau de chagrin, elle s'était légèrement rétrécie. Il prononça le grand juron français, sans y mettre les jésuitiques réticences de l'abbesse des Andouillettes, pencha la tête sur son fauteuil et resta sans mouvement les yeux arrêtés sur une patère, sans la voir. Grand Dieu! s'écria-t-il. Quoi! tous mes désirs, tous! Pauvre Pauline! Il prit un compas, mesura ce que la matinée lui avait coûté d'existence. Je n'en ai pas pour deux mois, dit-il. Une sueur glacée sortit de ses pores, tout à coup il obéit à un inexprimable mouvement de rage, et saisit la Peau de chagrin en s'écriant : Je suis bien bête! il sortit, courut, traversa les jardins, et jeta le talisman au fond d'un puits : Vogue la galère, dit-il. Au diable toutes ces sottises!

Raphaël se laissa donc aller au bonheur d'aimer, et vécut cœur à cœur avec Pauline, qui ne conçut pas le refus en amour. Leur mariage, retardé par des difficultés peu intéressantes à raconter, devait se célébrer dans les premiers jours de mars. Ils s'étaient éprouvés, ne doutaient point d'eux-mêmes, et le bonheur leur ayant révélé toute la puissance de leur affection, jamais deux âmes, deux caractères ne s'étaient aussi parfaitement unis qu'ils le furent par la passion ; en s'étudiant ils s'aimèrent davantage : de part et d'autre même délicatesse, même pudeur, même volupté, la plus douce de toutes les voluptés, celle des anges ; point de nuages dans leur ciel ; tour à tour les désirs de l'un faisaient la loi de l'autre. Riches tous deux, ils ne connaissaient point de caprices qu'ils ne pussent satisfaire, et partant n'avaient point de caprices. Un goût exquis, le sentiment du beau, une vraie poésie animait l'âme de l'épouse ; dédaignant les colifichets de la finance, un sourire de son ami lui semblait plus beau que toutes les perles d'Ormus, la mousseline ou les fleurs formaient ses plus riches parures. Pauline et Raphaël fuyaient d'ailleurs le monde, la solitude leur était si belle, si féconde! Les oisifs voyaient exactement tous les soirs ce joli ménage de contrebande aux Italiens ou à l'Opéra. Si d'abord quelques médisances égayèrent les salons, bientôt le torrent d'événements qui passa sur Paris fit oublier deux amants inoffensifs ; enfin, espèce d'excuse auprès des prudes, leur mariage était annoncé, et par hasard leurs gens se trouvaient discrets ; donc, aucune méchanceté trop vive ne les punit de leur bonheur.

Vers la fin du mois de février, époque à laquelle d'assez beaux jours firent croire aux joies du printemps, un matin, Pauline et Raphaël déjeunaient ensemble dans une petite serre, espèce de salon rempli de fleurs, et de plain-pied avec le jardin. Le doux et pâle soleil de l'hiver, dont les rayons se brisaient à travers des arbustes rares, tiédissait alors la température. Les yeux étaient égayés par les vigoureux contrastes des divers feuillages, par les couleurs des touffes fleuries et par toutes les fantaisies de la lumière et de l'ombre. Quand tout Paris se chauffait encore devant les tristes foyers, les deux jeunes époux riaient sous un berceau de camélias, de lilas, de bruyères. Leurs têtes joyeuses s'élevaient au-dessus des narcisses, des muguets et des roses du Bengale. Dans cette serre voluptueuse et riche, les pieds foulaient une natte africaine colorée comme un tapis. Les parois tendues en coutil vert n'offraient pas la moindre trace d'humidité. L'ameublement était de bois en apparence grossier, mais dont l'écorce polie brillait de propreté. Un jeune chat accroupi sur la table où l'avait attiré l'odeur du lait se laissait barbouiller de café par Pauline ; elle folâtrait avec lui, défendait la crème qu'elle lui permettait à peine de flairer afin d'exercer sa patience et d'entretenir le combat ; elle éclatait de rire à chacune de ses grimaces, et débitait mille plaisanteries pour empêcher Raphaël de lire le journal, qui, dix fois déjà, lui était tombé des mains. Il abondait dans cette scène matinale un bonheur inexprimable comme tout ce qui est naturel et vrai. Raphaël feignait toujours de lire sa feuille, et contemplait à la dérobée Pauline aux prises avec le chat, sa Pauline enveloppée d'un long peignoir qui la lui voilait imparfaitement, sa Pauline les cheveux en désordre et montrant un petit pied blanc veiné de bleu dans une pantoufle de velours noir. Charmante à voir en déshabillé, délicieuse comme les fantastiques figures de Westhall, elle semblait être tout à la fois jeune fille et femme ; peut-être plus jeune fille que femme, elle jouissait d'une félicité sans mélange, et ne connaissait de l'amour que ses premières joies. Au moment où, tout à fait absorbé par sa douce rêverie, Raphaël avait oublié son journal, Pauline le saisit, le chiffonna, en fit une boule, le lança dans le jardin, et le chat courut après la politique qui tournait comme toujours sur elle-même. Quand Raphaël, distrait par cette scène enfantine, voulut continuer à lire et fit le geste de lever la feuille qu'il n'avait plus, éclatèrent des rires francs, joyeux, renaissant d'eux-mêmes comme les chants d'un oiseau.

PAULINE.

Un jeune chat accroupi sur la table se laissait barbouiller de café par Pauline; elle folâtrait avec lui, défendait la crème qu'elle lui permettait à peine de flairer...

(LA PEAU DE CHAGRIN.)

— Je suis jalouse du journal, dit-elle en essuyant les larmes que son rire d'enfant avait fait couler. N'est-ce pas une félonie, reprit-elle redevenant femme tout à coup, que de lire des proclamations russes en ma présence, et de préférer la prose de l'empereur Nicolas à des paroles, à des regards d'amour?

— Je ne lisais pas, mon ange aimé, je te regardais.

En ce moment le pas lourd du jardinier dont les souliers ferrés faisaient crier le sable des allées retentit près de la serre.

— Excusez, monsieur le marquis, si je vous interromps ainsi que madame, mais je vous apporte une curiosité comme je n'en ai jamais vu. En tirant tout à l'heure, sous votre respect, un seau d'eau, j'ai amené cette singulière plante marine! La voilà! Faut, tout de même, que ce soit bien accoutumé à l'eau, car ce n'était point mouillé, ni humide. C'était sec comme du bois, et point gras du tout. Comme monsieur le marquis est plus savant que moi certainement, j'ai pensé qu'il fallait la lui apporter, et que ça l'intéresserait.

Et le jardinier montrait à Raphaël l'inexorable Peau de chagrin qui n'avait pas six pouces carrés de superficie.

— Merci, Vanière, dit Raphaël. Cette chose est très-curieuse.

— Qu'as-tu, mon ange? tu pâlis! s'écria Pauline.

— Laissez-nous, Vanière.

— Ta voix m'effraie, reprit la jeune fille, elle est singulièrement altérée. Qu'as-tu? Que te sens-tu? Où as-tu mal? Tu as mal! Un médecin! cria-t-elle. Jonathas, au secours!

— Ma Pauline, tais-toi, répondit Raphaël qui recouvra son sang-froid. Sortons. Il y a près de moi une fleur dont le parfum m'incommode. Peut-être est-ce cette verveine?

Pauline s'élança sur l'innocent arbuste, le saisit par la tige et le jeta dans le jardin.

— Oh! ange, s'écria-t-elle en serrant Raphaël par une étreinte aussi forte que leur amour et en lui apportant avec une langoureuse coquetterie ses lèvres vermeilles à baiser, en te voyant pâlir, j'ai compris que je ne te survivrais pas : ta vie est ma vie. Mon Raphaël, passe-moi ta main sur le dos? J'y sens encore *la petite mort*, j'y ai froid. Tes lèvres sont brûlantes. Et ta main?... elle est glacée, ajouta-t-elle.

— Folle! s'écria Raphaël.

— Pourquoi cette larme? dit-elle. Laisse-la-moi boire.

— Oh ! Pauline, Pauline, tu m'aimes trop.

— Il se passe en toi quelque chose d'extraordinaire, Raphaël ? Sois vrai, je saurai bientôt ton secret. Donne-moi cela, dit-elle en prenant la Peau de chagrin.

— Tu es mon bourreau, cria le jeune homme en jetant un regard d'horreur sur le talisman.

— Quel changement de voix ! répondit Pauline qui laissa tomber le fatal symbole du destin.

— M'aimes-tu ? reprit-il.

— Si je t'aime, est-ce une question ?

— Eh bien, laisse-moi, va-t'en !

La pauvre petite sortit.

— Quoi ! s'écria Raphaël quand il fut seul, dans un siècle de lumières où nous avons appris que les diamants sont les cristaux du carbone, à une époque où tout s'explique, où la police traduirait un nouveau Messie devant les tribunaux et soumettrait ses miracles à l'Académie des Sciences, dans un temps où nous ne croyons plus qu'aux paraphes des notaires, je croirais, moi ! à une espèce de *Mané, Thekel, Pharès ?* Non, de par Dieu ! je ne penserai pas que l'Être-Suprême puisse trouver du plaisir à tourmenter une honnête créature. Allons voir les savants.

Il arriva bientôt, entre la Halle aux vins, immense recueil de tonneaux, et la Salpêtrière, immense séminaire d'ivrognerie, devant une petite mare où s'ébaudissaient des canards remarquables par la rareté des espèces et dont les ondoyantes couleurs, semblables aux vitraux d'une cathédrale, pétillaient sous les rayons du soleil. Tous les canards du monde étaient là, criant, barbotant, grouillant, et formant une espèce de chambre canarde rassemblée contre son gré, mais heureusement sans charte ni principes politiques, et vivant sans rencontrer de chasseurs, sous l'œil des naturalistes qui les regardaient par hasard.

— Voilà monsieur Lavrille, dit un porte-clefs à Raphaël qui avait demandé ce grand pontife de la zoologie.

Le marquis vit un petit homme profondément enfoncé dans quelques sages méditations à l'aspect de deux canards. Ce savant, entre deux âges, avait une physionomie douce, encore adoucie par un air obligeant ; mais il régnait dans toute sa personne une préoccupation scientifique : sa perruque incessamment grattée et fantasquement retroussée, laissait voir une ligne de cheveux blancs et accusait la fureur des découvertes qui, semblable à toutes les passions, nous arrache si puissamment aux choses de ce monde que nous perdons la conscience du *moi*. Raphaël, homme de science et d'étude, admira ce naturaliste dont les veilles étaient consacrées à l'agrandissement des connaissances humaines, dont les erreurs servaient encore la gloire de la France ; mais une petite maîtresse aurait ri sans doute de la solution de continuité qui se trouvait entre la culotte et le gilet rayé du savant, interstice d'ailleurs chastement rempli par une chemise qu'il avait copieusement froncée en se baissant et se levant tour à tour au gré de ses observations zoogénésiques.

Après quelques premières phrases de politesse, Raphaël crut nécessaire d'adresser à monsieur Lavrille un compliment banal sur ses canards.

— Oh ! nous sommes riches en canards, répondit le naturaliste. Ce genre est d'ailleurs, comme vous le savez sans doute, le plus fécond de l'ordre des palmipèdes. Il commence au *cygne*, et finit au *canard zinzin*, en comprenant cent trente-sept variétés d'individus bien distincts, ayant leurs noms, leurs mœurs, leur patrie, leur physionomie, et qui ne se ressemblent pas plus entre eux qu'un blanc ne ressemble à un nègre. En vérité, monsieur, quand nous mangeons un canard, la plupart du temps nous ne nous doutons guère de l'étendue... Il s'interrompit à l'aspect d'un joli petit canard qui remontait le talus de la mare. — Vous voyez-là le cygne à cravate, pauvre enfant du Canada, venu de bien loin pour nous montrer son plumage brun et gris, sa petite cravate noire ! Tenez, il se gratte. Voici la fameuse oie à duvet ou canard *Eider*, sous l'édredon de laquelle dorment nos petites maîtresses ; est-elle jolie ! qui n'admirerait ce petit ventre d'un blanc rougeâtre, ce bec vert ? Je viens, monsieur, reprit-il, d'être témoin d'un accouplement dont j'avais jusqu'alors désespéré. Le mariage s'est fait assez heureusement, et j'en attendrai fort impatiemment le résultat. Je me flatte d'obtenir une cent trente-huitième espèce à laquelle peut-être mon nom sera donné ! Voici les nouveaux époux, dit-il en montrant deux canards. C'est d'une part une oie rieuse (*anas albifrons*), de l'autre le grand canard siffleur (*anas ruffina* de Buffon). J'avais long-temps hésité entre le canard siffleur, le canard à sourcils blancs et le canard souchet (*anas clypeata*) : tenez, voici le souchet, ce gros scélérat brun-noir dont le col est verdâtre et si coquettement irisé. Mais, monsieur, le canard siffleur était huppé, vous comprenez alors que je n'ai plus balancé. Il ne nous manque ici que le canard varié à calotte noire. Ces messieurs prétendent unanimement que ce canard fait double emploi avec le canard sarcelle à bec recourbé, quant à moi... Il fit un geste admirable qui peignit à la fois la modestie et l'orgueil des savants, orgueil plein d'entêtement, modestie pleine de suffisance. Je ne le pense pas, ajouta-t-il. Vous voyez, mon cher monsieur, que nous ne nous amusons pas ici. Je m'occupe en ce moment de la monographie du genre canard. Mais je suis à vos ordres.

En se dirigeant vers une assez jolie maison de la rue de Buffon, Raphaël soumit la Peau de chagrin aux investigations de monsieur Lavrille.

— Je connais ce produit, répondit le savant après avoir braqué sa loupe sur le talisman; il a servi à quelque dessus de boîte. Le chagrin est fort ancien! Aujourd'hui les gaîniers préfèrent se servir de galuchat. Le galuchat est, comme vous le savez sans doute, la dépouille du *raja sephen*, un poisson de la mer Rouge...

— Mais ceci, monsieur, puisque vous avez l'extrême bonté...

— Ceci, reprit le savant en interrompant, est autre chose : entre le galuchat et le chagrin, il y a, monsieur, toute la différence de l'océan à la terre, du poisson à un quadrupède. Cependant la peau du poisson est plus dure que la peau de l'animal terrestre. Ceci, dit-il en montrant le talisman, est, comme vous le savez sans doute, un des produits les plus curieux de la zoologie.

— Voyons! s'écria Raphaël.

— Monsieur, répondit le savant en s'enfonçant dans son fauteuil, ceci est une peau d'âne.

— Je le sais, dit le jeune homme.

— Il existe en Perse, reprit le naturaliste, un âne extrêmement rare, l'onagre des anciens, *equus asinus*, le *koulan* des Tatars. Pallas a été l'observer, et l'a rendu à la science. En effet, cet animal avait long-temps passé pour fantastique. Il est, comme vous le savez, célèbre dans l'Écriture sainte; Moïse avait défendu de l'accoupler avec ses congénères. Mais l'onagre est encore plus fameux par les prostitutions dont il a été l'objet, et dont parlent souvent les prophètes bibliques. Pallas, comme vous le savez sans doute, déclare, dans ses *Act. Petrop.*, tome II, que ces excès bizarres sont encore religieusement accrédités chez les Persans et les Nogaïs comme un remède souverain contre les maux de reins et la goutte sciatique. Nous ne nous doutons guère de cela, nous autres pauvres Parisiens. Le Muséum ne possède pas d'onagre. Quel superbe animal! reprit le savant. Il est plein de mystères; son œil est muni d'une espèce de tapis réflecteur auquel les Orientaux attribuent le pouvoir de la fascination, sa robe est plus élégante et plus polie que ne l'est celle de nos plus beaux chevaux; elle est sillonnée de bandes plus ou moins fauves, et ressemble beaucoup à la peau du zèbre. Son lainage a quelque chose de moelleux, d'ondoyant, de gras au toucher; sa vue égale en justesse et en précision la vue de l'homme; un peu plus grand que nos plus beaux ânes domestiques, il est doué d'un courage extraordinaire. Si, par hasard, il est surpris, il se défend avec une supériorité remarquable contre les bêtes les plus féroces; quant à la rapidité de sa marche, elle ne peut se comparer qu'au vol des oiseaux; un onagre, monsieur, tuerait à la course les meilleurs chevaux arabes ou persans. D'après le père du consciencieux docteur Niébuhr, dont, comme vous le savez sans doute, nous déplorons la perte récente, le terme moyen du pas ordinaire de ces admirables créatures est de sept mille pas géométriques par heure. Nos ânes dégénérés ne sauraient donner une idée de cet âne indépendant et fier. Il a le port leste, animé, l'air spirituel, fin, une physionomie gracieuse, des mouvements pleins de coquetterie! C'est le roi zoologique de l'Orient. Les superstitions turques et persanes lui donnent même une mystérieuse origine, et le nom de Salomon se mêle aux récits que les conteurs du Thibet et de la Tartarie font sur les prouesses attribuées à ces nobles animaux.

Enfin un onagre apprivoisé vaut des sommes immenses; il est presque impossible de le saisir dans les montagnes, où il bondit comme un chevreuil, et semble voler comme un oiseau. La fable des chevaux ailés, notre Pégase, a sans doute pris naissance dans ces pays, où les bergers ont pu voir souvent un onagre sautant d'un rocher à un autre. Les ânes de selle, obtenus en Perse par l'accouplement d'une ânesse avec un onagre apprivoisé, sont peints en rouge, suivant une immémoriale tradition. Cet usage a donné lieu peut-être à notre proverbe : Méchant comme un âne rouge. A une époque où l'histoire naturelle était très-négligée en France, un voyageur aura, je pense, amené un de ces animaux curieux qui supportent fort impatiemment l'esclavage. De là, le dicton! La peau que vous me présentez, reprit le savant, est la peau d'un onagre. Nous varions sur l'origine du nom. Les uns prétendent que *Chagri* est un mot turc, d'autres veulent que *Chagri* soit la ville où cette dépouille zoologique subit une préparation chimique assez bien décrite par Pallas, et qui lui donne le grain particulier que nous admirons; monsieur Martellens m'a écrit que *Châagri* est un ruisseau.

— Monsieur, je vous remercie de m'avoir donné des renseignements qui fourniraient une admirable note à quelque Dom Calmet, si les bénédictins existaient encore; mais j'ai eu l'honneur de vous faire observer que ce fragment était primitivement d'un volume égal... à cette carte géographique, dit Raphaël en montrant à Lavrille un atlas ouvert : or depuis trois mois elle s'est sensiblement contractée...

— Bien, reprit le savant, je comprends. Monsieur, toutes les dépouilles d'êtres primitivement organisés sont sujettes à un dépérissement naturel, facile à concevoir, et dont les progrès sont soumis aux influences atmosphériques. Les métaux eux-mêmes se dilatent ou se resserrent d'une manière sensible, car les ingénieurs ont observé des espaces assez considérables entre de grandes pierres primitivement maintenues par des barres de fer. La science est vaste, la vie humaine est bien courte. Aussi n'avons-nous pas la prétention de connaître tous les phénomènes de la nature.

— Monsieur, reprit Raphaël presque confus, excusez la demande que je vais vous faire. Êtes-vous bien sûr que cette peau soit soumise aux lois ordinaires de la zoologie, qu'elle puisse s'étendre?

— Oh! certes. Ah! peste, dit monsieur Lavrille en essayant de tirer le talisman. Mais, monsieur, reprit-il, si vous voulez aller voir Planchette, le célèbre professeur de mécanique, il trouvera certainement un moyen d'agir sur cette peau, de l'amollir, de la distendre.

— Oh! monsieur, vous me sauvez la vie.

Raphaël salua le savant naturaliste, et courut chez Planchette, en laissant le bon Lavrille au milieu de son cabinet rempli de bocaux et de plantes séchées. Il remportait de cette visite, sans le savoir, toute la science humaine : une nomenclature! Ce bonhomme ressemblait à Sancho Pança racontant à Don Quichotte l'histoire des chèvres, il s'amusait à compter des animaux et à les numéroter. Arrivé sur le bord de la tombe, il connaissait à peine une petite fraction des incommensurables nombres du grand troupeau jeté par Dieu à travers l'océan des mondes, dans un but ignoré. Raphaël était content. — Je vais tenir mon âne en bride, s'écriait-il. Sterne avait dit avant lui : « Ménageons notre âne, si nous voulons vivre vieux. » Mais la bête est si fantasque !

Planchette était un grand homme sec, véritable poète perdu dans une perpétuelle contemplation, occupé à regarder toujours un abîme sans fond, LE MOUVEMENT. Le vulgaire taxe de folie ces esprits sublimes, gens incompris qui vivent dans une admirable insouciance du luxe et du monde, restant des journées entières à fumer un cigare éteint, ou venant dans un salon sans avoir toujours bien exactement marié les boutons de leurs vêtements avec les boutonnières. Un jour, après avoir long-temps mesuré le vide, ou entassé des X sous des Aa—gG, ils ont analysé quelque loi naturelle et décomposé le plus simple des principes ; tout à coup la foule admire une nouvelle machine ou quelque haquet dont la facile structure nous étonne et nous confond ! Le savant modeste sourit en disant à ses admirateurs : — Qu'ai-je donc créé ? Rien. L'homme n'invente pas une force, il la dirige, et la science consiste à imiter la nature.

Raphaël surprit le mécanicien planté sur ses deux jambes, comme un pendu tombé droit sous une potence. Planchette examinait une bille d'agate qui roulait sur un cadran solaire, en attendant qu'elle s'y arrêtât. Le pauvre homme n'était ni décoré, ni pensionné, car il ne savait pas enluminer ses calculs ; heureux de vivre à l'affût d'une découverte, il ne pensait ni à la gloire, ni au monde, ni à lui-même, et vivait dans la science pour la science.

— Cela est indéfinissable, s'écria-t-il. — Ah ! monsieur, reprit-il en apercevant Raphaël, je suis votre serviteur. Comment va la maman ? Allez voir ma femme.

— J'aurais cependant pu vivre ainsi ! pensa Raphaël qui tira le savant de sa rêverie en lui demandant le moyen d'agir sur le talisman, qu'il lui présenta. Dussiez-vous rire de ma crédulité, monsieur, dit le marquis en terminant, je ne vous cacherai rien. Cette peau me semble posséder une force de résistance contre laquelle rien ne peut prévaloir.

— Monsieur, dit-il, les gens du monde traitent toujours la science assez cavalièrement, tous nous disent à peu près ce qu'un incroyable disait à Lalande en lui amenant des dames après l'éclipse : « Ayez la bonté de recommencer. » Quel effet voulez-vous produire ? La mécanique a pour but d'appliquer les lois du mouvement ou de les neutraliser. Quant au mouvement en lui-même, je vous le déclare avec humilité, nous sommes impuissants à le définir. Cela posé, nous avons remarqué quelques phénomènes constants qui régissent l'action des solides et des fluides. En reproduisant les causes génératrices de ces phénomènes, nous pouvons transporter les corps, leur transmettre une force locomotive dans des rapports de vitesse déterminée, les lancer, les diviser simplement ou à l'infini, soit que nous les cassions ou les pulvérisions ; puis les tordre, leur imprimer une rotation, les modifier, les comprimer, les dilater, les étendre. Cette science, monsieur, repose sur un seul fait. Vous voyez cette bille, reprit-il. Elle est ici sur cette pierre. La voici maintenant là. De quel nom appellerons-nous cet acte si physiquement naturel et si moralement extraordinaire ? Mouvement, locomotion, changement de lieu ? Quelle immense vanité cachée sous les mots ! Un nom, est-ce donc une solution ? Voilà pourtant toute la science. Nos machines emploient ou décomposent cet acte, ce fait. Ce léger phénomène adapté à des masses va faire sauter Paris : nous pouvons augmenter la vitesse aux dépens de la force, et la force aux dépens de la vitesse. Qu'est-ce que la force et la vitesse ? Notre science est inhabile à le dire, comme elle l'est à créer un mouvement. Un mouvement, quel qu'il soit, est un immense pouvoir, et l'homme n'invente pas de pouvoirs. Le pouvoir est un, comme le mouvement, l'essence même du pouvoir. Tout est mouvement. La pensée est un mouvement. La nature est établie sur le mouvement. La mort est un mouvement dont les fins nous sont peu connues. Si Dieu est éternel, croyez qu'il est toujours en mouvement ; Dieu est le mouvement, peut-être. Voilà pourquoi le mouvement est inexplicable comme lui ; comme lui profond, sans bornes, incompréhensible, intangible. Qui jamais a touché, compris, mesuré le mouvement ? Nous en sentons les effets sans les voir. Nous pouvons même le nier comme nous nions Dieu. Où est-il ? où n'est-il pas ? D'où part-il ? Où en est le principe ? Où en est la fin ? Il nous enveloppe, nous presse et nous échappe. Il est évident comme un fait, obscur comme une abstraction, tout à la fois effet et cause. Il lui faut comme à nous l'espace, et qu'est-ce que l'espace? Le mouvement seul nous le révèle ; sans le mouvement, il n'est plus qu'un mot vide de sens. Problème insoluble, semblable au vide, semblable à la création, à l'infini, le mouvement confond la pensée humaine, et tout ce qu'il est permis à l'homme de concevoir, c'est qu'il ne le concevra jamais. Entre chacun des points successivement occupés par cette bille dans l'espace, reprit le savant, il se rencontre un abîme pour la raison humaine, un abîme où est tombé Pascal. Pour agir sur la substance inconnue, que vous voulez soumettre à une force inconnue, nous devons d'abord étudier cette substance ; d'après sa nature, ou elle se brisera sous un choc, ou elle y résistera : si elle se divise et que votre intention ne soit pas de la partager, nous n'atteindrons pas le but proposé. Voulez-vous la comprimer ? Il faut transmettre un mouvement égal à toutes les parties de la substance de manière à diminuer uniformément l'intervalle qui les sépare. Désirez-vous l'étendre? nous devrons tâcher d'imprimer à chaque molécule une force excentrique égale ; sans l'observation exacte de cette loi, nous y produirions des solutions de continuité. Il existe, monsieur, des modes infinis, des combinaisons sans bornes dans le mouvement. A quel effet vous arrêtez-vous ?

— Monsieur, dit Raphaël impatienté, je désire une pression quelconque assez forte pour étendre indéfiniment cette peau...

— La substance étant finie, répondit le mathématicien, ne saurait être indéfiniment distendue, mais la compression multipliera nécessairement l'étendue de sa surface aux dépens de l'épaisseur; elle s'amincira jusqu'à ce que la matière manque...

— Obtenez ce résultat, monsieur, s'écria Raphaël, et vous aurez gagné des millions.

— Je vous volerais votre argent, répondit le professeur avec le flegme d'un Hollandais. Je vais vous démontrer en deux mots l'existence d'une machine sous laquelle Dieu lui-même serait écrasé comme une mouche. Elle réduirait un homme à l'état de papier brouillard, un homme botté, éperonné, cravaté, chapeau, or, bijoux, tout...

— Quelle horrible machine !

— Au lieu de jeter leurs enfants à l'eau, les Chinois devraient les utiliser ainsi, reprit le savant sans penser au respect de l'homme pour sa progéniture.

Tout entier à son idée, Planchette prit un pot de fleurs vide, troué dans le fond et l'apporta sur la dalle du gnomon ; puis il alla chercher un peu de terre glaise dans un coin du jardin. Raphaël resta charmé comme un enfant auquel sa nourrice conte une histoire merveilleuse. Après avoir posé sa terre glaise sur la dalle, Planchette tira de sa poche une serpette, coupa deux branches de sureau, et se mit à les vider en sifflant comme si Raphaël n'eût pas été là.

— Voilà les éléments de la machine, dit-il.

Il attacha par un coude en terre glaise un de ses tuyaux de bois au fond du pot, de manière à ce que le trou de sureau correspondît à celui du vase. Vous eussiez dit une énorme pipe. Il étala sur la dalle un lit de glaise en lui donnant la forme d'une pelle, assit le pot de fleurs dans la partie la plus large, et fixa la branche de sureau sur la portion qui représentait le manche. Enfin il mit un pâté de terre glaise à l'extrémité du tube en sureau, il y planta l'autre branche creuse, toute droite, en pratiquant un autre coude pour la joindre à la branche horizontale, en sorte que l'air, ou tel fluide ambiant donné, pût circuler dans cette machine improvisée, et courir depuis l'embouchure du tube vertical, à travers le canal intermédiaire, jusque dans le grand pot de fleurs vide.

— Monsieur, cet appareil, dit-il à Raphaël avec le sérieux d'un académicien prononçant son discours de réception, est un des plus beaux titres du grand Pascal à notre admiration.

— Je ne comprends pas.

Le savant sourit. Il alla détacher d'un arbre fruitier une petite bouteille dans laquelle son pharmacien lui avait envoyé une liqueur où se prenaient les fourmis ; il en cassa le fond, se fit un entonnoir, l'adapta soigneusement au trou de la branche creuse qu'il avait fixée verticalement dans l'argile, en opposition au grand réservoir figuré par le pot de fleurs ; puis, au moyen d'un arrosoir, il y versa la quantité d'eau nécessaire pour qu'elle se trouvât également bord à bord et dans le grand vase et dans la petite embouchure circulaire du sureau. Raphaël pensait à sa Peau de chagrin.

— Monsieur, dit le mécanicien, l'eau passe encore aujourd'hui pour un corps incompressible, n'oubliez pas ce principe fondamental, néanmoins elle se comprime ; mais si légèrement, que nous devons compter sa faculté contractile comme zéro. Vous voyez la surface que présente l'eau arrivée à la superficie du pot de fleurs.

— Oui, monsieur.

— Hé bien ! supposez cette surface mille fois plus étendue que ne l'est l'orifice du bâton de sureau par lequel j'ai versé le liquide. Tenez, j'ôte l'entonnoir.

— D'accord.

— Hé bien ! monsieur, si par un moyen quelconque j'augmente le volume de cette masse en introduisant encore de l'eau par l'orifice du petit tuyau, le fluide, contraint d'y descendre, montera dans le réservoir figuré par le pot de fleurs jusqu'à ce que le liquide arrive à un même niveau dans l'un et dans l'autre...

— Cela est évident, s'écria Raphaël.

— Mais il y a cette différence, reprit le savant, que si la mince colonne d'eau ajoutée dans le petit tube vertical y présente une force égale au poids d'une livre par exemple, comme son action se transmettra fidèlement à la masse liquide et viendra réagir sur tous les points de la surface qu'elle présente dans le pot de fleurs, il s'y trouvera mille colonnes d'eau qui, tendant toutes à s'élever comme si elles étaient poussées par une force égale à celle qui fait descendre le liquide dans le bâton de sureau vertical, produiront nécessairement ici, dit Planchette en montrant à Raphaël l'ouverture du pot de fleurs, une puissance mille fois plus considérable que la puissance introduite là. Et le savant indiquait du doigt au marquis le tuyau de bois planté droit dans la glaise.

— Cela est tout simple, dit Raphaël.

Planchette sourit.

— En d'autres termes, reprit-il avec cette ténacité de logique naturelle aux mathématiciens, il faudrait, pour repousser l'irruption de l'eau, déployer, sur chaque partie de la grande surface, une force égale à la force agissant dans le conduit vertical ; mais, à cette différence près, que si la colonne liquide y est haute d'un pied, les mille petites colonnes de la grande surface n'y auront qu'une très-faible élévation. Maintenant, dit Planchette en donnant une chiquenaude à ses bâtons, remplaçons ce petit appareil grotesque par des tubes métalliques d'une force et d'une dimension convenables, si vous couvrez d'une forte platine mobile la surface fluide du grand réservoir, et qu'à cette platine vous en opposiez une autre dont la résistance et la solidité soient à toute épreuve, si de plus vous m'accordez la puissance d'ajouter sans cesse de l'eau par le petit tube vertical à la masse liquide, l'objet, pris entre les deux plans solides, doit nécessairement céder à l'immense action qui le comprime indéfiniment. Le moyen d'introduire constamment de l'eau par le petit tube est une niaiserie en mécanique, ainsi que le mode de transmettre la puissance de la masse liquide à une platine. Deux pistons et quelques soupapes suffisent. Concevez-vous alors, mon cher monsieur, dit-il en prenant le bras de Valentin, qu'il n'existe guère de substance qui, mise entre ces deux résistances indéfinies, ne soit contrainte à s'étaler.

— Quoi! l'auteur des Lettres provinciales a inventé! s'écria Raphaël.

— Lui seul, monsieur. La mécanique ne connaît rien de plus simple ni de plus beau. Le principe contraire, l'expansibilité de l'eau a créé la machine à vapeur. Mais l'eau n'est expansible qu'à un certain degré, tandis que son incompressibilité, étant une force en quelque sorte négative, se trouve nécessairement infinie.

— Si cette peau s'étend, dit Raphaël, je vous promets d'élever une statue colossale à Blaise Pascal, de fonder un prix de cent mille francs pour le plus beau problème de mécanique résolu dans chaque période de dix ans, de doter vos cousines, arrière-cousines, enfin de bâtir un hôpital destiné aux mathématiciens devenus fous ou pauvres.

— Ce serait fort utile, dit Planchette. Monsieur, reprit-il avec le calme d'un homme vivant dans une sphère toute intellectuelle, nous irons demain chez Spieghalter. Ce mécanicien distingué vient de fabriquer, d'après mes plans, une machine perfectionnée avec laquelle un enfant pourrait faire tenir mille bottes de foin dans son chapeau.

— A demain, monsieur.

— A demain.

— Parlez-moi de la mécanique! s'écria Raphaël. N'est-ce pas la plus belle de toutes les sciences? L'autre avec ses onagres, ses classements, ses canards, ses genres et ses bocaux pleins de monstres, est tout au plus bon à marquer les points dans un billard public.

Le lendemain, Raphaël tout joyeux vint chercher Planchette, et ils allèrent ensemble dans la rue de la Santé, nom de favorable augure. Chez Spieghalter, le jeune homme se trouva dans un établissement immense, ses regards tombèrent sur une multitude de forges rouges et rugissantes. C'était une pluie de feu, un déluge de clous, un océan de pistons, de vis, de leviers, de traverses, de limes d'écrous, une mer de fontes, de bois, de soupapes et d'aciers en barres. La limaille prenait à la gorge. Il y avait du fer dans la température, les hommes étaient couverts de fer, tout puait le fer, le fer avait une vie, il était organisé, il se fluidifiait, marchait pensait en prenant toutes les formes, en obéissant à tous les caprices. A travers les hurlements des soufflets, les *crescendo* des marteaux, les sifflements des tours qui faisaient grogner le fer, Raphaël arriva dans une grande pièce, propre et bien aérée, où il put contempler à son aise la presse immense dont Planchette lui avait parlé. Il admira des espèces de madriers en fonte, et des jumelles en fer unies par un indestructible noyau.

— Si vous tourniez sept fois cette manivelle avec promptitude, lui dit Spieghalter en lui montrant un balancier de fer poli, vous feriez jaillir une planche d'acier en milliers de jets qui vous entreraient dans les jambes comme des aiguilles.

— Peste! s'écria Raphaël.

Planchette glissa lui-même la Peau de chagrin entre les deux platines de la presse souveraine, et, plein de cette sécurité qu donnent les convictions scientifiques, il manœuvra vivement le balancier.

— Couchez-vous tous, nous sommes morts, cria Spieghalter d'une voix tonnante en se laissant tomber lui-même à terre.

Un sifflement horrible retentit dans les ateliers. L'eau contenue dans la machine brisa la fonte, produisit un jet d'une puissance incommensurable, et se dirigea heureusement sur une vieille forge qu'elle renversa, bouleversa, tordit comme une trombe entortille une maison et l'emporte avec elle.

— Oh! dit tranquillement Planchette, le chagrin est sain comme mon œil! Maître Spieghalter, il y avait une paille dans votre fonte, ou quelque interstice dans le grand tube.

— Non, non, je connais ma fonte. Monsieur peut remporter son outil, le diable est logé dedans.

L'Allemand saisit un marteau de forgeron, jeta la peau sur une enclume, et, de toute la force que donne la colère, déchargea sur le talisman le plus terrible coup qui jamais eût mugi dans ses ateliers.

— Il n'y paraît seulement pas, s'écria Planchette en caressant le chagrin rebelle.

Les ouvriers accoururent. Le contre-maître prit la peau et la plongea dans le charbon de terre d'une forge. Tous rangés en demi-cercle autour du feu, attendirent avec impatience le jeu d'un énorme soufflet. Raphaël, Spieghalter, le professeur Planchette occupaient le centre de cette foule noire et attentive. En voyant tous ces yeux blancs, ces têtes poudrées de fer, ces vêtements noirs et luisants, ces poitrines poilues, Raphaël se crut transporté dans le monde nocturne et fantastique des ballades allemandes. Le contre-maître saisit la peau avec des pinces après l'avoir laissée dans le foyer pendant dix minutes.

— Rendez-la moi, dit Raphaël.

Le contre-maître la présenta par plaisanterie à Raphaël. Le marquis mania facilement la peau froide et souple sous ses doigts. Un cri d'horreur s'éleva, les ouvriers s'enfuirent, Valentin resta seul avec Planchette dans l'atelier désert.

— Il y a décidément quelque chose de diabolique là-dedans, s'écria Raphaël au désespoir. Aucune puissance humaine ne saurait donc me donner un jour de plus !

— Monsieur, j'ai tort, répondit le mathématicien d'un air contrit, nous devions soumettre cette peau singulière à l'action d'un laminoir. Où avais-je les yeux en vous proposant une pression.

— C'est moi qui l'ai demandée, répliqua Raphaël.

Le savant respira comme un coupable acquitté par douze jurés. Cependant intéressé par le problème étrange que lui offrait cette peau, il réfléchit un moment et dit : Il faut traiter cette substance inconnue par des réactifs. Allons voir Japhet, la chimie sera peut-être plus heureuse que la mécanique.

Valentin mit son cheval au grand trot, dans l'espoir de rencontrer le fameux chimiste Japhet à son laboratoire.

— Hé bien ! mon vieil ami, dit Planchette en apercevant Japhet assis dans un fauteuil et contemplant un précipité, comment va la chimie ?

— Elle s'endort. Rien de neuf. L'Académie a cependant reconnu l'existence de la salicine. Mais la salicine, l'asparagine, la vauqueline, la digitaline ne sont pas des découvertes.

— Faute de pouvoir inventer des choses, dit Raphaël, il paraît que vous en êtes réduits à inventer des noms.

— Cela est pardieu vrai, jeune homme!

— Tiens, dit le professeur Planchette au chimiste, essaie de nous décomposer cette substance : si tu en extrais un principe quelconque, je le nomme d'avance *la diaboline,* car en voulant la comprimer, nous venons de briser une presse hydraulique.

— Voyons, voyons cela, s'écria joyeusement le chimiste, ce sera peut-être un nouveau corps simple.

— Monsieur, dit Raphaël, c'est tout simplement un morceau de peau d'âne.

— Monsieur? reprit gravement le célèbre chimiste.

— Je ne plaisante pas, répliqua le marquis en lui présentant la peau de chagrin.

Le baron Japhet appliqua sur la peau les houppes nerveuses de sa langue si habile à déguster les sels, les acides, les alcalis, les gaz, et dit après quelques essais : — Point de goût! Voyons, nous allons lui faire boire un peu d'acide phthorique.

Soumise à l'action de ce principe, si prompt à désorganiser les tissus animaux, la peau ne subit aucune altération.

— Ce n'est pas du chagrin, s'écria le chimiste. Nous allons traiter ce mystérieux inconnu comme un minéral et lui donner sur le nez en le mettant dans un creuset infusible où j'ai précisément de la potasse rouge.

Japhet sortit et revint bientôt.

— Monsieur, dit-il à Raphaël, laissez-moi prendre un morceau de cette singulière substance, elle est si extraordinaire...

— Un morceau! s'écria Raphaël, pas seulement la valeur d'un cheveu. D'ailleurs essayez, dit-il d'un air tout à la fois triste et goguenard.

Le savant cassa un rasoir en voulant entamer la peau, il tenta de la briser par une forte décharge d'électricité, puis il la soumit à l'action de la pile voltaïque, enfin les foudres de sa science échouèrent sur le terrible talisman. Il était sept heures du soir. Planchette, Japhet et Raphaël, ne s'apercevant pas de la fuite de temps, attendaient le résultat d'une dernière expérience. Le chagrin sortit victorieux d'un épouvantable choc auquel il avait été soumis, grâce à une quantité raisonnable de chlorure d'azote.

— Je suis perdu! s'écria Raphaël. Dieu est là. Je vais mourir.

Il laissa les deux savants stupéfaits.

— Gardons-nous bien de raconter cette aventure à l'Académie, nos collègues s'y moqueraient de nous, dit Planchette au chimiste après une longue pause pendant laquelle ils se regardèrent sans oser se communiquer leurs pensées.

Ils étaient comme des chrétiens sortant de leurs tombes sans trouver un Dieu dans le ciel. La science? impuissante! Les acides? eau claire! La potasse rouge? déshonorée! La pile voltaïque et la foudre? deux bilboquets!

— Une presse hydraulique fendue comme une mouillette! ajouta Planchette.

— Je crois au diable, dit le baron Japhet après un moment de silence.

— Et moi à Dieu, répondit Planchette.

Tous deux étaient dans leur rôle. Pour un mécanicien, l'univers est une machine qui veut un ouvrier; pour la chimie, cette œuvre d'un démon qui va décomposant tout, le monde est un gaz doué de mouvement.

— Nous ne pouvons pas nier le fait, reprit le chimiste.

— Bah! pour nous consoler, messieurs les doctrinaires ont créé ce nébuleux axiome : Bête comme un fait.

— Ton axiome, répliqua le chimiste, me semble, à moi, fait comme une bête.

Ils se prirent à rire, et dînèrent en gens qui ne voyaient plus qu'un phénomène dans un miracle.

En rentrant chez lui, Valentin était en proie à une rage froide; il ne croyait plus à rien, ses idées se brouillaient dans sa cervelle, tournoyaient et vacillaient comme celles de tout homme en présence d'un fait impossible. Il avait cru volontiers à quelque défaut secret dans la machine de Spieghalter, l'impuissance de la science et du feu ne l'étonnait pas; mais la souplesse de la peau quand il la maniait, mais sa dureté lorsque les moyens de destruction mis à la disposition de l'homme étaient dirigés sur elle, l'épouvantaient. Ce fait incontestable lui donnait le vertige.

— Je suis fou, se dit-il. Quoique depuis ce matin je sois à jeun, je n'ai ni faim ni soif, et je sens dans ma poitrine un foyer qui me brûle. Il remit la Peau de chagrin dans le cadre où elle avait été naguère enfermée; et, après avoir décrit par une ligne d'encre rouge le contour actuel du talisman, il s'assit dans son fauteuil.

— Déjà huit heures, s'écria-t-il. Cette journée a passé comme un songe. Il s'accouda sur le bras du fauteuil, s'appuya la tête dans sa main gauche, et resta perdu dans une de ces méditations funèbres, dans ces pensées dévorantes dont les condamnés à mort emportent le secret. — Ah! Pauline, s'écria-t-il, pauvre enfant! il y a des abîmes que l'amour ne saurait franchir, malgré la force de ses ailes. En ce moment il entendit très-distinctement un soupir étouffé, et reconnut par un des plus touchants priviléges de la passion le souffle de sa Pauline. Oh! se dit-il, voilà mon arrêt. Si elle était là, je voudrais mourir dans ses bras. Un éclat de rire bien franc, bien joyeux, lui fit tourner la tête vers son lit, il vit à travers les rideaux diaphanes la figure de Pauline souriant comme un enfant heureux d'une malice qui réussit; ses beaux cheveux formaient des milliers de boucles sur ses épaules; elle était là semblable à une rose du Bengale sur un monceau de roses blanches.

— J'ai séduit Jonathas, dit-elle. Ce lit ne m'appartient-il pas, à moi qui suis ta femme? Ne me gronde pas, chéri, je ne voulais que dormir près de toi, te surprendre. Pardonne-moi cette folie. Elle sauta hors du lit par un mouvement de chatte, se montra radieuse dans ses mousselines, et s'assit sur les genoux de Raphaël : De quel abîme parlais-tu donc, mon amour? dit-elle en laissant voir sur son front une expression soucieuse.

— De la mort.

— Tu me fais mal, répondit-elle. Il y a certaines idées auxquelles, nous autres, pauvres femmes, nous ne pouvons nous arrêter, elles nous tuent. Est-ce force d'amour ou manque de courage? je ne sais. La mort ne m'effraie pas, reprit-elle en riant. Mourir avec toi, demain matin, ensemble, dans un dernier baiser, ce serait un bonheur. Il me semble que j'aurais encore vécu plus de cent ans. Qu'importe le nombre de jours, si, dans une nuit, dans une heure, nous avons épuisé toute une vie de paix et d'amour?

— Tu as raison, le ciel parle par ta jolie bouche. Donne que je la baise, et mourons, dit Raphaël.

— Mourons donc, répondit-elle en riant.

Vers les neuf heures du matin, le jour passait à travers les fentes des persiennes; amoindri par la mousseline des rideaux, il permettait encore de voir les riches couleurs du tapis et les meubles soyeux de la chambre où reposaient les deux amants. Quelques dorures étincelaient. Un rayon de soleil venait mourir sur le mol édredon que les jeux de l'amour avaient jeté par terre. Suspendue à une grande psyché, la robe de Pauline se dessinait comme une vaporeuse apparition. Les souliers mignons avaient été laissés loin du lit. Un rossignol vint se poser sur l'appui de la fenêtre, ses gazouillements répétés, le bruit de ses ailes soudainement déployées quand il s'envola, réveillèrent Raphaël.

— Pour mourir, dit-il en achevant une pensée commencée dans son rêve, il faut que mon organisation, ce mécanisme de chair et d'os animé par ma volonté, et qui fait de moi un individu *homme*, présente une lésion sensible. Les médecins doivent connaître les symptômes de la vitalité attaquée, et pouvoir me dire si je suis en santé ou malade.

Il contempla sa femme endormie qui lui tenait la tête, exprimant ainsi pendant le sommeil les tendres sollicitudes de l'amour. Gracieusement étendue comme un jeune enfant et le visage tourné vers lui, Pauline semblait le regarder encore en lui tendant une jolie bouche entr'ouverte par un souffle égal et pur. Ses petites dents de porcelaine relevaient la rougeur de ses lèvres fraîches sur lesquelles errait un sourire; l'incarnat de son teint était plus vif, et la blancheur en était pour ainsi dire plus blanche en ce moment qu'aux heures les plus amoureuses de la journée. Son gracieux abandon si plein de confiance mêlait au charme de l'amour les adorables attraits de l'enfance endormie. Les femmes, même les plus naturelles, obéissent encore pendant le jour à certaines conventions sociales qui enchaînent les naïves expansions de leur âme; mais le sommeil semble les rendre à la soudaineté de vie qui décore le premier âge : Pauline ne rougissait de rien, comme une de ces chères et célestes créatures chez qui la raison n'a encore jeté ni pensées dans les gestes, ni secrets dans le regard. Son profil se détachait vivement sur la fine batiste des oreillers, de grosses ruches de dentelle mêlées à ses cheveux en désordre lui donnaient un petit air mutin; mais elle s'était endormie dans le plaisir, ses longs cils étaient appliqués sur sa joue comme pour garantir sa vue d'une lueur trop forte ou pour aider à ce recueillement de l'âme quand elle essaie de retenir une volupté parfaite, mais fugitive; son oreille mignonne, blanche et rouge, encadrée par une touffe de cheveux et dessinée dans une coque de malines, eût rendu fou d'amour un artiste, un peintre, un vieillard, eût peut-être restitué la raison à quelque insensé. Voir sa maîtresse endormie, rieuse dans un songe, paisible sous votre protection, vous aimant même en rêve, au moment où la créature semble cesser d'être, et vous offrant encore une bouche muette qui dans le sommeil vous parle du dernier baiser! voir une femme confiante, demi-nue, mais enveloppée dans son amour comme dans un manteau, et chaste au sein du désordre ; admirer ses vêtements épars, un bas de soie rapidement quitté la veille pour vous plaire, une ceinture dénouée qui vous accuse une foi infinie, n'est-ce pas une joie sans nom ? Cette ceinture est un poème entier ; la femme qu'elle protégeait n'existe plus, elle vous appartient, elle est devenue *vous* ; désormais la trahir, c'est se blesser soi-même. Raphaël attendri contempla cette chambre chargée d'amour, pleine de souvenirs, où le jour prenait des teintes voluptueuses, et revint à cette femme aux formes pures, jeunes, aimante encore, dont surtout les sentiments étaient à lui sans partage. Il désira vivre toujours. Quand son regard tomba sur Pauline, elle ouvrit aussitôt les yeux comme si un rayon de soleil l'eût frappée.

— Bonjour, ami, dit-elle en souriant. Es-tu beau, méchant !

Ces deux têtes empreintes d'une grâce due à l'amour, à la jeunesse, au demi-jour et au silence formaient une de ces divines scènes dont la magie passagère n'appartient qu'aux premiers jours de la passion, comme la naïveté, la candeur sont les attributs de l'enfance. Hélas ! ces joies printanières de l'amour, de même que les rires de notre jeune âge, doivent s'enfuir et ne plus vivre que dans notre souvenir pour nous désespérer ou nous jeter quelque parfum consolateur, selon les caprices de nos méditations secrètes.

— Pourquoi t'es-tu réveillée ! dit Raphaël. J'avais tant de plaisir à te voir endormie, j'en pleurais.

— Et moi aussi, répondit-elle, j'ai pleuré cette nuit en te contemplant dans ton repos, mais non pas de joie. Écoute, mon Raphaël, écoute-moi ? Lorsque tu dors, ta respiration n'est pas franche, il y a dans ta poitrine quelque chose qui résonne, et qui m'a fait peur. Tu as pendant ton sommeil une petite toux sèche, absolument semblable à celle de mon père qui meurt d'une phthisie. J'ai reconnu dans le bruit de tes poumons quelques-uns des effets bizarres de cette maladie. Puis tu avais la fièvre, j'en suis sûre, ta main était moite et brûlante. Chéri ! tu es jeune, dit-elle en frissonnant, tu pourrais te guérir encore si, par malheur... Mais non, s'écria-t-elle joyeusement, il n'y a pas de malheur, la maladie se gagne, disent les médecins. De ses deux bras, elle enlaça Raphaël, saisit sa respiration par un de ces baisers dans lesquels l'âme arrive : — Je ne désire pas vivre vieille, dit-elle. Mourons jeunes tous deux, et allons dans le ciel les mains pleines de fleurs.

— Ces projets-là se font toujours quand nous sommes en bonne santé, répondit Raphaël en plongeant ses mains dans la chevelure de Pauline; mais il eut alors un horrible accès de toux, de ces toux graves et sonores qui semblent sortir d'un cercueil, qui font pâlir le front des malades et les laissent tremblants, tout en sueur, après avoir remué leurs nerfs, ébranlé leurs côtes, fatigué leur moelle épinière, et imprimé je ne sais quelle lourdeur à leurs veines. Raphaël abattu, pâle, se coucha lentement, affaissé comme un homme dont toute la force s'est dissipée dans un dernier effort. Pauline le regarda d'un œil fixe, agrandi par la peur, et resta immobile, blanche, silencieuse.

— Ne faisons plus de folies, mon ange, dit-elle en voulant cacher à Raphaël les horribles pressentiments qui l'agitaient. Elle se voila la figure de ses mains, car elle apercevait le hideux squelette de la MORT.

La tête de Raphaël était devenue livide et creuse comme un crâne arraché aux profondeurs d'un cimetière pour servir aux études de quelque savant. Pauline se souvenait de l'exclamation échappée la veille à Valentin, et se dit à elle-même : Oui, il y a des abîmes que l'amour ne peut pas traverser, mais il doit s'y ensevelir.

Quelques jours après cette scène de désolation, Raphaël se trouva par une matinée du mois de mars assis dans un fauteuil, entouré de quatre médecins qui l'avaient fait placer au jour devant la fenêtre de sa chambre, et tour à tour lui tâtaient le pouls, le palpaient, l'interrogeaient avec une apparence d'intérêt. Le malade épiait leurs pensées en interprétant et leurs gestes et les moindres plis qui se formaient sur leurs fronts. Cette consultation était sa dernière espérance. Ces juges suprêmes allaient lui prononcer un arrêt de vie ou de mort. Aussi, pour arracher à la science humaine son dernier mot, Valentin avait-il convoqué les oracles de la médecine moderne. Grâce à sa fortune et à son nom, les trois systèmes entre lesquels flottent les connaissances humaines étaient là devant lui. Trois de ces docteurs portaient avec eux toute la philosophie médicale, en représentant le combat que se livrent la Spiritualité, l'analyse et je ne sais quel Éclectisme railleur. Le quatrième médecin était Horace Bianchon, homme plein d'avenir et de science, le plus distingué peut-être des nouveaux médecins, sage et modeste député de la studieuse jeunesse qui s'apprête à recueillir l'héritage des trésors amassés depuis cinquante ans par l'École de Paris, et qui bâtira peut-être le monument pour lequel les siècles précédents ont apporté tant de matériaux divers. Ami du marquis et de Rastignac, il lui avait donné ses soins depuis quelques jours, et l'aidait à répondre aux interrogations des trois professeurs auxquels il expliquait parfois, avec une sorte d'insistance, les diagnostics qui lui semblaient révéler une phthisie pulmonaire.

— Vous avez sans doute fait beaucoup d'excès, mené une vie dissipée, vous vous êtes livré à de grands travaux d'intelligence? dit à Raphaël celui des trois célèbres docteurs dont la tête carrée, la figure large, l'énergique organisation, paraissaient annoncer un génie supérieur à celui de ses deux antagonistes.

— J'ai voulu me tuer par la débauche après avoir travaillé pendant trois ans à un vaste ouvrage dont vous vous occuperez peut-être un jour, lui répondit Raphaël.

Le grand docteur hocha la tête en signe de contentement, et comme s'il se fût dit en lui-même : — J'en étais sûr! Ce docteur était l'illustre Brisset, le chef des organistes, le successeur des Cabanis et des Bichat, le médecin des esprits positifs et matérialistes, qui voient en l'homme un être fini, uniquement sujet aux lois de sa propre organisation, et dont l'état normal ou les anomalies délétères s'expliquent par des causes évidentes.

A cette réponse, Brisset regarda silencieusement un homme de moyenne taille dont le visage empourpré, l'œil ardent, semblaient appartenir à quelque satyre antique, et qui, le dos appuyé sur le coin de l'embrasure, contemplait attentivement Raphaël sans mot dire. Homme d'exaltation et de croyance, le docteur Caméristus, chef des vitalistes, le Ballanche de la médecine, poétique défenseur des doctrines abstraites de Van-Helmont, voyait dans la vie humaine un principe élevé, secret, un phénomène inexplicable qui se joue des bistouris, trompe la chirurgie, échappe aux médicaments de la pharmaceutique, aux x de l'algèbre, aux démonstrations de l'anatomie, et se rit de nos efforts; une espèce de flamme intangible, invisible, soumise à quelque loi divine, et qui reste souvent au milieu d'un corps condamné par nos arrêts, comme elle déserte aussi les organisations les plus viables.

Un sourire sardonique errait sur les lèvres du troisième, le docteur Maugredie, esprit distingué, mais pyrrhonien et moqueur, qui ne croyait qu'au scalpel, concédait à Brisset la mort d'un homme qui se portait à merveille, et reconnaissait avec Caméristus qu'un homme pouvait vivre encore après sa mort. Il trouvait du bon dans toutes les théories, n'en adoptait aucune, prétendait que le meilleur système médical était de n'en point avoir, et de s'en tenir aux faits. Panurge de l'école, roi de l'observation, ce grand explorateur, ce grand railleur, l'homme des tentatives désespérées, examinait la Peau de chagrin.

— Je voudrais bien être témoin de la coïncidence qui existe entre vos désirs et son rétrécissement, dit-il au marquis.

— A quoi bon? s'écria Brisset.

— A quoi bon? répéta Caméristus.

— Ah! vous êtes d'accord, répondit Maugredie.

— Cette contraction est toute simple, ajouta Brisset.

— Elle est surnaturelle, dit Caméristus.

— En effet, répliqua Maugredie en affectant un air grave et rendant à Raphaël sa Peau de chagrin, le racornissement du cuir est un fait inexplicable et cependant naturel, qui, depuis l'origine du monde, fait le désespoir de la médecine et des jolies femmes.

A force d'examiner les trois docteurs, Valentin ne découvrit en eux aucune sympathie pour ses maux. Tous trois, silencieux à chaque réponse, le toisaient avec indifférence et le questionnaient sans le plaindre. La nonchalance perçait à travers leur politesse. Soit certitude, soit réflexion, leurs paroles étaient si rares, si indolentes, que par moments Raphaël les crut distraits. De temps à autre, Brisset seul répondait : « Bon! bien! » à tous les symptômes désespérants dont l'existence était démontrée par Bianchon. Caméristus demeurait plongé dans une profonde rêverie, Maugredie ressemblait à un auteur comique étudiant deux originaux pour les transporter fidèlement sur la scène. La figure d'Horace trahissait une peine profonde, un attendrissement plein de tristesse. Il était médecin depuis trop peu de temps pour être insensible devant la douleur et impassible près d'un lit funèbre ; il ne savait pas éteindre dans ses yeux les larmes amies qui empêchent un homme de voir clair et de saisir, comme un général d'armée, le moment propice à la victoire, sans écouter les cris des moribonds. Après être resté pendant une demi-heure environ à prendre en quelque sorte la mesure de la maladie et du malade, comme un tailleur prend la mesure d'un habit à un jeune homme qui lui commande ses vêtements de noces, ils dirent quelques lieux communs, parlèrent même des affaires publiques ; puis ils voulurent passer dans le cabinet de Raphaël pour se communiquer leurs idées et rédiger la sentence.

— Messieurs, leur dit Valentin, ne puis-je donc assister au débat ?

A ce mot, Brisset et Maugredie se récrièrent vivement, et, malgré les instances de leur malade, ils se refusèrent à délibérer en sa présence. Raphaël se soumit à l'usage en pensant qu'il pouvait se glisser dans un couloir d'où il entendrait facilement les discussions médicales auxquelles les trois professeurs allaient se livrer.

— Messieurs, dit Brisset en entrant, permettez-moi de vous donner promptement mon avis. Je ne veux ni vous l'imposer, ni le voir controversé : d'abord il est net, précis, et résulte d'une similitude complète entre un de mes malades et le sujet que nous avons été appelés à examiner ; puis, je suis attendu à mon hospice. L'importance du fait qui y réclame ma présence m'excusera de prendre le premier la parole. *Le sujet* qui nous occupe est également fatigué par des travaux intellectuels... Qu'a-t-il donc fait, Horace ? dit-il en s'adressant au jeune médecin.

— Une théorie de la volonté.

— Ah ! diable, mais c'est un vaste sujet. Il est fatigué, dis-je, par des excès de pensée, par des écarts de régime, par l'emploi répété de stimulants trop énergiques. L'action violente du corps et du cerveau a donc vicié le jeu de tout l'organisme. Il est facile, messieurs, de reconnaître, dans les symptômes de la face et du corps, une irritation prodigieuse à l'estomac, la névrose du grand sympathique, la vive sensibilité de l'épigastre, et le resserrement des hypocondres. Vous avez remarqué la grosseur et la saillie du foie. Enfin monsieur Bianchon a constamment observé les digestions de son malade, et nous a dit qu'elles étaient difficiles, laborieuses. A proprement parler, il n'existe plus d'estomac ; l'homme a disparu. L'intellect est atrophié parce que l'homme ne digère plus. L'altération progressive de l'épigastre, centre de la vie, a vicié tout le système. De là partent des irradiations constantes et flagrantes, le désordre a gagné le cerveau par le plexus nerveux, d'où l'irritation excessive de cet organe. Il y a monomanie. Le malade est sous le poids d'une idée fixe. Pour lui cette Peau de chagrin se rétrécit réellement, peut-être a-t-elle toujours été comme nous l'avons vue ; mais, qu'il se contracte ou non, ce *chagrin* est pour lui la mouche que certain grand visir avait sur le nez. Mettez promptement des sangsues à l'épigastre, calmez l'irritation de cet organe où l'homme tout entier réside, tenez le malade au régime, la monomanie cessera. Je n'en dirai pas d'avantage au docteur Bianchon ; il doit saisir l'ensemble et les détails du traitement. Peut-être y a-t-il complication de maladie, peut-être les voies respiratoires sont-elles également irritées ; mais je crois le traitement de l'appareil intestinal beaucoup plus important, plus nécessaire, plus urgent que ne l'est celui des poumons. L'étude tenace de matières abstraites et quelques passions violentes ont produit de graves perturbations dans ce mécanisme vital ; cependant il est temps encore d'en redresser les ressorts, rien n'y est trop fortement adultéré. Vous pouvez donc facilement sauver votre ami, dit-il à Bianchon.

— Notre savant collègue prend l'effet pour la cause, répondit Caméristus. Oui, les altérations si bien observées par lui existent chez le malade, mais l'estomac n'a pas graduellement établi des irradiations dans l'organisme et vers le cerveau, comme une fêlure étend autour d'elle des rayons dans une vitre. Il a fallu un coup pour trouer le vitrail ; ce coup, qui l'a porté ? le savons-nous ? avons-nous suffisamment observé le malade ? connaissons-nous tous les accidents de sa vie ? Messieurs, le principe vital, l'*archée* de Van-Helmont est atteint en lui, la vitalité même est attaquée dans son essence, l'étincelle divine, l'intelligence transitoire qui sert comme de lien à la machine et qui produit la volonté, la science de la vie, a cessé de régulariser les phénomènes journaliers du mécanisme et les fonctions de chaque organe ; de là proviennent les désordres si bien appréciés par mon docte confrère. Le mouvement n'est pas venu de l'épigastre au cerveau, mais du cerveau vers l'épigastre. Non, dit-il en se frappant avec force la poitrine, non, je ne suis pas un estomac fait homme ! Non, tout n'est pas là. Je ne me sens pas le courage de dire que si j'ai un bon épigastre, le reste est de forme. Nous ne pouvons pas, reprit-il plus doucement, soumettre à une même cause physique et à un traitement uniforme les troubles graves qui surviennent chez les différents sujets plus ou moins sérieusement atteints. Aucun homme ne se ressemble. Nous avons tous des organes particuliers, diversement affectés, diversement nourris, propres à remplir des missions différentes, et à développer des thèmes nécessaires à l'accomplissement d'un ordre de choses qui nous est inconnu. La portion du grand tout, qui par une haute volonté vient opérer, entretenir en nous le phénomène de l'animation, se formule d'une manière distincte dans chaque homme, et fait de lui un être en apparence fini, mais qui par un point coexiste à une cause infinie. Aussi, devons nous étudier chaque sujet séparément, le pénétrer reconnaître en quoi consiste sa vie, quelle en est la puissance. Depuis la mollesse d'une éponge mouillée jusqu'à la dureté d'une pierre ponce, il y a des nuances infinies. Voilà l'homme. Entre les organisations spongieuses des lymphatiques et la vigueur métallique des muscles de quelques hommes destinés à une longue vie, que d'erreurs ne commettra pas le système unique, implacable, de la guérison par l'abattement, par la prostration des forces humaines que vous supposez toujours irritées ! Ici donc, je voudrais un traitement tout moral, un examen approfondi de l'être intime. Allons chercher la cause du mal dans les entrailles de l'âme et non dans les entrailles du corps ! Un médecin est un être inspiré, doué d'un génie particulier, à qui Dieu concède le pouvoir de lire dans la vitalité, comme il donne aux prophètes des yeux pour contempler l'avenir, au poète la faculté d'évoquer la nature, au musicien celle d'arranger les sons dans un ordre harmonieux dont le type est en haut, peut-être !...

— Toujours sa médecine absolutiste, monarchique et religieuse, dit Brisset en murmurant.

— Messieurs, reprit promptement Maugredie en couvrant avec promptitude l'exclamation de Brisset, ne perdons pas de vue le malade...

— Voilà donc où en est la science ! s'écria tristement Raphaël. Ma guérison flotte entre un rosaire et un chapelet de sangsues, entre le bistouri de Dupuytren et la prière du prince de Hohenlohe ! Sur la ligne qui sépare le fait de la parole, la matière de l'esprit, Maugredie est là, doutant. Le *oui* et *non* humain me poursuit partout ! Toujours le *Carimary, Carymara* de Rabelais : je suis spirituellement malade, carymary ! ou matériellement malade, carymara ! Dois-je vivre? ils l'ignorent. Au moins Planchette était-il plus franc, en me disant : Je ne sais pas.

En ce moment, Valentin entendit la voix du docteur Maugredie.

— Le malade est monomane, eh ! bien, d'accord, s'écria-t-il, mais il y a deux cent mille livres de rente : ces monomanes-là sont fort rares, et nous leur devons au moins un avis. Quant à savoir si son épigastre a réagi sur le cerveau, ou le cerveau sur son épigastre, nous pourrons peut-être vérifier le fait, quand il sera mort. Résumons-nous donc. Il est malade, le fait est incontestable. Il lui faut un traitement quelconque. Laissons les doctrines. Mettons-lui des sangsues pour calmer l'irritation intestinale et la névrose sur l'existence desquelles nous sommes d'accord, puis envoyons-le aux eaux : nous agirons à la fois d'après les deux systèmes. S'il est pulmonique, nous ne pouvons guère le sauver, ainsi...

Raphaël quitta promptement le couloir et vint se remettre dans son fauteuil. Bientôt les quatre médecins sortirent du cabinet. Horace porta la parole et lui dit : — Ces messieurs ont unanimement reconnu la nécessité d'une application immédiate de sangsues à l'estomac, et l'urgence d'un traitement à la fois physique et moral. D'abord un régime diététique, afin de calmer l'irritation de votre organisme.

Ici Brisset fit un signe d'approbation.

— Puis, un régime hygiénique pour régir votre moral. Ainsi nous vous conseillons unanimement d'aller aux eaux d'Aix en Savoie, ou à celles du Mont-Dor en Auvergne, si vous les préférez; l'air et les sites de la Savoie sont plus agréables que ceux du Cantal, mais vous suivrez votre goût.

Là, le docteur Caméristus laissa échapper un geste d'assentiment.

Ces messieurs, reprit Bianchon, ayant reconnu de légères altérations dans l'appareil respiratoire, sont tombés d'accord sur l'utilité de mes prescriptions antérieures. Ils pensent que votre guérison est facile et dépendra de l'emploi sagement alternatif de ces divers moyens... Et...

— Et voilà pourquoi votre fille est muette, dit Raphaël en souriant et en attirant Horace dans son cabinet pour lui remettre le prix de cette inutile consultation.

— Ils sont logiques, lui répondit le jeune médecin. Caméristus ment, Brisset examine, Maugredie doute. L'homme n'a-t-il pas une ame, un corps et une raison ? L'une de ces trois causes premières agit en nous d'une manière plus ou moins forte, et il y aura toujours de l'homme dans la science humaine. Crois-moi, Raphaël, nous ne guérissons pas, nous aidons à guérir. Entre la médecine de Brisset et celle de Caméristus, se trouve encore la médecine expectante; mais pour pratiquer celle-ci avec succès, il faudrait connaître son malade depuis dix ans. Il y a au fond de la médecine négation comme dans toutes les ciences. Tâche donc de vivre sagement, essaie d'un voyage en Savoie; le mieux est et sera toujours de se confier à la nature.

Raphaël partit pour les eaux d'Aix.

Au retour de la promenade et par une belle soirée d'été, quelques-unes des personnes venues aux eaux d'Aix se trouvèrent réunies dans les salons du Cercle. Assis près d'une fenêtre et tournant le dos à l'assemblée, Raphaël resta long-temps seul, plongé dans une de ces rêveries machinales durant lesquelles nos pensées naissent, s'enchaînent, s'évanouissent sans revêtir de formes, et passent en nous comme de légers nuages à peine colorés. La tristesse est alors douce, la joie est vaporeuse, et l'âme est presque endormie. Se laissant aller à cette vie sensuelle, Valentin se baignait dans le tiède atmosphère du soir en savourant l'air pur et parfumé des montagnes, heureux de ne sentir aucune douleur et d'avoir enfin réduit au silence sa menaçante Peau de chagrin. Au moment où les teintes rouges du couchant s'éteignirent sur les cimes, la température fraîchit, il quitta sa place en poussant la fenêtre.

— Monsieur, lui dit une vieille dame, auriez-vous la complaisance de ne pas fermer la croisée? Nous étouffons.

Cette phrase déchira le tympan de Raphaël par des dissonances d'une aigreur singulière; elle fut comme le mot que lâche imprudemment un homme à l'amitié duquel nous voulions croire, et qui détruit quelque douce illusion de sentiment en trahissant un abîme d'égoïsme. Le marquis jeta sur la vieille femme le froid regard d'un diplomate impassible, il appela un valet et lui dit sèchement quand il arriva : — Ouvrez cette fenêtre !

A ces mots, une surprise insolite éclata sur tous les visages. L'assemblée se mit à chuchoter, en regardant le malade d'un air plus ou moins expressif, comme s'il eût commis quelque grave impertinence. Raphaël, qui n'avait pas entièrement dépouillé sa primitive timidité de jeune homme, eut un mouvement de honte; mais il secoua sa torpeur, reprit son énergie et se demanda compte à lui-même de cette scène étrange. Soudain un rapide mouvement anima son cerveau : le passé lui apparut dans une vision distincte où les cause du sentiment qu'il inspirait saillirent en relief comme les veines d'un cadavre dont, par quelque savante injection, les naturalistes colorent les moindres ramifications ; il se reconnut lui-même dans ce tableau fugitif, y suivit son existence, jour par jour, pensée à pensée ; il s'y vit, non sans surprise, sombre et distrait au sein de ce monde rieur, toujours songeant à sa destinée, préoccupé de son mal, paraissant dédaigner la causerie la plus insignifiante, fuyant ces intimités éphémères qui s'établissent promptement entre les voyageurs parce qu'ils comptent sans doute ne plus se rencontrer ; peu soucieux des autres, et semblable enfin à ces rochers insensibles aux caresses comme à la furie des vagues. Puis, par un rare privilége d'intuition, il lut dans toutes les âmes : en découvrant sous la lueur d'un flambeau le crâne jaune, le profil sardonique d'un vieillard, il se rappela de lui avoir gagné son argent sans lui avoir proposé de prendre sa revanche ; plus loin il aperçut une jolie femme dont les agaceries l'avaient trouvé froid ; chaque visage lui reprochait un de ces torts inexplicables en apparence, mais dont le crime gît toujours dans une invisible blessure faite à l'amour-propre. Il avait involontairement froissé toutes les petites vanités qui gravitaient autour de lui. Les convives de ses fêtes ou ceux auxquels il avait offert ses chevaux s'étaient irrités de son luxe ; surpris de leur ingratitude, il leur avait épargné ces espèces d'humiliation : dès lors ils s'étaient crus méprisés et l'accusaient d'aristocratie. En sondant ainsi les cœurs, il put en déchiffrer les pensées les plus secrètes ; il eut horreur de la société, de sa politesse, de son vernis. Riche et d'un esprit supérieur, il était envié, haï ; son silence trompait la curiosité, sa modestie semblait de la hauteur à ces gens mesquins et superficiels. Il devina le crime latent, irrémissible, dont il était coupable envers eux : il échappait à la juridiction de leur médiocrité. Rebelle à leur despotisme inquisiteur, il savait se passer d'eux ; pour se venger de cette royauté clandestine, tous s'étaient instinctivement ligués pour lui faire sentir leur pouvoir, le soumettre à quelque ostracisme, et lui apprendre qu'eux aussi pouvaient se passer de lui. Pris de pitié d'abord à cette vue du monde, il frémit bientôt en pensant à la souple puissance qui lui soulevait ainsi le voile de chair sous lequel est ensevelie la nature morale, et ferma les yeux comme pour ne plus rien voir. Tout à coup un rideau noir fut tiré sur cette sinistre fantasmagorie de vérité, mais il se trouva dans l'horrible isolement qui attend les puissances et les dominations. En ce moment, il eut un violent accès de toux. Loin de recueillir une seule de ces paroles indifférentes en apparence, mais qui du moins simulent une espèce de compassion polie chez les personnes de bonne compagnie rassemblées par hasard, il entendit des interjections hostiles et des plaintes murmurées à voix basse. La société ne daignait même plus se grimer pour lui, parce qu'il la devinait peut-être.

— Sa maladie est contagieuse.

— Le président du Cercle devrait lui interdire l'entrée du salon.

— En bonne police, il est vraiment défendu de tousser ainsi.

— Quand un homme est aussi malade, il ne doit pas venir aux eaux.

— Il me chassera d'ici.

Raphaël se leva pour se dérober à la malédiction générale, et se promena dans l'appartement. Il voulut trouver une protection, et revint près d'une jeune femme inoccupée à laquelle il médita d'adresser quelques flatteries ; mais, à son approche, elle lui tourna le dos, et feignit de regarder les danseurs. Raphaël craignit d'avoir déjà pendant cette soirée usé de son talisman ; il ne se sentit ni la volonté, ni le courage d'entamer la conservation, quitta le salon et se réfugia dans la salle de billard. Là, personne ne lui parla, ne le salua, ne lui jeta le plus léger regard de bienveillance. Son esprit naturellement méditatif lui révéla, par une intus-susception, la cause générale et rationnelle de l'aversion qu'il avait excitée. Ce petit monde obéissait, sans le savoir peut-être, à la grande loi qui régit la haute société, dont Raphaël acheva de comprendre la morale implacable. Un regard rétrograge lui en montra le type complet en Fœdora. Il ne devait pas rencontrer plus de sympathie pour ses maux chez celle-ci, que, pour ses misères de cœur, chez celle-là. Le beau monde bannit de son sein les malheureux, comme un homme de santé vigoureuse expulse de son corps un principe morbifique. Le monde abhorre les douleurs et les infortunes, il les redoute à l'égal des contagions, il n'hésite jamais entre elles et les vices : le vice est un luxe. Quelque majestueux que soit un malheur, le société sait l'amoindrir, le ridiculiser par une épigramme ; elle dessine des caricatures pour jeter à la tête des rois déchus les affronts qu'elle croit avoir reçus d'eux ; semblable aux jeunes Romaines du Cirque, elle ne fait jamais grâce au gladiateur qui tombe ; elle vit d'or et de moquerie ; *Mort aux faibles !* est le vœu de cette espèce d'ordre équestre institué chez toutes les nations de la terre, car il s'élève partout des riches, et cette sentence est écrite au fond des cœurs pétris par l'opulence ou nourris par l'aristocratie. Rassemblez-vous des enfants dans un collége? Cette image en raccourci de la société, mais image d'autant plus vraie qu'elle est plus naïve et plus franche, vous offre toujours de pauvres ilotes, créatures de souffrance et de douleur, incessamment placées entre le mépris et la pitié : l'Évangile leur promet le ciel. Descendez-vous plus bas sur l'échelle des êtres organisés? Si quelque volatile est endolori parmi ceux d'une basse-cour, les autres le poursuivent à coups de bec, le plument et l'assassinent. Fidèle à cette charte de l'égoïsme, le monde prodigue ses rigueurs aux misères assez hardies pour venir affronter ses fêtes, pour chagriner ses plaisirs. Quiconque souffre de corps ou d'âme, manque d'argent ou de pouvoir, est un Paria. Qu'il reste dans son désert ; s'il en franchit les limites, il trouve partout l'hiver : froideur de regards, froideur de manières, de paroles, de cœur; heureux, s'il ne récolte pas l'insulte là où pour lui devait éclore une consolation. Mourants, restez sur vos lits désertés. Vieillards, soyez seuls à vos froids foyers. Pauvres filles sans dot, gelez et brûlez dans vos greniers solitaires. Si le monde tolère un malheur, n'est-ce pas pour le façonner à son usage, en tirer profit, le bâter, lui mettre un mors, une housse, le monter, en faire une joie? Quinteuses demoiselles de compagnie, composez-vous de gais visages ! endurez les vapeurs de votre prétendue bienfaitrice ; portez ses chiens; rivales de ses griffons anglais, amusez-la, devinez-la, puis taisez-vous ! Et toi, roi des valets sans livrée, parasite effronté, laisse ton caractère à la maison ; digère comme digère ton amphitryon, pleure de ses pleurs, ris de son rire, tiens ses épigrammes pour agréables; si tu veux en médire, attends sa chute. Ainsi le monde honore-t-il le malheur : il le tue ou le chasse, l'avilit ou le châtre.

Ces réflexions sourdirent au cœur de Raphaël avec la promptitude d'une inspiration poétique; il regarda autour de lui, et sentit ce froid sinistre que la société distille pour éloigner les misères, et qui saisit l'âme encore plus vivement que la bise de décembre ne glace le corps. Il se croisa les bras sur la poitrine, s'appuya le dos à la muraille, et tomba dans une mélancolie profonde. Il songeait au peu de bonheur que cette épouvantable police procure au monde. Qu'était-ce? des amusements sans plaisir, de la gaieté sans joie, des fêtes sans jouissance, du délire sans volupté, enfin le bois ou les cendres d'un foyer, mais sans une étincelle de flamme. Quand il releva la tête, il se vit seul, les joueurs avaient fui. — Pour leur faire adorer ma toux, il me suffirait de leur révéler mon pouvoir ! se dit-il. À cette pensée, il jeta le mépris comme un manteau entre le monde et lui.

Le lendemain, le médecin des eaux vint le voir d'un air affectueux et s'inquiéta de sa santé. Raphaël éprouva un mouvement de joie en entendant les paroles amies qui lui furent adressées. Il trouva la physionomie du docteur empreinte de douceur et de bonté, les boucles de sa perruque blonde respiraient la philanthropie, la coupe de son habit carré, les plis de son pantalon, ses souliers larges comme ceux d'un *quaker*, tout, jusqu'à la poudre circulairement semée par sa petite queue sur son dos légèrement voûté, trahissait un caractère apostolique, exprimait la charité chrétienne et le dévouement d'un homme qui, par zèle pour ses malades, s'était astreint à jouer le whist et le trictrac assez bien pour toujours gagner leur argent.

— Monsieur le marquis, dit-il après avoir causé long-temps avec Raphaël, je vais sans doute dissiper votre tristesse. Maintenant, je connais assez votre constitution pour affirmer que les médecins de Paris, dont les grands talents me sont connus, se sont trompés sur la nature de votre maladie. A moins d'accident, monsieur le marquis, vous pouvez vivre la vie de Mathusalem. Vos poumons sont aussi forts que des soufflets de forge, et votre estomac ferait honte à celui d'une autruche ; mais si vous restez dans une température élevée, vous risquez d'être très-proprement et promptement mis en terre sainte. Monsieur le marquis va me comprendre en deux mots. La chimie a démontré que la respiration constitué chez l'homme une véritable combustion dont le plus ou moins d'intensité dépend de l'affluence ou de la rareté des principes phlogistiques amassés par l'organisme particulier à chaque individu. Chez vous, le phlogistique abonde ; vous êtes, s'il m'est permis de m'exprimer ainsi, suroxygéné par la complexion ardente des hommes destinés aux grandes passions. En respirant l'air vif et pur qui accélère la vie chez les hommes à fibre molle, vous aidez encore à une combustion déjà trop rapide. Une des conditions de votre existence est donc l'atmosphère épaisse des étables, des vallées. Oui, l'air vital de l'homme dévoré par le génie se trouve dans les gras pâturages de l'Allemagne, à Baden-Baden, à Tœplitz. Si vous n'avez pas d'horreur de l'Angleterre, sa sphère brumeuse calmera votre incandescence; mais nos eaux situées à mille pieds au-dessus du niveau de la Méditérranée vous sont funestes. Tel est mon avis, dit-il en laissant échapper un geste de modestie; je le donne contre nos intérêts, puisque, si vous le suivez, nous aurons le malheur de vous perdre.

Sans ces derniers mots, Raphaël eût été séduit par la fausse bonhomie du mielleux médecin, mais il était trop profond observateur pour ne pas deviner à l'accent, au geste et au regard qui accompagnèrent cette phrase doucement railleuse, la mission dont le petit homme avait sans doute été chargé par l'assemblée de ses joyeux malades. Ces oisifs au teint fleuri, ces vieilles femmes ennuyées, ces Anglais nomades, ces petites-maîtresses échappées à leurs maris et conduites aux eaux par leurs amants, entreprenaient donc d'en chasser un pauvre moribond débile, chétif, en apparence incapable de résister à une persécution journalière. Raphaël accepta le combat en voyant un amusement dans cette intrigue.

— Puisque vous seriez désolé de mon départ, répondit-il au docteur, je vais essayer de mettre à profit votre bon conseil tout en restant ici. Dès demain, j'y ferai construire une maison où nous modifierons l'air suivant votre ordonnance.

Interprétant le sourire amèrement goguenard qui vint errer sur les lèvres de Raphaël, le médecin se contenta de le saluer, sans trouver un mot à lui dire.

Le lac du Bourget est une vaste coupe de montagnes tout ébréchée où brille, à sept ou huit cents pieds au-dessus de la Méditerranée, une goutte d'eau bleue comme ne l'est aucune eau dans le monde. Vu du haut de la Dent-du-Chat, ce lac est là comme une turquoise égarée. Cette jolie goutte d'eau a neuf lieues de contour, et dans certains endroits près de cinq cents pieds de profondeur. Être là dans une barque au milieu de cette nappe par un beau ciel, n'entendre que le bruit des rames, ne voir à l'horizon que des montagnes nuageuses, admirer les neiges étincelantes de la Maurienne française, passer tour à tour des blocs de granit vêtus de velours par des fougères ou par des arbustes nains, à de riantes collines; d'un côté le désert, de l'autre une riche nature; un pauvre assistant au dîner d'un riche; ces harmonies et ces discordances composent un spectacle où tout est grand, où tout est petit. L'aspect des montagnes change les conditions de l'optique et de la perspective : un sapin de cent pieds vous semble un roseau, de larges vallées vous apparaissent étroites autant que des sentiers. Ce lac est le seul où l'on puisse faire une confidence de cœur à cœur. On y pense et on y aime. En aucun endroit vous ne rencontrer une plus belle entente entre l'eau, le ciel, les montagnes et la ter. Il s'y trouve des baumes pour toutes les crises de la vie. Ce li arde le secret des douleurs, il les console, les amoindrit, et je dans l'amour je ne sais quoi de grave, de recueilli, qui rend la pa ion plus profonde, plus pure. Un baiser s'y agrandit. Mais c'est surtout le lac des souvenirs; il les favorise en leur donnant la teinte de ses ondes, miroir où tout vient se réfléchir. Raphaël ne supportait son fardeau qu'au milieu de ce beau paysage, il y pouvait rester indolent, songeur, et sans désirs. Après la visite du docteur, il alla se promener et se fit débarquer à la pointe déserte d'une jolie colline sur laquelle est situé le village de Saint-Innocent. De cette espèce de promontoire, la vue embrasse les monts de Bugey, au pied desquels coule le Rhône, et le fond du lac; mais de là Raphaël aimait à contempler, sur la rive opposée, l'abbaye mélancolique de Haute-Combe, sépulture des rois de Sardaigne prosternés devant les montagnes comme des pèlerins arrivés au terme de leur voyage. Un frissonnement égal et cadencé de rames troubla le silence de ce paysage et lui prêta une voix monotone, semblable aux psalmodies des moines. Étonné de rencontrer des promeneurs dans cette partie du lac ordinairement solitaire, le marquis examina, sans sortir de sa rêverie, les personnes assises dans la barque, et reconnut à l'arrière la vieille dame qui l'avait si durement interpellé la veille. Quand le bateau passa devant Raphaël, il ne fut salué que par la demoiselle de compagnie de cette dame, pauvre fille noble qu'il lui semblait voir pour la première fois. Déjà, depuis quelques instants, il avait oublié les promeneurs, promptement disparus derrière le promontoire, lorsqu'il entendit près de lui le frôlement d'une robe et le bruit de pas légers. En se retournant, il aperçut la demoiselle de compagnie ; à son air contraint, il devina qu'elle voulait lui parler, et s'avança vers elle. Âgée d'environ trente-six ans, grande et mince, sèche et froide, elle était, comme toutes les vieilles filles, assez embarrassée de son regard, qui ne s'accordait plus avec une démarche indécise, gênée, sans élasticité. Tout à la fois vieille et jeune, elle exprimait par une certaine dignité de maintien le haut prix qu'elle attachait à ses trésors et à ses perfections. Elle avait d'ailleurs les gestes discrets et monastiques des femmes habituées à se chérir elles-mêmes, sans doute pour ne pas faillir à leur destinée d'amour.

— Monsieur, votre vie est en danger, ne venez plus au Cercle, dit-elle à Raphaël en faisant quelques pas en arrière, comme si déjà sa vertu se trouvait compromise.

— Mais, mademoiselle, répondit Valentin en souriant, de grâce expliquez-vous plus clairement, puisque vous avez daigné venir jusqu'ici...

— Ah ! reprit-elle, sans le puissant motif qui m'amène, je n'aurais pas risqué d'encourir la disgrâce de madame la comtesse, car si elle savait jamais que je vous ai prévenu...

— Et qui le lui dirait, mademoiselle ? sécria Raphaël.

— C'est vrai, répondit la vieille fille en lui jetant le regard tremblotant d'une chouette mise au soleil. Mais pensez à vous, reprit-elle ; plusieurs jeunes gens qui veulent vous chasser des eaux se sont promis de vous provoquer, de vous forcer à vous battre en duel.

La voix de la vieille dame retentit dans le lointain.

— Mademoiselle, dit le marquis, ma reconnaissance...

Sa protectrice s'était déjà sauvée en entendant la voix de sa maîtresse qui, derechef, glapissait dans les rochers.

— Pauvre fille ! les misères s'entendent et se secourent toujours, pensa Raphaël en s'asseyant au pied de son arbre.

La clef de toutes les sciences est sans contredit le point d'interrogation, nous devons la plupart des grandes découvertes au : Comment ? et la sagesse dans la vie consiste peut-être à se demander à tout propos : Pourquoi ? Mais aussi cette factice prescience détruit-elle nos illusions. Ainsi, Valentin ayant pris, sans préméditation de philosophie, la bonne action de la vieille fille pour texte de ses pensées vagabondes, la trouva pleine de fiel.

— Que je sois aimé d'une demoiselle de compagnie, se dit-il, il n'y a rien là d'extraordinaire : j'ai vingt-sept ans, un titre et deux cent mille livres de rente ! Mais que sa maîtresse, qui dispute aux chattes la palme de l'hydrophobie, l'ait menée en bateau, près de moi, n'est-ce pas chose étrange et merveilleuse ? Ces deux femmes venues en Savoie pour y dormir comme des marmottes, et qui demandent à midi s'il est jour, se seraient levées avant huit heures aujourd'hui pour faire du hasard en se mettant à ma poursuite ?

Bientôt cette vieille fille et son ingénuité quadragénaire fut à ses yeux une nouvelle transformation de ce monde artificieux et taquin, une ruse mesquine, un complot maladroit, une pointillerie de prêtre ou de femme. Le duel était-il une fable, ou voulait-on seulement lui faire peur? Insolentes et tracassières comme des mouches, ces âmes étroites avaient réussi à piquer sa vanité, à réveiller son orgueil, à exciter sa curiosité. Ne voulant ni devenir leur dupe, ni passer pour un lâche, et amusé peut-être par ce petit drame, il vint au Cercle le soir même. Il se tint debout, accoudé sur le marbre de la cheminée, et resta tranquille au milieu du salon principal, en s'étudiant à ne donner aucune prise sur lui; mais il examinait les visages, et défiait en quelque sorte l'assemblée par sa circonspection. Comme un dogue sûr de sa force, il attendait le combat chez lui, sans aboyer inutilement. Vers la fin de la soirée, il se promena dans le salon de jeu, en allant de la porte d'entrée à celle du billard, où il jetait de temps à autre un coup d'œil aux jeunes gens qui y faisaient une partie. Après quelques tours, il s'entendit nommer par eux. Quoiqu'ils parlassent à voix basse, Raphaël devina facilement qu'il était devenu l'objet d'un débat, et finit par saisir quelques phrases dites à haute voix.

— Toi?
— Oui, moi!
— Je t'en défie!
— Parions!
— Oh! il ira.

Au moment où Valentin, curieux de connaître le sujet du pari, s'arrêta pour écouter attentivement la conversation, un jeune homme grand et fort, de bonne mine, mais ayant le regard fixe et impertinent des gens appuyés sur quelque pouvoir matériel, sortit du billard, et s'adressant à lui: — Monsieur, dit-il d'un ton calme, je me suis chargé de vous apprendre une chose que vous semblez ignorer: votre figure et votre personne déplaisent ici à tout le monde, et à moi en particulier; vous être trop poli pour ne pas vous sacrifier au bien général, et je vous prie de ne plus vous présenter au Cercle.

— Monsieur, cette plaisanterie, déjà faite sous l'empire dans plusieurs garnisons, est devenue aujourd'hui de fort mauvais ton, répondit froidement Raphaël.

— Je ne plaisante pas, reprit le jeune homme, je vous le répète:

votre santé souffrirait beaucoup de votre séjour ici; la chaleur
les lumières, l'air du salon, la compagnie nuisent à votre ma
ladie.

— Où avez-vous étudiez la médecine? demanda Raphaël.

— Monsieur, j'ai été reçu bachelier au tir de Lepage à Paris
et docteur chez Lozès, le roi du fleuret.

— Il vous reste un dernier grade à prendre, répliqua Valentin
lisez le Code de la politesse, vous serez un parfait gentilhomme.

En ce moment les jeunes gens, souriant ou silencieux, sortirent
du billard. Les autres joueurs, devenus attentifs, quittèrent leurs
cartes pour écouter une querelle qui réjouissait leurs passions.
Seul au milieu de ce monde ennemi, Raphaël tacha de conserver
son sang-froid et de ne pas se donner le moindre tort; mais son
antagoniste s'étant permis un sarcasme où l'outrage s'enveloppait
dans une forme éminemment incisive et spirituelle, il lui répondit
gravement : — Monsieur, il n'est plus permis aujourd'hui de donner
un soufflet à un homme, mais je ne sais de quel mot flétrir une
conduite aussi lâche que l'est la vôtre.

— Assez! assez! vous vous expliquerez demain, dirent plusieurs
jeunes gens qui se jetèrent entre les deux champions.

Raphaël sortit du salon, passant pour l'offenseur, ayant accepté
un rendez-vous près du château de Bordeau, dans une petite
prairie en pente, non loin d'une route nouvellement percée par
où le vainqueur pouvait gagner Lyon. Raphaël devait nécesssaire-
ment ou garder le lit ou quitter les eaux d'Aix. La société triomphait. Le lendemain, sur les huit heures du matin, l'adversaire de
Raphaël, suivi de deux témoins et d'un chirurgien, arriva le premier sur le terrain.

— Nous serons très-bien ici, il fait un temps superbe pour se
battre, s'écria-t-il gaiement en regardant la voûte bleue du ciel,
les eaux du lac et les rochers sans la moindre arrière-pensée de
doute ni de deuil. Si je le touche à l'épaule, dit-il en continuant,
le mettrai-je bien au lit pour un mois, hein! docteur?

— Au moins, répondit le chirurgien. Mais laissez ce petit saule
tranquille; autrement vous vous fatigueriez la main, et ne seriez
plus maître de votre coup. Vous pourriez tuer votre homme au
lieu de le blesser.

Le bruit d'une voiture se fit entendre.

— Le voici, dirent les témoins qui bientôt aperçurent dans la route une calèche de voyage attelée de quatre chevaux et menée par deux postillons.

— Quel singulier genre! s'écria l'adversaire de Valentin, il vient le faire tuer en poste.

A un duel comme au jeu, les plus légers incidents influent sur l'imagination des acteurs fortement intéressés au succès d'un coup; aussi le jeune homme attendit-il avec une sorte d'inquiétude l'arrivée de cette voiture qui resta sur la route. Le vieux Jonathas en descendit lourdement le premier pour aider Raphaël à sortir; il le soutint de ses bras débiles, en déployant pour lui les soins minutieux qu'un amant prodigue à sa maîtresse. Tous deux se perdirent dans les sentiers qui séparaient la grande route de l'endroit désigné pour le combat, et ne reparurent que long-temps après : ils allaient lentement. Les quatre spectateurs de cette scène singulière éprouvèrent une émotion profonde à l'aspect de Valentin appuyé sur le bras de son serviteur : pâle et défait, il marchait en goutteux, baissait la tête et ne disait mot. Vous eussiez dit de deux vieillards également détruits, l'un par le temps, l'autre par la pensée; le premier avait son âge écrit sur ses cheveux blancs, le jeune n'avait plus d'âge.

— Monsieur, je n'ai pas dormi, dit Raphaël à son adversaire. Cette parole glaciale et le regard terrible qui l'accompagna firent tressaillir le véritable provocateur, il eut la conscience de son tort et une honte secrète de sa conduite. Il y avait dans l'attitude, dans le son de voix et le geste de Raphaël quelque chose d'étrange. Le marquis fit une pause, et chacun imita son silence. L'inquiétude et l'attention étaient au comble. — Il est encore temps, reprit-il, de me donner une légère satisfaction; mais donnez-la-moi, monsieur, sinon vous allez mourir. Vous comptez encore en ce moment sur votre habileté, sans reculer à l'idée d'un combat où vous croyez avoir tout l'avantage. Eh! bien, monsieur, je suis généreux, je vous préviens de ma supériorité. Je possède une terrible puissance. Pour anéantir votre adresse, pour voiler vos regards, faire trembler vos mains et palpiter votre cœur, pour vous tuer même, il me suffit de le désirer. Je ne veux pas être obligé d'exercer mon pouvoir, il me coûte trop cher d'en user. Vous ne serez pas le seul à mourir. Si donc vous vous refusez à me présenter des excuses, votre balle ira dans l'eau de cette cascade malgré votre habitude de l'assassinat, et la mienne droit à votre cœur sans que je le vise.

En ce moment des voix confuses interrompirent Raphaël. En prononçant ces paroles, le marquis avait constamment dirigé sur son adversaire l'insupportable clarté de son regard fixe, il s'était redressé en montrant un visage impassible, semblable à celui d'un fou méchant.

— Fais-le taire, avait dit le jeune homme à son témoin, sa voix me tord les entrailles!

— Monsieur, cessez. Vos discours sont inutiles, crièrent à Raphaël le chirurgien et les témoins.

— Messieurs, je remplis un devoir. Ce jeune homme a-t-il des dispositions à prendre?

— Assez, assez!

Le marquis resta debout, immobile, sans perdre un instant de vue son adversaire qui, dominé par une puissance presque magique, était comme un oiseau devant un serpent : contraint de subir ce regard homicide, il le fuyait, il revenait sans cesse.

— Donne-moi de l'eau, j'ai soif, dit-il à son témoin.

— As-tu peur?

— Oui, répondit-il. L'œil de cet homme est brûlant et me fascine.

— Veux-tu lui faire des excuses?

— Il n'est plus temps.

Les deux adversaires furent placés à quinze pas l'un de l'autre. Ils avaient chacun près d'eux une paire de pistolets, et, suivant le programme de cette cérémonie, ils devaient tirer deux coups à volonté, mais après le signal donné par les témoins.

— Que fais-tu, Charles? cria le jeune homme qui servait de second à l'adversaire de Raphaël, tu prends la balle avant la poudre.

— Je suis mort, répondit-il en murmurant, vous m'avez mis en face du soleil.

— Il est derrière vous, lui dit Valentin d'une voix grave et solennelle, en chargeant son pistolet lentement, sans s'inquiéter ni du signal déjà donné, ni du soin avec lequel l'ajustait son adversaire.

Cette sécurité surnaturelle avait quelque chose de terrible qui saisit même les deux postillons amenés là par une curiosité cruelle. Jouant avec son pouvoir, ou voulant l'éprouver, Raphaël parlait à Jonathas et le regardait au moment où il essuya le feu de son ennemi. La balle de Charles alla briser une branche de saule, et ricocha sur l'eau. En tirant au hasard, Raphaël atteignit son adversaire au cœur, et, sans faire attention à la chute de ce jeune homme, il chercha promptement la Peau de chagrin pour voir ce que lui coûtait une vie humaine. Le talisman n'était plus grand que comme une petite feuille de chêne.

— Eh! bien, que regardez-vous donc là, postillons? en route, dit le marquis.

Arrivé le soir même en France, il prit aussitôt la route d'Auvergne, et se rendit aux eaux du Mont-Dor. Pendant ce voyage, il lui surgit au cœur une de ces pensées soudaines qui tombent dans notre âme comme un rayon de soleil à travers d'épais nuages sur quelque obscure vallée. Tristes lueurs, sagesses implacables! elles illuminent les événements accomplis, nous dévoilent nos fautes et nous laissent sans pardon devant nous-mêmes. Il pensa tout à coup que la possession du pouvoir, quelque immense qu'il pût être, ne donnait pas la science de s'en servir. Le sceptre est un jouet pour un enfant, une hache pour Richelieu, et pour Napoléon un levier à faire pencher le monde. Le pouvoir nous laisse tels que nous sommes et ne grandit que les grands. Raphaël avait pu tout faire, il n'avait rien fait.

Aux eaux du Mont-Dor, il retrouva ce monde qui toujours s'éloignait de lui avec l'empressement que les animaux mettent à fuir un des leurs, étendu mort après l'avoir flairé de loin. Cette haine était réciproque. Sa dernière aventure lui avait donné une aversion profonde pour la société. Aussi, son premier soin fut-il de chercher un asile écarté aux environs des eaux. Il sentait instinctivement le besoin de se rapprocher de la nature, des émotions vraies et de cette vie végétative à laquelle nous nous laissons si complaisamment aller au milieu des champs. Le lendemain de son arrivée, il gravit, non sans peine, le pic de Sancy, et visita les vallées supérieures, les sites aériens, les lacs ignorés, les rustiques chaumières des Monts-Dor, dont les âpres et sauvages attraits commencent à tenter les pinceaux de nos artistes. Parfois, il se rencontre là d'admirables paysages pleins de grâce et de fraîcheur qui contrastent vigoureusement avec l'aspect sinistre de ces montagnes désolées. A peu près à une demi-lieue du village, Raphaël se trouva dans un endroit où, coquette et joyeuse comme un enfant, la nature semblait avoir pris plaisir à cacher des trésors; en voyant cette retraite pittoresque et naïve, il résolut d'y vivre. La vie devait y être tranquille, spontanée, frugiforme comme celle d'une plante.

Figurez-vous un cône renversé, mais un cône de granit largement évasé, espèce de cuvette dont les bords étaient marcelés par des anfractuosités bizarres : ici des tables droites sans végétation, unies, bleuâtres, et sur lesquelles les rayons solaires glissaient comme sur un miroir ; là des rochers entamés par des cassures, ridés par des ravins, d'où pendaient des quartiers de lave dont la chute était lentement préparée par les eaux pluviales, et souvent couronnés de quelques arbres rabougris que torturaient les vents ; puis, çà et là, des redans obscurs et frais d'où s'élevait un bouquet de châtaigniers hauts comme des cèdres, ou des grottes jaunâtres qui ouvraient une bouche noire et profonde, palissée de ronces, de fleurs, et garnie d'une langue de verdure. Au fond de cette coupe, peut-être l'ancien cratère d'un volcan, se trouvait un étang dont l'eau pure avait l'éclat du diamant. Autour de ce bassin profond, bordé de granit, de saules, de glaïeuls, de frênes, et de mille plantes aromatiques alors en fleurs, régnait une prairie verte comme un boulingrin anglais ; son herbe fine et jolie était arrosée par les infiltrations qui ruisselaient entre les fentes des rochers, et engraissée par les dépouilles végétales que les orages entraînaient sans cesse des hautes cimes vers le fond. Irrégulièrement taillé en dents de loup comme le bas d'une robe, l'étang pouvait avoir trois arpents d'étendue ; selon les rapprochements des rochers et de l'eau, la prairie avait un arpent ou deux de largeur ; en quelques endroits, à peine restait-il assez de place pour le passage des vaches. A une certaine hauteur, la végétation cessait. Le granit affectait dans les airs les formes les plus bizarres, et contractait ces teintes vaporeuses qui donnent aux montagnes élevées de vagues ressemblances avec les nuages du ciel. Au doux aspect du vallon ces rochers nus et pelés opposaient les sauvages et stériles images de la désolation, des éboulements à craindre, des formes si capricieuses que l'une de ces roches est nommée *le Capucin*, tant elle ressemble à un moine. Parfois ces aiguilles pointues, ces piles audacieuses, ces cavernes aériennes s'illuminaient tour à tour, suivant le cours du soleil ou les fantaisies de l'atmosphère, et prenaient les nuances de l'or, se teignaient de pourpre, devenaient d'un rose vif, ou ternes ou grises. Ces hauteurs offraient un spectacle continuel et changeant comme les reflets irisés de la gorge des pigeons. Souvent, entre deux lames de lave que vous eussiez di séparées par un coup de hache, un beau rayon de lumière pénétrait, à l'aurore ou au coucher du soleil, jusqu'au fond de cette riante corbeille où il se jouait dans les eaux du bassin, semblable à la raie d'or qui perce la fente d'un volet et traverse une chambre espagnole, soigneusement close pour la sieste. Quand le soleil planait au-dessus du vieux cratère, rempli d'eau par quelque révolution anté-diluvienne, les flancs rocailleux s'échauffaient, l'ancien volcan s'allumait, et sa rapide chaleur réveillait les germes, fécondait la végétation, colorait les fleurs, et mûrissait les fruits de ce petit coin de terre ignoré.

Lorsque Raphaël y parvint, il aperçut quelques vaches paissant dans la prairie; après avoir fait quelques pas vers l'étang, il vit, à l'endroit où le terrain avait le plus de largeur, une modeste maison bâtie en granit et couverte en bois. Le toit de cette espèce de chaumière, en harmonie avec le site, était orné de mousses, de lierres et de fleurs qui trahissaient une haute antiquité. Une fumée grêle, dont les oiseaux ne s'effrayaient plus, s'échappait de la cheminée en ruine. A la porte, un grand banc était placé entre deux chèvrefeuilles énormes, rouges de fleurs et qui embaumaient. A peine voyait-on les murs sous les pampres de la vigne et sous les guirlandes de roses et de jasmin qui croissaient à l'aventure et sans gêne. Insouciants de cette parure champêtre, les habitants n'en avaient nul soin, et laissaient à la nature sa grâce vierge et lutine. Des langes accrochés à un groseillier séchaient au soleil. Il y avait un chat accroupi sur une machine à teiller le chanvre, et dessous, un chaudron jaune, récemment récuré, gisait au milieu de quelques pelures de pommes de terre. De l'autre côté de la maison, Raphaël aperçut une clôture d'épines sèches, destinée sans doute à empêcher les poules de dévaster les fruits et le potager. Le monde paraissait finir là. Cette habitation ressemblait à ces nids d'oiseaux ingénieusement fixés au creux d'un rocher, pleins d'art et de négligence tout ensemble. C'était une nature naïve et bonne, une rusticité vraie, mais poétique, parce qu'elle florissait à mille lieues de nos poésies peignées, n'avait d'analogie avec aucune idée, ne procédait que d'elle-même, vrai triomphe du hasard. Au moment où Raphaël arriva, le soleil jetait ses rayons de droite à gauche, et faisait resplendir les couleurs de la végétation, mettait en relief ou décorait des prestiges de la lumière, des oppositions de l'ombre, les fonds jaunes et grisâtres des rochers, les différents verts des feuillages, les masses bleues, rouges ou blanches des fleurs, les plantes grimpantes et leurs cloches, le velours chatoyant des mousses, les grappes purpurines de la bruyère, mais surtout la nappe d'eau claire où se réfléchissaient fidèlement les cimes granitiques, les arbres, la maison et le ciel. Dans ce tableau délicieux, tout avait son lustre, depuis le mica brillant jusqu'à la touffe d'herbes blondes cachée dans un doux clair-obscur; tout y était harmonieux à voir ; et la vache tachetée au poil luisant, et les fragiles fleurs aquatiques étendues comme des franges qui pendaient au-dessus de l'eau dans un enfoncement où bourdonnaient des insectes vêtus d'azur ou d'émeraude, et les racines d'arbres, espèces de chevelures sablonneuses qui couronnaient une informe figure en cailloux. Les tièdes senteurs des eaux, des fleurs et des grottes qui parfumaient ce réduit solitaire, causèrent à Raphaël une sensation presque voluptueuse. Le silence majestueux qui régnait dans ce bocage, oublié peut-être sur les rôles du percepteur, fut interrompu tout à coup par les aboiements de deux chiens. Les vaches tournèrent la tête vers l'entrée du vallon, montrèrent à Raphaël leurs mufles humides, et se mirent à brouter après l'avoir stupidement contemplé. Suspendus dans les rochers comme par magie, une chèvre et son chevreau cabriolèrent et vinrent se poser sur une table de granit près de Raphaël, en paraissant l'interroger. Les jappements des chiens attirèrent au dehors un gros enfant qui resta béant, puis vint un vieillard en cheveux blancs et de moyenne taille. Ces deux êtres étaient en rapport avec le paysage, avec l'air, les fleurs et la maison. La santé débordait dans cette nature plantureuse, la vieillesse et l'enfance y étaient belles ; enfin il y avait dans tous ces types d'existence un laisser-aller primordial, une routine de bonheur qui donnait un démenti à nos capucinades philosophiques, et guérissait le cœur de ses passions boursouflées. Le vieillard appartenait aux modèles affectionnés par les mâles pinceaux de Schnetz; c'était un visage brun dont les rides nombreuses paraissaient rudes au toucher, un nez droit, des pommettes saillantes et veinées de rouge comme une vieille feuille de vigne, des contours anguleux, tous les caractères de la force, même là où la force avait disparu ; ses mains calleuses, quoiqu'elles ne travaillassent plus, conservaient un poil blanc et rare ; son attitude d'homme vraiment libre faisait pressentir qu'en Italie il serait peut-être devenu brigand par amour pour sa précieuse liberté. L'enfant, véritable montagnard, avait des yeux noirs qui pouvaient envisager le soleil sans cligner, un teint de bistre, des cheveux bruns en désordre. Il était leste et décidé, naturel dans ses mouvements comme un oiseau ; mal vêtu, il laissait voir une peau blanche et fraîche à travers les déchirures de ses habits. Tous deux restèrent debout en silence, l'un près de l'autre, mus par le même sentiment, offrant sur leur physionomie la preuve d'une identité parfaite dans leur vie également oisive. Le vieillard avait épousé les jeux de l'enfant, et l'enfant l'humeur du vieillard par une espèce de pacte entre deux faiblesses, entre une force près de finir et une force près de se déployer. Bientôt une femme âgée d'environ trente ans apparut sur le seuil de la porte. Elle filait en marchant. C'était une Auvergnate, haute en couleur, l'air réjoui, franche, à dents blanches, figure de l'Auvergne, taille d'Auvergne, coiffure, robe de l'Auvergne, seins rebondis de l'Auvergne, et son parler; une idéalisation complète du pays, mœurs laborieuses, ignorance, économie, cordialité, tout y était.

Elle salua Raphaël, ils entrèrent en conversation ; les chiens s'apaisèrent, le vieillard s'assit sur un banc au soleil, et l'enfant suivit sa mère partout où elle alla, silencieux, mais écoutant, examinant l'étranger.

— Vous n'avez pas peur ici, ma bonne femme?

— Et d'où que nous aurions peur, monsieur? Quand nous barrons l'entrée, qui donc pourrait venir ici? Oh! nous n'avons point peur! D'ailleurs, dit-elle en faisant entrer le marquis dans la grande chambre de la maison, qu'est-ce que les voleurs viendraient donc prendre chez nous?

Elle montrait des murs noircis par la fumée, sur lesquels étaient pour tout ornement ces images enluminées de bleu, de rouge et de vert, qui représentent la *Mort de Crédit*, la *Passion de Jésus-Christ* et les *Grenadiers de la Garde impériale*; puis, çà et là, dans la chambre, un vieux lit de noyer à colonnes une table à pieds tordus, des escabeaux; la huche au pain, du lard pendu au plancher, du sel dans un pot, une poêle; et sur la cheminée, des plâtres jaunis et colorés. En sortant de la maison, Raphaël aperçut, au milieu des rochers, un homme qui tenait une houe à la main, et qui penché, curieux, regardait la maison.

— Monsieur, c'est l'homme, dit l'Auvergnate en laissant

échapper ce sourire familier aux paysannes ; il laboure là-haut.

— Et ce vieillard est votre père ?

— Faites excuse, monsieur, c'est le grand-père de notre homme. Tel que vous le voyez, il a cent deux ans. Eh ben ! dernièrement il a mené, à pied, notre petit gars à Clermont ! Ç'a été un homme fort ; maintenant, il ne fait plus que dormir, boire et manger. Il s'amuse toujours avec le petit gars. Quelquefois le petit l'emmène dans les hauts, il y va tout de même.

Aussitôt Valentin se résolut à vivre entre ce vieillard et cet enfant, à respirer dans leur atmosphère, à manger de leur pain, à boire de leur eau, à dormir de leur sommeil, à se faire de leur sang dans les veines. Caprice de mourant ! Devenir une des huîtres de ce rocher, sauver son écaille pour quelques jours de plus en engourdissant la mort, fut pour lui l'archétype de la morale individuelle, la véritable formule de l'existence humaine, le beau idéal de la vie, la seule vie, la vraie vie. Il lui vint au cœur une profonde pensée d'égoïsme où s'engloutit l'univers. A ses yeux, il n'y eut plus d'univers, l'univers passa tout en lui. Pour les malades, le monde commence au chevet et finit au pied de leur lit. Ce paysage fut le lit de Raphaël.

Qui n'a pas, une fois dans sa vie, espionné les pas et démarches d'une fourmi, glissé des pailles dans l'unique orifice par lequel respire une limace blonde, étudié les fantaisies d'une demoiselle fluette, admiré les mille veines, coloriées comme une rose de cathédrale gothique, qui se détachent sur le fond rougeâtre des feuilles d'un jeune chêne ? Qui n'a délicieusement regardé pendant long-temps l'effet de la pluie et du soleil sur un toit de tuiles brunes, ou contemplé les gouttes de la rosée, les pétales des fleurs, les découpures variées de leurs calices ? Qui ne s'est plongé dans ces rêveries matérielles, indolentes et occupées, sans but et conduisant néanmoins à quelque pensée ? Qui n'a pas enfin mené la vie de l'enfance, la vie paresseuse, la vie du sauvage, moins ses travaux ? Ainsi vécut Raphaël pendant plusieurs jours, sans soins, sans désirs, éprouvant un mieux sensible, un bien-être extraordinaire, qui calma ses inquiétudes, apaisa ses souffrances. Il gravissait les rochers, et allait s'asseoir sur un pic d'où ses yeux embrassaient quelque paysage d'immense étendue. Là, il restait des journées entières comme une plante au soleil, comme un lièvre au gîte. Ou bien, se familiarisant avec des phénomènes de la végétation, avec les vicissitudes du ciel, il épiait le progrès de toutes les œuvres, sur la terre, dans les eaux ou dans l'air.

Il tenta de s'associer au mouvement intime de cette nature, et de s'identifier assez complétement à sa passive obéissance, pour tomber sous la loi despotique et conservatrice qui régit les existences instinctives. Il ne voulait plus être chargé de lui-même. Semblable à ces criminels d'autrefois, qui, poursuivis par la justice, étaient sauvés s'ils atteignaient l'ombre d'un autel, il essayait de se glisser dans le sanctuaire de la vie. Il réussit à devenir partie intégrante de cette large et puissante fructification : il avait épousé les intempéries de l'air, habité tous les creux de rochers, appris les mœurs et les habitudes de toutes les plantes, étudié le régime des eaux, leurs gisements, et fait connaissance avec les animaux ; enfin, il s'était si parfaitemennt uni à cette terre animée, qu'il en avait en quelque sorte saisi l'âme et pénétré les secrets. Pour lui, les formes infinies de tous les règnes étaient les développements d'une même substance, les combinaisons d'un même mouvement, vaste respiration d'un être immense qui agissait, pensait, marchait, grandissait, et avec lequel il voulait grandir, marcher, penser, agir. Il avait fantastiquement mêlé sa vie à la vie de ce rocher, il s'y était implanté. Grâce à ce mystérieux illuminisme, convalescence factice, semblable à ces bienfaisants délires accordés par la nature comme autant de haltes dans la douleur, Valentin goûta les plaisirs d'une seconde enfance durant les premiers moments de son séjour au milieu de ce riant paysage. Il y allait dénichant des riens, entreprenant mille choses sans en achever aucune, oubliant le lendemain les projets de la veille, insouciant ; il fut heureux, il se crut sauvé. Un matin, il était resté par hasard au lit jusqu'à midi, plongé dans cette rêverie mêlée de veille et de sommeil, qui prête aux réalités les apparences de la fantaisie et donne aux chimères le relief de l'existence, quand tout à coup, sans savoir d'abord s'il ne continuait pas un rêve, il entendit, pour la première fois, le bulletin de sa santé donné par son hôtesse à Jonathas, venu, comme chaque jour, le lui demander. L'Auvergnate croyait sans doute Valentin encore endormi, et n'avait pas baissé le diapason de sa voix montagnarde.

— Ça ne va pas mieux, ça ne va pas pis, disait-elle. Il a encore toussé pendant toute cette nuit à rendre l'âme. Il tousse, il crache, ce cher monsieur, que c'est une pitié. Je me demandons, moi et mon homme, où il prend la force de tousser comme ça. Ça fend le cœur. Quelle damnée maladie qu'il a! C'est qu'il n'est point bien du tout! J'avons toujours peur de le trouver crevé dans son lit, un matin. Il est vraiment pâle comme un Jésus de cire! Dame, je le vois quand il se lève, eh ben, son pauvre corps est maigre comme un cent de clous. Et il ne sent déjà pas bon tout de même! Ça lui est égal, il se consume à courir comme s'il avait de la santé à vendre. Il a bien du courage tout de même de ne pas se plaindre. Mais, vraiment, il serait mieux en terre qu'en pré, car il souffre la passion de Dieu! Je ne le désirons pas, monsieur, ce n'est point notre intérêt. Mais il ne nous donnerait pas ce qu'il nous donne que je l'aimerions tout de même : ce n'est point l'intérêt qui nous pousse. Ah! mon Dieu! reprit-elle, il n'y a que les Parisiens pour avoir de ces chiennes de maladies-là! Où qui prennent ça, donc? Pauvre jeune homme, il est sûr qu'il ne peut guère ben finir. C'te fièvre, voyez-vous, ça vous le mine, ça le creuse, ça le ruine! il ne s'en doute point. Il ne le sait point, monsieur. Il ne s'aperçoit de rien. Faut pas pleurer pour ça, monsieur Jonathas! Il faut se dire qu'il sera heureux de ne plus souffrir. Vous devriez faire une neuvaine pour lui. J'avons vu de belles guérisons par les neuvaines, et je paierions bien un cierge pour sauver une si douce créature, si bonne, un agneau pascal.

La voix de Raphaël était devenue trop faible pour qu'il pût se faire entendre, il fut donc obligé de subir cet épouvantable bavardage. Cependant l'impatience le chassa de son lit, il se montra sur le seuil de la porte : — Vieux scélérat, cria-t-il à Jonathas, tu veux donc être mon bourreau? La paysanne crut voir un spectre et s'enfuit.

— Je te défends, dit Raphaël en continuant, d'avoir la moindre inquiétude sur ma santé.

— Oui, monsieur le marquis, répondit le vieux serviteur en essuyant ses larmes.

— Et tu feras même fort bien, dorénavant, de ne pas venir ici sans mon ordre.

Jonathas voulut obéir; mais, avant de se retirer, il jeta sur le marquis un regard fidèle et compatissant où Raphaël lut son arrêt de mort. Découragé, rendu tout à coup au sentiment vrai de sa situation, Valentin s'assit sur le seuil de la porte, se croisa les bras sur la poitrine et baissa la tête. Jonathas, effrayé, s'approcha de son maître.

— Monsieur?

— Va-t'en! va-t'en! lui cria le malade.

Pendant la matinée du lendemain, Raphaël, ayant gravi les rochers, s'était assis dans une crevasse pleine de mousse d'où il pouvait voir le chemin étroit par lequel on venait des eaux à son habitation. Au bas du pic, il aperçut Jonathas conversant derechef avec l'Auvergnate. Une malicieuse puissance lui interpréta les hochements de tête, les gestes désespérants, la sinistre naïveté de cette femme, et lui en jeta même les fatales paroles dans le vent et dans le silence. Pénétré d'horreur, il se réfugia sur les plus hautes cimes des montagnes et y resta jusqu'au soir, sans avoir pu chasser les sinistres pensées, si malheureusement réveillées dans son cœur par le cruel intérêt dont il était devenu l'objet. Tout à coup l'Auvergnate elle-même se dressa soudain devant lui comme une ombre dans l'ombre du soir; par une bizarrerie de poète, il voulut trouver, dans son jupon rayé de noir et de blanc, une vague ressemblance avec les côtes desséchées d'un spectre.

— Voilà le serein qui tombe, mon cher monsieur, lui dit-elle. Si vous restiez là, vous vous avanceriez ni plus ni moins qu'un fruit patrouillé. Faut rentrer. Ça n'est pas sain de humer la rosée, avec ça que vous n'avez rien pris depuis ce matin.

— Par le tonnerre de Dieu, s'écria-t-il, vieille sorcière, je vous ordonne de me laisser vivre à ma guise, où je décampe d'ici. C'est bien assez de me creuser ma fosse tous les matins, au moins ne la fouillez pas le soir.

— Votre fosse! monsieur! Creuser votre fosse! Où qu'elle est donc votre fosse? Je voudrions vous voir bastant comme notre père et point dans la fosse! La fosse! nous y sommes toujours assez tôt, dans la fosse.

— Assez, dit Raphaël.

— Prenez mon bras, monsieur.

— Non.

Le sentiment que l'homme supporte le plus difficilement est la pitié, surtout quand il la mérite. La haine est un tonique, elle fait vivre, elle inspire la vengeance; mais la pitié tue, elle affaiblit encore notre faiblesse. C'est le mal devenu patelin, c'est le mépris dans la tendresse, ou la tendresse dans l'offense. Raphaël trouva chez le centenaire une pitié triomphante, chez l'enfant une pitié curieuse, chez la femme une pitié tracassière, chez le mari une pitié intéressée; mais, sous quelque forme que ce sentiment se montrât, il était toujours gros de mort. Un poète fait de tout un poème, terrible ou joyeux, suivant les images qui le frappent; son âme exaltée rejette les nuances douces, et choisit toujours les couleurs vives et tranchées. Cette pitié produisit au cœur de Raphaël un horrible poème de deuil et de mélancolie. Il n'avait pas songé sans doute à la franchise des sentiments naturels, quand il désira se rapprocher de la nature. Lorsqu'il se croyait seul sous un arbre, aux prises avec une quinte opiniâtre dont il ne triomphait jamais sans sortir abattu par cette terrible lutte, il voyait les yeux brillants et fluides du petit garçon, placé en vedette sous une touffe d'herbes, comme un sauvage, et qui l'examinait avec cette enfantine curiosité dans laquelle il y a autant de raillerie que de plaisir, et je ne sais quel intérêt mêlé d'insensibilité. Le terrible : *Frère, il faut mourir*, des trappistes, semblait constamment écrit dans les yeux des paysans avec lesquels vivait Raphaël; il ne savait ce qu'il craignait de plus de leurs paroles naïves ou de leur silence; tout en eux le gênait. Un matin, il vit deux hommes vêtus de noir qui rôdèrent autour de lui, le flairèrent, et l'étudièrent à la dérobée; puis, feignant d'être venus là pour se promener, ils lui adressèrent des questions banales auxquelles il répondit brièvement. Il reconnut en eux le médecin et le curé des eaux, sans doute envoyés par Jonathas, consultés par ses hôtes ou attirés par l'odeur d'une mort prochaine. Il entrevit alors son propre convoi, il entendit le chant des prêtres, il compta les cierges, et ne vit plus qu'à travers un crêpe les beautés de cette riche nature, au sein de laquelle il croyait avoir rencontré la vie. Tout ce qui naguère lui annonçait une longue existence lui prophétisait maintenant une fin prochaine. Le lendemain, il partit pour Paris, après avoir été abreuvé des souhaits mélancoliques et cordialement plaintifs que ses hôtes lui adressèrent.

Après avoir voyagé durant toute la nuit, il s'éveilla dans l'une des plus riantes vallées du Bourbonnais, dont les sites et les points de vue tourbillonnaient devant lui, rapidement emportés comme les images vaporeuses d'un songe. La nature s'étalait à ses yeux avec une cruelle coquetterie. Tantôt l'Allier déroulait sur une riche perspective son ruban liquide et brillant, puis des hameaux modestement cachés au fond d'une gorge de rochers jaunâtres montraient la pointe de leurs clochers; tantôt les moulins d'un petit vallon se découvraient soudain après des vignobles monotones, et toujours apparaissaient de riants châteaux, des villages suspendus, ou quelques routes bordées de peupliers majestueux ; enfin la Loire et ses longues nappes diamantées reluisirent au milieu de ses sables dorés. Séductions sans fin ! La nature agitée, vivace comme un enfant, contenant à peine l'amour et la sève du mois de juin, attirait fatalement les regards éteints du malade. Il leva les persiennes de sa voiture, et se remit à dormir. Vers le soir, après avoir passé Cosne, il fut réveillé par une joyeuse musique et se trouva devant une fête de village. La poste était située près de la place. Pendant le temps que les postillons mirent à relayer sa voiture, il vit les danses de cette population joyeuse, les filles parées de fleurs, jolies, agaçantes, les jeunes gens animés, puis les trognes des vieux paysans gaillardement rougies par le vin. Les petits enfants se rigolaient, les vieilles femmes parlaient en riant, tout avait une voix, et le plaisir enjolivait même les habits et les tables dressées. La place et l'église offraient une physionomie de bonheur ; les toits, les fenêtres, les portes mêmes du village semblaient s'être endimanchés aussi. Semblable aux moribonds impatients du moindre bruit, Raphaël ne put réprimer une sinistre interjection, ni le désir d'imposer silence à ces violons, d'anéantir ce mouvement, d'assourdir ces clameurs, de dissiper cette fête insolente. Il monta tout chagrin dans sa voiture. Quand il regarda sur la place, il vit la joie effarouchée, les paysannes en fuite et les bancs déserts. Sur l'échafaud de l'orchestre, un ménétrier aveugle continuait à jouer sur sa clarinette une ronde criarde. Cette musique sans danseurs, ce vieillard solitaire au profil grimaud, en haillons, les cheveux épars, et caché dans l'ombre d'un tilleul, était comme une image fantastique du souhait de Raphaël. Il tombait à torrents une de ces fortes pluies que les nuages électriques du mois de juin versent brusquement et qui finissent de même. C'était chose si naturelle, que Raphaël, après avoir regardé dans le ciel quelques nuages blanchâtres emportés par un grain de vent, ne songea pas à regarder sa Peau de chagrin. Il se remit dans le coin de sa voiture, qui bientôt roula sur la route.

Le lendemain il se trouva chez lui, dans sa chambre, au coin de sa cheminée. Il s'était fait allumer un grand feu, il avait froid. Jonathas lui apporta des lettres, elles étaient toutes de Pauline. Il ouvrit la première sans empressement, et la déplia comme si c'eût été le papier grisâtre d'une sommation sans frais, envoyée par le percepteur. Il lut la première phrase : « Parti, mais c'est une » fuite, mon Raphaël. Comment ! personne ne peut me dire où tu » es ? Et si je ne le sais pas, qui donc le saurait ? » Sans vouloir en apprendre davantage, il prit froidement les lettres et les jeta dans le foyer, en regardant d'un œil terne et sans chaleur les jeux de la flamme qui tordait le papier parfumé, le racornissait, le retournait, le morcelait.

Des fragments roulèrent sur les cendres en lui laissant voir des commencements de phrase, des mots, des pensées à demi brûlées, et qu'il se plut à saisir dans la flamme par un divertissement machinal.

« .... Assise à ta porte... attendu.... Caprice.... j'obéis.... Des » rivales..... moi, non ?..... ta Pauline..... aime..... plus de Pau-» line donc ?..... Si tu avais voulu me quitter, tu ne m'aurais pas » abandonnée..... Amour éternel.... Mourir.... »

Ces mots lui donnèrent une sorte de remords : il saisit les pincettes et sauva des flammes un dernier lambeau de lettre.

« ..... J'ai murmuré, disait Pauline, mais je ne me suis pas » plainte, Raphaël ? En me laissant loin de toi, tu as sans doute » voulu me dérober le poids de quelques chagrins. Un jour, tu » me tueras peut-être, mais tu es trop bon pour me faire souffrir. » Eh ! bien, ne pars plus ainsi. Va, je puis affronter les plus grands » supplices, mais près de toi. Le chagrin que tu m'imposerais ne » serait plus un chagrin : j'ai dans le cœur encore bien plus d'a-» mour que je ne t'en ai montré. Je puis tout supporter, hors de » pleurer loin de toi, et de ne pas savoir ce que tu.... »

Raphaël posa sur la cheminée ce débris de lettre noirci par le feu, il le rejeta tout à coup dans le foyer. Ce papier était une image trop vive de son amour et de sa fatale vie.

— Va chercher monsieur Bianchon, dit-il à Jonathas.

— Horace vint et trouva Raphaël au lit.

— Mon ami, peux-tu me composer une boisson légèrement opiacée qui m'entretienne dans une somnolence continuelle, sans que l'emploi constant de ce breuvage me fasse mal ?

— Rien n'est plus aisé, répondit le jeune docteur ; mais il faudra cependant rester debout quelques heures de la journée, pour manger.

— Quelques heures, dit Raphaël en l'interrompant, non, non, je ne veux être levé que durant une heure au plus.

— Quel est donc ton dessein? demanda Bianchon.

— Dormir, c'est encore vivre, répondit le malade.

— Ne laisse entrer personne, fût-ce même mademoiselle Pauline de Vitschnau, dit Valentin à Jonathas pendant que le médecin écrivait son ordonnance.

— Hé! bien, monsieur Horace, y a-t-il de la ressource? demanda le vieux domestique au jeune docteur qu'il avait reconduit jusqu'au perron.

— Il peut aller encore long-temps, ou mourir ce soir. Chez lui, les chances de vie et de mort sont égales. Je n'y comprends rien, répondit le médecin en laissant échapper un geste de doute. Il faut le distraire.

— Le distraire! monsieur, vous ne le connaissez pas. Il a tué l'autre jour un homme sans dire ouf! Rien ne le distrait.

Raphaël demeura pendant quelques jours plongé dans le néant de son sommeil factice. Grâce à la puissance matérielle exercée par l'opium sur notre âme immatérielle, cet homme d'imagination si puissamment active s'abaissa jusqu'à la hauteur de ces animaux paresseux qui croupissent au sein des forêts, sous la forme d'une dépouille végétale, sans faire un pas pour saisir une proie facile. Il avait même éteint la lumière du ciel, le jour n'entrait plus chez lui. Vers les huit heures du soir, il sortait de son lit : sans avoir une conscience lucide de son existence, il satisfaisait sa faim, puis se recouchait aussitôt. Ses heures froides et ridées ne lui apportaient que de confuses images, des apparences, des clairs-obscurs sur un fond noir. Il s'était enseveli dans un profond silence, dans une négation de mouvement et d'intelligence. Un soir, il se réveilla beaucoup plus tard que de coutume, et ne trouva pas son dîner servi. Il sonna Jonathas.

— Tu peux partir, lui dit-il. Je t'ai fait riche, tu seras heureux dans tes vieux jours; mais je ne veux plus te laisser jouer ma vie. Comment! misérable, je sens la faim. Où est mon dîner? réponds.

Jonathas laissa échapper un sourire de contentement, prit une bougie dont la lumière tremblotait dans l'obscurité profonde des immenses appartements de l'hôtel; il conduisit son maître redevenu machine à une vaste galerie et en ouvrit brusquement la porte. Aussitôt Raphaël, inondé de lumière, fut ébloui, surpris par un spectacle inouï. C'était ses lustres chargés de bougies, les fleurs les plus rares de sa serre artistement disposées, une table étincelante d'argenterie, d'or, de nacre, de porcelaines; un repas royal, fumant, et dont les mets appétissants irritaient les houppes nerveuses du palais. Il vit ses amis convoqués, mêlés à des femmes parées et ravissantes, la gorge nue, les épaules découvertes, les chevelures pleines de fleurs, les yeux brillants, toutes de beautés diverses, agaçantes sous de voluptueux travertissements : l'une avait dessiné ses formes attrayantes par une jaquette irlandaise, l'autre portait la basquina lascive des Andalouses ; celle-ci demi-nue en Diane chasseresse, celle-là modeste et amoureuse sous le costume de mademoiselle de La Vallière, étaient également vouées à l'ivresse. Dans les regards de tous les convives brillaient la joie, l'amour, le plaisir. Au moment où la morte figure de Raphaël se montra dans l'ouverture de la porte, une acclamation soudaine éclata, rapide, rutilante comme les rayons de cette fête improvisée. Les voix, les parfums, la lumière, ces femmes d'une pénétrante beauté frappèrent tous ses sens, réveillèrent son appétit. Une délicieuse musique, cachée dans un salon voisin, couvrit par un torrent d'harmonie ce tumulte enivrant, et compléta cette étrange vision. Raphaël se sentit la main pressée par une main chatouilleuse, une main de femme dont les bras frais et blancs se levaient pour le serrer, la main d'Aquilina. Il comprit que ce tableau n'était pas vague et fantastique comme les fugitives images de ses rêves décolorés, il poussa un cri sinistre, ferma brusquement la porte, et flétrit son vieux serviteur en le frappant au visage.

— Monstre, tu as donc juré de me faire mourir? s'écria-t-il. Puis, tout palpitant du danger qu'il venait de courir, il trouva des forces pour regagner sa chambre, but une forte dose de sommeil, et se coucha.

— Que diable! dit Jonathas en se relevant, monsieur Bianchon m'avait cependant bien ordonné de le distraire.

Il était environ minuit. A cette heure, Raphaël, par un de ces caprices physiologiques, l'étonnement et le désespoir des sciences médicales, resplendissait de beauté pendant son sommeil. Un ros vif colorait ses joues blanches. Son front gracieux comme celui d'une jeune fille exprimait le génie. La vie était en fleurs sur ce visage tranquille et reposé. Vous eussiez dit d'un jeune enfant endormi sous la protection de sa mère. Son sommeil était un bon sommeil, sa bouche vermeille laissait passer un souffle égal et pur, il souriait transporté sans doute par un rêve dans une belle vie. Peut-être était-il centenaire, peut-être ses petits-enfants lui souhaitaient-ils de longs jours; peut-être de son banc rustique, sous le soleil, assis sous le feuillage, apercevait-il, comme le prophète, en haut de la montagne, la terre promise, dans un bienfaisant lointain!

— Te voilà donc! Ces mots, prononcés d'une voix argentine, dissipèrent les figures nuageuses de son sommeil. A la lueur de la lampe, il vit assise sur son lit sa Pauline, mais Pauline embellie par l'absence et par la douleur. Raphaël resta stupéfait à l'aspect de cette figure blanche comme les pétales d'une fleur des eaux, et qui, accompagnée de longs cheveux noirs, semblait encore plus noire dans l'ombre. Des larmes avaient tracé leur route brillante sur ses joues, et y restaient suspendues, prêtes à tomber au moindre effort. Vêtue de blanc, la tête penchée et foulant à peine le lit, elle était là comme un ange descendu des cieux, comme une apparition qu'un souffle pouvait faire disparaître.

— Ah! j'ai tout oublié, s'écria-t-elle au moment où Raphaël ouvrit les yeux. Je n'ai de voix que pour te dire : Je suis à toi! Oui, mon cœur est tout amour. Ah! jamais, ange de ma vie, tu n'as été si beau. Tes yeux foudroient. Mais je devine tout, va! Tu as été chercher la santé sans moi, tu me craignais... Eh bien.

— Fuis, fuis, laisse-moi, répondit enfin Raphaël d'une voix sourde. Mais va-t'en donc. Si tu restes là, je meurs. Veux-tu me voir mourir?

— Mourir! répéta-t-elle. Est-ce que tu peux mourir sans moi. Mourir, mais tu es jeune! Mourir, mais je t'aime! Mourir! ajouta-t-elle d'une voix profonde et gutturale en lui prenant les mains par un mouvement de folie.

— Froides, dit-elle. Est-ce une illusion?

Raphaël tira de dessous son chevet le lambeau de la Peau de chagrin, fragile et petit comme la feuille d'une pervenche, et le lui montrant : Pauline, belle image de ma belle vie, disons-nous adieu, dit-il.

— Adieu? répéta-t-elle d'un air surpris.

— Oui. Ceci est un talisman qui accomplit mes désirs, et représente ma vie. Vois ce qu'il m'en reste. Si tu me regardes encore, je vais mourir...

La jeune fille crut Valentin devenu fou, elle prit le talisman, et alla chercher la lampe. Éclairée par la lueur vascillante qui se projetait également sur Raphaël et sur le talisman, elle examina très-attentivement et le visage de son amant et la dernière parcelle de la Peau magique. En la voyant belle de terreur et d'amour, il ne fut plus maître de sa pensée : les souvenirs des scènes caressantes et des joies délirantes de sa passion triomphèrent dans son âme depuis long-temps endormie, et s'y réveillèrent comme un foyer mal éteint.

— Pauline, viens ! Pauline !

Un cri terrible sortit du gosier de la jeune fille, ses yeux se dilatèrent, ses sourcils violemment tirés par une douleur inouïe, s'écartèrent avec horreur, elle lisait dans les yeux de Raphaël un de ces désirs furieux, jadis sa gloire à elle ; et à mesure que grandissait ce désir, la Peau, en se contractant, lui chatouillait la main. Sans réfléchir, elle s'enfuit dans le salon voisin dont elle ferma la porte.

— Pauline ! Pauline ! cria le moribond en courant après elle, je t'aime, je t'adore, je te veux ! Je te maudis, si tu ne m'ouvres ! Je veux mourir à toi !

Par une force singulière, dernier éclat de vie, il jeta la porte à terre, et vit sa maîtresse à demi nue se roulant sur un canapé. Pauline avait tenté vainement de se déchirer le sein, et pour se donner une prompte mort, elle cherchait à s'étrangler avec son châle. — Si je meurs, il vivra, disait-elle en tâchant vainement de serrer le nœud. Ses cheveux étaient épars, ses épaules nues, ses vêtements en désordre, et dans cette lutte avec la mort, les yeux en pleurs, le visage enflammé, se tordant sous un horrible désespoir, elle présentait à Raphaël, ivre d'amour, mille beautés qui augmentèrent son délire ; il se jeta sur elle avec la légèreté d'un oiseau de proie, brisa le châle, et voulut la prendre dans ses bras.

Le moribond chercha des paroles pour exprimer le désir qui dévorait toutes ses forces ; mais il ne trouva que les sons étranglés du râle dans sa poitrine, dont chaque respiration creusée plus avant, semblait partir de ses entrailles. Enfin, ne pouvant bientôt plus former de sons, il mordit Pauline au sein. Jonathas se présenta tout épouvanté des cris qu'il entendait, et tenta d'arracher à la jeune fille le cadavre sur lequel elle s'était accroupie dans un coin.

— Que demandez-vous! dit-elle. Il est à moi, je l'ai tué, ne l'avais-je pas prédit!

ÉPILOGUE.

Et que devint Pauline?

— Ah! Pauline, bien. Êtes-vous quelquefois resté par une douce soirée d'hiver devant votre foyer domestique, voluptueusement livré à des souvenirs d'amour ou de jeunesse en contemplant les rayures produites par le feu sur un morceau de chêne? Ici la combustion dessine les cases rouges d'un damier, là elle miroite des velours; de petites flammes bleues courent, bondissent et jouent sur le fond ardent du brasier. Vient un peintre inconnu qui se sert de cette flamme; par un artifice unique, il trace au sein de ces flamboyantes teintes violettes ou empourprées une figure supernaturelle et d'une délicatesse inouïe, phénomène fugitif que le hasard ne recommencera jamais : c'est une femme aux cheveux emportés par le vent, et dont le profil respire une passion délicieuse : du feu dans le feu! elle sourit, elle expire, vous ne la reverrez plus. Adieu fleur de la flamme, adieu principe incomplet, inattendu, venu trop tôt ou trop tard pour être quelque beau diamant.

— Mais Pauline?

— Vous n'y êtes pas? je recommence. Place! place! Elle arrive, la voici la reine des illusions, la femme qui passe comme un baiser, la femme vive comme un éclair, comme lui jaillie brûlante du ciel, l'être incréé, tout esprit, tout amour. Elle a revêtu je ne sais quel corps de flamme, ou pour elle la flamme s'est un moment animée! Les lignes de ses formes sont d'une pureté qui vous dit qu'elle vient du ciel. Ne resplendit-elle pas comme un ange? n'entendez-vous pas le frémissement aérien de ses ailes? Plus légère que l'oiseau, elle s'abat près de vous et ses terribles yeux fascinent; sa douce, mais puissante haleine attire vos lèvres par une force magique; elle fuit et vous entraîne, vous ne sentez plus la terre. Vous voulez passer une seule fois votre main chatouillée, votre main fanatisée sur ce corps de neige, froisser ses cheveux d'or, baiser ses yeux étincelants. Une vapeur vous enivre, une musique enchanteresse vous charme. Vous tressaillez de tous vos nerfs, vous êtes tout désir, tout souffrance. O bonheur sans nom! vous avez touché les lèvres de cette femme; mais tout à coup une atroce douleur vous réveille. Ha! ha! votre tête a porté sur l'angle de votre lit, vous en avez embrassé l'acajou brun, les dorures froides, quelque bronze, un amour en cuivre.

— Mais, monsieur, Pauline!

— Encore! écoutez. Par une belle matinée, en partant de Tours, un jeune homme embarqué sur *la Ville d'Angers* tenait dans sa main la main d'une jolie femme. Unis ainsi, tous deux admirèrent long-temps, au-dessus des larges eaux de la Loire, une blanche figure, artificiellement éclose au sein du brouillard comme un fruit des eaux et du soleil, ou comme un caprice des nuées et de l'air. Tour à tour ondine ou sylphide, cette fluide créature voltigeait dans les airs comme un mot vainement cherché qui court dans la mémoire sans se laisser saisir ; elle se promenait entre les îles, elle agitait sa tête à travers les hauts peupliers; puis devenue gigantesque elle faisait ou resplendir les mille plis de sa robe, ou briller l'auréole décrite par le soleil autour de son visage ; elle planait sur les hameaux, sur les collines, et semblait défendre au bateau à vapeur de passer devant le château d'Ussé. Vous eussiez dit le fantôme de la Dame des belles Cousines qui voulait protéger son pays contre les invasions modernes.

— Bien, je comprends, ainsi de Pauline. Mais Fœdora ?

— Oh! Fœdora, vous la rencontrerez. Elle était hier aux Bouffons, elle ira ce soir à l'Opéra, elle est partout.

Paris, 1830-31.

JÉSUS-CHRIST EN FLANDRE.

A MARCELINE DESBORDES-VALMORE,

A vous, fille de la Flandre, et qui en êtes une des gloires modernes, cette naïve tradition des Flandres.

DE BALZAC.

A une époque assez indéterminée de l'histoire brabançonne, les relations entre l'île de Cadzant et les côtes de la Flandre étaient entretenues par une barque destinée au passage des voyageurs. Capitale de l'île, Midelbourg, plus tard si célèbre dans les annales du protestantisme, comptait à peine deux ou trois cents feux. La riche Ostende était un havre inconnu, flanqué d'une bourgade chétivement peuplée par quelques pêcheurs, par de pauvres négociants et par des corsaires impunis. Néanmoins le bourg d'Ostende, composé d'une vingtaine de maisons et de trois cents cabanes, chaumines ou taudis construits avec des débris de navires naufragés, jouissait d'un gouverneur, d'une milice, de fourches patibulaires, d'un couvent, d'un bourgmestre, enfin de tous les organes d'une civilisation avancée. Qui régnait alors en Brabant, en Flandre, en Belgique? Sur ce point, la tradition est muette. Avouons-le? cette histoire se ressent étrangement du vague, de l'incertitude, du merveilleux que les orateurs favoris des veillées flamandes se sont amusés maintes fois à répandre dans leurs gloses aussi diverses de poésie que contradictoires par les détails. Dite d'âge en âge, répétée de foyer en foyer par les aïeules, par les conteurs de jour et de nuit, cette chronique a reçu de chaque siècle une teinte différente. Semblable à ces monuments arrangés suivant le caprice des architectures de chaque époque, mais dont les masses noires et frustes plaisent aux poètes, elle ferait le désespoir des commentateurs, des éplucheurs de mots, de faits et de dates. Le narrateur y croit, comme tous les esprits superstitieux de la Flandre y ont cru, sans en être ni plus doctes ni plus infirmes. Seulement, dans l'impossibilité de mettre en harmonie toutes les versions, voici le fait dépouillé peut-être de sa naïveté romanesque impossible à reproduire, mais avec ses hardiesses que l'histoire désavoue, avec sa moralité que la religion approuve, son fantastique, fleur d'imagination, son sens caché dont peut s'accommoder le sage. A chacun sa pâture et le soin de trier le bon grain de l'ivraie.

La barque qui servait à passer les voyageurs de l'île de Cadzant à Ostende allait quitter le village. Avant de détacher la chaîne de fer qui retenait sa chaloupe à une pierre de la petite jetée où l'on s'embarquait, le patron donna du cor à plusieurs reprises, afin d'appeler les retardataires, car ce voyage était son dernier. La nuit approchait, les derniers feux du soleil couchant permettaient à peine d'apercevoir les côtes de Flandre et de distinguer dans l'île les passagers attardés, errant soit le long des murs en terre dont les champs étaient environnés, soit parmi les hauts joncs des marais. La barque était pleine, un cri s'éleva :

— Qu'attendez-vous? Partons.

En ce moment, un homme apparut à quelques pas de la jetée; le pilote, qui ne l'avait entendu ni venir, ni marcher, fut assez surpris de le voir. Ce voyageur semblait s'être levé de terre tout à coup, comme un paysan qui se serait couché dans un champ en attendant l'heure du départ et que la trompette aurait réveillé. Était-ce un voleur? était-ce quelque homme de douane ou de police? Quand il arriva sur la jetée où la barque était amarrée, sept personnes placées debout à l'arrière de la chaloupe s'empressèrent de s'asseoir sur les bancs, afin de s'y trouver seules et de ne pas laisser l'étranger se mettre avec elles. Ce fut une pensée instinctive et rapide, une de ces pensées d'aristocratie qui viennent au cœur des gens riches. Quatre de ces personnages appartenaient à la plus haute noblesse des Flandres. D'abord un jeune cavalier, accompagné de deux beaux lévriers et portant sur ses cheveux longs une toque ornée de pierreries, faisait retentir ses éperons dorés et frisait de temps en temps sa moustache avec impertinence, en jetant des regards dédaigneux au reste de l'équipage. Une altière demoiselle tenait un faucon sur son poing, et ne parlait qu'à sa mère ou à un ecclésiastique du haut rang, leur parent sans doute. Ces personnes faisaient grand bruit et conversaient ensemble, comme si elles eussent été seules dans la barque. Néanmoins, auprès d'elles, se trouvait un homme très-important dans le pays, un gros bourgeois de Bruges, enveloppé dans un grand manteau. Son domestique, armé jusqu'aux dents, avait mis près de lui deux sacs pleins d'argent. A côté d'eux se trouvait encore un homme de science, docteur à l'université de Louvain, flanqué de son clerc. Ces gens, qui se méprisaient les uns les autres, étaient séparés de l'avant par le banc des rameurs.

Lorsque le passager en retard mit le pied dans la barque, il jeta un regard rapide sur l'arrière, n'y vit pas de place, et alla en demander une à ceux qui se trouvaient sur l'avant du bateau. Ceux-là étaient de pauvres gens. A l'aspect d'un homme à tête nue, dont l'habit et le haut-de-chausses en camelot brun, dont le rabat en toile de lin empesé n'avaient aucun ornement, qui ne tenait à la main ni toque ni chapeau, sans bourse ni épée à la ceinture, tous le prirent pour un bourgmestre sûr de son autorité, bourgmestre bon homme et doux comme quelques-uns de ces vieux Flamands dont la nature et le caractère ingénus nous ont été si bien conservés par les peintres du pays. Les pauvres passagers accueillirent alors l'inconnu par des démonstrations respectueuses qui excitèrent des railleries chuchotées entre les gens de l'arrière. Un vieux soldat, homme de peine et de fatigue, donna sa place sur le banc à l'étranger, s'assit au bord de la barque, et s'y maintint en équilibre par la manière dont il appuya ses pieds contre une de ces traverses de bois qui semblables aux arêtes d'un poisson servent à lier les planches des bateaux. Une jeune femme, mère d'un petit enfant, et qui paraissait appartenir à la classe ouvrière d'Ostende, se recula pour faire assez de place au nouveau venu. Ce mouvement n'accusa ni servilité, ni dédain. Ce fut un de ces témoignages d'obligeance par lesquels les pauvres gens, habitués à connaître le prix d'un service et les délices de la fraternité, révèlent la franchise et le naturel de leurs âmes, si naïves dans l'expression de leurs qualités et de leurs défauts ; aussi l'étranger les remercia-t-il par un geste plein de noblesse. Puis il s'assit entre cette jeune mère et le vieux soldat. Derrière lui se trouvaient un paysan et son fils, âgé de dix ans. Une pauvresse ayant un bissac presque vide, vieille et ridée, en haillons, type de malheur et d'insouciance, gisait sur le bec de la barque, accroupie dans un gros paquet de cordages. Un des rameurs, vieux marinier, qui l'avait connue belle et riche, l'avait fait entrer, suivant l'admirable diction du peuple, *pour l'amour de Dieu*.

— Grand merci, Thomas, avait dit la vieille, je dirai pour toi le soir deux *Pater* et deux *Ave* dans ma prière.

Le patron donna du cor encore une fois, regarda la campagne muette, jeta la chaîne dans un bateau, courut le long du bord jusqu'au gouvernail, en prit la barre, resta debout; puis, après avoir contemplé le ciel, il dit d'une voix forte à ses rameurs, quand ils furent en pleine mer : — Ramez, ramez fort, et dépêchons ! la mer sourit à un mauvais grain, la sorcière ! Je sens la houle au mouvement du gouvernail, et l'orage à mes blessures.

Ces paroles, dites en termes de marine, espèce de langue intelligible seulement pour des oreilles accoutumées au bruit des flots, imprimèrent aux rames un mouvement précipité, mais toujours cadencé ; mouvement unanime, différent de la manière de ramer précédente, comme le trot d'un cheval l'est de son galop. Le beau monde assis à l'arrière prit plaisir à voir tous ces bras nerveux, ces visages bruns aux yeux de feu, ces muscles tendus, et ces différentes forces humaines agissant de concert, pour leur faire traverser le détroit moyennant un faible péage. Loin de déplorer cette misère, ils se montrèrent les rameurs en riant des expressions grotesques que la manœuvre imprimait à leurs physionomies tourmentées. A l'avant, le soldat, le paysan et la vieille contemplaient les mariniers avec cette espèce de compassion naturelle aux gens qui, vivant de labeur, connaissent les rudes angoisses et les fiévreuses fatigues du travail. Puis, habitués à la vie en plein air, tous avaient compris, à l'aspect du ciel, le danger qui les menaçait, tous étaient donc sérieux. La jeune mère berçait son enfant, en lui chantant une vieille hymne d'église pour l'endormir.

— Si nous arrivons, dit le soldat au paysan, le bon Dieu aura mis de l'entêtement à nous laisser en vie.

— Ah ! il est le maître, répondit la vieille ; mais je crois que son bon plaisir est de nous appeler près de lui. Voyez là-bas cette lumière ? Et, par un geste de tête, elle montrait le couchant, où des bandes de feu tranchaient vivement sur des nuages bruns nuancés de rouge qui semblaient bien près de déchaîner quelque vent furieux. La mer faisait entendre un murmure sourd, une espèce de mugissement intérieur, assez semblable à la voix d'un chien quand il ne fait que gronder. Après tout, Ostende n'était pas loin. En ce moment, le ciel et la mer offraient un de ces spectacles auxquels il est peut-être impossible à la peinture comme à la poésie de donner plus de durée qu'ils n'en ont réellement. Les créations humaines veulent des contrastes puissants. Aussi les artistes demandent-ils ordinairement à la nature ses phénomènes les plus brillants, désespérant sans doute de rendre la grande et belle poésie de son allure ordinaire, quoique l'âme humaine soit souvent aussi profondément remuée dans le calme que dans le mouvement, et par le silence autant que par la tempête. Il y eut un moment où, sur la barque, chacun se tut et contempla la mer et le ciel, soit par pressentiment, soit pour obéir à cette mélancolie religieuse qui nous saisit presque tous à l'heure de la prière, à la chute du jour, à l'instant où la nature se tait, où les cloches parlent. La mer jetait une lueur blanche et blafarde, mais changeante et semblable aux couleurs de l'acier. Le ciel était généralement grisâtre. A l'ouest, de longs espaces étroits simulaient des flots de sang, tandis qu'à l'orient des lignes étincelantes, marquées comme par un pinceau fin, étaient séparées par des nuages plissés comme des rides sur le front d'un vieillard. Ainsi, la mer et le ciel offraient partout un fond terne, tout en demi-teintes, qui faisait ressortir les feux sinistres du couchant. Cette physionomie de la nature inspirait un sentiment terrible. S'il est permis de glisser les audacieux tropes du peuple dans la langue écrite, on répéterait ce que disait le soldat, que le temps était en déroute, ou, ce que lui répondit le paysan, que le ciel avait la mine d'un bourreau. Le vent s'éleva tout à coup vers le couchant, et le patron, qui ne cessait de consulter la mer, la voyant s'enfler à l'horizon, s'écria : — Hau ! hau ! A ce cri, les matelots s'arrêtèrent aussitôt et laissèrent nager leurs rames.

— Le patron a raison, dit froidement Thomas quand la barque portée en haut d'une énorme vague redescendit comme au fond de la mer entr'ouverte.

A ce mouvement extraordinaire, à cette colère soudaine de l'Océan, les gens de l'arrière devinrent blêmes, et jetèrent un cri terrible : — Nous périssons !

— Oh! pas encore, leur répondit tranquillement le patron.

En ce moment, les nuées se déchirèrent sous l'effort du vent, précisément au-dessus de la barque. Les masses grises s'étant étalées avec une sinistre promptitude à l'orient et au couchant, la lueur du crépuscule y tomba d'aplomb par une crevasse due au vent d'orage, et permit d'y voir les visages. Les passagers, nobles ou riches, mariniers et pauvres, restèrent un moment surpris à l'aspect du dernier venu. Ses cheveux d'or, partagés en deux bandeaux sur son front tranquille et serein, retombaient en boucles nombreuses sur ses épaules, en découpant sur la grise atmosphère une figure sublime de douceur et où rayonnait l'amour divin. Il ne méprisait pas la mort, il était certain de ne pas périr. Mais si d'abord les gens de l'arrière oublièrent un instant la tempête dont l'implacable fureur les menaçait, ils revinrent bientôt à leurs sentiments d'égoïsme et aux habitudes de leur vie.

— Est-il heureux, ce stupide bourgmestre, de ne pas s'apercevoir du danger que nous courons tous! Il est là comme un chien, et mourra sans agonie, dit le docteur.

A peine avait-il dit cette phrase assez judicieuse, que la tempête déchaîna ses légions. Les vents soufflèrent de tous les côtés, la barque tournoya comme une toupie, et la mer y entra.

— Oh! mon pauvre enfant! mon enfant! Qui sauvera mon enfant? s'écria la mère d'une voix déchirante.

— Vous-même, répondit l'étranger.

Le timbre de cet organe pénétra le cœur de la jeune femme, il y mit un espoir; elle entendit cette suave parole malgré les sifflements de l'orage, malgré les cris poussés par les passagers.

— Sainte Vierge de Bon-Secours, qui êtes à Anvers, je vous promets mille livres de cire et une statue, si vous me tirez de là, s'écria le bourgeois à genoux sur des sacs d'or.

— La Vierge n'est pas plus à Anvers qu'ici, lui répondit le docteur.

— Elle est dans le ciel, répliqua une voix qui semblait sortir de la mer.

— Qui donc a parlé?

— C'est le diable, s'écria le domestique, il se moque de la Vierge d'Anvers.

— Laissez-moi donc là votre sainte Vierge, dit le patron aux passagers. Empoignez-moi les écopes et videz-moi l'eau de la barque. Et vous autres, reprit-il en s'adressant aux matelots, ramez ferme! Nous avons un moment de répit, au nom du diable qui vous laisse en ce monde, soyons nous-mêmes notre providence. Ce petit canal est furieusement dangereux, on le sait, voilà trente ans que je le traverse. Est-ce de ce soir que je me bats avec la tempête?

Puis, debout à son gouvernail, le patron continua de regarder alternativement sa barque, la mer et le ciel.

— Il se moque toujours de tout, le patron, dit Thomas à voix basse.

— Dieu nous laissera-t-il mourir avec ces misérables? demanda l'orgueilleuse jeune fille au beau cavalier.

— Non, non, noble demoiselle. Écoutez-moi? Il l'attira par la taille, et lui parlant à l'oreille : — Je sais nager, n'en dites rien! Je vous prendrai par vos beaux cheveux, et vous conduirai doucement au rivage; mais je ne puis sauver que vous.

La demoiselle regarda sa vieille mère. La dame était à genoux et demandait quelque absolution à l'évêque qui ne l'écoutait pas. Le chevalier lut dans les yeux de sa belle maîtresse un faible sentiment de piété filiale, et lui dit d'une voix sourde : — Soumettez-vous aux volontés de Dieu! S'il veut appeler votre mère à lui, ce sera sans doute pour son bonheur... en l'autre monde, ajouta-t-il d'une voix encore plus basse. — Et pour le nôtre en celui-ci, pensa-t-il. La dame de Rupelmonde possédait sept fiefs, outre la baronnie de Gâvres. La demoiselle écouta la voix de sa vie, les intérêts de son amour parlant par la bouche du bel aventurier, jeune mécréant qui hantait les églises, où il cherchait une proie, une fille à marier ou de beaux deniers comptants. L'évêque bénissait les flots, et leur ordonnait de se calmer en désespoir de cause; il songeait à sa concubine qui l'attendait avec quelque délicat festin, qui peut-être en ce moment se mettait au bain, se parfumait, s'habillait de velours, ou faisait agrafer ses colliers et ses pierreries. Loin de songer aux pouvoirs de la sainte Église, et de consoler ces chrétiens en les exhortant à se confier à Dieu, l'évêque pervers mêlait des regrets mondains et des paroles d'amour aux saintes paroles du bréviaire. La lueur qui éclairait ces pâles visages permit de voir leurs diverses expressions; quand la barque, enlevée dans les airs par une vague, puis rejetée au fond de l'abîme, puis secouée comme une feuille frêle, jouet de la bise en automne, craqua dans sa coque et parut près de se briser. Ce fut alors des cris horribles, suivis d'affreux silences. L'attitude des personnes assises à l'avant du bateau contrasta singulièrement avec celle des gens riches ou puissants. La jeune mère serrait son enfant contre son sein chaque fois que les vagues menaçaient d'engloutir la fragile embarcation; mais elle croyait à l'espérance que lui avait jetée au cœur la parole dite par l'étranger; chaque fois, elle tournait ses regards vers cet homme, et puisait dans son visage une foi nouvelle, la foi forte d'une femme faible, la foi d'une mère. Vivant par la parole divine, par la parole d'amour échappée à cet homme, la naïve créature attendait avec confiance l'exécution de cette espèce de promesse, et ne redoutait presque plus le péril. Cloué sur le bord de la chaloupe, le soldat ne cessait de contempler cet être singulier sur l'impassibilité duquel il modelait sa figure rude et basanée en déployant son intelligence et sa volonté, dont les puissants ressorts s'étaient peu viciés pendant le cours d'une vie passive et machinale; jaloux de se montrer tranquille et calme autant que ce courage supérieur, il finit par s'identifier, à son insu peut-être, au principe secret de cette puissance intérieure. Puis son admiration devint un fanatisme instinctif, un amour sans bornes, une croyance en cet homme, semblable à l'enthousiasme que les soldats ont pour leur chef, quand il est homme de pouvoir, environné par l'éclat des victoires, et qu'il marche au milieu des éclatants prestiges du génie. La vieille pauvresse disait à voix basse : — Ah! pécheresse infâme que je suis! Ai-je souffert assez pour expier les plaisirs de ma jeunesse? Ah! pourquoi, malheureuse, as-tu mené la belle vie d'une Galloise, as-tu mangé le bien de Dieu avec des gens d'église, le bien des pauvres avec les torçonniers et maltôtiers? Ah! j'ai eu grand tort. O mon Dieu! mon Dieu! laissez-moi finir mon enfer sur cette terre de malheur. Ou bien : — Sainte Vierge, mère de Dieu, prenez pitié de moi!

— Consolez-vous, la mère, le bon Dieu n'est pas un lombard. Quoique j'aie tué, peut-être à tort et à travers, les bons et les mauvais, je ne crains pas la résurrection.

— Ah! monsieur l'anspessade, sont-elles heureuses, ces belles dames, d'être auprès d'un évêque, d'un saint homme! reprit la vieille, elles auront l'absolution de leurs péchés. Oh! si je pouvais entendre la voix d'un prêtre me disant : — Vos péchés vous seront remis, je le croirais!

L'étranger se tourna vers elle, et son regard charitable la fit tressaillir.

— Ayez la foi, lui dit-il, et vous serez sauvée.

— Que Dieu vous récompense, mon bon Seigneur, lui répondit-elle. Si vous dites vrai, j'irai pour vous et pour moi en pèlerinage à Notre-Dame-de-Lorette, pieds nus.

Les deux paysans, le père et le fils, restaient silencieux, résignés et soumis à la volonté de Dieu, en gens accoutumés à suivre instinctivement, comme les animaux, le branle donné à la Nature. Ainsi, d'un côté les richesses, l'orgueil, la science, la débauche, le crime, toute la société humaine telle que la font les arts, la pensée, l'éducation, le monde et ses lois; mais aussi, de ce côté seulement, les cris, la terreur, mille sentiments divers combattus par des doutes affreux, là, seulement, les angoisses de la peur. Puis, au-dessus de ces existences, un homme puissant, le patron de la barque, ne doutant de rien, le chef, le roi fataliste, se faisant sa propre providence et criant : — « Sainte Ecope !... » et non pas : — Sainte Vierge !... » enfin, défiant l'orage et luttant avec la mer corps à corps. A l'autre bout de la nacelle, des faibles !... la mère berçant dans son sein un petit enfant qui souriait à l'orage; une fille, jadis joyeuse, maintenant livrée à d'horribles remords; un soldat criblé de blessures, sans autre récompense que sa vie mutilée pour prix d'un dévouement infatigable; il avait à peine un morceau de pain trempé de pleurs; néanmoins il se riait de tout et marchait sans soucis, heureux quand il noyait sa gloire au fond d'un pot de bière ou qu'il la racontait à des enfants qui l'admiraient. Il commettait gaiement à Dieu le soin de son avenir; enfin, deux paysans, gens de peine et de fatigue, le travail incarné, le labeur dont vivait le monde. Ces simples créatures étaient insouciantes de la pensée et de ses trésors, mais prêtes à les abîmer dans une croyance, ayant la foi d'autant plus robuste qu'elles n'avaient jamais rien discuté, ni analysé; natures vierges où la conscience était restée pure et le sentiment puissant; le remords, le malheur, l'amour, le travail avaient exercé, purifié, concentré, décuplé, leur volonté, la seule chose qui, dans l'homme, ressemble à ce que les savants nomment une âme.

Quand la barque, conduite par la miraculeuse adresse du pilote, arriva presque en vue d'Ostende, à cinquante pas du rivage, elle en fut repoussée par une convulsion de la tempête, et chavira soudain. L'étranger au lumineux visage dit alors à ce petit monde de douleur : — Ceux qui ont la foi seront sauvés; qu'ils me suivent!

Cet homme se leva, marcha d'un pas ferme sur les flots. Aussitôt la jeune mère prit son enfant dans ses bras et marcha près de lui sur la mer. Le soldat se dressa soudain en disant dans son langage de naïveté : — Ah! nom d'une pipe! je te suivrais au diable. Puis, sans paraître étonné, il marcha sur la mer. La vieille pêcheresse, croyant à la toute-puissance de Dieu, suivit l'homme et marcha sur la mer. Les deux paysans se dirent : — Puisqu'ils marchent sur l'eau, pourquoi ne ferions-nous pas comme eux? Ils se levèrent et coururent après eux en marchant sur la mer. Thomas voulut les imiter; mais sa foi chancelant, il tomba plusieurs fois dans la mer, se releva; puis, après trois épreuves, il marcha sur la mer. L'audacieux pilote s'était attaché comme un *remora* sur le plancher de sa barque. L'avare avait eu la foi et s'était levé; mais il voulut emporter son or, et son or l'emporta au fond de la mer. Se moquant du charlatan et des imbéciles qui l'écoutaient, au moment ou il vit l'inconnu proposant aux passagers de marcher sur la mer, le savant se prit à rire et fut englouti par l'océan. La jeune fille fut entraînée dans l'abîme par son amant. L'évêque et la vieille dame allèrent au fond, lourds de crimes, peut-être, mais plus lourds encore d'incrédulité, de confiance en de fausses images, lourds de dévotion, légers d'aumônes et de vraie religion.

La troupe fidèle qui foulait d'un pied ferme et sec la plaine des eaux courroucées entendait autour d'elle les horribles sifflements de la tempête. D'énormes lames venaient se briser sur son chemin. Une force invincible coupait l'océan. A travers le brouillard, ces fidèles apercevaient dans le lointain, sur le rivage, une petite lumière faible qui tremblottait par la fenêtre d'une cabane de pêcheurs. Chacun, en marchant courageusement vers cette lueur, croyait entendre son voisin criant à travers les mugissements de la mer : — Courage! Et cependant, attentif à son danger, personne ne disait mot. Ils atteignirent ainsi le bord de la mer. Quand ils furent tous assis au foyer du pêcheur, ils cherchèrent en vain leur guide lumineux. Assis sur le haut d'un rocher, au bas duquel l'ouragan jeta le pilote attaché sur sa planche par cette force que déploient les marins aux prises avec la mort, l'HOMME descendit, recueillit le naufragé presque brisé; puis il dit en étendant une main secourable sur sa tête : Bon pour cette fois-ci, mais n'y revenez plus, ce serait d'un trop mauvais exemple.

Il prit le marin sur ses épaules et le porta jusqu'à la chaumière du pêcheur. Il frappa pour le malheureux, afin qu'on lui ouvrît la porte de ce modeste asile, puis le Sauveur disparut. En cet endroit, fut bâti, pour les marins, le couvent de la *Merci*, où se vit longtemps l'empreinte que les pieds de Jésus-Christ avaient, dit-on, laissée sur le sable. En 1793, lors de l'entrée des Fançais en Belgique, des moines emportèrent cette précieuse relique, l'attestation de la dernière visite que Jésus ait fait à la Terre.

Ce fut là que, fatigué de vivre, je me trouvais quelque temps après la révolution de 1830. Si vous m'eussiez demandé la raison de mon désespoir, il m'aurait été presque impossible de la dire, tant mon âme était devenue molle et fluide. Les ressorts de mon intelligence se détendaient sous la brise d'un vent d'ouest. Le ciel versait un froid noir, et les nuées brunes qui passaient au-dessus de ma tête donnaient une expression sinistre à la nature. L'immensité de la mer, tout me disait : — Mourir aujourd'hui, mourir demain, ne faudra-t-il pas toujours mourir ? et, alors... J'errais donc en pensant à un avenir douteux, à mes espérances déchues. En proie à ces idées funèbres, j'entrai machinalement dans cette église du couvent, dont les tours grises m'apparaissaient alors comme des fantômes à travers les brumes de la mer. Je regardai sans enthousiasme cette forêt de colonnes assemblées dont les chapiteaux feuillus soutiennent des arcades légères, élégant labyrinthe. Je marchai tout insouciant dans les nefs latérales qui se déroulaient devant moi comme des portiques tournant sur eux-mêmes. La lumière incertaine d'un jour d'automne permettait à peine de voir en haut des voûtes les clefs sculptées, les nervures délicates qui dessinaient si purement les angles de tous les cintres gracieux. Les orgues étaient muettes. Le bruit seul de mes pas réveillait les graves échos cachés dans les chapelles noires. Je m'assis auprès d'un des quatre piliers qui soutiennent la coupole, près du chœur. De là, je pouvais saisir l'ensemble de ce monument que je contemplai sans y attacher aucune idée. L'effet mécanique de mes yeux me faisait seul embrasser le dédale imposant de tous les piliers, les roses immenses miraculeusement attachées comme des réseaux au-dessus des portes latérales ou du grand portail, les galeries aériennes où de petites colonnes menues séparaient les vitraux enchâssés par des arcs, par des trèfles ou par des fleurs, joli filigrane en pierre. Au fond du chœur, un dôme de verre étincelait comme s'il était bâti de pierres précieuses habilement serties. A droite et à gauche, deux nefs profondes opposaient à cette voûte, tour à tour blanche et coloriée, leurs ombres noires au sein desquelles se dessinaient faiblement les fûts indistincts de cent colonnes grisâtres. A force de regarder ces arcades merveilleuses, ces arabesques, ces festons, ces spirales, ces fantaisies sarrasines qui s'entrelaçaient les unes dans les autres, bizarrement éclairées, mes perceptions devinrent confuses. Je me trouvai, comme sur la limite des illusions et de la réalité, pris dans les piéges de l'optique et presque étourdi par la multitude des aspects. Insensiblement ces pierres découpées se voilèrent, je ne les vis plus qu'à travers un nuage formé par une poussière d'or, semblable à celle qui voltige dans les bandes lumineuses tracées par un rayon de soleil dans une chambre. Au sein de cette atmosphère vaporeuse qui rendit toutes les formes indistinctes, la dentelle des roses resplendit tout à coup. Chaque nervure, chaque arête sculptée, le moindre trait s'argenta. Le soleil alluma des feux dans les vitraux dont les riches couleurs scintillèrent. Les colonnes s'agitèrent, leurs chapiteaux s'ébranlèrent doucement. Un tremblement caressant disloqua l'édifice, dont les frises se remuèrent avec de gracieuses précautions. Plusieurs gros piliers eurent des mouvements graves comme est la danse d'une douairière qui, sur la fin d'un bal, complète par complaisance les quadrilles. Quelques colonnes minces et droites se mirent à rire et à sauter, parées de leurs couronnes de trèfles. Des cintres pointus se heurtèrent avec les hautes fenêtres longues et grêles, semblables à ces dames du moyen âge qui portaient les armoiries de leurs maisons peintes sur leurs robes d'or. La danse de ces arcades mitrées avec ces élégantes croisées ressemblait aux luttes d'un tournoi. Bientôt chaque pierre vibra dans l'église, mais sans changer de place. Les orgues parlèrent, et me firent entendre une harmonie divine à laquelle se mêlèrent des voix d'anges, musique inouïe, accompagnée par la sourde basse-taille des cloches dont les tintements annoncèrent que les deux tours colossales se balançaient sur leurs bases carrées. Ce sabbat étrange me sembla la chose du monde la plus naturelle, et je ne m'en étonnai pas après avoir vu Charles X à terre. J'étais moi-même doucement agité comme sur une escarpolette qui me communiquait une sorte de plaisir nerveux, et il me serait impossible d'en donner une idée. Cependant, au milieu de cette chaude bacchanale, le chœur de la cathédrale me parut froid comme si l'hiver y eût régné. J'y vis une multitude de femmes vêtues de blanc, mais immobiles et silencieuses. Quelques encensoirs répandirent une odeur douce qui pénétra mon âme en la réjouissant. Les cierges flamboyèrent. Le lutrin, aussi gai qu'un chantre pris de vin, sauta comme un chapeau chinois. Je compris que la cathédrale tournait sur elle-même avec tant de rapidité que chaque objet semblait y rester à sa place. Le Christ colossal, fixé sur l'autel, me souriait avec une malicieuse bienveillance qui me rendit craintif, je cessai de le regarder pour admirer dans le lointain une bleuâtre vapeur qui se glissa à travers les piliers, en leur imprimant une grâce indescriptible. Enfin plusieurs ravissantes figures de femmes s'agitèrent dans les frises. Les enfants qui soutenaient de grosses colonnes, battirent eux-mêmes des ailes. Je me sentis soulevé par une puissance divine qui me plongea dans une joie infinie, dans une extase molle et douce. J'aurais, je crois, donné ma vie pour prolonger la durée de cette fantasmagorie, quand tout à coup une voix criarde me dit à l'oreille : — Réveille-toi, suis-moi !

Une femme desséchée me prit la main et me communiqua le froid le plus horrible aux nerfs. Ses os se voyaient à travers la peau ridée de sa figure blême et presque verdâtre. Cette petite vieille froide portait une robe noire traînée dans la poussière, et gardait à son cou quelque chose de blanc que je n'osais examiner. Ses yeux fixes, levés vers le ciel, ne laissaient voir que le blanc des prunelles. Elle m'entraînait à travers l'église et marquait son passage par des cendres qui tombaient de sa robe. En marchant, ses os claquèrent comme ceux d'un squelette. A mesure que nous marchions, j'entendais derrière moi le tintement d'une clochette dont les sons pleins d'aigreur retentirent dans mon cerveau, comme ceux d'un harmonica.

— Il faut souffrir, il faut souffrir, me disait-elle.

Nous sortîmes de l'église, et traversâmes les rues les plus fangeuses de la ville ; puis, elle me fit entrer dans une maison noire où elle m'attira en criant de sa voix, dont le timbre était fêlé comme celui d'une cloche cassée : — Défends-moi, défends-moi !

Nous montâmes un escalier tortueux. Quand elle eut frappé à

une porte obscure, un homme muet, semblable aux familiers de l'inquisition, ouvrit cette porte. Nous nous trouvâmes bientôt dans une chambre tendue de vieilles tapisseries trouées, pleine de vieux linges, de mousselines fanées, de cuivres dorés.

— Voilà d'éternelles richesses, dit-elle.

Je frémis d'horreur en voyant alors distinctement à la lueur d'une longue torche et de deux cierges, que cette femme devait être récemment sortie d'un cimetière. Elle n'avait pas de cheveux. Je voulus fuir, elle fit mouvoir son bras de squelette et m'entoura d'un cercle de fer armé de pointes. A ce mouvement, un cri poussé par des millions de voix, le hurrah des morts, retentit près de nous!

— Je veux te rendre heureux à jamais, dit-elle. Tu es mon fils!

Nous étions assis devant un foyer dont les cendres étaient froides. Alors la petite vieille me serra la main si fortement que je dus rester là. Je la regardai fixement, et tâchai de deviner l'histoire de sa vie en examinant les nippes au milieu desquelles elle croupissait. Mais existait-elle? C'était vraiment un mystère. Je voyais bien que jadis elle avait dû être jeune et belle, parée de toutes les grâces de la simplicité, véritable statue grecque au front virginal.

— Ah! ah! lui dis-je, maintenant je te reconnais. Malheureuse, pourquoi t'es-tu prostituée aux hommes? Dans l'âge des passions, devenue riche, tu as oublié ta pure et suave jeunesse, tes dévouements sublimes, tes mœurs innocentes, tes croyances fécondes, et tu as abdiqué ton pouvoir primitif, ta suprématie tout intellectuelle pour les pouvoirs de la chair. Quittant tes vêtements de lin, ta couche de mousse, tes grottes éclairées par de divines lumières tu as étincelé de diamants, de luxe et de luxure. Hardie, fière, voulant tout, obtenant tout et renversant tout sur ton passage, comme une prostituée en vogue qui court au plaisir, tu as été sanguinaire comme une reine hébétée de volonté. Ne te souviens-tu pas d'avoir été souvent stupide par moments. Puis tout à coup merveilleusement intelligente, à l'exemple de l'Art sortant d'une orgie. Poète, peintre, cantatrice, aimant les cérémonies splendides, tu n'as peut-être protégé les arts que par caprice, et seulement pour dormir sous des lambris magnifiques? Un jour, fantasque et insolente, toi qui devais être chaste et modeste, n'as-tu pas tout soumis à ta pantoufle, et ne l'as-tu pas jetée sur la tête des souverains qui avaient ici-bas le pouvoir, l'argent et le talent! Insultant à l'homme et prenant joie à voir jusqu'où allait la bêtise humaine, tantôt tu disais à tes amants de marcher à quatre pattes, de te donner leurs biens, leurs trésors, leurs femmes même, quand elles valaient quelque chose! Tu as, sans motif, dévoré des millions d'hommes, tu les as jetés comme des nuées sablonneuses de l'Occident sur l'Orient. Tu es descendue des hauteurs de la pensée pour t'asseoir à côté des rois. Femme, au lieu de consoler les hommes, tu les as tourmentés, affligés! Sûre d'en obtenir, tu demandais du sang! Tu pouvais cependant te contenter d'un peu de farine, élevée comme tu le fus, à manger des gâteaux et à mettre de l'eau dans ton vin. Originale en tout, tu défendais jadis à tes amants épuisés de manger, et ils ne mangeaient pas. Pourquoi extravaguais-tu jusqu'à vouloir l'impossible? Semblable à quelque courtisane gâtée par ses adorateurs, pourquoi t'es-tu affolée de niaiseries et n'as-tu pas détrompé les gens qui expliquaient ou justifiaient toutes tes erreurs? Enfin, tu as eu tes dernières passions! Terrible comme l'amour d'une femme de quarante ans, tu as rugi! tu as voulu étreindre l'univers entier dans un dernier embrassement, et l'univers qui t'appartenait t'a échappé. Puis, après les jeunes gens sont venus à tes pieds des vieillards, des impuissants qui t'ont rendue hideuse. Cependant quelques hommes au coup d'œil d'aigle te disaient d'un regard : — Tu périras sans gloire, parce que tu as trompé, parce que tu as manqué à tes promesses de jeune fille. Au lieu d'être un ange au front de paix et de semer la lumière et le bonheur sur ton passage, tu as été une Messaline aimant le cirque et les débauches, abusant de ton pouvoir. Tu ne peux plus redevenir vierge, il te faudrait un maître. Ton temps arrive. Tu sens déjà la mort. Tes héritiers te croient riche, ils te tueront et ne recueilleront rien. Essaie au moins de jeter tes hardes qui ne sont plus de mode, redeviens ce que tu étais jadis. Mais non! tu t'es suicidée! N'est-ce pas là ton histoire? lui dis-je en finissant, vieille caduque, édentée, froide, maintenant oubliée, et qui passe sans obtenir un regard. Pourquoi vis-tu? Que fais-tu de ta robe de plaideuse qui n'excite le désir de personne? où est ta fortune? pourquoi l'as-tu dissipée? où sont tes trésors? qu'as-tu fait de beau?

À cette demande, la petite vieille se redressa sur ses os, rejeta ses guenilles, grandit, s'éclaira, sourit, sortit de sa chrysalide noire. Puis, comme un papillon nouveau-né, cette création indienne sortit de ses palmes, m'apparut blanche et jeune, vêtue d'une robe de lin. Ses cheveux d'or flottèrent sur ses épaules, ses yeux scintillèrent, un nuage lumineux l'environna, un cercle d'or voltigea sur sa tête, elle fit un geste vers l'espace en agitant une longue épée de feu.

— Vois et crois! dit-elle.

Tout à coup, je vis dans le lointain des milliers de cathédrales, semblables à celles que je venais de quitter, mais ornées de tableaux et de fresques; j'y entendis de ravissants concerts. Autour de ces monuments, des milliers d'hommes se pressaient, comme des fourmis dans leurs fourmilières. Les uns empressés de sauver des livres et de copier des manuscrits, les autres servant les pauvres, presque tous étudiant. Du sein de ces foules innombrables surgissaient des statues colossales, élevées par eux. A la lueur fantastique, projetée par un luminaire aussi grand que le soleil, je lus sur le socle de ces statues : HISTOIRE. SCIENCES. LITTÉRATURES.

La lumière s'éteignit, je me retrouvai devant la jeune fille, qui, graduellement, rentra dans sa froide enveloppe, dans ses guenilles mortuaires, et redevint vieille. Son familier lui apporta un peu de poussier, afin qu'elle renouvelât les cendres de sa chaufferette, car le temps était rude; puis, il lui alluma, à elle qui avait eu des milliers de bougies dans ses palais, une petite veilleuse afin qu'elle pût lire ses prières pendant la nuit.

— On ne croit plus!... dit-elle.

Telle était la situation critique dans laquelle je vis la plus belle, la plus vaste, la plus vraie, la plus féconde de toutes les puissances.

— Réveillez-vous, monsieur, l'on va fermer les portes, me dit une voix rauque.

En me retournant, j'aperçus l'horrible figure du donneur d'eau bénite, il m'avait secoué le bras. Je trouvai la cathédrale ensevelie dans l'ombre, comme un homme enveloppé d'un manteau.

— Croire! me dis-je, c'est vivre! Je viens de voir passer le convoi d'une Monarchie, il faut défendre l'ÉGLISE!

Paris, février 1831.

MELMOTH RÉCONCILIÉ.

A MONSIEUR LE GÉNÉRAL BARON DE POMMEREUL,

En souvenir de la constante amitié qui a lié nos pères et qui subsiste entre ses fils.

DE BALZAC.

Il est une nature d'hommes que la Civilisation obtient dans le Règne Social, comme les fleuristes créent dans le Règne végétal par l'éducation de la serre, une espèce hybride qu'ils ne peuvent reproduire ni par semis, ni par bouture. Cet homme est un caissier, véritable produit anthropomorphe, arrosé par les idées religieuses, maintenu par la guillotine, ébranché par le vice, et qui pousse à un troisième étage entre une femme estimable et des enfants ennuyeux. Le nombre des caissiers à Paris sera toujours un problème pour le physiologiste. A-t-on jamais compris les termes de la proposition dont un caissier est l'X connu? Trouver un homme qui soit sans cesse en présence de la fortune comme un chat devant une souris en cage? Trouver un homme qui ait la propriété de rester assis sur un fauteuil de canne, dans une loge grillagée, sans avoir plus de pas à y faire que n'en a dans sa cabine un lieutenant de vaisseau, pendant les sept huitièmes de l'année et durant sept à huit heures par jour? Trouver un homme qui ne s'ankilose à ce métier ni les genoux ni les apophyses du bassin? Un homme qui ait assez de grandeur pour être petit? Un homme qui puisse se dégoûter de l'argent à force d'en manier? Demandez ce produit à quelque Religion, à quelque Morale, à quelque Collége, à quelque Institution que ce soit, et donnez-leur Paris, cette vil aux tentations, cette succursale de l'Enfer, comme le milieu dans lequel sera planté le caissier! Eh! bien, les Religions défileront l'une après l'autre, les Colléges, les Institutions, les Morales, toutes les grandes et les petites Lois humaines viendront à vous comme vient un ami intime auquel vous demandez un billet de mille francs. Elles auront un air de deuil, elles se grimeront, elles vous montreront la guillotine, comme votre ami vous indiquera la demeure de l'usurier, l'une des cent portes de l'hôpital. Néanmoins, la nature morale a ses caprices, elle se permet de faire çà et là d'honnêtes gens et des caissiers. Aussi, les corsaires que nous décorons du nom de Banquiers, et qui prennent une licence de mille écus comme un forban prend ses lettres de marque, ont-ils une telle vénération pour ces rares produits des incubations de la vertu qu'ils les encagent dans des loges afin de les garder comme les gouvernements gardent les animaux curieux. Si le caissier a de l'imagination, si le caissier a des passions, ou si le caissier le plus parfait aime sa femme, et que cette femme s'ennuie, ait de l'ambition ou simplement de la vanité, le caissier se dissout. Fouillez l'histoire de la caisse? vous ne citerez pas un seul exemple du caissier parvenant à ce qu'on nomme *une position*. Ils vont au bagne, ils vont à l'étranger, ou végètent à quelque second étage, rue Saint-Louis au Marais. Quand les caissiers parisiens auront réfléchi à leur valeur intrinsèque, un caissier sera hors de prix. Il est vrai que certaines gens ne peuvent être que caissiers, comme d'autres sont invinciblement fripons. Étrange civilisation! La Société décerne à la Vertu cent louis de rente pour sa vieillesse, un second étage, du pain à discrétion, quelques foulards neufs, et une vieille femme accompagnée de ses enfants. Quant au Vice, s'il a quelque hardiesse, s'il peut tourner habilement un article du Code comme Turenne tournait Montécuculli, la Société légitime ses millions volés, lui jette des rubans, le farcit d'honneurs, et l'accable de considération. Le Gouvernement est d'ailleurs en harmonie avec cette Société profondément illogique. Le Gouvernement, lui, lève sur les jeunes intelligences, entre dix-huit et vingt ans, une conscription de talents précoces; il use par un travail prématuré de grands cerveaux qu'il convoque afin de les trier sur le volet comme les jardiniers font de leurs graines. Il dresse à ce métier des jurés peseurs de talents qui essayent les cervelles comme on essaye l'or à la Monnaie. Puis, sur les cinq cents têtes chauffées à l'espérance que la population la plus avancée lui donne annuellement, il en accepte le tiers, le met dans de grands sacs appelés *ses Écoles*, et l'y remue pendant trois ans. Quoique chacune de ces greffes représente d'énormes capitaux, il en fait pour ainsi dire des caissiers ; il les nomme ingénieurs ordinaires, il les emploie comme capitaines d'artillerie ; enfin, il leur assure tout ce qu'il y a de plus élevé dans les grades subalternes. Puis, quand ces hommes d'élite, engraissés de mathématiques et bourrés de science, ont atteint l'âge de cinquante ans, il leur procure en récompense de leurs services le troisième étage, la femme accompagnée d'enfants, et toutes les douceurs de la médiocrité. Que de ce Peuple-Dupe il s'en échappe cinq à six hommes de génie qui gravissent les sommités sociales, n'est-ce pas un miracle ?

Ceci est le bilan exact du Talent et de la Vertu, dans leurs rapports avec le Gouvernement et la Société à une époque qui se croit progressive. Sans cette observation préparatoire, une aventure arrivée récemment à Paris paraîtrait invraisemblable, tandis que, dominée par ce sommaire, elle pourra peut-être occuper les esprits assez supérieurs pour avoir deviné les véritables plaies de notre civilisation qui, depuis 1815, a remplacé le principe Honneur par le principe Argent.

Par une sombre journée d'automne, vers cinq heures du soir, le caissier d'une des plus fortes maisons de banque de Paris travaillait encore à la lueur d'une lampe allumée déjà depuis quelque temps. Suivant les us et coutumes du commerce, la caisse était située dans la partie la plus sombre d'un entresol étroit et bas d'étage. Pour y arriver, il fallait traverser un couloir éclairé par des jours de souffrance, et qui longeait les bureaux dont les portes étiquetées ressemblaient à celles d'un établissement de bains. Le concierge avait dit flegmatiquement dès quatre heures, suivant sa consigne : — *La Caisse est fermée.* En ce moment, les bureaux étaient déserts, les courriers expédiés, les employés partis, les femmes des chefs de la maison attendaient leurs amants, les deux banquiers dînaient chez leurs maîtresses. Tout était en ordre. L'endroit où les coffres-forts avaient été scellés dans le fer se trouvait derrière la loge grillée du caissier, sans doute occupé à faire sa caisse. La devanture ouverte permettait de voir une armoire en fer mouchetée par le marteau, qui, grâce aux découvertes de la serrurerie moderne, était d'un si grand poids, que les voleurs n'auraient pu l'emporter. Cette porte ne s'ouvrait qu'à la volonté de celui qui savait écrire le mot d'ordre dont les lettres de la serrure gardent le secret sans se laisser corrompre, belle réalisation du *Sésame, ouvre-toi !* des Mille et Une Nuits. Ce n'était rien encore. Cette serrure lâchait un coup de tromblon à la figure de celui qui, ayant surpris le mot d'ordre, ignorait le dernier secret, l'*ultima ratio* du dragon de la Mécanique. La porte de la chambre, les murs de la chambre, les volets des fenêtres de la chambre, toute la chambre était garnie de feuilles en tôle de quatre lignes d'épaisseur, déguisées par une boiserie légère. Ces volets avaient été poussés, cette porte avait été fermée. Si jamais un homme put se croire dans une solitude profonde et loin de tous les regards, cet homme était le caissier de la maison Nucingen et compagnie, rue Saint-Lazare. Aussi, le plus grand silence régnait-il dans cette cave de fer. Le poêle éteint jetait cette chaleur tiède qui produit sur le cerveau les effets pâteux et l'inquiétude nauséabonde que cause une orgie à son lendemain. Le poêle endort, il hébète et contribue singulièrement à crétiniser les portiers et les employés. Une chambre à poêle est un matras où se dissolvent les hommes d'énergie, où s'amincissent leurs ressorts, où s'use leur volonté. Les Bureaux sont la grande fabrique des médiocrités nécessaires aux gouvernements pour maintenir la féodalité de l'argent sur laquelle s'appuie le contrat social actuel. (Voyez *les Employés*.) La chaleur méphitique qu'y produit une réunion d'hommes n'est pas une des moindres raisons de l'abâtardissement progressif des intelligences, le cerveau d'où se dégage le plus d'azote asphyxie les autres à la longue.

Le caissier était un homme âgé d'environ quarante ans, dont le crâne chauve reluisait sous la lueur d'une lampe-Carcel qui se trouvait sur sa table. Cette lumière faisait briller les cheveux blancs mélangés de cheveux noirs qui accompagnaient les deux côtés de sa tête, à laquelle les formes rondes de sa figure prêtaient l'apparence d'une boule. Son teint était d'un rouge de brique. Quelques rides enchâssaient ses yeux bleus. Il avait la main potelée de l'homme gras. Son habit de drap bleu, légèrement usé sur les endroits saillants, et les plis de son pantalon miroité, présentaient à l'œil cette espèce de flétrissure qu'y imprime l'usage, que combat vainement la brosse, et qui donne aux gens superficiels une haute idée de l'économie, de la probité d'un homme assez philosophe ou assez aristocrate pour porter de vieux habits. Mais il n'est pas rare de voir les gens qui liardent sur des riens se montrer faciles, prodigues ou incapables dans les choses capitales de la vie. La boutonnière du caissier était ornée du ruban de la Légion-d'Honneur, car il avait été chef d'escadron dans les dragons sous l'Empereur. Monsieur de Nucingen, fournisseur avant d'être banquier, ayant été jadis à même de connaître les sentiments de délicatesse de son caissier en le rencontrant dans une position élevée d'où le malheur l'avait fait descendre, y eut égard, en lui donnant cinq cents francs d'appointements par mois. Ce militaire était caissier depuis 1813, époque à laquelle il fut guéri d'une blessure reçue au combat de Studziánka, pendant la déroute de Moscou, mais après avoir langui six mois à Strasbourg où quelques officiers supérieurs avaient été transportés par les ordres de l'Empereur pour y être particulièrement soignés. Cet ancien officier, nommé Castanier, avait le grade honoraire de colonel et deux mille quatre cents francs de retraite.

Castanier, en qui depuis dix ans le caissier avait tué le militaire, inspirait au banquier une si grande confiance, qu'il dirigeait également les écritures du cabinet particulier situé derrière sa caisse et où descendait le baron par un escalier dérobé. Là se décidaient les affaires. Là était le blutoir où l'on tamisait les propositions, le parloir où s'examinait la place. De là, partaient les lettres de crédit; enfin là se trouvaient le Grand-livre et le Journal où se résumait le travail des autres bureaux. Après être allé fermer la porte de communication à laquelle aboutissait l'escalier qui menait au bureau d'apparat où se tenaient les deux banquiers au premier étage de leur hôtel, Castanier était revenu s'asseoir et contemplait depuis un instant plusieurs lettres de crédit tirées sur la maison Watschildine à Londres. Puis, il avait pris la plume et venait de contrefaire, au bas de toutes, la signature *Nucingen*. Au moment où il cherchait laquelle de toutes ces fausses signatures était la plus parfaitement imitée, il leva la tête comme s'il eût été piqué par une mouche en obéissant à un pressentiment qui lui avait crié dans le cœur : — *Tu n'es pas seul!* Et le faussaire vit derrière le grillage, à la chatière de sa caisse, un homme dont la respiration ne s'était pas fait entendre, qui lui parut ne pas respirer, et qui sans doute était entré par la porte du couloir que Castanier aperçut toute grande ouverte. L'ancien militaire éprouva, pour la première fois de sa vie, une peur qui le fit rester la bouche béante et les yeux hébétés devant cet homme, dont l'aspect était d'ailleurs assez effrayant pour ne pas avoir besoin des circonstances mystérieuses d'une semblable apparition. La coupe oblongue de la figure de l'étranger, les contours bombés de son front, la couleur aigre de sa chair, annonçaient, aussi bien que la forme de ses vêtements, un Anglais. Cet homme puait l'anglais. A voir sa redingote à collet, sa cravate bouffante dans laquelle se heurtait un jabot à tuyaux écrasés, et dont la blancheur faisait ressortir la lividité permanente d'une figure impassible dont les lèvres rouges et froides semblaient destinées à sucer le sang des cadavres, on devinait ses guêtres noires boutonnées jusqu'au-dessus du genou, et cet appareil à demi puritain d'un riche Anglais sorti pour se promener à pied. L'éclat que jetaient les yeux de l'étranger était insupportable et causait à l'âme une impression poignante qu'augmentait encore la rigidité de ses traits. Cet homme sec et décharné semblait avoir en lui comme un principe dévorant qu'il lui était impossible d'assouvir. Il devait si promptement digérer sa nourriture qu'il pouvait sans doute manger incessamment, sans jamais faire rougir le moindre linéament de ses joues. Une tonne de ce vin de Tokay nommé *vin de succession*, il pouvait l'avaler sans faire chavirer ni son regard poignardant qui lisait dans les âmes, ni sa cruelle raison qui semblait toujours aller au fond des choses. Il avait un peu de la majesté fauve et tranquille des tigres.

— Monsieur, je viens toucher cette lettre de change, dit-il à Castanier d'une voix qui se mit en communication avec les fibres du caissier et les atteignit toutes avec une violence comparable à celle d'une décharge électrique.

— La caisse est fermée, répondit Castanier.

— Elle est ouverte, dit l'Anglais en montrant la caisse. Demain est dimanche, et je ne saurais attendre. La somme est de cinq cent mille francs, vous l'avez en caisse, et moi, je la dois.

— Mais, monsieur, comment êtes-vous entré?

L'Anglais sourit, et son sourire terrifia Castanier. Jamais réponse ne fut ni plus ample ni plus péremptoire que ne le fut le pli dédaigneux et impérial formé par les lèvres de l'étranger. Castanier se retourna, prit cinquante paquets de dix mille francs en billets de banque, et, quand il les offrit à l'étranger qui lui avait jeté une lettre de change acceptée par le baron de Nucingen, il fut pris

CASTANIER.

Il prit dans la caisse cinq cent mille francs en billets et *bank-notes*.

(MELMOTH RÉCONCILIÉ.)

d'une sorte de tremblement convulsif en voyant les rayons rouges qui sortaient des yeux de cet homme, et qui venaient reluire sur la fausse signature de la lettre de crédit.

— Votre... acquit... n'y... est pas, dit Castanier en retournant la lettre de change.

— Passez-moi votre plume, dit l'Anglais.

Castanier présenta la plume dont il venait de se servir pour son faux. L'étranger signa John Melmoth, puis il remit le papier et la plume au caissier. Pendant que Castanier regardait l'écriture de l'inconnu, laquelle allait de droite à gauche à la manière orientale, Melmoth disparut, et fit si peu de bruit que quand le caissier leva la tête, il laissa échapper un cri en ne voyant plus cet homme, et en ressentant les douleurs que notre imagination suppose devoir être produites par l'empoisonnement. La plume dont Melmoth s'était servi lui causait dans les entrailles une sensation chaude et remuante assez semblable à celle que donne l'émétique. Comme il semblait impossible à Castanier que cet Anglais eût deviné son crime, il attribua cette souffrance intérieure à la palpitation que, suivant les idées reçues, doit procurer *un mauvais coup* au moment où il se fait.

— Au diable! je suis bien bête, Dieu me protége, car si cet animal s'était adressé demain à ces messieurs, j'étais *cuit!* se dit Castanier en jetant dans le poêle les fausses lettres inutiles qui s'y consumèrent.

Il cacheta celle dont il voulait se servir, prit dans la caisse cinq cent mille francs en billets et en *bank-notes*, la ferma, mit tout en ordre, prit son chapeau, son parapluie, éteignit la lampe après avoir allumé son bougeoir, et sortit tranquillement pour aller, suivant son habitude, remettre une des deux clefs de la caisse à madame de Nucingen quand le baron était absent.

— Vous êtes bien heureux, monsieur Castanier, lui dit la femme du banquier en le voyant entrer chez elle, nous avons une fête lundi, vous pourrez aller à la campagne, à Soisy.

— Voudrez-vous avoir la bonté, madame, de dire à Nucingen que la lettre de change des Watschildine, qui était en retard, vient de se présenter? Les cinq cent mille francs sont payés. Ainsi, je ne reviendrai pas avant mardi, vers midi.

— Adieu, monsieur, bien du plaisir.

— Et vous, *idem*, madame, répondit le vieux dragon en regardant un jeune homme alors à la mode nommé Rastignac, qui passait pour être l'amant de madame de Nucingen.

— Madame, dit le jeune homme, ce gros père-là m'a l'air de vouloir vous jouer quelque mauvais tour.

— Ah! bah! c'est impossible, il est trop bête.

— Piquoizeau, dit le caissier en entrant dans la loge, pourquoi donc laisses-tu monter à la caisse passé quatre heures?

— Depuis quatre heures, dit le concierge, j'ai fumé ma pipe sur le pas de la porte, et personne n'est entré dans les bureaux. Il n'en est même sorti que ces messieurs...

— Es-tu sûr de ce que tu dis?

— Sûr comme de *ma* propre honneur. Il est venu seulement à quatre heures l'ami de monsieur Werbrust, un jeune homme de chez messieurs du Tillet et compagnie, rue Joubert.

— Bon! dit Castanier qui sortit vivement. La chaleur émétisante que lui avait communiquée sa plume prenait de l'intensité. — Mille diables? pensait-il en enfilant le boulevard de Gand, ai-je bien pris mes mesures? Voyons! Deux jours francs, dimanche et lundi : puis, un jour d'incertitude avant qu'on ne me cherche, ces délais me donnent trois jours et quatre nuits. J'ai deux passeports et deux déguisements différents, n'est-ce pas à dérouter la police la plus habile? Je toucherai donc mardi matin un million à Londres, au moment où l'on n'aura pas encore ici le moindre soupçon. Je laisse ici mes dettes pour le compte de mes créanciers, qui mettront un P dessus, et je me trouverai, pour le reste de mes jours, heureux en Italie, sous le nom du comte Ferraro, ce pauvre colonel que moi seul ai vu mourir dans les marais de Zembin, et de qui je chausserai la pelure. Mille diables, cette femme que je vais traîner après moi pourrait me faire reconnaître! Une vieille moustache comme moi, s'enjuponner, s'acoquiner à une femme!... pourquoi l'emmener? il faut la quitter. Oui, j'en aurai le courage. Mais je me connais, je suis assez bête pour revenir à elle. Cependant personne ne connaît Aquilina. L'emmènerai-je? ne l'emmènerai-je pas?

— Tu ne l'emmèneras pas! lui dit une voix qui lui troubla les entrailles.

Castanier se retourna brusquement et vit l'Anglais.

— Le diable s'en mêle donc! s'écria le caissier à haute voix.

Melmoth avait déjà dépassé sa victime. Si le premier mouvement de Castanier fut de chercher querelle à un homme qui lisait ainsi dans son âme, il était en proie à tant de sentiments contraires, qu'il en résultait une sorte d'inertie momentanée, il reprit donc son allure, et retomba dans cette fièvre de pensée naturelle à un homme assez vivement emporté par la passion pour commettre un crime, mais qui n'avait pas la force de le porter en lui-même sans de cruelles agitations. Aussi, quoique décidé à recueillir le fruit d'un crime à moitié consommé, Castanier hésitait-il encore à poursuivre son entreprise, comme font la plupart des hommes à caractère mixte, chez lesquels il se rencontre autant de force que de faiblesse, et qui peuvent être déterminés aussi bien à rester purs qu'à devenir criminels, suivant la pression des plus légères circonstances. Il s'est trouvé dans le ramas d'hommes enrégimentés par Napoléon beaucoup de gens qui, semblables à Castanier, avaient le courage tout physique du champ de bataille, sans avoir le courage moral qui rend un homme aussi grand dans le crime qu'il pourrait l'être dans la vertu. La lettre de crédit était conçue en de tels termes, qu'à son arrivée à Londres il devait toucher vingt-cinq mille livres sterling chez Wastchildine, le correspondant de la maison de Nucingen, avisé déjà du payement par lui-même; son passage était retenu par un agent pris à Londres au hasard, sous le nom du comte Ferraro, à bord d'un vaisseau qui menait de Portsmouth en Italie une riche famille anglaise. Les plus petites circonstances avaient été prévues. Il s'était arrangé pour se faire chercher à la fois en Belgique et en Suisse pendant qu'il serait en mer. Puis, quand Nucingen pourrait croire être sur ses traces, il espérait avoir gagné Naples, où il comptait vivre sous un faux nom, à la faveur d'un déguisement si complet, qu'il s'était déterminé à changer son visage en y simulant à l'aide d'un acide les ravages de la petite vérole. Malgré toutes ces précautions qui semblaient devoir lui assurer l'impunité, sa conscience le tourmentait. Il avait peur. La vie douce et paisible qu'il avait longtemps menée avait purifié ses mœurs soldatesques. Il était probe encore, il ne se souillait pas sans regret. Il se laissait donc aller pour une dernière fois à toutes les impressions de la bonne nature qui regimbait en lui.

— Bah! se dit-il au coin du boulevard et de la rue Montmartre, un fiacre me mènera ce soir à Versailles au sortir du spectacle. Une chaise de poste m'y attend chez mon vieux maréchal-des-logis, qui me garderait le secret sur ce départ en présence de douze soldats prêts à le fusiller s'il refusait de répondre. Ainsi, je ne vois aucune chance contre moi. J'emmènerai donc ma petite Naqui, je partirai.

— Tu ne partiras pas, lui dit l'Anglais dont la voix étrange fit affluer au cœur du caissier tout son sang.

Melmoth monta dans un tilbury qui l'attendait, et fut emporté si rapidement que Castanier vit son ennemi secret à cent pas de lui sur la chaussée du boulevard Montmartre, et la montant au grand trot, avant d'avoir eu la pensée de l'arrêter.

— Mais, ma parole d'honneur, ce qui m'arrive est surnaturel, se dit-il. Si j'étais assez bête pour croire en Dieu, je me dirais qu'il a mis saint Michel à mes trousses. Le diable et la police me laisseraient-ils faire pour m'empoigner à temps? A-t-on jamais vu! Allons donc, c'est des niaiseries.

Castanier prit la rue du Faubourg-Montmartre, et ralentit sa marche à mesure qu'il avançait vers la rue Richer. Là, dans une maison nouvellement bâtie, au second étage d'un corps de logis donnant sur des jardins, vivait une jeune fille connue dans le quartier sous le nom de madame de La Garde, et qui se trouvait innocemment la cause du crime commis par Castanier. Pour expliquer ce fait et achever de peindre la crise sous laquelle succombait le caissier, il est nécessaire de rapporter succinctement quelques circonstances de sa vie antérieure.

Madame de La Garde, qui cachait son véritable nom à tout le monde, même à Castanier, prétendait être Piémontaise. C'était une de ces jeunes filles qui, soit par la misère la plus profonde, soit par défaut du travail ou par l'effroi de la mort, souvent aussi par la trahison d'un premier amant, sont poussées à prendre un métier que la plupart d'entre elles font avec dégoût, beaucoup avec insouciance, quelques-unes pour obéir aux lois de leur constitution. Au moment de se jeter dans le gouffre de la prostitution parisienne, à l'âge de seize ans, belle et pure comme une Madone, celle-ci rencontra Castanier. Trop mal léché pour avoir des succès dans le monde, fatigué d'aller tous les soirs le long des boulevards à la chasse d'une bonne fortune payée, le vieux dragon désirait depuis longtemps mettre un certain ordre dans l'irrégularité de ses mœurs. Saisi par la beauté de cette pauvre enfant, que le hasard lui mettait entre les bras, il résolut de la sauver du vice à son profit, par une pensée autant égoïste que bienfaisante, comme le sont quelques pensées des hommes les meilleurs. Le naturel est souvent bon, l'État social y mêle son mauvais, de là proviennent certaines intentions mixtes pour lesquelles le juge doit se montrer indulgent. Castanier avait précisément assez d'esprit pour être rusé quand ses intérêts étaient en jeu. Donc, il voulut être philanthrope à coup sûr, et fit d'abord de cette fille sa maîtresse. — « Hé! hé! se dit-il dans son langage soldatesque, un vieux loup comme moi ne doit pas se laisser cuire par une brebis. Papa Castanier, avant de te mettre en ménage, pousse une reconnaissance dans le moral de la fille, afin de savoir si elle est susceptible d'attache! » Pendant la première année de cette union illégale, mais qui la plaçait dans la situation la moins répréhensible de toutes celles que réprouve le monde, la Piémontaise prit pour nom de guerre celui d'Aquilina, l'un des personnages de VENISE SAUVÉE, tragédie du théâtre anglais qu'elle avait lue par hasard. Elle croyait ressembler à cette courtisane, soit par les sentiments précoces qu'elle se sentait dans le cœur, soit par sa figure, ou par la physionomie générale de sa personne. Quand Castanier lui vit mener la conduite la plus régulière et la plus vertueuse que pût avoir une femme jetée en dehors des lois et des convenances sociales, il lui manifesta le désir de vivre avec elle maritalement. Elle devint alors madame de La Garde, afin de rentrer, autant que le permettaient les usages parisiens, dans les conditions d'un mariage réel. En effet, l'idée fixe de beaucoup de ces pauvres filles consiste à vouloir se faire accepter comme de bonnes bourgeoises, tout bêtement fidèles à leurs maris; capables d'être d'excellentes mères de famille, d'écrire leur dépense et de raccommoder le linge de la maison. Ce désir procède d'un sentiment si louable, que la Société devrait le prendre en considération. Mais la Société sera certainement incorrigible, et continuera de considérer la femme mariée comme une corvette à laquelle son pavillon et ses papiers permettent de faire la course, tandis que la femme entretenue est le pirate que l'on pend faute de lettres. Le jour où madame de La Garde voulut signer madame Castanier, le caissier se fâcha. — « Tu ne m'aimes donc pas assez pour m'épouser? » dit-elle. Castanier ne répondit pas, et resta songeur. La pauvre fille se résigna. L'ex-dragon fut au désespoir. Naqui fut touchée de ce désespoir, elle aurait voulu le calmer; mais, pour le calmer, ne fallait-il pas en connaître la cause? Le jour où Naqui voulut apprendre ce secret, sans toutefois le demander, le caissier révéla piteusement l'existence d'une certaine madame Castanier, une épouse légitime, mille fois maudite, qui vivait obscurément à Strasbourg sur un petit bien, et à laquelle il écrivait deux fois chaque année, en gardant sur elle un si profond silence que personne ne le savait marié. Pourquoi cette discrétion? Si la raison en est connue à beaucoup de militaires qui peuvent se trouver dans le même cas, il est peut-être utile de la dire. Le vrai troupier, s'il est permis d'employer ici le mot dont on se sert à l'armée pour désigner les gens destinés à mourir capitaines, ce serf attaché à la glèbe d'un régiment est une créature essentiellement naïve, un Castanier voué par avance aux roueries des mères de famille qui dans les garnisons se trouvent empêchées de filles difficiles à marier. Donc, à Nancy, pendant un de ces instants si courts où les armées impériales se reposaient en France, Castanier eut le malheur de faire attention à une demoiselle avec laquelle il avait dansé dans une de ces fêtes nommées en province des *Redoutes*, qui souvent étaient offertes à la ville par les officiers de la garnison, *et vice versâ*. Aussitôt, l'aimable capitaine fut l'objet d'une de ces séductions pour lesquelles les mères trouvent des complices dans le cœur humain en en faisant jouer tous les ressorts, et chez leurs amis qui conspirent avec elles. Semblables aux personnes qui n'ont qu'une idée, ces mères rapportent tout à leur grand projet, dont elles font une œuvre long-temps élaborée, pareille au cornet de sable au fond duquel se tient le formica-leo. Peut-être personne n'entrera-t-il jamais dans ce dédale si bien bâti, peut-être le formica-leo mourra-t-il de faim et de soif? Mais s'il y entre quelque bête étourdie, elle y restera. Les secrets calculs d'avarice que chaque homme fait en se mariant, l'espérance, les vanités humaines, tous les fils par lesquels marche un capitaine, furent attaqués chez Castanier. Pour son malheur, il avait vanté la fille à la mère en la lui ramenant après une valse, il s'ensuivit une causerie au bout de laquelle arriva la plus naturelle des invitations. Une fois amené au logis, le dragon y fut ébloui par la bonhomie d'une maison où la richesse semblait se cacher sous une avarice affectée. Il y devint l'objet d'adroites flatteries, et chacun lui vanta les différents trésors qui s'y trouvaient. Un dîner, à propos servi en vaisselle plate prêtée par un oncle, les attentions d'une fille unique, les cancans de la ville, un sous-lieutenant riche qui faisait mine de vouloir lui couper l'herbe sous le pied; enfin, les mille piéges des formica-leo de province furent si bien tendus que Castanier disait, cinq ans après : « Je ne sais pas encore comment cela s'est fait ! » Le dragon reçut quinze mille francs de dot et une demoiselle heureusement brehaigne que deux ans de mariage rendirent la plus laide et conséquemment la plus hargneuse femme de la terre. Le teint de cette fille maintenu blanc par un régime sévère, se couperosa ; la figure, dont les vives couleurs annonçaient une séduisante sagesse, se bourgeonna ; la taille qui paraissait droite, tourna ; l'ange fut une créature grognarde et soupçonneuse qui fit enrager Castanier ; puis la fortune s'envola. Le dragon ne reconnaissant plus la femme qu'il avait épousée, consigna celle-là dans un petit bien à Strasbourg, en attendant qu'il plût à Dieu d'en orner le paradis. Ce fut une de ces femmes vertueuses qui, faute d'occasions pour faire autrement, assassinent les anges de leurs plaintes, prient Dieu de manière à l'ennuyer s'il les écoute, et qui disent tout doucettement pis que pendre de leurs maris, quand le soir elles achèvent leur boston avec les voisines. Quand Aquilina connut ces malheurs, elle s'attacha sincèrement à Castanier, et le rendit si heureux par les renaissants plaisirs que son génie de femme lui faisait varier tout en les prodiguant, que, sans le savoir, elle causa la perte du caissier. Comme beaucoup de femmes auxquelles la nature semble avoir donné pour destinée de creuser l'amour jusque dans ses dernières profondeurs, madame de La Garde était désintéressée. Elle ne demandait ni or, ni bijoux, ne pensait jamais à l'avenir, vivait dans le présent, et surtout dans le plaisir. Les riches parures, la toilette, l'équipage si ardemment souhaités par les femmes de sa sorte, elle ne les acceptait que comme une harmonie de plus dans le tableau de la vie. Elle ne les voulait point par vanité, par désir de paraître, mais pour être mieux. D'ailleurs, aucune personne ne se passait plus facilement qu'elle de ces sortes de choses. Quand un homme généreux, comme le sont presque tous les militaires, rencontre une femme de cette trempe, il éprouve au cœur une sorte de rage de se trouver inférieur à elle dans l'échange de la vie. Il se sent capable d'arrêter alors une diligence afin de se procurer de l'argent, s'il n'en a pas assez pour ses prodigalités. L'homme est ainsi fait. Il se rend quelquefois coupable d'un crime pour rester grand et noble devant une femme ou devant un public spécial. Un amoureux ressemble au joueur qui se croirait déshonoré, s'il ne rendait pas ce qu'il emprunte au garçon de salle, et qui commet des monstruosités, dépouille sa femme et ses enfants, vole et tue pour arriver les poches pleines, l'honneur sauf aux yeux du monde qui fréquente la fatale maison. Il en fut ainsi de Castanier. D'abord, il avait mis Aquilina dans un modeste appartement à un quatrième étage, et ne lui avait donné que des meubles extrêmement simples. Mais en découvrant les beautés et les grandes qualités de cette jeune fille, en en recevant de ces plaisirs inouïs qu'aucune expression ne peut rendre, il s'en affola e voulut parer son idole. La mise d'Aquilina contrasta si comiquement avec la misère de son logis que, pour tous deux, il fallut en changer. Ce changement emporta presque toutes les économies de Castanier, qui meubla son appartement semi-conjugal avec le luxe spécial de la fille entretenue. Une jolie femme ne veut rien de laid autour d'elle. Ce qui la distingue entre toutes les femmes est le sentiment de l'homogénéité, l'un des besoins les moins observés de notre nature, et qui conduit les vieilles filles à ne s'entourer que de vieilles choses. Ainsi donc il fallut à cette délicieuse Piémontaise les objets les plus nouveaux, les plus à la mode, tout ce que les marchands avaient de plus coquet, des étoffes tendues, de la soie, des bijoux, des meubles légers et fragiles, de belles porcelaines. Elle ne demanda rien. Seulement quand il fallut choisir, quand Castanier lui disait : « Que veux-tu ? » elle répondait : — « Mais ceci est mieux ! » L'amour qui économise n'est jamais le véritable amour. Castanier prenait donc tout ce qu'il y avait de mieux. Une fois l'échelle de proportion admise, il fallut que tout, dans ce ménage, se trouvât en harmonie. Ce fut le linge, l'argenterie et les mille accessoires d'une maison montée, la batterie de cuisine, les cristaux, le diable ! Quoique Castanier voulût, suivant une expression connue, faire les choses simplement, il s'endetta progressivement. Une chose en nécessitait une autre. Une pendule voulut deux candélabres. La cheminée ornée demanda son foyer. Les draperies, les tentures furent trop fraîches pour qu'on les laissât noircir par la fumée, il fallut faire poser des cheminées élégantes, nouvellement inventées par des gens habiles en prospectus, et qui promettaient un appareil invincible contre la fumée. Puis Aquilina trouva si joli de courir pieds nus sur le tapis de sa chambre, que Castanier mit partout des tapis pour folâtrer avec Naqui ; enfin il lui fit bâtir une salle de bain, toujours pour qu'elle fût mieux. Les marchands, les ouvriers, les fabricants de Paris ont un art inouï pour agrandir le trou qu'un homme fait à sa bourse ; quand on les consulte, ils ne savent le prix de rien, et le paroxisme du désir ne s'accommode jamais d'un retard, ils se font ainsi faire les commandes dans les ténèbres d'un devis approximatif, puis ils ne donnent jamais leurs mémoires, et entraînent le consommateur dans le tourbillon de la fourniture. Tout est délicieux, ravissant, chacun est satisfait. Quelques mois après, ces complaisants fournisseurs reviennent métamorphosés en totaux d'une horrible exigence ; ils ont des besoins, ils ont des paiements urgents, ils font même soi-disant faillite, ils pleurent et ils touchent ! L'abîme s'entrouvre alors en vomissant une colonne de chiffres qui marchent quatre par quatre, quand ils devaient aller innocemment trois par trois. Avant que Castanier connût la somme de ses dépenses, il en était venu à donner à sa maîtresse un remise chaque fois qu'elle sortait, au lieu de la laisser monter en fiacre. Castanier était gourmand, il eut une excellente cuisinière ; et, pour lui plaire, Aquilina le régalait de primeurs, de raretés gastronomiques, de vins choisis qu'elle allait acheter elle-même. Mais n'ayant rien à elle, ses cadeaux si précieux par l'attention, par la délicatesse et la grâce qui les dictaient, épuisaient périodiquement la bourse de Castanier, qui ne voulait pas que sa Naqui restât sans argent, et elle était toujours sans argent ! La table fut donc une source de dépenses considérables, relativement à la fortune du caissier. L'ex-dragon dut recourir à des artifices commerciaux pour se procurer de l'argent, car il lui fut impossible de renoncer à ses jouissances. Son amour pour la femme ne lui avait pas permis de résister aux fantaisies de la maîtresse. Il était de ces hommes qui, soit amour-propre, soit faiblesse, ne savent rien refuser à une femme, et qui éprouvent une fausse honte si violente pour dire : — *Je ne puis... Mes moyens ne me permettent pas... Je n'ai pas d'argent,* qu'ils se ruinent. Donc, le jour où Castanier se vit au fond d'un précipice et que pour s'en retirer il dut quitter cette femme et se mettre au pain et à l'eau, afin d'acquitter ses dettes, il s'était si bien accoutumé à cette femme, à cette vie, qu'il ajourna tous les matins ses projets de réforme. Poussé par les circonstances, il emprunta d'abord. Sa position, ses antécédents lui méritaient une confiance dont il profita pour combiner un système d'emprunt en rapport avec ses besoins. Puis, pour déguiser les sommes auxquelles monta rapidement sa dette, il eut recours à ce que le commerce nomme des *circulations*. C'est des billets qui ne représentent ni marchandises ni valeurs pécuniaires fournies, et que le premier endosseur paie pour le complaisant souscripteur, espèce de faux toléré parce qu'il est impossible à constater, et que d'ailleurs ce dol fantastique ne devient réel que par un non-paiement. Enfin, quand Castanier se vit dans l'impossibilité de continuer ses manœuvres financières, soit par l'accroissement du capital, soit par l'énormité des intérêts, il fallut faire faillite à ses créanciers. Le jour où le déshonneur fut échu, Castanier préféra la faillite frauduleuse à la faillite simple, le crime au délit. Il résolut d'escompter la confiance que lui méritait sa probité réelle, et d'augmenter le nombre de ses créanciers en empruntant, à la façon de Mathéo, le caissier du Trésor-Royal, la somme nécessaire pour vivre heureux le reste de ses jours en pays étranger. Et il s'y était pris comme on vient de le voir. Aquilina ne connaissait pas l'ennui de cette vie, elle en jouissait, comme font beaucoup de femmes, sans plus se demander comment venait l'argent, que certaines gens ne se demandent comment poussent les blés en mangeant leur petit pain doré; tandis que les mécomptes et les soins de l'agriculture sont derrière le four des boulangers, comme sous le luxe inaperçu de la plupart des ménages parisiens, reposent d'écrasants soucis et le plus exorbitant travail.

Au moment où Castanier subissait les tortures de l'incertitude, en pensant à une action qui changeait toute sa vie, Aquilina tranquillement assise au coin de son feu, plongée indolemment dans un grand fauteuil, l'attendait en compagnie de sa femme de chambre. Semblable à toutes les femmes de chambre qui servent ces dames, Jenny était devenue sa confidente, après avoir reconnu combien était inattaquable l'empire que sa maîtresse avait sur Castanier.

— Comment ferons-nous ce soir? Léon veut absolument venir, disait madame de La Garde en lisant une lettre passionnée écrite sur un papier grisâtre.

— Voilà monsieur, dit Jenny.

Castanier entra. Sans se déconcerter, Aquilina roula le billet, le prit dans ses pincettes et le brûla.

— Voilà ce que tu fais de tes billets doux? dit Castanier.

— Oh! mon Dieu, oui, lui répondit Aquilina, n'est-ce pas le meilleur moyen de ne pas les laisser surprendre? D'ailleurs, le feu ne doit-il pas aller au feu, comme l'eau va à la rivière?

— Tu dis cela, Naqui, comme si c'était un vrai billet doux.

— Eh! bien, est-ce que je ne suis pas assez belle pour en recevoir? dit-elle en tendant son front à Castanier avec une sorte de négligence qui eût appris à un homme moins aveuglé qu'elle accomplissait une espèce de devoir conjugal en faisant de la joie au caissier. Mais Castanier en était arrivé à ce degré de passion inspiré par l'habitude qui ne permet plus de rien voir.

— J'ai ce soir une loge pour le Gymnase, reprit-il, dînons de bonne heure pour ne pas dîner en poste.

— Allez-y avec Jenny. Je suis ennuyée de spectacle. Je ne sais pas ce que j'ai ce soir, je préfère rester au coin de mon feu.

— Viens tout de même, Naqui, je n'ai plus à t'ennuyer longtemps de ma personne. Oui, Quiqui, je partirai ce soir, et serai quelque temps sans revenir. Je te laisse ici maîtresse de tout. Me garderas-tu ton cœur?

— Ni le cœur, ni autre chose, dit-elle. Mais, au retour, Naqui sera toujours Naqui pour toi.

— Hé! bien, voilà de la franchise. Ainsi tu ne me suivrais point?
— Non.
— Pourquoi?
— Eh! mais, dit-elle en souriant, puis-je abandonner l'amant qui m'écrit de si doux billets?

Et elle montra par un geste à demi moqueur le papier brûlé.

— Serait-ce vrai? dit Castanier. Aurais-tu donc un amant?

— Comment! reprit Aquilina, vous ne vous êtes donc jamais sérieusement regardé, mon cher, vous avez cinquante ans, d'abord! Puis, vous avez une figure à mettre sur les planches d'une fruitière, personne ne la démentira quand elle voudra la vendre comme un potiron. En montant les escaliers, vous soufflez comme un phoque. Votre ventre se trémousse sur lui-même comme un brillant sur la tête d'une femme! Tu as beau avoir servi dans les Dragons, tu es un vieux très-laid. Par ma ficque, je ne te conseille pas, si tu veux conserver mon estime, d'ajouter à ces qualités celle de la niaiserie, en croyant qu'une fille comme moi se passera de tempérer ton amour asthmatique par les fleurs de quelque jolie jeunesse.

— Tu veux sans doute rire, Aquilina?

— Eh! bien, ne ris-tu pas, toi? Me prends-tu pour une sotte, en m'annonçant ton départ? — *Je partirai ce soir*, dit-elle en l'imitant. Grand *Lendore*, parlerais-tu comme cela si tu quittais ta Naqui? tu pleurerais comme un veau que tu es.

— Enfin, si je pars, me suis-tu? demanda-t-il.

— Dis-moi d'abord si ton voyage n'est pas une mauvaise plaisanterie.

— Oui, sérieusement, je pars.

— Eh! bien, sérieusement, je reste. Bon voyage, mon enfant! je t'attendrai. Je quitterais plutôt la vie que de laisser mon bon petit Paris.

— Tu ne viendrais pas en Italie, à Naples, y mener une bonne vie, bien douce, luxueuse, avec ton gros bonhomme qui souffle comme un phoque?

— Non.

— Ingrate!

— Ingrate? dit-elle en levant. Je puis sortir à l'instant en n'emportant d'ici que ma personne. Je t'aurai donné tous les trésors que possède une jeune fille, et une chose que tout ton sang ni le mien ne saurait me rendre. Si je pouvais, par un moyen quelconque, en vendant mon éternité par exemple, recouvrer la fleur de mon corps comme j'ai peut-être reconquis celle de mon âme, et me livrer pure comme un lys à mon amant, je n'hésiterais pas un instant! Par quel dévouement as-tu récompensé le mien? Tu m'as nourrie et logée par le même sentiment qui porte à nourrir un chien et à le mettre dans une niche, parce qu'il nous garde bien, qu'il reçoit nos coups de pied quand nous sommes de mauvaise humeur, et qu'il nous lèche la main aussitôt que nous le rappelons. Qui de nous deux aura été le plus généreux?

— Oh! ma chère enfant, ne vois-tu pas que je plaisante? dit Castanier. Je fais un petit voyage qui ne durera pas long-temps. Mais tu viendras avec moi au Gymnase, je partirai vers minuit, après t'avoir dit un bon adieu.

— Pauvre chat, tu pars donc? lui dit-elle en le prenant par le cou pour lui mettre la tête dans son corsage.

— Tu m'étouffes! cria Castanier le nez dans le sein d'Aquilina.

La bonne fille se pencha vers l'oreille de Jenny : — Va dire à Léon de ne venir qu'à une heure; si tu ne le trouves pas et qu'il arrive pendant les adieux, tu le garderas chez toi. — Eh! bien, reprit-elle, en ramenant la tête de Castanier devant la sienne et lui tortillant le bout du nez, allons, toi le plus beau des phoques j'irai donc avec toi ce soir au théâtre. Mais alors dînons! tu as un bon petit dîner, tous plats de ton goût.

— Il est bien difficile, dit Castanier, de quitter une femme comme toi!

— Hé! bien donc, pourquoi t'en vas-tu? lui demanda-t-elle.

— Ah! pourquoi! pourquoi! il faudrait pour te l'expliquer te dire des choses qui te prouveraient que mon amour pour toi va jusqu'à la folie. Si tu m'as donné ton honneur, j'ai vendu le mien, nous sommes quittes. Est-ce aimer?

— Qu'est-ce que c'est que ça? dit-elle. Allons, dis-moi que si j'avais un amant, tu m'aimerais toujours comme un père, ce sera de l'amour! Allons, dites-le tout de suite, et donnez la patte.

— Je te tuerais, dis Castanier en souriant.

Ils allèrent se mettre à table, et partirent pour le Gymnase après avoir dîné. Quand la première pièce fut jouée, Castanier voulut aller se montrer à quelques personnes de sa connaissance qu'il avait vues dans la salle, afin de détourner le plus long-temps possible tout soupçon sur sa fuite. Il laissa madame de La Garde dans sa loge, qui, suivant ses habitudes modestes, était une baignoire, et il vint se promener dans le foyer. A peine y eut-il fait quelques pas, qu'il rencontra la figure de Melmoth dont le regard lui causa la fade chaleur d'entrailles, la terreur qu'il avait déjà ressenties, et ils arrivèrent en face l'un de l'autre.

— Faussaire! cria l'Anglais.

En entendant ce mot, Castanier regarda les gens qui se promenaient. Il crut apercevoir un étonnement mêlé de curiosité sur leurs figures, il voulut se défaire de cet Anglais à l'instant même, et leva la main pour lui donner un soufflet; mais il se sentit le bras paralysé par une puissance invincible qui s'empara de sa force et le cloua sur la place; il laissa l'étranger lui prendre le bras, et tous deux ils marchèrent ensemble dans le foyer, comme deux amis.

— Qui donc est assez fort pour me résister? lui dit l'Anglais. Ne sais-tu pas que tout ici-bas doit m'obéir, que je puis tout? Je lis dans les cœurs, je vois l'avenir, je sais le passé. Je suis ici, et je puis être ailleurs! Je ne dépends ni du temps, ni de l'espace, ni de la distance. Le monde est mon serviteur. J'ai la faculté de toujours jouir, et de donner toujours le bonheur. Mon œil perce les murailles, voit les trésors, et j'y puise à pleines mains. A un signe de ma tête, des palais se bâtissent et mon architecte ne se trompe jamais. Je puis faire éclore des fleurs sur tous les terrains, entasser des pierreries, amonceler l'or, me procurer des femmes toujours nouvelles ; enfin, tout me cède. Je pourrais jouer à la Bourse à coup sûr, si l'homme qui sait trouver l'or là où les avares l'enterrent avait besoin de puiser dans la bourse des autres. Sens donc, pauvre misérable voué à la honte, sens donc la puissance de la serre qui te tient. Essaie de faire plier ce bras de fer ! amollis ce cœur de diamant ! ose t'éloigner de moi ! Quand tu serais au fond des caves qui sont sous la Seine, n'entendrais-tu pas ma voix ? Quand tu irais dans les catacombes, ne me verrais-tu pas ? Ma voix domine le bruit de la foudre, mes yeux luttent de clarté avec le soleil, car je suis l'égal de *Celui qui porte la lumière*. Castanier entendait ces terribles paroles, rien en lui ne les contredisait, et il marchait à côté de l'Anglais sans qu'il pût s'en éloigner. — Tu m'appartiens, tu viens de commettre un crime. J'ai donc enfin trouvé le compagnon que je cherchais. Veux-tu savoir ta destinée ? Ha ! ha ! tu comptais voir un spectacle, il ne te manquera pas, tu en auras deux. Allons, présente-moi à madame de La Garde comme un de tes meilleurs amis. Ne suis-je pas ta dernière espérance.

Castanier revint à sa loge suivi de l'étranger, qu'il s'empressa de présenter à madame de La Garde, suivant l'ordre qu'il venait de recevoir. Aquilina ne parut point surprise de voir Melmoth. L'Anglais refusa de se mettre sur le devant de la loge, et voulut que Castanier y restât avec sa maîtresse. Le plus simple désir de l'Anglais était un ordre auquel il fallait obéir. La pièce qu'on allait jouer était la dernière. Alors les petits théâtres ne donnaient que trois pièces. Le Gymnase avait à cette époque un acteur qui lui assurait la vogue. Perlet allait jouer *le Comédien d'Étampes*, vaudeville où il remplissait quatre rôles différents. Quand la toile se leva, l'étranger étendit la main sur la salle. Castanier poussa un cri de terreur qui s'arrêta dans son gosier dont les parois se collèrent, car Melmoth lui montra du doigt la scène, en lui faisant comprendre ainsi qu'il avait ordonné de changer le spectacle. Le caissier vit le cabinet de Nucingen, son patron y était en conférence avec un employé supérieur de la préfecture de police qui lui expliquait la conduite de Castanier, en le prévenant de la soustraction faite à sa caisse, du faux commis à son préjudice et de la fuite de son caissier. Une plainte était aussitôt dressée, signée, et transmise au procureur du roi. — « Croyez-vous qu'il sera temps encore? disait Nucingen. — Oui, répondit l'agent, il est au Gymnase et ne se doute de rien. »

Castanier s'agita sur sa chaise, et voulut s'en aller; mais la main que Melmoth lui appuyait sur l'épaule le forçait à rester, par un effet de l'horrible puissance dont nous sentons les effets dans le cauchemar. Cet homme était le cauchemar même, et pesait sur Castanier comme une atmosphère empoisonnée. Quand le pauvre caissier se retournait pour implorer cet Anglais, il rencontrait un regard de feu qui vomissait des courants électriques, espèce de pointes métalliques par lesquelles Castanier se sentait pénétré, traversé de part en part et cloué.

— Que t'ai-je fait? disait-il dans son abattement et en haletant comme un cerf au bord d'une fontaine, que veux-tu de moi?

— Regarde? lui cria Melmoth.

Castanier regarda ce qui se passait sur la scène. La décoration avait été changée, le spectacle était fini, Castanier se vit lui-même sur la scène descendant de voiture avec Aquilina; mais au moment où il entrait dans la cour de sa maison, rue Richer, la décoration changea subitement encore, et représenta l'intérieur de son appartement. Jenny causait au coin du feu, dans la chambre de sa maîtresse, avec un sous-officier d'un régiment de ligne, en garnison à Paris. — « Il part, disait ce sergent, qui paraissait appartenir à une famille de gens aisés. Je vais donc être heureux à mon aise. J'aime trop Aquilina pour souffrir qu'elle appartienne à ce vieux crapaud! Moi, j'épouserai madame de La Garde! s'écriait le sergent. »

— Vieux crapaud! se dit douloureusement Castanier.

— « Voilà madame et monsieur, cachez-vous! Tenez, mettez-vous là, monsieur Léon, lui disait Jenny. Monsieur ne doit pas rester long-temps. » Castanier voyait le sous-officier se mettant derrière les robes d'Aquilina dans le cabinet de toilette. Castanier rentra bientôt lui-même en scène, et fit ses adieux à sa maîtresse qui se moquait de lui dans ses *à parte* avec Jenny, tout en lui disant les paroles les plus douces et les plus caressantes. Elle pleurait d'un côté, riait de l'autre. Les spectateurs faisaient répéter les couplets.

— Maudite femme! criait Castanier dans sa loge.

Aquilina riait aux larmes en s'écriant : — Mon Dieu ! Perlet est-il drôle en Anglais ! Quoi ! vous seuls dans la salle ne riez pas ? Ris donc, mon chat ! dit-elle au caissier.

Melmoth se mit à rire d'une façon qui fit frissonner le caissier. Ce rire anglais lui tordait les entrailles et lui travaillait la cervelle comme si quelque chirurgien le trépanait avec un fer brûlant

— Ils rient, ils rient, disait convulsivement Castanier.

En ce moment, au lieu de voir la pudibonde *lady* que représentait si comiquement Perlet, et dont le parler anglo-français faisait pouffer de rire toute la salle, le caissier se voyait fuyant la rue Richer, montant dans un fiacre sur le boulevard, faisant son marché pour aller à Versailles. La scène changeait encore. Il reconnut, au coin de la rue de l'Orangerie et de la rue des Récollets, la petite auberge borgne que tenait son ancien maréchal-des-logis. Il était deux heures du matin, le plus grand silence régnait, personne ne l'épiait, sa voiture était attelée de chevaux de poste, et venait d'une maison de l'avenue de Paris où demeurait un Anglais pour qui elle avait été demandée, afin de détourner les soupçons. Castanier avait ses valeurs et ses passe-ports, il montait en voiture, il partait. Mais à la barrière, Castanier aperçut des gendarmes à pied qui attendaient la voiture. Il jeta un cri affreux que comprima le regard de Melmoth.

— Regarde toujours, et tais-toi ! lui dit l'Anglais.

Castanier se vit en un moment jeté en prison à la Conciergerie. Puis, au cinquième acte de ce drame intitulé *le Caissier*, il s'aperçut, à trois mois de là, sortant de la Cour d'Assises, condamné à vingt ans de travaux forcés. Il jeta un nouveau cri quand il se vit exposé sur la place du Palais-de-Justice, et que le fer rouge du bourreau le marqua. Enfin, à la dernière scène, il était dans la cour de Bicêtre, parmi soixante forçats, et attendait son tour pour aller faire river ses fers.

— Mon Dieu ! je n'en puis plus de rire, disait Aquilina. Vous êtes bien sombre, mon chat, qu'avez-vous donc ? ce monsieur n'est plus là.

— Deux mots, Castanier, lui dit Melmoth au moment où la pièce finie madame de La Garde se faisait mettre son manteau par l'ouvreuse.

Le corridor était encombré, toute fuite était impossible.

— Eh ! bien, quoi ?

— Aucune puissance humaine ne peut t'empêcher d'aller reconduire Aquilina, d'aller à Versailles, et d'y être arrêté.

— Pourquoi ?

— Parce que le bras qui te tient, dit l'Anglais, ne te lâchera point. Castanier aurait voulu pouvoir prononcer quelques paroles pour s'anéantir lui-même et disparaître au fond des enfers.

— Si le démon te demandait ton âme, ne la donnerais-tu pas en échange d'une puissance égale à celle de Dieu ? D'un seul mot, tu restituerais dans la caisse du baron de Nucingen les cinq cent mille francs que tu y as pris. Puis, en déchirant ta lettre de crédit, toute trace de crime serait anéantie. Enfin, tu aurais de l'or à flots. Tu ne crois guère à rien, n'est-ce pas ? Hé bien ! si tout cela arrive, tu croiras au moins au diable.

— Si c'était possible ! dit Castanier avec joie.

— Celui qui peut faire ceci, répondit l'Anglais, te l'affirme.

Melmoth étendit le bras au moment où Castanier, madame de La Garde et lui se trouvaient sur le boulevard. Il tombait alors une pluie fine, le sol était boueux, l'atmosphère était épaisse, et le ciel était noir. Aussitôt que le bras de cet homme fut étendu, le soleil illumina Paris. Castanier se vit, en plein midi, comme par un beau jour de juillet. Les arbres étaient couverts de feuilles, et les Parisiens endimanchés circulaient en deux files joyeuses. Les marchands de coco criaient : — A boire, à la fraîche ! Des équipages brillaient en roulant sur la chaussée. Le caissier jeta un cri de terreur. A ce cri, le boulevard redevint humide et sombre. Madame de La Garde était montée en voiture.

— Mais dépêche-toi donc, mon ami, lui dit-elle, viens ou reste. Vraiment, ce soir, tu es ennuyeux comme la pluie qui tombe.

— Que faut-il faire ? dit Castanier à Melmoth.

— Veux-tu prendre ma place ? lui demanda l'Anglais.

— Oui.

— Eh ! bien, je serai chez toi dans quelques instants.

— Ah ! ça, Castanier, tu n'es pas dans ton assiette ordinaire, lui disait Aquilina. Tu médites quelque mauvais coup, tu étais trop sombre et trop pensif pendant le spectacle. Mon cher ami, te faut-il quelque chose que je puisse te donner ? Parle.

— J'attends, pour savoir si tu m'aimes, que nous soyons arrivés à la maison.

— Ce n'est pas la peine d'attendre, dit-elle en se jetant à son cou, tiens !

Elle l'embrassa fort passionnément en apparence en lui faisant de ces cajoleries qui, chez ces sortes de créatures, deviennent des choses de métier, comme le sont les jeux de scène pour des actrices.

— D'où vient cette musique ? dit Castanier.

— Allons, voilà que tu entends de la musique, maintenant.

— De la musique céleste ! reprit-il. On dirait que les sons viennent d'en haut.

— Comment, toi qui m'as toujours refusé une baignoire aux Italiens, sous prétexte que tu ne pouvais pas souffrir la musique, te voilà mélomane, à cette heure ! Mais tu es fou ! ta musique est dans ta caboche, vieille boule détraquée ! dit-elle en lui prenant la tête et la faisant rouler sur son épaule. Dis donc, papa, sont-ce les roues de la voiture qui chantent ?

— Écoute donc, Naqui ? si les anges font de la musique au bon Dieu, ce ne peut être que celle dont les accords m'entrent par tous les pores autant par les oreilles, et je ne sais comment t'en parler, c'est suave comme de l'eau de miel !

— Mais certainement on lui fait de la musique au bon Dieu, car on représente toujours les anges avec des harpes. Ma parole d'honneur, il est fou, se dit-elle en voyant Castanier dans l'attitude d'un mangeur d'opium en extase.

Ils étaient arrivés. Castanier, absorbé par tout ce qu'il venait de voir et d'entendre, ne sachant s'il devait croire ou douter, allait comme un homme ivre, privé de raison. Il se réveilla dans la chambre d'Aquilina où il avait été porté, soutenu par sa maîtresse, par le portier et par Jenny, car il s'était évanoui en sortant de sa voiture.

— Mes amis, mes amis, *il* va venir, dit-il en se plongeant par un mouvement désespéré dans sa bergère au coin du feu.

En ce moment Jenny entendit la sonnette, alla ouvrir, et annonça l'Anglais en disant que c'était un monsieur qui avait rendez-vous avec Castanier. Melmoth se montra soudain. Il se fit un grand silence. Il regarda le portier, le portier s'en alla. Il regarda Jenny, Jenny s'en alla.

— Madame, dit Melmoth à la courtisane, permettez-nous de terminer une affaire qui ne souffre aucun retard.

Il prit Castanier par la main, et Castanier se leva. Tous deux allèrent dans le salon sans lumière, car l'œil de Melmoth éclairait les ténèbres les plus épaisses. Fascinée par le regard étrange de l'inconnu, Aquilina demeura sans force, et incapable de songer à son amant, qu'elle croyait d'ailleurs enfermé chez sa femme de chambre, tandis que, surprise par le prompt retour de Castanier, Jenny l'avait caché dans le cabinet de toilette, comme dans la scène du drame joué pour Melmoth et pour sa victime. La porte de l'appartement se ferma violemment, et bientôt Castanier reparut.

— Qu'as-tu? lui cria sa maîtresse frappée d'horreur.

La physionomie du caissier était changée. Son teint rouge avait fait place à la pâleur étrange qui rendait l'étranger sinistre et froid. Ses yeux jetaient un feu sombre qui blessait par un éclat insupportable. Son attitude de bonhomie était devenue despotique et fière. La courtisane trouva Castanier maigri, le front lui sembla majestueusement horrible, et le dragon exhalait une influence épouvantable qui pesait sur les autres comme une lourde atmosphère. Aquilina se sentit pendant un moment gênée.

— Que s'est-il passé en si peu de temps entre cet homme diabolique et toi? demanda-t-elle.

— Je lui ai vendu mon âme. Je le sens, je ne suis plus le même. Il m'a pris mon être, et m'a donné le sien.

— Comment?

— Tu n'y comprendrais rien. Ha! dit Castanier froidement, il avait raison, ce démon! Je vois tout et sais tout. Tu me trompais.

Ces mots glacèrent Aquilina. Castanier alla dans le cabinet de toilette après avoir allumé un bougeoir, la pauvre fille stupéfaite l'y suivit, et son étonnement fut grand lorsque Castanier, ayant écarté les robes accrochées au porte-manteau, découvrit le sous-officier.

— Venez, mon cher, lui dit-il en prenant Léon par le bouton de la redingote et l'amenant dans la chambre.

La Piémontaise, pâle, éperdue, était allée se jeter dans son fauteuil. Castanier s'assit sur la causeuse au coin du feu, et laissa l'amant d'Aquilina debout.

— Vous êtes ancien militaire, lui dit Léon, je suis prêt à vous rendre raison.

— Vous êtes un niais, répondit sèchement Castanier. Je n'ai

plus besoin de me battre, je puis tuer qui je veux d'un regard. Je vais vous dire votre fait, mon petit. Pourquoi vous tuerais-je? Vous avez sur le cou une ligne rouge que je vois. La guillotine vous attend. Oui, vous mourrez en place de Grève. Vous appartenez au bourreau, rien ne peut vous sauver. Vous faites partie d'une Vente de Charbonniers. Vous conspirez contre le gouvernement.

— Tu ne me l'avais pas dit! cria la Piémontaise à Léon.

— Vous ne savez donc pas, dit le caissier en continuant toujours, que le ministère a décidé ce matin de poursuivre votre association? Le procureur-général a pris vos noms. Vous êtes dénoncés par des traîtres. On travaille en ce moment à préparer les éléments de votre acte d'accusation.

— C'est donc toi qui l'as trahi?... dit Aquilina qui poussa un rugissement de lionne et se leva pour venir déchirer Castanier.

— Tu me connais trop pour le croire, répondit Castanier avec un sang-froid qui pétrifia sa maîtresse.

— Comment le sais-tu donc?

— Je l'ignorais avant d'aller dans le salon; mais, maintenant, je vois tout, je sais tout, je peux tout.

Le sous-officier était stupéfait.

— Hé! bien, sauve-le, mon ami, s'écria la fille en se jetant aux genoux de Castanier. Sauvez-le, puisque vous pouvez tout! Je vous aimerai, je vous adorerai, je serai votre esclave au lieu d'être votre maîtresse. Je me vouerai à vos caprices les plus désordonnés, tu feras de moi tout ce que tu voudras. Oui, je trouverai plus que de l'amour pour vous; j'aurai le dévouement d'une fille pour son père, joint à celui d'une... mais... comprends donc, Rodolphe! Enfin, quelque violentes que soient mes passions, je serai toujours à toi! Qu'est-ce que je pourrais dire pour te toucher? J'inventerai les plaisirs... Je... Mon Dieu! tiens, quand tu voudras quelque chose de moi, comme de me faire jeter par la fenêtre, tu n'auras qu'à me dire : Léon! je me précipiterais alors dans l'enfer, j'accepterais tous les tourments, toutes les maladies, tous les chagrins, tout ce que tu m'imposerais!

Castanier resta froid. Pour toute réponse, il montra Léon en disant avec un rire de démon : — La guillotine l'attend.

— Non, il ne sortira pas d'ici, je le sauverai, s'écria-t-elle. Oui, je tuerai qui le touchera! Pourquoi ne veux-tu pas le sauver? criait-elle d'une voix étincelante, l'œil en feu, les cheveux épars. Le peux-tu?

— Je puis tout.

— Pourquoi ne le sauves-tu pas?

— Pourquoi? cria Castanier dont la voix vibra jusque dans les planchers. Hé! je me venge! C'est mon métier de mal faire.

— Mourir, reprit Aquilina, lui, mon amant, est-ce possible?

Elle bondit jusqu'à sa commode, y saisit un stylet qui était dans une corbeille, et vint à Castanier qui se mit à rire.

— Tu sais bien que le fer ne peut plus m'atteindre.

Le bras d'Aquilina se détendit comme une corde de harpe subitement coupée.

— Sortez, mon cher ami, dit le caissier en se retournant vers le sous-officier; allez à vos affaires.

Il étendit la main, et le militaire fut obligé d'obéir à la force supérieure que déployait Castanier.

— Je suis ici chez moi, je pourrais envoyer chercher le commissaire de police et lui livrer un homme qui s'introduit dans mon domicile, je préfère vous rendre la liberté : je suis un démon, je ne suis pas un espion.

— Je le suivrai, dit Aquilina.

— Suis-le, dit Castanier. Jenny?..

Jenny parut.

— Envoyez le portier leur chercher un fiacre.

— Tiens, Naqui, dis Castanier en tirant de sa poche un paquet de billets de banque, tu ne quitteras pas, comme une misérable, un homme qui t'aime encore.

Il lui tendit trois cent mille francs, Aquilina les prit, les jeta par terre, cracha dessus en les piétinant avec la rage du désespoir, en lui disant : — Nous sortirons tous deux à pied, sans un sou de toi. Reste, Jenny.

— Bonsoir! reprit le caissier en ramassant son argent. Moi, je suis revenu de voyage. — Jenny, dit-il en regardant la femme de chambre ébahie, tu me parais bonne fille. Te voilà sans maîtresse, viens ici? pour ce soir, tu auras un maître.

Aquilina, se défiant de tout, s'en alla promptement avec le sous-officier chez une de ses amies. Mais Léon était l'objet des soupçons de la police, qui le faisait suivre partout où il allait. Aussi fut-il arrêté quelque temps après, avec ses trois amis, comme le dirent les journaux du temps.

Le caissier se sentit changé complétement au moral comme au physique. Le Castanier, tour à tour enfant, jeune, amoureux, militaire, courageux, trompé, marié, désillusionné, caissier, passionné, criminel par amour, n'existait plus. Sa forme intérieure avait éclaté. En un moment, son crâne s'était élargi, ses sens avaient grandi. Sa pensée embrassa le monde, il en vit les choses comme s'il eût été placé à une hauteur prodigieuse. Avant d'aller au spectacle, il éprouvait pour Aquilina la passion la plus insensée, plutôt que de renoncer à elle il aurait fermé les yeux sur ses infidélités, ce sentiment aveugle s'était dissipé comme une nuée se fond sous les rayons du soleil. Heureuse de succéder à sa maîtresse, et d'en posséder la fortune, Jenny fit tout ce que voulait le caissier. Mais Castanier, qui avait le pouvoir de lire dans les âmes, découvrit le motif véritable de ce dévouement purement physique. Aussi s'amusa-t-il de cette fille avec la malicieuse avidité d'un enfant qui, après avoir exprimé le jus d'une cerise, en lance le noyau. Le lendemain, au moment où, pendant le déjeuner, elle se croyait dame et maîtresse au logis, Castanier lui répéta mot à mot, pensée à pensée, ce qu'elle se disait à elle-même, en buvant son café.

— Sais-tu ce que tu penses, ma petite? lui dit-il en souriant, le voici : « Ces beaux meubles en bois de palissandre que je désirais tant, et ces belles robes que j'essayais, sont donc à moi! Il ne m'en a coûté que des bêtises que madame lui refusait, je ne sais pas pourquoi. Ma foi, pour aller en carrosse, avoir des parures, être au spectacle dans une loge, et me faire des rentes, je lui donnerais bien des plaisirs à l'en faire crever, s'il n'était pas fort comme un Turc. Je n'ai jamais vu d'homme pareil! » — Est-ce bien cela? reprit-il d'une voix qui fit pâlir Jenny. Eh! bien, oui, ma fille, tu n'y tiendrais pas, et c'est pour ton bien que je te renvoie, tu périrais à la peine. Allons, quittons-nous bons amis.

Et il la congédia froidement en lui donnant une fort légère somme.

Le premier usage que Castanier s'était promis de faire du terrible pouvoir qu'il venait d'acheter, au prix de son éternité bienheureuse, était la satisfaction pleine et entière de ses goûts. Après avoir mis ordre à ses affaires, et rendu facilement ses comptes à monsieur de Nucingen qui lui donna pour successeur un bon Allemand, il voulut une bacchanale digne des beaux jours de l'empire romain, et s'y plongea désespérément comme Balthazar à son dernier festin. Mais, comme Balthazar, il vit distinctivement une main pleine de lumière qui lui traça son arrêt au milieu de ses joies, non pas sur les murs étroits d'une salle, mais sur les parois immenses où se dessine l'arc-en-ciel. Son festin ne fut pas en effet une orgie circonscrite aux bornes d'un banquet, ce fut une dissipation de toutes les forces et de toutes les jouissances. La table était en quelque sorte la terre même qu'il sentait trembler sous ses pieds. Ce fut la dernière fête d'un dissipateur qui ne ménage plus rien. En puisant à pleines mains dans le trésor des voluptés humaines dont la clef lui avait été remise par le Démon, il en atteignit promptement le fond. Cette énorme puissance, en un instant appréhendée, fut en un instant exercée, jugée, usée. Ce qui était tout, ne fut rien. Il arrive souvent que la possession tue les plus immenses poèmes du désir, aux rêves duquel l'objet possédé répond rarement. Ce triste dénoûment de quelques passions était celui que cachait l'omnipotence de Melmoth. L'inanité de la nature humaine fut soudain révélée à son successeur, auquel la suprême puissance apporta le néant pour dot. Afin de bien comprendre la situation bizarre dans laquelle se trouva Castanier, il faudrait pouvoir en apprécier par la pensée les rapides révolutions, et concevoir combien elles eurent peu de durée, ce dont il est difficile de donner une idée à ceux qui restent emprisonnés par les lois du temps, de l'espace et des distances. Ses facultés agrandies avaient changé les rapports qui existaient auparavant entre le monde et lui. Comme Melmoth, Castanier pouvait en quelques instants être dans les riantes vallées de l'Hindoustan, passer sur les ailes des démons à travers les déserts de l'Afrique, et glisser sur les mers. De même que sa lucidité lui faisait tout pénétrer à l'instant où sa vue se portait sur un objet matériel ou dans la pensée d'autrui, de même sa langue happait pour ainsi dire toutes les saveurs d'un coup. Son plaisir ressemblait au coup de hache du despotisme, qui abat l'arbre pour en avoir les fruits. Les transitions, les alternatives qui mesurent la joie, la souffrance, et varient toutes les jouissances humaines, n'existaient plus pour lui. Son palais, devenu sensitif outre mesure, s'était blasé tout à coup en se rassasiant de tout. Les femmes et la bonne chère furent deux plaisirs si complétement assouvis, du moment où il put les goûter de manière à se trouver au delà du plaisir, qu'il n'eut plus envie ni de manger, ni d'aimer.

Se sachant maître de toutes les femmes qu'il souhaiterait, et se sachant armé d'une force qui ne devait jamais faillir, il ne voulait plus de femmes; en les trouvant par avance soumises à ses caprices les plus désordonnés, il se sentait une horrible soif d'amour, et les désirait plus aimantes qu'elles ne pouvaient l'être. Mais la seule chose que lui refusait le monde, c'était la foi, la prière, ces deux onctueuses et consolantes amours. On lui obéissait. Ce fut un horrible état. Les torrents de douleurs, de plaisirs et de pensées qui secouaient son corps et son âme eussent emporté la créature humaine la plus forte; mais il y avait en lui une puissance de vie proportionnée à la vigueur des sensations qui l'assaillaient. Il sentit en dedans de lui quelque chose d'immense que la terre ne satisfaisait plus. Il passait la journée à étendre ses ailes, à vouloir traverser les sphères lumineuses dont il avait une intuition nette et désespérante. Il se dessécha intérieurement, car il eut soif et faim de choses qui ne se buvaient ni ne se mangeaient, mais qui l'attiraient irrésistiblement. Ses lèvres devinrent ardentes de désir, comme l'étaient celles de Melmoth, et il haletait après l'INCONNU, car il connaissait tout. En voyant le principe et le mécanisme du monde, il n'en admirait plus les résultats, et manifesta bientôt ce dédain profond qui rend l'homme supérieur semblable à un sphinx qui sait tout, voit tout, et garde une silencieuse immobilité. Il ne se sentait pas la moindre velléité de communiquer sa science aux autres hommes. Riche de toute la terre, et pouvant la franchir d'un bond, la richesse et le pouvoir ne signifièrent plus rien pour lui. Il éprouvait cette horrible mélancolie de la suprême puissance à laquelle Satan et Dieu ne remédient que par une activité dont le secret n'appartient qu'à eux. Castanier n'avait pas, comme son maître, l'inextinguible puissance de haïr et de mal faire; il se sentait démon, mais démon à venir, tandis que Satan est démon pour l'éternité; rien ne le peut racheter, il le sait, et alors il se plaît à remuer avec sa triple fourche les mondes comme un fumier, en y tracassant les desseins de Dieu. Pour son malheur, Castanier conservait une espérance. Ainsi tout à coup, en un moment, il put aller d'un pôle à l'autre, comme un oiseau vole désespérément entre les deux côtés de sa cage; mais, après avoir fait ce bond, comme l'oiseau, il vit des espaces immenses. Il eut de l'infini une vision qui ne lui permit plus de considérer les choses humaines comme les autres hommes les considèrent. Les insensés qui souhaitent la puissance des démons, la jugent avec leurs idées d'hommes, sans prévoir qu'ils endosseront les idées du démon en prenant son pouvoir, qu'ils resteront hommes et au milieu d'êtres qui ne peuvent plus les comprendre. Le Néron inédit qui rêve de faire brûler Paris pour sa distraction, comme on donne au théâtre le spectacle fictif d'un incendie, ne se doute pas que Paris deviendra pour lui ce qu'est pour un voyageur pressé la fourmillière qui borde un chemin. Les sciences furent pour Castanier ce qu'est un logogriphe pour celui qui en sait le mot. Les rois, les gouvernements lui faisaient pitié. Sa grande débauche fut donc, en quelque sorte un déplorable adieu à sa condition d'homme. Il se sentit à l'étroit sur la terre, car son infernale puissance le faisait assister au spectacle de la création dont il entrevoyait les causes et la fin. En se voyant exclus de ce que les hommes ont nommé le ciel dans tous leurs langages, il ne pouvait plus penser qu'au ciel. Il comprit alors le dessèchement intérieur exprimé sur la face de son prédécesseur, il mesura l'étendue de ce regard allumé par un espoir toujours trahi, il éprouva la soif qui brûlait cette lèvre rouge, et les angoisses d'un combat perpétuel entre deux natures agrandies. Il pouvait être encore un ange, il se trouvait un démon. Il ressemblait à la suave créature emprisonnée par le mauvais vouloir d'un enchanteur dans un corps difforme, et qui, prise sous la cloche d'un pacte, avait besoin de la volonté d'autrui pour briser une détestable enveloppe détestée. De même que l'homme vraiment grand n'en a que plus d'ardeur à chercher l'infini du sentiment dans un cœur de femme, après une déception; de même Castanier se trouva tout à coup sous le poids d'une seule idée, idée qui peut-être était la clef des mondes supérieurs. Par cela seul qu'il avait renoncé à son éternité bienheureuse, il ne pensait plus qu'à l'avenir de ceux qui prient et qui croient. Quand, au sortir de la débauche où il prit possession de son pouvoir, il sentit l'étreinte de ce sentiment, il connut les douleurs que les poètes sacrés, les apôtres et les grands oracles de la foi nous ont dépeintes en des termes si gigantesques. Harponné par l'épée flamboyante de laquelle il sentait la pointe dans ses reins, il courut chez Melmoth, afin de voir ce qu'il advenait de son prédécesseur. L'Anglais demeurait rue Férou, près Saint-Sulpice, dans un hôtel sombre, noir, humide et froid. Cette rue, ouverte au nord, comme toutes celles qui tombent perpendiculairement sur la rive gauche de la Seine, est une des rues les plus tristes de Paris, et son caractère réagit sur les maisons qui la bordent. Quand Castanier fut sur le seuil de la porte, il la vit tendue de noir, la voûte était également drapée. Sous cette voûte, éclataient les lumières d'une chapelle ardente. On y avait élevé un cénotaphe temporaire, de chaque côté duquel se tenait un prêtre.

— Il ne faut pas demander à monsieur pourquoi il vient, dit à Castanier une vieille portière, vous ressemblez trop à ce pauvre cher défunt. Si donc vous êtes son frère, vous arrivez trop tard pour lui dire adieu. Ce brave gentilhomme est mort avant-hier dans la nuit.

— Comment est-il mort? demanda Castanier à l'un des prêtres.

— Soyez heureux, lui répondit un vieux prêtre en soulevant un côté des draps noirs qui formaient la chapelle.

Castanier vit une de ses figures que la foi rend sublimes et par les pores de laquelle l'âme semble sortir pour rayonner sur les autres hommes et les échauffer par les sentiments d'une charité persistante. Cet homme était le confesseur de *sir* John Melmoth.

— Monsieur votre frère, dit le prêtre en continuant, a fait une fin digne d'envie, et qui a dû réjouir les anges. Vous savez quelle joie répand dans les cieux la conversion d'une âme pécheresse. Les pleurs de son repentir excités par la grâce ont coulé sans tarir, la mort seule a pu les arrêter. L'Esprit saint était en lui. Ses paroles ardentes et vives ont été dignes du Roi prophète. Si jamais, dans le cours de ma vie, je n'ai entendu de confession plus horrible que celle de ce gentilhomme irlandais, jamais aussi n'ai-je entendu de prières plus enflammées. Quelque grandes qu'aient été ses fautes, son repentir en a comblé l'abîme en un moment. La main de Dieu s'est visiblement étendue sur lui, car il ne ressemblait plus à lui-même, tant il est devenu saintement beau. Ses yeux si rigides se sont adoucis dans les pleurs. Sa voix si vibrante, et qui effrayait, a pris la grâce et la mollesse qui distinguent les paroles des gens humiliés. Il édifiait tellement les auditeurs par ses discours, que les personnes attirées par le spectacle de cette mort chrétienne, se mettaient à genoux en écoutant glorifier Dieu, parler de ses grandeurs infinies, et raconter les choses du ciel. S'il ne laisse rien à sa famille, il lui a certes acquis le plus grand bien que les familles puissent posséder, une âme sainte qui veillera sur vous tous, et vous conduira dans la bonne voie.

Ces paroles produisirent un effet si violent sur Castanier qu'il rtit brusquement et marcha vers l'église de Saint-Sulpice en obéissant à une sorte de fatalité, le repentir de Melmoth l'avait abasourdi. Vers cette époque, un homme célèbre par son éloquence faisait, le matin, à certains jours, des conférences qui avaient pour but de démontrer les vérités de la religion catholique à la jeunesse de ce siècle proclamée par une autre voix non moins éloquente, indifférente en matière de foi. La conférence devait faire place à l'enterrement de l'Irlandais. Castanier arriva précisément au moment où le prédicateur allait résumer avec cette onction gracieuse, avec cette pénétrante parole qui l'ont illustré, les preuves de notre heureux avenir. L'ancien dragon, sous la peau duquel s'était glissé le démon, se trouvait dans les conditions voulues pour recevoir fructueusement la semence des paroles divines commentées par le prêtre. En effet, s'il est un phénomène constaté, n'est-ce pas le phénomène moral que le peuple a nommé *la foi du charbonnier?* La force de la croyance se trouve en raison directe du plus ou moins d'usage que l'homme a fait de sa raison. Les gens simples et les soldats sont de ce nombre. Ceux qui ont marché dans la vie sous la bannière de l'instinct, sont beaucoup plus propres à recevoir la lumière que ceux dont l'esprit et le cœur se sont lassés dans les subtilités du monde. Depuis l'âge de seize ans, jusqu'à près de quarante ans, Castanier, homme du midi, avait suivi le drapeau français. Simple cavalier, obligé de se battre le jour, la veille et le lendemain, il devait penser à son cheval avant de songer à lui-même. Pendant son apprentissage militaire, il avait donc eu peu d'heures pour réfléchir à l'avenir de l'homme. Officier, il s'était occupé de ses soldats, et il avait été entraîné de champ de bataille en champ de bataille, sans avoir jamais songé au lendemain de la mort. La vie militaire exige peu d'idées. Les gens incapables de s'élever à ces hautes combinaisons qui embrassent les intérêts de nation à nation, les plans de la politique aussi bien que les plans de campagne, la science du tacticien et celle de l'administrateur, ceux-là vivent dans un état d'ignorance comparable à celle du paysan le plus grossier de la province la moins avancée de France. Ils vont en avant, obéissent passivement à l'âme qui les commande, et tuent les hommes devant eux, comme le bûcheron abat des arbres dans une forêt. Ils passent continuellement d'un état violent qui exige le déploiement des forces phy siques à un état de repos, pendant lequel ils réparent leurs pertes. Ils frappent et boivent, ils frappent et mangent, ils frappent et dorment, pour mieux frapper encore. A ce train de tourbillon, les qualités de l'esprit s'exercent peu. Le moral demeure dans sa simplicité naturelle. Quand ces hommes, si énergiques sur le champ de bataille, reviennent au milieu de la civilisation, la plupart de ceux qui sont demeurés dans les grades inférieurs, se montrent sans idées acquises, sans facultés, sans portée. Aussi la jeune génération s'est-elle étonnée de voir ces membres de nos glorieuses et terribles armées, aussi nuls d'intelligence que peut l'être un commis, et simples comme des enfants. A peine un capitaine de la foudroyante garde impériale est-il propre à faire les quittances d'un journal. Quand les vieux soldats sont ainsi, leur âme vierge de raisonnement obéit aux grandes impulsions. Le crime commis par Castanier était un de ces faits qui soulèvent tant de questions que, pour le discuter, le moraliste aurait demandé *la division* pour employer une expression du langage parlementaire. Ce crime avait été conseillé par la passion, par une de ces sorcelleries féminines si cruellement irrésistibles que nul homme ne peut dire : « — Je ne ferai jamais cela, » dès qu'une syrène est admise dans la lutte et y déploiera ses hallucinations. La parole de vie tomba donc sur une conscience neuve aux vérités religieuses que la Révolution française et la vie militaire avaient fait négliger à Castanier. Ce mot terrible : *Vous serez heureux ou malheureux pendant l'éternité !* le frappa d'autant plus violemment qu'il avait fatigué la terre, qu'il l'avait secouée comme un arbre sans fruit, et que, dans l'omnipotence de ses désirs, il suffisait qu'un point de la terre ou du ciel lui fût interdit, pour qu'il s'en occupât. S'il était permis de comparer de si grandes choses aux niaiseries sociales, il ressemblait à ces banquiers riches de plusieurs millions à qui rien ne résiste dans la société ; mais qui n'étant pas admis aux cercles de la noblesse, ont pour idée fixe de s'y agréger, et ne comptent pour rien tous les priviléges sociaux acquis par eux, du moment où il leur en manque un. Cet homme plus puissant que ne l'étaient les rois de la terre réunis, cet homme qui pouvait, comme Satan, lutter avec Dieu lui-même, apparut appuyé contre un des piliers de l'église Saint-Sulpice, courbé sous le poids d'un sentiment, et s'absorba dans une idée d'avenir, comme Melmoth s'y était abîmé lui-même.

— Il est bien heureux, lui! s'écria Castanier, il est mort avec la certitude d'aller au ciel.

En un moment, il s'était opéré le plus grand changement dans les idées du caissier. Après avoir été le démon pendant quelques jours, il n'était plus qu'un homme, image de la chute primitive consacrée dans toutes les cosmogonies. Mais, en redevenant petit par la forme, il avait acquis une cause de grandeur, il s'était trempé dans l'infini. La puissance infernale lui avait révélé la puissance divine. Il avait plus soif du ciel qu'il n'avait eu faim des voluptés terrestres si promptement épuisées. Les jouissances que promet le démon ne sont que celles de la terre agrandies, tandis que les voluptés célestes sont sans bornes. Cet homme crut en Dieu. La parole qui lui livrait les trésors du monde ne fut plus rien pour lui, et ces trésors lui semblèrent aussi méprisables que le sont les cailloux aux yeux de ceux qui aiment les diamants; car il les voyait comme de la verroterie, en comparaison des beautés éternelles de l'autre vie. Pour lui, le bien provenant de cette source était maudit. Il resta plongé dans un abîme de ténèbres et de pensées lugubres en écoutant le service fait pour Melmoth. Le *Dies iræ* l'épouvanta. Il comprit, dans toute sa grandeur, ce cri de l'âme repentante qui tressaille devant la majesté divine. Il fut tout à coup dévoré par l'Esprit saint, comme le feu dévore la paille. Des larmes coulèrent de ses yeux.

— Vous êtes un parent du mort? lui dit le bedeau.

— Son héritier, répondit Castanier.

— Pour les frais du culte, lui cria le suisse.

— Non, dit le caissier qui ne voulut pas donner à l'église l'argent du démon.

— Pour les pauvres.

— Non.

— Pour les réparations de l'église.

— Non.

— Pour la chapelle de la Vierge.

— Non.

— Pour le séminaire.

— Non.

Castanier se retira, pour ne pas être en butte aux regards irrités de plusieurs gens de l'église. — Pourquoi, se dit-il en contemplant Saint-Sulpice, pourquoi les hommes auraient-ils bâti ces cathédrales gigantesques que j'ai vues en tout pays? Ce sentiment partagé par les masses, dans tous les temps, s'appuie nécessairement sur quelque chose.

— Tu appelles Dieu quelque chose? lui disait sa conscience. Dieu! Dieu! Dieu!

Ce mot répété par une voix intérieure l'écrasait, mais ses sensations de terreur furent adoucies par les lointains accords de la musique délicieuse qu'il avait entendue déjà vaguement. Il attribua cette harmonie aux chants de l'église, il en mesurait le portail. Mais il s'aperçut, en prêtant attentivement l'oreille, que les sons arrivaient à lui de tous côtés; il regarda dans la place, et n'y vit point de musiciens. Si cette mélodie apportait dans l'âme les poésies bleues et les lointaines lumières de l'espérance, elle donnait aussi plus d'activité aux remords dont était travaillé le damné qui s'en alla dans Paris, comme vont les gens accablés de douleurs. Il regardait tout sans rien voir, il marchait au hasard à la manière des flâneurs; il s'arrêtait sans motif, se parlait à lui-même, et ne se fût pas dérangé pour éviter le coup d'une planche ou la roue d'une voiture. Le repentir le livrait insensiblement à cette grâce qui broie tout à la fois doucement et terriblement le cœur. Il eut bientôt dans la physionomie, comme Melmoth, quelque chose de grand, mais de distrait; une froide expression de tristesse, semblable à celle de l'homme au désespoir, et l'avidité haletante que donne l'espérance; puis, par-dessus tout, il fut en proie au dégoût de tous les biens de ce bas monde. Son regard effrayant de clarté cachait les plus humbles prières. Il souffrait en raison de sa puissance. Son âme violemment agitée faisait plier son corps, comme un vent impétueux ploie de hauts sapins. Comme son prédécesseur, il ne pouvait pas se refuser à vivre, car il ne voulait pas mourir sous le joug de l'enfer. Son supplice lui devint insupportable. Enfin, un matin, il songea que Melmoth le bienheureux lui avait proposé de prendre sa place, et qu'il avait accepté; que, sans doute, d'autres hommes pourraient l'imiter; et que, dans une époque dont la fatale indifférence en matière de religion était proclamée par les héritiers de l'éloquence des Pères de l'Eglise, il devait rencontrer facilement un homme qui se soumît aux clauses de ce contrat pour en exercer les avantages.

— Il est un endroit où l'on cote ce que valent les rois, où l'on soupèse les peuples, où l'on juge les systèmes, où les gouvernements sont rapportés à la mesure de l'écu de cent sous, où les idées, les croyances sont chiffrées, où tout s'escompte, où Dieu même emprunte et donne en garantie ses revenus d'âmes, car le pape y a son compte courant. Si je puis trouver une âme à négocier, n'est-ce pas là.

Castanier alla joyeux à la Bourse, en pensant qu'il pourrait trafiquer d'une âme comme on y commerce des fonds publics. Un homme ordinaire aurait eu peur qu'on ne s'y moquât de lui ; mais Castanier savait par expérience que tout est sérieux pour l'homme au désespoir. Semblable au condamné à mort qui écouterait un fou s'il venait lui dire qu'en prononçant d'absurdes paroles il pourrait s'envoler à travers la serrure de sa porte, celui qui souffre est crédule et n'abandonne une idée que quand elle a failli, comme la branche qui a cassé sous la main du nageur entraîné. Vers quatre heures Castanier parut dans les groupes qui se formaient après la fermeture du cours des effets publics, et où se faisaient alors les négociations des effets particuliers et des affaires purement commerciales Il était connu de quelques négociants, et pouvait, en feignant de chercher quelqu'un, écouter les bruits qui couraient sur les gens embarrassés.

— Plus souvent, mon petit, que je te négocierai du Claparon et compagnie ! Ils ont laissé remporter par le garçon de la Banque les effets de leur paiement ce matin ; dit un gros banquier, dans son langage sans façon. Si tu en as, garde-le.

Ce Claparon était dans la cour, en grande conférence avec un homme connu pour faire des escomptes usuraires. Aussitôt Castanier se dirigea vers l'endroit où se trouvait Claparon, négociant connu pour hasarder de grands coups qui pouvaient aussi bien le ruiner que l'enrichir.

Quand Claparon fut abordé par Castanier, le marchand d'argent venait de le quitter, et le spéculateur avait laissé échapper un geste de désespoir.

— Eh ! bien, Claparon, nous avons cent mille francs à payer à la Banque, et voilà quatre heures : cela se sait, et nous n'avons plus le temps d'arranger notre petite faillite, lui dit Castanier.

— Monsieur !

— Parlez plus bas, répondit le caissier ; si je vous proposais une affaire où vous pourriez ramasser autant d'or que vous en voudriez...

— Elle ne paierait pas mes dettes, car je ne connais pas d'affaire qui ne veuille un temps de cuisson.

— Je connais une affaire qui vous les ferait payer en un moment, reprit Castanier, mais qui vous obligerait à...

— A quoi ?

— A vendre votre part du paradis. N'est-ce pas une affaire comme une autre? Nous sommes tous actionnaires dans la grande entreprise de l'éternité.

— Savez-vous que je suis homme à vous souffleter ?... dit Claparon irrité, il n'est pas permis de faire de sottes plaisanteries à un homme dans le malheur.

— Je parle sérieusement, répondit Castanier en prenant dans sa poche un paquet de billets de banque.

— D'abord, dit Claparon, je ne vendrais pas mon âme au diable pour une misère. J'ai besoin de cinq cent mille francs pour aller....

— Qui vous parle de lésiner? reprit brusquement Castanier. Vous auriez plus d'or que ne peuvent contenir les caves de la Banque.

Il tendit une masse de billets qui décida le spéculateur.

— Fait ! dit Claparon. Mais comment s'y prendre?

— Venez là-bas, à l'endroit où il n'y a personne, répondit Castanier en montrant un coin de la cour.

Claparon et son tentateur échangèrent quelques paroles, chacun le visage tourné contre le mur. Aucune des personnes qui les avaient remarqués ne devina l'objet de cet *à parte*, quoiqu'elles fussent assez vivement intriguées par la bizarrerie des gestes que firent les deux parties contractantes. Quand Castanier revint, une clameur d'étonnement échappa aux boursiers. Comme dans les assemblées françaises où le moindre événement distrait aussitôt, tous les visages se tournèrent vers les deux hommes qui excitaient cette rumeur, et l'on ne vit pas sans une sorte d'effroi le changement opéré chez eux. A la Bourse, chacun se promène en causant, et tous ceux qui composent la foule se sont bientôt reconnus et observés, car la Bourse est comme une grande table de bouillotte où les habiles savent deviner le jeu d'un homme et l'état de sa caisse d'après sa physionomie. Chacun avait donc remarqué la figure de Claparon et celle de Castanier. Celui-ci, comme l'Irlandais, était nerveux et puissant, ses yeux brillaient, sa carnation avait de la vigueur. Chacun s'était émerveillé de cette figure majestueusement terrible en se demandant où ce bon Castanier l'avait prise; mais Castanier, dépouillé de son pouvoir, apparaissait fané, ridé, vieilli, débile. Il était, en entraînant Claparon, comme un malade en proie à un accès de fièvre, ou comme un thériaki dans le moment d'exaltation que lui donne l'opium ; mais en revenant, il était dans l'état d'abattement qui suit la fièvre, et pendant lequel les malades expirent, ou il était dans l'affreuse prostration que causent les jouissances excessives du narcotisme. L'esprit infernal qui lui avait fait supporter ses grandes débauches était disparu; le corps se trouvait seul, épuisé, sans secours, sans appui contre les assauts des remords et le poids d'un vrai repentir. Claparon, de qui chacun avait deviné les angoisses, reparaissait au contraire avec des yeux éclatants et portait sur son visage la fierté de Lucifer. La faillite avait passé d'un visage sur l'autre.

— Allez crever en paix, mon vieux, dit Claparon à Castanier.

— Par grâce, envoyez-moi chercher une voiture et un prêtre, le vicaire de Saint-Sulpice, lui répondit l'ancien dragon en s'asseyant sur une borne.

Ce mot : « Un prêtre ! » fut entendu par plusieurs personnes, et fit naître un brouhaha goguenard que poussèrent les boursiers, tous gens qui réservent leur foi pour croire qu'un chiffon de papier, nommé une inscription, vaut un domaine. Le Grand-Livre est leur Bible.

— Aurai-je le temps de me repentir? se dit Castanier d'une voix lamentable qui frappa Claparon.

Un fiacre emporta le moribond. Le spéculateur alla promptement payer ses effets à la Banque. L'impression produite par le soudain changement de physionomie de ces deux hommes fut effacée dans la foule comme un sillon de vaisseau s'efface sur la mer. Une nouvelle de la plus haute importance excita l'attention du monde négociant. A cette heure où tous les intérêts sont en jeu, Moïse, en paraissant avec ses deux cornes lumineuses, obtiendrait à peine les honneurs d'un calembour, et serait nié par les gens en train de faire des *reports*. Lorsque Claparon eut payé ses effets, la peur le prit. Il fut convaincu de son pouvoir, revint à la Bourse et offrit son marché aux gens embarrassés. L'inscription sur le grand-livre de l'enfer, et les droits attachés à la jouissance d'icelle, mot d'un notaire que se substitua Claparon, fut achetée sept cent mille francs. Le notaire revendit le traité du diable cinq cent mille francs à un entrepreneur en bâtiment, qui s'en débarrassa pour cent mille écus en le cédant à un marchand de fer ; et celui-ci le rétrocéda pour deux cent mille francs à un charpentier. Enfin, à cinq heures, personne ne croyait à ce singulier contrat, et les acquéreurs manquaient faute de foi.

A cinq heures et demie, le détenteur était un peintre en bâtiment qui restait accoté contre la porte de la Bourse provisoire, bâtie à cette époque rue Feydeau. Ce peintre en bâtiment, homme simple, ne savait pas ce qu'il avait en lui-même. — *Il était tout chose*, dit-il à sa femme quand il fut de retour au logis.

La rue Feydeau est, comme le savent les flâneurs, une de ces rues adorées des jeunes gens qui, faute d'une maîtresse, épousent tout le sexe. Au premier étage de la maison la plus bourgeoisement décente, demeurait une de ces délicieuses créatures que le ciel se plaît à combler des beautés les plus rares, et qui, ne pouvant être ni duchesses ni reines, parce qu'il y a beaucoup plus de jolies femmes que de titres et de trônes, se contentent d'un agent de change ou d'un banquier de qui elles font le bonheur à prix fixe. Cette bonne et belle fille, appelée Euphrasie, était l'objet de l'ambition d'un clerc de notaire démesurément ambitieux. En effet, le second clerc de maître Crottat, notaire, était amoureux de cette femme comme un jeune homme est amoureux à vingt-deux ans. Ce clerc aurait assassiné le pape et le sacré collège des cardinaux, afin de se procurer une misérable somme de cent louis, réclamée par Euphrasie pour un châle qui lui tournait la tête, et en échange duquel sa femme de chambre l'avait promise au clerc. L'amoureux allait et venait devant les fenêtres de madame Euphrasie, comme vont et viennent les ours blancs dans leur cage, au Jardin-des-Plantes. Il avait sa main droite passée sous son gilet, sur le sein gauche, et voulait se déchirer le cœur, mais il n'en était encore qu'à tordre les élastiques de ses bretelles.

— Que faire pour avoir dix mille francs ? se disait-il, prendre la somme que je dois porter à l'enregistrement pour cet acte de vente. Mon Dieu ! mon emprunt ruinera-t-il l'acquéreur, un homme sept fois millionnaire ? Eh ! bien, demain, j'irai me jeter à ses pieds, je lui dirai : « Monsieur, je vous ai pris dix mille francs, j'ai vingt-deux ans, et j'aime Euphrasie, voilà mon histoire. Mon père est riche, il vous remboursera, ne me perdez pas ! N'avez-vous pas eu vingt-deux ans et une rage d'amour? » Mais ces fichus propriétaires, ça n'a pas d'âme! Il est capable de me dénoncer au procureur du roi, au lieu de s'attendrir. Sacredieu! si l'on pouvait vendre son âme au diable! Mais il n'y a ni Dieu ni diable, c'est des bêtises, ça ne se voit que dans les livres bleus ou chez les vieilles femmes. Que faire?

— Si vous voulez vendre votre âme au diable, lui dit le peintre en bâtiment devant qui le clerc avait laissé échapper quelques paroles, vous aurez dix mille francs.

— J'aurai donc Euphrasie, dit le clerc en topant au marché que lui proposa le diable sous la forme d'un peintre en bâtiment.

Le pacte consommé, l'enragé clerc alla chercher le châle, monta chez madame Euphrasie; et, comme il avait le diable au corps, il y resta douze jours sans en sortir en y dépensant tout son paradis, en ne songeant qu'à l'amour et à ses orgies au milieu desquelles se noyait le souvenir de l'enfer et de ses priviléges.

L'énorme puissance conquise par la découverte de l'Irlandais, fils du révérend Maturin, se perdit ainsi.

Il fut impossible à quelques orientalistes, à des mystiques, à des archéologues occupés de ces choses, de constater historiquement la manière d'évoquer le démon. Voici pourquoi.

Le treizième jour de ses noces enragées, le pauvre clerc gisait sur son grabat, chez son patron, dans un grenier de la rue Saint-Honoré. La Honte, cette stupide déesse qui n'ose se regarder, s'empara du jeune homme qui devint malade, il voulut se soigner lui-même, et se trompa de dose en prenant une drogue curative due au génie d'un homme bien connu sur les murs de Paris. Le clerc creva donc sous le poids du vif-argent, et son cadavre devint noir comme le dos d'une taupe. Un diable avait certainement passé par là, mais lequel? Était-ce Astaroth?

— Cet estimable jeune homme a été emporté dans la planète de Mercure, dit le premier clerc à un démonologue allemand qui vint prendre des renseignements sur cette affaire.

— Je le croirais volontiers, répondit l'Allemand.

— Ha!

— Oui, monsieur, reprit l'Allemand, cette opinion s'accorde avec les propres paroles de Jacob Bœhm, en sa quarante-huitième proposition sur la TRIPLE VIE DE L'HOMME, où il est dit que *si Dieu a opéré toutes choses par le* FIAT, *le* FIAT *est la secrète matrice qui comprend et saisit la nature que forme l'esprit né de Mercure et de Dieu.*

— Vous dites, monsieur?

L'Allemand répéta sa phrase.

— Nous ne connaissons pas, dirent les clercs.

— *Fiat!...* dit un clerc, *fiat lux!*

— Vous pouvez vous convaincre de la vérité de cette citation, reprit l'Allemand en lisant la phrase dans la page 75 du Traité de la TRIPLE VIE DE L'HOMME, imprimé en 1809, chez monsieur Migneret, et traduit par un philosophe, grand admirateur de l'illustre cordonnier.

— Ha, il était cordonnier, dit le premier clerc. Voyez-vous ça!

— En Prusse! reprit l'Allemand.

— Travaillait-il pour le roi? dit un béotien de second clerc.

— Il aurait dû mettre des béquets à ses phrases, dit le troisième clerc.

— Cet homme est pyramidal, s'écria le quatrième clerc en montrant l'Allemand.

Quoiqu'il fût un démonologue de première force, l'étranger ne savait pas quels mauvais diables sont les clercs; il s'en alla, ne comprenant rien à leurs plaisanteries, et convaincu que ces jeunes gens trouvaient Bœhm un génie pyramidal.

— Il y a de l'instruction en France, se dit-il.

Paris, 6 ai 1835.

LE CHEF-D'OEUVRE INCONNU

A UN LORD.

. . . .
. . . .
. . . .
. . . .

1845.

I.

GILLETTE.

Vers la fin de l'année 1612, par une froide matinée de décembre, un jeune homme dont le vêtement était de très-mince apparence, se promenait devant la porte d'une maison située rue des Grands-Augustins, à Paris. Après avoir assez long-temps marché dans cette rue avec l'irrésolution d'un amant qui n'ose se présenter chez sa première maîtresse, quelque facile qu'elle soit, il finit par franchir le seuil de cette porte, et demanda si maître François Porbus était en son logis Sur la réponse affirmative que lui fit une vieille femme occupée à balayer une salle basse, le jeune homme monta lentement les degrés, et s'arrêta de marche en marche, comme quelque courtisan de fraîche date, inquiet de l'accueil que le roi va lui faire. Quand il parvint en haut de la vis, il demeura pendant un moment sur le palier, incertain s'il prendait le heurtoir grotesque qui ornait la porte de l'atelier où travaillait sans doute le peintre de Henri IV délaissé pour Rubens par Marie de Médicis. Le jeune homme éprouvait cette sensation profonde qui a dû faire vibrer le cœur des grands artistes quand, au fort de la jeunesse et de leur amour pour l'art, ils ont abordé un homme de génie ou quelque chef-d'œuvre. Il existe dans tous les sentiments humains une fleur primitive, engendrée par un noble enthousiasme qui va toujours faiblissant jusqu'à ce que le bonheur ne soit plus qu'un souvenir et la gloire un mensonge. Parmi ces émotions fragiles, rien ne ressemble à l'amour comme la jeune passion d'un artiste commençant le délicieux supplice de sa destinée de gloire et de malheur, passion pleine d'audace et de timidité, de croyances vagues et de découragements certains. A celui qui léger d'argent, qui adolescent de génie, n'a pas vivement palpité en se présentant devant un maître, il manquera toujours une corde dans le cœur, je ne sais quelle touche de pinceau, un sentiment dans l'œuvre, une certaine expression de poésie. Si quelques fanfarons bouffis d'eux-mêmes croient trop tôt à l'avenir, ils ne sont gens d'esprit que pour les sots. A ce compte, le jeune inconnu paraissait avoir un vrai mérite, si le talent doit se mesurer sur cette timidité première, sur cette pudeur indéfinissable que les gens promis à la gloire savent perdre dans l'exercice de leur art, comme les jolies femmes perdent la leur dans le manége de la coquetterie. L'habitude du triomphe amoindrit le doute, et la pudeur est un doute peut-être.

Accablé de misère et surpris en ce moment de son outrecuidance, le pauvre néophyte ne serait pas entré chez le peintre auquel nous devons l'admirable portrait de Henri IV, sans un secours extraordinaire que lui envoya le hasard. Un vieillard vint à monter l'escalier. A la bizarrerie de son costume, à la magnificence de son rabat de dentelle, à la prépondérante sécurité de sa démarche, le jeune homme devina dans ce personnage ou le protecteur ou l'ami du peintre; il se recula sur le palier pour lui faire place, et l'examina curieusement, espérant trouver en lui la bonne nature d'un artiste ou le caractère serviable des gens qui aiment les arts; mais il aperçut quelque chose de diabolique dans cette figure, et surtout ce *je ne sais quoi* qui affriande les artistes. Imaginez un front chauve, bombé, proéminent, retombant en saillie sur un petit nez écrasé, retroussé du bout comme celui de Rabelais ou de Socrate; une bouche rieuse et ridée, un menton court, fièrement relevé, garni d'une barbe grise taillée en pointe, des yeux vert de mer ternis en apparence par l'âge, mais qui par le contraste du blanc nacré dans lequel flottait la prunelle devaient parfois jeter des regards magnétiques au fort de la colère ou de l'enthousiasme. Le visage

MAITRE FRENHOFER.

Le visage était d'ailleurs singulièrement flétri.

(LE CHEF-D'ŒUVRE INCONNU.)

était d'ailleurs singulièrement flétri par les fatigues de l'âge, et plus encore par ces pensées qui creusent également l'âme et le corps. Les yeux n'avaient plus de cils, et à peine voyait-on quelques traces de sourcils au-dessus de leurs arcades saillantes. Mettez cette tête sur un corps fluet et débile, entourez-la d'une dentelle étincelante de blancheur et travaillée comme une truelle à poisson, jetez sur le pourpoint noir du vieillard une lourde chaîne d'or, et vous aurez une image imparfaite de ce personnage auquel le jour faible de l'escalier prêtait encore une couleur fantastique. Vous eussiez dit d'une toile de Rembrandt marchant silencieusement et sans cadre dans la noire atmosphère que s'est appropriée ce grand peintre. Le vieillard jeta sur le jeune homme un regard empreint de sagacité, frappa trois coups à la porte, et dit à un homme valétudinaire, âgé de quarante ans environ, qui vint ouvrir : — Bonjour, maître.

Porbus s'inclina respectueusement ; il laissa entrer le jeune homme en le croyant amené par le vieillard et s'inquiéta d'autant moins de lui que le néophyte demeura sous le charme que doivent éprouver les peintres-nés à l'aspect du premier atelier qu'ils voient et où se révèlent quelques-uns des procédés matériels de l'art. Un vitrage ouvert dans la voûte éclairait l'atelier de maître Porbus. Concentrée sur une toile accrochée au chevalet, et qui n'était encore touchée que de trois ou quatre traits blancs, le jour n'atteignait pas jusqu'aux noires profondeurs des angles de cette vaste pièce ; mais quelques reflets égarés allumaient dans cette ombre rousse une paillette argentée au ventre d'une cuirasse de reître suspendue à la muraille, rayaient d'un brusque sillon de lumière la corniche sculptée et cirée d'un antique dressoir chargé de vaisselles curieuses, ou piquaient de points éclatants la trame grenue de quelques vieux rideaux de brocart d'or aux grands plis cassés, jetés là comme modèles. Des écorchés de plâtre, des fragments et des torses de déesses antiques, amoureusement polis par les baisers des siècles, jonchaient les tablettes et les consoles. D'innombrables ébauches, des études aux trois crayons, à la sanguine ou à la plume, couvraient les murs jusqu'au plafond. Des boîtes à couleurs, des bouteilles d'huile et d'essence, des escabeaux renversés ne laissaient qu'un étroit chemin pour arriver sous l'auréole que projetait la haute verrière dont les rayons tombaient à plein sur la pâle figure de Porbus et sur le crâne d'ivoire de l'homme singulier. L'attention du jeune homme fut bientôt exclusivement acquise à un tableau qui, par ce temps de trouble et de révolutions, était déjà devenu célèbre, et que visitaient quelques-uns de ces entêtés auxquels on doit la conservation du feu sacré pendant les jours mauvais. Cette belle page représentait une *Marie Egyptienne* se disposant à payer le passage du bateau. Ce chef-d'œuvre, destiné à Marie de Médicis, fut vendu par elle aux jours de sa misère.

— Ta sainte me plaît, dit le vieillard à Porbus, et je te la paierais dix écus d'or au delà du prix que donne la reine ; mais aller sur ses brisées?... du diable !

— Vous la trouvez bien ?

— Heu ! heu ! fit le vieillard, bien?... oui et non. Ta bonne femme n'est pas mal troussée, mais elle ne vit pas. Vous autres, vous croyez avoir tout fait lorsque vous avez dessiné correctement une figure et mis chaque chose à sa place d'après les lois de l'anatomie ! Vous colorez ce linéament avec un ton de chair fait d'avance sur votre palette en ayant soin de tenir un côté plus sombre que l'autre, et parce que vous regardez de temps en temps une femme nue qui se tient debout sur une table, vous croyez avoir copié la nature, vous vous imaginez être des peintres et avoir dérobé le secret de Dieu !... Prrr ! Il ne suffit pas pour être un grand poète de savoir à fond la syntaxe et de ne pas faire de fautes de langue ! Regarde ta sainte, Porbus? Au premier aspect, elle semble admirable; mais au second coup d'œil on s'aperçoit qu'elle est collée au fond de la toile et qu'on ne pourrait pas faire le tour de son corps. C'est une silhouette qui n'a qu'une seule face, c'est une apparence découpée, une image qui ne saurait se retourner, ni changer de position. Je ne sens pas d'air entre ce bras et le champ du tableau ; l'espace et la profondeur manquent ; cependant tout est bien en perspective, et la dégradation aérienne est exactement observée ; mais, malgré de si louables efforts, je ne saurais croire que ce beau corps soit animé par le tiède souffle de la vie. Il me semble que si je portais la main sur cette gorge d'une si ferme rondeur, je la trouverais froide comme du marbre ! Non, mon ami, le sang ne court pas sous cette peau d'ivoire, l'existence ne gonfle pas de sa rosée de pourpre les veines et les fibrilles qui s'entrelacent en réseaux sous la transparence ambrée des tempes et de la poitrine. Cette place palpite, mais cette autre est immobile, la vie et la mort luttent dans chaque détail : ici c'est une femme, là une statue, plus loin un cadavre. Ta création est incomplète. Tu n'as pu souffler qu'une portion de ton âme à ton œuvre chérie. Le flambeau de Prométhée s'est éteint plus d'une fois dans tes mains, et beaucoup d'endroits de ton tableau n'ont pas été touchés par la flamme céleste.

— Mais pourquoi, mon cher maître? dit respectueusement Porbus au vieillard tandis que le jeune homme avait peine à réprimer une forte envie de le battre.

— Ah! voilà, dit le petit vieillard. Tu as flotté indécis entre les deux systèmes, entre le dessin et la couleur, entre le flegme minutieux, la raideur précise des vieux maîtres allemands et l'ardeur éblouissante, l'heureuse abondance des peintres italiens. Tu as voulu imiter à la fois Hans Holbein et Titien, Albrecht Durer et Paul Véronèse. Certes c'était là une magnifique ambition! Mais qu'est-il arrivé? Tu n'as eu ni le charme sévère de la sécheresse, ni les décevantes magies du clair-obscur. Dans cet endroit, comme un bronze en fusion qui crève son trop faible moule, la riche et blonde couleur du Titien a fait éclater le maigre contour d'Albrecht Durer où tu l'avais coulée. Ailleurs, le linéament a résisté et contenu les magnifiques débordements de la palette vénitienne. Ta figure n'est ni parfaitement dessinée, ni parfaitement peinte, et porte partout les traces de cette malheureuse indécision. Si tu ne te sentais pas assez fort pour fondre ensemble au feu de ton génie les deux manières rivales, il fallait opter franchement entre l'une ou l'autre, afin d'obtenir l'unité qui simule une des conditions de la vie. Tu n'es vrai que dans les milieux, tes contours sont faux, ne s'enveloppent pas et ne promettent rien par derrière. Il y a de la vérité ici, dit le vieillard en montrant la poitrine de la sainte. — Puis, ici, reprit-il en indiquant le point où sur le tableau finissait l'épaule. — Mais là, fit-il en revenant au milieu de la gorge, tout est faux. N'analysons rien, ce serait faire ton désespoir.

Le vieillard s'assit sur une escabelle, se tint la tête dans les mains et resta muet.

— Maître, lui dit Porbus, j'ai cependant bien étudié sur le nu cette gorge; mais, pour notre malheur, il est des effets vrais dans la nature qui ne sont plus probables sur la toile...

— La mission de l'art n'est pas de copier la nature, mais de l'exprimer! Tu n'es pas un vil copiste, mais un poëte! s'écria vivement le vieillard en interrompant Porbus par un geste despotique. Autrement un sculpteur serait quitte de tous ses travaux en moulant une femme! Hé! bien, essaie de mouler la main de ta maîtresse et de la poser devant toi, tu trouveras un horrible cadavre sans aucune ressemblance, et tu seras forcé d'aller trouver le ciseau de l'homme qui, sans te la copier exactement, t'en figurera le mouvement et la vie. Nous avons à saisir l'esprit, l'âme, la physionomie des choses et des êtres. Les effets! les effets! mais ils sont les accidents de la vie, et non la vie. Une main, puisque j'ai pris cet exemple, une main ne tient pas seulement au corps, elle exprime et continue une pensée qu'il faut saisir et rendre. Ni le peintre, ni le poète, ni le sculpteur ne doivent séparer l'effet de la cause qui sont invinciblement l'un dans l'autre! La véritable lutte est là! Beaucoup de peintres triomphent instinctivement sans connaître ce thème de l'art. Vous dessinez une femme, mais vous ne la voyez pas! Ce n'est pas ainsi que l'on parvient à forcer l'arcane de la nature. Votre main reproduit, sans que vous y pensiez, le modèle que vous avez copié chez votre maître. Vous ne descendez pas assez dans l'intimité de la forme, vous ne la poursuivez pas avec assez d'amour et de persévérance dans ses détours et dans ses fuites. La beauté est une chose sévère et difficile qui ne se laisse point atteindre ainsi, il faut attendre ses heures, l'épier, la presser et l'enlacer étroitement pour la forcer à se rendre. La Forme est un Protée bien plus insaisissable et plus fertile en replis que le Protée de la fable, ce n'est qu'après de longs combats qu'on peut la contraindre à se montrer sous son véritable aspect; vous autres! vous vous contentez de la première apparence qu'elle vous livre, ou tout au plus de la seconde, ou de la troisième; ce n'est pas ainsi qu'agissent les victorieux lutteurs! Ces peintres invaincus ne se laissent pas tromper à tous ces faux-fuyants, ils persévèrent jusqu'à ce que la nature en soit réduite à se montrer toute nue et dans son véritable esprit. Ainsi a procédé Raphaël, dit le vieillard en ôtant son bonnet de velours noir pour exprimer le respect que lui inspirait le roi de l'art, sa grande supériorité vient du sens intime qui, chez lui, semble vouloir briser la Forme. La Forme est, dans ses figures, ce qu'elle est chez nous, un truchement pour se communiquer des idées, des sensations, une vaste poésie. Toute figure est un monde, un portrait dont le modèle est apparu dans une vision sublime, teint de lumière, désigné par une voix intérieure, dépouillé par un doigt céleste qui a montré, dans le passé de tout une vie, les sources de l'expression. Vous faites à vos femmes de belles robes de chair, de belles draperies de cheveux, mais où est le sang qui engendre le calme ou la passion et qui cause des effets particuliers. Ta sainte est une femme brune, mais ceci, mon pauvre Porbus, est d'une blonde ! Vos figures sont alors de pâles fantômes colorés que vous nous promenez devant les yeux, et vous appelez cela de la peinture et de l'art. Parce que vous avez fait quelque chose qui ressemble plus à une femme qu'à une maison, vous pensez avoir touché le but, et, tout fiers de n'être plus obligés d'écrire à côté de vos figures, *currus venustus* ou *pulcher homo*, comme les premiers peintres, vous vous imaginez être des artistes merveilleux ! Ha! ha! vous n'y êtes pas encore, mes braves compagnons, il vous faudra user bien des crayons, couvrir bien des toiles avant d'arriver. Assurément, une femme porte sa tête de cette manière, elle tient sa jupe ainsi, ses yeux s'allanguissent et se fondent avec cet air de douceur résignée, l'ombre palpitante des cils flotte ainsi sur les joues ! C'est cela, et ce n'est pas cela. Qu'y manque-t-il ? un rien, mais ce rien est tout. Vous avez l'apparence de la vie, mais vous n'exprimez pas son trop plein qui déborde, ce je ne sais quoi qui est l'âme peut-être et qui flotte nuageusement sur l'enveloppe; enfin cette fleur de vie que Titien et Raphaël ont surprise. En partant du point extrême où vous arrivez, on ferait peut-être d'excellente peinture; mais vous vous lassez trop vite. Le vulgaire admire, et le vrai connaisseur sourit. O Mabuse, ô mon maître, ajouta ce singulier personnage, tu es un voleur, tu as emporté la vie avec toi ! — A cela près, reprit-il, cette toile vaut mieux que les peintures de ce faquin de Rubens avec ses montagnes de viandes flamandes, saupoudrées de vermillon, ses ondées de chevelures rousses, et son tapage de couleurs. Au moins, avez-vous là couleur, sentiment et dessin, les trois parties essentielles de l'Art.

— Mais cette sainte est sublime, bon homme ! s'écria d'une voix forte le jeune homme en sortant d'une rêverie profonde. Ces deux figures, celle de la sainte et celle du batelier, ont une finesse d'intention ignorée des peintres italiens, je n'en sais pas un seul qui eût inventé l'indécision du batelier.

— Ce petit drôle est-il à vous? demanda Porbus au vieillard.

— Hélas! maître, pardonnez à ma hardiesse, répondit le néophyte en rougissant. Je suis inconnu, barbouilleur d'instinct, et arrivé depuis peu dans cette ville, source de toute science.

— A l'œuvre! lui dit Porbus en lui présentant un crayon rouge et une feuille de papier.

L'inconnu copia lestement la Marie au trait.

— Oh! oh! s'écria le vieillard. Votre nom?

Le jeune homme écrivit au bas Nicolas Poussin.

— Voilà qui n'est pas mal pour un commençant, dit le singulier personnage qui discourait si follement. Je vois que l'on peut parler peinture devant toi. Je ne te blâme pas d'avoir admiré la sainte de Porbus. C'est un chef-d'œuvre pour tout le monde, et les initiés aux plus profonds arcanes de l'art peuvent seuls découvrir en quoi elle pèche. Mais puisque tu es digne de la leçon, et capable de comprendre, je vais te faire voir combien peu de chose il faudrait pour compléter cet œuvre. Sois tout œil et tout attention, une pareille occasion de t'instruire ne se représentera peut-être jamais. Ta palette, Porbus?

Porbus alla chercher palette et pinceaux. Le petit vieillard retroussa ses manches avec un mouvement de brusquerie convulsive, passa son pouce dans la palette diaprée et chargée de tons que Porbus lui tendait; il lui arracha des mains plutôt qu'il ne les prit une poignée de brosses de toutes dimensions, et sa barbe taillée en pointe se remua soudain par des efforts menaçants qui exprimaient le prurit d'une amoureuse fantaisie. Tout en chargeant son pinceau de couleur, il grommelait entre ses dents : — Voici des tons bons à jeter par la fenêtre avec celui qui les a composés, ils sont d'une crudité et d'une fausseté révoltantes, comment peindre avec cela? Puis il trempait avec une vivacité fébrile la pointe de la brosse dans les différents tas de couleurs dont il parcourait quelquefois la gamme entière plus rapidement qu'un organiste de cathédrale ne parcourt l'étendue de son clavier à l'*O Filii* de Pâques.

Porbus et Poussin se tenaient immobiles chacun d'un côté de la toile, plongés dans la plus véhémente contemplation.

— Vois-tu, jeune homme, disait le vieillard sans se détourner, vois-tu comme au moyen de trois ou quatre touches et d'un petit glacis bleuâtre, on pouvait faire circuler l'air autour de la tête de cette pauvre sainte qui devait étouffer et se sentir prise dans cette atmosphère épaisse! Regarde comme cette draperie voltige à présent et comme on comprend que la brise la soulève! Auparavant elle avait l'air d'une toile empesée et soutenue par des épingles. Remarques-tu comme le luisant satiné que je viens de poser sur la poitrine rend bien la grasse souplesse d'une peau de jeune fille, et comme le ton mélangé de brun-rouge et d'ocre calciné réchauffe la grise froideur de cette grande ombre où le sang se figeait au lieu de courir. Jeune homme, jeune homme, ce que je te montre là, aucun maître ne pourrait te l'enseigner. Mabuse seul possédait le secret de donner de la vie aux figures. Mabuse n'a eu qu'un élève, qui est moi. Je n'en ai pas eu, et je suis vieux ! Tu as assez d'intelligence pour deviner le reste, par ce que je te laisse entrevoir.

Tout en parlant, l'étrange vieillard touchait à toutes les parties du tableau : ici deux coups de pinceau, là un seul, mais toujours si à propos qu'on aurait dit une nouvelle peinture, mais une peinture trempée de lumière. Il travaillait avec une ardeur si passionnée que la sueur se perla sur son front dépouillé ; il allait si rapidement par de petits mouvements si impatients, si saccadés, que pour le jeune Poussin il semblait qu'il y eût dans le corps de ce bizarre personnage un démon qui agissait par ses mains en les prenant fantastiquement contre le gré de l'homme. L'éclat surnaturel des yeux, les convulsions qui semblaient l'effet d'une résistance donnaient à cette idée un semblant de vérité qui devait agir sur une jeune imagination. Le vieillard allait disant : — Paf, paf, paf! voilà comment cela se beurre, jeune homme ! venez, mes petites touches, faites-moi roussir ce ton glacial ! Allons donc ! Pon ! pon ! pon ! disait-il en réchauffant les parties où il avait signalé un défaut de vie, en faisant disparaître par quelques plaques de couleur les différences de tempérament, et rétablissant l'unité de ton que voulait une ardente Égyptienne.

— Vois-tu, petit, il n'y a que le dernier coup de pinceau qui compte. Porbus en a donné cent, moi, je n'en donne qu'un. Personne ne nous sait gré de ce qui est dessous. Sache bien cela !

Enfin ce démon s'arrêta, et se tournant vers Porbus et Poussin muets d'admiration, il leur dit : — Cela ne vaut pas encore ma Belle-Noiseuse, cependant on pourrait mettre son nom au bas d'une pareille œuvre. Oui, je la signerais, ajouta-t-il en se levant pour prendre un miroir dans lequel il la regarda. — Maintenant, allons déjeuner, dit-il. Venez tous deux à mon logis. J'ai du jambon fumé, du bon vin ! Hé ! hé ! malgré le malheur des temps, nous causerons peinture ! Nous sommes de force. Voici un petit bonhomme, ajouta-t-il en frappant sur l'épaule de Nicolas Poussin, qui a de la facilité.

Apercevant alors la piètre casaque du Normand, il tira de sa ceinture une bourse de peau, y fouilla, prit deux pièces d'or, et les lui montrant : — J'achète ton dessin, dit-il.

— Prends, dit Porbus à Poussin en le voyant tressaillir et rougir de honte, car ce jeune adepte avait la fierté du pauvre. Prends donc, il a dans son escarcelle la rançon de deux rois !

Tous trois, ils descendirent de l'atelier et cheminèrent en devisant sur les arts, jusqu'à une belle maison de bois, située près du pont Saint-Michel, et dont les ornements, le heurtoir, les encadrements de croisées, les arabesques émerveillèrent Poussin. Le peintre en espérance se trouva tout à coup dans une salle basse, devant un bon feu, près d'une table chargée de mets appétissants, et par un bonheur inouï, dans la compagnie de deux grands artistes pleins de bonhomie.

— Jeune homme, lui dit Porbus en le voyant ébahi devant un tableau, ne regardez pas trop cette toile, vous tomberiez dans le désespoir.

C'était l'*Adam* que fit Mabuse pour sortir de prison où ses créanciers le retinrent si longtemps. Cette figure offrait, en effet, une telle puissance de réalité, que Nicolas Poussin commença dès ce moment à comprendre le véritable sens des confuses paroles dites par le vieillard. Celui-ci regardait le tableau d'un air satisfait, mais sans enthousiasme, et semblait dire : « J'ai fait mieux ! »

— Il y a de la vie, dit-il, mon pauvre maître s'y est surpassé ; mais il manquait encore un peu de vérité dans le fond de la toile. L'homme est bien vivant, il se lève et va venir à nous. Mais l'air, le ciel, le vent que nous respirons, voyons et sentons, n'y sont pas. Puis il n'y a encore là qu'un homme ! Or le seul homme qui soit immédiatement sorti des mains de Dieu, devait avoir quelque chose de divin qui manque. Mabuse le disait lui-même avec dépit quand il n'était pas ivre.

Poussin regardait alternativement le vieillard et Porbus avec une inquiète curiosité. Il s'approcha de celui-ci comme pour lui demander le nom de leur hôte ; mais le peintre se mit un doigt sur les lèvres d'un air de mystère, et le jeune homme, vivement intéressé, garda le silence, espérant que tôt ou tard quelque mot lui permettrait de deviner le nom de son hôte, dont la richesse et les talents étaient suffisamment attestés par le respect que Porbus lui témoignait, et par les merveilles entassées dans cette salle.

Poussin, voyant sur la sombre boiserie de chêne un magnifique portrait de femme, s'écria : — Quel beau Giorgion !

— Non ! répondit le vieillard, vous voyez un de mes premiers barbouillages !

— Tudieu ! je suis donc chez le dieu de la peinture, dit naïvement le Poussin.

Le vieillard sourit comme un homme familiarisé depuis longtemps avec cet éloge.

— Maître Frenhofer ! dit Porbus, ne sauriez-vous faire venir un peu de votre bon vin du Rhin pour moi.

— Deux pipes, répondit le vieillard. Une pour m'acquitter du plaisir que j'ai eu ce matin en voyant ta jolie pécheresse, et l'autre comme un présent d'amitié.

— Ah ! si je n'étais pas toujours souffrant, reprit Porbus, et si vous vouliez me laisser voir votre Belle-Noiseuse, je pourrais faire quelque peinture haute, large et profonde, où les figures seraient de grandeur naturelle.

— Montrer mon œuvre, s'écria le vieillard tout ému. Non, non, je dois la perfectionner encore. Hier, vers le soir, dit-il, j'ai cru avoir fini. Ses yeux me semblaient humides, sa chair était agitée. Les tresses de ses cheveux remuaient. Elle respirait ! Quoique j'aie trouvé le moyen de réaliser sur une toile plate le relief et la rondeur de la nature, ce matin, au jour, j'ai reconnu mon erreur. Ah ! pour arriver à ce résultat glorieux, j'ai étudié à fond les grands maîtres du coloris, j'ai analysé et soulevé couche par couche les tableaux de Titien, ce roi de la lumière ; j'ai, comme ce peintre souverain, ébauché ma figure dans un ton clair avec une pâte souple et nourrie, car l'ombre n'est qu'un accident, retiens cela, petit. Puis je suis revenu sur mon œuvre, et au moyen de demi-teintes et de glacis dont je diminuais de plus en plus la transparence, j'ai rendu les ombres les plus vigoureuses et jusqu'aux noirs les plus fouillés ; car les ombres des peintres ordinaires sont d'une autre nature que leurs tons éclairés ; c'est du bois, de l'airain, c'est tout ce que vous voudrez, excepté de la chair dans l'ombre. On sent que si leur figure changeait de position, les places ombrées ne se nettoieraient pas et ne deviendraient pas lumineuses. J'ai évité ce défaut où beaucoup d'entre les plus illustres sont tombés, et chez moi la blancheur se révèle sous l'opacité de l'ombre la plus soutenue ! Comme une foule d'ignorants qui s'imaginent dessiner correctement parce qu'ils font un trait soigneusement ébarbé, je n'ai pas marqué sèchement les bords extérieurs de ma figure et fait ressortir jusqu'au moindre détail anatomique, car le corps humain ne finit pas par des lignes. En cela, les sculpteurs peuvent plus approcher de la vérité que nous autres. La nature comporte une suite de rondeurs qui s'enveloppent les unes dans les autres. Rigoureusement parlant, le dessin n'existe pas ! Ne riez pas, jeune homme ! Quelque singulier que vous paraisse ce mot, vous en comprendrez quelque jour les raisons. La ligne est le moyen par lequel l'homme se rend compte de l'effet de la lumière sur les objets ; mais il n'y a pas de lignes dans la nature où tout est plein : c'est en modelant qu'on dessine, c'est-à-dire qu'on détache les choses du milieu où elles sont, la distribution du jour donne seule l'apparence au corps ! Aussi, n'ai-je pas arrêté les linéaments, j'ai répandu sur les contours un nuage de demi-teintes blondes et chaudes qui fait que l'on ne saurait précisément poser le doigt sur la place où les contours se rencontrent avec les fonds. De près, ce travail semble cotonneux et paraît manquer de précision, mais à deux pas, tout se raffermit, s'arrête et se détache ; le corps tourne, les formes deviennent saillantes, l'on sent l'air circuler tout autour. Cependant je ne suis pas encore content, j'ai des doutes. Peut-être faudrait-il ne pas dessiner un seul trait, et vaudrait-il mieux attaquer une figure par le milieu en s'attachant d'abord aux saillies les plus éclairées, pour passer ensuite aux portions les plus sombres. N'est-ce pas ainsi que procède le soleil, ce divin peintre de l'univers. Oh ! nature, nature ! qui jamais t'a surprise dans tes fuites ! Tenez, le trop de science, de même que l'ignorance, arrive à une négation. Je doute de mon œuvre !

Le vieillard fit une pause, puis il reprit : — Voilà dix ans, jeune homme, que je travaille ; mais que sont dix petites années quand il s'agit de lutter avec la nature ? Nous ignorons le temps qu'employa le seigneur Pygmalion pour faire la seule statue qui ait marché !

Le vieillard tomba dans une rêverie profonde, et resta les yeux fixes en jouant machinalement avec son couteau.

— Le voilà en conversation avec son *esprit*, dit Porbus à voix basse.

A ce mot, Nicolas Poussin se sentit sous la puissance d'une inexplicable curiosité d'artiste. Ce vieillard aux yeux blancs, attentif et stupide, devenu pour lui plus qu'un homme, lui apparut comme un génie fantasque qui vivait dans une sphère inconnue. Il réveillait mille idées confuses dans l'âme. Le phénomène moral de cette espèce de fascination ne peut pas plus se définir qu'on ne peut traduire l'émotion excitée par un chant qui rappelle la patrie au cœur de l'exilé. Le mépris que ce vieil homme affectait d'exprimer pour les plus belles tentatives de l'art, sa richesse, ses manières, les déférences de Porbus pour lui, cette œuvre tenue si longtemps secrète, œuvre de patience, œuvre de génie sans doute, s'il fallait en croire la tête de Vierge que le jeune Poussin avait si franchement admirée, et qui belle encore, même près de l'Adam de Mabuse, attestait le faire impérial d'un des princes de l'art; tout en ce vieillard allait au delà des bornes de la nature humaine. Ce que la riche imagination de Nicolas Poussin put saisir de clair et de perceptible en voyant cet être surnaturel, était une complète image de la nature artiste, de cette nature folle à laquelle tant de pouvoirs sont confiés, et qui trop souvent en abuse, emmenant la froide raison, les bourgeois et même quelques amateurs, à travers mille routes pierreuses, où, pour eux, il n'y a rien; tandis que folâtre en ces fantaisies, cette fille aux ailes blanches y découvre des épopées, des châteaux, des œuvres d'art. Nature moqueuse et bonne, féconde et pauvre! Ainsi, pour l'enthousiaste Poussin, ce vieillard était devenu, par une transfiguration subite, l'Art lui-même, l'art avec ses secrets, ses fougues et ses rêveries.

— Oui, mon cher Porbus, reprit Frenhofer, il m'a manqué jusqu'à présent de rencontrer une femme irréprochable, un corps dont les contours soient d'une beauté parfaite, et dont la carnation... Mais où est-elle vivante, dit-il en s'interrompant, cette introuvable Vénus des anciens, si souvent cherchée, et de qui nous rencontrons à peine quelques beautés éparses? Oh! pour voir un moment, une seule fois, la nature divine, complète, l'idéal enfin, je donnerais toute ma fortune, mais j'irais te chercher dans tes limbes, beauté céleste! Comme Orphée, je descendrais dans l'enfer de l'art pour en ramener la vie.

— Nous pouvons partir d'ici, dit Porbus à Poussin, il ne nous entend plus, ne nous voit plus!

— Allons à son atelier, répondit le jeune homme émerveillé.

— Oh! le vieux reître a su en défendre l'entrée. Ses trésors sont trop bien gardés pour que nous puissions y arriver. Je n'ai pas attendu votre avis et votre fantaisie pour tenter l'assaut du mystère.

— Il y a donc un mystère ?

— Oui, répondit Porbus. Le vieux Frenhofer est le seul élève que Mabuse ait voulu faire. Devenu son ami, son sauveur, son père, Frenhofer a sacrifié la plus grande partie de ses trésors à satisfaire les passions de Mabuse ; en échange, Mabuse lui a légué le secret du relief, le pouvoir de donner aux figures cette vie extraordinaire, cette fleur de nature, notre désespoir éternel, mais dont il possédait si bien *le faire*, qu'un jour, ayant vendu et bu le damas à fleurs avec lequel il devait s'habiller à l'entrée de Charles-Quint, il accompagna son maître avec un vêtement de papier peint en damas. L'éclat particulier de l'étoffe portée par Mabuse surprit l'empereur, qui, voulant en faire compliment au protecteur du vieil ivrogne, découvrit la supercherie. Frenhofer est un homme passionné pour notre art, qui voit plus haut et plus loin que les autres peintres. Il a profondément médité sur les couleurs, sur la vérité absolue de la ligne ; mais, à force de recherches, il est arrivé à douter de l'objet même de ses recherches. Dans ses moments de désespoir, il prétend que le dessin n'existe pas et qu'on ne peut rendre avec des traits que des figures géométriques ; ce qui est au delà du vrai, puisque avec le trait et le noir, qui n'est pas une couleur, on peut faire une figure ; ce qui prouve que notre art est, comme la nature, composé d'une infinité d'éléments : le dessin donne un squelette, la couleur est la vie, mais la vie sans le squelette est une chose plus incomplète que le squelette sans la vie. Enfin, il y a quelque chose de plus vrai que tout ceci, c'est que la pratique et l'observation sont tout chez un peintre, et que si le raisonnement et la poésie se querellent avec les brosses, on arrive au doute comme le bonhomme, qui est aussi fou que peintre. Peintre sublime, il a eu le malheur de naître riche, ce qui lui a permis de divaguer, ne l'imitez pas ! Travaillez ! les peintres ne doivent méditer que les brosses à la main.

— Nous y pénétrerons, s'écria le Poussin n'écoutant plus Porbus et ne doutant plus de rien.

Porbus sourit à l'enthousiasme du jeune inconnu, et le quitta en l'invitant à venir le voir.

Nicolas Poussin revint à pas lents vers la rue de la Harpe, et dépassa sans s'en apercevoir la modeste hôtellerie où il était logé.

Montant avec une inquiète promptitude son misérable escalier, il parvint à une chambre haute, située sous une toiture en colombage, naïve et légère couverture des maisons du vieux Paris. Près de l'unique et sombre fenêtre de cette chambre, il vit une jeune fille qui, au bruit de la porte, se dressa soudain par un mouvement d'amour; elle avait reconnu le peintre à la manière dont il avait attaqué le loquet.

— Qu'as-tu? lui dit-elle.

— J'ai, j'ai, s'écria-t-il en étouffant de plaisir, que je me suis senti peintre! J'avais douté de moi jusqu'à présent, mais ce matin j'ai cru en moi-même! Je puis être un grand homme! Va, Gillette, nous serons riches, heureux! Il y a de l'or dans ces pinceaux.

Mais il se tut soudain. Sa figure grave et vigoureuse perdit son expression de joie quand il compara l'immensité de ses espérances à la médiocrité de ses ressources. Les murs étaient couverts de simples papiers chargés d'esquisses au crayon. Il ne possédait pas quatre toiles propres. Les couleurs avaient alors un haut prix, et le pauvre gentilhomme voyait sa palette à peu près nue. Au sein de cette misère, il possédait et ressentait d'incroyables richesses de cœur, et la surabondance d'un génie dévorant. Amené à Paris par un gentilhomme de ses amis, ou peut-être par son propre talent, il y avait rencontré soudain une maîtresse, une de ces âmes nobles et généreuses qui viennent souffrir près d'un grand homme, en épousent les misères et s'efforcent de comprendre leurs caprices; forte pour la misère et l'amour, comme d'autres sont intrépides à porter le luxe, à faire parader leur insensibilité. Le sourire errant sur les lèvres de Gillette dorait ce grenier et rivalisait avec l'éclat du ciel. Le soleil ne brillait pas toujours, tandis qu'elle était toujours là, recueillie dans sa passion, attachée à son bonheur, à sa souffrance, consolant le génie qui débordait dans l'amour avant de s'emparer de l'art.

— Écoute, Gillette, viens.

L'obéissante et joyeuse fille sauta sur les genoux du peintre. Elle était toute grâce, toute beauté, jolie comme un printemps, parée de toutes les richesses féminines et les éclairant par le feu d'une belle âme.

— O Dieu! s'écria-t-il, je n'oserai jamais lui dire...

— Un secret? reprit-elle, je veux le savoir.

Le Poussin resta rêveur.

— Parle donc.

— Gillette! pauvre cœur aimé!

— Oh! tu veux quelque chose de moi?

— Oui.

— Si tu désires que je pose encore devant toi comme l'autre jour, reprit-elle d'un petit air boudeur, je n'y consentirai plus jamais, car, dans ces moments-là, tes yeux ne me disent plus rien. Tu ne penses plus à moi, et cependant tu me regardes.

— Aimerais-tu mieux me voir copiant une autre femme?

— Peut-être, dit-elle, si elle était bien laide.

— Eh! bien, reprit Poussin d'un ton sérieux, si pour ma gloire à venir, si pour me faire grand peintre, il fallait aller poser chez un autre?

— Tu veux m'éprouver, dit-elle. Tu sais bien que je n'irais pas.

Le Poussin pencha sa tête sur sa poitrine comme un homme qui succombe à une joie ou à une douleur trop forte pour son âme.

— Écoute, dit-elle en tirant Poussin par la manche de son pourpoint usé, je t'ai dit, Nick, que je donnerai ma vie pour toi : mais je ne t'ai jamais promis, moi vivante, de renoncer à mon amour.

— Y renoncer? s'écria Poussin.

— Si je me montrais ainsi à un autre, tu ne m'aimerais plus. Et, moi-même, je me trouverais indigne de toi. Obéir à tes caprices, n'est-ce pas chose naturelle et simple? Malgré moi, je suis heureuse, et même fière de faire ta chère volonté. Mais pour un autre! fi donc.

— Pardonne, ma Gilette, dit le peintre en se jetant à ses genoux. J'aime mieux être aimé que glorieux. Pour moi, tu es plus belle que la fortune et les honneurs. Va, jette mes pinceaux, brûle ces esquisses. Je me suis trompé. Ma vocation, c'est de t'aimer. Je ne suis pas peintre, je suis amoureux. Périssent et l'art et tous ses secrets!

Elle l'admirait, heureuse, charmée! Elle régnait, elle sentait instinctivement que les arts étaient oubliés pour elle, et jetés à ses pieds comme un grain d'encens.

— Ce n'est pourtant qu'un vieillard, reprit Poussin. Il ne pourra voir que la femme en toi. Tu es si parfaite!

— Il faut bien aimer, s'écria-t-elle prête à sacrifier ses scrupules d'amour pour récompenser son amant de tous les sacrifices qu'il lui faisait. Mais, reprit-elle, ce serait me perdre. Ah ! me perdre pour toi. Oui, cela est bien beau ! mais tu m'oublieras. Oh ! qu'elle mauvaise pensée as-tu donc eue là !

— Je l'ai eue et je t'aime, dit-il avec une sorte de contrition, mais je suis donc un infâme.

— Consultons le père Hardouin ? dit-elle.

— Oh, non ! que ce soit un secret entre nous deux.

— Eh ! bien, j'irai ; mais ne sois pas là, dit elle. Reste à la porte, armé de ta dague ; si je crie, entre et tue le peintre.

Ne voyant plus que son art, le Poussin pressa Gillette dans ses bras.

— Il ne m'aime plus ! pensa Gillette quand elle se trouva seule.

Elle se repentait déjà de sa résolution. Mais elle fut bientôt en proie à une épouvante plus cruelle que son repentir ; elle s'efforça de chasser une pensée affreuse qui s'élevait dans son cœur. Elle croyait aimer déjà moins le peintre en le soupçonnant moins estimable qu'auparavant.

II.

CATHERINE LESCAULT.

Trois mois après la rencontre du Poussin et de Porbus, celui-ci vint voir maître Frenhofer. Le vieillard était alors en proie à l'un de ces découragements profonds et spontanés dont la cause est, s'il faut en croire les mathématiciens de la médecine, dans une digestion mauvaise, dans le vent, la chaleur ou quelque empâtement des hypochondres ; et, suivant les spiritualistes, dans l'imperfection de notre nature morale. Le bonhomme s'était purement et simplement fatigué à parachever son mystérieux tableau. Il était languissamment assis dans une vaste chaire de chêne sculpté, garnie de cuir noir ; et, sans quitter son attitude mélancolique, il lança sur Porbus le regard d'un homme qui s'était établi dans son ennui.

— Eh ! bien, maître, lui dit Porbus, l'outremer que vous êtes allé chercher à Bruges était-il mauvais, est-ce que vous n'avez pas su broyer notre nouveau blanc, votre huile est-elle méchante, ou les pinceaux rétifs ?

— Hélas ! s'écria le vieillard, j'ai cru pendant un moment que mon œuvre était accomplie ; mais je me suis, certes, trompé dans quelques détails, et je ne serai tranquille qu'après avoir éclairci mes doutes. Je me décide à voyager et vais aller en Turquie, en Grèce, en Asie pour y chercher un modèle et comparer mon tableau à diverses natures. Peut-être ai-je là-haut, reprit-il en laissant échapper un sourire de contentement, la nature elle-même. Parfois, j'ai quasi peur qu'un souffle ne me réveille cette femme et qu'elle ne disparaisse.

Puis il se leva tout à coup, comme pour partir.

— Oh ! oh ! répondit Porbus, j'arrive à temps pour vous éviter la dépense et les fatigues du voyage.

— Comment, demanda Frenhofer étonné.

— Le jeune Poussin est aimé par une femme dont l'incomparable beauté se trouve sans imperfection aucune. Mais, mon cher maître, s'il consent à vous la prêter, au moins faudra-t-il nous laisser voir votre toile.

Le vieillard resta debout, immobile, dans un état de stupidité parfaite.

— Comment ! s'écria-t-il enfin douloureusement, montrer ma créature, mon épouse ? déchirer le voile sous lequel j'ai chastement couvert mon bonheur ? Mais ce serait une horrible prostitution ! Voilà dix ans que je vis avec cette femme, elle est à moi, à moi seul, elle m'aime. Ne m'a-t-elle pas souri à chaque coup de pinceau que je lui ai donné ? elle a une âme, l'âme dont je l'ai douée. Elle rougirait si d'autres yeux que les miens s'arrêtaient sur elle. La faire voir ! mais quel est le mari, l'amant assez vil pour conduire sa femme au déshonneur ? Quand tu fais un tableau pour la cour, tu n'y mets pas toute ton âme, tu ne vends aux courtisans que des mannequins coloriés. Ma peinture n'est pas une peinture, c'est un sentiment, une passion ! Née dans mon atelier, elle doit y rester vierge, et n'en peut sortir que vêtue. La poésie et les femmes ne se livrent nues qu'à leurs amants ! Possédons-nous le modèle de Raphaël, l'Angélique de l'Arioste, la Béatrix du Dante ? Non ! nous n'en voyons que les Formes. Eh ! bien, l'œuvre que je tiens là-haut sous mes verrous est une exception dans notre art. Ce n'est pas une toile, c'est une femme ! une femme avec laquelle je pleure, je ris, je cause et pense. Veux-tu que tout à coup je quitte un bonheur de dix années comme on jette un manteau. Que tout à coup je cesse d'être père, amant et Dieu. Cette femme n'est pas une créature, c'est une création. Vienne ton jeune homme, je lui donnerai mes trésors, je lui donnerai des tableaux du Corrége, de Michel-Ange, du Titien, je baiserai la marque de ses pas dans la poussière ; mais en faire mon rival ? honte à moi ! Ha ! ha ! je suis plus amant encore que je ne suis peintre. Oui, j'aurai la force de brûler ma Belle-Noiseuse à mon dernier soupir ; mais lui faire supporter le regard d'un homme, d'un jeune homme, d'un peintre ? non, non ! Je tuerais le lendemain celui qui l'aurait souillée d'un regard ! Je te tuerais à l'instant, toi, mon ami, si tu ne la saluais pas à genoux ! Veux-tu maintenant que je soumette mon idole aux froids regards et aux stupides critiques des imbéciles ? Ah ! l'amour est un mystère, il n'a de vie qu'au fond des cœurs, et tout est perdu quand un homme dit même à son ami : — Voilà celle que j'aime !

Le vieillard semblait être redevenu jeune ; ses yeux avaient de l'éclat et de la vie : ses joues pâles étaient nuancées d'un rouge vif, et ses mains tremblaient. Porbus, étonné de la violence passionnée avec laquelle ces paroles furent dites, ne savait que répondre à un sentiment aussi neuf que profond. Frenhofer était-il raisonnable ou fou ? Se trouvait-il subjugué par une fantaisie d'artiste, ou les idées qu'il avait exprimées procédaient-elles de ce fanatisme inexprimable produit en nous par le long enfantement d'une grande œuvre ? Pouvait-on jamais espérer de transiger avec cette passion bizarre ?

En proie à toutes ces pensées, Porbus dit au vieillard : — Mais n'est-ce pas femme pour femme ? Poussin ne livre-t-il pas sa maîtresse à vos regards ?

— Quelle maîtresse ? répondit Frenhofer. Elle le trahira tôt ou tard. La mienne me sera toujours fidèle !

— Eh ! bien, reprit Porbus, n'en parlons plus. Mais avant que vous ne trouviez, même en Asie, une femme aussi belle, aussi parfaite que celle dont je parle, vous mourrez peut-être sans avoir achevé votre tableau.

— Oh ! il est fini, dit Frenhofer. Qui le verrait, croirait apercevoir une femme couchée sur un lit de velours, sous des courtines. Près d'elle un trépied d'or exhale des parfums. Tu serais tenté de prendre le gland des cordons qui retiennent les rideaux, et il te semblerait voir le sein de *Catherine Lescault,* une belle courtisane appelée *la Belle Noiseuse*, rendre le mouvement de sa respiration. Cependant je voudrais bien être certain...

— Va donc en Asie, répondit Porbus en apercevant une sorte d'hésitation dans le regard de Frenhofer.

Et Porbus fit quelques pas vers la porte de la salle.

En ce moment, Gillette et Nicolas Poussin étaient arrivés près du logis de Frenhofer. Quand la jeune fille fut sur le point d'y entrer, elle quitta le bras du peintre, et se recula comme si elle eût été saisie par quelque soudain pressentiment.

— Mais que viens-je donc faire ici? demanda-t-elle à son amant d'un son de voix profond et en le regardant d'un œil fixe.

— Gillette, je t'ai laissée maîtresse et veux t'obéir en tout. Tu es ma conscience et ma gloire. Reviens au logis, je serai plus heureux, peut-être, que si tu...

— Suis-je à moi quand tu me parles ainsi? Oh! non, je ne suis plus qu'une enfant. — Allons, ajouta-t-elle en paraissant faire un violent effort, si notre amour périt, et si je mets dans mon cœur un long regret, ta célébrité ne sera-t-elle pas le prix de mon obéissance à tes désirs? Entrons, ce sera vivre encore que d'être toujours comme un souvenir dans ta palette.

En ouvrant la porte de la maison, les deux amants se rencontrèrent avec Porbus qui, surpris par la beauté de Gillette dont les yeux étaient alors pleins de larmes, la saisit toute tremblante, et l'amenant devant le vieillard : — Tenez, dit-il, ne vaut-elle pas tous les chefs-d'œuvre du monde?

Frenhofer tressaillit. Gillette était là, dans l'attitude naïve et simple d'une jeune Géorgienne innocente et peureuse, ravie et présentée par des brigands à quelque marchand d'esclaves. Une pudique rougeur colorait son visage, elle baissait les yeux, ses mains étaient pendantes à ses côtés, ses forces semblaient l'abandonner, et des larmes protestaient contre la violence faite à sa pudeur. En ce moment, Poussin, au désespoir d'avoir sorti ce beau trésor de ce grenier, se maudit lui-même. Il devint plus amant qu'artiste, et mille scrupules lui tournèrent le cœur quand il vit l'œil rajeuni du vieillard, qui, par une habitude de peintre, déshabilla, pour ainsi dire, cette jeune fille en en devinant les formes les plus secrètes. Il revint alors à la féroce jalousie du véritable amour.

— Gillette, partons! s'écria-t-il.

À cet accent, à ce cri, sa maîtresse joyeuse leva les yeux sur lui, le vit, et courut dans ses bras.

— Ah! tu m'aimes donc, répondit-elle en fondant en larmes.

Après avoir eu l'énergie de taire sa souffrance, elle manquait de force pour cacher son bonheur.

— Oh! laissez-la moi pendant un moment, dit le vieux peintre, et vous la comparerez à ma Catherine. Oui, j'y consens.

Il y avait encore de l'amour dans le cri de Frenhofer. Il semblait avoir de la coquetterie pour son semblant de femme, et jouir par avance du triomphe que la beauté de sa vierge allait remporter sur celle d'une vraie jeune fille.

— Ne le laissez pas se dédire, s'écria Porbus en frappant sur l'épaule du Poussin. Les fruits de l'amour passent vite, ceux de l'art sont immortels.

— Pour lui, répondit Gillette en regardant attentivement le Poussin et Porbus, ne suis-je donc pas plus qu'une femme? Elle leva la tête avec fierté; mais quand, après avoir jeté un coup d'œil étincelant à Frenhofer, elle vit son amant occupé à contempler de nouveau le portrait qu'il avait pris naguère pour un Giorgion : — Ah! dit-elle, montons! Il ne m'a jamais regardée ainsi.

— Vieillard, reprit Poussin tiré de sa méditation par la voix de Gillette, vois cette épée, je la plongerai dans ton cœur au premier mot de plainte que prononcera cette jeune fille, je mettrai le feu à ta maison, et personne n'en sortira. Comprends-tu?

Nicolas Poussin était sombre, et sa parole fut terrible. Cette attitude et surtout le geste du jeune peintre consolèrent Gillette qui lui pardonna presque de la sacrifier à la peinture et à son glorieux avenir. Porbus et Poussin restèrent à la porte de l'atelier, se regardant l'un l'autre en silence. Si, d'abord, le peintre de la Marie Égyptienne se permit quelques exclamations : — Ah! elle se déshabille, il lui dit de se mettre au jour! Il la compare! Bientôt il se tut à l'aspect du Poussin dont le visage était profondément triste; et, quoique les vieux peintres n'aient plus de ces scrupules si petits en présence de l'art, il les admira tant ils étaient naïfs et jolis. Le jeune homme avait la main sur la garde de sa dague et l'oreille presque collée à la porte. Tous deux, dans l'ombre et debout, ressemblaient ainsi à deux conspirateurs attendant l'heure de frapper un tyran.

— Entrez, entrez, leur dit le vieillard rayonnant de bonheur.

Mon œuvre est parfaite, et maintenant je puis la montrer avec orgueil. Jamais peintre, pinceaux, couleurs, toile et lumière ne feront une rivale à Catherine Lescault, la belle courtisane.

En proie à une vive curiosité, Porbus et Poussin coururent au milieu d'un vaste atelier couvert de poussière, où tout était en désordre, où ils virent çà et là des tableaux accrochés aux murs. Ils s'arrêtèrent tout d'abord devant une figure de femme de grandeur naturelle, demi-nue, et pour laquelle ils furent saisis d'admiration.

— Oh! ne vous occupez pas de cela, dit Frenhofer, c'est une toile que j'ai barbouillée pour étudier une pose, ce tableau ne vaut rien. Voilà mes erreurs, reprit-il en leur montrant de ravissantes compositions suspendues aux murs, autour d'eux.

A ces mots, Porbus et Poussin, stupéfaits de ce dédain pour de telles œuvres, cherchèrent le portrait annoncé, sans réussir à l'apercevoir.

— Eh! bien, le voilà! leur dit le vieillard dont les cheveux étaient en désordre, dont le visage était enflammé par une exaltation surnaturelle, dont les yeux pétillaient, et qui haletait comme un jeune homme ivre d'amour. — Ah! ah! s'écria-t-il, vous ne vous attendiez pas à tant de perfection! Vous êtes devant une femme et vous cherchez un tableau. Il y a tant de profondeur sur cette toile, l'air y est si vrai, que vous ne pouvez plus le distinguer de l'air qui nous environne. Où est l'art? perdu, disparu! Voilà les formes mêmes d'une jeune fille. N'ai-je pas bien saisi la couleur, le vif de la ligne qui paraît terminer le corps? N'est-ce pas le même phénomène que nous présentent les objets qui sont dans l'atmosphère comme les poissons dans l'eau? Admirez comme les contours se détachent du fond? Ne semble-t-il pas que vous puissiez passer la main sur ce dos? Aussi, pendant sept années, ai-je étudié les effets de l'accouplement du jour et des objets. Et ces cheveux, la lumière ne les inonde-t-elle pas?... Mais elle a respiré, je crois!.... Ce sein, voyez? Ah! qui ne voudrait l'adorer à genoux? Les chairs palpitent. Elle va se lever, attendez.

— Apercevez-vous quelque chose? demanda Poussin à Porbus.
— Non. Et vous?
— Rien.

Les deux peintres laissèrent le vieillard à son extase, regardèrent si la lumière, en tombant d'aplomb sur la toile qu'il leur montrait, n'en neutralisait pas tous les effets. Ils examinèrent alors la peinture en se mettant à droite, à gauche, de face, en se baissant et se levant tour à tour.

— Oui, oui, c'est bien une toile, leur disait Frenhofer en se méprenant sur le but de cet examen scrupuleux. Tenez, voilà le châssis, le chevalet, enfin voici mes couleurs, mes pinceaux.

Et il s'empara d'une brosse qu'il leur présenta par un mouvement naïf.

— Le vieux lansquenet se joue de nous, dit Poussin en revenant devant le prétendu tableau. Je ne vois là que des couleurs confusément amassées et contenues par une multitude de lignes bizarres qui forment une muraille de peinture.

— Nous nous trompons, voyez?... reprit Porbus.

En s'approchant, ils aperçurent dans un coin de la toile le bout d'un pied nu qui sortait de ce chaos de couleurs, de tons, de nuances indécises, espèce de brouillard sans forme; mais un pied délicieux, un pied vivant! Ils restèrent pétrifiés d'admiration devant ce fragment échappé à une incroyable, à une lente et progressive destruction. Ce pied apparaissait là comme un torse de quelque Vénus en marbre de Paros qui surgirait parmi les décombres d'une ville incendiée.

— Il y a une femme là-dessous, s'écria Porbus en faisant remarquer à Poussin les diverses superpositions de couleurs dont le vieux peintre avait successivement chargé toutes les parties de cette figure en voulant la perfectionner.

Les deux peintres se tournèrent spontanément vers Frenhofer, en commençant à s'expliquer, mais vaguement, l'extase dans laquelle il vivait.

— Il est de bonne foi, dit Porbus.

— Oui, mon ami, répondit le vieillard en se réveillant, il faut de la foi, de la foi dans l'art, et vivre pendant long-temps avec son œuvre pour produire une création semblable. Quelques-unes de ces ombres m'ont coûté bien des travaux. Tenez, il y a là sur sa joue, au-dessous des yeux, une légère pénombre qui, si vous l'observez dans la nature, vous paraîtra presque intraduisible. Eh! bien, croyez-vous qu'elle ne m'ait pas coûté des peines inouïes à reproduire? Mais aussi, mon cher Porbus, regarde attentivement mon travail, et tu comprendras mieux ce que je te disais sur la manière de traiter le modelé et les contours. Regarde la lumière du sein, et vois comme, par une suite de touches et de *rehauts* fortement empâtés, je suis parvenu à accrocher la véritable lumière et à la combiner avec la blancheur luisante des tons éclairés ; et comme par un travail contraire, en effaçant les saillies et le grain de la pâte, j'ai pu, à force de caresser le contour de ma figure, noyé dans la demi-teinte, ôter jusqu'à l'idée de dessin et de moyens artificiels, et lui donner l'aspect et la rondeur même de la nature. Approchez, vous verrez mieux ce travail. De loin, il disparaît. Tenez ? là il est, je crois, très-remarquable.

Et du bout de sa brosse, il désignait aux deux peintres un pâté de couleur claire.

Porbus frappa sur l'épaule du vieillard en se tournant vers Poussin : — Savez-vous que nous voyons en lui un bien grand peintre ? dit-il.

— Il est encore plus poète que peintre, répondit gravement Poussin.

— Là, reprit Porbus en touchant la toile, finit notre art sur terre.

— Et, de là, il va se perdre dans les cieux, dit Poussin.

— Combien de jouissance sur ce morceau de toile ! s'écria Porbus.

Le vieillard absorbé ne les écoutait pas, et souriait à cette femme imaginaire.

— Mais, tôt ou tard, il s'apercevra qu'il n'y a rien sur sa toile, s'écria Poussin.

— Rien sur ma toile, dit Frenhofer en regardant tour à tour les deux peintres et son prétendu tableau.

— Qu'avez-vous fait ! répondit Porbus à Poussin.

Le vieillard saisit avec force le bras du jeune homme et lui dit : — Tu ne vois rien, manant ! maheustre ! bélître ! bardache ! Pourquoi donc es-tu monté ici ? — Mon bon Porbus, reprit-il en se tournant vers le peintre, est-ce que, vous aussi, vous vous joueriez de moi ? répondez ? je suis votre ami, dites, aurais-je donc gâté mon tableau ?

Porbus, indécis, n'osa rien dire ; mais l'anxiété peinte sur la physionomie blanche du vieillard était si cruelle, qu'il montra la toile en disant : — Voyez !

Frenhofer contempla son tableau pendant un moment et chancela.

— Rien, rien ! Et avoir travaillé dix ans !

Il s'assit et pleura.

— Je suis donc un imbécile, un fou! je n'ai donc ni talent, ni capacité, je ne suis plus qu'un homme riche qui, en marchant, ne fait que marcher! Je n'aurai donc rien produit.

Il contempla sa taille à travers ses larmes, il se releva tout à coup avec fierté, et jeta sur les deux peintres un regard étincelant.

— Par le sang, par le corps, par la tête du Christ, vous êtes des jaloux qui voulez me faire croire qu'elle est gâtée pour me la voler! Moi, je la vois! cria-t-il, est elle merveilleusement belle.

En ce moment, Poussin entendit les pleurs de Gillette, oubliée dans un coin.

— Qu'as-tu, mon ange? lui demanda le peintre redevenu subitement amoureux.

— Tue-moi! dit-elle. Je serais une infâme de t'aimer encore, car je te méprise. Je t'admire, et tu me fais horreur. Je t'aime et je crois que je te hais déjà.

Pendant que Poussin écoutait Gillette, Frenhofer recouvrait sa Catherine d'une serge verte, avec la sérieuse tranquillité d'un joaillier qui ferme ses tiroirs en se croyant en compagnie d'adroits larrons. Il jeta sur les deux peintres un regard profondément sournois, plein de mépris et de soupçon, les mit silencieusement à la porte de son atelier, avec une promptitude convulsive. Puis, il leur dit sur le seuil de son logis : — Adieu, mes petits amis.

Cet adieu glaça les deux peintres. Le lendemain, Porbus inquiet, revint voir Frenhofer, et apprit qu'il était mort dans la nuit, après avoir brûlé ses toiles.

Paris, février 1832.

LA RECHERCHE DE L'ABSOLU.

A MADAME JOSÉPHINE DELANNOY, NÉE DOUMERC

Madame, fasse Dieu que cette œuvre ait une vie plus longue que la mienne ! la reconnaissance que je vous ai vouée, et qui, je l'espère, égalera votre affection presque maternelle pour moi, subsisterait alors au delà du terme fixé à nos sentiments. Ce sublime privilége d'étendre ainsi par la vie de nos œuvres l'existence du cœur suffirait, s'il y avait jamais une certitude à cet égard, pour consoler de toutes les peines qu'il coûte à ceux dont l'ambition est de le conquérir. Je répéterai donc : Dieu le veuille !

DE BALZAC.

Il existe à Douai dans la rue de Paris une maison dont la physionomie, les dispositions intérieures et les détails ont, plus que ceux d'aucun autre logis, gardé le caractère des vieilles constructions flamandes, si naïvement appropriées aux mœurs patriarcales de ce bon pays ; mais avant de la décrire, peut-être faut-il établir dans l'intérêt des écrivains la nécessité de ces préparations didactiques contre lesquelles protestent certaines personnes ignorantes et voraces qui voudraient des émotions sans en subir les principes générateurs, la fleur sans la graine, l'enfant sans la gestation. L'Art serait-il donc tenu d'être plus fort que ne l'est la Nature ? Les événements de la vie humaine, soit publique, soit privée, sont si intimement liés à l'architecture, que la plupart des observateurs peuvent reconstruire les nations ou les individus dans toute la vérité de leurs habitudes, d'après les restes de leurs monuments publics ou par l'examen de leurs reliques domestiques. L'archéologie est à la nature sociale ce que l'anatomie comparée est à la nature organisée. Une mosaïque révèle toute une société, comme un squelette d'ichthyosaure sous-entend toute une création. De part et d'autre, tout se déduit, tout s'enchaîne. La cause fait deviner un effet, comme chaque effet permet de remonter à une cause. Le savant ressuscite ainsi jusqu'aux verrues des vieux âges. De là vient sans doute le prodigieux intérêt qu'inspire une description architecturale quand la fantaisie de l'écrivain n'en dénature point les éléments ; chacun ne peut-il pas la rattacher au passé par de sévères déductions ; et, pour l'homme, le passé ressemble singulièrement à l'avenir : lui raconter ce qui fut, n'est-ce pas presque toujours lui dire ce qui sera ? Enfin, il est rare que la peinture des lieux où la vie s'écoule ne rappelle à chacun ou ses vœux trahis ou ses espérances en fleur. La comparaison entre un présent qui trompe les vouloirs secrets et l'avenir qui peut les réaliser, est une source inépuisable de mélancolie ou de satisfactions douces. Aussi, est-il presque impossible de ne pas être pris d'une espèce d'attendrissement à la peinture de la vie flamande, quand les accessoires en sont bien rendus. Pourquoi ? Peut-être est-ce, parmi les différentes existences, celle qui finit le mieux les incertitudes de l'homme. Elle ne va pas sans toutes fêtes, sans tous les liens de la famille, sans une grasse aisance qui atteste la continuité du bien-être, sans un repos qui ressemble à de la béatitude ; mais elle exprime surtout le calme et la monotonie d'un bonheur naïvement sensuel où la jouissance étouffe le désir en le prévenant toujours. Quelque prix que l'homme passionné puisse attacher aux tumultes des sentiments, il ne voit jamais sans émotion les images de cette nature sociale où les battements du cœur sont si bien réglés, que les gens superficiels l'accusent de froideur. La foule préfère généralement la force anormale qui déborde à la force égale qui persiste. La foule n'a ni le temps ni la patience de constater l'immense pouvoir caché sous une apparence uniforme. Aussi, pour frapper cette foule emportée par le courant de la vie, la passion de même que le grand artiste n'a-t-elle d'autre ressource que d'aller au delà du but, comme ont fait Michel-Ange, Bianca Capello, mademoiselle de La Vallière, Beethowen et Paganini. Les grands calculateurs seuls pensent qu'il ne faut jamais dépasser le but, et n'ont de respect que pour la virtualité empreinte dans un parfait accomplissement qui met en toute œuvre ce calme profond dont le charme saisit les hommes supérieurs. Or, la vie adoptée par ce peuple essentiellement économe remplit bien les conditions de félicité que rêvent les masses pour la vie citoyenne et bourgeoise. La matérialité la plus exquise est empreinte dans toutes les habitudes flamandes. Le comfort anglais offre des teintes sèches, des tons durs; tandis qu'en Flandre le vieil intérieur des ménages réjouit l'œil par des couleurs moelleuses, par une bonhomie vraie; il implique le travail sans fatigue; la pipe y dénote une heureuse application du *far niente* napolitain; puis, il accuse un sentiment paisible de l'art, sa condition la plus nécessaire, la patience; et l'élément qui en rend les créations durables, la conscience. Le caractère flamand est dans ces deux mots, patience et conscience, qui semblent exclure les riches nuances de la poésie et rendre les mœurs de ce pays aussi plates que le sont ses larges plaines, aussi froides que l'est son ciel brumeux; mais il n'en est rien. La civilisation a déployé là son pouvoir en y modifiant tout, même les effets du climat. Si l'on observe avec attention les produits des divers pays du globe, on est tout d'abord surpris de voir les couleurs grises et fauves spécialement affectées aux productions des zones tempérées, tandis que les couleurs les plus éclatantes distinguent celles des pays chauds. Les mœurs doivent nécessairement se conformer à cette loi de la nature. Les Flandres, qui jadis étaient essentiellement brunes et vouées à des teintes unies, ont trouvé les moyens de jeter de l'éclat dans leur atmosphère fuligineuse par les vicissitudes politiques qui les ont successivement soumises aux Bourguignons, aux Espagnols, aux Français, et les ont fait fraterniser avec les Allemands et les Hollandais. De l'Espagne, elles ont gardé le luxe des écarlates, les satins brillants, les tapisseries à effet vigoureux, les plumes, les mandolines, et les formes courtoises. De Venise, elles ont eu, en retour de leurs toiles et de leurs dentelles, cette verrerie fantastique où le vin reluit et semble meilleur. De l'Autriche, elles ont conservé cette pesante diplomatie qui, suivant un dicton populaire, fait trois pas dans un boisseau. Le commerce avec les Indes y a versé les inventions grotesques de la Chine, et les merveilles du Japon. Néanmoins, malgré leur patience à tout amasser, à ne rien rendre, à tout supporter, les Flandres ne pouvaient guère être considérées que comme le magasin général de l'Europe, jusqu'au moment où la découverte du tabac souda par la fumée les traits épars de leur physionomie nationale. Dès lors, en dépit des morcellements de son territoire, le peuple flamand exista de par la pipe et la bière. Après s'être assimilé, par la constante économie de sa conduite, les richesses et les idées de ses maîtres ou de ses voisins, ce pays, si nativement terne et dépourvu de poésie, se composa une vie originale et des mœurs caractéristiques, sans paraître entaché de servilité. L'Art y dépouilla toute idéalité pour reproduire uniquement la Forme. Aussi ne demandez à cette patrie de la poésie plastique, ni la verve de la comédie, ni l'action dramatique, ni les jets hardis de l'épopée ou de l'ode, ni le génie musical ; mais elle est fertile en découvertes, en discussions doctorales qui veulent et le temps et la lampe. Tout y est frappé au coin de la jouissance temporelle. L'homme y voit exclusivement ce qui est, sa pensée se courbe si scrupuleusement à servir les besoins de la vie qu'en aucune œuvre elle ne s'est élancée au delà de ce monde. La seule idée d'avenir conçue par ce peuple fut une sorte d'économie en politique, sa force révolutionnaire vint du désir domestique d'avoir les coudées franches à table et son aise complète sous l'auvent de ses *steedes*. Le sentiment du bien-être et l'esprit d'indépendance qu'inspire la fortune engendrèrent, là plus tôt qu'ailleurs, ce besoin de liberté qui plus tard travailla l'Europe. Aussi la constance de leurs idées et la ténacité que l'éducation donne aux Flamands, en firent-elles autrefois des hommes redoutables dans la défense de leurs droits. Chez ce peuple, rien donc ne se façonne à demi, ni les maisons, ni les meubles, ni la digue, ni la culture, ni la révolte. Aussi garde-t-il le monopole de ce qu'il entreprend. La fabrication de la dentelle, œuvre de patiente agriculture et de plus patiente industrie, celle de sa toile sont héréditaires comme ses fortunes patrimoniales. S'il fallait peindre la constance sous la forme humaine la plus pure, peut-être serait-on dans le vrai, en prenant le portrait d'un bon bourgmestre des Pays-Bas, capable, comme il s'en est tant rencontré, de mourir bourgeoisement et sans éclat pour les intérêts de sa Hanse. Mais les douces poésies de cette vie patriarcale se retrouveront naturellement dans la peinture d'une des dernières maisons qui, au temps où cette histoire commence, en conservaient encore le caractère à Douai. De toutes les villes du département du Nord, Douai est, hélas ! celle qui se modernise le plus, où le sentiment innovateur a fait les plus rapides conquêtes, où l'amour du progrès social est le plus répandu. Là, les vieilles constructions disparaissent de jour en jour, les antiques mœurs s'effacent. Le ton, les modes, les façons de Paris y dominent ; et de l'ancienne vie flamande, les Douaisiens n'auront plus bientôt que la cordialité des soins hospitaliers, la courtoisie espagnole, la richesse et la propreté de la Hollande. Les hôtels en pierre blanche auront remplacé les maisons de briques. Le cossu des formes bataves aura cédé devant la changeante élégance des nouveautés françaises.

La maison où se sont passés les événements de cette histoire se trouve à peu près au milieu de la rue de Paris, et porte à Douai, depuis plus de deux cents ans, le nom de la Maison Claës. Les Van-Claës furent jadis une des plus célèbres familles d'artisans auxquels les Pays-Bas durent, dans plusieurs productions, une suprématie commerciale qu'ils ont gardée. Pendant long-temps les Claës furent dans la ville de Gand, de père en fils, les chefs de la puissante confrérie des Tisserands. Lors de la révolte de cette grande cité contre Charles-Quint qui voulait en supprimer les priviléges, le plus riche des Claës fut si fortement compromis que, prévoyant une catastrophe et forcé de partager le sort de ses compagnons, il envoya secrètement, sous la protection de la France, sa femme, ses enfants et ses richesses, avant que les troupes de l'empereur n'eussent investi la ville. Les prévisions du Syndic des Tisserands étaient justes. Il fut, ainsi que plusieurs autres bourgeois, excepté de la capitulation et pendu comme rebelle, tandis qu'il était en réalité le défenseur de l'indépendance gantoise. La mort de Claës et de ses compagnons porta ses fruits. Plus tard ces supplices inutiles coûtèrent au roi des Espagnes la plus grande partie de ses possessions dans les Pays-Bas. De toutes les semences confiées à la terre, le sang versé par les martyrs est celle qui donne la plus prompte moisson. Quand Philippe II, qui punissait la révolte jusqu'à la seconde génération, étendit sur Douai son sceptre de fer, les Claës conservèrent leurs grands biens, en s'alliant à la très-noble famille de Molina, dont la branche aînée, alors pauvre, devint assez riche pour pouvoir racheter le comté de Nourho qu'elle ne possédait que titulairement dans le royaume de Léon. Au commencement du dix-neuvième siècle, après des vicissitudes dont le tableau n'offrirait rien d'intéressant, la famille de Claës était représentée, dans la branche établie à Douai, par la personne de monsieur Balthazar Claës-Molina, comte de Nourho, qui tenait à s'appeler tout uniment Balthazar Claës. De l'immense fortune amassée par ses ancêtres qui faisaient mouvoir un millier de métiers, il restait à Balthazar environ quinze mille livres de rentes en fonds de terre dans l'arrondissement de Douai, et la maison de la rue de Paris dont le mobilier valait d'ailleurs une fortune. Quant aux possessions du royaume de Léon, elles avaient été l'objet d'un procès entre les Molina de Flandre et la branche de cette famille restée en Espagne. Les Molina de Léon gagnèrent les domaines et prirent le titre de comtes de Nourho, quoique les Claës eussent seuls le droit de le porter; mais la vanité de la bourgeoisie belge était supérieure à la morgue castillane. Aussi, quand l'État Civil fut institué, Balthazar Claës laissa-t-il de côté les haillons de sa noblesse espagnole pour sa grande illustration gantoise. Le sentiment patriotique existe si fortement chez les familles exilées, que jusque dans les derniers jours du dix-huitième siècle, les Claës étaient demeurés fidèles à leurs traditions, à leurs mœurs et à leurs usages. Ils ne s'alliaient qu'aux familles de la plus pure bourgeoisie: il leur fallait un certain nombre d'échevins ou de bourgmestres du côté de la fiancée, pour l'admettre dans leur famille. Enfin ils allaient chercher leurs femmes à Bruges ou à Gand, à Liége ou en Hollande afin de perpétuer les coutumes de leur foyer domestique. Vers la fin du dernier siècle, leur société, de plus en plus restreinte, se bornait à sept ou huit familles de noblesse parlementaire dont les mœurs, dont la toge à grands plis, dont la gravité magistrale mi-partie espagnole, s'harmoniaient à leurs habitudes. Les habitants de la ville portaient une sorte de respect religieux à cette famille, qui pour eux était comme un préjugé. La constante honnêteté, la loyauté sans tache des Claës, leur invariable décorum faisaient d'eux une superstition aussi invétérée que celle de la fête de Gayant, et bien exprimée par ce nom, la Maison Claës. L'esprit de la vieille Flandre respirait tout entier dans cette habitation, qui offrait aux amateurs d'antiquités bourgeoises le type des modestes maisons que se construisit la riche bourgeoisie au Moyen-âge.

Le principal ornement de la façade était une porte à deux ventaux en chêne garnis de clous disposés en quinconce, au centre desquels les Claës avaient fait sculpter par orgueil deux navettes accouplées. La baie de cette porte, édifiée en pierre de grès, se terminait par un cintre pointu qui supportait une petite lanterne surmontée d'une croix, et dans laquelle se voyait une statuette de sainte Geneviève filant sa quenouille. Quoique le temps eût jeté sa teinte sur les travaux délicats de cette porte et de la lanterne, le soin extrême qu'en prenaient les gens du logis permettait aux passants d'en saisir tous les détails. Aussi le chambranle, composé de colonnettes assemblées, conservait-il une couleur gris-foncé et brillait-il de manière à faire croire qu'il avait été verni. De chaque côté de la porte, au rez-de-chaussée, se trouvaient deux croisées semblables à toutes celles de la maison. Leur encadrement en pierre blanche finissait sous l'appui par une coquille richement ornée, en haut par deux arcades que séparait le montant de la croix qui divisait le vitrage en quatre parties inégales, car la traverse placée à la hauteur voulue pour figurer une croix, donnait aux deux côtés inférieurs de la croisée une dimension presque double de celle des parties supérieures arrondies par leurs cintres. La double arcade avait pour enjolivement trois rangées de briques qui s'avançaient l'une sur l'autre, et dont chaque brique était alternativement saillante ou retirée d'un pouce environ, de manière à dessiner une grecque. Les vitres, petites et en losange, étaient enchâssées dans des branches en fer extrêmement minces et peintes en rouge. Les murs, bâtis en briques rejointoyées avec un mortier blanc, étaient soutenus de distance en distance et aux angles par des chaînes en pierre. Le premier étage était percé de cinq croisées; le second n'en avait plus que trois, et le grenier tirait son jour d'une grande ouverture ronde à cinq compartiments, bordée en grès, et placée au milieu du fronton triangulaire que décrivait le pignon, comme la rose dans le portail d'une cathédrale. Au faîte s'élevait, en guise de girouette, une quenouille chargée de lin. Les deux côtés du grand triangle que formait le mur du pignon étaient découpés carrément par des espèces de marches jusqu'au couronnement du premier étage, où, à droite et à gauche de la maison, tombaient les eaux pluviales rejetées par la gueule d'un animal fantastique. Au bas de la maison, une assise en grès y simulait une marche. Enfin, dernier vestige des anciennes coutumes, de chaque côté de la porte, entre les deux fenêtres, se trouvait dans la rue une trappe en bois garnie de grandes bandes de fer, par laquelle on pénétrait dans les caves. Depuis sa construction, cette façade se nettoyait soigneusement deux fois par an. Si quelque peu de mortier manquait dans un joint, le trou se rebouchait aussitôt. Les croisées, les appuis, les pierres, tout était épousseté mieux que ne sont époussetés à Paris les marbres les plus précieux. Ce devant de maison n'offrait donc aucune trace de dégradation. Malgré les teintes foncées causées par la vétusté même de la brique, il était aussi bien conservé que peuvent l'être un vieux tableau, un vieux livre chéris par un amateur et qui seraient toujours neufs, s'ils ne subissaient, sous la cloche de notre atmosphère, l'influence des gaz dont la malignité nous menace nous-mêmes. Le ciel nuageux, la température humide de la Flandre et les ombres produites par le peu de largeur de la rue ôtaient fort souvent à cette construction le lustre qu'elle empruntait à sa propreté recherchée qui, d'ailleurs, la rendait froide et triste à l'œil. Un poète aurait aimé quelques herbes dans les jours de la lanterne ou des mousses sur les découpures du grès, il aurait souhaité que ces rangées de briques se fussent fendillées, que sous les arcades des croisées, quelque hirondelle eût maçonné son nid dans les triples cases rouges qui les ornaient. Aussi le fini, l'air propre de cette façade à demi râpée par le frottement lui donnaient-ils un aspect sèchement honnête et décemment estimable, qui, certes, aurait fait déménager un romantique, s'il eût logé en face. Quand un visiteur avait tiré le cordon de la sonnette en fer tressé qui pendait le long du chambranle de la porte, et que la servante venue de l'intérieur lui avait ouvert le battant au milieu duquel était une petite grille, ce battant échappait aussitôt de la main, emporté par son poids, et retombait en rendant sous les voûtes d'une spacieuse galerie dallée et dans les profondeurs de la maison, un son grave et lourd comme si la porte eût été de bronze. Cette galerie peinte en marbre, toujours fraîche, et semée d'une couche de sable fin, conduisait à une grande cour carrée intérieure, pavée en larges carreaux vernissés et de couleur verdâtre. A gauche se trouvaient la lingerie, les cuisines, la salle des gens; à droite le bûcher, le magasin au charbon de terre et les communs du logis dont les portes, les croisées, les murs étaient ornés de dessins entretenus dans une exquise propreté. Le jour, tamisé entre quatre murailles rouges rayées de filets blancs, y contractait des reflets et des teintes roses qui prêtaient aux figures et aux moindres détails une grâce mystérieuse et de fantastiques apparences.

Une seconde maison absolument semblable au bâtiment situé sur le devant de la rue, et qui, dans la Flandre, porte le nom de *quartier de derrière*, s'élevait au fond de cette cour et servait uniquement à l'habitation de la famille. Au rez-de-chaussée, la première pièce était un parloir éclairé par deux croisées du côté de la cour, et par deux autres qui donnaient sur un jardin dont la largeur égalait celle de la maison. Deux portes vitrées parallèles conduisaient l'une au jardin, l'autre à la cour, et correspondaient à la porte de la rue, de manière à ce que, dès l'entrée, un étranger pouvait embrasser l'ensemble de cette demeure, et apercevoir jusqu'aux feuillages qui tapissaient le fond du jardin. Le logis de devant, destiné aux réceptions, et dont le second étage contenait les appartements à donner aux étrangers, renfermait certes des objets d'art et de grandes richesses accumulées ; mais rien ne pouvait égaler aux yeux des Claës, ni au jugement d'un connaisseur, les trésors qui ornaient cette pièce, où, depuis deux siècles, s'était écoulée la vie de la famille. Le Claës, mort pour la cause des libertés gantoises, l'artisan de qui l'on prendrait une trop mince idée, si l'historien omettait de dire qu'il possédait près de quarante mille marcs d'argent, gagnés dans la fabrication des voiles nécessaires à la toute-puissante marine vénitienne ; ce Claës eut pour ami le célèbre sculpteur en bois Van-Huysium de Bruges. Maintes fois, l'artiste avait puisé dans la bourse de l'artisan. Quelque temps avant la révolte des Gantois, Van-Huysium, devenu riche, avait secrètement sculpté pour son ami une boiserie en ébène massif où étaient représentées les principales scènes de la vie d'Artewelde, ce brasseur, un moment roi des Flandres. Ce revêtement composé de soixante panneaux, contenait environ quatorze cents personnages principaux, et passait pour l'œuvre capitale de Van-Huysium. Le capitaine chargé de garder les bourgeois que Charles-Quint avait décidé de faire pendre le jour de son entrée dans sa ville natale, proposa, dit-on, à Van-Claës de le laisser évader s'il lui donnait l'œuvre de Van-Huysium ; mais le tisserand l'avait envoyée en France. Ce parloir, entièrement boisé avec ces panneaux que, par respect pour les mânes du martyr, Van-Huysium vint lui-même encadrer de bois peint en outremer mélangé de filets d'or, est donc l'œuvre la plus complète de ce maître, dont aujourd'hui les moindres morceaux sont payés presque au poids de l'or. Au-dessus de la cheminée, Van-Claës, peint par Titien dans son costume de président du tribunal des Parchons, semblait conduire encore cette famille qui vénérait en lui son grand homme. La cheminée, primitivement en pierre, à manteau très-élevé, avait été reconstruite en marbre blanc dans le dernier siècle, et supportait un vieux cartel et deux flambeaux à cinq branches contournées, de mauvais goût, mais en argent massif. Les quatre fenêtres étaient décorées de grands rideaux en damas rouge, à fleurs noires, doublés de soie blanche, et le meuble de même étoffe avait été renouvelé sous Louis XIV. Le parquet, évidemment moderne, était composé de grandes plaques de bois blanc encadrées par des bandes de chêne. Le plafond formé de plusieurs cartouches, au fond desquels était un mascaron ciselé par Van-Huysium, avait été respecté et conservait les teintes brunes du chêne de Hollande. Aux quatre coins de ce parloir s'élevaient des colonnes tronquées, surmontées par des flambeaux semblables à ceux de la cheminée, une table ronde en occupait le milieu. Le long des murs, étaient symétriquement rangées des tables à jouer. Sur deux consoles dorées, à dessus de marbre blanc, se trouvaient à l'époque où commence cette histoire deux globes de verre pleins d'eau dans lesquels nageaient sur un lit de sable et de coquillages des poissons rouges, dorés ou argentés. Cette pièce était à la fois brillante et sombre. Le plafond absorbait nécessairement la clarté, sans en rien refléter. Si du côté du jardin le jour abondait et venait papilloter dans les tailles de l'ébène, les croisées de la cour donnant peu de lumière, faisaient à peine briller les filets d'or imprimés sur les parois opposées. Ce parloir si magnifique par un beau jour était donc, la plupart du temps, rempli des teintes douces, des tons roux et mélancoliques que le soleil épanche sur la cime des forêts en automne. Il est inutile de continuer la description de la maison Claës dans les autres parties de laquelle se passeront nécessairement plusieurs scènes de cette histoire, il suffit, en ce moment, d'en connaître les principales dispositions.

En 1812, vers les derniers jours du mois d'août, un dimanche, après vêpres, une femme était assise dans sa bergère devant une des fenêtres du jardin. Les rayons du soleil tombaient alors obliquement sur la maison, la prenaient en écharpe, traversaient le parloir, expiraient en reflets bizarres sur les boiseries qui tapissaient les murs du côté de la cour, et enveloppaient cette femme dans la zone pourpre projetée par le rideau de damas drapé le long de la fenêtre. Un peintre médiocre qui dans ce moment aurait copié cette femme, eût certes produit une œuvre saillante avec une tête si pleine de douleur et de mélancolie. La pose du corps et celle des pieds jetés en avant accusaient l'abattement d'une personne qui perd la conscience de son être physique dans la concentration de ses forces absorbées par une pensée fixe ; elle en suivait les rayonnements dans l'avenir, comme souvent, au bord de la mer, on regarde un rayon de soleil qui perce les nuées et trace à l'horizon quelque bande lumineuse. Les mains de cette femme, rejetées par les bras de la bergère, pendaient en dehors, et la tête, comme trop lourde, reposait sur le dossier. Une robe de percale blanche très-simple empêchait de bien juger les proportions, et le corsage était dissimulé sous les plis d'une écharpe croisée sur la poitrine et négligemment nouée. Quand même la lumière n'aurait pas mis en relief son visage, qu'elle semblait se complaire à produire préférablement au reste de sa personne, il eût été impossible de ne pas s'en occuper alors exclusivement ; son oppression, qui eût frappé le plus insouciant des enfants, était une stupéfaction persistante et froide, malgré quelques larmes brûlantes. Rien n'est plus terrible à voir que cette douleur extrême dont le débordement n'a lieu qu'à de rares intervalles, mais qui restait sur ce visage comme une lave figée autour du volcan. On eût dit une mère mourante obligée de laisser ses enfants dans un abîme de misères, sans pouvoir leur léguer aucune protection humaine. La physionomie de cette dame, âgée d'environ quarante ans, mais alors beaucoup moins loin de la beauté qu'elle ne l'avait jamais été dans sa jeunesse, n'offrait aucun des caractères de la femme flamande. Une épaisse chevelure noire retombait en boucles sur les épaules et le long des joues. Son front, très-bombé, étroit des tempes, était jaunâtre, mais sous ce front scintillaient deux yeux noirs qui jetaient des flammes. Sa figure, toute espagnole, brune de ton, peu colorée, ravagée par la petite vérole, arrêtait le regard par la perfection de sa forme ovale dont les contours conservaient, malgré l'altération des lignes, un fini d'une majestueuse élégance et qui reparaissait parfois tout entier si quelque effort de l'âme lui restituait sa primitive pureté. Le trait qui donnait le plus de distinction à cette figure mâle était un nez courbé comme le bec d'un aigle, et qui, trop bombé vers le milieu, semblait intérieurement mal conformé ; mais il y résidait une finesse indescriptible, la cloison des narines en était si mince que sa transparence permettait à la lumière de la rougir fortement. Quoique les lèvres larges et très-plissées décelassent la fierté qu'inspire une haute naissance, elles étaient empreintes d'une bonté naturelle, et respiraient la politesse. On pouvait contester la beauté de cette figure à la fois vigoureuse et féminine, mais elle commandait l'attention. Petite, bossue et boiteuse, cette femme resta d'autant plus long-temps fille qu'on s'obstinait à lui refuser de l'esprit ; néanmoins il se rencontra quelques hommes fortement émus par l'ardeur passionnée qu'exprimait sa tête, par les indices d'une inépuisable tendresse, et qui demeurèrent sous un charme inconciliable avec tant de défauts. Elle tenait beaucoup de son aïeul le duc de Casa-Réal, grand d'Espagne. En cet instant, le charme qui jadis saisissait si despotiquement les âmes amoureuses de la poésie, jaillissait de sa tête plus vigoureusement qu'en aucun moment de sa vie passée, et s'exerçait, pour ainsi dire, dans le vide, en exprimant une volonté fascinatrice toute-puissante sur les hommes, mais sans force sur les destinées. Quand ses yeux quittaient le bocal où elle regardait les poissons sans les voir, elle les relevait par un mouvement désespéré, comme pour invoquer le ciel. Ses souffrances semblaient être de celles qui ne peuvent se confier qu'à Dieu. Le silence n'était troublé que par des grillons, par quelques cigales qui criaient dans le petit jardin d'où s'échappait une chaleur de four, et par le sourd retentissement de l'argenterie, des assiettes et des chaises que remuait, dans la pièce contiguë au parloir, un domestique occupé à servir le dîner. En ce moment, la dame affligée prêta l'oreille et parut se recueillir, elle prit son mouchoir, essuya ses larmes, essaya de sourire, et détruisit si bien l'expression de douleur gravée dans tous ses traits, qu'on eût pu la croire dans cet état d'indifférence où nous laisse une vie exempte d'inquiétudes. Soit que l'habitude de vivre dans cette maison où la confinaient ses infirmités lui eût permis d'y reconnaître quelques effets naturels imperceptibles pour d'autres et que les personnes en proie à des sentiments extrêmes recherchent vivement, soit que la nature eût compensé tant de disgrâces physiques en lui donnant des sensations plus délicates qu'à des êtres en apparence plus avantageusement organisés, cette femme avait entendu le pas d'un homme dans une galerie bâtie au-dessus des cuisines et des salles destinées au service de la maison, et par laquelle le quartier de devant communiquait avec le quartier de derrière. Le bruit des pas devint de plus en plus distinct. Bientôt, sans avoir la puissance avec laquelle une créature passionnée comme l'était cette femme sait souvent abolir l'espace pour s'unir à son autre moi, un étranger aurait facilement entendu le pas de cet homme dans l'escalier par lequel on descendait de la galerie au parloir. Au retentissement de ce pas, l'être le plus inattentif eût été assailli de pensées, car il était impossible de l'écouter froidement. Une démarche précipitée ou saccadée effraie. Quand un homme se lève et crie au feu, ses pieds parlent aussi haut que sa voix. S'il en est ainsi, une démarche contraire ne doit pas causer de moins puissantes émotions. La lenteur grave, le pas traînant de cet homme eussent sans doute impatienté des gens irréfléchis ; mais un observateur ou des personnes nerveuses auraient éprouvé un sentiment voisin de la terreur au bruit mesuré de ces pieds d'où la vie semblait absente, et qui faisaient craquer les planchers comme si deux poids en fer les eussent frappés alternativement. Vous eussiez reconnu le pas indécis et lourd d'un vieillard ou la majestueuse démarche d'un penseur qui entraîne des mondes avec lui. Quand cet homme eut descendu la dernière marche, en appuyant ses pieds sur les dalles par un mouvement plein d'hésitation, il resta pendant un moment dans le grand palier où aboutissait le couloir qui menait à la salle des gens, et d'où l'on entrait également au parloir par une porte cachée dans la boiserie, comme l'était parallèlement celle qui donnait dans la salle à manger. En ce moment, un léger frissonnement, comparable à la sensation que cause une étincelle électrique, agita la femme assise dans la bergère ; mais aussi le plus doux sourire anima ses lèvres, et son visage ému par l'attente d'un plaisir resplendit comme celui d'une belle madone italienne ; elle trouva soudain la force de refouler ses terreurs au fond de son âme ; puis, elle tourna la tête vers les panneaux de la porte qui allait s'ouvrir à l'angle du parloir, et qui fut en effet poussée avec une telle brusquerie que la pauvre créature parut en avoir reçu la commotion.

Balthazar Claës se montra tout à coup, fit quelques pas, ne regarda pas cette femme, ou s'il la regarda, ne la vit pas, et resta tout droit au milieu du parloir en appuyant sur sa main droite sa tête légèrement inclinée. Une horrible souffrance à laquelle cette femme ne pouvait s'habituer, quoiqu'elle revînt fréquemment chaque jour, lui étreignit le cœur, dissipa son sourire, plissa son front brun entre les sourcils vers cette ligne que creuse la fréquente expression des sentiments extrêmes ; ses yeux se remplirent de larmes, mais elle les essuya soudain en regardant Balthazar. Il était impossible de ne pas être profondément impressionné par ce chef de la famille Claës. Jeune, il avait dû ressembler au

BALTHAZAR CLAES

Il paraissait âgé de plus de soixante ans, quoiqu'il
en eût environ cinquante.

(LA RECHERCHE DE L'ABSOLU.)

sublime martyr qui menaça Charles-Quint de recommencer Artewelde; mais en ce moment, il paraissait âgé de plus de soixante ans, quoiqu'il en eût environ cinquante, et sa vieillesse prématurée avait détruit cette noble ressemblance. Sa haute taille se voûtait légèrement, soit que ses travaux l'obligeassent à se courber soit que l'épine dorsale se fût bombée sous le poids de sa tête. Il avait une large poitrine, un buste carré; mais les parties inférieures de son corps étaient grêles, quoique nerveuses; et ce désaccord dans une organisation évidemment parfaite autrefois, intriguait l'esprit qui cherchait à expliquer par quelque singularité d'existence les raisons de cette forme fantastique. Son abondante chevelure blonde, peu soignée, il tombait sur ses épaules à la manière allemande, mais dans un désordre qui s'harmoniait à la bizarrerie générale de sa personne. Son large front offrait d'ailleurs les protubérances dans lesquelles Gall a placé les mondes poétiques. Ses yeux d'un bleu clair et riche avaient la vivacité brusque que l'on a remarquée chez les grands chercheurs de causes occultes. Son nez, sans doute parfait autrefois, s'était allongé, et les narines semblaient s'ouvrir graduellement de plus en plus, par une involontaire tension des muscles olfactifs. Les pommettes velues saillaient beaucoup, ses joues déjà flétries en paraissaient d'autant plus creuses; sa bouche pleine de grâce était resserrée entre le nez et un menton court, brusquement relevé. La forme de sa figure était cependant plus longue qu'ovale; aussi le système scientifique qui attribue à chaque visage humain une ressemblance avec la face d'un animal eût-il trouvé une preuve de plus dans celui de Balthazar Claës, que l'on aurait pu comparer à une tête de cheval. Sa peau se collait sur ses os, comme si quelque feu secret l'eût incessamment desséchée; puis, par moments, quand il regardait dans l'espace comme pour y trouver la réalisation de ses espérances, on eût dit qu'il jetait par ses narines la flamme qui dévorait son âme. Les sentiments profonds qui animent les grands hommes respiraient dans ce pâle visage fortement sillonné de rides, sur ce front plissé comme celui d'un vieux roi plein de soucis, mais surtout dans ces yeux étincelants dont le feu semblait également accru par la chasteté que donne la tyrannie des idées, et par le foyer intérieur d'une vaste intelligence. Les yeux profondément enfoncés dans leurs orbites paraissaient avoir été cernés uniquement par les veilles et par les terribles réactions d'un espoir toujours déçu, toujours renaissant. Le jaloux fanatisme qu'inspirent l'art ou la science se trahissait encore chez cet homme par une singulière et constante distraction dont témoignaient sa mise et son maintien, en accord avec la magnifique monstruosité de sa physionomie. Ses larges mains poilues étaient sales, ses longs ongles avaient à leurs extrémités des lignes noires très-foncées. Ses souliers ou n'étaient pas nettoyés ou manquaient de cordons. De toute sa maison, le maître seul pouvait se donner l'étrange licence d'être si malpropre. Son pantalon de drap noir plein de taches, son gilet déboutonné, sa cravate mise de travers, et son habit verdâtre toujours décousu complétaient un fantasque ensemble de petites et de grandes choses qui, chez tout autre, eût décelé la misère qu'engendrent les vices; mais qui, chez Balthazar Claës, était le négligé du génie. Trop souvent le vice et le génie produisent des effets semblables, auxquels se trompe le vulgaire. Le Génie n'est-il pas un constant excès qui dévore le temps, l'argent, le corps, et qui mène à l'hôpital plus rapidement encore que les passions mauvaises? Les hommes paraissent même avoir plus de respect pour les vices que pour le Génie, car ils refusent de lui faire crédit. Il semble que les bénéfices des travaux secrets du savant soient tellement éloignés que l'État social craigne de compter avec lui de son vivant, il préfère s'acquitter en ne lui pardonnant pas sa misère ou ses malheurs. Malgré son continuel oubli du présent, si Balthazar Claës quittait ses mystérieuses contemplations, si quelque intention douce et sociable ranimait ce visage penseur, si ses yeux fixes perdaient leur éclat rigide pour peindre un sentiment, s'il regardait autour de lui en revenant à la vie réelle et vulgaire, il était difficile de ne pas rendre involontairement hommage à la beauté séduisante de ce visage, à l'esprit gracieux qui s'y peignait. Aussi, chacun, en le voyant alors, regrettait-il que cet homme n'appartînt plus au monde, en disant : « Il a dû être bien beau dans sa jeunesse! » Erreur vulgaire! Jamais Balthazar Claës n'avait été plus poétique qu'il ne l'était en ce moment. Lavater aurait voulu certainement étudier cette tête pleine de patience, de loyauté flamande, de moralité candide, où tout était large et grand, où la passion semblait calme parce qu'elle était forte. Les mœurs de cet homme devaient être pures, sa parole était sacrée, son amitié semblait constante, son dévouement eût été complet; mais le vouloir qui emploie ces qualités au profit de la patrie, du monde ou de la famille, s'était

porté fatalement ailleurs. Ce citoyen, tenu de veiller au bonheur
d'un ménage, de gérer une fortune, de diriger ses enfants vers un
bel avenir, vivait en dehors de ses devoirs et de ses affections dans
le commerce de quelque génie familier. A un prêtre, il eût paru
plein de la parole de Dieu, un artiste l'eût salué comme un grand
maître, un enthousiaste l'eût pris pour un Voyant de l'Église Swe-
denborgienne. En ce moment le costume détruit, sauvage, ruiné
que portait cet homme contrastait singulièrement avec les recherches gracieuses de la femme qui l'admirait si douloureusement.
Les personnes contrefaites qui ont de l'esprit ou une belle âme
apportent à leur toilette un goût exquis. Ou elles se mettent simplement en comprenant que leur charme est tout moral, ou elles
savent faire oublier la disgrâce de leurs proportions par une sorte
d'élégance dans les détails qui divertit le regard et occupe l'esprit.
Non-seulement cette femme avait une âme généreuse, mais encore
elle aimait Balthazar Claës avec cet instinct de la femme qui donne
un avant-goût de l'intelligence des anges. Élevée au milieu d'une
des plus illustres familles de la Belgique, elle y aurait pris du goût
si elle n'en avait pas eu déjà; mais éclairée par le désir de plaire
constamment à l'homme qu'elle aimait, elle savait se vêtir admirablement sans que son élégance fût disparate avec ses deux vices
de conformation. Son corsage ne péchait d'ailleurs que par les
épaules, l'une étant sensiblement plus grosse que l'autre. Elle regarda par les croisées, dans la cour intérieure, puis dans le jardin,
comme pour voir si elle était seule avec Balthazar, et lui dit d'une
voix douce, en lui jetant un regard plein de cette soumission qui
distingue les Flamandes, car depuis long-temps l'amour avait
entre eux chassé la fierté de la grandeur espagnole : — Balthazar,
tu es donc bien occupé?... voici le trente-troisième dimanche que
tu n'es venu ni à la messe ni à vêpres.

Claës ne répondit pas ; sa femme baissa la tête, joignit les mains
et attendit, elle savait que ce silence n'accusait ni mépris ni dédain, mais de tyranniques préoccupations. Balthazar était un de
ces êtres qui conservent long-temps au fond du cœur leur délicatesse juvénile, il se serait trouvé criminel d'exprimer la moindre
pensée blessante à une femme accablée par le sentiment de sa disgrâce physique. Lui seul peut-être, parmi les hommes, savait
qu'un mot, un regard peuvent effacer des années de bonheur, et
sont d'autant plus cruels qu'ils contrastent plus fortement avec une

douceur constante ; car notre nature nous porte à ressentir plus de douleur d'une dissonance dans la félicité, que nous n'éprouvons de plaisir à rencontrer une jouissance dans le malheur. Quelques instants après, Balthazar parut se réveiller, regarda vivement autour de lui, et dit : — Vêpres ? Ha ! les enfants sont à vêpres. Il fit quelques pas pour jeter les yeux sur le jardin où s'élevaient de toutes parts de magnifiques tulipes; mais il s'arrêta tout à coup comme s'il se fût heurté contre un mur, et s'écria : — Pourquoi ne se combineraient-ils pas dans un temps donné ?

— Deviendrait-il donc fou ? se dit la femme avec une profonde terreur.

Pour donner plus d'intérêt à la scène que provoqua cette situation, il est indispensable de jeter un coup d'œil sur la vie antérieure de Balthazar Claës et de la petite-fille du duc de Casa-Réal.

Vers l'an 1783, monsieur Balthazar Claës-Molina de Nourho, alors âgé de vingt-deux ans, pouvait passer pour ce que nous appelons en France un bel homme. Il vint achever son éducation à Paris où il prit d'excellentes manières dans la société de madame d'Egmont, du comte de Horn, du prince d'Aremberg, de l'ambassadeur d'Espagne, d'Helvétius, des Français originaires de Belgique, ou des personnes venues de ce pays, et que leur naissance ou leur fortune faisaient compter parmi les grands seigneurs qui, dans ce temps, donnaient le ton. Le jeune Claës y trouva quelques parents et des amis qui le lancèrent dans le grand monde au moment où ce grand monde allait tomber ; mais comme la plupart des jeunes gens, il fut plus séduit d'abord par la gloire et la science que par la vanité. Il fréquenta donc beaucoup les savants et particulièrement Lavoisier, qui se recommandait alors plus à l'attention publique par l'immense fortune d'un fermier-général, que par ses découvertes en chimie ; tandis que plus tard, le grand chimiste devait faire oublier le petit fermier-général. Balthazar se passionna pour la science que cultivait Lavoisier et devint son plus ardent disciple; mais il était jeune, beau comme le fut Helvétius, et les femmes de Paris lui apprirent bientôt à distiller exclusivement l'esprit et l'amour. Quoiqu'il eût embrassé l'étude avec ardeur, que Lavoisier lui eût accordé quelques éloges, il abandonna son maître pour écouter les maîtresses du goût auprès desquelles les jeunes gens prenaient leurs dernières leçons de savoir-vivre et se façonnaient aux usages de la haute société qui, dans l'Europe, forme une même famille. Le songe enivrant du succès dura peu ; après avoir respiré l'air de Paris, Balthazar partit fatigué d'une vie creuse qui ne convenait ni à son âme ardente ni à son cœur aimant. La vie domestique, si douce, si calme, et dont il se souvenait au seul nom de la Flandre, lui parut mieux convenir à son caractère et aux ambitions de son cœur. Les dorures d'aucun salon parisien n'avaient effacé les mélodies du parloir brun et du petit jardin où son enfance s'était écoulée si heureuse. Il faut n'avoir ni foyer ni patrie pour rester à Paris. Paris est la ville du cosmopolite ou des hommes qui ont épousé le monde et qui l'étreignent incessamment avec le bras de la Science, de l'Art ou du Pouvoir. L'enfant de la Flandre revint à Douai comme le pigeon voyageur, il pleura de joie en y rentrant le jour où se promenait Gayant. Gayant, ce superstitieux bonheur de toute la ville, ce triomphe des souvenirs flamands, s'était introduit lors de l'émigration de sa famille à Douai. La mort de son père et celle de sa mère laissèrent la maison Claës déserte, et l'y occupèrent pendant quelque temps. Sa première douleur passée, il sentit le besoin de se marier pour compléter l'existence heureuse dont toutes les religions l'avaient ressaisi ; il voulut suivre les errements du foyer domestique en allant, comme ses ancêtres, chercher une femme soit à Gand, soit à Bruges, soit à Anvers ; mais aucune des personnes qu'il y rencontra ne lui convînt. Il avait sans doute, sur le mariage, quelques idées particulières, car il fut dès sa jeunesse accusé de ne pas marcher dans la voie commune. Un jour, il entendit parler, chez l'un de ses parents, à Gand, d'une demoiselle de Bruxelles qui devint l'objet de discussions assez vives. Les uns trouvaient que la beauté de mademoiselle de Temninck s'effaçait par ses imperfections ; les autres la voyaient parfaite malgré ses défauts. Le vieux cousin de Balthazar Claës dit à ses convives que, belle ou non, elle avait une âme qui la lui ferait épouser, s'il était à marier ; et il raconta comment elle venait de renoncer à la succession de son père et de sa mère afin de procurer à son jeune frère un mariage digne de son nom, en préférant ainsi le bonheur de ce frère au sien propre et lui sacrifiant toute sa vie. Il n'était pas à croire que mademoiselle de Temninck se mariât vieille et sans fortune, quand, jeune héritière, il ne se présentait aucun parti pour elle. Quelques jours après, Balthazar Claës recherchait mademoiselle de Temninck, alors âgée de vingt-cinq ans, et de laquelle il s'était vivement épris. Joséphine de Temninck se crut l'objet d'un caprice, et refusa d'écouter monsieur Claës; mais la passion est si communicative, et pour une pauvre fille contrefaite et boiteuse, un amour inspiré à un homme jeune et bien fait, comporte de si grandes séductions, qu'elle consentit à se laisser courtiser.

Ne faudrait-il pas un livre entier pour bien peindre l'amour d'une jeune fille humblement soumise à l'opinion qui la proclame laide, tandis qu'elle sent en elle le charme irrésistible que produisent les sentiments vrais? C'est de féroces jalousies à l'aspect de bonheur, de cruelles velléités de vengeance contre la rivale qui vole un regard, enfin des émotions, des terreurs inconnues à la plupart des femmes, et qui alors perdraient à n'être qu'indiquées. Le doute, si dramatique en amour, serait le secret de cette analyse, essentiellement minutieuse, où certaines âmes retrouveraient la poésie perdue, mais non pas oubliée de leurs premiers troubles : ces exaltations sublimes au fond du cœur et que le visage ne trahit jamais; cette crainte de n'être pas compris, et ces joies illimitées de l'avoir été ; ces hésitations de l'âme qui se replie sur elle-même et ces projections magnétiques qui donnent aux yeux des nuances infinies ; ces projets de suicide causés par un mot et dissipés par une intonation de voix aussi étendue que le sentiment dont elle révèle la persistance méconnue; ces regards tremblants qui voilent de terribles hardiesses; ces envies soudaines de parler et d'agir, réprimées par leur violence même; cette éloquence intime qui se produit par des phrases sans esprit, mais prononcées d'une voix agitée; les mystérieux effets de cette primitive pudeur de l'âme et de cette divine discrétion qui rend généreux dans l'ombre, et fait trouver un goût exquis aux dévouements ignorés ; enfin, toutes les beautés de l'amour jeune et les faiblesses de sa puissance.

Mademoiselle Joséphine de Temninck fut coquette par grandeur d'âme. Le sentiment de ses apparentes imperfections la rendit aussi difficile que l'eût été la plus belle personne. La crainte de déplaire un jour éveillait sa fierté, détruisait sa confiance et lui donnait le courage de garder au fond de son cœur ces premières félicités que les autres femmes aiment à publier par leurs manières, et dont elles se font une orgueilleuse parure. Plus l'amour la poussait vivement vers Balthazar, moins elle osait lui exprimer ses sentiments. Le geste, le regard, la réponse ou la demande qui, chez une jolie femme, sont des flatteries pour un homme, ne devenaient-elles pas en elle d'humiliantes spéculations? Une femme belle peut à son aise être elle-même, le monde lui fait toujours crédit d'une sottise ou d'une gaucherie ; tandis qu'un seul regard arrête l'expression la plus magnifique sur les lèvres d'une femme laide, intimide ses yeux, augmente la mauvaise grâce de ses gestes, embarrasse son maintien. Ne sait-elle pas qu'à elle seule il est défendu de commettre des fautes, chacun lui refuse le don de les réparer, et d'ailleurs personne ne lui en fournit l'occasion. La nécessité d'être à chaque instant parfaite ne doit-elle pas éteindre les facultés, glacer leur exercice? Cette femme ne peut vivre que dans un atmosphère d'angélique indulgence. Où sont les cœurs d'où l'indulgence s'épanche sans se teindre d'une amère et blessante pitié? Ces pensées auxquelles l'avait accoutumée l'horrible politesse du monde, et ces égards qui, plus cruels que des injures, aggravent les malheurs en les constatant, oppressaient mademoiselle de Temninck, lui causaient une gêne constante qui refoulait au fond de son âme les impressions les plus délicieuses, et frappait de froideur son attitude, sa parole, son regard. Elle était amoureuse à la dérobée, n'osait avoir de l'éloquence ou de la beauté que dans la solitude. Malheureuse au grand jour, elle aurait été ravissante s'il lui avait été permis de ne vivre qu'à la nuit. Souvent, pour éprouver cet amour et au risque de le perdre, elle dédaignait la parure qui pouvait sauver en partie ses défauts. Ses yeux d'Espagnole fascinaient quand elle s'apercevait que Balthazar la trouvait belle en négligé. Néanmoins, la défiance lui gâtait les rares instants pendant lesquels elle se hasardait à se livrer au bonheur. Elle se demandait bientôt si Claës ne cherchait pas à l'épouser pour avoir au logis une esclave, s'il n'avait pas quelques imperfections secrètes qui l'obligeaient à se contenter d'une pauvre fille disgraciée. Ces anxiétés perpétuelles donnaient parfois un prix inouï aux heures où elle croyait à la durée, à la sincérité d'un amour qui devait la venger du monde. Elle provoquait de délicates discussions en exagérant sa laideur, afin de pénétrer jusqu'au fond de la conscience de son amant, elle arrachait alors à Balthazar des vérités peu flatteuses ; mais elle aimait l'embarras où il se trouvait, quand elle l'avait amené à dire que ce qu'on aimait dans une femme était avant tout une belle âme, et ce dévouement qui rend les jours de la vie si constamment heureux; qu'après quelques années de mariage, la plus délicieuse femme de la terre est pour un mari l'équivalent de la plus laide. Après avoir entassé ce qu'il y avait de vrai dans les paradoxes qui tendent à diminuer le prix de la beauté, soudain Balthazar s'apercevait de la désobligeance de ces propositions, et découvrait toute la bonté de son cœur dans la délicatesse des transitions par lesquelles il savait prouver à mademoiselle de Temninck qu'elle était parfaite pour lui. Le dévouement, qui peut-être est chez la femme le comble de l'amour, ne manqua pas à cette fille, car elle désespéra d'être toujours aimée; mais la perspective d'une lutte dans laquelle le sentiment devait l'emporter sur la beauté la tenta; puis elle trouva de la grandeur à se donner sans croire à l'amour; enfin le bonheur, de quelque courte durée qu'il pût être, devait lui coûter trop cher pour qu'elle se refusât à le goûter. Ces incertitudes, ces combats, en communiquant le charme et l'imprévu de la passion à cette créature supérieure, inspiraient à Balthazar un amour presque chevaleresque.

Le mariage eut lieu au commencement de l'année 1795. Les deux époux revinrent à Douai passer les premiers jours de leur union dans la maison patriarcale des Claës, dont les trésors furent grossis par mademoiselle de Temninck qui apporta quelques beaux tableaux de Murillo et de Vélasquez, les diamants de sa mère et les magnifiques présents que lui envoya son frère, devenu duc de Casa-Réal. Peu de femmes furent plus heureuses que madame Claës. Son bonheur dura quinze années, sans le plus léger nuage; et comme une vive lumière, il s'infusa jusque dans les menus détails de l'existence. La plupart des hommes ont des inégalités de caractère qui produisent de continuelles dissonances; ils privent ainsi leur intérieur de cette harmonie, le beau idéal du ménage; car la plupart des hommes sont entachés de petitesses, et les petitesses engendrent les tracasseries. L'un sera probe et actif, mais dur et rêche; l'autre sera bon, mais entêté; celui-ci aimera sa femme, mais aura de l'incertitude dans ses volontés; celui-là, préoccupé par l'ambition, s'acquittera de ses sentiments comme d'une dette, s'il donne les vanités de la fortune, il emporte la joie de tous les jours; enfin, les hommes du milieu social sont essentiellement ncomplets, sans être notablement reprochables. Les gens d'esprit sont variables autant que des baromètres, le génie seul est essentiellement bon. Aussi le bonheur pur se trouve-t-il aux deux extrémités de l'échelle morale. La bonne bête ou l'homme de génie sont seuls capables, l'un par faiblesse, l'autre par force, de cette égalité d'humeur, de cette douceur constante dans laquelle se fondent les aspérités de la vie. Chez l'un, c'est indifférence et passivité; chez l'autre, c'est indulgence et continuité de la pensée sublime dont il est l'interprète et qui doit se ressembler dans le principe comme dans l'application. L'un et l'autre sont également simples et naïfs; seulement, chez celui-là c'est le vide; chez celui-ci c'est la profondeur. Aussi les femmes adroites sont-elles assez disposées à prendre une bête comme le meilleur pis-aller d'un grand homme. Balthazar porta donc d'abord sa supériorité dans les plus petites choses de la vie. Il se plut à voir dans l'amour conjugal une œuvre magnifique, et comme les hommes de haute portée qui ne souffrent rien d'imparfait, il voulut en déployer toutes les beautés. Son esprit modifiait incessamment le calme du bonheur, son noble caractère marquait ses attentions au coin de la grâce. Ainsi, quoiqu'il partageât les principes philosophiques du dix-huitième siècle, il installa chez lui jusqu'en 1801, malgré les dangers que les lois révolutionnaires lui faisaient courir, un prêtre catholique, afin de ne pas contrarier le fanatisme espagnol que sa femme avait sucé dans le lait maternel pour le catholicisme romain; puis, quand le culte fut rétabli en France, il accompagna sa femme à la messe, tous les dimanches. Jamais son attachement ne quitta les formes de la passion. Jamais il ne fit sentir dans son intérieur cette force protectrice que les femmes aiment tant, parce que pour la sienne elle aurait ressemblé à de la pitié. Enfin, par la plus ingénieuse adulation, il la traitait comme son égale et laissait échapper de ces aimables bouderies qu'un homme se permet envers une belle femme comme pour en braver la supériorité. Ses lèvres furent toujours embellies par le sourire du bonheur, et sa parole fut toujours pleine de douceur. Il aima sa Joséphine pour elle et pour lui, avec cette ardeur qui comporte un éloge continuel des qualités et des beautés d'une femme. La fidélité, souvent l'effet d'un principe social, d'une religion ou d'un calcul chez les maris, en lui, semblait involontaire, et n'allait point sans les douces flatteries du printemps de l'amour. Le devoir était du mariage la seule obligation qui fût inconnue à ces deux êtres également aimants, car Balthazar Claës trouva dans mademoiselle de Temninck une constante et complète réalisation de ses espérances. En lui, le cœur fut toujours assouvi sans fatigue, et l'homme toujours heureux. Non-seulement, le sang espagnol ne mentait pas chez la petite fille des Casa-Réal, et lui faisait un instinct de cette science qui sait varier le plaisir à l'infini;

mais elle eut aussi ce dévouement sans bornes qui est le génie de son sexe, comme la grâce en est toute la beauté. Son amour était un fanatisme aveugle qui sur un seul signe de tête l'eût fait aller joyeusement à la mort. La délicatesse de Balthazar avait exalté chez elle les sentiments les plus généreux de la femme, et lui inspirait un impérieux besoin de donner plus qu'elle ne recevait. Ce mutuel échange d'un bonheur alternativement prodigué mettait visiblement le principe de sa vie en dehors d'elle, et répandait un croissant amour dans ses paroles, dans ses regards, dans ses actions. De part et d'autre, la reconnaissance fécondait et variait la vie du cœur; de même que la certitude d'être tout l'un pour l'autre excluait les petitesses en agrandissant les moindres accessoires de l'existence. Mais aussi, la femme contrefaite que son mari trouve droite, la femme boiteuse qu'un homme ne veut pas autrement, ou la femme âgée qui paraît jeune, ne sont-elles pas les plus heureuses créatures du monde féminin?... La passion humaine ne saurait aller au delà. La gloire de la femme n'est-elle pas de faire adorer ce qui paraît un défaut en elle. Oublier qu'une boiteuse ne marche pas droit est la fascination d'un moment; mais l'aimer parce qu'elle boite est la déification de son vice. Peut-être faudrait-il graver dans l'Évangile des femmes cette sentence : *Bienheureuses les imparfaites, à elles appartient le royaume de l'amour.* Certes, la beauté doit être un malheur pour une femme, car cette fleur passagère entre pour trop dans le sentiment qu'elle inspire; ne l'aime-t-on pas comme on épouse une riche héritière? Mais l'amour que fait éprouver ou que témoigne une femme déshéritée des fragiles avantages après lesquels courent les enfants d'Adam, est 'amour vrai, la passion vraiment mystérieuse, une ardente étreinte des âmes, un sentiment pour lequel le jour du désenchantement n'arrive jamais. Cette femme a des grâces ignorées du monde au contrôle duquel elle se soustrait, elle est belle à propos, et recueille trop de gloire à faire oublier ses imperfections pour n'y pas constamment réussir. Aussi, les attachements les plus célèbres dans l'histoire furent-ils presque tous inspirés par des femmes à qui le vulgaire aurait trouvé des défauts. Cléopâtre, Jeanne de Naples, Diane de Poitiers, mademoiselle de la Vallière, madame de Pompadour, enfin la plupart des femmes que l'amour a rendues célèbres ne manquent ni d'imperfections, ni d'infirmités; tandis que la plupart des femmes dont la beauté nous est citée comme parfaite, ont vu finir malheureusement leurs amours. Cette apparente bizarrerie doit avoir sa cause. Peut-être l'homme vit-il plus par le sentiment que par le plaisir ? peut-être le charme tout physique d'une belle femme a-t-il des bornes, tandis que le charme essentiellement moral d'une femme de beauté médiocre est infini ? N'est-ce pas la moralité de la fabulation sur laquelle reposent les Mille et une Nuits. Femme d'Henri VIII, une laide aurait défié la hache et soumis l'inconstance du maître. Par une bizarrerie assez explicable chez une fille d'origine espagnole, madame Claës était ignorante. Elle savait lire et écrire ; mais jusqu'à l'âge de vingt ans, époque à laquelle ses parents la tirèrent du couvent, elle n'avait lu que des ouvrages ascétiques. En entrant dans le monde, elle eut d'abord soif des plaisirs du monde et n'apprit que les sciences futiles de la toilette ; mais elle fut si profondément humiliée de son ignorance qu'elle n'osait se mêler à aucune conversation ; aussi passa-t-elle pour avoir peu d'esprit. Cependant, cette éducation mystique avait eu pour résultat de laisser en elle les sentiments dans toute leur force, et de ne point gâter son esprit naturel. Sotte et laide comme une héritière aux yeux du monde, elle devint spirituelle et belle pour son mari. Balthazar essaya bien pendant les premières années de son mariage de donner à sa femme les connaissances dont elle avait besoin pour être bien dans le monde ; mais il était sans doute trop tard, elle n'avait que la mémoire du cœur. Joséphine n'oubliait rien de ce que lui disait Claës, relativement à eux-mêmes ; elle se souvenait des plus petites circonstances de sa vie heureuse, et ne se rappelait pas le lendemain sa leçon de la veille. Cette ignorance eût causé de grands discords entre d'autres époux ; mais madame Claës avait une si naïve entente de la passion, elle aimait si pieusement, si saintement son mari, et le désir de conserver son bonheur la rendait si adroite qu'elle s'arrangeait toujours pour paraître le comprendre, et laissait rarement arriver les moments où son ignorance eût été par trop évidente. D'ailleurs quand deux personnes s'aiment assez pour que chaque jour soit pour eux le premier de leur passion, il existe dans ce fécond bonheur des phénomènes qui changent toutes les conditions de la vie. N'est-ce pas alors comme une enfance insouciante de tout ce qui n'est pas rire, joie, plaisir ? Puis, quand la vie est bien active, quand les foyers en sont bien ardents, l'homme laisse aller la combustion sans y penser ou la discuter, sans mesurer les moyens ni la fin. Jamais d'ailleurs aucune fille d'Ève n'entendit mieux que madame Claës son métier de femme. Elle eut cette soumission de la Flamande, qui rend le foyer domestique si attrayant, et à laquelle sa fierté d'Espagnole donnait une plus haute saveur. Elle était imposante, savait commander le respect par un regard où éclatait le sentiment de sa valeur et de sa noblesse ; mais devant Claës elle tremblait ; et, à la longue, elle avait fini par le mettre si haut et si près de Dieu, en lui rapportant tous les actes de sa vie et ses moindres pensées, que son amour n'allait plus sans une teinte de crainte respectueuse qui l'aiguisait encore. Elle prit avec orgueil toutes les habitudes de la bourgeoisie flamande et plaça son amour-propre à rendre la vie domestique grassement heureuse, à entretenir les plus petits détails de la maison dans leur propreté classique, à ne posséder que des choses d'une bonté absolue, à maintenir sur sa table les mets les plus délicats et à mettre tout chez elle en harmonie avec la vie du cœur. Ils eurent deux garçons et deux filles. L'aînée, nommée Marguerite, était née en 1796. Le dernier enfant était un garçon, âgé de trois ans et nommé Jean Balthazar. Le sentiment maternel fut chez madame Claës presque égal à son amour pour son époux. Aussi se passa-t-il en son âme, et surtout pendant les derniers jours de sa vie, un combat horrible entre ces deux sentiments également puissants, et dont l'un était en quelque sorte devenu l'ennemi de l'autre. Les larmes et la terreur empreintes sur sa figure au moment où commence le récit du drame domestique qui couvait dans cette paisible maison, étaient causées par la crainte d'avoir sacrifié ses enfants à son mari.

En 1805, le frère de madame Claës mourut sans laisser d'enfants. La loi espagnole s'opposait à ce que la sœur succédât aux possessions territoriales qui apanageaient les titres de la maison ; mais par ses dispositions testamentaires, le duc lui légua soixante mille ducats environ, que les héritiers de la branche collatérale ne lui disputèrent pas. Quoique le sentiment qui l'unissait à Balthazar Claës fut tel que jamais aucune idée d'intérêt l'eût entaché, Joséphine éprouva une sorte de contentement à posséder une fortune égale à celle de son mari, et fut heureuse de pouvoir à son tour lui offrir quelque chose après avoir si noblement tout reçu de lui. Le hasard fit donc que ce mariage, dans lequel les calculateurs voyaient une folie, fût, sous le rapport de l'intérêt, un excellent mariage. L'emploi de cette somme fut assez difficile à déterminer. La maison Claës était si richement fournie en meubles, en tableaux, en objets d'arts et de prix, qu'il semblait difficile d'y ajouter des choses dignes de celles qui s'y trouvaient déjà. Le goût de cette famille y avait accumulé des trésors. Une génération s'était mise à la piste de beaux tableaux; puis la nécessité de compléter la collection commencée avait rendu le goût de la peinture héréditaire. Les cent tableaux qui ornaient la galerie par laquelle on communiquait du quartier de derrière aux appartements de réception situés au premier étage de la maison de devant, ainsi qu'une cinquantaine d'autres placés dans les salons d'apparat, avaient exigé trois siècles de patientes recherches. C'était de célèbres morceaux de Rubens, de Ruysdaël, de Van-Dyck, de Terburg, de Gérard Dow, de Teniers, de Miéris, de Paul-Potter, de Wouwermans, de Rembrandt, d'Hobbéma, de Cranach et d'Holbein. Les tableaux italiens et français étaient en minorité, mais tous authentiques et capitaux. Une autre génération avait eu la fantaisie des services de porcelaine japonaise ou chinoise. Tel Claës s'était passionné pour les meubles, tel autre pour l'argenterie, enfin chacun d'eux avait eu sa manie, sa passion, l'un des traits les plus saillants du caractère flamand. Le père de Balthazar, le dernier débris de la fameuse société hollandaise, avait laissé l'une des plus riches collections de tulipes, connues. Outre ces richesses héréditaires qui représentaient un capital énorme, et meublaient magnifiquement cette vieille maison, simple au dehors comme une coquille, mais comme une coquille intérieurement nacrée et parée des plus riches couleurs, Balthazar Claës possédait encore une maison de campagne dans la plaine d'Orchies. Loin de baser, comme les Français, sa dépense sur ses revenus, il avait suivi la vieille coutume hollandaise de n'en consommer que le quart; et douze cents ducats par an mettaient sa dépense au niveau de celle que faisaient les plus riches personnes de la ville. La publication du Code Civil donna raison à cette sagesse. En ordonnant le partage égal des biens, le Titre des Successions devait laisser chaque enfant presque pauvre et disperser un jour les richesses du vieux musée Claës. Balthazar, d'accord avec madame Claës, plaça la fortune de sa femme de manière à donner à chacun de leurs enfants une position semblable à celle du père. La maison Claës persista donc dans la modestie de son train et acheta des bois, un peu maltraités par les guerres qui avaient eu lieu ; mais qui bien conservés devaient prendre à dix ans de là une valeur énorme. La haute société de Douai, que fréquentait monsieur Claës, avait su si bien apprécier le beau caractère et les qualités de sa femme, que, par une espèce de convention tacite, elle était exemptée des devoirs auxquels les gens de province tiennent tant. Pendant la saison d'hiver qu'elle passait à la ville, elle allait rarement dans le monde, et le monde venait chez elle. Elle recevait tous les mercredis, et donnait trois grands dîners par mois. Chacun avait senti qu'elle était plus à l'aise dans sa maison, où la retenaient d'ailleurs sa passion pour son mari et les soins que réclamait l'éducation de ses enfants. Telle fut, jusqu'en 1809, la conduite de ce ménage qui n'eut rien de conforme aux idées reçues. La vie de ces deux êtres, secrètement pleine d'amour et de joie, était extérieurement semblable à toute autre. La passion de Balthazar Claës pour sa femme, et que sa femme savait perpétuer, semblait, comme il le faisait observer lui-même, employer sa constance innée dans la culture du bonheur qui valait bien celle des tulipes vers laquelle il penchait dès son enfance, et le dispensait d'avoir sa manie comme chacun de ses ancêtres avait eu la sienne.

A la fin de cette année, l'esprit et les manières de Balthazar subirent des altérations funestes, qui commencèrent si naturellement que d'abord madame Claës ne trouva pas nécessaire de lui en demander la cause. Un soir, son mari se coucha dans un état de préoccupation qu'elle se fit un devoir de respecter. Sa délicatesse de femme et ses habitudes de soumission lui avaient toujours laissé attendre les confidences de Balthazar, dont la confiance lui était garantie par une affection si vraie qu'elle ne donnait aucune prise à sa jalousie. Quoique certaine d'obtenir une réponse quand elle se permettrait une demande curieuse, elle avait toujours conservé de ses premières impressions dans la vie la crainte d'un refus. D'ailleurs, la maladie morale de son mari eut des phases, et n'arriva que par des teintes progressivement plus fortes à cette violence intolérable qui détruisit le bonheur de son ménage. Quelque occupé que fût Balthazar, il resta néanmoins, pendant plusieurs mois, causeur affectueux, et le changement de son caractère ne se manifestait alors que par de fréquentes distractions. Madame Claës espéra longtemps savoir par son mari le secret de ses travaux ; peut-être ne voulait-il l'avouer qu'au moment où ils aboutiraient à des résultats utiles, car beaucoup d'hommes ont un orgueil qui les pousse à cacher leurs combats et à ne se montrer que victorieux. Au jour du triomphe, le bonheur domestique devait donc reparaître d'autant plus éclatant que Balthasar s'apercevait de cette lacune dans sa vie amoureuse que son cœur désavouerait sans doute. Joséphine connaissait assez son mari pour savoir qu'il ne se pardonnerait pas d'avoir rendu sa Pépita moins heureuse pendant plusieurs mois. Elle gardait donc le silence en éprouvant une espèce de joie à souffrir par lui, pour lui ; car sa passion avait une teinte de cette piété espagnole qui ne sépare jamais la foi de l'amour, et ne comprend point le sentiment sans souffrances. Elle attendait donc un retour d'affection en se disant chaque soir : — Ce sera demain ! et en traitant son bonheur comme un absent. Elle conçut son dernier enfant au milieu de ces troubles secrets. Horrible révélation d'un avenir de douleur ! En cette circonstance, l'amour fut, parmi les distractions de son mari, comme une distraction plus forte que les autres. Son orgueil de femme, blessé pour la première fois, lui fit sonder la profondeur de l'abîme inconnu qui la séparait à jamais du Claës des premiers jours. Dès ce moment, l'état de Balthazar empira. Cet homme, naguère incessamment plongé dans les joies domestiques, qui jouait pendant des heures entières avec ses enfants, se roulait avec eux sur le tapis du parloir ou dans les allées du jardin, qui semblait ne pouvoir vivre que sous les yeux noirs de sa Pépita, ne s'aperçut point de la grossesse de sa femme, oublia de vivre en famille et s'oublia lui-même. Plus madame Claës avait tardé à lui demander le sujet de ses occupations, moins elle l'osa. A cette idée, son sang bouillonnait et la voix lui manquait. Enfin elle crut avoir cessé de plaire à son mari et fut alors sérieusement alarmée. Cette crainte l'occupa, la désespéra, l'exalta, devint le principe de bien des heures mélancoliques, et de tristes rêveries. Elle justifia Balthazar à ses dépens en se trouvant laide et vieille; puis elle entrevit une pensée généreuse, mais humiliante pour elle, dans le travail par lequel il se faisait une fidélité négative, et voulut lui rendre son indépendance en laissant s'établir un de ces secrets divorces, le mot du bonheur dont paraissent jouir plusieurs ménages. Néanmoins, avant de dire adieu à la vie conjugale, elle tâcha de lire au fond de ce cœur, mais elle le trouva fermé. Insensiblement, elle vit Balthazar devenir indifférent à tout ce qu'il avait aimé, négliger ses tulipes en fleurs, et ne plus songer à ses enfants. Sans doute il se livrait à quelque passion en dehors des affections du cœur, mais qui, selon les femmes, n'en dessèche pas moins le cœur. L'amour était endormi et non pas enfui. Si ce fut une consolation, le malheur n'en resta pas moins le même. La continuité de cette crise s'explique par un seul mot, l'espérance, secret de toutes ces situations conjugales. Au moment où la pauvre femme arrivait à un degré de désespoir qui lui prêtait le courage d'interroger son mari ; précisément, alors elle retrouverait de doux moments, pendant lesquels Balthazar lui prouvait que s'il appartenait à quelques pensées diaboliques, elles lui permettaient de redevenir parfois lui-même. Durant ces instants où son ciel s'éclaircissait, elle s'empressait trop à jouir de son bonheur pour le troubler par des importunités; puis, quand elle s'était enhardie à questionner Balthazar, au moment même où elle allait parler, il lui échappait aussitôt, il la quittait brusquement, ou tombait dans le gouffre de ses méditations d'où rien ne le pouvait tirer. Bientôt la réaction du moral sur le physique commença ses ravages, d'abord imperceptibles, mais néanmoins saisissables à l'œil d'une femme aimante qui suivait la secrète pensée de son mari dans ses moindres manifestations. Souvent, elle avait peine à retenir ses larmes en le voyant, après le dîner, plongé dans une bergère au coin du feu, morne et pensif, l'œil arrêté sur un panneau noir sans s'apercevoir du silence qui régnait autour de lui. Elle observait avec terreur les changements insensibles qui dégradaient cette figure que l'amour avait faite sublime pour elle. Chaque jour, la vie de l'âme s'en retirait davantage, la charpente physique restait sans aucune expression. Parfois, les yeux prenaient une couleur vitreuse ; il semblait que la vue se retournât et s'exerçât à l'intérieur. Quand les enfants étaient couchés, après quelques heures de silence et de solitude, pleines de pensées affreuses, si la pauvre Pépita se hasardait à demander : — Mon ami, souffres-tu ? quelquefois Balthazar ne répondait pas; ou, s'il répondait, il revenait à lui par un tressaillement comme un homme arraché en sursaut à son sommeil, et disait un *non* sec et caverneux qui tombait pesamment sur le cœur de sa femme palpitante. Quoiqu'elle eût voulu cacher à ses amis la bizarre situation où elle se trouvait, elle fut cependant obligée d'en parler. Selon l'usage des petites villes, la plupart des salons avaient fait du dérangement de Balthazar le sujet de leurs conversations, et déjà dans certaines sociétés, l'on savait plusieurs détails ignorés de madame Claës. Aussi, malgré le mutisme commandé par la politesse, quelques amis témoignèrent-ils de **si vives** inquiétudes, qu'elle s'empressa de justifier les singularités de son mari.

— Monsieur Balthazar avait, disait-elle, entrepris un grand travail qui l'absorbait, mais dont la réussite devait être un sujet de gloire pour sa famille et pour sa patrie.

Cette explication mystérieuse caressait trop l'ambition d'une ville où, plus qu'en aucune autre, règne l'amour du pays et le désir de son illustration, pour qu'elle ne produisît pas dans les esprits une réaction favorable à monsieur Claës. Les suppositions de sa femme étaient, jusqu'à un certain point, assez fondées. Plusieurs ouvriers de diverses professions avaient long-temps travaillé dans le grenier de la maison de devant, où Balthazar se rendait dès le matin. Après y avoir fait des retraites de plus en plus longues, auxquelles s'étaient insensiblement accoutumés sa femme et ses gens, Balthazar en était arrivé à y demeurer des journées entières. Mais, douleur inouïe! madame Claës apprit par les humiliantes confidences de ses bonnes amies étonnées de son ignorance, que son mari ne cessait d'acheter à Paris des instruments de physique, des matières précieuses, des livres, des machines, et se ruinait, disait-on, à chercher la pierre philosophale. Elle devait songer à ses enfants, ajoutaient les amies, à son propre avenir, et serait criminelle de ne pas employer son influence pour détourner son mari de la fausse voie où il s'était engagé. Si madame Claës retrouvait son impertinence de grande dame pour imposer silence à ces discours absurdes, elle fut prise de terreur malgré son apparente assurance, et résolut de quitter son rôle d'abnégation. Elle fit naître une de ces situations pendant lesquelles une femme est avec son mari sur un pied d'égalité; moins tremblante alors, elle osa demander à Balthazar la raison de son changement, et le motif de sa constante retraite. Le Flamand fronça les sourcils, et lui répondit :

— Ma chère, tu n'y comprendrais rien.

Un jour, Joséphine insista pour connaître ce secret en se plaignant avec douceur de ne pas partager toute la pensée de celui de qui elle partageait la vie.

— Puisque cela t'intéresse tant, répondit Balthazar en gardant sa femme sur ses genoux et lui caressant ses cheveux noirs, je te dirai que je me suis remis à la chimie, et je suis l'homme le plus heureux du monde.

Deux ans après l'hiver où monsieur Claës était devenu chimiste, sa maison avait changé d'aspect. Soit que la société se choquât de la distraction perpétuelle du savant, ou crût le gêner ; soit que ses anxiétés secrètes eussent rendu madame Claës moins agréable, elle ne voyait plus que ses amis intimes. Balthazar n'allait nulle part, l'enfermait dans son laboratoire pendant toute la journée, y restait parfois la nuit, et n'apparaissait au sein de sa famille qu'à l'heure du dîner. Dès la deuxième année, il cessa de passer la belle saison à sa campagne que sa femme ne voulut plus habiter seule. Quelquefois Balthazar sortait de chez lui, se promenait et ne rentrait que le lendemain, en laissant madame Claës pendant toute une nuit livrée à de mortelles inquiétudes ; après l'avoir fait infructueusement chercher dans une ville dont les portes étaient fermées le soir, suivant l'usage des places fortes, elle ne pouvait envoyer à sa poursuite dans la campagne. La malheureuse femme n'avait même plus alors l'espoir mêlé d'angoisses que donne l'attente, et souffrait jusqu'au lendemain. Balthazar, qui avait oublié l'heure de la fermeture des portes, arrivait le lendemain tout tranquillement sans soupçonner les tortures que sa distraction devait imposer à sa famille ; et le bonheur de le revoir était pour sa femme une crise aussi dangereuse que pouvaient l'être ses appréhensions, elle se taisait, n'osait le questionner ; car, à la première demande qu'elle fit, il avait répondu d'un air surpris : — « Eh ! bien, quoi, l'on ne peut pas se promener. » Les passions ne savent pas tromper. Les inquiétudes de madame Claës justifièrent donc les bruits qu'elle s'était plu à démentir. Sa jeunesse l'avait habituée à connaître la pitié polie du monde ; pour ne pas la subir une seconde fois, elle se renferma plus étroitement dans l'enceinte de sa maison que tout le monde déserta, même ses derniers amis. Le désordre dans les vêtements, toujours si dégradant pour un homme de la haute classe, devint tel chez Balthazar, qu'entre tant de causes de chagrins, ce ne fut pas l'une des moins sensibles dont s'affecta cette femme habituée à l'exquise propreté des Flamandes. De concert avec Lemulquinier, valet de chambre de son mari, Joséphine remédia pendant quelque temps à la dévastation journalière des habits, mais il fallut y renoncer. Le jour même où, à l'insu de Balthazar, des effets neufs avaient été substitués à ceux qui étaient tachés, déchirés ou troués, il en faisait des haillons. Cette femme heureuse pendant quinze ans, et dont la jalousie ne s'était jamais éveillée, se trouva tout à coup n'être plus rien en apparence dans le cœur où elle régnait naguère. Espagnole d'origine, le sentiment de la femme espagnole gronda chez elle, quand elle se découvrit une rivale dans la Science qui lui enlevait son mari ; les tourments de la jalousie lui dévorèrent le cœur, et renovèrent son amour. Mais que faire contre la Sience ? comment en-combattre le pouvoir incessant, tyrannique et croissant ? Comment tuer une rivale invisible ? Comment une femme, dont le pouvoir est limité par la nature, peut-elle lutter avec une idée dont les jouissances sont infinies et les attraits toujours nouveaux ? Que tenter contre la coquetterie des idées qui se rafraîchissent, renaissent plus belles dans les difficultés, et entraînent un homme si loin du monde qu'il oublie jusqu'à ses plus chères affections ? Enfin un jour, malgré les ordres sévères que Balthasar avait donnés, sa femme voulut au moins ne pas le quitter, s'enfermer avec lui dans ce grenier où il se retirait, combattre corps à corps avec sa rivale en assistant son mari durant les longues heures qu'il prodiguait à cette terrible maîtresse. Elle voulut se glisser secrètement dans ce mystérieux atelier de séduction, et acquérir le droit d'y rester toujours. Elle essaya donc de partager avec Lemulquinier le droit d'entrer dans le laboratoire ; mais, pour ne pas le rendre témoin d'une querelle qu'elle redoutait, elle attendit un jour où son mari se passerait du valet de chambre. Depuis quelque temps, elle étudiait les allées et venues de ce domestique avec une impatience haineuse ; ne savait-il pas tout ce qu'elle désirait apprendre, ce que son mari lui cachait et ce qu'elle n'osait lui demander ; elle trouvait Lemulquinier plus favorisé qu'elle, elle, l'épouse ! Elle vint donc tremblante et presque heureuse ; mais, pour la première fois de sa vie, elle connut la colère de Balthazar ; à peine avait-elle entr'ouvert la porte, qu'il fondit sur elle, la prit ; la jeta rudement sur l'escalier, où elle faillit rouler du haut en bas.

— Dieu soit loué, tu existes ! cria Balthazar en la relevant.

Un masque de verre s'était brisé en éclats sur madame Claës qui vit son mari pâle, blême, effrayé.

— Ma chère, je t'avais défendu de venir ici, dit-il en s'asseyant sur une marche de l'escalier comme un homme abattu. Les saints t'ont préservée de la mort. Par quel hasard mes yeux étaient-ils fixés sur la porte ? Nous avons failli périr.

— J'aurais été bien heureuse alors, dit-elle.

— Mon expérience est manquée, reprit Balthazar. Je ne puis

pardonner qu'à toi la douleur que me cause ce cruel mécompte. J'allais peut-être décomposer l'azote. Va, retourne à tes affaires.

Balthazar rentra dans son laboratoire.

— *J'allais peut-être décomposer l'azote!* se dit la pauvre femme en revenant dans sa chambre où elle fondit en larmes.

Cette phrase était inintelligible pour elle. Les hommes, habitués par leur éducation à tout concevoir, ne savent pas ce qu'il y a d'horrible pour une femme à ne pouvoir comprendre la pensée de celui qu'elle aime. Plus indulgentes que nous ne le sommes, ces divines créatures ne nous disent pas quand le langage de leurs âmes reste incompris ; elles craignent de nous faire sentir la supériorité de leurs sentiments, et cachent alors leurs douleurs avec autant de joie qu'elles taisent leurs plaisirs méconnus ; mais plus ambitieuses en amour que nous ne le sommes, elles veulent épouser mieux que le cœur de l'homme, elles en veulent aussi toute la pensée. Pour madame Claës, ne rien savoir de la Science dont s'occupait son mari, engendrait dans son âme un dépit plus violent que celui causé par la beauté d'une rivale. Une lutte de femme à femme laisse à celle qui aime le plus l'avantage d'aimer mieux ; mais ce dépit accusait une impuissance et humiliait tous les sentiments qui nous aident à vivre. Joséphine ne savait pas ! Il se trouvait, pour elle, une situation où son ignorance la séparait de son mari. Enfin, dernière torture, et la plus vive, il était souvent entre la vie et la mort, il courait des dangers, loin d'elle et près d'elle, sans qu'elle les partageât, sans qu'elle les connût. C'était, comme l'enfer, une prison morale sans issue, sans espérance. Madame Claës voulut au moins connaître les attraits de cette science, et se mit à étudier en secret la chimie dans les livres. Cette famille fut alors comme cloîtrée.

Telles furent les transitions successives par lesquelles le malheur fit passer la maison Claës, avant de l'amener à l'espèce de mort civile dont elle est frappée au moment où cette histoire commence.

Cette situation violente se compliqua. Comme toutes les femmes passionnées, madame Claës était d'un désintéressement inouï. Ceux qui aiment véritablement savent combien l'argent est peu de chose auprès des sentiments, et avec quelle difficulté il s'y agrège. Néanmoins Joséphine n'apprit pas sans une cruelle émotion que son mari devait trois cent mille francs hypothéqués sur ses propriétés. L'authenticité des contrats sanctionnait les inquiétudes, les bruits, les conjectures de la ville. Madame Claës, justement alarmée, fut forcée, elle si fière, de questionner le notaire de son mari, de le mettre dans le secret de ses douleurs ou de les lui laisser deviner, et d'entendre enfin cette humiliante question : — « Comment monsieur Claës ne vous a-t-il encore rien dit ? » Heureusement le notaire de Balthazar lui était presque parent, et voici comment. Le grand-père de monsieur Claës avait épousé une Pierquin d'Anvers, de la même famille que les Pierquin de Douai. Depuis ce mariage, ceux-ci, quoique étrangers aux Claës, les traitaient de cousins. Monsieur Pierquin, jeune homme de vingt-six ans qui venait de succéder à la charge de son père, était la seule personne qui eût accès dans la maison Claës. Madame Balthazar avait depuis plusieurs mois vécu dans une si complète solitude que le notaire fut obligé de lui confirmer la nouvelle des désastres déjà connus dans toute la ville. Il lui dit que, vraisemblablement, son mari devait des sommes considérables à la maison qui lui fournissait des produits chimiques. Après s'être enquis de la fortune et de la considération dont jouissait monsieur Claës, cette maison accueillait toutes ses demandes et faisait les envois sans inquiétude, malgré l'étendue des crédits. Madame Claës chargea Pierquin de demander le mémoire des fournitures faites à son mari. Deux mois après, messieurs Protez et Chiffreville, fabricants de produits chimiques, adressèrent un arrêté de compte, qui montait à cent mille francs. Madame Claës et Pierquin étudièrent cette facture avec une surprise croissante. Si beaucoup d'articles, exprimés scientifiquement ou commercialement, étaient pour eux inintelligibles, ils furent effrayés de voir portés en compte des parties de métaux, des diamants de toutes les espèces, mais en petites quantités. Le total de la dette s'expliquait facilement par la multiplicité des articles, par les précautions que nécessitait le transport de certaines substances ou l'envoi de quelques machines précieuses, par le prix exorbitant de plusieurs produits qui ne s'obtenaient que difficilement, ou que leur rareté rendait chers, enfin par la valeur des instruments de physique ou de chimie confectionnés d'après les instructions de monsieur Claës. Le notaire, dans l'intérêt de son cousin, avait pris des renseignements sur les Protez et Chiffreville, et la probité de ces négociants devait rassurer sur la moralité de leurs opérations avec monsieur Claës à qui, d'ailleurs, ils faisaient souvent part des résultats obtenus par les chimistes de Paris, afin de lui éviter des dépenses. Madame Claës pria le notaire de cacher à la société de Douai la nature de ces acquisitions qui eussent été taxées de folies; mais Pierquin lui répondit que déjà, pour ne point affaiblir la considération dont jouissait Claës, il avait retardé jusqu'au dernier moment les obligations notariées que l'importance des sommes prêtées de confiance par ses clients avait enfin nécessitées. Il dévoila l'étendue de la plaie, en disant à sa cousine que, si elle ne trouvait pas le moyen d'empêcher son mari de dépenser sa fortune si follement, dans six mois les biens patrimoniaux seraient grevés d'hypothèques qui en dépasseraient la valeur. Quant à lui, ajouta-t-il, les observations qu'il avait faites à son cousin, avec les ménagements dus à un homme si justement considéré, n'avaient pas eu la moindre influence. Une fois pour toutes, Balthazar lui avait répondu qu'il travaillait à la gloire et à la fortune de sa famille. Ainsi, à toutes les tortures de cœur que madame Claës avait supportées depuis deux ans, dont chacune s'ajoutait à l'autre et accroissait la douleur du moment de toutes les douleurs passées, se joignit une crainte affreuse, incessante qui lui rendait l'avenir épouvantable. Les femmes ont des pressentiments dont la justesse tient du prodige. Pourquoi en général tremblent-elles plus qu'elles n'espèrent quand il s'agit des intérêts de la vie? Pourquoi n'ont-elles de foi que pour les grandes idées de l'avenir religieux? Pourquoi devinent-elles si habilement les catastrophes de fortune ou les crises de nos destinées? Peut-être le sentiment qui les unit à l'homme qu'elles aiment, leur en fait-il admirablement peser les forces, estimer les facultés, connaître les goûts, les passions, les vices, les vertus; la perpétuelle étude de ces causes en présence desquelles elle se trouvent sans cesse, leur donne sans doute la fatale puissance d'en prévoir les effets dans toutes les situations possibles. Ce qu'elles voient du présent leur fait juger l'avenir avec une habileté naturellement expliquée par la perfection de leur système nerveux, qui leur permet de saisir les diagnostics les plus légers de la pensée et des sentiments. Tout en elles vibre à l'unisson des grandes commotions morales. Ou elles sentent, ou elles voient. Or, quoique séparée de son mari depuis deux ans, madame Claës pressentait la perte de sa fortune. Elle avait apprécié la fougue réfléchie, l'inaltérable constance de Balthazar; s'il était vrai qu'il cherchât à faire de l'or, il devait jeter avec une parfaite insensibilité son dernier morceau de pain dans son creuset; mais que cherchait-il? Jusque-là, le sentiment maternel et l'amour conjugal s'étaient si bien confondus dans le cœur de cette femme, que jamais ses enfants, également aimés d'elle et de son mari, ne s'étaient interposés entre eux. Mais tout à coup elle fut parfois plus mère qu'elle n'était épouse, quoiqu'elle fût plus souvent épouse que mère. Et néanmoins, quelque disposée qu'elle pût être à sacrifier sa fortune et même ses enfants au bonheur de celui qui l'avait choisie, aimée, adorée, et pour qui elle était encore la seule femme qu'il y eût au monde, les remords que lui causait la faiblesse de son amour maternel la jetaient en d'horribles alternatives. Ainsi, comme femme, elle souffrait dans son cœur; comme mère, elle souffrait dans ses enfants; et comme chrétienne, elle souffrait pour tous. Elle se taisait et contenait ces cruels orages dans son âme. Son mari, seul arbitre du sort de sa famille, était le maître d'en régler à son gré la destinée, il n'en devait compte qu'à Dieu. D'ailleurs, pouvait-elle lui reprocher l'emploi de sa fortune, après le désintéressement dont il avait fait preuve pendant dix années de mariage? Était-elle juge de ses desseins? Mais sa conscience, d'accord avec le sentiment et les lois, lui disait que les parents étaient les dépositaires de la fortune, et n'avaient pas le droit d'aliéner le bonheur matériel de leurs enfants. Pour ne point résoudre ces hautes questions, elle aimait mieux fermer les yeux, suivant l'habitude des gens qui refusent de voir l'abîme au fond duquel ils savent devoir rouler. Depuis six mois, son mari ne lui avait plus remis d'argent pour la dépense de sa maison. Elle fit vendre secrètement à Paris les riches parures de diamants que son frère lui avait données au jour de son mariage, et introduisit la plus stricte économie dans sa maison. Elle renvoya la gouvernante de ses enfants, et même la nourrice de Jean. Jadis le luxe des voitures était ignoré de la bourgeoisie à la fois si humble dans ses mœurs, si fière dans ses sentiments; rien n'avait donc été prévu dans la maison Claës pour cette invention moderne. Balthazar était obligé d'avoir son écurie et sa remise dans une maison en face de la sienne; ses occupations ne lui permettaient plus de surveiller cette partie du ménage qui regarde essentiellement les hommes; madame Claës supprima la dépense onéreuse des équipages et des gens que son isolement rendait inutiles, et malgré la bonté de ces raisons, elle n'essaya point de colorer ses réformes par des prétextes. Jusqu'à présent les faits avaient démenti ses paroles, et le silence était désormais ce qui convenait le mieux. Le changement du train des Claës n'était pas justifiable dans un pays où, comme en Hollande, quiconque dépense tout son revenu passe pour un fou. Seulement, comme sa fille aînée, Marguerite, allait avoir seize ans, Joséphine parut vouloir lui faire faire une belle alliance, et la placer dans le monde, comme il convenait à une fille alliée aux Molina, aux Van-Ostrom-Temninck, et aux Casa-Réal. Quelques jours avant celui pendant lequel commence cette histoire, l'argent des diamants était épuisé. Ce même jour, à trois heures, en conduisant ses enfants à vêpres, madame Claës avait rencontré Pierquin qui venait la voir, et qui l'accompagna jusqu'à Saint-Pierre, en causant à voix basse sur sa situation.

— Ma cousine, dit-il, je ne saurais, sans manquer à l'amitié qui m'attache à votre famille, vous cacher le péril où vous êtes, et ne pas vous prier d'en conférer avec votre mari. Qui peut, si ce n'est vous, l'arrêter sur le bord de l'abîme où vous marchez. Les revenus des biens hypothéqués ne suffisent point à payer les intérêts des sommes empruntées ; ainsi vous êtes aujourd'hui sans aucun revenu. Si vous coupiez les bois que vous possédez, ce serait vous enlever la seule chance de salut qui vous retera dans l'avenir. Mon cousin Balthazar est en ce moment débiteur d'une somme de trente mille francs à la maison Protez et Chiffreville de Paris, avec quoi les payerez-vous, avec quoi vivrez-vous ? et que deviendrez-vous si Claës continue à demander des réactifs, des verreries, des piles de Volta et autres brimborions. Toute votre fortune, moins la maison et le mobilier, s'est dissipée en gaz et en charbon. Quand il a été question, avant-hier, d'hypothéquer sa maison, savez-vous quelle a été la réponse de Claës : — « Diable ! » Voilà depuis trois ans la première trace de raison qu'il ait donnée.

Madame Claës pressa douloureusement le bras de Pierquin, leva les yeux au ciel, et dit : — Gardez-nous le secret.

Malgré sa piété, la pauvre femme anéantie par ces paroles d'une clarté foudroyante ne put prier, elle resta sur sa chaise entre ses enfants, ouvrit son paroissien et n'en tourna pas un feuillet ; elle était tombée dans une contemplation aussi absorbante que l'étaient les méditations de son mari. L'honneur espagnol, la probité flamande résonnaient dans son âme d'une voix aussi puissante que celle de l'orgue. La ruine de ses enfants était consommée ! Entre eux et l'honneur de leur père, il ne fallait plus hésiter. La nécessité d'une lutte prochaine entre elle et son son mari l'épouvantait ;

il était à ses yeux, si grand, si imposant, que la seule perspective de sa colère l'agitait autant que l'idée de la majesté divine. Elle allait donc sortir de cette constante soumission dans laquelle elle était saintement demeurée comme épouse. L'intérêt de ses enfants l'obligerait à contrarier dans ses goûts un homme qu'elle idolâtrait. Ne faudrait-il pas souvent le ramener à des questions positives, quand il planerait dans les hautes régions de la Science, le tirer violemment d'un riant avenir pour le plonger dans ce que la matérialité présente de plus hideux, aux artistes et aux grands hommes. Pour elle, Balthazar Claës était un géant de science, un homme gros de gloire; il ne pouvait l'avoir oubliée que pour les plus riches espérances ; puis, il était si profondément sensé, elle l'avait entendu parler avec tant de talent sur les questions de tout genre, qu'il devait être sincère en disant qu'il travaillait pour la gloire et la fortune de sa famille. L'amour de cet homme pour sa femme et ses enfants n'était pas seulement immense, il était infini. Ces sentiments n'avaient pu s'abolir, ils s'étaient sans doute agrandis en se reproduisant sous une autre forme. Elle si noble, si généreuse et si craintive, allait faire retentir incessamment aux oreilles de ce grand homme le mot argent et le son de l'argent; lui montrer les plaies de la misère, lui faire entendre les cris de la détresse, quand il entendrait les voix mélodieuses de la Renommée. Peut-être l'affection que Balthazar avait pour elle s'en diminuerait-elle? Si elle n'avait pas eu d'enfant elle aurait embrassé courageusement et avec plaisir la destinée nouvelle que lui faisait son mari. Les femmes élevées dans l'opulence sentent promptement le vide que couvrent les jouissances matérielles; et quand leur cœur, plus fatigué que flétri, leur a fait trouver le bonheur que donne un constant échange de sentiments vrais, elles ne reculent point devant une existence médiocre, si elle convient à l'être par lequel elles se savent aimées. Leurs idées, leurs plaisirs sont soumis aux caprices de cette vie en dehors de la leur; pour elles, le seul avenir redoutable est de la perdre. En ce moment donc, ses enfants séparaient Pépita de sa vraie vie, autant que Balthazar Claës s'était séparé d'elle par la Science ; aussi, quand elle fut revenue de vêpres, et qu'elle se fut jetée dans sa bergère, renvoya-t-elle ses enfants en réclamant d'eux le plus profond silence; puis, elle fit demander à son mari de venir la voir; mais quoique Lemulquinier, le vieux valet de chambre, eût insisté pour l'arracher à son laboratoire, Balthazar y était resté. Madame Claës avait donc eu le temps de réfléchir. Et elle aussi demeura songeuse, sans faire attention à l'heure, ni au temps, ni au jour. La pensée de devoir trente mille francs et de ne pouvoir les payer, réveilla les douleurs passées, les joignit à celles du présent et de l'avenir. Cette masse d'intérêts, d'idées, de sensations la trouva trop faible, elle pleura. Quand elle vit entrer Balthazar dont alors la physionomie lui parut plus terrible, plus absorbée, plus égarée qu'elle ne l'avait jamais été ; quand il ne lui répondit pas, elle resta d'abord fascinée par l'immobilité de ce regard blanc et vide, par toutes les idées dévorantes que distillait ce front chauve. Sous le coup de cette impression elle désira mourir. Quand elle eut entendu cette voix insouciante exprimant un désir scientifique au moment où elle avait le cœur écrasé, son courage revint ; elle résolut de lutter contre cette épouvantable puissance qui lui avait ravi un amant, qui avait enlevé à ses enfants un père, à la maison une fortune, à tous le bonheur. Néanmoins, elle ne put réprimer la constante trépidation qui l'agita, car, dans toute sa vie, il ne s'était pas rencontré de scène si solennelle. Ce moment terrible ne contenait-il pas virtuellement son avenir, et le passé ne s'y resumait-il pas tout entier ?

Maintenant, les gens faibles, les personnes timides, ou celles à qui la vivacité de leurs sensations agrandit les moindres difficultés de la vie, les hommes que saisit un tremblement involontaire devant les arbitres de leur destinée peuvent tous concevoir les milliers de pensées qui tournoyèrent dans la tête de cette femme, et les sentiments sous le poids desquels son cœur fut comprimé, quand son mari se dirigea lentement vers la porte du jardin. La plupart des femmes connaissent les angoisses de l'intime délibération contre laquelle se débattit madame Claës. Ainsi celles même dont le cœur n'a encore été violemment ému que pour déclarer à leur mari quelque excédant de dépense ou des dettes faites chez la marchande de modes, comprendront combien les battements du cœur s'élargissent alors qu'il s'en va de toute la vie. Une belle femme a de la grâce à se jeter aux pieds de son mari, elle trouve des ressources dans les poses de la douleur ; tandis que le sentiment de ses défauts physiques augmentait encore les craintes de madame Claës. Aussi, quand elle vit Balthazar près de sortir, son premier mouvement fut-il bien de s'élancer vers lui ; mais une cruelle pensée réprima son élan, elle allait se mettre debout devant lui ! ne devait-elle pas paraître ridicule à un homme qui, n'étant plus soumis aux fascinations de l'amour, pourrait voir juste. Joséphine eût volontiers tout perdu, fortune et enfants, plutôt que d'amoindrir sa puissance de femme. Elle voulut écarter toute chance mauvaise dans une heure si solennelle, et appela fortement : — Balthazar ? Il se retourna machinalement et toussa ; mais sans faire attention à sa femme, il vint cracher dans une de ces petites boîtes carrées placées de distance en distance le long des boiseries, comme dans tous les appartements de la Hollande et de la Belgique. Cet homme, qui ne pensait à personne, n'oubliait jamais les crachoirs, tant cette habitude était invétérée. Pour la pauvre Joséphine, incapable de se rendre compte de cette bizarrerie, le soin constant que son mari prenait du mobilier, lui causait toujours une angoisse inouïe ; mais, dans ce moment, elle fut si violente, qu'elle la jeta hors des bornes, et lui fit crier d'un ton plein d'impatience où s'exprimèrent tous ses sentiments blessés : — Mais, monsieur, je vous parle !

— Qu'est-ce que cela signifie, répondit Balthazar en se retournant vivement et lançant à sa femme un regard où la vie revenait et qui fut pour elle comme un coup de foudre.

— Pardon, mon ami, dit-elle en pâlissant. Elle voulut se lever et lui tendre la main, mais elle retomba sans force. — Je me meurs ! dit-elle d'une voix entrecoupée par des sanglots.

A cet aspect, Balthazar eut, comme tous les gens distraits, une vive réaction et devina pour ainsi dire le secret de cette crise, il prit aussitôt madame Claës dans ses bras, ouvrit la porte qui donnait sur la petite antichambre, et franchit si rapidement le vieil escalier de bois, que la robe de sa femme ayant accroché une gueule des tarasques qui formaient les balustres, il en resta un lez entier arraché à grand bruit. Il donna, pour l'ouvrir, un coup de pied à la porte du vestibule commun à leurs appartements ; mais il trouva la chambre de sa femme fermée.

Il posa doucement Joséphine sur un fauteuil en se disant : — Mon Dieu, où est la clef ?

— Merci, mon ami, répondit madame Claës en ouvrant les yeux, voici la première fois depuis bien long-temps que je me suis sentie si près de ton cœur.

— Bon Dieu ! cria Claës, la clef, voici nos gens.

Joséphine lui fit signe de prendre la clef qui était attachée à un ruban le long de sa poche. Après avoir ouvert la porte, Balthazar jeta sa femme sur un canapé, sortit pour empêcher ses gens effrayés de monter en leur donnant l'ordre de promptement servir le dîner, et vint avec empressement retrouver sa femme.

— Qu'as-tu, ma chère vie? dit-il en s'asseyant près d'elle et lui prenant la main qu'il baisa.

— Mais je n'ai plus rien, répondit-elle, je ne souffre plus! Seulement, je voudrais avoir la puissance de Dieu pour mettre à tes pieds tout l'or de la terre.

— Pourquoi de l'or, demanda-t-il. Et il attira sa femme sur lui, la pressa et la baisa de nouveau sur le front. — Ne me donnes-tu pas de plus grandes richesses en m'aimant comme tu m'aimes, chère et précieuse créature, reprit-il.

— Oh! mon Balthazar, pourquoi ne dissiperais-tu pas les angoisses de notre vie à tous, comme tu chasses par ta voix le chagrin de mon cœur? Enfin, je le vois, tu es toujours le même.

— De quelles angoisses parles-tu, ma chère?

— Mais nous sommes ruinés, mon ami!

— Ruinés, répéta-t-il. Il se mit à sourire, caressa la main de sa femme en la tenant dans les siennes, et dit d'une voix douce qui depuis longtemps ne s'était pas fait entendre : — Mais demain, mon ange, notre fortune sera peut-être sans bornes. Hier en cherchant des secrets bien plus importants, je crois avoir trouvé le moyen de cristalliser le carbone, la substance du diamant. O ma chère femme!... dans quelques jours tu me pardonneras mes distractions. Il paraît que je suis distrait quelquefois. Ne t'ai-je pas brusquée tout à l'heure? Sois indulgente pour un homme qui n'a jamais cessé de penser à toi, dont les travaux sont tout pleins de toi, de nous.

— Assez, assez, dit-elle, nous causerons de tout cela ce soir, mon ami. Je souffrais par trop de douleur, maintenant je souffre par trop de plaisir.

Elle ne s'attendait pas à revoir cette figure animée par un sentiment aussi tendre pour elle qu'il l'était jadis, à entendre cette voix toujours aussi douce qu'autrefois, et à retrouver tout ce qu'elle croyait avoir perdu.

— Ce soir, reprit-il, je veux bien, nous causerons. Si je m'absorbais dans quelque méditation, rappelle-moi cette promesse. Ce soir, je veux quitter mes calculs, mes travaux, et me plonger dans toutes les joies de la famille, dans les voluptés du cœur ; car, Pépita, j'en ai besoin, j'en ai soif!

— Tu me diras ce que tu cherches, Balthazar?

— Mais, pauvre enfant, tu n'y comprendrais rien.

— Tu crois?... Hé! mon ami, voici près de quatre mois que j'étudie la chimie pour pouvoir en causer avec toi. J'ai lu Fourcroy, Lavoisier, Chaptal, Nollet, Rouelle, Berthollet, Gay-Lussac, Spallanzani, Leuwenhoëk, Galvani, Volta, enfin tous les livres relatifs à la Science que tu adores. Va, tu peux me dire tes secrets.

— Oh! tu es un ange, s'écria Balthazar en tombant aux genoux de sa femme et versant des pleurs d'attendrissement qui la firent tressaillir, nous nous comprendrons en tout!

— Ah! dit-elle, je me jetterais dans le feu de l'enfer qui attise tes fourneaux pour entendre ce mot de ta bouche et pour te voir ainsi. En entendant le pas de sa fille dans l'antichambre, elle s'y élança vivement. — Que voulez-vous, Marguerite? dit-elle à sa fille aînée.

— Ma chère mère, monsieur Pierquin vient d'arriver. S'il reste à dîner, il faudrait du linge, et vous avez oublié d'en donner ce matin.

Madame Claës tira de sa poche un trousseau de petites clefs et les remit à sa fille, en lui désignant les armoires en bois des îles qui tapissaient cette antichambre, et lui dit : — Ma fille, prenez à droite dans les services Graindorge.

— Puisque mon cher Balthazar me revient aujourd'hui, rends-le-moi tout entier? dit-elle en rentrant et donnant à sa physionomie une expression de douce malice. Mon ami, va chez toi, fais-moi la grâce de t'habiller, nous avons Pierquin à dîner. Voyons, quitte ces habits déchirés. Tiens, vois ces taches? N'est-ce pas de l'acide muriatique ou sulfurique qui a bordé de jaune tous ces trous? Allons, rajeunis-toi, je vais t'envoyer Mulquinier quand j'aurai changé de robe.

Balthazar voulut passer dans sa chambre par la porte de communication, mais il avait oublié qu'elle était fermée de son côté. Il sortit par l'antichambre.

— Marguerite, mets le linge sur un fauteuil, et viens m'habiller, je ne veux pas de Martha, dit madame Claës en appelant sa fille.

Balthazar avait pris Marguerite, l'avait tournée vers lui par un mouvement joyeux en lui disant : — Bonjour, mon enfant, tu es bien jolie aujourd'hui dans cette robe de mousseline, et avec cette ceinture rose. Puis il la baisa au front et lui serra la main.

— Maman, papa vient de m'embrasser, dit Marguerite en entrant chez sa mère; il paraît bien joyeux, bien heureux ?

— Mon enfant, votre père est un bien grand homme, voici bientôt trois ans qu'il travaille pour la gloire et la fortune de sa famille, et il croit avoir atteint le but de ses recherches. Ce jour doit être pour nous tous une belle fête...

— Ma chère maman, répondit Marguerite, nos gens étaient si tristes de le voir refrogné, que nous ne serons pas seules dans la joie. Oh ! mettez donc une autre ceintre, celle-ci est trop fanée.

— Soit, mais dépêchons-nous, je veux aller parler à Pierquin : Où est-il ?

— Dans le parloir, il s'amuse avec Jean.

— Où sont Gabriel et Félicie ?

— Je les entends dans le jardinr

— Hé ! bien, descendez vite ; veillez à ce qu'ils n'y cueillent pas de tulipes ! votre père ne les a pas encore vues de cette année, et il pourrait aujourd'hui vouloir les regarder en sortant de table. Dites à Mulquinier de monter à votre père tout ce dont il a besoin pour sa toilette.

Quand Marguerite fut sortie, madame Claës jeta un coup d'œil à ses enfants par les fenêtres de sa chambre qui donnaient sur le jardin, et les vit occupés à regarder un de ces insectes à ailes vertes, luisantes et tachetées d'or, vulgairement appelés des couturières.

— Soyez sages, mes bien-aimés, dit-elle en faisant remonter une partie du vitrage qui était à coulisse et qu'elle arrêta pour aérer sa chambre. Puis elle frappa doucement à la porte de communication pour s'assurer que son mari n'était pas retombé dans quelque distraction. Il ouvrit, et elle lui dit d'un accent joyeux en le voyant déshabillé ; — Tu ne me laisseras pas long-temps seule avec Pierquin, n'est-ce pas ? Tu me rejoindras promptement.

Elle se trouva si leste pour descendre, qu'en l'entendant, un étranger n'aurait pas reconnu le pas d'une boiteuse.

— Monsieur, en emportant madame, lui dit le valet de chambre qu'elle rencontra dans l'escalier, a déchiré la robe, ce n'est qu'un méchant bout d'étoffes; mais il a brisé la mâchoire de cette figure et je ne sais pas qui pourra la remettre. Voilà notre escalier déshonoré, cette rampe était si belle !

— Bah ! mon pauvre Mulquinier, ne la fais pas raccommoder, ce n'est pas un malheur.

— Qu'arrive-t-il donc, se dit Mulquinier, pour que ce ne soit pas un désastre ? mon maître aurait-il trouvé l'*absolu* ?

— Bonjour, monsieur Pierquin, dit madame Claës en ouvrant la porte du parloir.

Le notaire accourut pour donner le bras à sa cousine, mais elle ne prenait jamais que celui de son mari ; elle remercia donc son cousin par un sourire et lui dit : — Vous venez peut-être pour les trente mille francs ?

— Oui, madame, en rentrant chez moi, j'ai reçu une lettre d'avis de la maison Protez et Chiffreville qui a tiré, sur monsieur Claës, six lettres de change de chacune cinq mille francs.

— Hé ! bien, n'en parlez pas à Balthazar aujourd'hui, dit-elle. Dînez avec nous. Si par hasard il vous demandait pourquoi vous êtes venu, trouvez quelque prétexte plausible, je vous en prie. Donnez-moi la lettre, je lui parlerai moi-même de cette affaire. Tout va bien, reprit-elle en voyant l'étonnement du notaire. Dans quelques mois, mon mari remboursera probablement les sommes qu'il a empruntées.

En entendant cette phrase dite à voix basse, le notaire regarda mademoiselle Claës qui revenait du jardin, suivie de Gabriel et de Félicie, et dit : — Je n'ai jamais vu mademoiselle Marguerite aussi jolie qu'elle l'est en ce moment.

Madame Claës, qui s'était assise dans sa bergère et avait pris sur ses genoux le petit Jean, leva la tête, regarda sa fille et le notaire en affectant un air indifférent.

Pierquin était de taille moyenne, ni gras, ni maigre, d'une figure vulgairement belle et qui exprimait une tristesse plus chagrine que mélancolique, une rêverie plus indéterminée que pensive ; il passait pour misanthrope, mais il était trop intéressé, trop grand mangeur pour que son divorce avec le monde fût réel. Son regard habituellement perdu dans le vide, son attitude indifférente, son silence affecté semblaient accuser de la profondeur, et couvraient en réalité le vide et la nullité d'un notaire exclusivement occupé d'intérêts humains, mais qui se trouvait encore assez jeune pour être envieux. S'allier à la maison Claës aurait été pour lui la cause d'un dévouement sans bornes, s'il n'avait pas eu quelque sentiment d'avarice sous-jacent. Il faisait le généreux, mais il savait compter. Aussi, sans se rendre raison à lui-même de ses changements de manières, ses attentions étaient-elles tranchantes, dures et bourrues comme le sont en général celles des gens d'affaires, quand Claës lui semblait ruiné; puis elles devenaient affectueuses, coulantes et presque serviles, quand il soupçonnait quelque heureuse issue aux travaux de son cousin. Tantôt il voyait en Marguerite Claës une infante de laquelle il était impossible à un simple notaire de province d'approcher; tantôt il la considérait comme une pauvre fille trop heureuse s'il daignait en faire sa femme. Il était homme de province, et Flamand, sans malice; il ne manquait même ni de dévouement ni de bonté; mais il avait un naïf égoïsme qui rendait ses qualités incomplètes, et des ridicules qui gâtaient sa personne. En ce moment, madame Claës se souvint du ton bref avec lequel le notaire lui avait parlé sous le porche de l'église Saint-Pierre, et remarqua la révolution que sa réponse avait faite dans ses manières; elle devina le fond de ses pensées, et d'un regard perspicace elle essaya de lire dans l'âme de sa fille pour savoir si elle pensait à son cousin; mais elle ne vit en elle que la plus parfaite indifférente. Après quelques instants, pendant lesquels la conversation roula sur les bruits de la ville, le maître du logis descendit de sa chambre où, depuis un instant, sa femme entendait avec un inexprimable plaisir des bottes criant sur le parquet. Sa démarche, semblable à celle d'un homme jeune et léger, annonçait une complète métamorphose, et l'attente que son apparition causait à madame Claës fut si vive qu'elle eut peine à contenir un tressaillement quand il descendit l'escalier. Balthazar se montra bientôt dans le costume alors à la mode. Il portait des bottes à revers bien cirées qui laissaient voir le haut d'un bas de soie blanc, une culotte de casimir bleu à boutons d'or, un gilet blanc à fleurs, et un frac bleu. Il avait fait sa barbe, peigné ses cheveux, parfumé sa tête, coupé ses ongles, et lavé ses mains avec tant de soin qu'il semblait méconnaissable à ceux qui l'avaient vu naguère. Au lieu d'un vieillard presque en démence, ses enfants, sa femme et le notaire voyaient un homme de quarante ans dont la figure affable et polie était pleine de séductions. La fatigue et les souffrances que trahissaient la maigreur des contours et l'adhérence de la peau sur les os avaient même une sorte de grâce.

— Bonjour, Pierquin, dit Balthazar Claës.

Redevenu père et mari, le chimiste prit son dernier enfant sur les genoux de sa femme, et l'éleva en l'air en le faisant rapidement descendre et le relevant alternativement.

— Voyez ce petit? dit-il au notaire. Une si jolie créature ne vous donne-t-elle pas l'envie de vous marier? Croyez-moi, mon cher, les plaisirs de famille consolent de tout. — Brr! dit-il en enlevant Jean. Pound! s'écriait-il en le mettant à terre. Brr! Pound!

L'enfant riait aux éclats de se voir alternativement en haut du plafond et sur le parquet. La mère détourna les yeux pour ne pas trahir l'émotion que lui causait un jeu si simple en apparence et qui, pour elle, était toute une révolution domestique.

— Voyons comment tu vas, dit Balthazar en posant son fils sur le parquet et s'allant jeter dans une bergère. L'enfant courut à son père, attiré par l'éclat des boutons d'or qui attachaient la culotte au-dessus de l'oreille des bottes. — Tu es un mignon! dit le père en l'embrassant, tu es un Claës, tu marches droit. — Hé bien! Gabriel, comment se porte le père Morillon? dit-il à son fils aîné en lui prenant l'oreille et la lui tortillant, te défends-tu vaillamment contre les thèmes, les versions? mords-tu ferme aux mathématiques?

Puis Balthazar se leva, vint à Pierquin, et lui dit avec cette affectueuse courtoisie qui le caractérisait : — Mon cher, vous avez peut-être quelque chose à me demander? Il lui donna le bras et l'entraîna dans le jardin, en ajoutant: — Venez voir mes tulipes?...

Madame Claës regarda son mari pendant qu'il sortait, et ne sut pas contenir sa joie en le revoyant si jeune, si affable, si bien lui-même; elle se leva, prit sa fille par la taille, et l'embrassa en disant: — Ma chère Marguerite, mon enfant chérie, je t'aime encore mieux aujourd'hui que de coutume.

— Il y avait bien long-temps que je n'avais vu mon père si aimable, répondit-elle.

Lemulquinier vint annoncer que le dîner était servi. Pour éviter que Pierquin lui offrît le bras, madame Claës prit celui de Balthazar, et toute la famille passa dans la salle à manger.

Cette pièce dont le plafond se composait de poutres apparentes, mais enjolivés par des peintures, lavées et rafraîchies tous les ans, était garnie de hauts dressoirs en chêne sur les tablettes desquelles se voyaient les plus curieuses pièces de la vaisselle patrimoniale.

Les parois étaient tapissées de cuir violet sur lequel avaient été imprimés, en traits d'or, des sujets de chasse. Au-dessus des dressoirs, çà et là, brillaient soigneusement disposés des plumes d'oiseaux curieux et des coquillages rares. Les chaises n'avaient pas été changées depuis le commencement du seizième siècle et offraient cette forme carrée, ces colonnes torses, et ce petit dossier garni d'une étoffe à franges dont la mode fut si répandue que Raphaël l'a illustrée dans son tableau appelé la Vierge à la chaise. Le bois en était devenu noir, mais les clous dorés reluisaient comme s'ils eussent été neufs, et les étoffes soigneusement renouvelées étaient d'une couleur rouge admirable. La Flandre revivait là tout entière avec ses innovations espagnoles. Sur la table, les carafes, les flacons avaient cet air respectable que leur donnent les ventres arrondis du galbe antique. Les verres étaient bien ces vieux verres hauts sur patte qui se voient dans tous les tableaux de l'école hollandaise ou flamande. La vaisselle en grès et ornée de figures coloriées à la manière de Bernard de Palissy, sortait de la fabrique anglaise de Weegvood. L'argenterie était massive, à pans carrés, à bosses pleines, véritable argenterie de famille dont les pièces, toutes différentes de ciselure, de mode, de forme, attestaient les commencements du bien-être et les progrès de la fortune de Claës. Les serviettes avaient des franges, mode tout espagnole. Quant au linge, chacun doit penser que chez les Claës, le point d'honneur consistait à en posséder de magnifique. Ce service, cette argenterie étaient destinés à l'usage journalier de la famille. La maison de devant, où se donnaient les fêtes, avait son luxe particulier, dont les merveilles réservées pour les jours de gala, leur imprimaient cette solennité qui n'existe plus quand les choses sont déconsidérées pour ainsi dire par un usage habituel. Dans le quartier de derrière, tout était marqué au coin d'une naïveté patriarcale. Enfin, détail délicieux, une vigne courait en dehors le long des fenêtres que les pampres bornaient de toutes parts.

— Vous restez fidèle aux traditions, madame, dit Pierquin en recevant une assiettée de cette soupe au thym, dans laquelle les cuisinières flamandes ou hollandaises mettent de petites boules de viandes roulées et mêlées à des tranches de pain grillé, voici le potage du dimanche en usage chez nos pères ! Votre maison et celle de mon oncle Des Raquets sont les seuls où l'on retrouve cette soupe historique dans les Pays-Bas. Ah ! pardon, le vieux monsieur

Savaron de Savarus la fait encore orgueilleusement servir à Tournay chez lui, mais partout ailleurs la vieille Flandre s'en va. Maintenant les meubles se fabriquent à la grecque, on n'aperçoit partout que casques, boucliers, lances et faisceaux. Chacun rebâtit sa maison, vend ses vieux meubles, refond son argenterie, ou la troque contre l porcelaine de Sèvres qui ne vaut ni le vieux Saxe ni les chinoiseries. Oh! moi je suis Flamand dans l'âme. Aussi mon cœur saigne-t-il en voyant les chaudronniers acheter pour le prix du bois ou du métal, nos beaux meubles incrustés de cuivre ou d'étain. Mais l'État social veut changer de peau, je crois. Il n'y a pas jusqu'aux procédés de l'art qui ne se perdent! Quand il faut que tout aille vite, rien ne peut être consciencieusement fait. Pendant mon dernier voyage à Paris, l'on m'a mené voir les peintures exposées au Louvre. Ma parole d'honneur, c'est des écrans que ces toiles sans air, sans profondeur où les peintres craignent de mettre de la couleur. Et ils veulent, dit-on, renverser notre vieille école. Ah! ouin?...

— Nos anciens peintres, répondit Balthazar, étudiaient les diverses combinaisons et la résistance des couleurs, en les soumettant à l'action du soleil et de la pluie. Mais vous avez raison: aujourd'hui les ressources matérielles de l'art sont moins cultivées que jamais.

Madame Claës n'écoutait pas la conversation. En entendant dire au notaire que les services de porcelaine étaient à la mode, elle avait aussi conçu la lumineuse idée de vendre la pesante argenterie provenue de la succession de son frère, espérant ainsi pouvoir acquitter les trente mille francs dus par son mari.

— Ah! ah! disait Balthazar au notaire quand madame Claës se remit à la conversation, l'on s'occupe de mes travaux à Douai?

— Oui, répondit Pierquin, chacun se demande à quoi vous dépensez tant d'argent. Hier, j'entendais monsieur le premier président déplorer qu'un homme de votre sorte cherchât la pierre philosophale. Je me suis alors permis de répondre que vous étiez trop instruit pour ne pas savoir que c'était se mesurer avec l'impossible, trop chrétien pour croire l'emporter sur Dieu, et comme tous les Claës, trop bon calculateur pour changer votre argent contre de la poudre à Perlimpinpin. Néanmoins je vous avouerai que j'ai partagé les regrets que cause votre retraite à toute la société. Vous n'êtes vraiment plus de la ville. En vérité, madame, vous eussiez été ravie si vous aviez pu entendre les éloges que chacun s'est plu à faire de vous et de monsieur Claës.

— Vous avez agi comme un bon parent en repoussant des imputations dont le moindre mal serait de me rendre ridicule, répondit Balthazar. Ah! les Douaisiens me croient ruiné! Eh! bien, mon cher Pierquin, dans deux mois je donnerai, pour célébrer l'anniversaire de mon mariage, une fête dont la magnificence me rendra l'estime que nos chers compatriotes accordent aux écus.

Madame Claës rougit fortement. Depuis deux ans cet anniversaire avait été oublié. Semblable à ces fous qui ont des moments pendant lesquels leurs facultés brillent d'un éclat inusité, jamais Balthazar n'avait été si spirituel dans sa tendresse. Il se montra plein d'attentions pour ses enfants, et sa conversation fut séduisante de grâce, d'esprit, d'à-propos. Ce retour de la paternité, absente depuis si long-temps, était certes la plus belle fête qu'il pût donner à sa femme pour qui sa parole et son regard avaient repris cette constante sympathie d'expression qui se sent de cœur à cœur et qui prouve une délicieuse identité de sentiment.

Le vieux Lemulquinier paraissait se rajeunir, il allait et venait avec une allégresse insolite causée par l'accomplissement de ses secrètes espérances. Le changement si soudainement opéré dans les manières de son maître était encore plus significatif pour lui que pour madame Claës. Là où la famille voyait le bonheur, le valet de chambre voyait une fortune. En aidant Balthazar dans ses manipulations, il en avait épousé la folie. Soit qu'il eût saisi la portée de ses recherches dans les explications qui échappaient au chimiste quand le but se reculait sous ses mains, soit que le penchant inné chez l'homme pour l'imitation lui eût fait adopter les idées de celui dans l'atmosphère duquel il vivait, Lemulquinier avait conçu pour son maître un sentiment superstitieux mêlé de terreur, d'admiration et d'égoïsme. Le laboratoire était pour lui, ce qu'est pour le peuple un bureau de loterie, l'espoir organisé. Chaque soir il se couchait en se disant : Demain, peut-être nagerons-nous dans l'or! Et le lendemain il se réveillait avec une foi toujours aussi vive que la veille. Son nom indiquait une origine toute flamande. Jadis les gens du peuple n'étaient connus que par un sobriquet tiré de leur profession, de leur pays, de leur conformation physique ou de leurs qualités morales. Ce sobrique devenait le nom de la famille bourgeoise qu'ils fondaient lors de leur affranchissement. En Flandre, les marchands de fil de lin se nom-

LEMULQUINIER

avait conçu pour son maître un sentiment superstitieux mêlé de terreur,
d'admiration et d'égoïsme.

(LA RECHERCHE DE L'ABSOLU.)

maient des mulquiniers, et telle était sans doute la profession de l'homme qui, parmi les ancêtres du vieux valet, passa de l'état de serf à celui de bourgeois jusqu'à ce que les malheurs inconnus rendissent le petit-fils du mulquinier à son primitif état de serf, plus la solde. L'histoire de la Flandre, de son fil et de son commerce se résumait donc en ce vieux domestique, souvent appelé par euphonie Mulquinier. Son caractère et sa physionomie ne manquaient pas d'originalité. Sa figure de forme triangulaire était large, haute et couturée par une petite-vérole qui lui avait donné de fantastiques apparences, en y laissant une multitude de linéaments blancs et brillants. Maigre et d'une taille élevée, il avait une démarche grave, mystérieuse. Ses petits yeux, orangés comme la perruque jaune et lisse qu'il avait sur la tête, ne jetaient que des regards obliques. Son extérieur était donc en harmonie avec le sentiment de curiosité qu'il excitait. Sa qualité de préparateur initié aux secrets de son maître sur les travaux duquel il gardait le silence, l'investissait d'un charme. Les habitants de la rue de Paris le regardaient passer avec un intérêt mêlé de crainte, car il avait des réponses sybilliques et toujours grosses de trésors. Fier d'être nécessaire à son maître, il exerçait sur ses camarades une sorte d'autorité tracassière, dont il profitait pour lui-même en obtenant de ces concessions qui le rendaient à moitié maître au logis. Au rebours des domestiques flamands, qui sont extrêmement attachés à la maison, il n'avait d'affection que pour Balthazar. Si quelque chagrin affligeait madame Claës, ou si quelque événement favorable arrivait dans la famille, il mangeait son pain beurré, buvait sa bière avec son flegme habituel.

Le dîner fini, madame Claës proposa de prendre le café dans le jardin, devant le buisson de tulipes qui en ornaient le milieu. Les pots de terre dans lesquels étaient les tulipes dont les noms se lisaient sur des ardoises gravées, avaient été enterrés et disposés de manière à former une pyramide au sommet de laquelle s'élevait une tulipe Gueule-de-dragon que Balthazar possédait seul. Cette fleur, nommée *tulipa Claësiana*, réunissait les sept couleurs, et ses longues échancrures semblaient dorées sur les bords. Le père de Balthazar, qui en avait plusieurs fois refusé dix mille florins, prenait de si grandes précautions pour qu'on ne pût en voler une seule graine, qu'il la gardait dans le parloir et passait souvent des journées entières à la contempler. La tige était énorme, bien droite, ferme, d'un admirable vert; les proportions de la plante se trouvaient en harmonie avec le calice dont les couleurs se distinguaient par cette brillante netteté qui donnaient jadis tant de prix à ces fleurs fastueuses.

— Voilà pour trente ou quarante mille francs de tulipes, dit le notaire en regardant alternativement sa cousine et le buisson aux mille couleurs. Madame Claës était trop enthousiasmée par l'aspect de ces fleurs que les rayons du soleil couchant faisaient ressembler à des pierreries, pour bien saisir le sens de l'observation notariale

— A quoi cela sert-il, reprit le notaire en s'adressant à Balthazar, vous devriez les vendre.

— Bah! ai-je donc besoin d'argent! répondit Claës en faisant le geste d'un homme à qui quarante mille francs semblaient être peu de chose.

Il y eut un moment de silence pendant lequel les enfants firent plusieurs exclamations.

— Vois donc, maman, celle-là.

— Oh! qu'en voilà une belle!

— Comment celle-ci se nomme-t-elle?

— Quel abîme pour la raison humaine, s'écria Balthazar en levant les mains et les joignant par un geste désespéré. Une combinaison d'hydrogène et d'oxygène fait surgir par ses dosages différents, dans un même milieu et d'un même principe, ces couleurs qui constituent chacune un résultat différent.

Sa femme entendait bien les termes de cette proposition qui fut trop rapidement énoncée pour qu'elle la conçût entièrement, Balthazar songea qu'elle avait étudié sa Science favorite, et lui dit, en lui faisant un signe mystérieux : — Tu comprendrais, tu ne saurais pas encore ce que je veux dire! Et il parut retomber dans une de ces méditations qui lui étaient habituelles.

— Je le crois, dit Pierquin en prenant une tasse de café des mains de Marguerite. Chassez le naturel, il revient au galop, ajouta-t-il tout bas en s'adressant à madame Claës. Vous aurez la bonté de lui parler vous-même, le diable ne le tirerait pas de sa contemplation. En voilà pour jusqu'à demain.

Il dit adieu à Claës qui feignit de ne pas l'entendre, embrassa le petit Jean que la mère tenait dans ses bras, et, après avoir fait une profonde salutation, il se retira. Lorsque la porte d'entrée retentit en se fermant, Balthazar saisit sa femme par la taille, et dissipa l'inquiétude que pouvait lui donner sa feinte rêverie en lui disant à l'oreille : — Je savais bien comment faire pour le renvoyer.

Madame Claës tourna la tête vers son mari sans avoir honte de lui montrer les larmes qui lui vinrent aux yeux, elles étaient si douces! puis elle appuya son front sur l'épaule de Balthazar et laissa glisser Jean à terre.

— Rentrons au parloir, dit-elle après une pause.

Pendant toute la soirée, Balthazar fut d'une gaieté presque folle; il inventa mille jeux pour ses enfants, et joua si bien pour son propre compte, qu'il ne s'aperçut pas de deux ou trois absences que fit sa femme. Vers neuf heures et demie, lorsque Jean fut couché, quand Marguerite revint au parloir après avoir aidé sa sœur Félicie à se déshabiller, elle trouva sa mère assise dans la grande bergère, et son père qui causait avec elle en lui tenant la main. Elle craignit de troubler ses parents et paraissait vouloir se retirer sans leur parler; madame Claës s'en aperçut et lui dit : — Venez, Marguerite, venez, ma chère enfant. Puis elle l'attira vers elle et la baisa pieusement au front en ajoutant : — Emportez votre livre dans votre chambre, et couchez-vous de bonne heure.

— Bonsoir, ma fille chérie, dit Balthazar.

Marguerite embrassa son père et s'en alla. Claës et sa femme restèrent pendant quelques moments seuls, occupés à regarder les dernières teintes du crépuscule, qui mouraient dans les feuillages du jardin déjà devenus noirs, et dont les découpures se voyaient à peine dans la lueur. Quand il fit presque nuit, Balthazar dit à sa femme d'une voix émue : — Montons.

Long-temps avant que les mœurs anglaises n'eussent consacré la chambre d'une femme comme un lieu sacré, celle d'une Flamande était impénétrable. Les bonnes ménagères de ce pays n'en faisaient pas un apparat de vertu, mais une habitude contractée dès l'enfance, une superstition domestique qui rendait une chambre à coucher un délicieux sanctuaire où l'on respirait les sentiments tendres, où le simple s'unissait à tout ce que la vie sociale a de plus doux et de plus sacré. Dans la position particulière où se trouvait madame Claës, toute femme aurait voulu rassembler autour d'elle les choses les plus élégantes; mai elle l'avait fait avec un goût exquis, sachant quelle influence l'aspect de ce qui nous entoure exerce sur les sentiments. Chez une jolie créature c'eût été du luxe, chez elle c'était une nécessité. Elle avait compris la portée de ces mots : On se fait jolie femme? maxime qui dirigeait toutes les actions de la première femme de Napoléon et la rendait souvent fausse tandis que madame Claës était toujours naturelle et vraie. Quoique Balthazar connût bien la chambre de sa femme, son oubli des choses matérielles de la vie avait été si complet, qu'en y entrant il éprouva de doux frémissements comme s'il l'apercevait pour la première fois. La fastueuse gaieté d'une femme triomphante éclatait dans les splendides couleurs des tulipes qui s'élevaient du long cou de gros vases en porcelaine chinoise, habilement disposés, et dans la profusion des lumières dont les effets ne pouvaient se comparer qu'à ceux des plus joyeuses fanfares. La lueur des bougies donnait un éclat harmonieux aux étoffes de soie gris de lin dont la monotonie était nuancée par les reflets de l'or sobrement distribué sur quelques objets, et par les tons variés des fleurs qui ressemblaient à des gerbes de pierreries. Le secret de ces apprêts, c'était lui, toujours lui!.. Joséphine ne pouvait pas dire plus éloquemment à Balthazar qu'il était toujours le principe de ses joies et de ses douleurs. L'aspect de cette chambre mettait l'âme dans un délicieux état, et chassait toute idée triste pour n'y laisser que le sentiment d'un bonheur égal et pur. L'étoffe de la tenture achetée en Chine jetait cet odeur suave qui pénètre le corps sans le fatiguer. Enfin, les rideaux soigneusement tirés trahissaient un désir de solitude, une intention jalouse de garder les moindres sons de la parole, et d'enfermer là les regards de l'époux reconquis. Parée de sa belle chevelure noire parfaitement lisse et qui retombait de chaque côté de son front comme deux ailes de corbeau, madame Claës enveloppée d'un peignoir qui lui montait jusqu'au cou et que garnissait une longue pèlerine où bouillonnait la dentelle alla tirer la portière en tapisserie qui ne laissait parvenir aucun bruit du dehors. De là, Joséphine jeta sur son mari qui s'était assis près de la cheminée un de ces gais sourires par lesquels une femme spirituelle et dont l'âme vient parfois embellir la figure sait exprimer d'irrésistibles espérances. Le charme le plus grand d'une femme consiste dans un appel constant à la générosité de l'homme, dans une gracieuse déclaration de faiblesse par laquelle elle l'enorgueillit, et réveille en lui les plus magnifiques sentiments. L'aveu de la faiblesse ne comporte-t-il pas de magiques séductions? Lorsque les anneaux de la portière eurent glissé sourdement sur leur tringle de bois, elle se retourna vers son mari, parut vouloir dissimuler en ce moment ses défauts corporels en appuyant la main sur une chaise, pour se traîner avec grâce. C'était appeler à son secours. Balthazar, un moment abîmé dans la contemplation de cette tête olivâtre qui se détachait sur ce fond gris en attirant et satisfaisant le regard, se leva pour prendre sa femme et la porta sur le canapé. C'était bien ce qu'elle voulait.

— Tu m'as promis, dit-elle en lui prenant la main qu'elle garda entre ses mains électrisantes, de m'initier au secret de tes recherches. Conviens, mon ami, que je suis digne de le savoir, puisque j'ai eu le courage d'étudier une science condamnée par l'Église, pour être en état de te comprendre; mais je suis curieuse, ne me cache rien. Ainsi, raconte-moi par quel hasard, un matin tu t'es levé soucieux, quand la veille je t'avais laissé si heureux?

— Et c'est pour entendre parler chimie que tu t'es mise avec tant de coquetterie?

— Mon ami, recevoir une confidence qui me fait entrer plus avant dans ton cœur, n'est-ce pas pour moi le plus grand des plaisirs, n'est-ce pas une entente d'âme qui comprend et engendre toutes les félicités de la vie? Ton amour me revient pur et entier, je veux savoir quelle idée a été assez puissante pour m'en priver si long-temps. Oui, je suis plus jalouse d'une pensée que de toutes les femmes ensemble. L'amour est immense, mais il n'est pas infini; tandis que la Science a des profondeurs sans limites où je ne saurais te voir aller seul. Je déteste tout ce qui peut se mettre entre nous. Si tu obtenais la gloire après laquelle tu cours, j'en serais malheureuse; ne te donnerait-elle pas de vives jouissances? Moi seule, monsieur, dois être la source de vos plaisirs.

— Non, ce n'est pas une idée, mon ange, qui m'a jeté dans cette belle voie, mais un homme.

— Un homme, s'écria-t-elle avec terreur.

— Te souviens-tu, Pépita, de l'officier polonais que nous avons logé, chez nous, en 1809?

— Si je m'en souviens! dit-elle. Je me suis souvent impatientée de ce que ma mémoire me fît si souvent revoir ses deux yeux semblables à des langues de feu, les salières au-dessus de ses sourcils où se voyaient des charbons de l'enfer, son large crâne sans cheveux, ses moustaches relevées, sa figure anguleuse, dévastée!... Enfin quel calme effrayant dans sa démarche!... S'il y avait eu de la place dans les auberges, il n'aurait certes pas couché ici.

— Ce gentilhomme polonais se nommait monsieur Adam de Wierzchownia, reprit Balthazar. Quand le soir tu nous eus laissés seuls dans le parloir, nous nous sommes mis par hasard à causer chimie. Arraché par la misère à l'étude de cette science, il s'était fait soldat. Je crois que ce fut à l'occasion d'un verre d'eau sucrée que nous nous reconnûmes pour adeptes. Lorsque j'eus dit à Mulquinier d'apporter du sucre en morceaux, le capitaine fit un geste de surprise, — Vous avez étudié la chimie, me demanda-t-il. — Avec Lavoisier, lui répondis-je. — Vous êtes bien heureux d'être libre et riche! s'écria-t-il. Et il sortit de sa poitrine un de ces soupirs d'homme qui révèlent un enfer de douleur caché sous un crâne ou enfermé dans un cœur, enfin ce fut quelque chose d'ardent, de concentré que la parole n'exprime pas. Il acheva sa pensée par un regard qui me glaça. Après une pause, il me dit que la Pologne quasi morte, il s'était réfugié en Suède. Il avait cherché là des consolations dans l'étude de la chimie pour laquelle il s'était toujours senti une irrésistible vocation. — Eh! bien, ajouta-t-il, je le vois, vous avez reconnu comme moi, que la gomme arabique, le sucre et l'amidon mis en poudre, donnent une substance absolument semblable, et à l'analyse un même résultat *qualitatif*. Il fit encore une pause, et après m'avoir examiné d'un œil scrutateur, il me dit confidentiellement et à voix basse de solennelles paroles dont, aujourd'hui, le sens général est seul resté dans ma mémoire; mais il les accompagna d'une puissance de son, de chaudes inflexions et d'une force dans le geste qui me remuèrent les entrailles et frappèrent mon entendement comme un marteau bat le fer sur une enclume. Voici donc en abrégé ces raisonnements qui furent pour moi le charbon que Dieu mit sur la langue d'Isaïe, car mes études chez Lavoisier me permettaient d'en sentir toute la portée. « Monsieur, me dit-il, la parité de ces trois substances, en apparence si distinctes, m'a conduit à penser que toutes les productions de la nature devaient avoir un même principe. Les travaux de la chimie moderne ont prouvé la vérité de cette loi, pour la partie la plus considérable des effets naturels. La chimie divise la création en deux portions distinctes : la nature organique, la nature inorganique. En comprenant toutes les créations végétales ou animales dans lesquelles se montre une organisation plus ou moins perfectionnée, ou, pour être plus exact, une plus ou moins grande motilité qui y détermine plus ou moins de sentiment, la nature organique est, certes, la partie la plus importante de notre monde. Or, l'analyse a réduit tous les produits de cette nature à quatre corps simples qui sont trois gaz : l'azote, l'hydrogène, l'oxygène ; et un autre corps simple non métallique et solide, le carbone. Au contraire, la nature inorganique, si peu variée, dénuée de mouvement, de sentiment, et à laquelle on peut refuser le don de croissance que lui a légèrement accordé Linné, compte cinquante-trois corps simples dont les différentes combinaisons forment tous ses produits. Est-il probable que les moyens soient plus nombreux là où il existe moins de résultats ? Aussi, l'opinion de mon ancien maître est-elle que ces cinquante-trois corps ont un principe commun, modifié jadis par l'action d'une puissance éteinte aujourd'hui, mais que le génie humain doit faire revivre. Eh ! bien, supposez un moment que l'activité de cette puissance soit réveillée, nous aurions une chimie unitaire. Les natures organique et inorganique reposeraient vraisemblablement sur quatre principes, et si nous parvenions à décomposer l'azote, que nous devons considérer comme une négation, nous n'en aurions plus que trois. Nous voici déjà près du grand Ternaire des anciens et des alchimistes du Moyen-âge dont nous nous moquons à tort. La chimie moderne n'est encore que cela. C'est beaucoup et c'est peu. C'est beaucoup, car la chimie s'est habituée à ne reculer devant aucune difficulté. C'est peu, en comparaison de ce qui reste à faire. Le hasard l'a bien servie, cette belle Science ! Ainsi, cette larme de carbone pur cristallisé, le diamant, ne paraissait-il pas la dernière substance qu'il fût possible de créer. Les anciens alchimistes qui croyaient l'or décomposable, conséquemment faisable, reculaient à l'idée de produire le diamant, nous avons cependant découvert la nature et la loi de sa composition. Moi, dit-il, je suis allé plus loin ! Une expérience m'a démontré que le mystérieux Ternaire dont on s'occupe depuis un temps immémorial, ne se trouvera point dans les analyses actuelles qui manquent de direction vers un point fixe. Voici d'abord l'expérience. Semez des graines de cresson (pour prendre une substance entre toutes celles de la nature organique, dans de la fleur de soufre (pour prendre également un corps simple). Arrosez les graines avec de l'eau distillée pour ne laisser pénétrer dans les produits de la germination aucun principe qui ne soit certain? Les graines germent, poussent dans un milieu connu en ne se nourrissant que de principes connus par l'analyse. Coupez à plusieurs reprises la tige des plantes, afin de vous en procurer une assez grande quantité pour obtenir quelques gros de cendres en les faisant brûler et pouvoir ainsi opérer sur une certaine masse ; eh ! bien, en analysant ces cendres, vous trouverez de l'acide silicique, de l'alumine, du phosphate et du carbonate calcique, du carbonate magnésique, du sulfate, du carbonate potassique et de l'oxyde ferrique, comme si le cresson était venu en terre, au bord des eaux. Or, ces substances n'existaient ni dans le soufre, corps simple, qui servait de sol à la plante, ni dans l'eau employée à l'arroser et dont la composition est connue ; mais comme elles ne sont pas non plus dans la graine, nous ne pouvons expliquer leur présence dans la plante qu'en supposant un élément commun aux corps contenus dans le cresson, et à ceux qui lui ont servi de milieu. Ainsi l'air, l'eau distillée, la fleur de soufre, et les substances que donne l'analyse du cresson, c'est-à-dire la potasse, la chaux, la magnésie, l'alumine, etc., auraient un principe commun errant dans l'atmosphère telle que la fait le soleil. De cette irrécusable expérience, s'écria-t-il, j'ai déduit l'existence de *l'Absolu !* Une substance commune à toutes les créations, modifiée par une force unique, telle est la position nette et claire du problème offert par l'Absolu et qui m'a semblé *cherchable*. Là vous rencontrerez le mystérieux Ternaire, devant lequel s'est, de tout temps, agenouillée l'Humanité : la matière première, le moyen, le résultat. Vous trouverez ce terrible nombre Trois en toute chose humaine, il domine les religions, les sciences et les lois. Ici, me dit-il, la guerre et la misère ont arrêté mes travaux. Vous êtes un élève de Lavoisier, vous êtes riche et maître de votre temps, je puis donc vous faire part de mes conjectures. Voici le but que mes expériences personnelles m'ont fait entrevoir. La MATIÈRE UNE doit être un principe commun aux trois gaz et au carbone. Le MOYEN doit être le principe commun à l'électricité négative et à l'électricité positive. Marchez à la découverte des preuves qui établiront ces deux vérités, vous aurez la raison suprême de tous les effets de la nature. Oh ! monsieur, quand on porte là, dit-il en se frappant le front, le dernier mot de la création, en pressentant l'Absolu, est-ce vivre que d'être entraîné dans le mouvement de ce ramas d'hommes qui se ruent à heure fixe les uns sur les autres sans savoir ce qu'ils font. Ma vie actuelle est exactement l'inverse d'un songe. Mon corps va, vient, agit, se trouve au milieu du feu, des canons, des hommes, traverse l'Europe au gré d'une puissance à laquelle j'obéis en la méprisant. Mon âme n'a nulle conscience de ces actes, elle reste fixe, plongée dans une idée, engourdie par cette idée, la recherche de l'Absolu, de ce principe par lequel des graines, absolument semblables, mises dans un même milieu, donnent, l'une des calices blancs, l'autre des calices jaunes ! Phénomène applicable aux vers à soie qui, nourris des mêmes feuilles et constitués sans différences apparentes, font les uns de la soie jaune, et les autres de la soie blanche ; enfin applicable à l'homme lui-même qui souvent a légitimement des enfants entièrement dissemblables avec la mère et lui. La déduction logique de ce fait n'implique-t-elle pas d'ailleurs la raison de tous les effets de la nature ? Hé ! quoi de plus conforme à nos idées sur Dieu que de croire qu'il a tout fait par le moyen le plus simple ? L'adoration pythagoricienne pour le UN d'où sortent tous les nombres et qui représente la matière une ; celle pour le nombre DEUX, la première agrégation et le type de toutes les autres ; celle pour le nombre TROIS, qui, de tout temps, a configuré Dieu, c'est-à-dire la Matière, la Force et le Produit, ne résumaient-elles pas traditionnellement la connaissance confuse de l'Absolu. Sthal, Becher, Paracelse, Agrippa, tous les grands chercheurs de causes occultes avaient pour mot d'ordre le Trismégiste, qui veut dire le grand Ternaire. Les ignorants, habitués à condamner l'alchimie, cette chimie transcendante, ne savent sans doute pas que nous nous occupons à justifier les recherches passionnées de ces grands hommes ! L'Absolu trouvé, je me serais alors colleté avec le Mouvement. Ah ! tandis que je me nourris de poudre, et commande à des hommes de mourir assez inutilement, mon ancien maître entasse découvertes sur découvertes, il vole vers l'Absolu ! Et moi ! je mourrai comme un chien, au coin d'une batterie. » Quand ce pauvre grand homme eut repris un peu de calme, il me dit avec une sorte de fraternité touchante : « Si je trouvais une expérience à faire, je vous la léguerais avant de mourir. » Ma Pépita, dit Balthazar en serrant la main de sa femme, des larmes de rage ont coulé sur les joues creuses de cet homme pendant qu'il jetait dans mon âme le feu de ce raisonnement que déjà Lavoisier s'était timidement fait, sans oser s'y abandonner.

— Comment ! s'écria madame Claës, qui ne put s'empêcher d'interrompre son mari, cet homme, en passant une nuit sous notre toit, nous a enlevé tes affections, a détruit, par une seule phrase et par un seul mot, le bonheur d'une famille. O mon cher Balthazar! cet homme a-t-il fait le signe de la croix? l'as-tu bien examiné? Le Tentateur peut seul avoir cet œil jaune d'où sortait le feu de Prométhée. Oui, le démon pouvait seul t'arracher à moi. Depuis ce jour, tu n'as plus été ni père, ni époux, ni chef de famille.

— Quoi! dit Balthazar en se dressant dans la chambre et jetant un regard perçant à sa femme, tu blâmes ton mari de s'élever au-dessus des autres hommes, afin de pouvoir jeter sous tes pieds la pourpre divine de la gloire, comme une minime offrande auprès des trésors de ton cœur! Mais tu ne sais donc pas ce que j'ai fait, depuis trois ans? des pas de géant! ma Pépita, dit-il en s'animant. Son visage parut alors à sa femme plus étincelant sous le feu du génie qu'il ne l'avait été sous le feu de l'amour, et elle pleura en l'écoutant. — J'ai combiné le chlore et l'azote, j'ai décomposé plusieurs corps jusqu'ici considérés comme simples, j'ai trouvé de nouveaux métaux. Tiens, dit-il en voyant les pleurs de sa femme, j'ai décomposé les larmes. Les larmes contiennent un peu de phosphate de chaux, de chlorure de sodium, du mucus et de l'eau. Il continua de parler sans voir l'horrible convulsion qui travailla la physionomie de Joséphine, il était monté sur la Science qui l'emportait en croupe, ailes déployées, bien loin du monde matériel. — Cette analyse, ma chère, est une des meilleures preuves du système de l'Absolu. Toute vie implique une combustion. Selon le plus ou moins d'activité du foyer, la vie est plus ou moins persistante. Ainsi la destruction du minéral est indéfiniment retardée, parce que la combustion y est virtuelle, latente ou insensible. Ainsi les végétaux qui se rafraîchissent incessamment par la combinaison d'où résulte l'humide, vivent indéfiniment, et il existe plusieurs végétaux contemporains du dernier cataclysme. Mais, toutes les fois que la nature a perfectionné un appareil, que dans un but ignoré elle y a jeté le sentiment, l'instinct ou l'intelligence, trois degrés marqués dans le système organique, ces trois organismes veulent une combustion dont l'activité est en raison directe du résultat obtenu. L'homme, qui représente le plus haut point de l'intelligence et qui nous offre le seul appareil d'où résulte un pouvoir à demi créateur, *la pensée!* est, parmi les créations zoologiques, celle où la combustion se rencontre dans son degré le plus intense et dont les puissants effets sont en quelque sorte révélés par les phos-

phates, les sulfates et les carbonates que fournit son corps dans
notre analyse. Ces substances ne seraient-elles pas les traces que
laisse en lui l'action du fluide électrique, principe de toute fécondation? L'électricité ne se manifesterait-elle pas en lui par des
combinaisons plus variées qu'en tout autre animal? N'aurait-il pas
des facultés plus grandes que toute autre créature pour absorber
de plus fortes portions du principe absolu, et ne se les assimilerait-
il pas pour en composer dans une plus parfaite machine, sa force et
ses idées! Je le crois. L'homme est un matras. Ainsi, selon moi,
l'idiot serait celui dont le cerveau contiendrait le moins de phosphore ou tout autre produit de l'électro-magnétisme, le fou celui
dont le cerveau en contiendrait trop, l'homme ordinaire celui qui
en aurait peu, l'homme de génie celui dont la cervelle en serait
saturée à un degré convenable. L'homme constamment amoureux,
le porte-faix, le danseur, le grand mangeur, sont ceux qui déplaceraient la force résultante de leur appareil électrique. Ainsi,
nos sentiments...

— Assez, Balthazar; tu m'épouvantes, tu commets des sacriléges. Quoi! mon amour serait...

— De la matière éthérée qui se dégage, dit Claës, et qui sans
doute est le mot de l'Absolu. Songe donc que si moi, moi le premier! si je trouve, si je trouve, si je trouve! En disant ces mots
sur trois tons différents, son visage monta par degrés à l'expression
de l'inspiré. Je fais les métaux, je fais les diamants, je répète la
nature, s'écria-t-il.

— En seras-tu plus heureux? cria-t-elle avec désespoir. Maudite Science, maudit démon! tu oublies, Claës, que tu commets
le péché d'orgueil dont fut coupable Satan. Tu entreprends sur
Dieu.

— Oh! oh! Dieu!

— Il le nie! s'écria-t-elle en se tordant les mains. Claës, Dieu
dispose d'une puissance que tu n'auras jamais.

A cet argument qui semblait annuler sa chère Science, il regarda
sa femme en tremblant.

— Quoi! dit-il.

— La force unique, le mouvement. Voilà ce que j'ai saisi à travers les livres que tu m'as contrainte à lire. Analyse des fleurs,
des fruits, du vin de Malaga; tu découvriras certes leurs principes qui viennent, comme ceux de mon cresson, dans un milieu qui

semble leur être étranger; tu peux, à la rigueur, les trouver dans la nature; mais en les rassemblant, feras-tu ces fleurs, ces fruits, le vin de Malaga? auras-tu les incompréhensibles effets du soleil, auras-tu l'atmosphère de l'Espagne? Décomposer n'est pas créer.

— Si je trouve la force coërcitive, je pourrai créer.

— Rien ne l'arrêtera, cria Pépita d'une voix désespérante. Oh! mon amour, il est tué, je l'ai perdu. Elle fondit en larmes, et ses yeux animés par la douleur et par la sainteté des sentiments qu'ils épanchaient, brillèrent plus beaux que jamais à travers ses pleurs. Oui, reprit-elle en sanglotant, tu es mort à tout. Je le vois, la Science est plus puissante en toi que toi-même, et son vol t'a emporté trop haut pour que tu redescendes jamais à être le compagnon d'une pauvre femme. Quel bonheur puis-je t'offrir encore? Ah! je voudrais, triste consolation, croire que Dieu t'a créé pour manifester ses œuvres et chanter ses louanges, qu'il a renfermé dans ton sein une force irrésistible qui te maîtrise. Mais non, Dieu est bon, il te laisserait au cœur quelques pensées pour une femme qui t'adore, pour des enfants que tu dois protéger. Oui, le démon seul peut t'aider à marcher seul au milieu de ces abîmes sans issue, parmi ces ténèbres où tu n'es pas éclairé par la foi d'en haut, mais par une horrible croyance en tes facultés! Autrement, ne te serais-tu pas aperçu, mon ami, que tu as dévoré neuf cent mille francs depuis trois ans? Oh! rends-moi justice, toi, mon dieu sur cette terre, je ne te reproche rien. Si nous étions seuls, je t'apporterais à genoux toutes nos fortunes en te disant : Prends, jette dans ton fourneau, fais-en de la fumée, et je rirais de la voir voltiger. Si tu étais pauvre, j'irais mendier sans honte pour te procurer le charbon nécessaire à l'entretien de ton fourneau. Enfin, si en m'y précipitant, je te faisais trouver ton exécrable Absolu, Claës, je m'y précipiterais avec bonheur, puisque tu places ta gloire et tes délices dans ce secret encore introuvé. Mais nos enfants, Claës, nos enfants! que deviendront-ils, si tu ne devines pas bientôt ce secret de l'enfer! Sais-tu pourquoi venait Pierquin? Il venait te demander trente mille francs que tu dois, sans les avoir. Tes propriétés ne sont plus à toi. Je lui ai dit que tu avais ces trente mille francs, afin de t'épargner l'embarras où t'auraient mis ses questions; mais pour acquitter cette somme, j'ai pensé à vendre notre vieille argenterie. Elle vit les yeux de son mari près de s'humecter, et se jeta désespérément à ses pieds en levant vers lui des mains suppliantes. Mon ami, s'écria-t-elle, cesse un moment tes recherches, économisons l'argent nécessaire à ce qu'il te faudra pour les reprendre plus tard, si tu ne peux renoncer à poursuivre ton œuvre. Oh! je ne la juge pas, je soufflerai tes fourneaux, si tu le veux ; mais ne réduis pas nos enfants à la misère, tu ne peux plus les aimer, la Science a dévoré ton cœur, ne leur lègue pas une vie malheureuse en échange du bonheur que tu leur devais. Le sentiment maternel a été trop souvent le plus faible dans mon cœur, oui, j'ai souvent souhaité ne pas être mère afin de pouvoir m'unir plus intimement à mon âme, à ta vie! aussi, pour étouffer mes remords! dois-je plaider auprès de toi la cause de tes enfants avant la mienne.

Ses cheveux s'étaient déroulés et flottaient sur ses épaules, ses yeux dardaient mille sentiments comme autant de flèches, elle triompha de sa rivale. Balthazar l'enleva, la porta sur le canapé, se mit à ses pieds.

— Je t'ai donc causé des chagrins, lui dit-il avec l'accent d'un homme qui se réveillerait d'un songe pénible.

— Pauvre Claës, tu nous en donneras encore malgré toi, dit-elle en lui passant sa main dans les cheveux. Allons, viens t'asseoir près de moi, dit-elle en lui montrant sa place sur le canapé. Tiens, j'ai tout oublié, puisque tu nous reviens. Va, mon ami, nous réparerons tout, mais tu ne t'éloigneras plus de ta femme, n'est-ce pas? Dis oui? Laisse-moi, mon grand et beau Claës, exercer sur ton noble cœur cette influence féminine si nécessaire au bonheur des artistes malheureux, des grands hommes souffrants! Tu me brusqueras, tu me briseras si tu veux, mais tu me permettras de te contrarier un peu pour ton bien. Je n'abuserai jamais du pouvoir que tu me concéderas. Sois célèbre, mais sois heureux aussi. Ne nous préfère pas la Chimie. Ecoute, nous serons bien complaisants, nous permettrons à la Science d'entrer avec nous dans le partage de ton cœur ; mais sois juste, donne-nous bien notre moitié? Dis, mon désintéressement n'est-il pas sublime?

Elle fit sourire Balthazar. Avec cet art merveilleux que possèdent les femmes, elle avait amené la plus haute question dans le domaine de la plaisanterie où les femmes sont maîtresses. Cependant quoiqu'elle parût rire, son cœur était si violemment contracté qu'il reprenait difficilement le mouvement égal et doux de son état habituel; mais en voyant renaître dans les yeux de Balthazar l'expression qui la charmait, qui était sa gloire à elle, et lui révélait l'entière action de son ancienne puissance qu'elle croyait perdue, elle lui dit en souriant : — Crois-moi, Balthazar, la nature nous a faits pour sentir, et quoique tu veuilles que nous ne soyons que des machines électriques, tes gaz, tes matières éthérées n'expliqueront jamais le don que nous possédons d'entrevoir l'avenir.

— Si, reprit-il, par les affinités. La puissance de vision qui fait le poëte, et la puissance de déduction qui fait le savant, sont fondées sur des affinités invisibles, intangibles et impondérables que le vulgaire range dans la classe des phénomènes moraux, mais qui sont des effets physiques. Le prophète voit et déduit. Malheureusement ces espèces d'affinités sont trop rares et trop peu perceptibles pour être soumises à l'analyse ou à l'observation.

— Ceci, dit-elle en lui prenant un baiser, pour éloigner la Chimie qu'elle avait si malencontreusement réveillée, serait donc une affinité?

— Non, c'est une combinaison : deux substances de même *signe* ne produisent aucune activité...

— Allons, tais-toi, dit-elle, tu me ferais mourir de douleur. Oui, je ne supporterais pas, cher, de voir ma rivale jusque dans les transports de ton amour.

— Mais, ma chère vie, je ne pense qu'à toi, mes travaux sont la gloire de ma famille, tu es au fond de toutes mes espérances.

— Voyons, regarde-moi?

Cette scène l'avait rendue belle comme une jeune femme, et de toute sa personne, son mari ne voyait que sa tête, au-dessus d'un nuage de mousselines et de dentelles.

— Oui, j'ai eu bien tort de te délaisser pour la science. Maintenant, quand je retomberai dans mes préoccupations, eh! bien, ma Pépita, tu m'y arracheras, je le veux.

— Elle baissa les yeux et laissa prendre sa main, sa plus grande beauté, une main à la fois puissante et délicate.

— Mais, je veux plus encore, dit-elle.

— Tu es si délicieusement belle que tu peux tout obtenir.

— Je veux briser ton laboratoire et enchaîner ta Science, dit-elle en jetant du feu par les yeux.

— Eh! bien, au diable la Chimie.

— Ce moment efface toutes mes douleurs, reprit-elle. Maintenant, fais-moi souffrir si tu veux.

En entendant ce mot, les larmes gagnèrent Balthazar.

— Mais tu as raison, je ne vous voyais qu'à travers un voile, et je ne vous entendais plus.

— S'il ne s'était agi que de moi, dit-elle, j'aurais continué à souffrir en silence, sans élever la voix devant mon souverain ; mais tes fils ont besoin de considération, Claës. Je t'assure que si tu continuais à dissiper ainsi ta fortune, quand même ton but serait glorieux, le monde ne t'en tiendrait aucun compte et son blâme retomberait sur les tiens. Ne doit-il pas te suffire, à toi, homme de si haute portée, que ta femme ait attiré ton attention sur un danger que tu n'apercevais pas ? Ne parlons plus de tout cela, dit-elle en lui lançant un sourire et un regard pleins de coquetterie. Ce soir, mon Claës, ne soyons pas heureux à demi.

Le lendemain de cette soirée si grave dans la vie de ce ménage, Balthazar Claës, de qui Joséphine avait sans doute obtenu quelque promesse relativement à la cessation de ses travaux, ne monta point à son laboratoire et resta près d'elle durant toute la journée. Le lendemain, la famille fit ses préparatifs pour aller à la campagne où elle demeura deux mois environ, et d'où elle ne revint en ville que pour s'y occuper de la fête par laquelle Claës voulait, comme jadis, célébrer l'anniversaire de son mariage. Balthazar obtint alors, de jour en jour, les preuves du dérangement que ses travaux et son insouciance avaient apporté dans ses affaires. Loin d'élargir la plaie par des observations, sa femme trouvait toujours des palliatifs aux maux consommés. Des sept domestiques qu'avait Claës, le jour où il reçut pour la dernière fois, il ne restait plus que Lemulquinier, Josette la cuisinière, et une vieille femme de chambre nommée Martha qui n'avait pas quitté sa maîtresse depuis sa sortie du couvent ; il était donc impossible de recevoir la haute société de la ville avec un si petit nombre de serviteurs. Madame Claës leva toutes les difficultés en proposant de faire venir un cuisinier de Paris, de dresser au service le fils de leur jardinier, et d'emprunter le domestique de Pierquin. Ainsi, personne ne s'apercevrait encore de leur état de gêne. Pendant vingt jours que durèrent les apprêts, madame Claës sut tromper avec habileté le désœuvrement de son mari : tantôt elle le chargeait de choisir des fleurs rares qui devaient orner le grand escalier, la galerie et les appartements ; tantôt elle l'envoyait à Dunkerque pour s'y procurer quelques-uns de ces monstrueux poissons, la gloire des tables ménagères dans le département du Nord. Une fête comme

celle que donnait Claës était une affaire capitale, qui exigeait une
multitude de soins et une correspondance active, dans un pays où
les traditions de l'hospitalité mettent si bien en jeu l'honneur des
familles, que, pour les maîtres et les gens, un dîner, est comme
une victoire à remporter sur les convives. Les huîtres arrivaient
d'Ostende, les coqs de bruyère étaient demandés à l'Écosse, les
fruits venaient de Paris ; enfin les moindres accessoires ne devaient pas démentir le luxe patrimonial. D'ailleurs le bal de la
maison Claës avait une sorte de célébrité. Le chef-lieu du Département étant alors à Douai, cette soirée ouvrait en quelque sorte la
saison d'hiver, et donnait le ton à toutes celles du pays. Aussi pen
dant quinze ans Balthazar s'était-il efforcé de se distinguer, et avai
si bien réussi qu'il s'en faisait chaque fois des récits à vingt lieues
à la ronde, et qu'on parlait des toilettes, des invités, des plus petits détails, des nouveautés qu'on y avait vues, ou des événements
qui s'y étaient passés. Ces préparatifs empêchèrent donc Claës de
songer à la recherche de l'Absolu. En revenant aux idées domestiques et à la vie sociale, le savant retrouva son amour-propre
d'homme, de Flamand, de maître de maison, et se plut à étonner
la contrée. Il voulut imprimer un caractère à cette soirée par
quelque recherche nouvelle, et il choisit, parmi toutes les fantaisies du luxe, la plus jolie, la plus riche, la plus passagère, er
faisant de sa maison un bocage de plantes rares, et préparant des
bouquets de fleurs pour les femmes. Les autres détails de la fête
répondaient à ce luxe inouïe rien ne paraissait devoir en faire
manquer l'effet. Mais le vingt-neuvième bulletin et les nouvelles
particulières des désastres éprouvés par la grande-armée en Russie
et à la Bérésina s'étaient répandus dans l'après-dîner. Une tristesse
profonde et vraie s'empara des Douaisiens, qui, par un sentiment
patriotique, refusèrent unanimement de danser. Parmi les lettres
qui arrivèrent de Pologne à Douai, il y en eut une pour Balthazar.
Monsieur de Wierzchownia, alors à Dresde où il se mourait, disait-
il, d'une blessure reçue dans un des derniers engagements, avait
voulu léguer à son hôte plusieurs idées qui, depuis leur rencontre,
lui étaient survenues relativement à l'Absolu. Cette letttre plongea
Claës dans une profonde rêverie qui fit honneur à son patriotisme ;
mais sa femme ne s'y méprit pas. Pour elle, la fête eut un double
deuil. Cette soirée, pendant laquelle la maison Claës jetait son dernier éclat, eut donc quelque chose de sombre et de triste au milieu

de tant de magnificence, de curiosités amassées par six générations dont chacune avait eu sa manie, et que les Douaisiens admirèrent pour la dernière fois.

La reine de ce jour fut Marguerite, alors âgée de seize ans, et que ses parents présentèrent au monde. Elle attira tous les regards par une extrême simplicité, par son air candide et surtout par sa physionomie en accord avec ce logis. C'était bien la jeune fille flamande telle que les peintres du pays l'ont représentée : une tête parfaitement ronde et pleine ; des cheveux châtains, lissés sur le front et séparés en deux bandeaux ; des yeux gris, mélangés de vert ; de beaux bras, un embonpoint qui ne nuisait pas à la beauté ; un air timide, mais sur son front haut et plat, une fermeté qui se cachait sous un calme et une douceur apparentes. Sans être ni triste ni mélancolique, elle parut avoir peu d'enjouement. La réflexion, l'ordre, le sentiment du devoir, les trois principales expressions du caractère flamand animaient sa figure froide au premier aspect, mais sur laquelle le regard était ramené par une certaine grâce dans les contours, et par une paisible fierté qui donnait des gages au bonheur domestique. Par une bizarrerie que les physiologistes n'ont pas encore expliquée, elle n'avait aucun trait de sa mère ni de son père, et offrait une vivante image de son aïeule maternelle, une Conyncks de Bruges, dont le portrait conservé précieusement attestait cette ressemblance.

Le souper donna quelque vie à la fête. Si les désastres de l'armée interdisaient les réjouissances de la danse, chacun pensa qu'ils ne devaient pas exclure les plaisirs de la table. Les patriotes se retirèrent promptement. Les indifférents restèrent avec quelques joueurs et plusieurs amis de Claës ; mais, insensiblement, cette maison si brillamment éclairée, où se pressaient toutes les notabilités de Douai, rentra dans le silence ; et, vers une heure du matin, la galerie fut déserte, les lumières s'éteignirent de salon en salon. Enfin cette cour intérieure, un moment si bruyante, si lumineuse, redevint noire et sombre : image prophétique de l'avenir qui attendait la famille. Quand les Claës rentrèrent dans leur appartement, Balthazar fit lire à sa femme la lettre du Polonais, elle la lui rendit par un geste triste, elle prévoyait l'avenir.

En effet, à compter de ce jour, Balthazar déguisa mal le chagrin et l'ennui qui l'accabla. Le matin, après le déjeuner de famille, il jouait un moment dans le parloir avec son fils Jean, causait avec ses deux filles occupées à coudre, à broder, ou à faire de la dentelle; mais il se lassait bientôt de ces jeux, de cette causerie, il paraissait s'en acquitter comme d'un devoir. Lorsque sa femme redescendait après s'être habillée, elle le trouvait toujours assis dans la bergère, regardant Marguerite et Félicie, sans s'impatienter du bruit de leurs bobines. Quand venait le journal, il le lisait lentement, comme un marchand retiré qui ne sait comment tuer le temps. Puis il se levait, contemplait le ciel à travers les vitres, revenait s'asseoir et attisait le feu rêveusement, en homme à qui la tyrannie des idées ôtait la conscience de ses mouvements. Madame Claës regretta vivement son défaut d'instruction et de mémoire. Il lui était difficile de soutenir long-temps une conversation intéressante; d'ailleurs, peut-être est-ce impossible entre deux êtres qui se sont tout dit et qui sont forcés d'aller chercher des sujets de distraction en dehors de la vie du cœur ou de la vie matérielle. La vie du cœur a ses moments, et veut des oppositions; les détails de la vie matérielle ne sauraient occuper longtemps des esprits supérieurs habitués à se décider promptement; et le monde est insupportable aux âmes aimantes. Deux êtres solitaires qui se connaissent entièrement doivent donc chercher leurs divertissements dans les régions les plus hautes de la pensée, car il est impossible d'opposer quelque chose de petit à ce qui est immense. Puis, quand un homme s'est accoutumé à manier de grandes choses, il devient inamusable, s'il ne conserve pas au fond du cœur ce principe de candeur, ce laisser-aller qui rend les gens de génie si gracieusement enfants; mais cette enfance du cœur n'est-elle pas un phénomène humain bien rare chez ceux dont la mission est de tout voir, de tout savoir, de tout comprendre?

Pendant les premiers mois, madame Claës se tira de cette situation critique par des efforts inouïs que lui suggéra l'amour ou la nécessité. Tantôt elle voulut apprendre le trictrac qu'elle n'avait jamais pu jouer, et, par un prodige assez concevable, elle finit par le savoir. Tantôt elle intéressait Balthazar à l'éducation de ses filles en lui demandant de diriger leurs lectures. Ces ressources s'épuisèrent. Il vint un moment où Joséphine se trouva devant Balthazar comme madame de Maintenon en présence de Louis XIV; mais sans avoir, pour distraire le maître assoupi, ni les pompes du pouvoir, ni les ruses d'une cour qui savait jouer des comédies comme celle de l'ambassade du roi de Siam ou du sophi de Perse. Réduit, après avoir dépensé la France, à des expédients de fils de famille pour se procurer de l'argent, le monarque n'avait plus ni jeunesse ni succès, et sentait une effroyable impuissance au milieu des grandeurs; la royale bonne, qui avait su bercer les enfants, ne sut pas toujours bercer le père, qui souffrait pour avoir abusé des choses, des hommes, de la vie et de Dieu. Mais Claës souffrait de trop de puissance. Oppressé par une pensée qui l'étreignait, il rêvait les pompes de la Science, des trésors pour l'humanité, pour lui la gloire. Il souffrait comme souffre un artiste aux prises avec la misère, comme Samson attaché aux colonnes du temple. L'effet était le même pour ces deux souverains, quoique le monarque intellectuel fût accablé par sa force et l'autre par sa faiblesse. Que pouvait Pépita seule contre cette espèce de nostalgie scientifique ? Après avoir usé les moyens que lui offraient les occupations de famille, elle appela le monde à son secours, en donnant deux CAFÉS par semaine. A Douai, les *Cafés* remplacent les *thés*. Un Café est une assemblée où, pendant une soirée entière, les invités boivent les vins exquis et les liqueurs dont regorgent les caves dans ce benoît pays, mangent des friandises, prennent du café noir, ou du café au lait frappé de glace; tandis que les femmes chantent des romances, discutent leurs toilettes ou se racontent les gros riens de la ville. C'est toujours les tableaux de Miéris ou de Terburg, moins les plumes rouges sur les chapeaux gris pointus, moins les guitares et les beaux costumes du seizième siècle. Mais les efforts que faisait Balthazar pour bien jouer son rôle de maître de maison, son affabilité d'emprunt, les feux d'artifice de son esprit, tout accusait la profondeur du mal par la fatigue à laquelle on le voyait en proie le lendemain.

Ces fêtes continuelles, faibles palliatifs, attestèrent la gravité de la maladie. Ces branches que rencontrait Balthazar en roulant dans son précipice, retardèrent sa chute, mais la rendirent plus lourde. S'il ne parla jamais de ses anciennes occupations, s'il n'émit pas un regret en sentant l'impossibilité dans laquelle il s'était mis de recommencer ses expériences, il eut les mouvements tristes, la voix faible, l'abattement d'un convalescent. Son ennui perçait parfois jusque dans la manière dont il prenait les pinces pour bâtir insoucianmment dans le feu quelque fantasque pyramide avec des morceaux de charbon de terre. Quand il avait atteint la soirée, il éprouvait un contentement visible; le sommeil le débarrassait sans doute d'une importune pensée ; puis, le lendemain, il se levait mélancolique en apercevant une journée à traverser, et semblait mesurer le temps qu'il avait à consumer, comme un voyageur lassé contemple un désert à franchir. Si madame Claës connaissait la cause de cette langueur, elle s'efforça d'ignorer combien les ravages en étaient étendus. Pleine de courage contre les souffrances de l'esprit, elle était sans force contre les générosités du cœur. Elle n'osait questionner Balthazar quand il écoutait les propos de ses deux filles et les rires de Jean avec l'air d'un homme occupé par une arrière-pensée ; mais elle frémissait en lui voyant secouer sa mélancolie et tâcher, par un sentiment généreux, de paraître gai pour n'attrister personne. Les coquetteries du père avec ses deux filles, ou ses jeux avec Jean, mouillaient de pleurs les yeux de Joséphine qui sortait pour cacher les émotions que lui causait un héroïsme dont le prix est bien connu des femmes, et qui leur brise le cœur ; madame Claës avait alors envie de dire : — Tue-moi, et fais ce que tu voudras ! Insensiblement, les yeux de Balthazar perdirent leur feu vif, et prirent cette teinte glauque qui attriste ceux des vieillards. Ses attentions pour sa femme, ses paroles, tout en lui fut frappé de lourdeur. Ces symptômes, devenus plus graves vers la fin du mois d'avril, effrayèrent madame Claës, pour qui ce spectacle était intolérable, et qui s'était déjà fait mille reproches en admirant la foi flamande avec laquelle son mari tenait sa parole. Un jour, que Balthazar lui sembla plus affaissé qu'il ne l'avait jamais été, elle n'hésita plus à tout sacrifier pour le rendre à la vie.

— Mon ami, lui dit-elle, je te délie de tes serments.

Balthazar la regarda d'un air étonné.

— Tu penses à tes expériences ? reprit-elle.

Il répondit par un geste d'une effrayante vivacité. Loin de lui adresser quelque remontrance, madame Claës, qui avait à loisir sondé l'abîme dans lequel ils allaient rouler tous deux, lui prit la main et la lui serra en souriant : — Merci, ami, je suis sûre de mon pouvoir, lui dit-elle, tu m'as sacrifié plus que ta vie. A moi maintenant les sacrifices ! Quoique j'aie déjà vendu quelques-uns de mes diamants, il en reste encore assez, en y joignant ceux de mon frère, pour te procurer l'argent nécessaire à tes travaux. Je destinais ces parures à nos deux filles, mais ta gloire ne leur en fera-t-elle pas de plus étincelantes ? d'ailleurs, ne leur rendras-tu pas un jour leurs diamants plus beaux ?

La joie qui soudainement éclaira le visage de son mari, mit le comble au désespoir de Joséphine; elle vit avec douleur que la passion de cet homme était plus forte que lui. Claës avait confiance en son œuvre pour marcher sans trembler dans une voie qui, pour sa femme, était un abîme. A lui la foi, à elle le doute, à elle le fardeau le plus lourd : la femme ne souffre-t-elle pas toujours pour deux ? En ce moment elle se plut à croire au succès, voulant se justifier à elle-même sa complicité dans la dilapidation probable de leur fortune.

— L'amour de toute ma vie ne suffirait pas à reconnaître ton dévouement, Pépita, dit Claës attendri.

A peine achevait-il ces paroles que Marguerite et Félicie entrèrent, et leur souhaitèrent le bonjour. Madame Claës baissa les yeux, et resta pendant un moment interdite, devant ses enfants dont la fortune venait d'être aliénée au profit d'une chimère ; tandis que son mari les prit sur ses genoux et causa gaîment avec eux, heureux de pouvoir déverser la joie qui l'oppressait. Madame Claës entra dès-lors dans la vie ardente de son mari. L'avenir de ses enfants, la considération de leur père furent pour elle deux mobiles aussi puissants que l'était pour Claës la gloire et la science. Aussi, cette malheureuse femme n'eut-elle plus une heure de calme, quand tous les diamants de la maison furent vendus à Paris par l'entremise de l'abbé de Solis, son directeur, et que les fabricants de produits chimiques eurent recommencé leurs envois. Sans cesse agitée par le démon de la Science et par cette fureur de recherches qui dévorait son mari, elle vivait dans une attente continuelle, et demeurait comme morte pendant des journées entières, clouée dans sa bergère par la violence même de ses désirs, qui, ne trouvant point comme ceux de Balthazar une pâture dans les travaux du laboratoire, tourmentèrent son âme en agissant sur ses doutes et sur ses craintes. Par moments, se reprochant sa complaisance pour une passion dont le but était impossible et que monsieur de Solis condamnait, elle se levait, allait à la fenêtre de la cour intérieure, et regardait avec terreur la cheminée du laboratoire. S'il s'en échappait de la fumée, elle la contemplait avec désespoir, les idées les plus contraires agitaient son cœur et son esprit. Elle voyait s'enfuir en fumée la fortune de ses enfants, mais elle sauvait la vie de leur père : n'était-ce pas son premier devoir de le rendre heureux? Cette dernière pensée la calmait pour un moment. Elle avait obtenu de pouvoir entrer dans le laboratoire et d'y rester; mais il lui fallut bientôt renoncer à cette triste satisfaction. Elle éprouvait là de trop vives souffrances à voir Balthazar ne point s'occuper d'elle, et même paraître souvent gêné par sa présence ; elle y subissait de jalouses impatiences, de cruelles envies de faire sauter la maison ; elle y mourait de mille maux inouïs. Lemulquinier devint alors pour elle une espèce de baromètre : l'entendait-elle siffler, quand il allait et venait pour servir le déjeuner ou le dîner, elle devinait que les expériences de son mari étaient heureuses, et qu'il concevait l'espoir d'une prochaine réussite ; Lemulquinier était-il morne, sombre, elle lui jetait un regard de douleur. Balthazar était mécontent. La maîtresse et le valet avaient fini par se comprendre, malgré la fierté de l'une et la soumission rogue de l'autre. Faible et sans défense contre les terribles prostrations de la pensée, cette femme succombait sous ces alternatives d'espoir et de désespérance qui, pour elle, s'alourdissaient des inquiétudes de la femme aimante et des anxiétés de la mère tremblant pour sa famille. Le silence désolant qui jadis lui refroidissait le cœur, elle le partageait sans s'apercevoir de l'air sombre qui régnait au logis, et des journées entières qui s'écoulaient dans ce parloir, sans un sourire, souvent sans une parole. Par une triste prévision maternelle, elle accoutumait ses deux filles aux travaux de la maison, et tâchait de les rendre assez habiles à quelque métier de femme, pour qu'elles pussent en vivre si elles tombaient dans la misère. Le calme de cet intérieur couvrait donc d'effroyables agitations. Vers la fin de l'été, Balthazar avait dévoré l'argent des diamants vendus à Paris par l'entremise du vieil abbé de Solis, et s'était endetté d'une vingtaine de mille francs chez les Protez et Chiffreville.

En août 1813, environ un après la scène par laquelle cette histoire commence, si Claës avait fait quelques belles expériences que malheureusement il dédaignait, ses efforts avaient été sans résultat quand à l'objet principal de ses recherches. Le jour où i eut achevé la série de ses travaux, le sentiment de son impuissance l'écrasa : la certitude d'avoir infructueusement dissipé des sommes considérables le désespéra. Ce fut une épouvantable catastrophe. Il quitta son grenier, descendit lentement au parloir, vint se jeter dans une bergère au milieu de ses enfants, et y demeura pendant quelques instants, comme mort, sans répondre aux questions dont l'accablait sa femme ; les larmes le gagnèrent, il se sauva dans son appartement pour ne pas donner de témoins à sa douleur ; Joséphine l'y suivit et l'emmena dans sa chambre où, seul avec elle, Balthazar laissa éclater son désespoir. Ces larmes d'homme, ces paroles d'artiste découragé, les regrets du père de famille eurent un caractère de terreur, de tendresse, de folie qui fit plus de mal à madame Claës que ne lui en avaient fait toutes ses douleurs passées. La victime consola le bourreau. Quand Balthazar dit avec un affreux accent de conviction : — « Je suis un misérable, je joue la vie de mes enfants, la tienne, et pour vous laisser heureux, il faut que je me tue! » ce mot l'atteignit au cœur, et la connaissance qu'elle avait du caractère de son mari lui faisant craindre qu'il ne réalisât aussitôt ce vœu de désespoir, elle éprouva l'une de ces révolutions qui troublent la vie dans sa source, et qui fut d'autant plus funeste que Pépita en contint les violents effets en affectant un calme menteur.

— Mon ami, répondit-elle, j'ai consulté non pas Pierquin, dont l'amitié n'est pas si grande qu'il n'éprouve quelque secret plaisir à nous voir ruinés, mais un vieillard qui, pour moi, se montre bon comme un père. L'abbé de Solis, mon confesseur, m'a donné un conseil qui nous sauve de la ruine. Il est venu voir tes tableaux. Le prix de ceux qui se trouvent dans la galerie peut servir à payer toutes les sommes hypothéquées sur tes propriétés, et ce que tu dois chez Protez et Chiffreville, car tu as là sans doute un compte à solder ?

Claës fit un signe affirmatif en baissant sa tête dont les cheveux étaient devenus blancs.

— Monsieur de Solis connaît les Happe et Duncker d'Amsterdam ; ils sont fous de tableaux, et jaloux comme des parvenus d'étaler un faste qui n'est permis qu'à d'anciennes maisons, ils paieront les nôtres toute leur valeur. Ainsi nous recouvrerons nos revenus, et tu pourras sur le prix qui approchera de cent mille ducats, prendre une portion de capital pour continuer tes expériences. Tes deux filles et moi nous nous contenterons de peu. Avec le temps et de l'économie, nous remplirons par d'autres tableaux les cadres vides, et tu vivras heureux!

Balthazar leva la tête vers sa femme avec une joie mêlée de crainte. Les rôles étaient changés. L'épouse devenait la protectrice du mari. Cet homme si tendre et dont le cœur était si cohérent à celui de sa Joséphine, la tenait entre ses bras sans s'apercevoir de l'horrible convulsion qui la faisait palpiter, qui en agitait les cheveux et les lèvres par un tressaillement nerveux.

— Je n'osais pas te dire qu'entre moi et l'Absolu, à peine existe-t-il un cheveu de distance. Pour gazéifier les métaux, il ne me manque plus que de trouver un moyen de les soumettre à une immense chaleur dans un milieu où la pression de l'atmosphère soit nulle, enfin dans un vide absolu.

Madame Claës ne put soutenir l'égoïsme de cette réponse. Elle attendait des remercîments passionnés pour ses sacrifices, et trouvait un problème de chimie. Elle quitta brusquement son mari, descendit au parloir, y tomba sur sa bergère entre ses deux filles effrayées, et fondit en larmes; Marguerite et Félicie lui prirent chacune une main, s'agenouillèrent de chaque côté de sa bergère en pleurant comme elle sans savoir la cause de son chagrin, et lui demandèrent à plusieurs reprises : — Qu'avez-vous, ma mère?

— Pauvres enfants! je suis morte, je le sens.

Cette réponse fit frissonner Marguerite qui, pour la première fois, aperçut sur le visage de sa mère les traces de la pâleur particulière aux personnes dont le teint est brun.

— Martha! Martha! criait Félicie, venez, maman a besoin de vous.

La vieille duègne accourut de la cuisine, et en voyant la blancheur verte de cette figure légèrement bistrée et si vigoureusement colorée : — Corps du Christ! s'écria-t-elle en espagnol, madame se meurt.

Elle sortit précipitamment, dit à Josette de faire chauffer de l'eau pour un bain de pieds, et revint près de sa maîtresse.

— N'effrayez pas monsieur, ne lui dites rien, Martha, s'écria madame Claës. Pauvres chères filles, ajouta-t-elle, en pressant sur son cœur Marguerite et Félicie par un mouvement désespéré, je voudrais pouvoir vivre assez de temps pour vous voir heureuses et mariées. Martha, reprit-elle, dites à Lemulquinier d'aller chez monsieur de Solis, pour le prier de ma part de passer ici.

Ce coup de foudre se répercuta nécessairement jusque dans la cuisine. Josette et Martha, toutes deux dévouées à madame Claës et à ses filles, furent frappées dans la seule affection qu'elles eussent. Ces terribles mots :—Madame se meurt, monsieur l'aura tuée, faites vite un bain de pieds à la moutarde! avaient arraché plusieurs phrases interjectives à Josette qui en accablait Lemulquinier. Lemulquinier, froid et insensible, mangeait assis au coin de la table, devant une des fenêtres par lesquelles le jour venait de la cour dans la cuisine.

où tout était propre comme dans le boudoir d'une petite maîtresse.

— Ça devait finir par là, disait Josette, en regardant le valet de chambre et montant sur un tabouret pour prendre sur une tablette un chaudron qui reluisait comme de l'or. Il n'y a pas de mère qui puisse voir de sang-froid un père s'amuser à fricasser une fortune comme celle de monsieur, pour en faire des os de boudin.

Josette, dont la tête coiffée d'un bonnet rond à ruches ressemblait à celle d'un casse-noisette allemand, jeta sur Lemulquinier un regard aigre que la couleur verte de ses petits yeux éraillés rendait presque venimeux. Le vieux valet de chambre haussa les épaules par un mouvement digne de Mirabeau impatienté, puis il enfourna dans sa grande bouche une tartine de beurre sur laquelle étaient semés des *appétits*.

— Au lieu de tracasser monsieur, madame devrait lui donner de l'argent, nous serions bientôt tous riches à nager dans l'or! Il ne s'en faut pas de l'épaisseur d'un liard que nous ne trouvions....

— Hé! bien, vous qui avez vingt mille francs de placés, pourquoi ne les offrez-vous pas à monsieur? C'est votre maître! Et puisque vous êtes si sûr de ses faits et gestes....

— Vous ne connaissez rien à cela, Josette, faites chauffer votre eau, répondit le Flamand en interrompant la cuisinière.

— Je m'y connais assez pour savoir qu'il y avait ici mille marcs d'argenterie, que vous et votre maître vous les avez fondus, et que, si on vous laisse aller votre train, vous ferez si bien de cinq sous six blancs, qu'il n'y aura bientôt plus rien.

— Et monsieur, dit Martha survenant, tuera madame pour se débarrasser d'une femme qui le retient, et l'empêche de tout avaler. Il est possédé du démon, cela se voit! Le moins que vous risquiez en l'aidant, Mulquinier, c'est votre âme, si vous en avez une, car vous êtes là comme un morceau de glace, pendant que tout est ici dans la désolation. Ces demoiselles pleurent comme des Madeleines. Courez donc chercher monsieur l'abbé de Solis.

— J'ai affaire pour monsieur, à ranger le laboratoire, dit le valet de chambre. Il y a trop loin d'ici le quartier d'Esquerchin. Allez-y vous-même.

— Voyez-vous ce monstre-là? dit Martha. Qui donnera le bain de pieds à madame? la voulez-vous laisser mourir? Elle a le sang à la tête.

— Mulquinier, dit Marguerite en arrivant dans la salle qui précédait la cuisine, en revenant de chez monsieur de Solis, vous prierez monsieur Pierquin le médecin de venir promptement ici.

— Hein! vous irez, dit Josette.

— Mademoiselle, monsieur m'a dit de ranger son laboratoire, répondit Lemulquinier en se retournant vers les deux femmes qu'il regarda d'un air despotique.

— Mon père, dit Marguerite à monsieur Claës qui descendait en ce moment, ne pourrais-tu pas nous laisser Mulquinier pour l'envoyer en ville?

— Tu iras, vilain chinois, dit Martha en entendant monsieur Claës mettre Lemulquinier aux ordres de sa fille.

Le peu de dévouement du valet de chambre pour la maison était le grand sujet de querelle entre ces deux femmes et Lemulquinier, dont la froideur avait eu pour résultat d'exalter l'attachement de Josette et de la duègne. Cette lutte si mesquine en apparence influa beaucoup sur l'avenir de cette famille, quand, plus tard, elle eut besoin de secours contre le malheur. Balthazar redevint si distrait, qu'il ne s'aperçut pas de l'état maladif dans lequel était Joséphine. Il prit Jean sur ses genoux, et le fit sauter machinalement, en pensant au problème qu'il avait dès lors la possibilité de résoudre. Il vit apporter le bain de pieds à sa femme qui, n'ayant pas eu la force de se lever de la bergère où elle gisait, était restée dans le parloir. Il regarda même ses deux filles s'occupant de leur mère, sans chercher la cause de leurs soins empressés. Quand Marguerite ou Jean voulaient parler, madame Claës réclamait le silence en leur montrant Balthazar. Une scène semblable était de nature à faire penser Marguerite, qui placée entre son père et sa mère, se trouvait assez âgée, assez raisonnable déjà pour en apprécier la conduite. Il arrive un moment dans la vie intérieure des familles, où les enfants deviennent, soit volontairement, soit involontairement, les juges de leurs parents. Madame Claës avait compris le danger de cette situation. Par amour pour Balthazar, elle s'efforçait de justifier aux yeux de Marguerite ce qui, dans l'esprit juste d'une fille de seize ans, pouvait paraître des fautes chez un père. Aussi le profond respect qu'en cette circonstance madame Claës témoignait pour Balthazar, en s'effaçant devant lui, pour ne pas en troubler la méditation, imprimait-il à ses enfants une sorte de terreur pour la majesté paternelle. Mais ce dévouement, quelque contagieux qu'il fût, augmentait encore l'admiration que Marguerite avait pour sa mère à laquelle l'unissaient plus particulièrement les accidents journaliers de la vie. Ce sentiment était fondé sur une sorte de divination de souffrances dont la cause devait naturellement préoccuper une jeune fille. Aucune puissance humaine ne pouvait empêcher que parfois un mot échappé soit à Martha, soit à Josette, ne révélât à Marguerite l'origine de la situation dans laquelle la maison se trouvait depuis quatre ans. Malgré la discrétion de madame Claës, sa fille découvrait donc insensiblement, lentement, fil à fil, la trame mystérieuse de ce drame domestique. Marguerite allait être, dans un temps donné, la confidente active de sa mère, et serait au dénoûment le plus redoutable des juges. Aussi tous les soins de madame Claës se portaient-ils sur Marguerite à laquelle elle tâchait de communiquer son dévouement pour Balthazar. La fermeté, la raison qu'elle rencontrait chez sa fille la faisaient frémir à l'idée d'une lutte possible entre Marguerite et Balthazar, quand, après sa mort, elle serait remplacée par elle dans la conduite intérieure de la maison. Cette pauvre femme en était donc arrivée à plus trembler des suites de sa mort que de sa mort même. Sa sollicitude pour Balthazar éclatait dans la résolution qu'elle venait de prendre. En libérant les biens de son mari, elle en assurait l'indépendance, et prévenait toute discussion en séparant ses intérêts de ceux de ses enfants; elle espérait le voir heureux jusqu'au moment où elle fermerait les yeux; puis elle comptait transmettre les délicatesses de son cœur à Marguerite, qui continuerait à jouer auprès de lui le rôle d'un ange d'amour, en exerçant sur la famille une autorité tutélaire et conservatrice. N'était-ce pas faire luire encore du fond de sa tombe son amour sur ceux qui lui étaient chers ? Néanmoins elle ne voulut pas déconsidérer le père aux yeux de la fille en l'initiant avant le temps aux terreurs que lui inspirait la passion scientifique de Balthazar; elle étudiait l'âme et le caractère de Marguerite pour savoir si cette jeune fille deviendrait par elle-même une mère pour ses frères et sa sœur, pour son père une femme douce et tendre. Ainsi les derniers jours de madame Claës étaient empoisonnés par des calculs et par des craintes qu'elle n'osait confier à personne. En se sentant atteinte dans sa vie même par cette dernière scène, elle jetait ses regards jusque dans l'avenir; tandis que Balthazar, désormais inhabile à tout ce qui était économie, fortune, sentiments domestiques, pensait à trouver l'Absolu. Le profond silence qui régnait au parloir n'était interrompu que par le mouvement monotone du pied de Claës qui continuait à le mouvoir sans s'apercevoir que Jean en était descendu. Assise près de sa mère de qui elle contemplait le visage pâle et décomposé, Marguerite se tournait de moments en moments vers son père, en s'étonnant de son insensibilité. Bientôt la porte de la rue retentit en se fermant, et la famille vit l'abbé de Solis appuyé sur son neveu, qui tous deux traversaient lentement la cour.

— Ah! voici monsieur Emmanuel, dit Félicie.

— Le bon jeune homme! dit madame Claës en apercevant Emmanuel de Solis, j'ai du plaisir à le revoir.

Marguerite rougit en entendant l'éloge qui échappait à sa mère. Depuis deux jours, l'aspect de ce jeune homme avait éveillé dans son cœur des sentiments inconnus, et dégourdi dans son intelligence des pensées jusqu'alors inertes. Pendant la visite faite par le confesseur à sa pénitente, il s'était passé de ces imperceptibles événements qui tiennent beaucoup de place dans la vie, et dont les résultats furent assez importants pour exiger ici la peinture des deux nouveaux personnages introduits au sein de la famille. Madame Claës avait eu pour principe d'accomplir en secret ses pratiques de dévotion. Son directeur, presque inconnu chez elle, se montrait pour la seconde fois dans sa maison ; mais là, comme ailleurs, on devait être saisi par une sorte d'attendrissement et d'admiration à l'aspect de l'oncle et du neveu. L'abbé de Solis, vieillard octogénaire à chevelure d'argent, montrait un visage décrépit, où la vie semblait s'être retirée dans les yeux. Il marchait difficilement, car, de ses deux jambes menues, l'une se terminait par un pied horriblement déformé, contenu dans une espèce de sac de velours qu l'obligeait à se servir d'une béquille quand il n'avait pas le bras d son neveu. Son dos voûté, son corps desséché offraient le spectacle d'une nature souffrante et frêle, dominée par une volonté de fer et par un chaste esprit religieux qui l'avait conservée. Ce prêtre espagnol, remarquable par un vaste savoir, par une piété vraie, par des connaissances très-étendues, avait été successivement dominicain, grand-pénitencier de Tolède, et vicaire-général de l'archevêché de Malines. Sans la révolution française, la protection des Casa-Réal l'eût porté aux plus hautes dignités de l'Église ; mais le chagrin que lui causa la mort du jeune duc, son élève, le dégoûta d'une vie active, et il se consacra tout entier à l'éducation de son neveu, devenu de très-bonne heure orphelin. Lors de la conquête de la Belgique, il s'était fixé près de madame de Claës. Dès sa jeunesse, l'abbé de Solis avait professé pour sainte Thérèse un enthousiasme qui le conduisit autant que la pente de son esprit vers la partie mystique du christianisme. En trouvant, en Flandre, où mademoiselle Bourignon, ainsi que les écrivains illuminés et quiétistes firent le plus de prosélytes, un troupeau de catholiques adonnés à ses croyances, il y resta d'autant plus volontiers qu'il y fut considéré comme un patriarche par cette Communion particulière où l'on continue à suivre les doctrines des Mystiques, malgré les censures qui frappèrent Fénelon et madame Guyon. Ses mœurs étaient rigides, sa vie était exemplaire, et il passait pour avoir des extases. Malgré le détachement qu'un religieux si sévère devait pratiquer pour les choses de ce monde, l'affection qu'il portait à son neveu le rendait soigneux de ses intérêts. Quand il s'agissait d'une œuvre de charité, le vieillard mettait à contribution les fidèles de son église avant d'avoir recours à sa propre fortune, et son autorité patriarcale était si bien reconnue, ses intentions étaient si pures, sa perspicacité si rarement en défaut que chacun faisait honneur à ses demandes. Pour avoir une idée du contraste qui existait entre l'oncle et le neveu, il faudrait comparer le vieillard à l'un de ces saules creux qui végètent au bord des eaux, et le jeune homme à l'églantier chargé de roses dont la tige élégante et droite s'élance du sein de l'arbre moussu, qu'il semble vouloir redresser.

Sévèrement élevé par son oncle, qui le gardait près de lui comme une matrone garde une vierge, Emmanuel était plein de cette chatouilleuse sensibilité, de cette candeur à demi rêveuse, fleurs passagères de toutes les jeunesses, mais vivaces dans les âmes nourries de religieux principes. Le vieux prêtre avait comprimé l'expression des sentiments voluptueux chez son élève, en le préparant aux souffrances de la vie par des travaux continus, par une discipline presque claustrale. Cette éducation, qui devait livrer Emmanuel tout neuf au monde, et le rendre heureux s'il rencontrait bien dans ses premières affections, l'avait revêtu d'une angélique pureté qui communiquait à sa personne le charme dont sont investies les jeunes filles. Ses yeux timides, mais doublés d'une âme forte et courageuse, jetaient une lumière qui vibrait dans l'âme comme le son du cristal épand ses ondulations dans l'ouïe. Sa figure expressive, quoique régulière, se recommandait par une grande précision dans les contours, par l'heureuse disposition des lignes,

et par le calme profond que donne la paix du cœur. Tout y était
harmonieux. Ses cheveux noirs, ses yeux et ses sourcils bruns re-
haussaient encore un teint blanc et de vives couleurs. Sa voix était
celle qu'on attendait d'un si beau visage. Ses mouvements fémi-
nins s'accordaient avec la mélodie de sa voix, avec les tendres
clartés de son regard. Il semblait ignorer l'attrait qu'excitaient la
réserve à demi mélancolique de son attitude, la retenue de ses paroles; et les soins respectueux qu'il prodiguait à son oncle. A le
voir étudiant la marche tortueuse du vieil abbé pour se prêter à ses
douloureuses déviations de manière à ne pas les contrarier, regardant au loin ce qui pouvait lui blesser les pieds et le conduisant dans
le meilleur chemin, il était impossible de ne pas reconnaître chez
Emmanuel les sentiments généreux qui font de l'homme une sublime créature. Il paraissait si grand, en aimant son oncle sans le
juger, en lui obéissant sans jamais discuter ses ordres, que chacun
voulait voir une prédestination dans le nom suave que lui avait
donné sa marraine. Quand, soit chez lui, soit chez les autres, le
vieillard exerçait son despotisme de dominicain, Emmanuel relevait
parfois la tête si noblement, comme pour protester de sa force s'il
se trouvait aux prises avec un autre homme, que les personnes de
cœur étaient émues, comme le sont les artistes à l'aspect d'une grande
œuvre, car les beaux sentiments ne sonnent pas moins fort dans
l'âme par les conceptions vivantes que par les réalisations de l'art.

Emmanuel avait accompagné son oncle quand il était venu chez
sa pénitente, pour examiner les tableaux de la maison Claës. En
apprenant par Martha que l'abbé de Solis était dans la galerie, Marguerite, qui désirait voir cet homme célèbre, avait cherché quelque prétexte menteur pour rejoindre sa mère, afin de satisfaire
sa curiosité. Entrée assez étourdiment, en affectant la légèreté
sous laquelle les jeunes filles cachent si bien leurs désirs, elle
avait rencontré près du vieillard vêtu de noir, courbé, déjeté,
cadavéreux, la fraîche, la délicieuse figure d'Emmanuel. Les regards
également jeunes, également naïfs de ces deux êtres avaient exprimé
le même étonnement. Emmanuel et Marguerite s'étaient sans doute
déjà vus l'un et l'autre dans leurs rêves. Tous deux baissèrent leurs
yeux et les relevèrent ensuite par un même mouvement, en laissant
échapper un même aveu. Marguerite prit le bras de sa mère, lui
parla tout bas par maintien, et s'abrita pour ainsi dire sous l'aile
maternelle, en tendant le cou par un mouvement de cygne, pour

revoir Emmanuel qui, de son côté, restait attaché au bras de son
oncle. Quoique habilement distribué pour faire valoir chaque toile,
le jour faible de la galerie favorisa ces coups d'œil furtifs qui sont la
joie des gens timides. Sans doute chacun d'eux n'alla pas, même en
pensée, jusqu'au *si* par lequel commencent les passions; mais tous
deux ils sentirent ce trouble profond qui remue le cœur, et sur lequel au jeune âge on se garde à soi-même le secret, par friandise ou
par pudeur. La première impression qui détermine les débordements
d'une sensibilité long-temps contenue, est suivie chez tous les jeunes
gens de l'étonnement à demi stupide que causent aux enfants les
premières sonneries de la musique. Parmi les enfants, les uns rient
et pensent, d'autres ne rient qu'après avoir pensé; mais ceux dont
l'âme est appelée à vivre de poésie ou d'amour écoutent long-temps
et redemandent la mélodie par un regard où s'allume déjà le plaisir,
où poind la curiosité de l'infini. Si nous aimons irrésistiblement
les lieux où nous avons été, dans notre enfance, initiés aux beautés
de l'harmonie, si nous nous souvenons avec délices et du musicien
et même de l'instrument, comment se défendre d'aimer l'être qui,
le premier, nous révèle les musiques de la vie? Le premier cœur
où nous avons aspiré l'amour n'est-il pas comme une patrie? Emmanuel et Marguerite furent l'un pour l'autre cette Voix musicale
qui réveille un sens, cette Main qui relève des voiles nuageux et
montre les rives baignées par les feux du midi. Quand madame
Claës arrêta le vieillard devant un tableau de Guide qui représentait un ange, Marguerite avança la tête pour voir quelle serait l'impression d'Emmanuel, et le jeune homme chercha Marguerite pour
comparer la muette pensée de la toile à la vivante pensée de la créature. Cette involontaire et ravissante flatterie fut comprise et sa-
vourée. Le vieil abbé louait gravement cette belle composition, et
madame Claës lui répondait; mais les deux enfants étaient silencieux. Telle fut leur rencontre. Le jour mystérieux de la galerie,
la paix de la maison, la présence des parents, tout contribuait à
graver plus avant dans le cœur les traits délicats de ce vaporeux
mirage. Les mille pensées confuses qui venaient de pleuvoir chez
Marguerite se calmèrent, firent dans son âme comme une étendue
limpide et se teignirent d'un rayon lumineux, quand Emmanuel
balbutia quelques phrases en prenant congé de madame Claës. Cette
voix, dont le timbre frais et velouté répandait au cœur des enchantements inouïs, compléta la révélation soudaine qu'Emmanuel avait

causée et qu'il devait féconder à son profit ; car l'homme dont se sert le destin pour éveiller l'amour au cœur d'une jeune fille, ignore souvent son œuvre et la laisse alors inachevée. Marguerite s'inclina tout interdite, et mit ses adieux dans un regard où semblait se peindre le regret de perdre cette pure et charmante vision. Comme l'enfant, elle voulait encore sa mélodie. Cet adieu fut fait au bas du vieil escalier, devant la porte du parloir ; et, quand elle y entra, elle regarda l'oncle et le neveu jusqu'à ce que la porte de la rue se fût fermée. Madame Claës avait été trop occupée des sujets graves, agités dans sa conférence avec son directeur, pour avoir pu examiner la physionomie de sa fille. Au moment où monsieur de Solis et son neveu apparaissaient pour la seconde fois, elle était encore trop violemment troublée pour apercevoir la rougeur qui colora le visage de Marguerite en révélant les fermentations du premier plaisir reçu dans un cœur vierge. Quand le vieil abbé fut annoncé, Marguerite avait repris son ouvrage, et parut y prêter une si grande attention qu'elle salua l'oncle et le neveu sans les regarder. Monsieur Claës rendit machinalement le salut que lui fit l'abbé de Solis, et sortit du parloir comme un homme emporté par ses occupations. Le pieux dominicain s'assit près de sa pénitente en lui jetant un de ces regards profonds par lesquels il sondait les âmes, il lui avait suffi de voir monsieur Claës et sa femme pour deviner une catastrophe.

— Mes enfants, dit la mère, allez dans le jardin. Marguerite, montrez à Emmanuel les tulipes de votre père.

Marguerite, à demi honteuse, prit le bras de Félicie, regarda le jeune homme qui rougit et qui sortit du parloir en saisissant Jean par contenance. Quand ils furent tous les quatre dans le jardin, Félicie et Jean allèrent de leur côté, quittèrent Marguerite, qui, restée presque seule avec le jeune de Solis, le mena devant le buisson de tulipes invariablement arrangé de la même façon, chaque année, par Lemulquinier.

— Aimez-vous les tulipes ? demanda Marguerite après être demeurée pendant un moment dans le plus profond silence sans qu'Emmanuel parût vouloir le rompre.

— Mademoiselle, c'est de belles fleurs, mais pour les aimer, il faut sans doute en avoir le goût, savoir en apprécier les beautés. Ces fleurs m'éblouissent. L'habitude du travail, dans la sombre petite chambre où je demeure, près de mon oncle, me fait sans doute préférer ce qui est doux à la vue.

En disant ces derniers mots, il contempla Marguerite, mais sans que ce regard plein de confus désirs contînt aucune allusion à la blancheur mate, au calme, aux couleurs tendres qui faisaient de ce visage une fleur.

— Vous travaillez donc beaucoup? reprit Marguerite en conduisant Emmanuel sur un banc de bois à dossier peint en vert. D'ici, dit-elle en continuant, vous ne verrez pas les tulipes de si près, elle vous fatigueront moins les yeux. Vous avez raison, ces couleurs papillotent et font mal.

— A quoi je travaille? répondit le jeune homme après un moment de silence pendant lequel il avait égalisé sous son pied le sable de l'allée. Je travaille à toutes sortes de choses. Mon oncle voulait me faire prêtre...

— Oh! fit naïvement Marguerite.

— J'ai résisté, je ne me sentais pas de vocation. Mais il m'a fallu beaucoup de courage pour contrarier les désirs de mon oncle. Il est si bon, il m'aime tant! il m'a dernièrement acheté un homme pour me sauver de la conscription, moi, pauvre orphelin.

— A quoi vous destinez-vous donc? demanda Marguerite qui parut vouloir reprendre sa phrase en laissant échapper un geste et qui ajouta : — Pardon, monsieur, vous devez me trouver bien curieuse.

— Oh! mademoiselle, dit Emmanuel en la regardant avec autant d'admiration que de tendresse, personne, excepté mon oncle, ne m'a encore fait cette question. J'étudie pour être professeur. Que voulez-vous? je ne suis pas riche. Si je puis devenir principal d'un collége en Flandre, j'aurai de quoi vivre modestement, et j'épouserai quelque femme simple que j'aimerai bien. Telle est la vie que j'ai en perspective. Peut-être est-ce pour cela que je préfère une paquerette sur laquelle tout le monde passe, dans la plaine d'Orchies, à ces belles tulipes pleines d'or, de pourpre, de saphirs, d'émeraudes qui représentent une vie fastueuse, de même que la paquerette représente une vie douce et patriarcale, la vie d'un pauvre professeur que je serai.

— J'avais toujours appelé, jusqu'à présent, les paquerettes des marguerites, dit-elle.

Emmanuel de Solis rougit excessivement, et chercha une réponse en tourmentant le sable avec ses pieds. Embarrassé de choisir entre toutes les idées qui lui venaient et qu'il trouvait sottes,

puis décontenancé par le retard qu'il mettait à répondre, il dit :
— Je n'osais prononcer votre nom... Et n'acheva pas.

— Professeur ! reprit-elle.

— Oh ! mademoiselle, je serai professeur pour avoir un état, mais j'entreprendrai des ouvrages qui pourront me rendre plus grandement utile. J'ai beaucoup de goût pour les travaux historiques.

— Ah !

Ce ah ! plein de pensées secrètes, rendit le jeune homme encore plus honteux, et il se mit à rire niaisement en disant : — Vous me faites parler de moi, mademoiselle, quand je devrais ne vous parler que de vous.

— Ma mère et votre oncle ont terminé, je crois, leur conversation, dit-elle en regardant à travers les fenêtres dans le parloir.

— J'ai trouvé madame votre mère bien changée.

— Elle souffre, sans vouloir nous dire le sujet de ses souffrances, et nous ne pouvons que pâtir de ses douleurs.

Madame Claës venait de terminer en effet une consultation délicate, dans laquelle il s'agissait d'un cas de conscience, que l'abbé de Solis pouvait seul décider. Prévoyant une ruine complète, elle voulait retenir, à l'insu de Balthazar, qui se souciait peu de ses affaires, une somme considérable sur le prix des tableaux que monsieur de Solis se chargeait de vendre en Hollande, afin de la cacher et de la réserver pour le moment où la misère pèserait sur sa famille. Après une mûre délibération et après avoir apprécié les circonstances dans lesquelles se trouvait sa pénitente, le vieux dominicain avait approuvé cet acte de prudence. Ils s'en allèrent pour s'occuper de cette vente qui devait se faire secrètement, afin de ne point trop nuire à la considération de monsieur Claës. Le vieillard envoya son neveu, muni d'une lettre de recommandation, à Amsterdam, où le jeune homme enchanté de rendre service à la maison Claës réussit à vendre les tableaux de la galerie aux célèbres banquiers Happe et Duncker, pour une somme ostensible de quatre-vingt-cinq mille ducats de Hollande, et une somme de quinze mille autres qui serait secrètement donnée à madame Claës. Les tableaux étaient si bien connus, qu'il suffisait pour accomplir le marché de la réponse de Balthazar à la lettre que la maison Happe et Duncker lui écrivit. Emmanuel de Solis fut chargé par Claës de recevoir le prix des tableaux qu'il lui expédia secrètement afin de

dérober à la ville de Douai la connaissance de cette vente. Vers la
fin de septembre, Balthazar remboursa les sommes qui lui avaient
été prêtées, dégagea ses biens et reprit ses travaux ; mais la maison
Claës s'était dépouillée de son plus bel ornement. Aveuglé par sa
passion, il ne témoigna pas un regret, il se croyait si certain de
pouvoir promptement réparer cette perte qu'il avait fait faire cette
vente à réméré. Cent toiles peintes n'étaient rien aux yeux de Joséphine auprès du bonheur domestique et de la satisfaction de son
mari ; elle fit d'ailleurs remplir la galerie avec les tableaux qui
meublaient les appartements de réception, et pour dissimuler le
vide qu'ils laissaient dans la maison de devant, elle en changea les
ameublements. Ses dettes payées, Balthazar eut environ deux cent
mille francs à sa disposition pour recommencer ses expériences.
Monsieur l'abbé de Solis et son neveu furent les dépositaires des
quinze mille ducats réservés par madame Claës. Pour grossir cette
somme, l'abbé vendit les ducats auxquels les événements de la
guerre continentale avaient donné de la valeur. Cent soixante-six
mille francs en écus furent enterrés dans la cave de la maison ha-
bitée par l'abbé de Solis. Madame Claës eut le triste bonheur de
voir son mari constamment occupé pendant près de huit mois.
Néanmoins trop rudement atteinte par le coup qu'il lui avait porté,
elle tomba dans une maladie de langueur qui devait nécessairement
empirer. La Science dévora si complétement Balthazar, que ni les
revers éprouvés par la France, ni la première chute de Napoléon,
ni le retour des Bourbons ne le tirèrent de ses occupations ; il
n'était ni mari, ni père, ni citoyen, il fut chimiste. Vers la fin de
l'année 1814, madame Claës était arrivée à un degré de consomp-
tion qui ne lui permettait plus de quitter le lit. Ne voulant pas vé-
géter dans sa chambre, où elle avait vécu heureuse, où les souvenirs de son bonheur évanoui lui auraient inspiré d'involontaires
comparaisons avec le présent qui l'eussent accablée, elle demeurait
dans le parloir. Les médecins avaient favorisé le vœu de son cœur
en trouvant cette pièce plus aérée, plus gaie, et plus convenable à
sa situation que sa chambre. Le lit où cette malheureuse femme
achevait de vivre, fut dressé entre la cheminée et la fenêtre qui
donnait sur le jardin. Elle passa là ses derniers jours saintement
occupée à perfectionner l'âme de ses deux filles sur lesquelles elle
se plut à laisser rayonner le feu de la sienne. Affaibli dans ses manifestations, l'amour conjugal permit à l'amour maternel de se

déployer. La mère se montra d'autant plus charmante qu'elle avait tardé d'être ainsi. Comme toutes les personnes généreuses, elle éprouvait de sublimes délicatesses de sentiment qu'elle prenait pour des remords. En croyant avoir ravi quelques tendresses dues à ses enfants, elle cherchait à racheter ses torts imaginaires, et avait pour eux des attentions, des soins qui la leur rendaient délicieuse ; elle voulait en quelque sorte les faire vivre à même son cœur, les couvrir de ses ailes défaillantes et les aimer en un jour pour tous ceux pendant lesquels elle les avait négligés. Les souffrances donnaient à ses caresses, à ses paroles, une onctueuse tiédeur qui s'exhalait de son âme. Ses yeux caressaient ses enfants avant que sa voix ne les émût par des intonations pleines de bons vouloirs, et sa main semblait toujours verser sur eux des bénédictions.

Si après avoir repris ses habitudes de luxe, la maison Claës ne reçut bientôt plus personne, si son isolement redevint plus complet, si Balthazar ne donna plus de fête à l'anniversaire de son mariage, la ville de Douai n'en fut pas surprise. D'abord la maladie de madame Claës parut une raison suffisante de ce changement, puis le paiement des dettes arrêta le cours des médisances, enfin les vicissitudes politiques auxquelles la Flandre fut soumise, la guerre des Cent Jours, l'occupation étrangère firent complétement oublier le chimiste. Pendant ces deux années, la ville fut si souvent sur le point d'être prise, si consécutivement occupée soit par les Français, soit par les ennemis ; il y vint tant d'étrangers, il s'y réfugia tant de campagnards, il y eut tant d'intérêts soulevés, tant d'existences mises en question, tant de mouvements et de malheurs, que chacun ne pouvait penser qu'à soi. L'abbé de Solis et son neveu, les deux frères Pierquin étaient les seules personnes qui vinssent visiter madame Claës, l'hiver de 1814 à 1815 fut pour elle la plus douloureuse des agonies. Son mari venait rarement la voir, il restait bien après le dîner pendant quelques heures près d'elle, mais comme elle n'avait plus la force de soutenir une longue conversation, il disait une ou deux phrases éternellement semblables, s'asseyait, se taisait et laissait régner au parloir un épouvantable silence. Cette monotonie était diversifiée les jours où l'abbé de Solis et son neveu passaient la soirée à la maison Claës. Pendant que le vieil abbé jouait au trictrac avec Balthazar, Marguerite causait avec Emmanuel, près du lit de sa mère qui souriait à leurs innocentes joies sans faire apercevoir combien était à la fois douloureuse et bonne sur son âme meurtrie, la brise fraîche de ces virginales amours débordant par vagues et paroles à paroles. L'inflexion de voix qui charmait ces deux enfants lui brisait le cœur, un coup d'œil d'intelligence surpris entre eux la jetait, elle quasi morte, en des souvenirs de ses heures jeunes et heureuses qui rendaient au présent toute son amertume. Emmanuel et Marguerite avaient une délicatesse qui leur faisait réprimer les délicieux enfantillages de l'amour pour n'en pas offenser une femme endolorie dont les blessures étaient instinctivement devinées par eux. Personne encore n'a remarqué que les sentiments ont une vie qui leur est propre, une nature qui procède des circonstances au milieu desquelles ils sont nés ; ils gardent et la physionomie des lieux où ils ont grandi et l'empreinte des idées qui ont influé sur leurs développements. Il est des passions ardemment conçues qui restent ardentes comme celle de madame Claës pour son mari ; puis il est des sentiments auxquels tout a souri, qui conservent une allégresse matinale, leurs moissons de joie ne vont jamais sans des rires et des fêtes ; mais il se rencontre aussi des amours fatalement encadrés de mélancolie ou cerclés par le malheur, dont les plaisirs sont pénibles, coûteux, chargés de craintes, empoisonnés par des remords ou pleins de désespérance. L'amour enseveli dans le cœur d'Emmanuel et de Marguerite sans que ni l'un ni l'autre ne comprissent encore qu'il s'en allait de l'amour, ce sentiment éclos sous la voûte sombre de la galerie Claës, devant un vieil abbé sévère, dans un moment de silence et de calme ; cet amour grave et discret, mais fertile en nuances douces, en voluptés secrètes, savourées comme des grappes volées au coin d'une vigne, subissait la couleur brune, les teintes grises qui le décorèrent à ses premières heures. En n'osant se livrer à aucune démonstration vive devant ce lit de douleur, ces deux enfants agrandissaient leurs jouissances à leur insu par une concentration qui les imprimait au fond de leur cœur. C'était des soins donnés à la malade, et auxquels aimait à participer Emmanuel, heureux de pouvoir s'unir à Marguerite en se faisant par avance le fils de cette mère. Un remercîment mélancolique remplaçait sur les lèvres de la jeune fille le mielleux langage des amants. Les soupirs de leurs cœurs, remplis de joie par quelque regard échangé, se distinguaient peu des soupirs arrachés par le spectacle de la douleur maternelle. Leurs bons petits moments d'aveux indirects, de promesses inachevées, d'épanouissements comprimés pouvaient se comparer à ces allégories peintes par Raphaël sur des fonds noirs. Ils avaient l'un et l'autre une certitude qu'ils ne s'avouaient pas ; ils savaient le soleil au-dessus d'eux, mais ils ignoraient quel vent chasserait les gros nuages noirs amoncelés sur leurs têtes ; ils doutaient de l'avenir, et craignant d'être toujours escortés par des souffrances, ils restaient timidement dans les ombres de ce crépuscule, sans oser se dire : *Achèverons-nous ensemble la journée ?* Néanmoins la tendresse que madame Claës témoignait à ses enfants cachait noblement tout ce qu'elle se taisait à elle-même. Ses enfants ne lui causaient ni tressaillement ni terreur, ils étaient sa consolation, mais ils n'étaient pas sa vie ; elle vivait par eux, elle mourait pour Balthazar. Quelque pénible que fût pour elle la présence de son mari pensif durant des heures entières, et qui lui jetait de temps en temps un regard monotone, elle n'oubliait ses douleurs que pendant ces cruels instants. L'indifférence de Balthazar pour cette femme mourante eût semblé criminelle à quelque étranger qui en aurait été le témoin ; mais madame Claës et ses filles s'y étaient accoutumées, elles connaissaient le cœur de cet homme, et l'absolvaient. Si, pendant la journée, madame Claës subissait quelque crise dangereuse, si elle se trouvait plus mal, si elle paraissait près d'expirer, Claës était le seul dans la maison et dans la ville qui l'ignorât ; Lemulquinier, son valet de chambre, le savait : mais ni ses filles auxquelles leur mère imposait silence, ni sa femme ne lui apprenaient les dangers que courait une créature jadis si ardemment aimée. Quand son pas retentissait dans la galerie au moment où il venait dîner, madame Claës était heureuse, elle allait le voir, elle rassemblait ses forces pour goûter cette joie. A l'instant où il entrait, cette femme pâle et demi-morte se colorait vivement, reprenait un semblant de santé, le savant arrivait auprès du lit, lui prenait la main, et la voyait sous une fausse apparence ; pour lui seul, elle était bien. Quand il lui demandait : — « Ma chère femme, comment vous trouvez-vous aujourd'hui ? » elle lui répondait : « Mieux, mon ami ! » et faisait croire à cet homme distrait que le lendemain elle serait levée, rétablie. La préoccupation de Balthazar était si grande qu'il acceptait la maladie dont mourait sa femme, comme une simple indisposition. Moribonde pour tout le monde, elle était vivante pour lui. Une séparation complète entre ces époux fut le résultat de cette année. Claës couchait loin de sa femme, se levait dès le matin, et s'enfermait dans son laboratoire ou dans son cabinet; en ne la voyant plus qu'en présence de ses filles ou des deux ou trois amis qui venaient la visiter, il se déshabitua d'elle. Ces deux êtres, jadis accoutumés à penser ensemble, n'eurent plus, que de loin en loin, ces moments de communication, d'abandon, d'épanchement qui constituent la vie du cœur, et il vint un moment où ces rares voluptés cessèrent. Les souffrances physiques vinrent au secours de cette pauvre femme, et l'aidèrent à supporter un vide, une séparation qui l'eût tuée, si elle avait été vivante. Elle éprouva de si vives douleurs que, parfois, elle fut heureuse de ne pas en rendre témoin celui qu'elle aimait toujours. Elle contemplait Balthazar pendant une partie de la soirée, et le sachant heureux comme il voulait l'être, elle épousait ce bonheur qu'elle lui avait procuré. Cette frêle jouissance lui suffisait, elle ne se demandait plus si elle était aimée, elle s'efforçait de le croire, et glissait sur cette couche de glace sans oser appuyer, craignant de la rompre et de noyer son cœur dans un affreux néant. Comme nul événement ne troublait ce calme, et que la maladie qui dévorait lentement madame Claës contribuait à cette paix intérieure, en maintenant l'affection conjugale à un état passif, il fut facile d'atteindre dans ce morne état les premiers jours de l'année 1816.

Vers la fin du mois de février, Pierquin le notaire porta le coup qui devait précipiter dans la tombe une femme angélique dont l'âme, disait l'abbé de Solis, était presque sans péché.

— Madame, lui dit-il à l'oreille en saisissant un moment où ses filles ne pouvaient pas entendre leur conversation, monsieur Claës m'a chargé d'emprunter trois cent mille francs sur ses propriétés, prenez des précautions pour la fortune de vos enfants.

Madame Claës joignit les mains, leva les yeux au plafond, et remercia le notaire par une inclination de tête bienveillante et par un sourire triste dont il fut ému. Cette phrase fut un coup de poignard qui tua Pépita. Dans cette journée elle s'était livrée à des réflexions tristes qui lui avaient gonflé le cœur, et se trouvait dans une de ces situations où le voyageur, n'ayant plus son équilibre, roule poussé par un léger caillou jusqu'au fond du précipice qu'il a longtemps et courageusement côtoyé. Quand le notaire fut parti, madame Claës se fit donner par Marguerite tout ce qui lui était nécessaire pour écrire, rassembla ses forces et s'occupa pendant quelques instants d'un écrit testamentaire. Elle s'arrêta plusieurs fois pour contempler sa fille. L'heure des aveux était venu. En conduisant la maison depuis la maladie de sa mère, Marguerite avait si bien réalisé les espérances de la mourante que madame Claës jeta sur l'avenir de sa famille un coup d'œil sans désespoir, en se voyant revivre dans cet ange aimant et fort. Sans doute ces deux femmes pressentaient de mutuelles et tristes confidences à se faire, la fille regardait sa mère aussitôt que sa mère la regardait, et toutes deux roulaient des larmes dans leurs yeux. Plusieurs fois, Marguerite, au moment où madame Claës se reposait, disait : — Ma mère ? comme pour parler ; puis, elle s'arrêtait, comme suffoquée, sans que sa mère trop occupée par ses dernières pensées lui demandât compte de cette interrogation. Enfin, madame Claës voulut cacheter sa lettre ; Marguerite, qui lui tenait une bougie, se retira par discrétion pour ne pas voir la suscription.

— Tu peux lire, mon enfant ! lui dit sa mère d'un ton déchirant.

Marguerite vit sa mère traçant ces mots : *A ma fille Marguerite.*

Nous causerons quand je me serai reposée, ajouta-t-elle en mettant la lettre sous son chevet.

Puis elle tomba sur son oreiller comme épuisée par l'effort qu'elle venait de faire et dormit durant quelques heures. Quand elle s'éveilla, ses deux filles, ses deux fils étaient à genoux devant son lit, et priaient avec ferveur. Ce jour était un jeudi. Gabriel et Jean venaient d'arriver du collége, amenés par Emmanuel de Solis, nommé depuis six mois professeur d'histoire et de philosophie.

— Chers enfants, il faut nous dire adieu, s'écria-t-elle. Vous ne m'abandonnez pas, vous ! et celui que...

Elle n'acheva pas.

— Monsieur Emmanuel, dit Marguerite en voyant pâlir sa mère, allez dire à mon père que maman se trouve plus mal.

Le jeune Solis monta jusqu'au laboratoire, et après avoir obtenu de Lemulquinier que Balthazar vînt lui parler, celui-ci répondit à la demande pressante du jeune homme : — J'y vais.

— Mon ami, dit madame Claës à Emmanuel quand il fut de retour, emmenez mes deux fils et allez chercher votre oncle. Il est nécessaire, je crois, de me donner les derniers sacrements, je voudrais les recevoir de sa main.

Quand elle se trouva seule avec ses deux filles, elle fit un signe à Marguerite qui, comprenant sa mère, renvoya Félicie.

— J'avais à vous parler aussi, ma chère maman, dit Marguerite qui ne croyant pas sa mère aussi mal qu'elle l'était agrandit la blessure faite par Pierquin. Depuis dix jours, je n'ai plus d'argent pour les dépenses de la maison, et je dois aux domestiques six mois de gages. J'ai voulu déjà deux fois demander de l'argent à mon père, et je ne l'ai pas osé. Vous ne savez pas! les tableaux de la galerie et la cave ont été vendus.

— Il ne m'a pas dit un mot de tout cela, s'écria madame Claës. O mon Dieu ! vous me rappelez à temps vers vous. Mes pauvres enfants, que deviendrez-vous ? Elle fit une prière ardente qui lui teignit les yeux des feux du repentir. Marguerite, reprit-elle en tirant la lettre de dessous son chevet, voici un écrit que vous n'ouvrirez et ne lirez qu'au moment où, après ma mort, vous serez dans la plus grande détresse, c'est-à-dire si vous manquiez de pain ici. Ma chère Marguerite, aime bien ton père, mais aie soin de ta sœur et de tes frères. Dans quelques jours, dans quelques heures peut-être! tu vas être à la tête de la maison. Sois économe. Si tu te trouvais opposée aux volontés de ton père, et le cas pourrait arriver, puisqu'il a dépensé de grandes sommes à chercher un secret dont la découverte doit être l'objet d'une gloire et d'une fortune immense, il aura sans doute besoin d'argent, peut-être t'en demandera-t-il, déploie alors toute la tendresse d'une fille, et sache concilier les intérêts dont tu seras la seule protectrice avec ce que tu dois à un père, à un grand homme qui sacrifie son bonheur, sa vie, à l'illustration de sa famille ; il ne pourrait avoir tort que dans la forme, ses intentions seront toujours nobles, il est si excellent, son cœur est plein d'amour ; vous le reverrez bon et affectueux, vous ! J'ai dû te dire ces paroles sur le bord de la tombe, Marguerite. Si tu veux adoucir les douleurs de ma mort, tu me promettras, mon enfant, de me remplacer près de ton père, de ne lui point causer de chagrin ; ne lui reproche rien, ne le juge pas ! Enfin, sois une médiatrice douce et complaisante jusqu'à ce que, son œuvre terminée, il redevienne le chef de sa famille.

— Je vous comprends, ma mère chérie, dit Marguerite en baisant les yeux enflammés de la mourante, et je ferai comme il vous plaît.

— Ne te marie, mon ange, reprit madame Claës, qu'au moment où Gabriel pourra te succéder dans le gouvernement des affaires et de la maison. Ton mari, si tu te mariais, ne partagerait peut-être pas tes sentiments, jetterait le trouble dans la famille et tourmenterait ton père.

Marguerite regarda sa mère et lui dit : — N'avez-vous aucune autre recommandation à me faire sur mon mariage ?

— Hésiterais-tu, ma chère enfant? dit la mourante d'effroi.

— Non, répondit-elle, je vous promets de vous obéir.

— Pauvre fille, je n'ai pas su me sacrifier pour vous, ajouta la mère en versant des larmes chaudes, et je te demande de te sacrifier pour tous. Le bonheur rend égoïste. Oui, Marguerite, j'ai été faible parce que j'étais heureuse. Sois forte, conserve de la raison pour ceux qui n'en auront pas ici. Fais en sorte que tes frères, que ta sœur ne m'accusent jamais. Aime bien ton père, mais ne le contrarie pas... trop.

Elle pencha la tête sur son oreiller et n'ajouta pas un mot, ses forces l'avaient trahie. Le combat intérieur entre la Femme et la Mère avait été trop violent. Quelques instants après, le clergé vint, précédé de l'abbé de Solis, et le parloir fut rempli par les gens de la maison. Quand la cérémonie commença, madame Claës, que son confesseur avait réveillée, regarda toutes les personnes qui étaient autour d'elle, et n'y vit pas Balthazar.

— Et monsieur? dit-elle.

Ce mot, où se résumait et sa vie et sa mort, fut prononcé d'un ton si lamentable, qu'il causa un frémissement horrible dans l'assemblée. Malgré son grand âge, Martha s'élança comme une flèche, monta les escaliers et frappa durement à la porte du laboratoire.

— Monsieur, madame se meurt, et l'on vous attend pour l'administrer, cria-t-elle avec la violence de l'indignation.

— Je descends, répondit Balthazar.

Lemulquinier vint un moment après, en disant que son maître le suivait. Madame Claës ne cessa de regarder la porte du parloir, mais son mari ne se montra qu'au moment où la cérémonie était terminée. L'abbé de Solis et les enfants entouraient le chevet de la mourante. En voyant entrer son mari, Joséphine rougit, et quelques larmes roulèrent sur ses joues.

— *Tu allais sans doute décomposer l'azote,* lui dit-elle avec une douceur d'ange qui fit frissonner les assistants.

— C'est fait, s'écria-t-il d'un air joyeux. L'azote contient de l'oxygène et une substance de la nature des impondérables qui vraisemblablement est le principe de la...

Il s'éleva des murmures d'horreur qui l'interrompirent et lui rendirent sa présence d'esprit.

— Que m'a-t-on dit? reprit-il. Tu es donc plus mal? Qu'est-il arrivé?

— Il arrive, monsieur, lui dit à l'oreille l'abbé de Solis indigné, que votre femme se meurt et que vous l'avez tuée.

Sans attendre de réponse, l'abbé de Solis prit le bras d'Emmanuel et sortit suivi des enfants qui le conduisirent jusque dans la cour. Balthazar demeura comme foudroyé et regarda sa femme en laissant tomber quelques larmes.

— Tu meurs et je t'ai tuée, s'écria-t-il. Que dit-il donc?

— Mon ami, reprit-elle, je ne vivais que par ton amour, et tu m'as à ton insu retiré ma vie.

— Laissez-nous, dit Claës à ses enfants au moment où ils entrèrent. Ai-je donc un seul instant cessé de t'aimer? reprit-il en s'asseyant au chevet de sa femme et lui prenant les mains qu'il baisa.

— Mon ami, je ne te reprocherai rien. Tu m'as rendue heureuse, trop heureuse; je n'ai pu soutenir la comparaison des premiers jours de notre mariage qui étaient pleins, et de ces derniers jours pendant lesquels tu n'as plus été toi-même et qui ont été vides. La vie du cœur, comme la vie physique, a ses actions. Depuis six ans, tu as été mort à l'amour, à la famille, à tout ce qui faisait notre bonheur. Je ne te parlerai pas des félicités qui sont l'apanage de la jeunesse, elles doivent cesser dans l'arrière-saison de la vie; mais elles laissent des fruits dont se nourrissent les âmes, une confiance sans bornes, de douces habitudes; eh! bien, tu m'as ravi ces trésors de notre âge. Je m'en vais à temps : nous ne vivions ensemble d'aucune manière, tu me cachais tes pensées et tes actions. Comment es-tu donc arrivé à me craindre? T'ai-je jamais adressé une parole, un regard, un geste empreints de blâme? Eh! bien, tu as vendu tes derniers tableaux, tu as vendu jusqu'aux vins de ta cave, et tu empruntes de nouveau sur tes biens sans m'en avoir dit un mot. Ah! je sortirai donc de la vie, dégoûté de la vie. Si tu commets des fautes, si tu t'aveugles en poursuivant l'impossible, ne t'ai-je donc pas montré qu'il y avait en moi assez d'amour pour trouver de la douceur à partager tes fautes, à toujours marcher près de toi, m'eusses-tu menée dans les chemins du crime. Tu m'as trop bien aimée; là est ma gloire et là ma douleur. Ma maladie a duré longtemps, Balthazar; elle a commencé le jour qu'à cette place où je vais expirer tu m'as prouvé que tu appartenais plus à la Science qu'à la Famille. Voici ta femme morte et ta propre fortune consumée. Ta fortune et ta femme t'appartenaient, tu pouvais en disposer ; mais le jour où je ne serai plus, ma fortune sera celle de tes enfants, et tu ne pourras en rien prendre. Que vas-tu donc devenir? Maintenant, je te dois la vérité, les mourants voient loin ! où sera désormais le contre-poids qui balancera la passion maudite de laquelle tu as fait ta vie? Si tu m'y as sacrifiée, tes enfants seront bien légers devant toi, car je te dois cette justice d'avouer que tu me préférais à tout. Deux millions et six années de travaux ont été jetés dans ce gouffre, et tu n'as rien trouvé...

A ces mots, Claës mit sa tête blanchie dans ses mains et se cacha le visage.

— Tu ne trouveras rien que la honte pour toi, la misère pour tes enfants, reprit la mourante. Déjà l'on te nomme par dérision Claës-l'alchimiste, plus tard ce sera Claës-le-fou ! Moi, je crois en toi. Je te sais grand, savant, plein de génie ; mais pour le vulgaire, le génie ressemble à de la folie. La gloire est le soleil des morts ; de ton vivant tu seras malheureux comme tout ce qui fut grand, et tu ruineras tes enfants. Je m'en vais sans avoir joui de ta renommée, qui m'eût consolée d'avoir perdu le bonheur. Eh! bien, mon cher Balthazar, pour me rendre cette mort moins amère, il faudrait que je fusse certaine que nos enfants auront un morceau de pain ; mais rien, pas même toi, ne pourrait calmer mes inquiétudes...

— Je jure, dit Claës, de...

— Ne jure pas, mon ami, pour ne point manquer à tes serments, dit-elle en l'interrompant. Tu nous devais ta protection, elle nous a failli depuis près de sept années. La science est ta vie. Un grand homme ne peut avoir ni femme, ni enfants. Allez seuls dans vos voies de misère ! vos vertus ne sont pas celles des gens vulgaires, vous appartenez au monde, vous ne sauriez appartenir ni à une femme, ni à une famille. Vous desséchez la terre à l'entour de vous comme font de grands arbres ! moi, pauvre plante, je n'ai pu m'élever assez haut, j'expire à moitié de ta vie. J'attendais ce dernier jour pour te dire ces horribles pensées, que je n'ai découvertes qu'aux éclairs de la douleur et du désespoir. Épargne mes enfants ! Que ce mot retentisse dans ton cœur ! Je te le dirai jusqu'à mon dernier soupir. La femme est morte, vois-tu ? tu l'as dépouillée lentement et graduellement de ses sentiments, de ses plaisirs. Hélas! sans ce cruel soin que tu as pris involontairement, aurais-je vécu si long-temps? Mais ces pauvres enfants ne m'abandonnaient pas, eux! ils ont grandi près de mes douleurs, la mère a survécu. Épargne, épargne nos enfants.

— Lemulquinier, cria Balthazar d'une voix tonnante. Le vieux valet se montra soudain. — Allez tout détruire là-haut, machines, appareils; faites avec précaution, mais brisez tout. Je renonce à la science! dit-il à sa femme.

— Il est trop tard, ajouta-t-elle en regardant Lemulquinier. Marguerite, s'écria-t-elle en se sentant mourir. Marguerite se montra sur le seuil de la porte, et jeta un cri perçant en voyant les yeux de sa mère qui pâlissaient. — Marguerite! répéta la mourante.

Cette dernière exclamation contenait un si violent appel à sa fille, elle l'investissait de tant d'autorité, que ce cri fut tout un testament. La famille épouvantée accourut, et vit expirer madame Claës qui avait épuisé les dernières forces de sa vie dans sa conversation avec son mari. Balthazar et Marguerite immobiles, elle au chevet, lui au pied du lit, ne pouvaient croire à la mort de cette femme dont toutes les vertus et l'inépuisable tendresse n'étaient connues que d'eux. Le père et la fille échangèrent un regard pesant de pensées: la fille jugeait son père, le père tremblait déjà de trouver dans sa fille l'instrument d'une vengeance. Quoique les souvenirs d'amour par lesquels sa femme avait rempli sa vie revinssent en foule assiéger sa mémoire et donnassent aux dernières paroles de la morte une sainte autorité qui devait toujours lui en faire écouter la voix, Balthazar doutait de son cœur trop faible contre son génie; puis, il entendait un terrible grondement de passion qui lui niait la force de se repentir, et lui faisait peur de lui-même. Quand cette femme eut disparu, chacun comprit que la maison Claës avait une âme et que cette âme n'était plus. Aussi la douleur fut-elle si vive dans la famille, que le parloir où la noble Joséphine semblait revivre resta fermé, personne n'avait le courage d'y entrer.

La Société ne pratique aucune des vertus qu'elle demande aux hommes, elle commet des crimes à toute heure, mais elle les commet en paroles; elle prépare les mauvaises actions par la plaisanterie, comme elle dégrade le beau par le ridicule: elle se moque des fils qui pleurent trop leurs pères, elle anathématise ceux qui ne les pleurent pas assez ; puis elle s'amuse, Elle ! à soupeser les cadavres avant qu'ils ne soient refroidis. Le soir du jour où madame Claës expira, les amis de cette femme jetèrent quelques fleurs sur sa tombe entre deux parties de whist, rendirent hommage à ses belles qualités en cherchant du cœur ou du pique. Puis, après quelques phrases lacrymales qui sont l'A, bé, bi, bo, bu de la douleur collective, et qui se prononcent avec les mêmes intonations, sans plus ni moins de sentiment, dans toutes les villes de France e à toute heure, chacun chiffra le produit de cette succession. Pierquin, le premier, fit observer à ceux qui causaient de cet événement que la mort de cette excellente femme était un bien pour elle, son mari la rendait trop malheureuse ; mais que c'était, pour ses enfants, un plus grand bien encore ; elle n'aurait pas su refuser sa fortune à son mari qu'elle adorait, tandis qu'aujourd'hui Claës n'en pouvait plus disposer. Et chacun d'estimer la succession de la pauvre madame Claës, de supputer ses économies (en avait-elle fait ? n'en avait-elle pas fait ?), d'inventorier ses bijoux, d'étaler sa garde-robe, de fouiller ses tiroirs, pendant que la famille affligée pleurait et priait autour du lit mortuaire. Avec le coup d'œil d'un Juré-peseur de fortunes, Pierquin calcula que les propres de madame Claës, pour employer son expression, pouvaient encore se retrouver et devaient monter à une somme d'environ quinze cent mille francs représentée soit par la forêt de Waignies dont les bois avaient depuis douze ans acquis un prix énorme, et il en compta les futaies, les baliveaux, les anciens, les modernes, soit par les biens de Balthazar qui était encore *bon* pour *remplir* ses enfants, si la valeur de la liquidation ne l'acquittaient pas envers eux. Mademoiselle Claës était donc, pour parler toujours son argot, une fille de quatre cent mille francs. — « Mais si elle ne se marie pas promptement, ajouta-t-il, ce qui l'émanciperait, et permettrait de liciter la forêt de Waignies, de liquider la part des mineurs, et de l'employer de manière à ce que le père n'y touche pas, monsieur Claës est homme à ruiner ses enfants. » Chacun chercha quels étaient dans la province les jeunes gens capables de prétendre à la main de mademoiselle Claës, mais personne ne fit au notaire la galanterie de l'en supposer digne. Le notaire trouvait des raisons pour rejeter chacun des partis proposés comme indigne de Marguerite. Les interlocuteurs se regardaient en souriant, et prenaient plaisir à prolonger cette malice de province. Pierquin avait déjà vu dans la mort de madame Claës un événement favorable à ses prétentions, et il dépeçait déjà ce cadavre à son profit.

— Cette bonne femme-là, se dit-il en rentrant chez lui pour se coucher, était fière comme un paon, et ne m'aurait jamais donné sa fille. Hé! hé! pourquoi ne manœuvrerais-je pas maintenant de manière à l'épouser? Le père Claës est un homme ivre de carbone qui ne se soucie plus de ses enfants; si je lui demande sa fille, après avoir convaincu Marguerite de l'urgence où elle est de se marier pour sauver la fortune de ses frères et de sa sœur, il sera content de se débarrasser d'une enfant qui peut le tracasser.

Il s'endormit en entrevoyant les beautés matrimoniales du contrat, en méditant tous les avantages que lui offrait cette affaire, et les garanties qu'il trouvait pour son bonheur dans la personne dont il se faisait l'époux. Il était difficile de rencontrer dans la province une jeune personne plus délicatement belle et mieux élevée que ne l'était Marguerite. Sa modestie, sa grâce étaient comparables à celles de la jolie fleur qu'Emmanuel n'avait osé nommer devant elle, en craignant de découvrir ainsi les vœux secrets de son cœur. Ses sentiments étaient fiers, ses principes étaient religieux, elle devait être une chaste épouse; mais elle ne flattait pas seulement la vanité que tout homme porte plus ou moins dans le choix d'une femme, elle satisfaisait encore l'orgueil du notaire par l'immense considération dont sa famille, doublement noble, jouissait en Flandre et que partagerait son mari. Le lendemain, Pierquin tira de sa caisse quelques billets de mille francs et vint amicalement les offrir à Balthazar, afin de lui éviter des ennuis pécuniaires au moment où il était plongé dans la douleur. Touché de cette attention délicate, Balthazar ferait sans doute à sa fille l'éloge du cœur et de la personne du notaire. Il n'en fut rien. Monsieur Claës et sa fille trouvèrent cette action toute simple, et leur souffrance était trop exclusive pour qu'ils pensassent à Pierquin. En effet, le désespoir de Balthazar fut si grand, que les personnes disposées à blâmer sa conduite la lui pardonnèrent, moins au nom de la Science qui pouvait l'excuser, qu'en faveur de ses regrets qui ne réparaient point le mal. Le monde se contente de grimaces, il se paye de ce qu'il donne, sans en vérifier l'aloi; pour lui, la vraie douleur est un spectacle, une sorte de jouissance qui le dispose à tout absoudre, même un criminel; dans son avidité d'émotions, il acquitte sans discernement et celui qui le fait rire, et celui qui le fait pleurer, sans leur demander compte des moyens.

Marguerite avait accompli sa dix-neuvième année quand son père lui remit le gouvernement de la maison où son autorité fut pieusement reconnue par sa sœur et ses deux frères à qui, pendant les derniers moments de sa vie, madame Claës avait recommandé d'obéir à leur aînée. Le deuil rehaussait sa blanche fraîcheur, de même que la tristesse mettait en relief sa douceur et sa patience. Dès les premiers jours, elle prodigua les preuves de ce courage féminin, de cette sérénité constante que doivent avoir les anges chargés de répandre la paix, en touchant de leur palme verte les cœurs souffrants. Mais si elle s'habitua, par l'entente prématurée de ses devoirs, à cacher ses douleurs, elles n'en furent que plus vives; son extérieur calme était en désaccord avec la profondeur de ses sensations; et elle fut destinée à connaître de bonne heure ces terribles explosions de sentiment que le cœur ne suffit pas toujours à contenir; son père devait sans cesse la tenir pressée entre les générosités naturelles aux jeunes âmes, et la voix d'une impérieuse nécessité. Les calculs qui l'enlacèrent le lendemain même de la mort de sa mère la mirent aux prises avec les intérêts de la vie, au moment où les jeunes filles n'en conçoivent que les plaisirs. Affreuse éducation de souffrance qui n'a jamais manqué aux natures angéliques! L'amour qui s'appuie sur l'argent et sur la vanité forme la plus opiniâtre des passions, Pierquin ne voulut pas tarder à circonvenir l'héritière. Quelques jours après la prise du deuil il chercha l'occasion de parler à Marguerite, et commença ses opérations avec une habileté qui aurait pu la séduire; mais l'amour lui avait jeté dans l'âme une clairvoyance qui l'empêcha de se laisser prendre à des dehors d'autant plus favorables aux tromperies sentimentales que dans cette circonstance Pierquin déployait la bonté qui lui était propre, la bonté du notaire qui se croit aimant quand il sauve des écus. Fort de sa douteuse parenté, de la constante habitude qu'il avait de faire les affaires et de partager les secrets de cette famille, sûr de l'estime et de l'amitié du père, bien servi par l'insouciance d'un savant qui n'avait aucun projet arrêté pour l'établissement de sa fille, et ne supposant pas qu Marguerite pût avoir une prédilection, il lui laissa juger une poursuite qui ne jouait la passion que par l'alliance des calculs les plus odieux à de jeunes âmes et qu'il ne sut pas voiler. Ce fut lui qui se montra naïf, ce fut elle qui usa de dissimulation, précisément parce qu'il croyait agir contre une fille sans défense, et qu'il méconnut les priviléges de la faiblesse.

— Ma chère cousine, dit-il à Marguerite avec laquelle il se promenait dans les allées du petit jardin, vous connaissez mon cœur et vous savez combien je suis porté à respecter les sentiments douloureux qui vous affectent en ce moment. J'ai l'âme trop sensible pour être notaire, je ne vis que par le cœur et je suis obligé de m'occuper constamment des intérêts d'autrui, quand je voudrais me laisser aller aux émotions douces qui font la vie heureuse. Aussi souffré-je beaucoup d'être forcé de vous parler de projets discordants avec l'état de votre âme, mais il le faut. J'ai beaucoup pensé à vous depuis quelques jours. Je viens de reconnaître que, par une fatalité singulière, la fortune de vos frères et de votre sœur, la vôtre même, sont en danger. Voulez-vous sauver votre famille d'une ruine complète?

— Que faudrait-il faire? dit-elle effrayée à demi par ces paroles.

— Vous marier, répondit Pierquin.

— Je ne me marierai point, s'écria-t-elle.

— Vous vous marierez, reprit le notaire, quand vous aurez réfléchi mûrement à la situation critique dans laquelle vous êtes...

— Comment mon mariage peut-il sauver...

— Voilà où je vous attendais, ma cousine, dit-il en l'interrompant. Le mariage émancipe!

— Pourquoi m'émanciperait-on? dit Marguerite.

— Pour vous mettre en possession, ma chère petite cousine, dit le notaire d'un air de triomphe. Dans cette occurrence, vous prenez votre part dans la fortune de votre mère. Pour vous le donner, il faut la liquider; or, pour la liquider, ne faudra-t-il pas liciter la forêt de Waignies? Cela posé, toutes les valeurs de la succession se capitaliseront, et votre père sera tenu, comme tuteur, de placer la part de vos frères et de votre sœur, en sorte que la Chimie ne pourra plus y toucher.

— Dans le cas contraire, qu'arriverait-il? demanda-t-elle.

— Mais, dit le notaire, votre père administrera vos biens. S'il se remettait à vouloir faire de l'or, il pourrait vendre le bois de Waignies et vous laisser nus comme des petits saint Jean. La forêt de Waignies vaut en ce moment près de quatorze cent mille francs; mais, qu'aujourd'hui pour demain, votre père la coupe à blanc, vos treize cents arpents ne vaudront pas trois cent mille francs. Ne vaut-il pas mieux éviter ce danger à peu près certain, en faisant échoir dès aujourd'hui le cas de partage par votre émancipation ? Vous sauverez ainsi toutes les coupes de la forêt desquelles votre père disposerait plus tard à votre préjudice. En ce moment que la Chimie dort, il placera nécessairement les valeurs de la liquidation sur le Grand-Livre. Les fonds sont à cinquante-neuf, ces chers enfants auront donc près de cinq mille livres de rente pour cinquante mille francs; et attendu qu'on ne peut pas disposer des capitaux appartenant aux mineurs, à leur majorité vos frères et votre sœur verront leur fortune doublée. Tandis que, autrement, ma foi.... Voilà.... D'ailleurs votre père a écorné le bien de votre mère, nous saurons le déficit par un inventaire. S'il est reliquaire, vous prendrez hypothèque sur ses biens, et vous en sauverez déjà quelque chose.

— Fi ! dit Marguerite, ce serait outrager mon père. Les dernières paroles de ma mère n'ont pas été prononcées depuis si peu de temps que je ne puisse me les rappeler. Mon père est incapable de dépouiller ses enfants, dit-elle en laissant échapper des larmes de douleur. Vous le méconnaissez, monsieur Pierquin.

— Mais si votre père, ma chère cousine, se remet à la Chimie, il...

— Nous serions ruinés, n'est-ce pas ?

— Oh ! mais complétement ruinés ! Croyez-moi, Marguerite, dit-il en lui prenant la main qu'il mit sur son cœur, je manquerais à mes devoirs si je n'insistais pas. Votre intérêt seul...

— Monsieur, dit Marguerite d'un air froid en lui retirant sa main, l'intérêt bien entendu de ma famille exige que je ne me marie pas. Ma mère en a jugé ainsi.

— Cousine, s'écria-t-il avec la conviction d'un homme d'argent qui voit perdre une fortune, vous vous suicidez, vous jetez à l'eau la succession de votre mère. Eh ! bien, j'aurai le dévouement de l'excessive amitié que je vous porte ! Vous ne savez pas combien je vous aime, je vous adore depuis le jour où je vous ai vue au dernier bal que votre père a donné ! vous étiez ravissante. Vous pouvez vous fier à la voix du cœur, quand elle parle intérêt, ma chère Marguerite. Il fit une pause. Oui, nous convoquerons un conseil de famille et nous vous émanciperons sans vous consulter.

— Mais qu'est-ce donc qu'être émancipée ?

— C'est jouir de ses droits,

— Si je puis être émancipée sans me marier, pourquoi voulez-vous donc que je me marie ? Et avec qui ?

Pierquin essaya de regarder sa cousine d'un air tendre, mais cette expression contrastait si bien avec la rigidité de ses yeux habitués à parler d'argent, que Marguerite crut apercevoir du calcul dans cette tendresse improvisée.

— Vous auriez épousé la personne qui vous aurait plu... dans la ville... reprit-il. Un mari vous est indispensable, même comme affaire. Vous allez être en présence de votre père. Seule, lui résisterez-vous ?

— Oui, monsieur, je saurai défendre mes frères et ma sœur, quand il en sera temps.

— Peste, la commère ! se dit Pierquin. Non, vous ne saurez pas lui résister, reprit-il à haute voix.

— Brisons sur ce sujet, dit-elle.

— Adieu, cousine, je tâcherai de vous servir malgré vous, et je prouverai combien je vous aime en vous protégeant, malgré vous, contre un malheur que tout le monde prévoit en ville.

— Je vous remercie de l'intérêt que vous me portez ; mais je vous supplie de ne rien proposer ni faire entreprendre qui puisse causer le moindre chagrin à mon père.

Marguerite resta pensive en voyant Pierquin s'éloigner, elle en compara la voix métallique, les manières qui n'avaient que la souplesse des ressorts, les regards qui peignaient plus de servilisme que de douceur, aux poésies mélodieusement muettes dont les sentiments d'Emmanuel étaient revêtus. Quoi qu'on fasse, quoi qu'on dise, il existe un magnétisme admirable dont les effets ne trompent jamais. Le son de la voix, le regard, les gestes passionnés de l'homme aimant peuvent s'imiter, une jeune fille peut être trompée par un habile comédien ; mais pour réussir, ne doit-il pas être seul ? Si cette jeune fille a près d'elle une âme qui vibre à l'unisson de ses sentiments, n'a-t-elle pas bientôt reconnu les expressions du véritable amour ? Emmanuel se trouvait en ce moment, comme Marguerite, sous l'influence des nuages qui, depuis leur rencontre, avaient formé fatalement une sombre atmosphère au-dessus de leurs têtes, et qui leur dérobaient la vue du ciel bleu de l'amour. Il avait, pour son Élue, cette idolâtrie que le défaut d'espoir rend si douce et si mystérieuse dans ses pieuses manifestations. Socialement placé trop loin de mademoiselle Claës par son peu de fortune

et n'ayant qu'un beau nom à lui offrir, il ne voyait aucune chance
d'être accepté pour son époux. Il avait toujours attendu quelques
encouragements que Marguerite s'était refusée à donner sous les
yeux défaillants d'une mourante. Également purs, ils ne s'étaient
donc pas encore dit une seule parole d'amour. Leurs joies avaient
été les joies égoïstes que les malheureux sont forcés de savourer
seuls. Ils avaient frémi séparément, quoiqu'ils fussent agités par
un rayon parti de la même espérance. Ils semblaient avoir peur
d'eux-mêmes, en se sentant déjà trop bien l'un à l'autre. Aussi
Emmanuel tremblait-il d'effleurer la main de la souveraine à laquelle il avait fait un sanctuaire dans son cœur. Le plus insouciant
contact aurait développé chez lui de trop irritantes voluptés, il
n'aurait plus été le maître de ses sens déchaînés. Mais quoiqu'ils ne
se fussent rien accordé des frêles et immenses, des innocents et
sérieux témoignages que se permettent les amants les plus timides,
ils s'étaient néanmoins si bien logés au cœur l'un de l'autre, que
tous deux se savaient prêts à se faire les plus grands sacrifices,
seuls plaisirs qu'ils pussent goûter. Depuis la mort de madame
Claës, leur amour secret s'étouffait sous les crêpes du deuil. De
brunes, les teintes de la sphère où ils vivaient étaient devenues
noires, et les clartés s'y éteignaient dans les larmes. La réserve de
Marguerite se changea presque en froideur, car elle avait à tenir le
serment exigé par sa mère ; et devenant plus libre qu'auparavant,
elle se fit plus rigide. Emmanuel avait épousé le deuil de sa bien-
aimée, en comprenant que le moindre vœu d'amour, la plus simple exigence serait une forfaiture envers les lois du cœur. Ce grand
amour était donc plus caché qu'il ne l'avait jamais été. Ces deux
âmes tendres rendaient toujours le même son ; mais séparées par la
douleur, comme elles l'avaient été par les timidités de la jeunesse
et par le respect dû aux souffrances de la morte, elles s'en tenaient
encore au magnifique langage des yeux, à la muette éloquence des
actions dévouées, à une cohérence continuelle, sublimes harmonies
de la jeunesse, premiers pas de l'amour en son enfance. Emmanuel
venait, chaque matin, savoir des nouvelles de Claës et de Marguerite, mais il ne pénétrait dans la salle à manger que quand il
apportait une lettre de Gabriel, ou quand Balthazar le priait d'entrer. Son premier coup d'œil jeté sur la jeune fille lui disait mille
pensées sympathiques : il souffrait de la discrétion que lui impo-
saient les convenances, il ne l'avait pas quittée, il en partageait la

tristesse, enfin il épandait la rosée de ses larmes au cœur de son amie, par un regard que n'altérait aucune arrière-pensée. Ce bon jeune homme vivait si bien dans le présent, il s'attachait tant à un bonheur qu'il croyait fugitif, que Marguerite se reprochait parfois de ne pas lui tendre généreusement la main en lui disant : — Soyons amis !

Pierquin continua ses obsessions avec cet entêtement qui est la patience irréfléchie des sots. Il jugeait Marguerite selon les règles ordinaires employées par la multitude pour apprécier les femmes. Il croyait que les mots mariage, liberté, fortune, qu'il lui avait jetés dans l'oreille germeraient dans son âme, y feraient fleurir un désir dont il profiterait, et il s'imaginait que sa froideur était de la dissimulation. Mais quoiqu'il l'entourât de soins et d'attentions galantes, il cachait mal les manières despotiques d'un homme habitué à trancher les plus hautes questions relatives à la vie des familles. Il disait, pour la consoler, de ces lieux communs, familiers aux gens de sa profession, lesquels passent en colimaçons sur les douleurs, et y laissent une traînée de paroles sèches qui en déflorent la sainteté. Sa tendresse était du patelinage. Il quittait sa feinte mélancolie à la porte en reprenant ses doubles souliers, ou son parapluie. Il se servait du ton que sa longue familiarité l'autorisait à prendre, comme d'un instrument pour se mettre plus avant dans le cœur de la famille, pour décider Marguerite à un mariage proclamé par avance dans toute la ville. L'amour vrai, dévoué, respectueux formait donc un contraste frappant avec un amour égoïste et calculé. Tout était homogène en ces deux hommes. L'un feignait une passion et s'armait de ses moindres avantages afin de pouvoir épouser Marguerite ; l'autre cachait son amour, et tremblait de laisser apercevoir son dévouement. Quelque temps après la mort de sa mère, et dans la même journée, Marguerite put comparer les deux seuls hommes qu'elle était à même de juger. Jusqu'alors, la solitude à laquelle elle avait été condamnée ne lui avait pas permis de voir le monde, et la situation où elle se trouvait ne laissait aucun accès aux personnes qui pouvaient penser à la demander en mariage. Un jour, après le déjeuner, par une des premières belles matinées du mois d'avril, Emmanuel vint au moment où monsieur Claës sortait. Balthazar supportait si difficilement l'aspect de sa maison, qu'il allait se promener le long des remparts pendant une partie de la journée. Emmanuel voulut suivre Balthazar, il hésita, parut puiser des forces en lui-même, regarda Marguerite et resta. Marguerite devina que le professeur voulait lui parler et lui proposa de venir au jardin. Elle renvoya sa sœur Félicie, près de Martha qui travaillait dans l'antichambre, située au premier étage; puis elle s'alla placer sur un banc où elle pouvait être vue de sa sœur et de la vieille duègne.

— Monsieur Claës est aussi absorbé par le chagrin qu'il l'était par ses recherches savantes, dit le jeune homme en voyant Balthazar marchant lentement dans la cour. Tout le monde le plaint en ville; il va comme un homme qui n'a plus ses idées; il s'arrête sans motif, regarde sans voir...

— Chaque douleur a son expression, dit Marguerite en retenant ses pleurs. Que vouliez-vous me dire? reprit-elle après une pause et avec une dignité froide.

— Mademoiselle, répondit Emmanuel d'une voix émue, ai-je le droit de vous parler comme je vais le faire? Ne voyez, je vous prie, que mon désir de vous être utile, et laissez-moi croire qu'un professeur peut s'intéresser au sort de ses élèves au point de s'inquiéter de leur avenir. Votre frère Gabriel a quinze ans passés, il est en seconde, et certes il est nécessaire de diriger ses études dans l'esprit de la carrière qu'il embrassera. Monsieur votre père est le maître de décider cette question; mais s'il n'y pensait pas, ne serait-ce pas un malheur pour Gabriel? Ne serait-ce pas aussi bien mortifiant pour monsieur votre père, si vous lui faisiez observer qu'il ne s'occupe pas de son fils? Dans cette conjoncture, ne pourriez-vous pas consulter votre frère sur ses goûts, lui faire choisir par lui-même une carrière, afin que si, plus tard, son père voulait en faire un magistrat, un administrateur, un militaire, Gabriel eût déjà des connaissances spéciales? Je ne crois pas que ni vous ni monsieur Claës vous vouliez le laisser oisif...

— Oh! non, dit Marguerite. Je vous remercie, monsieur Emmanuel, vous avez raison. Ma mère, en nous faisant faire de la dentelle, en nous apprenant avec tant de soin à dessiner, à coudre, à broder, à toucher du piano, nous disait souvent qu'on ne savait pas ce qui pouvait arriver dans la vie. Gabriel doit avoir une valeur personnelle et une éducation complète. Mais, quelle est la carrière la plus convenable que puisse prendre un homme?

— Mademoiselle, dit Emmanuel en tremblant de bonheur, Gabriel est celui de sa classe qui montre le plus d'aptitude aux mathématiques ; s'il voulait entrer à l'Ecole Polytechnique, je crois qu'il y acquerrait des connaissances utiles dans toutes les carrières. A sa sortie, il resterait le maître de choisir celle pour laquelle il aurait le plus de goût. Sans avoir rien préjugé jusque-là sur son avenir, vous aurez gagné du temps. Les hommes sortis avec honneur de cette École sont les bienvenus partout. Elle a fourni des administrateurs, des diplomates, des savants, des ingénieurs, des généraux, des marins, des magistrats, des manufacturiers et des banquiers. Il n'y a donc rien d'extraordinaire à voir un jeune homme riche ou de bonne maison travaillant dans le but d'y être admis. Si Gabriel s'y décidait, je vous demanderais... me l'accorderez-vous ! Dites oui !

— Que voulez-vous ?

Être son répétiteur, dit-il en tremblant.

Marguerite regarda monsieur de Solis, lui prit la main et lui dit : — Oui. Elle fit une pause et ajouta d'une voix émue : — Combien j'apprécie la délicatesse qui vous fait offrir précisément ce que je puis accepter de vous. Dans ce que vous venez de dire, je vois que vous avez bien pensé à nous. Je vous remercie.

Quoique ces paroles fussent dites simplement, Emmanuel détourna la tête pour ne pas laisser voir les larmes que le plaisir d'être agréable à Marguerite lui fit venir aux yeux.

— Je vous les amènerai tous les deux, dit-il, quand il eut repris un peu de calme, c'est demain jour de congé.

Il se leva, salua Marguerite qui le suivit, et quand il fut dans la cour, il la vit encore à la porte de la salle à manger d'où elle lui adressa un signe amical. Après le dîner, le notaire vint faire une visite à monsieur Claës, et s'assit dans le jardin, entre son cousin et Marguerite, précisément sur le banc où s'était mis Emmanuel.

— Mon cher cousin, dit-il, je suis venu ce soir pour vous parler affaire. Quarante-trois jours se sont écoulés depuis le décès de votre femme.

— Je ne les ai pas comptés, dit Balthazar en essuyant une larme que lui arracha le mot légal de *décès*.

— Oh ! monsieur, dit Marguerite en regardant le notaire, comment pouvez-vous...

— Mais, ma cousine, nous sommes forcés, nous autres, de compter des délais qui sont fixés par la loi. Il s'agit précisément de vous et de vos cohéritiers. Monsieur Claës n'a que des enfants mineurs, il est tenu de faire un inventaire dans les quarante-cinq jours qui suivent le décès de sa femme, afin de constater les valeurs de la communauté. Ne faut-il pas savoir si elle est bonne ou mauvaise, pour l'accepter ou pour s'en tenir aux droits purs et simples des mineurs. Marguerite se leva. — Restez, ma cousine, dit Pierquin, ces affaires vous concernent vous et votre père. Vous savez combien je prends part à vos chagrins; mais il faut vous occuper aujourd'hui même de ces détails, sans quoi vous pourriez, les uns et les autres, vous en trouver fort mal ! Je fais en ce moment mon devoir comme notaire de la famille.

— Il a raison, dit Claës.

— Le délai expire dans deux jours, reprit le notaire, je dois donc procéder, dès demain, à l'ouverture de l'inventaire, quand ce ne serait que pour retarder le paiement des droits de succession que le fisc va venir vous demander, le fisc n'a pas de cœur, il ne s'inquiète pas des sentiments, il met sa griffe sur nous en tout temps. Donc, tous les jours, depuis dix heures jusqu'à quatre heures, mon clerc et moi, nous viendrons avec l'huissier-priseur, monsieur Raparlier. Quand nous aurons achevé en ville, nous irons à la campagne. Quant à la forêt de Waignies, nous allons en causer. Cela posé, passons à un autre point. Nous avons un conseil de famille à convoquer, pour nommer un subrogé-tuteur. Monsieur Conyncks de Bruges est aujourd'hui votre plus proche parent; mais le voilà devenu Belge! Vous devriez, mon cousin, lui écrire à ce sujet, vous sauriez si le bonhomme a envie de se fixer en France où il possède de belles propriétés, et vous pourriez le décider ainsi à venir lui et sa fille habiter la Flandre française. S'il refuse, je verrai à composer le conseil, d'après les degrés de parenté.

— A quoi sert un inventaire? demanda Marguerite.

— A constater les droits, les valeurs, l'actif et le passif. Quand tout est bien établi, le conseil de famille prend dans l'intérêt des mineurs les déterminations qu'il juge...

— Pierquin, dit Claës qui se leva du banc, procédez aux actes que vous croirez nécessaires à la conservation des droits de mes enfants; mais évitez-nous le chagrin de voir vendre ce qui appartenait à ma chère... Il n'acheva pas, il avait dit ces mots d'un air si noble et d'un ton si pénétré, que Marguerite prit la main de son père et la baisa.

— A demain, dit Pierquin.

— Venez déjeuner, dit Balthazar. Puis Claës parut rassembler ses souvenirs et s'écria : — Mais d'après mon contrat de mariage qui a été fait sous la coutume de Hainault, j'avais dispensé ma femme de l'inventaire afin qu'on ne la tourmentât point, je n'y suis probablement pas tenu non plus...

— Ah! quel bonheur, dit Marguerite, il nous aurait causé tant de peine.

— Eh! bien, nous examinerons votre contrat demain, répondit le notaire un peu confus.

— Vous ne le connaissiez donc pas? lui dit Marguerite.

Cette observation interrompit l'entretien. Le notaire se trouva trop embarrassé de continuer après l'observation de sa cousine.

— Le diable s'en mêle! se dit-il dans la cour. Cet homme si distrait retrouve la mémoire juste au moment où il le faut pour empêcher de prendre des précautions contre lui. Ses enfants seront dépouillés! c'est aussi sûr que deux et deux font quatre. Parlez donc affaires à des filles de dix-neuf ans qui font du sentiment. Je me suis creusé la tête pour sauver le bien de ces enfants-là, en procédant régulièrement et en m'entendant avec le bonhomme Conincks. Et voilà! Je me perds dans l'esprit de Marguerite qui va demander à son père pourquoi je voulais procéder à un inventaire qu'elle croit inutile. Et monsieur Claës lui dira que les notaires ont la manie de faire des actes, que nous sommes notaires avant d'être parents, cousins ou amis, enfin des bêtises....

Il ferma la porte avec violence en pestant contre les clients qui se ruinaient par sensibilité. Balthazar avait raison. L'inventaire n'eut pas lieu. Rien ne fut donc fixé sur la situation dans laquelle se trouvait le père vis-à-vis de ses enfants. Plusieurs mois s'écoulèrent sans que la situation de la maison Claës changeât. Gabriel, habilement conduit par monsieur de Solis qui s'était fait son précepteur, travaillait avec application, apprenait les langues étrangères et se disposait à passer l'examen nécessaire pour entrer à l'Ecole Polyechnique. Félicie et Marguerite avaient vécu dans une retraite absolue, en allant néanmoins, par économie, habiter pendant la belle saison la maison de campagne de leur père. Monsieur Claës s'occupa de ses affaires, paya ses dettes en empruntant une somme considérable sur ses biens et visita la forêt de Waignies. Au milieu

de l'année 1817, son chagrin, lentement apaisé, le laissa seul et
sans défense contre la monotonie de la vie qu'il menait et qui lui pesa.
Il lutta d'abord courageusement contre la Science qui se réveillait insensiblement, et se défendit à lui-même de penser à la Chimie. Puis
il y pensa. Mais il ne voulut pas s'en occuper activement, il ne s'en
occupa que théoriquement. Cette constante étude fit surgir sa passion
qui devint ergoteuse. Il discuta s'il s'était engagé à ne pas continuer
ses recherches et se souvint que sa femme n'avait pas voulu de son
serment. Quoiqu'il se fût promis à lui-même de ne plus poursuivre
la solution de son problème, ne pouvait-il changer de détermination du moment où il entrevoyait un succès. Il avait déjà cinquante-
neuf ans. A cet âge, l'idée qui le dominait contracta l'âpre fixité
par laquelle commencent les monomanies. Les circonstances conspirèrent encore contre sa loyauté chancelante. La paix dont jouissait l'Europe avait permis la circulation des découvertes et des
idées scientifiques acquises pendant la guerre par les savants des
différents pays entre lesquels il n'y avait point eu de relations depuis
près de vingt ans. La Science avait donc marché. Claës trouva que
les progrès de la Chimie s'étaient dirigés, à l'insu des chimistes,
vers l'objet de ses recherches. Les gens adonnés à la haute science
pensaient comme lui, que la lumière, la chaleur, l'électricité, le
galvanisme et le magnétisme étaient les différents effets d'une même
cause, que la différence qui existait entre les corps jusque-là réputés simples devait être produite par les divers dosages d'un principe
inconnu. La peur de voir trouver par un autre la réduction des
métaux et le principe constituant de l'électricité, deux découvertes
qui menaient à la solution de l'Absolu chimique, augmenta ce que
les habitants de Douai appelaient une folie, et porta ses désirs à un
paroxysme que concevront les personnes passionnées pour les sciences, ou qui ont connu la tyrannie des idées. Aussi Balthazar fut-il
bientôt emporté par une passion d'autant plus violente, qu'elle avait
plus longtemps dormi. Marguerite, qui épiait les dispositions d'âme
par lesquelles passait son père, ouvrit le parloir. En y demeurant,
elle ranima les souvenirs douloureux que devait causer la mort de sa
mère, et réussit en effet, en réveillant les regrets de son père, à
retarder sa chute dans le gouffre où il devait néanmoins tomber.
Elle voulut aller dans le monde et força Balthazar d'y prendre des
distractions. Plusieurs partis considérables se présentèrent pour
elle, et occupèrent Claës, quoique Marguerite déclarât qu'elle ne

se marierait pas avant d'avoir atteint sa vingt-cinquième année. Malgré les efforts de sa fille, malgré de violents combats, au commencement de l'hiver, Balthazar reprit secrètement ses travaux. Il était difficile de cacher de telles occupations à des femmes curieuses. Un jour donc, Martha dit à Marguerite en l'habillant : — Mademoiselle, nous sommes perdues ! Ce monstre de Mulquinier, qui est le diable déguisé, car je ne lui ai jamais vu faire le signe de la croix, est remonté dans le grenier. Voilà monsieur votre père embarqué pour l'enfer. Fasse le ciel qu'il ne vous tue pas comme il a tué cette pauvre chère madame.

— Cela n'est pas possible, dit Marguerite.

— Venez voir la preuve de leur trafic...

Mademoiselle Claës courut à la fenêtre et aperçut en effet une légère fumée qui sortait par le tuyau du laboratoire.

— J'ai vingt et un ans dans quelques mois, pensa-t-elle, je saurai m'opposer à la dissipation de notre fortune.

En se laissant aller à sa passion, Balthazar dut nécessairement avoir moins de respect pour les intérêts de ses enfants qu'il n'en avait eu pour sa femme. Les barrières étaient moins hautes, sa conscience était plus large, sa passion devenait plus forte. Aussi marcha-t-il dans sa carrière de gloire, de travail, d'espérance et de misère avec la fureur d'un homme plein de conviction. Sûr du résultat, il se mit à travailler nuit et jour avec un emportement dont s'effrayèrent ses filles qui ignoraient combien est peu nuisible le travail auquel un homme se plaît. Aussitôt que son père eut recommencé ses expériences, Marguerite retrancha les superfluités de la table, devint d'une parcimonie digne d'un avare, et fut admirablement secondée par Josette et par Martha. Claës ne s'aperçut pas de cette réforme qui réduisait la vie au strict nécessaire. D'abord il ne déjeunait pas, puis il ne descendait de son laboratoire qu'au moment même du dîner, enfin il se couchait quelques heures après être resté dans le parloir entre ses deux filles, sans leur dire un mot. Quand il se retirait, elles lui souhaitaient le bonsoir, et il se laissait embrasser machinalement sur les deux joues. Une semblable conduite eût causé les plus grands malheurs domestiques si Marguerite n'avait été préparée à exercer l'autorité d'une mère, et prémunie par une passion secrète contre les malheurs d'une si grande liberté. Pierquin avait cessé de venir voir ses cousines, en jugeant que leur ruine allait être complète. Les propriétés rurales de Balthazar qui rapportaient seize mille francs et valaient environ deux cent mille écus, étaient déjà grevées de trois cent mille francs d'hypothèques. Avant de se remettre à la Chimie, Claës avait fait un emprunt considérable. Le revenu suffisait précisément au paiement des intérêts; mais comme avec l'imprévoyance naturelle aux hommes voués à une idée, il abandonnait ses fermages à Marguerite pour subvenir aux dépenses de la maison, le notaire avait calculé que trois ans suffiraient pour mettre le feu aux affaires, et que les gens de justice dévoreraient ce que Balthazar n'aurait pas mangé. La froideur de Marguerite avait amené Pierquin à un état d'indifférence presque hostile. Pour se donner le droit de renoncer à la main de sa cousine, si elle devenait trop pauvre, il disait des Claës avec un air de compassion : — « Ces pauvres gens sont ruinés, j'ai fait tout ce que j'ai pu pour les sauver; mais que voulez-vous! mademoiselle Claës s'est refusée à toutes les combinaisons légales qui devaient les préserver de la misère. »

Nommé proviseur du collége de Douai, par le protection de son oncle, Emmanuel, que son mérite transcendant avait fait digne de ce poste, venait voir tous les jours pendant la soirée les deux jeunes filles qui appelaient près d'elles la duègne aussitôt que leur père se couchait. Le coup de marteau doucement frappé par le jeune de Solis ne tardait jamais. Depuis trois mois, encouragé par la gracieuse et muette reconnaissance avec laquelle Marguerite acceptait ses soins, il était devenu lui-même. Les rayonnements de son âme pure comme un diamant brillèrent sans nuages, et Marguerite put en apprécier la force, la durée en voyant combien la source en était inépuisable. Elle admirait une à une s'épanouir les fleurs, après en avoir respiré par avance les parfums. Chaque jour, Emmanuel réalisait une des espérances de Marguerite, et faisait luire dans les régions enchantées de l'amour de nouvelles lumières qui chassaient les nuages, rassérénaient leur ciel, et coloraient les fécondes richesses ensevelies jusque-là dans l'ombre. Plus à son aise, Emmanuel put déployer les séductions de son cœur jusqu'alors discrètement cachées : cette expansive gaieté du jeune âge, cette simplicité que donne une vie remplie par l'étude, et les trésors d'un esprit délicat que le monde n'avait pas adultéré, toutes les innocentes joyeusetés qui vont si bien à la jeunesse aimante. Son âme et celle de Marguerite s'entendirent mieux, ils allèrent ensemble au fond de leurs cœurs et y trouvèrent les mêmes pensées : perles d'un même éclat, suaves et fraîches harmonies semblables à celles qui sont sous la mer, et qui, dit-on, fascinent les plongeurs! Ils se firent connaître l'un à l'autre par ces échanges de propos, par cette alternative curiosité qui, chez tous deux, prenait les formes les plus délicieuses du sentiment. Ce fut sans fausse honte, mais non sans de mutuelles coquetteries. Les deux heures qu'Emmanuel venait passer, tous les soirs, entre ces deux jeunes filles et Martha, faisaient accepter à Marguerite la vie d'angoisses et de résignation dans laquelle elle était entrée. Cet amour naïvement progressif fut son soutien. Emmanuel portait dans ses témoignages d'affection cette grâce naturelle qui séduit tant, cet esprit doux et fin qui nuance l'uniformité du sentiment, comme les facettes relèvent la monotonie d'une pierre précieuse, en en faisant jouer tous les feux; admirables façons dont le secret appartient aux cœurs aimants, et qui rendent les femmes fidèles à la Main artiste sous laquelle les formes renaissent toujours neuves, à la Voix qui ne répète jamais une phrase sans la rafraîchir par de nouvelles modulations. L'amour n'est pas seulement un sentiment, il est un art aussi. Quelque mot simple, une précaution, un rien révèlent à une femme le grand et sublime artiste qui peut toucher son cœur sans le flétrir. Plus allait Emmanuel, plus charmantes étaient les expressions de son amour.

— J'ai devancé Pierquin, lui dit-il un soir, il vient nous annoncer une mauvaise nouvelle, je préfère vous l'apprendre moi-même. Votre père a vendu votre forêt à des spéculateurs qui l'ont revendue par parties; les arbres sont déjà coupés, tous les madriers sont enlevés. Monsieur Claës a reçu trois cent mille francs comptant dont il s'est servi pour payer ses dettes à Paris; et, pour les éteindre entièrement, il a même été obligé de faire une délégation de cent mille francs sur les cent mille écus qui restent à payer par les acquéreurs.

Pierquin entra.

— Hé! bien, ma chère cousine, dit-il, vous voilà ruinés, je vous l'avais prédit; mais vous n'avez pas voulu m'écouter. Votre père a bon appétit. Il a, de la première bouchée, avalé vos bois. Votre subrogé-tuteur, monsieur Conyncks, est à Amsterdam, où il achève de liquider sa fortune, et Claës a saisi ce moment-là pour faire son coup. Ce n'est pas bien. Je viens d'écrire au bonhomme Conyncks; mais, quand il arrivera, tout sera fricassé. Vous serez obligés de poursuivre votre père, le procès ne sera pas long, mais ce sera un procès déshonorant que monsieur Conyncks ne peut se dispenser d'intenter, la loi l'exige. Voilà le fruit de votre entêtement. Reconnaissez-vous maintenant combien j'étais prudent, combien j'étais dévoué à vos intérêts?

— Je vous apporte une bonne nouvelle, mademoiselle, dit le jeune de Solis de sa voix douce, Gabriel est reçu à l'école Polytechnique. Les difficultés qui s'étaient élevées pour son admission sont aplanies.

Marguerite remercia son ami par un sourire, et dit : — Mes économies auront une destination ! Martha, nous nous occuperons dès demain du trousseau de Gabriel. Ma pauvre Félicie, nous allons bien travailler, dit-elle en baisant sa sœur au front.

— Demain, vous l'aurez ici pour dix jours, il doit être à Paris le quinze novembre.

— Mon cousin Gabriel prend un bon parti, dit le notaire en toisant le proviseur, il aura besoin de se faire une fortune. Mais, ma chère cousine, il s'agit de sauver l'honneur de la famille; voudrez-vous cette fois m'écouter ?

— Non, dit-elle, s'il s'agit encore de mariage.

— Mais qu'allez-vous faire?

— Moi, mon cousin ! rien.

— Cependant vous êtes majeure.

— Dans quelques jours. Avez-vous, dit Marguerite, un parti à me proposer qui puisse concilier nos intérêts et ce que nous devons à notre père, à l'honneur de la famille?

— Cousine, nous ne pouvons rien sans votre oncle. Cela posé, je reviendrai quand il sera de retour.

— Adieu, monsieur, dit Marguerite.

— Plus elle devient pauvre, plus elle fait la bégueule, pensa le notaire. Adieu, mademoiselle, reprit Pierquin à haute voix. Monsieur le proviseur, je vous salue parfaitement. Et il s'en alla, sans faire attention ni à Félicie ni à Martha.

— Depuis deux jours, j'étudie le code, et j'ai consulté un vieil avocat, ami de mon oncle, dit Emmanuel d'une voix tremblante. Je partirai, si vous m'y autorisez, demain, pour Amsterdam. Écoutez, chère Marguerite...

Il disait ce mot pour la première fois, elle l'en remercia par un regard mouillé, par un sourire et une inclination de tête. Il s'arrêta, montra Félicie et Martha.

— Parlez devant ma sœur, dit Marguerite. Elle n'a pas besoin de cette discussion pour se résigner à notre vie de privations et de travail, elle est si douce et si courageuse ! Mais elle doit connaître combien le courage nous est nécessaire.

Les deux sœurs se prirent la main, et s'embrassèrent comme pour se donner un nouveau gage de leur union devant le malheur.

— Laissez-nous, Martha.

— Chère Marguerite, reprit Emmanuel en laissant percer dans l'inflexion de sa voix le bonheur qu'il éprouvait à conquérir les menus droits de l'affection ; je me suis procuré les noms et la demeure des acquéreurs qui doivent les deux cent mille francs restant sur le prix des bois abattus. Demain, si vous y consentez, un avoué agissant au nom de monsieur Conyncks, qui ne le désavouera pas, mettra opposition entre leurs mains. Dans six jours, votre grand-oncle sera de retour, il convoquera un conseil de famille, et fera émanciper Gabriel, qui a dix-huit ans. Étant, vous et votre frère, autorisés à exercer vos droits, vous demanderez votre part dans le prix des bois, monsieur Claës ne pourra pas vous refuser les deux cent mille francs arrêtés par l'opposition ; quant aux cent mille autres qui vous seront encore dus, vous obtiendrez une obligation hypothécaire qui reposera sur la maison que vous habitez. Monsieur Conyncks réclamera des garanties pour les trois cent mille francs qui reviennent à mademoiselle Félicie et à Jean. Dans cette situation, votre père sera forcé de laisser hypothéquer ses biens de la plaine d'Orchies, déjà grevés de cent mille écus. La loi donne une priorité rétroactive aux inscriptions prises dans l'intérêt des mineurs ; tout sera donc sauvé. Monsieur Claës aura désormais les mains liées, vos terres sont inaliénables ; il ne pourra plus rien emprunter sur les siennes, qui répondront des sommes supérieures à leur prix, les affaires se seront faites en famille, sans scandale, sans procès. Votre père sera forcé d'aller prudemment dans ses recherches, si même il ne les cesse tout à fait.

— Oui, dit Marguerite, mais où seront nos revenus ? Les cent mille francs hypothéqués sur cette maison ne nous rapporteront rien, puisque nous y demeurons. Le produit des biens que possède mon père dans la plaine d'Orchies payera les intérêts des trois cent mille francs dus à des étrangers ; avec quoi vivrons-nous ?

— D'abord, dit Emmanuel, en plaçant les cinquante mille francs qui resteront à Gabriel sur sa part, dans les fonds publics, vous en aurez, d'après le taux actuel, plus de quatre mille livres de rente qui suffiront à sa pension et à son entretien à Paris. Gabriel ne peut disposer ni de la somme inscrite sur la maison de son père, ni du fonds de ses rentes ; ainsi vous ne craindrez pas qu'il en dissipe un denier, et vous aurez une charge de moins. Puis, ne vous restera-t-il pas cent cinquante mille francs à vous !

— Mon père me les demandera, dit-elle avec effroi, et je ne saurai pas les lui refuser.

— Hé ! bien, chère Marguerite, vous pouvez les sauver encore, en vous en dépouillant. Placez-les sur le Grand Livre, au nom de votre frère. Cette somme vous donnera douze ou treize mille livres de rente qui vous feront vivre. Les mineurs émancipés ne pouvant rien aliéner sans l'avis d'un conseil de famille, vous gagnerez ainsi trois ans de tranquillité. A cette époque, votre père aura trouvé son problème ou vraisemblablement y renoncera ; Gabriel, devenu majeur, vous restituera les fonds pour établir les comptes entre vous quatre.

Marguerite se fit expliquer de nouveau des dispositions de loi qu'elle ne pouvait comprendre tout d'abord. Ce fut certes une scène neuve que celle des deux amants étudiant le code dont s'était muni Emmanuel pour apprendre à sa maîtresse les lois qui régissaient les biens des mineurs, elle en eut bientôt saisi l'esprit, grâce à la pénétration naturelle aux femmes, et que l'amour aiguisait encore.

Le lendemain, Gabriel revint à la maison paternelle. Quand monsieur de Solis le rendit à Balthazar, en lui annonçant l'admission à l'École Polytechnique, le père remercia le proviseur par un geste de main, et dit : — J'en suis bien aise, Gabriel sera donc un savant.

— Oh ! mon frère, dit Marguerite en voyant Balthazar remonter à son laboratoire, travaille bien, ne dépense pas d'argent ! fais tout ce qu'il faudra faire ; mais sois économe. Les jours où tu sortiras dans Paris, va chez nos amis, chez nos parents pour ne contracter aucun des goûts qui ruinent les jeunes gens. Ta pension monte à près de mille écus, il te restera mille francs pour tes menus-plaisirs, ce doit être assez.

— Je réponds de lui, dit Emmanuel de Solis en frappant sur l'épaule de son élève.

Un mois après, monsieur de Conyncks avait, de concert avec

Marguerite, obtenu de Claës toutes les garanties désirables. Les plans si sagement conçus par Emmanuel de Solis furent entièrement approuvés et exécutés. En présence de la loi, devant son cousin dont la probité farouche transigeait difficilement sur les questions d'honneur, Balthazar, honteux de la vente qu'il avait consentie dans un moment où il était harcelé par ses créanciers, se soumit à tout ce qu'on exigea de lui. Satisfait de pouvoir réparer le dommage qu'il avait presque involontairement fait à ses enfants, il signa les actes avec la préoccupation d'un savant. Il était devenu complétement imprévoyant à la manière des nègres qui, le matin, vendent leur femme pour une goutte d'eau-de-vie, et la pleurent le soir. Il ne jetait même pas les yeux sur son avenir le plus proche, il ne se demandait pas quelles seraient ses ressources, quand il aurait fondu son dernier écu; il poursuivait ses travaux, continuait ses achats, sans savoir qu'il n'était plus que le possesseur titulaire de sa maison, de ses propriétés, et qu'il lui serait impossible, grâce à la sévérité des lois, de se procurer un sou sur les biens desquels il était en quelque sorte le gardien judiciaire. L'année 1818 expira sans aucun événement malhereux. Les deux jeunes filles payèrent les frais nécessités par l'éducation de Jean, et satisfirent à toutes les dépenses de leur maison, avec les dix-huit mille francs de rente, placés sous le nom de Gabriel, dont les semestres leur furent envoyés exactement par leur frère. Monsieur de Solis perdit son oncle dans le mois de décembre de cette année. Un matin, Marguerite apprit par Martha que son père avait vendu sa collection de tulipes, le mobilier de la maison de devant, et toute l'argenterie. Elle fut obligée de racheter les couverts nécessaires au service de la table, et les fit marquer à son chiffre. Jusqu'à ce jour elle avait gardé le silence sur les déprédations de Balthazar; mais le soir, après le dîner, elle pria Félicie de la laisser seule avec son père, et quand il fut assis, suivant son habitude, au coin de la cheminée du parloir, Marguerite lui dit : — Mon cher père, vous êtes le maître de tout vendre ici, même vos enfants. Ici, nous vous obéirons tous sans murmure; mais je suis forcée de vous faire observer que nous sommes sans argent, que nous avons à peine de quoi vivre cette année, et que nous serons obligées, Félicie et moi, de travailler nuit et jour pour payer la pension de Jean, avec le prix de la robe de dentelle que nous avons entreprise. Je vous en conjure, mon bon père, discontinuez vos travaux.

— Tu as raison, mon enfant, dans six semaines tout sera fini! J'aurai trouvé l'Absolu, ou l'Absolu sera introuvable. Vous serez tous riches à millions...

— Laissez-nous pour le moment un morceau de pain, répondit Marguerite.

— Il n'y a pas de pain ici, dit Claës d'un air effrayé, pas de pain chez un Claës. Et tous nos biens?

— Vous avez rasé la forêt de Waignies. Le sol n'en est pas encore libre, et ne peut rien produire. Quant à vos fermes d'Orchies, les revenus ne suffisent point à payer les intérêts des sommes que vous avez empruntées.

— Avec quoi vivons-nous donc, demanda-t-il.

Marguerite lui montra son aiguille, et ajouta : — Les rentes de Gabriel nous aident, mais elles sont insuffisantes. Je joindrais les deux bouts de l'année si vous ne m'accabliez de factures auxquelles je ne m'attends pas, vous ne me dites rien de vos achats en ville. Quand je crois avoir assez pour mon trimestre, et que mes petites dispositions sont faites, il m'arrive un mémoire de soude, de potasse, de zinc, de soufre, que sais-je?

— Ma chère enfant, encore six semaines de patience; après, je me conduirai sagement. Et tu verras des merveilles, ma petite Marguerite.

— Il est bien temps que vous pensiez à vos affaires. Vous avez tout vendu ; tableaux, tulipes, argenterie, il ne nous reste plus rien ; au moins, ne contractez pas de nouvelles dettes.

— Je n'en veux plus faire, dit le vieillard.

— Plus, s'écria-t-elle. Vous en avez donc?

— Rien, des misères, répondit-il en baissant les yeux et rougissant.

Marguerite se trouva pour la première fois humiliée par l'abaissement de son père, et en souffrit tant qu'elle n'osa l'interroger. Un mois après cette scène, un banquier de la ville vint pour toucher une lettre de change de dix mille francs, souscrite par Claës. Marguerite ayant prié le banquier d'attendre pendant la journée en témoignant le regret de n'avoir pas été prévenue de ce paiement, celui-ci l'avertit que la maison Protez et Chiffreville en avait neuf autres de même somme, échéant de mois en mois.

— Tout est dit, s'écria Marguerite, l'heure est venue.

Elle envoya chercher son père et se promena tout agitée à

grands pas, dans le parloir, en se parlant à elle-même : — Trouver cent mille francs, dit-elle, ou voir notre père en prison ! Que faire ?

Balthazar ne descendit pas. Lassée de l'attendre, Marguerite monta au laboratoire. En entrant, elle vit son père au milieu d'une pièce immense, fortement éclairée, garnie de machines et de verreries poudreuses ; çà et là, des livres, des tables encombrées de produits étiquetés, numérotés. Partout le désordre qu'entraîne la préoccupation du savant y froissait les habitudes flamandes. Cet ensemble de matras, de cornues, de métaux, de cristallisations fantasquement colorées, d'échantillons accrochés aux murs, ou jetés sur des fourneaux, était dominé par la figure de Balthazar Claës qui, sans habit, les bras nus comme ceux d'un ouvrier, montrait sa poitrine couverte de poils blanchis comme ses cheveux. Ses yeux horriblement fixes ne quittèrent pas une machine pneumatique. Le récipient de cette machine était coiffé d'une lentille formée par de doubles verres convexes dont l'intérieur était plein d'alcool et qui réunissait les rayons du soleil entrant alors par l'un des compartiments de la rose du grenier. Le récipient, dont le plateau était isolé, communiquait avec des fils d'une immense pile de Volta. Lemulquinier occupé à faire mouvoir le plateau de cette machine montée sur un axe mobile, afin de toujours maintenir la lentille dans une direction perpendiculaire aux rayons du soleil, se leva, la face noire de poussière, et dit : — Ha ! mademoiselle, n'approchez pas !

L'aspect de son père qui, presque agenouillé devant sa machine, recevait d'aplomb la lumière du soleil, et dont les cheveux épars ressemblaient à des fils d'argent, son crâne bossué, son visage contracté par une attente affreuse, la singularité des objets qui l'entouraient, l'obscurité dans laquelle se trouvaient les parties de ce vaste grenier d'où s'élançaient des machines bizarres, tout contribuait à frapper Marguerite qui se dit avec terreur : Mon père est fou ! Elle s'approcha de lui pour lui dire à l'oreille : — Renvoyez Lemulquinier.

— Non, non, mon enfant, j'ai besoin de lui, j'attends l'effet d'une belle expérience à laquelle les autres n'ont pas songé. Voici trois jours que nous guettons un rayon de soleil. J'ai les moyens de soumettre les métaux dans un vide parfait, aux feux solaires concentrés et à des courants électriques. Vois-tu, dans un moment, l'action la plus énergique dont puisse disposer un chimiste va éclater, et moi seul...

— Eh! mon père, au lieu de vaporiser les métaux, vous devriez bien les réserver pour payer vos lettres de change...

— Attends, attends!

— Monsieur Mersktus est venu, mon père, il lui faut dix mille francs à quatre heures.

— Oui, oui, tout à l'heure. J'avais signé ces petits effets pour ce mois-ci, c'est vrai. Je croyais que j'aurais trouvé l'Absolu. Mon Dieu, si j'avais le soleil de juillet, mon expérience serait faite!

Il se prit par les cheveux, s'assit sur un mauvais fauteuil de canne, et quelques larmes roulèrent dans ses yeux.

— Monsieur a raison. Tout ça, c'est la faute de ce gredin de soleil qui est trop faible, le lâche, le paresseux!

Le maître et le valet ne faisaient plus attention à Marguerite.

— Laissez-nous, Mulquinier, lui dit-elle.

— Ah! je tiens une nouvelle expérience, s'écria Claës.

— Mon père, oubliez vos expériences, lui dit sa fille quand ils furent seuls, vous avez cent mille francs à payer, et nous ne possédons pas un liard. Quittez votre laboratoire, il s'agit aujourd'hui de votre honneur. Que deviendrez-vous, quand vous serez en prison, souillerez-vous vos cheveux blancs et le nom de Claës par l'infamie d'une banqueroute? Je m'y opposerai. J'aurai la force de combattre votre folie, et il serait affreux de vous voir sans pain dans vos derniers jours. Ouvrez les yeux sur notre position, ayez donc enfin de la raison?

— Folie! cria Balthazar qui se dressa sur ses jambes, fixa ses yeux lumineux sur sa fille, se croisa les bras sur la poitrine, et répéta le mot folie si majestueusement, que Marguerite trembla. Ah! ta mère ne m'aurait pas dit ce mot! reprit-il, elle n'ignorait pas l'importance de mes recherches, elle avait appris une science pour me comprendre, elle savait que je travaille pour l'humanité, qu'il n'y a rien de personnel ni de sordide en moi. Le sentiment de la femme qui aime est, je le vois, au-dessus de l'affection filiale. Oui, l'amour est le plus beau de tous les sentiments! Avoir de la raison? reprit-il en se frappant la poitrine, en manqué-je? ne suis-je pas moi? Nous sommes pauvres, ma fille, eh! bien, je le veux ainsi. Je suis votre père, obéissez-moi. Je vous ferai riche quand il me plaira. Votre fortune, mais c'est une misère. Quand j'aurai trouvé un dissolvant du carbone, j'emplirai votre parloir de diamants, et c'est une niaiserie en comparaison de ce que je cherche. Vous pouvez bien attendre, quand je me consume en efforts gigantesques.

— Mon père, je n'ai pas le droit de vous demander compte des quatre millions que vous avez engloutis dans ce grenier sans résultat. Je ne vous parlerai pas de ma mère que vous avez tuée. Si j'avais un mari, je l'aimerais, sans doute, autant que vous aimait ma mère, et je serais prête à tout lui sacrifier, comme elle vous sacrifiait tout. J'ai suivi ses ordres en me donnant à vous tout entière, je vous l'ai prouvé en ne me mariant point afin de ne pas vous obliger à me rendre votre compte de tutelle. Laissons le passé, pensons au présent. Je viens ici représenter la nécessité que vous avez créée vous-même. Il faut de l'argent pour vos lettres de change, entendez-vous ? il n'y a rien à saisir ici que le portrait de notre aïeul Van-Claës. Je viens donc au nom de ma mère, qui s'est trouvée trop faible pour défendre ses enfants contre leur père et qui m'a ordonné de vous résister, je viens au nom de mes frères et de ma sœur, je viens, mon père, au nom de tous les Claës vous commander de laisser vos expériences, de vous faire une fortune à vous avant de les poursuivre. Si vous vous armez de votre paternité qui ne se fait sentir que pour nous tuer, j'ai pour moi vos ancêtres et l'honneur qui parlent plus haut que la Chimie. Les familles passent avant la Science. J'ai trop été votre fille !

— Et tu veux être alors mon bourreau, dit-il d'une voix affaiblie.

Marguerite se sauva pour ne pas abdiquer le rôle qu'elle venait de prendre, elle crut avoir entendu la voix de sa mère quand elle lui avait dit : *Ne contrarie pas trop ton père, aime-le bien !*

— Mademoiselle fait là-haut de la belle ouvrage ! dit Lemulquinier en descendant à la cuisine pour déjeuner. Nous allions mettre la main sur le secret, nous n'avions plus besoin que d'un brin de soleil de juillet, car monsieur, ah ! quel homme ! il est quasiment dans les chausses du bon Dieu ! Il ne s'en faut pas de ça, dit-il à Josette en faisant claquer l'ongle de son pouce droit sous la dent populairement nommée la palette, que nous ne sachions le principe de tout. *Patatras !* elle s'en vient crier pour des bêtises de lettres de change.

— Eh! bien, payez-les de vos gages, dit Martha, ces lettres d'échange?

— Il n'y a point de beurre à mettre sur mon pain? dit Lemulquinier à Josette.

— Et de l'argent pour en acheter? répondit aigrement la cuisinière. Comment, vieux monstre, si vous faites de l'or dans votre cuisine de démon, pourquoi ne vous faites-vous pas un peu de beurre? ce ne serait pas si difficile, et vous en vendriez au marché de quoi faire aller la marmite. Nous mangeons du pain sec, nous autres! Ces deux demoiselles se contentent de pain et de noix, vous seriez donc mieux nourri que les maîtres? Mademoiselle ne veut dépenser que cent francs par mois pour toute la maison. Nous ne faisons plus qu'un dîner. Si vous voulez des douceurs, vous avez vos fourneaux là-haut où vous fricassez des perles, qu'on ne parle que de ça au marché. Faites-vous-y des poulets rôtis.

Lemulquinier prit son pain et sortit.

— Il va acheter quelque chose de son argent, dit Martha, tant mieux, ce sera autant d'économisé. Est-il avare, ce Chinois-là!

— Fallait le prendre par la famine, dit Josette. Voilà huit jours qu'il n'a rien frotté *nune part*, je fais son ouvrage, il est toujours là-haut; il peut bien me payer de ça, en nous régalant de quelques harengs, qu'il en apporte, je m'en vais joliment les lui prendre!

— Ah! dit Martha, j'entends mademoiselle Marguerite qui pleure. Son vieux sorcier de père avalera la maison sans dire une parole chrétienne, le sorcier. Dans mon pays, on l'aurait déjà brûlé vif; mais ici l'on n'a pas plus de religion que chez les Maures d'Afrique.

Mademoiselle Claës étouffait mal ses sanglots en traversant la galerie. Elle gagna sa chambre, chercha la lettre de sa mère, et lut ce qui suit :

« Mon enfant, si Dieu le permet, mon esprit sera dans ton
» cœur quand tu liras ces lignes, les dernières que j'aurai tracées!
» elles sont pleines d'amour pour mes chers petits qui restent
» abandonnés à un démon auquel je n'ai pas su résister. Il aura
» donc absorbé votre pain, comme il a dévoré ma vie et même
» mon amour. Tu savais, ma bien-aimée, si j'aimais ton père! je
» vais expirer l'aimant moins, puisque je prends contre lui des

« précautions que je n'aurais pas avouées de mon vivant. Oui,
» j'aurai gardé dans le fond de mon cercueil une dernière res-
» source pour le jour où vous serez au plus haut degré du mal-
» heur. S'il vous a réduits à l'indigence, ou s'il faut sauver votre
» honneur, mon enfant, tu trouveras chez monsieur de Solis, s'il
» vit encore, sinon chez son neveu, notre bon Emmanuel, cent
» soixante dix mille francs environ, qui vous aideront à vivre. Si
» rien n'a pu dompter sa passion, si ses enfants ne sont pas une
» barrière plus forte pour lui que ne l'a été mon bonheur, et ne
» l'arrêtent pas dans sa marche criminelle, quittez votre père, vivez
» au moins ! Je ne pouvais l'abandonner, je me devais à lui. Toi,
» Marguerite, sauve la famille ! Je t'absous de tout ce que tu feras
» pour défendre Gabriel, Jean et Félicie. Prends courage, sois
» l'ange tutélaire des Claës. Sois ferme, je n'ose dire sois sans
» pitié ; mais pour pouvoir réparer les malheurs déjà faits, il faut
» conserver quelque fortune, et tu dois te considérer comme étant
» au lendemain de la misère, rien n'arrêtera la fureur de la pas-
» sion qui m'a tout ravi. Ainsi, ma fille, ce sera être pleine de
» cœur que d'oublier ton cœur ; ta dissimulation, s'il fallait men-
» tir à ton père, serait glorieuse ; tes actions, quelque blâmables
» qu'elles puissent paraître, seraient toutes héroïques faites dans le
» but de protéger la famille. Le vertueux monsieur de Solis me l'a
» dit, et jamais conscience ne fut ni plus pure ni plus clairvoyante
» que la sienne. Je n'aurais pas eu la force de te dire ces paroles,
» même en mourant. Cependant sois toujours respectueuse et bonne
» dans cette horrible lutte ! Résiste en adorant, refuse avec dou-
» ceur. J'aurai donc eu des larmes inconnues et des douleurs qui
» n'éclateront qu'après ma mort. Embrasse, en mon nom, mes
» chers enfants, au moment où tu deviendras ainsi leur protection.
» Que Dieu et les saints soient avec toi.

» JOSÉPHINE. »

A cette lettre était jointe une reconnaissance de messieurs de Solis oncle et neveu, qui s'engageaient à remettre le dépôt fait entre leurs mains par madame Claës à celui de ses enfants qui leur représenterait cet écrit.

— Martha, cria Marguerite à la duègne qui monta promptement, allez chez monsieur Emmanuel et priez-le de passer chez moi. Noble et discrète créature ! il ne m'a jamais rien dit, à moi, pensa-t-elle, à moi dont les ennuis et les chagrins sont devenus les siens.

Emmanuel vint avant que Martha ne fût de retour.

— Vous avez eu des secrets pour moi ? dit-elle en lui montrant l'écrit.

Emmanuel baissa la tête.

— Marguerite, vous êtes donc bien malheureuse ? reprit-il en laissant rouler quelques pleurs dans ses yeux.

— Oh! oui. Soyez mon appui, vous que ma mère a nommé là *notre bon Emmanuel*, dit-elle en lui montrant la lettre et ne pouvant réprimer un mouvement de joie en voyant son choix approuvé par sa mère.

— Mon sang et ma vie étaient à vous le lendemain du jour où je vous vis dans la galerie, répondit-il en pleurant de joie et de douleur ; mais je ne savais pas, je n'osais pas espérer qu'un jour vous accepteriez mon sang. Si vous me connaissez bien, vous devez savoir que ma parole est sacrée. Pardonnez-moi cette parfaite obéissance aux volontés de votre mère, il ne m'appartenait pas d'en juger les intentions.

— Vous nous avez sauvés, dit-elle en l'interrompant et lui prenant le bras pour descendre au parloir.

Après avoir appris l'origine de la somme que gardait Emmanuel, Marguerite lui confia la triste nécessité qui poignait la maison.

— Il faut aller payer les lettres de change, dit Emmanuel, si elles sont toutes chez Mersktus, vous gagnerez les intérêts. Je vous remettrai les soixante-dix mille francs qui vous resteront. Mon pauvre oncle m'a laissé une somme semblable en ducats qu'il sera facile de transporter secrètement.

— Oui, dit-elle, apportez-les à la nuit ; quand mon père dormira, nous les cacherons à nous deux. S'il savait que j'ai de l'argent, peut-être me ferait-il violence. Oh! Emmanuel, se défier de son père ! dit-elle en pleurant et appuyant son front sur le cœur du jeune homme.

Ce gracieux et triste mouvement par lequel Marguerite cherchait une protection, fut la première expression de cet amour toujours envelopé de mélancolie, toujours contenu dans une sphère de douleur ; mais ce cœur trop plein devait déborder, et ce fut sous le poids d'une misère !

— Que faire ? que devenir ? Il ne voit rien, ne se soucie ni de nous ni de lui, car je ne sais pas comment il peut vivre dans ce grenier dont l'air est brûlant.

— Que pouvez-vous attendre d'un homme qui à tout moment s'écrie comme Richard III : Mon royaume pour un cheval! dit Emmanuel. Il sera toujours impitoyable, et vous devez l'être autant que lui. Payez ses lettres de change. donnez-lui, si vous voulez, votre fortune; mais celle de votre sœur, celle de vos frères n'est ni à vous ni à lui.

— Donner ma fortune? dit-elle en serrant la main d'Emmanuel et lui jetant un regard de feu, vous me le conseillez, vous! tandis que Pierquin faisait mille mensonges pour me la conserver.

— Hélas! peut-être suis-je égoïste à ma manière! dit-il. Tantôt je vous voudrais sans fortune, il me semble que vous seriez plus près de moi; tantôt je vous voudrais riche, heureuse, et je trouve qu'il y a de la petitesse à se croire séparés par les pauvres grandeurs de la fortune.

— Cher! ne parlons pas de nous...

— Nous! répéta-t-il avec ivresse. Puis après une pause, il ajouta : — Le mal est grand, mais il n'est pas irréparable.

— Il se réparera par nous seuls, la famille Claës n'a plus de chef. Pour en arriver à ne plus être ni père ni homme, n'avoir aucune notion du juste et de l'injuste, car lui, si grand, si généreux, si probe, il a dissipé malgré la loi le bien des enfants auxquels il doit servir de défenseur! dans quel abîme est-il donc tombé? Mon Dieu! que cherche-t-il donc!

— Malheureusement, ma chère Marguerite, s'il a tort comme chef de famille, il a raison scientifiquement, et une vingtaine d'hommes en Europe l'admireront, là où tous les autres le taxeront de folie; mais vous pouvez sans scrupule lui refuser la fortune de ses enfants. Une découverte a toujours été un hasard. Si votre père doit rencontrer la solution de son problème, il la trouvera sans tant de frais, et peut-être au moment où il en désespérera!

— Ma pauvre mère est heureuse, dit Marguerite, elle aurait souffert mille fois la mort avant de mourir, elle qui a péri à son premier choc contre la Science. Mais ce combat n'a pas de fin.

— Il y a une fin, reprit Emmanuel. Quand vous n'aurez plus rien, monsieur Claës ne trouvera plus de crédit, et s'arrêtera.

— Qu'il s'arrête donc dès aujourd'hui, s'écria Marguerite, nous sommes sans ressources.

Monsieur de Solis alla racheter les lettres de change et vint les remettre à Marguerite. Balthazar descendit quelques moments avant le dîner, contre son habitude. Pour la première fois, depuis deux ans, sa fille aperçut dans sa physionomie les signes d'une tristesse horrible à voir : il était redevenu père, la raison avait chassé la Science ; il regarda dans la cour, dans le jardin, et quand il fut certain de se trouver seul avec sa fille, il vint à elle par un mouvement plein de mélancolie et de bonté.

— Mon enfant, dit-il en lui prenant la main et la lui serrant avec une onctueuse tendresse, pardonne à ton vieux père. Oui, Marguerite, j'ai eu tort. Toi seule as raison. Tant que je n'aurai pas *trouvé*, je suis un misérable ! Je m'en irai d'ici. Je ne veux pas voir vendre Van-Claës, dit-il en montrant le portrait du martyr. Il est mort pour la Liberté, je serai mort pour la Science, lui vénéré, moi haï.

— Haï, mon père ? non, dit-elle en se jetant sur son sein, nous vous adorons tous. N'est-ce pas, Félicie ? dit-elle à sa sœur qui en trait en ce moment.

— Qu'avez-vous, mon cher père ? dit la jeune fille en lui prenant la main.

— Je vous ai ruinés.

— Hé ! dit Félicie, nos frères nous feront une fortune. Jean est toujours le premier dans sa classe.

— Tenez, mon père, reprit Marguerite en amenant Balthazar par un mouvement plein de grâce et de câlinerie filiale devant la cheminée où elle prit quelques papiers qui étaient sous le cartel, voici vos lettres de change ; mais n'en souscrivez plus, il n'y aurait plus rien pour les payer...

— Tu as donc de l'argent, dit Balthazar à l'oreille de Marguerite quand il fut revenu de sa surprise.

Ce mot suffoqua cette héroïque fille, tant il y avait de délire, de joie, d'espérance dans la figure de son père qui regardait autour de lui, comme pour découvrir de l'or.

— Mon père, dit-elle avec un accent de douleur, j'ai ma fortune.

— Donne-la-moi, dit-il en laissant échapper un geste avide, je te rendrai tout au centuple.

— Oui, je vous la donnerai, répondit Marguerite en contemplant Balthazar qui ne comprit pas le sens que sa fille mettait à ce mot.

— Ha! ma chère fille, dit-il, tu me sauves la vie! J'ai imaginé une dernière expérience, après laquelle il n'y a plus rien de possible. Si, cette fois, je ne le trouve pas, il faudra renoncer à chercher l'Absolu. Donne-moi le bras, viens, mon enfant chérie, je voudrais te faire la femme la plus heureuse de la terre, tu me rends au bonheur, à la gloire; tu me procures le pouvoir de vous combler de trésors, je vous accablerai de joyaux, de richesses.

Il baisa sa fille au front, lui prit les mains, les serra, lui témoigna sa joie par des câlineries qui parurent presque serviles à Marguerite; pendant le dîner Balthazar ne voyait qu'elle, il la regardait avec l'empressement, avec l'attention, la vivacité qu'un amant déploie pour sa maîtresse : faisait-elle un mouvement? il cherchait à deviner sa pensée, son désir, et se levait pour la servir; il la rendait honteuse, il mettait à ses soins une sorte de jeunesse qui contrastait avec sa vieillesse anticipée. Mais, à ces cajoleries Marguerite opposait le tableau de la détresse actuelle, soit par un mot de doute, soit par un regard qu'elle jetait sur les rayons vides des dressoirs de cette salle à manger.

— Va, lui dit-il, dans six mois, nous remplirons ça d'or et de merveilles. Tu seras comme une reine. Bah! la nature entière nous appartiendra, nous serons au-dessus de tout... et par toi... ma Marguerite. Margarita? reprit-il en souriant, ton nom est une prophétie. Margarita veut dire une perle. Sterne a dit cela quelque part. As-tu lu Sterne? veux-tu un Sterne? ça t'amusera.

— La perle est, dit-on, le fruit d'une maladie, reprit-elle, et nous avons déjà bien souffert!

— Ne sois pas triste, tu feras le bonheur de ceux que tu aimes, tu seras bien puissante, bien riche.

— Mademoiselle a si bon cœur, dit Lemulquinier dont la face en écumoire grimaça péniblement un sourire.

Pendant le reste de la soirée, Balthazar déploya pour ses deux filles toutes les grâces de son caractère et tout le charme de sa conversation. Séduisant comme le serpent, sa parole, ses regards épanchaient un fluide magnétique, et il prodigua cette puissance de génie, ce doux esprit qui fascinait Joséphine, et il mit pour ainsi dire ses filles dans son cœur. Quand Emmanuel de Solis vint, il trouva, pour la première fois depuis long-temps, le père et les enfants réunis. Malgré sa réserve, le jeune proviseur fut soumis au prestige de cette scène, car la conversation, les manières de Balthazar eurent un entraînement irrésistible. Quoique plongés dans les abîmes de la pensée, et incessamment occupés à observer le monde moral, les hommes de science aperçoivent néanmoins les plus petits détails dans la sphère où ils vivent. Plus intempestifs que distraits, il ne sont jamais en harmonie avec ce qui les entoure, ils savent et oublient tout ; ils préjugent l'avenir, prophétisent pour eux seuls, sont au fait d'un événement avant qu'il n'éclate, mais ils n'en ont rien dit. Si dans le silence des méditations, ils ont fait usage de leur puissance pour reconnaître ce qui se passe autour d'eux ; il leur suffit d'avoir deviné : le travail les emporte, et ils appliquent presque toujours à faux les connaissances qu'ils ont acquises sur les choses de la vie. Parfois, quand ils se réveillent de leur apathie sociale, ou quand ils tombent du monde moral dans le monde extérieur, ils y reviennent avec une riche mémoire, et n'y sont étrangers à rien. Ainsi Balthazar, qui joignait la perspicacité du cœur à la perspicacité du cerveau, savait tout le passé de sa fille, il connaissait ou avait deviné les moindres événements de l'amour mytérieux qui l'unissait à Emmanuel, il le leur prouva finement, et sanctionna leur affection en la partageant. C'était la plus douce flatterie que pût faire un père, et les deux amants ne surent pas y résister. Cette soirée fut délicieuse par le contraste qu'elle formait avec les chagrins qui assaillaient la vie de ces pauvres enfants. Quand, après les avoir pour ainsi dire remplis de sa lumière et baignés de tendresse, Balthazar se retira, Emmanuel de Solis, qui avait eu jusqu'alors une contenance gênée, se débarrassa de trois mille ducats en or qu'il tenait dans ses poches en craignant de les laisser apercevoir. Il les mit sur la travailleuse de Marguerite qui les couvrit avec le linge qu'elle raccommodait, et alla chercher le reste de la somme. Quand il revint, Félicie était allée se coucher. Onze heures sonnaient. Martha, qui veillait pour déshabiller sa maîtresse, était occupée chez Félicie.

— Où cacher cela? dit Marguerite qui n'avait pas résisté au plaisir de manier quelques ducats, un enfantillage qui la perdit.

— Je soulèverai cette colonne de marbre dont le socle est creux, dit Emmanuel, vous y glisserez les rouleaux, et le diable n'irait pas les y chercher.

Au moment où Marguerite faisait son avant-dernier voyage de

la travailleuse à la colonne, elle jeta un cri perçant, laissa tomber les rouleaux dont les pièces brisèrent le papier et s'éparpillèrent sur le parquet : son père était à la porte du parloir, et montrait sa tête dont l'expression d'avidité l'effraya.

— Que faites-vous donc là? dit-il en regardant tour à tour sa fille que la peur clouait sur le plancher, et le jeune homme qui s'était brusquement dressé, mais dont l'attitude auprès de la colonne était assez significative. Le fracas de l'or sur le parquet fut horrible et son éparpillement semblait prophétique. — Je ne me trompais pas, dit Balthazar en s'asseyant, j'avais entendu le son de l'or.

Il n'était pas moins ému que les deux jeunes gens dont les cœurs palpitaient si bien à l'unisson, que leurs mouvements s'entendaient comme les coups d'un balancier de pendule au milieu du profond silence qui régna tout à coup dans le parloir.

— Je vous remercie, monsieur de Solis, dit Marguerite à Emmanuel en lui jetant un coup d'œil qui signifiait : Secondez-moi, pour sauver cette somme.

— Quoi, cet or... reprit Balthazar en lançant des regards d'une épouvantable lucidité sur sa fille et sur Emmanuel.

— Cet or est à monsieur qui a la bonté de me le prêter pour faire honneur à nos engagements, lui répondit-elle.

Monsieur de Solis rougit et voulut sortir.

— Monsieur, dit Balthazar en l'arrêtant par le bras, ne vous dérobez pas à mes remercîments.

— Monsieur, vous ne me devez rien. Cet argent appartient à mademoiselle Marguerite qui me l'emprunte sur ses biens, répondit-il en regardant sa maîtresse qui le remercia par un imperceptible clignement de paupières.

— Je ne souffrirai pas cela, dit Claës qui prit une plume et une feuille de papier sur la table où écrivait Félicie, et se tournant vers les deux jeunes gens étonnés : — Combien y a-t-il ? La passion avait rendu Balthazar plus rusé que ne l'eût été le plus adroit des intendants coquins ; la somme allait être à lui. Marguerite et monsieur de Solis hésitaient. — Comptons, dit-il.

— Il y a six mille ducats, répondit Emmanuel.

— Soixante-dix mille francs, reprit Claës.

Le coup d'œil que Marguerite jeta sur son amant lui donna du courage.

— Monsieur, dit-il en tremblant, votre engagement est sans valeur, pardonnez-moi cette expression purement technique; j'ai prêté ce matin à mademoiselle cent mille francs pour racheter des lettres de change que vous étiez hors d'état de payer, vous ne sauriez donc me donner aucune garantie. Ces cent soixante-dix mille francs sont à mademoiselle votre fille qui peut en disposer comme bon lui semble, mais je ne les lui prête que sur la promesse qu'elle m'a faite de souscrire un contrat avec lequel je puisse prendre mes sûretés sur sa part dans les terrains nus de Waignies.

Marguerite détourna la tête pour ne pas laisser voir les larmes qui lui vinrent aux yeux, elle connaissait la pureté de cœur qui distinguait Emmanuel. Élevé par son oncle dans la pratique la plus sévère des vertus religieuses, le jeune homme avait spécialement horreur du mensonge; après avoir offert sa vie et son cœur à Marguerite, il lui faisait donc encore le sacrifice de sa conscience.

— Adieu, monsieur, lui dit Balthazar, je vous croyais plus de confiance dans un homme qui vous voyait avec des yeux de père.

Après avoir échangé avec Marguerite un déplorable regard, Emmanuel fut reconduit par Martha qui ferma la porte de la rue. Au moment où le père et la fille furent bien seuls, Claës dit à sa fille

— Tu m'aimes, n'est-ce pas?

— Ne prenez pas de détours, mon père. Vous voulez cette somme, vous ne l'aurez point.

Elle se mit à rassembler les ducats, son père l'aida silencieusement à les ramasser et à vérifier la somme qu'elle avait semée, et Marguerite le laissa faire sans lui témoigner la moindre défiance. Les deux milles ducats remis en pile, Balthazar dit d'un air désespéré : — Marguerite, il me faut cet or!

— Ce serait un vol si vous le preniez, répondit-elle froidement. Écoutez, mon père : il vaut mieux nous tuer d'un seul coup, que de nous faire souffrir mille morts chaque jour. Voyez, qui de vous, qui de nous doit succomber.

— Vous aurez donc assassiné votre père, reprit-il.

— Nous aurons vengé notre mère, dit-elle en montrant la place où madame Claës était morte.

— Ma fille, si tu savais ce dont il s'agit, tu ne me dirais pas de telles paroles. Écoute, je vais t'expliquer le problème... Mais tu ne me comprendras pas? s'écria-t-il avec désespoir. Enfin, donne! crois une fois en ton père. Oui, je sais que j'ai fait de la peine à

ta mère; que j'ai dissipé, pour employer le mot des ignorants ma fortune et dilapidé la vôtre; que vous travaillez tous pour ce que tu nommes une folie; mais, mon ange, ma bien-aimée, mon amour, ma Marguerite, écoute-moi donc! Si je ne réussis pas, je me donne à toi, je t'obéirai comme tu devrais, toi, m'obéir; je serai tes volontés, je te remettrai la conduite de ma fortune, je ne serai plus le tuteur de mes enfants, je me dépouillerai de toute autorité. Je le jure par ta mère, dit-il en versant des larmes. Marguerite détourna la tête pour ne pas voir cette figure en pleurs, et Claës se jeta aux genoux de sa fille en croyant qu'elle allait céder.
— Marguerite, Marguerite! donne, donne! Que sont soixante mille francs pour éviter des remords éternels! Vois-tu, je mourrai, ceci me tuera. Écoute-moi! ma parole sera sacrée. Si j'échoue, je renonce à mes travaux, je quitterai la Flandre, la France même, si tu l'exiges, et j'irai travailler comme un manœuvre afin de refaire sou à sou ma fortune et rapporter un jour à mes enfants ce que la Science leur aura pris. Marguerite voulait relever son père, mais il persistait à rester à ses genoux, et il ajouta en pleurant : — Sois une dernière fois, tendre et dévouée? Si je ne réussis pas, je te donnerai moi-même raison dans tes duretés. Tu m'appelleras vieux fou! tu me nommeras mauvais père! enfin tu me diras que je suis un ignorant! Moi, quand j'entendrai ces paroles, je te baiserai les mains. Tu pourras me battre, si tu le veux; et quand tu me frapperas, je te bénirai comme la meilleure des filles en me souvenant que tu m'as donné ton sang!

— S'il ne s'agissait que de mon sang, je vous le rendrais, s'écria-t-elle, mais puis-je laisser égorger par la Science mon frère et ma sœur? non! Cessez, cessez, dit-elle en essuyant ses larmes et repoussant les mains caressantes de son père.

— Soixante-mille francs et deux mois, dit-il en se levant avec rage, il ne me faut plus que cela; mais ma fille se met entre la gloire, entre la richesse et moi. Sois maudite! ajouta-t-il. Tu n'es ni fille, ni femme, tu n'as pas de cœur, tu ne seras ni une mère, ni une épouse, ajouta-t-il. Laisse-moi prendre! dis, ma chère petite, mon enfant chérie, je t'adorerai, ajouta-t-il en avançant la main sur l'or par un mouvement d'atroce énergie.

— Je suis sans défense contre la force, mais Dieu et le grand Claës nous voient! dit Marguerite en montrant le portrait.

— Eh! bien, essaie de vivre couverte du sang de ton père, cria

Balthazar en lui jetant un regard d'horreur. Il se leva, contempla le parloir et sortit lentement. En arrivant à la porte, il se retourna comme eût fait un mendiant et interrogea sa fille par un geste auquel Marguerite répondit en faisant un signe de tête négatif. — Adieu, ma fille, dit-il avec douceur, tâchez de vivre heureuse.

Quand il eut disparu, Marguerite resta dans une stupeur qui eut pour effet de l'isoler de la terre, elle n'était plus dans le parloir, elle ne sentait plus son corps, elle avait des ailes, et volait dans les les espaces du monde moral où tout est immense, où la pensée rapproche et les distances et les temps, où quelque main divine relève la toile étendue sur l'avenir. Il lui sembla qu'il s'écoulait des jours entiers entre chacun des pas que faisait son père en montant l'escalier; puis elle eut un frisson d'horreur au moment où elle l'entendit entrer dans sa chambre. Guidée par un pressentiment qui répandit dans son âme la poignante clarté d'un éclair, elle franchit les escaliers sans lumière, sans bruit, avec la vélocité d'une flèche, et vit son père qui s'ajustait le front avec un pistolet.

— Prenez tout, lui cria-t-elle en s'élançant vers lui.

Elle tomba sur un fauteuil, Balthazar la voyant pâle, se mit à pleurer comme pleurent les vieillards; il redevint enfant, il la baisa au front, lui dit des paroles sans suite, il était près de sauter de joie, et semblait vouloir jouer avec elle comme un amant joue avec sa maîtresse après en avoir obtenu le bonheur.

— Assez! assez, mon père, dit-elle, songez à votre promesse! Si vous ne réussissez pas, vous m'obéirez!

— Oui.

— O ma mère, dit-elle en se tournant vers la chambre de madame Claës, vous auriez tout donné, n'est-ce pas?

— Dors en paix, dit Balthazar, tu es une bonne fille.

— Dormir! dit-elle, je n'ai plus les nuits de ma jeunesse; vous me vieillissez, mon père, comme vous avez lentement flétri le cœur de ma mère.

— Pauvre enfant, je voudrais te rassurer en t'expliquant les effets de la magnifique expérience que je viens d'imaginer, tu comprendrais.

— Je ne comprends que notre ruine, dit-elle en s'en allant.

Le lendemain matin, qui était un jour de congé, Emmanuel de Solis amena Jean.

— Hé bien? dit-il avec tristesse en abordant Marguerite.

— J'ai cédé, répondit-elle.

— Ma chère vie, dit-il avec un mouvement de joie mélancolique, si vous aviez résisté, je vous eusse admirée ; mais faible, je vous adore !

— Pauvre, pauvre Emmanuel, que nous restera-t-il ?

— Laissez-moi faire, s'écria le jeune homme d'un air radieux, nous nous aimons, tout ira bien !

Quelques mois s'écoulèrent dans une tranquillité parfaite. Monsieur de Solis fit comprendre à Marguerite que ses chétives économies ne constitueraient jamais une fortune, et lui conseilla de vivre à l'aise en prenant, pour maintenir l'abondance au logis, l'argent qui restait sur la somme de laquelle il avait été le dépositaire. Pendant ce temps, Marguerite fut livrée aux anxiétés qui jadis avaient agité sa mère en semblable occurrence. Quelque incrédule qu'elle pût être, elle en était arrivée à espérer dans le génie de son père. Par un phénomène inexplicable, beaucoup de gens ont l'espérance sans avoir la foi. L'espérance est la fleur du Désir, la foi est le fruit de la Certitude. Marguerite se disait : — « Si mon père réussit, nous serons heureux ! » Claës et Lemulquinier seuls disaient : — « Nous réussirons ! » Malheureusement, de jour en jour, le visage de cet homme s'attrista. Quand il venait dîner, il n'osait parfois regarder sa fille et parfois il lui jetait aussi des regards de triomphe. Marguerite employa ses soirées à se faire expliquer par le jeune de Solis plusieurs difficultés légales. Elle accabla son père de questions sur leurs relations de famille. Enfin elle acheva son éducation virile, elle se préparait évidemment à exécuter le plan qu'elle méditait si son père succombait encore une fois dans son duel avec l'*Inconnu* (X).

Au commencement du mois de juillet, Balthazar passa toute une journée assis sur le banc de son jardin, plongé dans une méditation triste. Il regarda plusieurs fois le tertre dénué de tulipes, les fenêtres de la chambre de sa femme ; il frémissait sans doute en songeant à tout ce que sa lutte lui avait coûté : ses mouvements attestaient des pensées en dehors de la Science. Marguerite vint s'asseoir et travailler près de lui quelques moments avant le dîner.

— Hé ! bien, mon père, vous n'avez pas réussi.

— Non, mon enfant.

— Ah ! dit Marguerite d'une voix douce, je ne vous adresserai pas le plus léger reproche, nous sommes également coupables.

réclamerai seulement l'exécution de votre parole, elle doit être sacrée, vous êtes un Claës. Vos enfants vous entoureront d'amour et de respect; mais d'aujourd'hui vous m'appartenez, et me devez obéissance. Soyez sans inquiétude, mon règne sera doux, et je travaillerai même à le faire promptement finir. J'emmène Martha. je vous quitte pour un mois environ, et pour m'occuper de vous car, dit-elle en le baisant au front, vous êtes mon enfant. Demain, Félicie conduira donc la maison. La pauvre enfant n'a que dix-sept ans, elle ne saurait pas vous résister ; soyez généreux, ne lui demandez pas un sou, car elle n'aura que ce qu'il lui faut strictement pour les dépenses de la maison. Ayez du courage, renoncez pendant deux ou trois années à vos travaux et à vos pensées. Le problème mûrira, je vous aurai amassé l'argent nécessaire pour le résoudre et vous le résoudrez. Hé! bien, votre reine n'est-elle pas clémente, dites?

— Tout n'est donc pas perdu, dit le vieillard.

— Non, si vous êtes fidèle à votre parole.

— Je vous obéirai, ma fille, répondit Claës avec une émotion profonde.

Le lendemain, monsieur Conyncks de Cambrai vint chercher sa petite nièce. Il était en voiture de voyage, et ne voulut rester chez son cousin que le temps nécessaire à Marguerite et à Martha pour faire leurs apprêts. Monsieur Claës reçut son cousin avec affabilité, mais il était visiblement triste et humilié. Le vieux Conyncks devina les pensées de Balthazar, et, en déjeunant, il lui dit avec une grosse franchise : — J'ai quelques-uns de vos tableaux, cousin, j'ai le goût des beaux tableaux, c'est une passion ruineuse ; mais, nous avons tous notre folie...

— Cher oncle! dit Marguerite.

— Vous passez pour être ruiné, cousin, mais un Claës a toujours des trésors là, dit-il en se frappant le front. Et là, n'est-ce pas ? ajouta-t-il en montrant son cœur. Aussi compté-je sur vous! J'ai trouvé dans mon escarcelle quelques écus que j'ai mis à votre service.

— Ha! s'écria Balthazar, je vous rendrai des trésors...

— Les seuls trésors que nous possédions en Flandre, cousin, c'est la patience et le travail, répondit sévèrement Conyncks. Notre ancien a ces deux mots gravés sur le front, dit-il en lui montrant le portrait du président Van Claës.

Marguerite embrassa son père, lui dit adieu, fit ses recommandations à Josette, à Félicie, et partit en poste pour Paris. Le grand-oncle devenu veuf n'avait qu'une fille de douze ans et possédait une immense fortune, il n'était donc pas impossible qu'il voulût se marier ; aussi les habitants de Douai crurent-ils que mademoiselle Claës épousait son grand-oncle. Le bruit de ce riche mariage ramena Pierquin le notaire chez les Claës. Il s'était fait de grands changements dans les idées de cet excellent calculateur. Depuis deux ans, la société de la ville s'était divisée en deux camps ennemis. La noblesse avait formé un premier cercle, et la bourgeoisie un second, naturellement fort hostile au premier. Cette séparation subite qui eut lieu dans toute la France et la partagea en deux nations ennemies, dont les irritations jalouses allèrent en croissant, fut une des principales raisons qui firent adopter la révolution de juillet 1830 en province. Entre ces deux sociétés, dont l'une était ultra-monarchique et l'autre ultra-libérale, se trouvaient les fonctionnaires admis, suivant leur importance, dans l'un et dans l'autre monde, et qui, au moment de la chute du pouvoir légitime, furent neutres. Au commencement de la lutte entre la noblesse et la bourgeoisie, les Cafés royalistes contractèrent une splendeur inouïe, et rivalisèrent si brillamment avec les Cafés libéraux, que ces sortes de fêtes gastronomiques coûtèrent, dit-on, la vie à plusieurs personnages qui, semblables à des mortiers mal fondus, ne purent résister à ces exercices. Naturellement, les deux sociétés devinrent exclusives et s'épurèrent. Quoique fort riche pour un homme de province, Pierquin fut exclu des cercles aristocratiques, et refoulé dans ceux de la bourgeoisie. Son amour-propre eut beaucoup à souffrir des échecs successifs qu'il reçut en se voyant insensiblement éconduit par les gens avec lesquels il frayait naguère. Il atteignait l'âge de quarante ans, seule époque de la vie où les hommes qui se destinent au mariage puissent encore épouser des personnes jeunes. Les partis auxquels il pouvait prétendre appartenaient à la bourgeoisie, et son ambition tendait à rester dans le haut monde, où devait l'introduire une belle alliance. L'isolement dans lequel vivait la famille Claës l'avait rendue étrangère à ce mouvement social. Quoique Claës appartînt à la vieille aristocratie de la province, il était vraisemblable que ses préoccupations l'empêcheraient d'obéir aux antipathies créées par ce nouveau classement de personnes. Quelque pauvre qu'elle pût être, une demoiselle Claës apportait à

son mari cette fortune de vanité que souhaitent tous les parvenus.
Pierquin revint donc chez les Claës avec une secrète intention de
faire les sacrifices nécessaires pour arriver à la conclusion d'un
mariage qui réalisait désormais toutes ses ambitions. Il tint compagnie à Balthazar et à Félicie pendant l'absence de Marguerite, mais
reconnut tardivement un concurrent redoutable dans Emmanuel
de Solis. La succession du défunt abbé passait pour être considérable ; et, aux yeux d'un homme qui chiffrait naïvement toutes les
choses de la vie, le jeune héritier paraissait plus puissant par son
argent que par les séductions du cœur dont ne s'inquiétait jamais
Pierquin. Cette fortune rendait au nom de Solis toute sa valeur. L'or
et la noblesse étaient comme deux lustres qui, s'éclairant l'un par
l'autre, redoublaient d'éclat. L'affection sincère que le jeune proviseur témoignait à Félicie, qu'il traitait comme une sœur, excita
l'émulation du notaire. Il essaya d'éclipser Emmanuel en mêlant le
jargon à la mode et les expressions d'une galanterie superficielle
aux airs rêveurs, aux élégies soucieuses qui allaient si bien à sa
physionomie. En se disant désenchanté de tout au monde, il tournait les yeux vers Félicie de manière à lui faire croire qu'elle seule
pourrait le réconcilier avec la vie. Félicie, à qui pour la première
fois un homme adressait des compliments, écouta ce langage toujours si doux, même quand il est mensonger ; elle prit le vide pour
de la profondeur, et, dans le besoin qui l'oppressait de fixer les
sentiments vagues dont surabondait son cœur, elle s'occupa de son
cousin. Jalouse, à son insu peut-être, des attentions amoureuses
qu'Emmanuel prodiguait à sa sœur, elle voulait sans doute se voir,
comme elle, l'objet des regards, des pensées et des soins d'un
homme. Pierquin démêla facilement la préférence que Félicie lui
accordait sur Emmanuel, et ce fut pour lui une raison de persister
dans ses efforts, en sorte qu'il s'engagea plus qu'il ne le voulait.
Emmanuel surveilla les commencements de cette passion fausse
peut-être chez le notaire, naïve chez Félicie dont l'avenir était
en jeu. Il s'ensuivit, entre la cousine et le cousin, quelques causeries douces, quelques mots dits à voix basse en arrière d'Emmanuel, enfin de ces petites tromperies qui donnent à un regard,
à une parole une expression dont la douceur insidieuse peut causer
d'innocentes erreurs. A la faveur du commerce que Pierquin entretenait avec Félicie, il essaya de pénétrer le secret du voyage
entrepris par Marguerite, afin de savoir s'il s'agissait de mariage

et s'il devait renoncer à ses espérances ; mais, malgré sa grosse finesse, ni Balthazar ni Félicie ne purent lui donner aucune lumière, par la raison qu'ils ne savaient rien des projets de Marguerite qui, en prenant le pouvoir, semblait en avoir suivi les maximes en taisant ses projets. La morne tristesse de Balthazar et son affaissement rendaient les soirées difficiles à passer. Quoique Emmanuel eût réussi à faire jouer le chimiste au trictrac, Balthazar y était distrait ; et la plupart du temps cet homme, si grand par son intelligence, semblait stupide. Déchu de ses espérances, humilié d'avoir dévoré trois fortunes, joueur sans argent, il pliait sous le poids de ses ruines, sous le fardeau de ses espérances moins détruites que trompées. Cet homme de génie, muselé par la nécessité, se condamnant lui-même, offrait un spectacle vraiment tragique qui eût touché l'homme le plus insensible. Pierquin lui-même ne contemplait pas sans un sentiment de respect ce lion en cage, dont les yeux pleins d'une puissance refoulée étaient devenus calmes à force de tristesse, ternes à force de lumière ; dont les regards demandaient une aumône que la bouche n'osait proférer. Parfois un éclair passait sur cette face desséchée qui se ranimait par la conception d'une nouvelle expérience ; puis, si, en contemplant le parloir, les yeux de Balthazar s'arrêtaient à la place où sa femme avait expiré, de légers pleurs roulaient comme d'ardents grains de sable dans le désert de ses prunelles que la pensée faisait immenses, et sa tête retombait sur sa poitrine. Il avait soulevé le monde comme un Titan, et le monde revenait plus pesant sur sa poitrine. Cette gigantesque douleur, si virilement contenue, agissait sur Pierquin et sur Emmanuel qui, parfois, se sentaient assez émus pour vouloir offrir à cet homme la somme nécessaire à quelque série d'expériences ; tant sont communicatives les convictions du génie ! Tous deux concevaient comment madame Claës et Marguerite avaient pu jeter des millions dans ce gouffre ; mais la raison arrêtait promptement les élans du cœur ; et leurs émotions se traduisaient par des consolations qui aigrissaient encore les peines de ce Titan foudroyé. Claës ne parlait point de sa fille aînée, et ne s'inquiétait ni de son absence, ni du silence qu'elle gardait en n'écrivant ni à lui, ni à Félicie. Quand Solis et Pierquin lui en demandaient des nouvelles, il paraissait affecté désagréablement. Pressentait-il que Marguerite agissait contre lui ? Se trouvait-il humilié d'avoir résigné les droits majestueux de la paternité à son enfant ? En était-il venu à moins l'aimer parce qu'elle allait être le père, et lui l'enfant ? Peut-être y avait-il beaucoup de ces raisons et beaucoup de ces sentiments inexprimables qui passent comme des nuages en l'âme, dans la disgrâce muette qu'il faisait peser sur Marguerite. Quelque grands que puissent être les grands hommes connus ou inconnus, heureux ou malheureux dans leurs tentatives, ils ont des petitesses par lesquelles ils tiennent à l'humanité. Par un double malheur, ils ne souffrent pas moins de leurs qualités que de leurs défauts; et peut-être Balthazar avait-il à se familiariser avec les douleurs de ses vanités blessées. La vie qu'il menait, et les soirées pendant lesquelles ces quatre personnes se trouvèrent réunies en l'absence de Marguerite furent donc une vie et des soirées empreintes de tristesse, remplies d'appréhensions vagues. Ce fut des jours infertiles comme des landes desséchées, où néanmoins ils glanaient quelques fleurs, rares consolations. L'atmosphère leur semblait brumeuse en l'absence de la fille aînée, devenue l'âme, l'espoir et la force de cette famille. Deux mois se passèrent ainsi, pendant lesquels Balthazar attendit patiemment sa fille. Marguerite fut ramenée à Douai par son oncle, qui resta au logis au lieu de retourner à Cambrai, sans doute pour y appuyer de son autorité quelque coup d'état médité par sa nièce. Ce fut une petite fête de famille que le retour de Marguerite. Le notaire et monsieur de Solis avaient été invités à dîner par Félicie et par Balthazar. Quand la voiture de voyage s'arrêta devant la porte de la maison, ces quatre personnes vinrent y recevoir les voyageurs avec de grandes démonstrations de joie. Marguerite parut heureuse de revoir les foyers paternels, ses yeux s'emplirent de larmes quand elle traversa la cour pour arriver au parloir. En embrassant son père, ses caresses de jeune fille ne furent pas néanmoins sans arrière-pensée, elle rougissait comme une épouse coupable qui ne sait pas feindre; mais ses regards reprirent leur pureté quand elle regarda monsieur de Solis, en qui elle semblait puiser la force d'achever l'entreprise qu'elle avait secrètement formée. Pendant le dîner, malgré l'allégresse qui animait les physionomies et les paroles, le père et la fille s'examinèrent avec défiance et curiosité. Balthazar ne fit à Marguerite aucune question sur son séjour à Paris, sans doute par dignité paternelle. Emmanuel de Solis imita cette réserve. Mais Pierquin, qui était habitué à connaître tous les secrets de famille, dit à Marguerite en couvrant sa curiosité sous une fausse bonhomie : — Eh ! bien, chère cousine, vous avez vu Paris, les spectacles...

— Je n'ai rien vu à Paris, répondit-elle, je n'y suis pas allée pour me divertir. Les jours s'y sont tristement écoulés pour moi, j'étais trop impatiente de revoir Douai.

— Si je ne m'étais pas fâché, elle ne serait pas venue à l'Opéra, où d'ailleurs elle s'est ennuyée ! dit monsieur Conyncks.

La soirée fut pénible, chacun était gêné, souriait mal ou s'efforçait de témoigner cette gaieté de commande sous laquelle se cachent de réelles anxiétés. Marguerite et Balthazar étaient en proie à de sourdes et cruelles appréhensions qui réagissaient sur les cœurs. Plus la soirée s'avançait, plus la contenance du père et de la fille s'altérait. Parfois Marguerite essayait de sourire, mais ses gestes, ses regards, le son de sa voix trahissaient une vive inquiétude. Messieurs Conyncks et de Solis semblaient connaître la cause des secrets mouvements qui agitaient cette noble fille, et paraissaient l'encourager par des œillades expressives. Blessé d'avoir été mis en dehors d'une résolution et de démarches accomplies pour lui, Balthazar se séparait insensiblement de ses enfants et de ses amis, en affectant de garder le silence. Marguerite allait sans doute lui découvrir ce qu'elle avait décidé de lui. Pour un homme grand, pour un père, cette situation était intolérable. Parvenu à un âge où l'on ne dissimule rien au milieu de ses enfants, où l'étendue des idées donne de la force aux sentiments, il devenait donc de plus en plus grave, songeur et chagrin, en voyant s'approcher le moment de sa mort civile. Cette soirée renfermait une de ces crises de la vie intérieure qui ne peuvent s'expliquer que par des images. Les nuages et la foudre s'amoncelaient au ciel, l'on riait dans la campagne ; chacun avait chaud, sentait l'orage, levait la tête et continuait sa route. Monsieur Conyncks, le premier, alla se coucher et fut conduit à sa chambre par Balthazar. Pendant son absence, Pierquin et monsieur de Solis s'en allèrent. Marguerite fit un adieu plein d'affection au notaire, elle ne dit rien à Emmanuel, mais elle lui pressa la main en lui jetant un regard humide. Elle renvoya Félicie, et quand Claës revint au parloir, il y trouva sa fille seule.

— Mon bon père, lui dit-elle d'une voix tremblante, il a fallu les circonstances graves où nous sommes pour me faire quitter la maison ; mais, après bien des angoisses et après avoir surmonté des difficultés inouïes, j'y reviens avec quelques chances de salut pour nous tous. Grâce à votre nom, à l'influence de notre oncle et aux protections de monsieur de Solis, nous avons obtenu, pour vous, une place de receveur des finances en Bretagne ; elle vaut, dit-on, dix-huit à vingt mille francs par an. Notre oncle a fait le cautionnement. — Voici votre nomination, dit-elle en tirant une lettre de son sac. Votre séjour ici, pendant nos années de privations et de sacrifices, serait intolérable. Notre père doit rester dans une situation au moins égale à celle où il a toujours vécu. Je ne vous demanderai rien sur vos revenus, vous les emploierez comme bon vous semblera. Je vous supplie seulement de songer que nous n'avons pas un sou de rente, et que nous vivrons tous avec ce que Gustave nous donnera sur ses revenus. La ville ne saura rien de cette vie claustrale. Si vous étiez chez vous, vous seriez un obstacle aux moyens que nous emploierons, ma sœur et moi, pour tâcher d'y rétablir l'aisance. Est-ce abuser de l'autorité que vous m'avez donnée que de vous mettre dans une position à refaire vous-même votre fortune ? dans quelques années, si vous le voulez, vous serez Receveur-général.

— Ainsi, Marguerite, dit doucement Balthazar, tu me chasses de ma maison.

— Je ne mérite pas un reproche si dur, répondit la fille en comprimant les mouvements tumultueux de son cœur. Vous reviendrez parmi nous lorsque vous pourrez habiter votre ville natale comme il vous convient d'y paraître. D'ailleurs, mon père, n'ai-je point votre parole ? reprit-elle froidement. Vous devez m'obéir. Mon oncle est resté pour vous emmener en Bretagne, afin que vous ne fissiez pas seul le voyage.

— Je n'irai pas, s'écria Balthazar en se levant, je n ai besoin du secours de personne pour rétablir ma fortune et payer ce que je dois à mes enfants.

— Ce sera mieux, reprit Marguerite sans s'émouvoir. Je vous prierai de réfléchir à notre situation respective que je vais vous expliquer en peu de mots. Si vous restez dans cette maison, vos enfants en sortiront, afin de vous en laisser le maître.

— Marguerite ! cria Balthazar.

— Puis, dit-elle en continuant sans vouloir remarquer l'irritation de son père, il faut instruire le ministre de votre refus, si vous n'acceptez pas une place lucrative et honorable que, malgré nos démarches et nos protections, nous n'aurions pas eue sans quelques billets de mille francs adroitement mis par mon oncle dans le gant d'une dame...

— Me quitter!

— Ou vous nous quitterez ou nous vous fuirons, dit-elle. Si j'étais votre seule enfant, j'imiterais ma mère, sans murmurer contre le sort que vous me feriez. Mais ma sœur et mes deux frères ne périront pas de faim ou de désespoir auprès de vous; je l'ai promis à celle qui mourut là, dit-elle en montrant la place du lit de sa mère. Nous vous avons caché nos douleurs, nous avons souffert en silence, aujourd'hui nos forces se sont usées. Nous ne sommes pas au bord d'un abîme, nous sommes au fond, mon père! pour nous en tirer, il ne nous faut pas seulement du courage, il faut encore que nos efforts ne soient pas incessamment déjoués par les caprices d'une passion...

— Mes chers enfants! s'écria Balthazar, en saisissant la main de Marguerite, je vous aiderai, je travaillerai, je...

— En voici les moyens, répondit-elle en lui tendant la lettre ministérielle.

— Mais, mon ange, le moyen que tu m'offres pour refaire ma fortune est trop lent! tu me fais perdre le fruit de dix années de travaux, et les sommes énormes que représente mon laboratoire. Là, dit-il en indiquant le grenier, sont toutes nos ressources.

Marguerite marcha vers la porte en disant : — Mon père, vous choisirez!

— Ah! ma fille, vous êtes bien dure! répondit-il en s'asseyant dans un fauteuil et la laissant partir.

Le lendemain matin, Marguerite apprit par Lemulquinier que monsieur Claës était sorti. Cette simple annonce la fit pâlir, et sa contenance fut si cruellement significative, que le vieux valet lui dit : — Soyez tranquille, mademoiselle, monsieur a dit qu'il serait revenu à onze heures pour déjeuner. Il ne s'est pas couché. A deux heures du matin, il était encore debout dans le parloir, à regarder par les fenêtres les toits du laboratoire. J'attendais dans la cuisine, je le voyais, il pleurait, il a du chagrin. Voici ce fameux mois de juillet pendant lequel le soleil est capable de nous enrichir tous, et si vous vouliez...

— Assez! dit Marguerite en devinant toutes les pensées qui avaient dû assaillir son père.

Il s'était en effet accompli chez Balthazar ce phénomène qui s'empare de toutes les personnes sédentaires, sa vie dépendait pour ainsi dire des lieux avec lesquels il s'était identifié, sa pensée mariée à son laboratoire et à sa maison les lui rendait indispensables, comme l'est la Bourse au joueur pour qui les jours fériés sont des jours perdus. Là étaient ses espérances, là descendait du ciel la seule atmosphère où ses poumons pouvaient puiser l'air vital. Cette alliance des lieux et des choses entre les hommes, si puissante chez les natures faibles, devient presque tyrannique chez les gens de science et d'étude. Quitter sa maison, c'était, pour Balthazar, renoncer à la Science, à son problème, c'était mourir. Marguerite fut en proie à une extrême agitation jusqu'au moment du déjeuner. La scène qui avait porté Balthazar à vouloir se tuer lui était revenue à la mémoire, et elle craignit de voir se dénouer tragiquement la situation désespérée où se trouvait son père. Elle allait et venait dans le parloir, en tressaillant chaque fois que la sonnette de la porte retentissait. Enfin, Balthazar revint. Pendant qu'il traversait la cour, Marguerite, qui étudia sa figure avec inquiétude, n'y vit que l'expression d'une douleur orageuse. Quand il entra dans le parloir, elle s'avança vers lui pour lui souhaiter le bonjour; il la saisit affectueusement par la taille, l'appuya sur son cœur, la baisa au front et lui dit à l'oreille : — Je suis allé demander mon passe-port. Le son de la voix, le regard résigné, le mouvement de son père, tout écrasa le cœur de la pauvre fille qui détourna la tête pour ne point laisser voir ses larmes; mais ne pouvant les réprimer, elle alla dans le jardin, et revint après y avoir pleuré à son aise. Pendant le déjeuner, Balthazar se montra gai comme un homme qui avait pris son parti.

— Nous allons donc partir pour la Bretagne, mon oncle, dit-il à monsieur Conyncks. J'ai toujours eu le désir de voir ce pays-là.

— On y vit à bon marché, répondit le vieil oncle.

— Mon père nous quitte? s'écria Félicie.

Monsieur de Solis entra, il amenait Jean.

— Vous nous le laisserez aujourd'hui, dit Balthazar en mettant son fils près de lui, je pars demain, et je veux lui dire adieu.

Emmanuel regarda Marguerite qui baissa la tête. Ce fut une journée morne, pendant laquelle chacun fut triste, et réprima des pensées ou des pleurs. Ce n'était pas une absence, mais un exil. Puis, tous sentaient instinctivement ce qu'il y avait d'humiliant pour un père à déclarer ainsi publiquement ses désastres en acceptant une place et en quittant sa famille à l'âge de Balthazar. Lui seul fut aussi grand que Marguerite était ferme, et parut accepter noblement cette pénitence des fautes que l'emportement du génie lui avait fait commettre. Quand la soirée fut passée et que le père et la fille furent seuls, Balthazar, qui, pendant toute la journée, s'était montré tendre et affectueux, comme il l'était durant les beaux jours de sa vie patriarcale, tendit la main à Marguerite, et lui dit avec une sorte de tendresse mêlée de désespoir : — Es-tu contente de ton père?

— Vous êtes digne de celui-là, répondit Marguerite en lui montrant le portrait de Van-Claës.

Le lendemain matin, Balthazar suivi de Lemulquinier monta dans son laboratoire comme pour faire ses adieux aux espérances qu'il avait caressées et que ses opérations commencées lui représentaient vivantes. Le maître et le valet se jetèrent un regard plein de mélancolie en entrant dans le grenier qu'ils allaient quitter peut-être pour toujours. Balthazar contempla ces machines sur lesquelles sa pensée avait si longtemps plané, et dont chacune était liée au souvenir d'une recherche ou d'une expérience. Il ordonna d'un air triste à Lemulquinier de faire évaporer des gaz ou des acides dangereux, de séparer des substances qui auraient pu produire des explosions. Tout en prenant ces soins, il proférait des regrets amers, comme en exprime un condamné à mort, avant d'aller à l'échafaud.

— Voici pourtant, dit-il en s'arrêtant devant une capsule dans laquelle plongeaient les deux fils d'une pile de Volta, une expérience dont le résultat devrait être attendu. Si elle réussissait, affreuse pensée! mes enfants ne chasseraient pas de sa maison un père qui jetterait des diamants à leurs pieds. Voilà une combinaison de carbone et de soufre, ajouta-t-il en se parlant à lui-même, dans laquelle le carbone joue le rôle de corps électro-positif; la cristallisation doit commencer au pôle négatif; et, dans le cas de décomposition, le carbone s'y porterait cristallisé...

— Ah! ça se ferait comme ça, dit Lemulquinier en contemplant son maître avec admiration.

— Or, reprit Balthazar après une pause, la combinaison est soumise à l'influence de cette pile qui peut agir...

— Si monsieur veut, je vais en augmenter l'effet...

— Non, non, il faut la laisser telle qu'elle est. Le repos et le temps sont des conditions essentielles à la cristallisation....

— Parbleu, faut qu'elle prenne son temps, cette cristallisation; s'écria le valet de chambre.

— Si la température baisse, le sulfure de carbone se cristallisera, dit Balthazar en continuant d'exprimer par lambeaux les pensées indistinctes d'une méditation complète dans son entendement; mais si l'action de la pile opère dans certaines conditions que j'ignore... Il faudrait surveiller cela... il est possible... Mais à quoi pensé-je? il ne s'agit plus de Chimie, mon ami, nous devons aller gérer une recette en Bretagne.

Claës sortit précipitamment, et descendit pour faire un dernier déjeuner de famille auquel assistèrent Pierquin et monsieur de Solis. Balthazar, pressé d'en finir avec son agonie scientifique, dit adieu à ses enfants et monta en voiture avec son oncle, toute la famille l'accompagna sur le seuil de la porte. Là quand Marguerite eut embrassé son père par une étreinte désespérée, à laquelle il répondit en lui disant à l'oreille : — « Tu es une bonne fille, et je ne t'en voudrai jamais! » elle franchit la cour, se sauva dans le parloir, s'agenouilla à la place où sa mère était morte, et fit une ardente prière à Dieu pour lui demander la force d'accomplir les rudes travaux de sa nouvelle vie. Elle était déjà fortifiée par une voix intérieure qui lui avait jeté dans le cœur les applaudissements des anges et les remercîments de sa mère, quand sa sœur, son frère, Emmanuel et Pierquin rentrèrent après avoir regardé la calèche jusqu'à ce qu'ils ne la vissent plus.

— Maintenant, mademoiselle, qu'allez-vous faire? lui dit Pierquin.

— Sauver la maison, répondit-elle avec simplicité. Nous possédons près de treize cents arpents à Waignies. Mon intention est de les faire défricher, les partager en trois fermes, construire les bâtiments nécessaires à leur exploitation, les louer; et je crois qu'en quelques années, avec beaucoup d'économie et de patience, chacun de nous, dit-elle en montrant sa sœur et son frère, aura une ferme de quatre cents et quelques arpents qui pourra valoir, un jour, près de quinze mille francs de rente. Mon frère Gustave gardera pour sa part cette maison et ce qu'il possède sur le Grand-Livre. Puis nous rendrons un jour à notre père sa fortune dégagée de toute obligation en consacrant nos revenus à l'acquittement de ses dettes.

— Mais, chère cousine, dit le notaire stupéfait de cette entente des affaires et de la froide raison de Marguerite, il vous faut plus de deux cent mille francs pour défricher vos terrains, bâtir vos fermes et acheter des bestiaux. Où prendrez-vous cette somme ?

— Là commencent mes embarras, dit-elle en regardant alternativement le notaire et monsieur de Solis, je n'ose les demander à mon oncle qui a déjà fait le cautionnement de mon père !

— Vous avez des amis ! s'écria Pierquin en voyant tout à coup que les demoiselles Claës *seraient encore des filles de plus de cinq cent mille francs.*

Emmanuel de Solis regarda Marguerite avec attendrissement, mais, malheureusement pour lui, Pierquin resta notaire au milieu de son enthousiasme et reprit ainsi : — Moi, je vous les offre, ces deux cent mille francs !

Emmanuel et Marguerite se consultèrent par un regard qui fut un trait de lumière pour Pierquin. Félicie rougit excessivement, tant elle était heureuse de trouver son cousin aussi généreux qu'elle le souhaitait. Elle regarda sa sœur qui, tout à coup, devina que pendant l'absence qu'elle avait faite, la pauvre fille s'était laissé prendre à quelques banales galanteries de Pierquin.

— Vous ne me paierez que cinq pour cent d'intérêt, dit-il. Vous me rembourserez quand vous voudrez, et vous me donnerez une hypothèque sur vos terrains. Mais soyez tranquille, vous n'aurez que les déboursés à payer pour tous vos contrats, je vous trouverai de bons fermiers, et ferai vos affaires gratuitement afin de vous aider en bon parent.

Emmanuel fit un signe à Marguerite pour l'engager à refuser ; mais elle était trop occupée à étudier les changements qui nuançaient la physionomie de sa sœur pour s'en apercevoir. Après une pause, elle regarda le notaire d'un air ironique et lui dit d'elle-même, à la grande joie de monsieur de Solis : — Vous êtes un bien bon parent, je n'attendais pas moins de vous ; mais l'intérêt à cinq pour cent retarderait trop notre libération, j'attendrai la majorité de mon frère et nous vendrons ses rentes.

Pierquin se mordit les lèvres, Emmanuel se mit à sourire doucement.

— Félicie, ma chère enfant, reconduis Jean au collége, Martha t'accompagnera, dit Marguerite en montrant son frère. — Jean, mon ange, sois bien sage, ne déchire pas tes habits, nous ne sommes pas assez riches pour te les renouveler aussi souvent que nous le faisions ! Allons, va, mon petit, étudie bien.

Félicie sortit avec son frère.

— Mon cousin, dit Marguerite à Pierquin, et vous, monsieur, dit-elle à monsieur de Solis, vous êtes sans doute venus voir mon père pendant mon absence, je vous remercie de ces preuves d'amitié. Vous ne ferez sans doute pas moins pour deux pauvres filles qui vont avoir besoin de conseils. Entendons-nous à ce sujet?... Quand je serai en ville, je vous recevrai toujours avec le plus grand plaisir ; mais quand Félicie sera seule ici avec Josette et Martha, je n'ai pas besoin de vous dire qu'elle ne doit voir personne, fût-ce un vieil ami, et le plus dévoué de nos parents. Dans les circonstances où nous nous trouvons, notre conduite doit être d'une irréprochable sévérité. Nous voici donc pour long-temps vouées au travail et à la solitude.

Le silence régna pendant quelques instants. Emmanuel, abîmé dans la contemplation de la tête de Marguerite, semblait muet, Pierquin ne savait que dire. Le notaire prit congé de sa cousine, en éprouvant un mouvement de rage contre lui-même : il avait deviné tout à coup que Marguerite aimait Emmanuel, et qu'il venait de se conduire en vrai sot.

— Ah! çà, Pierquin, mon ami, se dit-il en s'apostrophant lui-même dans la rue, un homme qui te dirait que tu es un grand animal aurait raison. Suis-je bête? J'ai douze mille livres de rente, en dehors de ma charge, sans compter la succession de mon oncle Des Racquets, de qui je suis le seul héritier, et qui me doublera ma fortune un jour ou l'autre (enfin, je ne lui souhaite pas de mourir, il est économe !)... et j'ai l'infamie de demander des intérêts à mademoiselle Claës ! Je suis sûr qu'à eux deux ils se moquent maintenant de moi. Je ne dois plus penser à Marguerite ! Non. Après tout, Félicie est une douce et bonne petite créature qui me convient mieux. Marguerite a un caractère de fer, elle voudrait me dominer, et elle me dominerait ! Allons, montrons-nous généreux, ne soyons pas tant notaire, je ne peux donc pas secouer ce harnais-là ? Sac à papier, je vais me mettre à aimer Félicie, et je ne bouge pas de ce sentiment-là ! Fourche ! elle aura une ferme de quatre cent trente arpents, qui, dans un temps donné, vaudra entre quinze et vingt mille livres de rente, car les terrains de Waignies sont bons. Que mon oncle Des Racquets meure, pauvre bonhomme ! je vends mon Étude et je suis un homme de cin-quan-te-mil-le-li-vres-de-ren-te. Ma femme est une Claës, je suis allié à des maisons considérables. Diantre, nous verrons si les Courteville, les Magalhens, les Savaron de Savarus refuseront de venir chez un Pierquin-Claës-Molina-Nourho. Je serai maire de Douai, j'aurai la croix, je puis être député, j'arrive à tout. Ha ! çà, Pierquin, mon garçon, tiens-toi là, ne faisons plus de sottises, d'autant que, ma parole d'honneur, Félicie... mademoiselle Félicie Van-Claës, elle t'aime.

Quand les deux amants furent seuls, Emmanuel tendit une main à Marguerite qui ne put s'empêcher d'y mettre sa main droite. Ils se levèrent par un mouvement unanime en se dirigeant vers leur banc dans le jardin ; mais au milieu du parloir, l'amant ne put résister à sa joie, et d'une voix que l'émotion rendit tremblante, il dit à Marguerite : — J'ai trois cent mille francs à vous !...

— Comment, s'écria-t-elle, ma pauvre mère vous aurait encore confié ?... Non. Quoi ?

— Oh ! ma Marguerite, ce qui est à moi n'est-il pas à vous ? N'est-ce pas vous qui la première avez dit *nous* ?

— Cher Emmanuel, dit-elle en pressant la main qu'elle tenait toujours ; et, au lieu d'aller au jardin, elle se jeta dans la bergère.

— N'est-ce pas à moi de vous remercier, dit-il avec sa voix d'amour, puisque vous acceptez.

— Ce moment, dit-elle, mon cher bien-aimé, efface bien des douleurs, et rapproche un heureux avenir ! Oui, j'accepte ta fortune, reprit-elle en laissant errer sur ses lèvres un sourire d'ange, je sais le moyen de la faire mienne. Elle regarda le portrait de Van-Claës comme pour avoir un témoin. Le jeune homme qui suivait les regards de Marguerite ne lui vit pas tirer de son doigt une bague de jeune fille, et ne s'aperçut de ce geste qu'au moment où il entendit ces paroles : — Au milieu de nos profondes misères, il surgit un bonheur. Mon père me laisse, par insouciance, la libre disposition de moi-même, dit-elle en tendant la bague, prends Emmanuel ? Ma mère te chérissait, elle t'aurait choisi.

Les larmes vinrent aux yeux d'Emmanuel, il pâlit, tomba sur ses genoux, et dit à Marguerite en lui donnant un anneau qu'il portait toujours : — Voici l'alliance de ma mère ! Ma Marguerite, reprit-il en baisant la bague, n'aurai-je donc d'autre gage que ceci !

Elle se baissa pour apporter son front aux lèvres d'Emmanuel.

— Hélas! mon pauvre aimé, ne faisons-nous pas là quelque chose de mal? dit-elle tout émue, car nous attendrons longtemps.

— Mon oncle disait que l'adoration était le pain quotidien de la patience, en parlant du chrétien qui aime Dieu. Je puis t'aimer ainsi, je t'ai, depuis longtemps, confondue avec le Seigneur de toutes choses : je suis à toi, comme je suis à lui.

Ils restèrent pendant quelques moments en proie à la plus douce exaltation. Ce fut la sincère et calme effusion d'un sentiment qui, semblable à une source trop pleine, débordait par de petites vagues incessantes. Les événements qui séparaient ces deux amants étaient un sujet de mélancolie qui rendit leur bonheur plus vif, en lui donnant quelque chose d'aigu comme la douleur; Félicie revint trop tôt pour eux. Emmanuel, éclairé par le tact délicieux qui fait tout deviner en amour, laissa les deux sœurs seules, après avoir échangé avec Marguerite un regard où elle put voir tout ce que lui coûtait cette discrétion, car il y exprima combien il était avide de ce bonheur désiré si longtemps, et qui venait d'être consacré par les fiançailles du cœur.

— Viens ici, petite sœur, dit Marguerite en prenant Félicie par le cou. Puis, la ramenant dans le jardin, elles allèrent s'asseoir sur le banc auquel chaque génération avait confié ses paroles d'amour, ses soupirs de douleur, ses méditations et ses projets. Malgré le ton joyeux et l'aimable finesse du sourire de sa sœur, Félicie éprouvait une émotion qui ressemblait à un mouvement de peur, Marguerite lui prit la main et la sentit trembler.

— Mademoiselle Félicie, dit l'aînée en s'approchant de l'oreille de sa sœur, je lis dans votre âme. Pierquin est venu souvent pendant mon absence, il est venu tous les soirs, il vous a dit de douces paroles, et vous les avez écoutées. Félicie rougit. — Ne t'en défends pas, mon ange, reprit Marguerite, il est si naturel d'aimer! Peut-être ta chère âme changera-t-elle un peu la nature du cousin, il est égoïste, intéressé, mais c'est un honnête homme; et sans doute ses défauts serviront à ton bonheur. Il t'aimera comme la plus jolie de ses propriétés, tu feras partie de ses affaires. Pardonne-moi ce mot, chère amie? tu le corrigeras des mauvaises habitudes qu'il a prises de ne voir partout que des intérêts, en lui apprenant les affaires du cœur. Félicie ne put qu'embrasser sa sœur. — D'ailleurs, reprit Marguerite, il a de la fortune. Sa famille est de la plus haute et de la plus ancienne bourgeoisie. Mais serait-ce donc moi qui m'opposerais à ton bonheur si tu veux le trouver dans une condition médiocre?

Félicie laissa échapper ces mots : — Chère sœur !

— Oh! oui, tu peux te confier à moi, s'écria Marguerite. Quoi de plus naturel que de nous dire nos secrets.

Ce mot plein d'âme détermina l'une de ces causeries délicieuses où les jeunes filles se disent tout. Quand Marguerite, que l'amour avait faite experte, eut reconnu l'état du cœur de Félicie, elle finit en lui disant : — Hé bien, ma chère enfant, assurons-nous que le cousin t'aime véritablement; et... alors...

— Laisse-moi faire, répondit Félicie en riant, j'ai mes modèles.

— Folle? dit Marguerite en la baisant au front.

Quoique Pierquin appartînt à cette classe d'hommes qui dans le mariage voient des obligations, l'exécution des lois sociales et un mode pour la transmission des propriétés; qu'il lui fût indifférent d'épouser ou Félicie ou Marguerite, si l'une ou l'autre avaient le même nom et la même dot; il s'aperçut néanmoins que toutes deux étaient, suivant une de ses expressions, des *filles romanesques et sentimentales,* deux adjectifs que les gens sans cœur emploient pour se moquer des dons que la nature sème d'une main parcimonieuse à travers les sillons de l'humanité, le notaire se dit sans doute qu'il fallait hurler avec les loups ; et, le lendemain, il vint voir Marguerite, il l'emmena mystérieusement dans le petit jardin, et se mit à parler sentiment, puisque c'était une des clauses du contrat primitif qui devait précéder, dans les lois du monde, le contrat notarié.

— Chère cousine, lui dit-il, nous n'avons pas toujours été du même avis sur les moyens à prendre pour arriver à la conclusion heureuse de vos affaires; mais vous devez reconnaître aujourd'hui que j'ai toujours été guidé par un grand désir de vous être utile. Hé! bien, hier j'ai gâté mes offres par une fatale habitude que nous donne *l'esprit notaire,* comprenez-vous?... Mon cœur n'était pas complice de ma sottise. Je vous ai bien aimée; mais nous avons une certaine perspicacité, nous autres, et je me suis aperçu que je ne vous plaisais pas. C'est ma faute! un autre a été plus adroit que moi. Hé! bien, je viens vous avouer tout *bonifacement* que j'éprouve un amour réel pour votre sœur Félicie. Traitez-moi donc comme un frère? puisez dans ma bourse, prenez à même! allez, plus vous prendrez, plus vous me prouverez d'amitié. Je suis tout à vous, *sans intérêt*, entendez-vous ? ni à douze, ni à un quart pour cent. Que je sois trouvé digne de Félicie et je serai content. Pardonnez-moi mes défauts, ils ne viennent que la pratique des affaires, le cœur est bon, et je me jetterais dans la Scarpe, plutôt que de ne pas rendre ma femme heureuse.

— Voilà qui est bien, cousin ! dit Marguerite, mais ma sœur dépend d'elle et de notre père!...

— Je sais cela, ma chère cousine, dit le notaire, mais vous êtes la mère de toute la famille, et je n'ai rien plus *à cœur* que de vous rendre juge du *mien*.

Cette façon de parler peint assez bien l'esprit de l'honnête notaire. Plus tard, Pierquin devint célèbre par sa réponse au commandant du camp de Saint-Omer qui l'avait prié d'assister à une fête militaire, et qui fut ainsi conçue : *Monsieur Pierquin-Claës de Molina-Nourho, maire de la ville de Douai, chevalier de la Légion-d'Honneur, aura* celui *de se rendre, etc.*

Marguerite accepta l'assistance du notaire, mais seulement dans tout ce qui concernait sa profession, afin de ne compromettre en rien ni sa dignité de femme, ni l'avenir de sa sœur, ni les déterminations de son père. Ce jour même elle confia sa sœur à la garde de Josette et de Martha, qui se vouèrent corps et âme à leur jeune maîtresse, en en secondant les plans d'économie. Marguerite partit aussitôt pour Waignies où elle commença ses opérations qui furent savamment dirigées par Pierquin. Le dévouement s'était chiffré dans l'esprit du notaire comme une excellente spéculation, ses soins, ses peines furent alors en quelque sorte une mise de fonds qu'il ne voulut point épargner. D'abord, il tenta d'éviter à Marguerite la peine de faire défricher et de labourer les terres destinées aux fermes. Il avisa trois jeunes fils de fermiers riches qui désiraient s'établir, il les séduisit par la perspective que leur offrait la richesse de ces terrains, et réussit à leur faire prendre à bail les trois fermes qui allaient être construites. Moyennant l'abandon du prix de la ferme pendant trois ans, les fermiers s'engagèrent à en donner dix mille francs de loyer à la quatrième année, douze mille à la sixième, et quinze mille pendant le reste du bail ; à creuser les fossés, faire les plantations et acheter les bestiaux. Pendant que les fermes se bâtirent, les fermiers vinrent défricher leurs terres. Quatre ans après le départ de Balthazar, Marguerite avait déjà presque rétabli la fortune de son frère et de sa sœur. Deux cent mille francs suffirent à payer toutes les constructions. Ni les secours, ni les conseils ne manquèrent à cette courageuse fille dont la conduite excitait l'admiration de la ville. Marguerite surveilla ses bâtisses, l'exécution de ses marchés et de ses baux avec ce bon sens, cette activité, cette constance que savent déployer les femmes quand elles sont animées par un grand sentiment. Dès la cinquième année, elle put consacrer trente mille francs de revenu que donnèrent les fermes, les rentes de son frère et le produit des biens paternels, à l'acquittement des capitaux hypothéqués, et à la réparation des dommages que la passion de Balthazar avait faits dans sa maison. L'amortissement devait donc aller rapidement par la décroissance des intérêts. Emmanuel de Solis offrit d'ailleurs à Marguerite les cent mille francs qui lui restaient sur la succession de son oncle, et qu'elle n'avait pas employés, en y joignant une vingtaine de mille francs de ses économies, en sorte que, dès la troisième année de sa gestion, elle put acquitter une assez forte somme de dettes. Cette vie de courage, de privations et de dévouement ne se démentit point durant cinq années ; mais tout fut d'ailleurs succès et réussite, sous l'administration et l'influence de Marguerite.

Devenu ingénieur des ponts-et-chaussées, Gabriel aidé par son grand-oncle fit une rapide fortune dans l'entreprise d'un canal qu'il construisit, et sut plaire à sa cousine mademoiselle Conyncks, que son père adorait et l'une des plus riches héritières des deux Flandres. En 1824, les biens de Claës se trouvèrent libres, et la maison de la rue de Paris avait réparé ses pertes. Pierquin demanda positivement la main de Félicie à Balthazar, de même que monsieur de Solis sollicita celle de Marguerite.

Au commencement du mois de janvier 1825, Marguerite et monsieur Conyncks partirent pour aller chercher le père exilé de qui chacun désirait vivement le retour; et qui donna sa démission afin de rester au milieu de sa famille dont le bonheur allait recevoir sa sanction. En l'absence de Marguerite, qui souvent avait exprimé le regret de ne pouvoir remplir les cadres vides de la galerie et des appartements de réception, pour le jour où son père reprendrait sa maison, Pierquin et monsieur de Solis complotèrent avec Félicie de préparer à Marguerite une surprise qui ferait participer en quelque sorte la sœur cadette à la restauration de la maison Claës. Tous deux avaient acheté à Félicie plusieurs beaux tableaux qu'ils lui offrirent pour décorer la galerie. Monsieur Conyncks avait eu la même idée. Voulant témoigner à Marguerite la satisfaction que lui causait sa noble conduite et son dévouement à remplir le mandat que lui avait légué sa mère, il avait pris des mesures pour qu'on apportât une cinquantaine de ses plus belles toiles et quelques-unes de celles que Balthazar avait jadis vendues, en sorte que la galerie Claës fut entièrement remeublée. Marguerite était déjà venue plusieurs fois voir son père, accompagnée de sa sœur, ou de Jean; chaque fois, elle l'avait trouvé progressivement plus changé ; mais depuis sa dernière visite, la vieillesse s'était manifestée chez Balthazar par d'effrayants symptômes à la gravité desquels contribuait sans doute la parcimonie avec laquelle il vivait afin de pouvoir employer la plus grande partie de ses appointements à faire des expériences qui trompaient toujours son espoir. Quoiqu'il ne fût âgé que de soixante-cinq ans, il avait l'apparence d'un octogénaire. Ses yeux s'étaient profondément enfoncés dans leurs orbites, ses sourcils avaient blanchi, quelques cheveux lui garnissaient à peine la nuque ; il laissait croître sa barbe qu'il coupait avec des ciseaux quand elle le gênait ; il était courbé comme un vieux vigneron : puis le désordre de ses vêtements avait repris un caractère de misère que la décrépitude rendait hideux. Quoiqu'une pensée forte animât ce grand visage dont les traits ne se voyaient plus sous les rides, la fixité du regard, un air désespéré, une constante inquiétude y gravaient les diagnostics de la démence, ou plutôt de toutes les démences ensemble. Tantôt il y apparaissait un espoir qui donnait à Balthazar l'expression du monomane; tantôt l'impatience de ne pas deviner un secret qui se présentait à lui comme un feu follet y mettait les symptômes de la fureur ; puis tout à coup un rire éclatant trahissait la folie, enfin la plupart du temps l'abattement le plus complet résumait toutes les nuances de sa passion par la froide mélancolie de l'idiot. Quelque fugaces et imperceptibles que fussent ces expressions pour des étrangers, elles étaient malheureusement trop sensibles pour ceux qui connaissaient un Claës sublime de bonté, grand par le cœur, beau de visage et duquel il n'existait que de rares vestiges. Vieilli, lassé comme son maître par de constants travaux, Lemulquinier n'avait pas eu à subir comme lui les fatigues de la pensée ; aussi sa physionomie offrait-elle un singulier mélange d'inquiétude et d'admiration pour son maître, auquel il était facile de se méprendre : quoiqu'il écoutât sa moindre parole avec respect, qu'il suivît ses moindres mouvements avec une sorte de tendresse, il avait soin du savant comme une mère a soin d'un enfant ; souvent il pouvait avoir l'air de le protéger, parce qu'il le protégeait véritablement dans les vulgaires nécessités de la vie auxquelles Balthazar ne pensait jamais. Ces deux vieillards enveloppés par une idée, confiants dans la réalité de leur espoir, agités par le même souffle, l'un représentant l'enveloppe et l'autre l'âme de leur existence commune, formaient un spectacle à la fois horrible et attendrissant. Lorsque Marguerite et monsieur Conyncks arrivèrent, ils trouvèrent Claës établi dans une auberge, son successeur ne s'était pas fait attendre et avait déjà pris possession de la place.

A travers les préoccupations de la Science, un désir de revoir sa patrie, sa maison, sa famille agitait Balthazar ; la lettre de sa fille lui avait annoncé des événements heureux ; il songeait à couronner sa carrière par une série d'expériences qui devait le mener enfin à la découverte de son problème, il attendait donc Marguerite avec une excessive impatience. La fille se jeta dans les bras de son père en pleurant de joie. Cette fois, elle venait chercher la récompense d'une vie douloureuse, et le pardon de sa gloire domestique. Elle se sentait criminelle à la manière des grands hommes qui violent les libertés pour sauver la patrie. Mais en contemplant son père, elle frémit en reconnaissant les changements qui, depuis sa dernière visite, s'étaient opérés en lui. Conyncks partagea le secret effroi de sa nièce, et insista pour emmener au plus tôt son cousin à Douai où l'influence de la patrie pouvait le rendre à la raison, à la santé, en le rendant à la vie heureuse du foyer domestique. Après les premières effusions de cœur qui furent plus vives de la part de Balthazar que Marguerite ne le croyait, il eut pour elle des attentions singulières ; il témoigna le regret de la recevoir dans une mauvaise chambre d'auberge, il s'informa de ses goûts, il lui demanda ce qu'elle voulait pour ses repas avec les soins empressés d'un amant ; il eut enfin les manières d'un coupable qui veut s'assurer de son juge. Marguerite connaissait si bien son père qu'elle devina le motif de cette tendresse, en supposant qu'il pouvait avoir en ville quelques dettes desquelles il voulait s'acquitter avant son départ. Elle observa pendant quelque temps son père, et vit alors le cœur humain à nu. Balthazar s'était rapetissé. Le sentiment de son abaissement, l'isolement dans lequel le mettait la Science, l'avait rendu timide et enfant dans toutes les questions étrangères à ses occupations favorites; sa fille aînée lui imposait, le souvenir de son dévouement passé, de la force qu'elle avait déployée, la conscience du pouvoir qu'il lui avait laissé prendre, la fortune dont elle disposait et les sentiments indéfinissables qui s'étaient emparés de lui, depuis le jour où il avait abdiqué sa paternité déjà compromise, la lui avaient sans doute grandie de jour en jour. Conyncks semblait n'être rien aux yeux de Balthazar, il ne voyait que sa fille et ne pensait qu'à elle en paraissant la redouter comme certains maris faibles redoutent la femme supérieure qui les a subjugués; lorsqu'il levait les yeux sur elle, Marguerite y surprenait avec douleur une expression de crainte, semblable à celle d'un enfant qui se sent fautif. La noble fille ne savait comment concilier la majestueuse et terrible expression de ce crâne dévasté par la Science et par les travaux, avec le sourire puéril, avec la servilité naïve qui se peignaient sur les lèvres et la physionomie de Balthazar. Elle fut blessée du contraste que présentaient cette grandeur et cette petitesse, et se promit d'employer son influence à faire reconquérir à son père toute sa dignité, pour le jour solennel où il allait reparaître au sein de sa famille. D'abord, elle saisit un moment où ils se trouvèrent seuls pour lui dire à l'oreille : — Devez-vous quelque chose ici ?

Balthazar rougit et répondit d'un air embarrassé : — Je ne sais pas, mais Lemulquinier te le dira. Ce brave garçon est plus au fait de mes affaires que je ne le suis moi-même.

Marguerite sonna le valet de chambre, et quand il vint, elle étudia presque involontairement la physionomie des deux vieillards.

— Monsieur désire quelque chose ? demanda Lemulquinier.

Marguerite, qui était tout orgueil et noblesse, eut un serrement de cœur, en s'apercevant au ton et au maintien du valet, qu'il s'était établi quelque familiarité mauvaise entre son père et le compagnon de ses travaux.

— Mon père ne peut donc pas faire sans vous le compte de ce qu'il doit ici ? dit Marguerite.

— Monsieur, reprit Lemulquinier, doit...

A ces mots, Balthazar fit à son valet de chambre un signe d'intelligence que Marguerite surprit et qui l'humilia.

— Dites-moi tout ce que doit mon père, s'écria-t-elle.

— Ici, monsieur doit un millier d'écus à un apothicaire qui

tient l'épicerie en gros, et qui nous a fourni des potasses caustiques, du plomb, du zinc, et des réactifs.

— Est-ce tout? dit Marguerite.

Balthazar réitéra un signe affirmatif à Lemulquinier qui, fasciné par son maître, répondit : — Oui, mademoiselle.

— Hé! bien, reprit-elle, je vais vous les remettre.

Balthazar embrassa joyeusement sa fille en lui disant : — Tu es un ange pour moi, mon enfant.

Et il respira plus à l'aise, en la regardant d'un œil moins triste, mais, malgré cette joie, Marguerite aperçut facilement sur son visage les signes d'une profonde inquiétude, et jugea que ces mille écus constituaient seulement les dettes criardes du laboratoire.

— Soyez franc, mon père, dit-elle en se laissant asseoir sur ses genoux par lui, vous devez encore quelque chose? Avouez-moi tout, revenez dans votre maison sans conserver un principe de crainte au milieu de la joie générale.

— Ma chère Marguerite, dit-il en lui prenant les mains et les lui baisant avec une grâce qui semblait être un souvenir de sa jeunesse, tu me gronderas...

— Non, dit-elle.

— Vrai, répondit-il en laissant échapper un geste de joie enfantine, je puis donc tout te dire, tu paieras...

— Oui, dit-elle en réprimant des larmes qui lui venaient aux yeux.

— Hé! bien, je dois... Oh! je n'ose pas...

— Mais dites donc, mon père!

— C'est considérable, reprit-il!

Elle joignit les mains par un mouvement de désespoir.

— Je dois trente mille francs à messieurs Protez et Chiffreville.

— Trente mille francs, dit-elle, sont mes économies, mais j'ai du plaisir à vous les offrir, ajouta-t-elle en lui baisant le front avec respect.

Il se leva, prit sa fille dans ses bras, et tourna tout autour de sa chambre en la faisant sauter comme un enfant; puis, il la remit sur le fauteuil où elle était, en s'écriant : — Ma chère enfant, tu es un trésor d'amour! Je ne vivais plus. Les Chiffreville m'ont écrit trois lettres menaçantes et voulaient me poursuivre, moi qui leur ai fait faire une fortune.

— Mon père, dit Marguerite avec un accent de désespoir, vous cherchez donc toujours ?

— Toujours, dit-il avec un sourire de fou. Je trouverai, va !.., Si tu savais où nous en sommes.

— Qui, nous ?...

— Je parle de Mulquinier, il a fini par me comprendre, il m'aide bien. Pauvre garçon, il m'est si dévoué !

Conyncks interrompit la conversation en entrant, Marguerite fit signe à son père de se taire en craignant qu'il ne se déconsidérât aux yeux de leur oncle. Elle était épouvantée des ravages que la préoccupation avait faits dans cette grande intelligence absorbée dans la recherche d'un problème peut-être insoluble. Balthazar, qui ne voyait sans doute rien au delà de ses fourneaux, ne devinait même pas la libération de sa fortune. Le lendemain, ils partirent pour la Flandre. Le voyage fut assez long pour que Marguerite pût acquérir de confuses lumières sur la situation dans laquelle se trouvaient son père et Lemulquinier. Le valet avait-il sur le maître cet ascendant que savent prendre sur les plus grands esprits les gens sans éducation qui se sentent nécessaires, et qui, de concession en concession, savent marcher vers la domination avec la persistance que donne une idée fixe ? Ou bien le maître avait-il contracté pour son valet cette espèce d'affection qui naît de l'habitude, et semblable à celle qu'un ouvrier a pour son outil créateur, que l'Arabe a pour son coursier libérateur. Marguerite épia quelques faits pour se décider, en se proposant de soustraire Balthazar à un joug humiliant, s'il était réel. En passant à Paris, elle y resta durant quelques jours pour y acquitter les dettes de son père, et prier les fabricants de produits chimiques de ne rien envoyer à Douai sans l'avoir prévenue à l'avance des demandes que leur ferait Claës. Elle obtint de son père qu'il changeât de costume et reprît les habitudes de toilette convenables à un homme de son rang. Cette restauration corporelle rendit à Balthazar une sorte de dignité physique qui fut de bon augure pour un changement d'idées. Bientôt sa fille, heureuse par avance de toutes les surprises qui attendaient son père dans sa propre maison, repartit pour Douai.

A trois lieues de cette ville, Balthazar trouva sa fille Félicie à cheval, escortée par ses deux frères, par Emmanuel, par Pierquin et par les intimes amis des trois familles. Le voyage avait nécessairement distrait le chimiste de ses pensées habituelles, l'aspect de la Flandre

avait agi sur son cœur; aussi quand il aperçut le joyeux cortége
que lui formaient et sa famille et ses amis, éprouva-t-il des émotions si vives que ses yeux devinrent humides, sa voix trembla,
ses paupières rougirent, et il embrassa si passionnément ses enfants
sans pouvoir les quitter, que les spectateurs de cette scène furent
émus aux larmes. Lorsqu'il revit sa maison, il pâlit, sauta hors de
la voiture de voyage avec l'agilité d'un jeune homme, respira l'air
de la cour avec délices, et se mit à regarder les moindres détails
avec un plaisir qui débordait dans ses gestes ; il se redressa, et sa
physionomie redevint jeune. Quand il entra dans le parloir, il eut
des pleurs aux yeux en y voyant par l'exactitude avec laquelle sa
fille avait reproduit ses anciens flambeaux d'argent vendus, que
les désastres devaient être entièrement réparés. Un déjeuner splendide était servi dans la salle à manger, dont les dressoirs avaient
été remplis de curiosités et d'argenterie d'une valeur au moins
égale à celle des pièces qui s'y trouvaient jadis. Quoique ce repas
de famille durât long-temps, il suffit à peine aux récits que Balthazar exigeait de chacun de ses enfants. La secousse imprimée à son
moral par ce retour lui fit épouser le bonheur de sa famille, et il
s'en montra bien le père. Ses manières reprirent leur ancienne noblesse. Dans le premier moment, il fut tout à la jouissance de la
possession, sans se demander compte des moyens par lesquels il
recouvrait tout ce qu'il avait perdu. Sa joie fut donc entière et
pleine. Le déjeuner fini, les quatre enfants, le père et Pierquin le
notaire passèrent dans le parloir où Balthazar ne vit pas sans inquiétude des papiers timbrés qu'un clerc avait apportés sur une
table devant laquelle il se tenait, comme pour assister son patron.
Les enfants s'assirent, et Balthazar étonné resta debout devant la
cheminée.

— Ceci, dit Pierquin, est le compte de tutelle que rend monsieur Claës à ses enfants. Quoique ce ne soit pas très-amusant,
ajouta-t-il en riant à la façon des notaires qui prennent assez généralement un ton plaisant pour parler des affaires les plus sérieuses,
il faut absolument que vous l'écoutiez.

Quoique les circonstances justifiassent cette phrase, monsieur
Claës, à qui sa conscience rappelait le passé de sa vie, l'accepta
comme un reproche et fronça les sourcils. Le clerc commença la
lecture. L'étonnement de Balthazar alla croissant à mesure que cet
acte se déroulait. Il y était établi d'abord que la fortune de sa femme

montait, au moment du décès, à seize cent mille francs environ, et la conclusion de cette reddition de compte fournissait clairement à chacun de ses enfants une part entière, comme aurait pu la gérer un bon et soigneux père de famille. Il en résultait que la maison était libre de toute hypothèque, que Balthazar était chez lui, et que ses biens ruraux étaient également dégagés. Lorsque les divers actes furent signés, Pierquin présenta les quittances des sommes jadis empruntées et les main-levées des inscriptions qui pesaient sur les propriétés. En ce moment, Balthazar, qui recouvrait à la fois l'honneur de l'homme, la vie du père, la considération du citoyen, tomba dans un fauteuil; il chercha Marguerite qui par une de ces sublimes délicatesses de femme s'était absentée pendant cette lecture, afin de voir si toutes ses intentions avaient été bien remplies pour la fête. Chacun des membres de la famille comprit la pensée du vieillard au moment où ses yeux faiblement humides demandaient sa fille que tous voyaient en ce moment par les yeux de l'âme, comme un ange de force et de lumière. Lucien alla chercher Marguerite. En entendant le pas de sa fille, Balthazar courut la serrer dans ses bras.

— Mon père, lui dit-elle au pied de l'escalier où le vieillard la saisit pour l'étreindre, je vous en supplie, ne diminuez en rien votre sainte autorité. Remerciez-moi, devant toute la famille, d'avoir bien accompli vos intentions, et soyez ainsi le seul auteur du bien qui a pu se faire ici.

Balthazar leva les yeux au ciel, regarda sa fille, se croisa les bras, et dit après une pause pendant laquelle son visage reprit une expression que ses enfants ne lui avaient pas vue depuis dix ans : — Que n'es-tu là, Pépita, pour admirer notre enfant! Il serra Marguerite avec force, sans pouvoir prononcer une parole, et rentra. — Mes enfants, dit-il avec cette noblesse de maintien qui en faisait autrefois un des hommes les plus imposants, nous devons tous des remercîments et de la reconnaissance à ma fille Marguerite, pour la sagesse et le courage avec lesquels elle a rempli mes intentions, exécuté mes plans, lorsque, trop absorbé par mes travaux, je lui ai remis les rênes de notre administration domestique.

— Ah! maintenant, nous allons lire les contrats de mariage, dit Pierquin en regardant l'heure. Mais ces actes-là ne me regardent pas, attendu que la loi me défend d'instrumenter pour mes parents et pour moi. Monsieur Raparlier l'oncle va venir.

En ce moment, les amis de la famille invités au dîner que l'on donnait pour fêter le retour de monsieur Claës et célébrer la signature des contrats, arrivèrent successivement, pendant que les gens apportèrent les cadeaux de noces. L'assemblée s'augmenta promptement et devint aussi imposante par la qualité des personnes qu'elle était belle par la richesse des toilettes. Les trois familles qui s'unissaient par le bonheur de leurs enfants avaient voulu rivaliser de splendeur. En un moment, le parloir fut plein des gracieux présents qui se font aux fiancés. L'or ruisselait et pétillait. Les étoffes dépliées, les châles de cachemire, les colliers, les parures excitaient une joie si vraie chez ceux qui les donnaient et chez celles qui les recevaient, cette joie enfantine à demi se peignait si bien sur tous les visages, que la valeur de ces présents magnifiques était oubliée par les indifférents, assez souvent occupés à la calculer par curiosité. Bientôt commença le cérémonial usité dans la famille Claës pour ces solennités. Le père et la mère devaient seuls être assis, et les assistants demeuraient debout devant eux à distance. A gauche du parloir et du côté du jardin se placèrent Gabriel Claës et mademoiselle Conyncks, auprès de qui se tinrent monsieur de Solis et Marguerite, sa sœur et Pierquin. A quelques pas de ces trois couples, Balthazar et Conyncks, les seuls de l'assemblée qui fussent assis, prirent place chacun dans un fauteuil, près du notaire qui remplaçait Pierquin. Jean était debout derrière son père. Une vingtaine de femmes élégamment mises et quelques hommes, tous choisis parmi les plus proches parents des Pierquin, des Conyncks et des Claës, le maire de Douai qui devait marier les époux, les douze témoins pris parmi les amis les plus dévoués des trois familles, et dont faisait partie le premier président de la cour royale, tous, jusqu'au curé de Saint-Pierre, restèrent debout en formant, du côté de la cour, un cercle imposant. Cet hommage rendu par toute cette assemblée à la paternité qui, dans cet instant, rayonnait d'une majesté royale, imprimait à cette scène une couleur antique. Ce fut le seul moment pendant lequel, depuis seize ans, Balthazar oublia la recherche de l'Absolu. Monsieur Raparlier, le notaire, alla demander à Marguerite et à sa sœur si toutes les personnes invitées à la signature et au dîner qui devait la suivre étaient arrivées; et, sur leur réponse affirmative, il revint prendre le contrat de mariage de Marguerite et de monsieur de Solis, qui devait être lu le premier, quand tout à coup la porte du parloir s'ouvrit, et Lemulquinier se montra le visage flamboyant de joie

— Monsieur, monsieur !

Balthazar jeta sur Marguerite un regard de désespoir, lui fit un signe et l'emmena dans le jardin. Aussitôt le trouble se mit dans l'assemblée.

— Je n'osais pas te le dire, mon enfant, dit le père à sa fille; mais puisque tu as tant fait pour moi, tu me sauveras de ce dernier malheur. Lemulquinier m'a prêté, pour une dernière expérience qui n'a pas réussi, vingt mille francs, le fruit de ses économies. Le malheureux vient sans doute me les redemander en apprenant que je suis redevenu riche, donne-les-lui sur-le-champ. Ah ! mon ange, tu lui dois ton père, car lui seul me consolait dans mes désastres, lui seul encore a foi en moi. Certes, sans lui je serais mort...

— Monsieur, monsieur, criait Lemulquinier.

— Eh ! bien ? dit Balthazar en se retournant.

— Un diamant !

Claës sauta dans le parloir en apercevant un diamant dans la main de son valet de chambre qui lui dit tout bas : — Je suis allé au laboratoire.

Le chimiste, qui avait tout oublié, jeta un regard sur le vieux Flamand, et ce regard ne pouvait se traduire que par ces mots : *Tu es allé le premier au laboratoire !*

— Et, dit le valet en continuant, j'ai trouvé ce diamant dans la capsule qui communiquait avec cette pile que nous avions laissée en train de faire des siennes, et elle en a fait, monsieur ! ajouta-t-il en montrant un diamant blanc de forme octaédrique dont l'éclat attirait les regards étonnés de toute l'assemblée.

— Mes enfants, mes amis, dit Balthazar, pardonnez à mon vieux serviteur, pardonnez-moi. Ceci va me rendre fou. Un hasard de sept années a produit, sans moi, une découverte que je cherche depuis seize ans. Comment? je n'en sais rien. Oui, j'avais laissé du sulfure de carbone sous l'influence d'une pile de Volta dont l'action aurait dû être surveillée tous les jours. Eh ! bien, pendant mon absence, le pouvoir de Dieu a éclaté dans mon laboratoire sans que j'aie pu constater ses effets, progressifs, bien entendu ! Cela n'est-il pas affreux ? Maudit exil ! maudit hasard ! Hélas ! si j'avais épié cette longue, cette lente, cette subite, je ne sais comment dire, cristallisation, transformation, enfin ce miracle, eh ! bien, mes enfants seraient plus riches encore. Quoique ce ne soit pas la solution du problème que je cherche, au moins les premiers rayons de ma gloire auraient lui sur mon pays, et ce moment que nos affections satisfaites rendent si ardent de bonheur serait encore échauffé par le soleil de la Science.

Chacun gardait le silence devant cet homme. Les paroles sans suite qui lui furent arrachées par la douleur furent trop vraies pour n'être pas sublimes.

Tout à coup, Balthazar refoula son désespoir au fond de lui-même, jeta sur l'assemblée un regard majestueux qui brilla dans les âmes, prit le diamant, et l'offrit à Marguerite en s'écriant : — Il t'appartient, mon ange. Puis il renvoya Lemulquinier par un geste, et dit au notaire : — Continuons.

Ce mot excita dans l'assemblée le frissonnement que, dans certains rôles, Talma causait aux masses attentives. Balthazar s'était assis en se disant à voix basse : Je ne dois être que père aujourd'hui. Marguerite entendit le mot, s'avança, saisit la main de son père et la baisa respectueusement.

— Jamais homme n'a été si grand, dit Emmanuel quand sa prétendue revint près de lui, jamais homme n'a été si puissant, tout autre en deviendrait fou.

Les trois contrats lus et signés, chacun s'empressa de questionner Balthazar sur la manière dont s'était formé ce diamant, mais il ne pouvait rien répondre sur un accident si étrange. Il regarda son grenier, et le montra par un geste de rage.

— Oui, la puissance effrayante due au mouvement de la matière enflammée qui sans doute a fait les métaux, les diamants, dit-il, s'est manifestée là pendant un moment, par hasard.

— Ce hasard est sans doute bien naturel, dit un de ces gens qui veulent expliquer tout, le bonhomme aura oublié quelque diamant véritable. C'est autant de sauvé sur ceux qu'il a brûlés.

— Oublions cela, dit Balthazar à ses amis, je vous prie de ne pas m'en parler aujourd'hui.

Marguerite prit le bras de son père pour se rendre dans les appartements de la maison de devant où l'attendait une somptueuse fête. Quand il entra dans la galerie après tous ses hôtes, il la vit meublée de tableaux et remplie de fleurs rares.

— Des tableaux, s'écria-t-il, des tableaux ! et quelques-uns de nos anciens !

Il s'arrêta, son front se rembrunit, il eut un moment de tristesse, et sentit alors le poids de ses fautes en mesurant l'étendue de son humiliation secrète.

— Tout cela est à vous, mon père, dit Marguerite en devinant les sentiments qui agitaient l'âme de Balthazar.

— Ange que les esprits célestes doivent applaudir, s'écria-t-il, combien de fois auras-tu donc donné la vie à ton père?

— Ne conservez plus aucun nuage sur votre front, ni la moindre pensée triste dans votre cœur, répondit-elle, et vous m'aurez récompensée au delà de mes espérances. Je viens de penser à Lemulquinier, mon père chéri, le peu de mots que vous m'avez dits de lui me le fait estimer, et, je l'avoue, j'avais mal jugé cet homme; ne pensez plus à ce que vous lui devez, il restera près de vous comme un humble ami. Emmanuel possède environ soixante mille francs d'économie, nous les donnerons à Lemulquinier. Après vous avoir si bien servi, cet homme doit être heureux le reste de ses jours. Ne vous inquiétez pas de nous! Monsieur de Solis et moi, nous aurons une vie calme et douce, une vie sans faste; nous pouvons donc nous passer de cette somme jusqu'à ce que vous nous la rendiez.

— Ah! ma fille, ne m'abandonne jamais! Sois toujours la providence de ton père.

En entrant dans les appartements de réception, Balthazar les trouva restaurés et meublés aussi magnifiquement qu'ils l'étaient autrefois. Bientôt les convives se rendirent dans la grande salle à manger du rez-de-chaussée par le grand escalier, sur chaque marche duquel se trouvaient des arbres fleuris. Une argenterie merveilleuse de façon, offerte par Gabriel à son père, séduisit les regards autant qu'un luxe de table qui parut inouï aux principaux habitants d'une ville où ce luxe est traditionnellement à la mode. Les domestiques de monsieur Conyncks, ceux de Claës et de Pierquin étaient là pour servir ce repas somptueux. En se voyant au milieu de cette table couronnée de parents, d'amis et de figures sur lesquelles éclatait une joie vive et sincère, Balthazar, derrière lequel se tenait Lemulquinier, eut une émotion si pénétrante que chacun se tut, comme on se tait devant les grandes joies ou les grandes douleurs.

— Chers enfants, s'écria-t-il, vous avez tué le veau gras pour le retour du père prodigue.

Ce mot par lequel le savant se faisait justice, et qui empêcha peut-être qu'on ne la lui fît plus sévère, fut prononcé si noblement que chacun attendri essuya ses larmes; mais ce fut la dernière expression de mélancolie, la joie prit insensiblement le caractère bruyant et animé qui signale les fêtes de famille. Après le dîner, les principaux habitants de la ville arrivèrent pour le bal qui s'ouvrit et qui répondit à la splendeur classique de la maison Claës restaurée. Les trois mariages se firent promptement et donnèrent lieu à des fêtes, des bals, des repas qui entraînèrent pour plusieurs mois le vieux Claës dans le tourbillon du monde. Son fils aîné alla s'établir à la terre que possédait près de Cambray Conyncks, qui ne voulait jamais se séparer de sa fille. Madame Pierquin dut également quitter la maison paternelle, pour faire les honneurs de l'hôtel que Pierquin avait fait bâtir, et où il voulait vivre noblement, car sa charge était vendue, et son oncle Des Racquets venait de mourir en lui laissant des trésors lentement économisés. Jean partit pour Paris, où il devait achever son éducation.

Les Solis restèrent donc seuls près de leur père, qui leur abandonna le quartier de derrière, en se logeant au second étage de la maison de devant. Marguerite continua de veiller au bonheur matériel de Balthazar, et fut aidée dans cette douce tâche par Emmanuel. Cette noble fille reçut par les mains de l'amour la couronne la plus enviée, celle que le bonheur tresse et dont l'éclat est entretenu par la constance. En effet, jamais couple n'offrit mieux l'image de cette félicité complète, avouée, pure, que toutes les femmes caressent dans leurs rêves. L'union de ces deux êtres si courageux dans les épreuves de la vie, et qui s'étaient si saintement aimés, excita dans la ville une admiration respectueuse. Monsieur de Solis, nommé depuis long-temps inspecteur-général de l'Université, se démit de ses fonctions pour mieux jouir de son bonheur, et rester à Douai où chacun rendait si bien hommage à ses talents et à son caractère, que son nom était par avance promis au scrutin des colléges électoraux, quand viendrait pour lui l'âge de la députation. Marguerite, qui s'était montrée si forte dans l'adversité, redevint dans le bonheur une femme douce et bonne. Claës resta pendant cette année gravement préoccupé sans doute; mais, s'il fit quelques expériences peu coûteuses et auxquelles ses revenus suffisaient, il parut négliger son laboratoire. Marguerite, qui reprit les anciennes habitudes de la maison Claës, donna tous les mois, à son père, une fête de famille à laquelle assistaient les Pierquin et les Conyncks, et reçut la haute société de la ville à un jour de la semaine où elle avait un Café qui devint l'un des plus célèbres. Quoique souvent distrait, Claës assistait à toutes les assemblées, et redevint si complaisamment homme du monde pour complaire à sa fille aînée, que ses enfants purent croire qu'il avait renoncé à chercher la solution de son problème. Trois ans se passèrent ainsi.

En 1828, un événement favorable à Emmanuel l'appela en Espagne. Quoiqu'il y eût, entre les biens de la maison de Solis et lui, trois branches nombreuses, la fièvre jaune, la vieillesse, l'infécondité, tous les caprices de la fortune s'accordèrent pour rendre Emmanuel l'héritier des titres et des riches substitutions de sa maison, lui, le dernier. Par un de ces hasards qui ne sont invraisemblables que dans les livres, la maison de Solis avait acquis le comté de Nourho. Marguerite ne voulut pas se séparer de son mari qui devait rester en Espagne aussi long-temps que le voudraient ses affaires, elle fut d'ailleurs curieuse de voir le château de Casa-Réal, où sa mère avait passé son enfance, et la ville de Grenade, berceau patrimonial de la famille Solis. Elle partit, en confiant l'administration de la maison au dévouement de Martha, de Josette et de Lemulquinier qui avait l'habitude de la conduire. Balthazar, à qui Marguerite avait proposé le voyage en Espagne, s'y était refusé en alléguant son grand âge; mais plusieurs travaux médités depuis long-temps, et qui devaient réaliser ses espérances, furent la véritable raison de son refus.

Le comte et la comtesse de Soly Y Nourho restèrent en Espagne plus long-temps qu'ils ne le voulurent, Marguerite y eut un enfant. Ils se trouvaient au milieu de l'année 1830 à Cadix, où ils comptaient s'embarquer pour revenir en France, par l'Italie; mais ils y reçurent une lettre dans laquelle Félicie apprenait de tristes nouvelles à sa sœur. En dix-huit mois leur père s'était complétement ruiné. Gabriel et Pierquin étaient obligés de remettre à Lemulquinier une somme mensuelle pour subvenir aux dépenses de la maison. Le vieux domestique avait encore une fois sacrifié sa fortune à son maître. Balthazar ne voulait recevoir personne, et n'admettait même pas ses enfants chez lui. Josette et Martha étaient mortes. Le cocher, le cuisinier et les autres gens avaient été successivement renvoyés. Les chevaux et les équipages étaient vendus. Quoique Lemulquinier gardât le plus profond secret sur les habitudes de son maître, il était à croire que les mille francs donnés par mois par Gabriel Claës et par Pierquin s'employaient en expériences. Le peu de provisions que le valet de chambre achetait au marché faisait supposer que ces deux vieillards se contentaient du strict nécessaire. Enfin, pour ne pas laisser vendre la maison paternelle, Gabriel et Pierquin payaient les intérêts des sommes que le vieillard avait empruntées, à leur insu, sur cet immeuble. Aucun de ses enfants n'avait d'influence sur ce vieillard, qui, à soixante-dix ans, déployait une énergie extraordinaire pour arriver à faire toutes ses volontés, même les plus absurdes. Marguerite pouvait peut-être seule reprendre l'empire qu'elle avait jadis exercé sur Balthazar, et Félicie suppliait sa sœur d'arriver promptement ; elle craignait que son père n'eût signé quelques lettres de change. Gabriel, Conyncks et Pierquin, effrayés tous de la continuité d'une folie qui avait dévoré environ sept millions sans résultat, étaient décidés à ne pas payer les dettes de monsieur Claës. Cette lettre changea les dispositions du voyage de Marguerite, qui prit le chemin le plus court pour gagner Douai. Ses économies et sa nouvelle fortune lui permettaient bien d'éteindre encore une fois les dettes de son père ; mais elle voulait plus, elle voulait obéir à sa mère en ne laissant pas descendre au tombeau Balthazar déshonoré. Certes, elle seule pouvait exercer assez d'ascendant sur ce vieillard pour l'empêcher de continuer son œuvre de ruine, à un âge où l'on ne devait attendre aucun travail fructueux de ses facultés affaiblies. Mais elle désirait le gouverner sans le froisser, afin de ne pas imiter les enfants de Sophocle, au cas où son père approcherait du but scientifique auquel il avait tant sacrifié.

Monsieur et madame de Solis atteignirent la Flandre vers les derniers jours du mois de septembre 1831, et arrivèrent à Douai dans la matinée. Marguerite se fit arrêter à sa maison de la rue de Paris, et la trouva fermée. La sonnette fut violemment tirée sans que personne répondît. Un marchand quitta le pas de sa boutique où l'avait amené le fracas des voitures de monsieur de Solis et de sa suite. Beaucoup de personnes étaient aux fenêtres pour jouir du spectacle que leur offrait le retour d'un ménage aimé dans toute la ville, et attirées aussi par cette curiosité vague qui s'attachait aux événements que l'arrivée de Marguerite faisait préjuger dans la maison Claës. Le marchand dit au valet de chambre du comte de Solis que le vieux Claës était sorti depuis environ une heure. Sans doute, monsieur Lemulquinier promenait son maître sur les remparts. Marguerite envoya chercher un serrurier pour ouvrir la porte, afin d'éviter la scène que lui préparait la résistance de son père, si, comme le lui avait écrit Félicie, il se refusait à l'admettre chez lui. Pendant ce temps, Emmanuel alla chercher le vieillard pour lui annoncer l'arrivée de sa fille, tandis que son valet de chambre courut prévenir monsieur et madame Pierquin. En un moment la porte fut ouverte. Marguerite entra dans le parloir pour y faire mettre ses bagages, et frissonna de terreur en en voyant les murailles nues comme si le feu y eût été mis. Les admirables boiseries sculptées par Van-Huysium et le portrait du Président avaient été vendus, dit-on, à lord Spencer. La salle à manger était vide, il ne s'y trouvait plus que deux chaises de paille et une table commune sur laquelle Marguerite aperçut avec effroi deux assiettes, deux bols, deux couverts d'argent, et sur un plat les restes d'un hareng saur que Claës et son valet de chambre venaient sans doute de partager. En un instant elle parcourut la maison, dont chaque pièce lui offrit le désolant spectacle d'une nudité pareille à celle du parloir et de la salle à manger. L'idée de l'Absolu avait passé partout comme un incendie. Pour tout mobilier, la chambre de son père avait un lit, une chaise et une table sur laquelle était un mauvais chandelier de cuivre où la veille avait expiré un bout de chandelle de la plus mauvaise espèce. Le dénûment était si complet qu'il ne s'y trouvait plus de rideaux aux fenêtres. Les moindres objets qui pouvaient avoir une valeur dans la maison, tout, jusqu'aux ustensiles de cuisine, avait été vendu. Émue par la curiosité qui ne nous abandonne même pas dans le malheur, Marguerite entra chez Lemulquinier, dont la chambre était aussi nue que celle de son maître. Dans le tiroir à demi fermé de la table, elle aperçut une reconnaissance du Mont-de-Piété qui attestait que le valet avait mis sa montre en gage quelques jours auparavant. Elle courut au laboratoire, et vit cette pièce pleine d'instruments de science comme par le passé. Elle se fit ouvrir son appartement, son père y avait tout respecté.

Au premier coup d'œil qu'elle y jeta, Marguerite fondit en larmes et pardonna tout à son père. Au milieu de cette fureur dévastatrice, il avait donc été arrêté par le sentiment paternel et par la reconnaissance qu'il devait à sa fille! Cette preuve de tendresse reçue dans un moment où le désespoir de Marguerite était au comble, détermina l'une de ces réactions morales contre lesquels les cœurs les plus froids sont sans force. Elle descendit au parloir et y attendit l'arrivée de son père, dans une anxiété que le doute augmentait affreusement. Comment allait-elle le revoir? Détruit, décrépit, souffrant, affaibli par les jeûnes qu'il subissait par orgueil? Mais aurait-il sa raison? Des larmes coulaient de ses yeux sans qu'elle s'en aperçût en retrouvant ce sanctuaire dévasté. Les images de toute sa vie, ses efforts, ses précautions inutiles, son enfance, sa mère heureuse et malheureuse, tout, jusqu'à la vue de son petit Joseph qui souriait à ce spectacle de désolation, lui composait un poème de déchirantes mélancolies. Mais, quoiqu'elle prévît des malheurs, elle ne s'attendait pas au dénoûment qui devait couronner la vie de son père, cette vie à la fois si grandiose et si misérable. L'état dans lequel se trouvait monsieur Claës n'était un secret pour personne. A la honte des hommes, il ne se rencontrait pas à Douai deux cœurs généreux qui rendissent honneur à sa persévérance d'homme de génie. Pour toute la société, Balthazar était un homme à interdire, un mauvais père, qui avait mangé six fortunes, des millions, et qui cherchait la pierre philosophale, au Dix-Neuvième Siècle, ce siècle éclairé, ce siècle incrédule, ce siècle, etc... On le calomniait en le flétrissant du nom d'alchimiste, en lui jetant au nez ce mot : — Il veut faire de l'or! Que ne disait-on pas d'éloges à propos de ce siècle, où, comme dans tous les autres, le talent expire sous une indifférence aussi brutale que l'était celle des temps où moururent Dante, Cervantes, Tasse e *tutti quanti*. Les peuples comprennent encore plus tardivement les créations du génie que ne les comprenaient les Rois.

Ces opinions avaient insensiblement filtré de la haute société douaisienne dans la bourgeoisie, et de la bourgeoisie dans le bas peuple. Le chimiste septuagénaire excitait donc un profond sentiment de pitié chez les gens bien élevés, une curiosité railleuse dans le peuple, deux expressions grosses de mépris et de ce *vœ victis!* dont sont accablés les grands hommes par les masses quand elles les voient misérables. Beaucoup de personnes venaient devant la Maison Claës, se montrer la rosace du grenier où s'était consumé tant d'or et de charbon. Quand Balthazar passait, il était indiqué du doigt; souvent, à son aspect, un mot de raillerie ou de pitié s'échappait des lèvres d'un homme du peuple ou d'un enfant; mais Lemulquinier avait soin de le lui traduire comme un éloge, et pouvait le tromper impunément. Si les yeux de Balthazar avaient conservé cette lucidité sublime que l'habitude des grandes pensées y imprime, le sens de l'ouïe s'était affaibli chez lui. Pour beaucoup de paysans, de gens grossiers et superstitieux, ce vieillard était donc un sorcier. La noble, la grande maison Claës s'appelait, dans les faubourgs et dans les campagnes, la maison du diable. Il n'y avait pas jusqu'à la figure de Lemulquinier qui ne prêtât aux croyances ridicules qui s'étaient répandues sur son maître. Aussi, quand le pauvre vieux ilote allait au marché chercher les denrées nécessaires à la subsistance, et qu'il prenait parmi les moins chères de toutes, n'obtenait-il rien sans recevoir quelques injures en manière de réjouissance ; heureux même, si, souvent, quelques marchandes superstitieuses ne refusaient pas de lui vendre sa maigre pitance en craignant de se damner par un contact avec un suppôt de l'enfer. Les sentiments de toute cette ville étaient donc généralement hostiles à ce grand vieillard et à son compagnon. Le désordre des vêtements de l'un et de l'autre y prêtait encore, ils allaient vêtus comme ces pauvres honteux qui conservent un extérieur décent et qui hésitent à demander l'aumône. Tôt ou tard ces deux vieilles gens pouvaient être insultés. Pierquin, sentant combien une injure publique serait déshonorante pour la famille, envoyait toujours, durant les promenades de son beau-père, deux ou trois de ses gens qui l'environnaient à distance avec la mission de le protéger, car la révolution de juillet n'avait pas contribué à rendre le peuple respectueux.

Par une de ces fatalités qui ne s'expliquent pas, Claës et Lemulquinier, sortis de grand matin, avaient trompé la surveillance secrète de monsieur et madame Pierquin, et se trouvaient seuls en ville. Au retour de leur promenade ils vinrent s'asseoir au soleil, sur un banc de la place Saint-Jacques où passaient quelques enfants pour aller à l'école ou au collége. En apercevant de loin ces deux vieillards sans défense, et dont les visages s'épanouissaient au soleil, les enfants se mirent à en causer. Ordinairement, les causeries d'enfants arrivent bientôt à des rires ; du rire, ils en vinrent à des mystifications sans en connaître la cruauté. Sept ou huit des premiers qui arrivèrent se tinrent à distance et se mirent à examiner les deux vieilles figures en retenant des rires étouffés qui attirèrent l'attention de Lemulquinier.

— Tiens, vois-tu celui-là dont la tête est comme un genou ?
— Oui.
— Hé ! bien, il est savant de naissance.

— Papa dit qu'il fait de l'or, dit un autre.

— Par où ? C'est-y par là ou par ici ? ajouta un troisième en montrant d'un geste goguenard cette partie d'eux-mêmes que les écoliers se montrent si souvent en signe de mépris.

Le plus petit de la bande qui avait son panier plein de provisions, et qui léchait une tartine beurrée, s'avança naïvement vers le banc et dit à Lemulquinier : — C'est-y vrai, monsieur, que vous faites des perles et des diamants ?

— Oui, mon petit milicien, répondit Lemulquinier en souriant et lui frappant sur la joue, nous t'en donnerons quand tu seras bien savant.

— Ha ! monsieur, donnez-m'en aussi, fut une exclamation générale.

Tous les enfants accoururent comme une nuée d'oiseaux et entourèrent les deux chimistes. Balthazar, absorbé dans une méditation d'où il fut tiré par ces cris, fit alors un geste d'étonnement qui causa un rire général.

— Allons, gamins, respect à un grand homme ! dit Lemulquinier.

— A la chienlit ! crièrent les enfants. Vous êtes des sorciers. — Oui, sorciers, vieux sorciers ! sorciers, na !

Lemulquinier se dressa sur ses pieds, et menaça de sa canne les enfants qui s'enfuirent en ramassant de la boue et des pierres. Un ouvrier, qui déjeunait à quelques pas de là, ayant vu Lemulquinier levant sa canne pour faire sauver les enfants, crut qu'il les avait frappés, et les appuya par ce mot terrible : A bas les sorciers !

Les enfants, se sentant soutenus, lancèrent leurs projectiles qui atteignirent les deux vieillards, au moment où le comte de Solis se montrait au bout de la place, accompagné des domestiques de Pierquin. Ils n'arrivèrent pas assez vite pour empêcher les enfants de couvrir de boue le grand vieillard et son valet de chambre. Le coup était porté. Balthazar, dont les facultés avaient été jusqu'alors conservées par la chasteté naturelle aux savants chez qui la préoccupation d'une découverte anéantit les passions, devina, par un phénomène d'intussusception, le secret de cette scène ; son corps décrépit ne soutint pas la réaction affreuse qu'il éprouva dans la haute région de ses sentiments, il tomba frappé d'une attaque de paralysie entre les bras de Lemulquinier qui le ramena chez lui sur un brancard, entouré par ses deux gendres et par leurs gens. Aucune puissance ne put empêcher la populace de Douai d'escorter

le vieillard jusqu'à la porte de sa maison, où se trouvaient J
et ses enfants, Jean, Marguerite et Gabriel qui, prévenu par sa
sœur, était arrivé de Cambrai avec sa femme. Ce fut un spectacle
affreux que celui de l'entrée de ce vieillard qui se débattait moins
contre la mort que contre l'effroi de voir ses enfants pénétrant le
secret de sa misère. Aussitôt un lit fut dressé au milieu du parloir,
les secours furent prodigués à Balthazar dont la situation permit,
vers la fin de la journée, de concevoir quelques espérances pour
sa conservation. La paralysie, quoique habilement combattue, le
laissa néanmoins assez long-temps dans un état voisin de l'enfance.
Quand la paralysie eut cessé par degrés, elle resta sur la langue
qu'elle avait spécialement affectée, peut-être parce que la colère y
avait porté toutes les forces du vieillard au moment où il voulut
apostropher les enfants.

Cette scène avait allumé dans la ville une indignation générale. Par une loi, jusqu'alors inconnue, qui dirige les affections des masses, cet événement ramena tous les esprits à monsieur Claës. En un moment il devint un grand homme, il excita l'admiration et obtint tous les sentiments qu'on lui refusait la veille. Chacun vanta sa patience, sa volonté, son courage, son génie. Les magistrats voulurent sévir contre ceux qui avaient participé à cet attentat; mais le mal était fait. La famille Claës demanda la première que cette affaire fût assoupie. Marguerite avait ordonné de meubler le parloir, dont les parois nues furent bientôt tendues de soie. Quand, quelques jours après cet événement, le vieux père eut recouvré ses facultés, et qu'il se retrouva dans une sphère élégante, environné de tout ce qui était nécessaire à la vie heureuse, il fit entendre que sa fille Marguerite devait être venue, au moment même où elle rentrait au parloir; en la voyant, Balthazar rougit, ses yeux se mouillèrent sans qu'il en sortît des larmes. Il put presser de ses doigts froids la main de sa fille, et mit dans cette pression tous les sentiments et toutes les idées qu'il ne pouvait plus exprimer. Ce fut quelque chose de saint et de solennel, l'adieu du cerveau qui vivait encore, du cœur que la reconnaissance ranimait. Épuisé par ses tentatives infructueuses, lassé par sa lutte avec un problème gigantesque et désespéré peut-être de l'incognito qui attendait sa mémoire, ce géant allait bientôt cesser de vivre; tous ses enfants l'entouraient avec un sentiment respectueux, en sorte que ses yeux purent être récréés par les images de l'abondance, de la richesse, et par le tableau touchant que lui présentait sa belle famille. Il fut constamment affectueux dans ses regards, par lesquels il put manifester ses sentiments; ses yeux contractèrent soudain une si grande variété d'expression qu'ils eurent comme un langage de lumière, facile à comprendre. Marguerite paya les dettes de son père, et rendit, en quelques jours, à la maison Claës une splendeur moderne qui devait écarter toute idée de décadence. Elle ne quitta plus le chevet du lit de Balthazar, de qui elle s'efforçait de deviner toutes les pensées, et d'accomplir les moindres souhaits. Quelques mois se passèrent dans les alternatives de mal et de bien qui signalent chez les vieillards le combat de la vie et de la mort; tous les matins, ses enfants se rendaient près de lui, restaient pendant la journée dans le parloir en dînant devant son lit, et ne sortaient qu'au moment où il s'endormait. La distraction qui lui plut davantage parmi toutes celles que l'on cherchait à lui donner, fut la lecture des journaux que les événements politiques rendirent alors fort intéressants. Monsieur Claës écoutait attentivement cette lecture que monsieur de Solis faisait à voix haute et près de lui.

Vers la fin de l'année 1832, Balthazar passa une nuit extrêmement critique pendant laquelle monsieur Pierquin le médecin fut appelé par la garde, effrayée d'un changement subit qui se fit chez le malade; en effet, le médecin voulut le veiller en craignant à chaque instant qu'il n'expirât sous les efforts d'une crise intérieure dont les effets eurent le caractère d'une agonie.

Le vieillard se livrait à des mouvements d'une force incroyable pour secouer les liens de la paralysie; il désirait parler et remuait la langue sans pouvoir former de sons; ses yeux flamboyants projetaient des pensées; ses traits contractés exprimaient des douleurs inouïes; ses doigts s'agitaient désespérément, il suait à grosses gouttes. Le matin, les enfants vinrent embrasser leur père avec cette affection que la crainte de sa mort prochaine leur faisait épancher tous les jours plus ardente et plus vive; mais il ne leur témoigna point la satisfaction que lui causaient habituellement ces témoignages de tendresse. Emmanuel, averti par Pierquin, s'empressa de décacheter le journal pour voir si cette lecture ferait diversion aux crises intérieures qui travaillaient Balthazar. En dépliant la feuille, il vit ces mots, *découverte de l'absolu*, qui le frappèrent vivement, et il lut à Marguerite un article où il était parlé d'un procès relatif à la vente qu'un célèbre mathématicien polonais avait faite de l'Absolu. Quoique Emmanuel lût tout bas l'annonce du fait à Marguerite qui le pria de passer l'article, Balthazar avait entendu.

Tout à coup le moribond se dressa sur ses deux poings, jeta sur ses enfants effrayés un regard qui les atteignit tous comme un éclair, les cheveux qui lui garnissaient la nuque remuèrent, ses rides tressaillirent, son visage s'anima d'un esprit de feu, un souffle passa sur cette face et la rendit sublime, il leva une main crispée par la rage, et cria d'une voix éclatante le fameux mot d'Archimède : EURÊKA! (*j'ai trouvé*). Il retomba sur son lit en rendant le son lourd d'un corps inerte, il mourut en poussant un gémissement affreux, et ses yeux convulsés exprimèrent jusqu'au moment où le médecin les ferma le regret de n'avoir pu léguer à la Science le mot d'une énigme dont le voile s'était tardivement déchiré sous les doigts décharnés de la Mort.

Paris, juin — septembre 1834.

FIN DU TOME QUATORZIÈME.

TABLE DES MATIÈRES.

ÉTUDES PHILOSOPHIQUES.

La Peau de Chagrin...	2
Jésus-Christ en Flandre..	225
Melmoth réconcilié...	241
Le Chef-d'œuvre inconnu......................................	283
La Recherche de l'Absolu.....................................	308

FIN DE LA TABLE

PARIS, IMPRIMERIE DE E. MARTINET, RUE MIGNON, 2.

www.ingramcontent.com/pod-product-compliance
Lightning Source LLC
Chambersburg PA
CBHW071703230426
43670CB00008B/896